भारत-पाक संबंध

लेखक की अन्य पुस्तक

भारत-पाक संबंध
(युद्ध और शांति में)

जे.एन. दीक्षित

प्रभात प्रकाशन, दिल्ली

प्रकाशक • **प्रभात प्रकाशन**
४/१९ आसफ अली रोड,
नई दिल्ली–११०००२

संस्करण • २०१८
अनुवाद • श्रीमती दीपिका रानी
मूल्य • आठ सौ रुपए
मुद्रक • नरुला प्रिंटर्स, दिल्ली

BHARAT-PAK SAMBANDH *by* J.N. Dixit ₹ 800.00
Published by Prabhat Prakashan, 4/19 Asaf Ali Road, New Delhi-2
by arrangement with Books Today, New Delhi
e-mail: prabhatbooks@gmail.com ISBN 978-93-5266-400-9

समर्पित है भारतीय सशस्त्र सेनाओं और अर्धसैनिक बलों के अफसरों व जवानों को, जिन्होंने अपने प्राण न्योछावर करके भी भारत की एकता व अखंडता को बनाए रखा है। साथ ही उन निरपराध नागरिकों को भी, जिन्होंने आतंकवाद के इस छद्म युद्ध को झेला है।

प्रस्तावना

मैंने जुलाई 2001 में आगरा में अटल बिहारी वाजपेयी-परवेज मुशर्रफ शिखर वार्त्ता समाप्त होने के साथ इस पुस्तक की भूमिका को लिखना आरंभ किया। मुझे लगा कि मेरा कार्य समाप्त हो गया, भारत-पाकिस्तान संबंधों के अर्द्धशतक या उससे अधिक का मेरा आकलन संपूर्ण हो चुका है। तीन तिथियों ने मुझे गलत साबित कर दिया—11 सितंबर, 2001; 13 दिसंबर, 2001 और 12 जनवरी, 2002। न्यूयॉर्क में वर्ल्ड ट्रेड सेंटर पर हमला, नई दिल्ली में भारतीय संसद् पर आतंकवादी आक्रमण और मुशर्रफ का जनता के नाम 'ऐतिहासिक' भाषण इस अवधि में भारतीय उपमहाद्वीप की उतार-चढ़ाव से भरी यात्रा के तीन संदेशपट्ट थे। अफगानिस्तान के युद्ध और तालिबानी शासन के विनाश ने उन कई वास्तविकताओं को परिवर्तित कर दिया, जिनपर यह पुस्तक आधारित थी।

फिर भी, यहाँ मेरा उद्देश्य हालिया घटनाओं के प्रभाव का आकलन करना या उनसे उद्विग्न होना नहीं है। गतिशील पत्रकारिता और विवेकशील विश्लेषण में फर्क होना चाहिए। हालिया घटनाओं को भी इतिहास के आईने में देखना उचित है। ऐसा विशाल दृष्टिकोण अतीत से जुड़ाव पर नहीं, परंतु संभवतः निरंतरता पर प्रभाव डाल सकता है।

जब 14 जुलाई को आगरा में मुशर्रफ-वाजपेयी शिखर वार्त्ता शुरू हुई तब मैं इस पुस्तक के तर्कसंगत आधार पर चिंतन-मनन कर रहा था। भारतीय प्रधानमंत्री द्वारा दिए गए दोपहर-भोज के दौरान एक सुप्रसिद्ध पाकिस्तानी से मेरी संक्षिप्त बातचीत ने मुझे इस पुस्तक की प्रासंगिकता को स्पष्ट करने के लिए आरंभिक तर्क उपलब्ध कराए। सन् 1989 से 1991 के दौरान पाकिस्तान में उच्चायुक्त के रूप में मेरे कार्यकाल में पाकिस्तान के एक प्रतिष्ठित पारसी नागरिक कोवासजी जहाँगीर से मेरा परिचय हुआ। प्रधानमंत्री वाजपेयी के भोज के दौरान मैं उनसे मिला—दस

वर्षों के अंतराल के बाद। जहाँगीर कराची के शिपिंग व्यवसाय के एक प्रतिष्ठित परिवार से थे। वह पिछले तीन या चार दशकों से पाकिस्तानी राजनीति में मानवाधिकारों, नागरिक स्वतंत्रताओं और उदार राजनीतिक मूल्यों का समर्थन करने में भयमुक्त, अति बौद्धिक और स्पष्ट रहे थे। उन्होंने शुरुआती शिष्टाचारों में अधिक समय व्यर्थ नहीं किया। उन्होंने कहा, 'यह वार्त्ता एक अच्छी बात है, लेकिन इसकी प्रासंगिकता अब भी इसपर निर्भर करती है कि दोनों सत्ता-प्रमुख क्या हासिल कर पाते हैं।' वह अधिक आशावादी नहीं थे। उन्हें आश्चर्य था कि दोनों देशों की व्यवस्था यह तथ्य क्यों नहीं समझ पा रही है कि 'नल में पानी तक नहीं है और एटम बम बना लिया है। क्या पाकिस्तानी और हिंदुस्तानी बम खाएँगे?' उन्होंने जोड़ा, 'पॉपुलर नारा है— रोटी, कपड़ा और मकान। इन तीनों चीजों के लिए पहले पानी होना चाहिए, शांति होनी चाहिए। और दोनों तरफ से लोग बेकार की बातें करते हैं—कश्मीर, नियंत्रण रेखा।' उन्होंने जो कहा, उसने इस पुस्तक के लिए एक कार्योत्तर तर्कसंगत आधार उपलब्ध कराया, जो मैंने सन् 2000 की शुरुआत में ही लिखना शुरू किया था। भारत के विभाजन के बाद से पचपन वर्ष बीत चुके हैं। जिस उद्देश्य के लिए विभाजन को कार्यान्वित किया गया था, वह अब तक पूरा नहीं हुआ है। उद्देश्य यह था कि अलग राष्ट्र की इच्छा रखनेवाले मुसलमानों को एक बार अपना देश मिल जाए तो सारी दुश्मनी, आशंकाएँ और शंकाएँ गायब हो जाएँगी तथा दोनों देश सुख-शांति से रहेंगे।

यह दोनों देशों के पहले सत्ता-प्रमुखों मुहम्मद अली जिन्ना और जवाहरलाल नेहरू—दोनों की आकांक्षा थी; लेकिन हुआ है इसके बिलकुल विपरीत।

इसलिए मैंने महसूस किया कि संभवतः पाकिस्तान की अवधारणा की शुरुआत से ही भारत-पाकिस्तान संबंधों के एक विशाल सर्वेक्षण से बात बन सकती है। शत्रुता की भावनाओं में कैद, क्षेत्रीय व राजनीतिक समरूपता के संदर्भ में असमानताओं से ग्रस्त, गलतफहमियों, शंकाओं और कटुता से घिरे भारतीयों व पाकिस्तानियों को बहुत से मुद्दों पर सोचना है। जहाँगीर ने प्रधानमंत्री के दोपहर भोज के दौरान मुझसे पूछा, 'इस महाद्वीप में हम सब इतने मूर्ख क्यों हैं?'

पाकिस्तान की अवधारणा विभाजन से लगभग तीस वर्ष पहले की है। कैंब्रिज विश्वविद्यालय में एक युवा छात्र के रूप में चौधरी रहमत अली ने जनवरी 1933 में 'नाउ ऑर नेवर' (अभी या कभी नहीं) नाम से एक लेख लिखा था। उसमें उन्होंने दक्षिण एशिया में मुसलमानों के लिए एक अलग राष्ट्र की वकालत की थी। उन्होंने तर्क दिया था कि भविष्य में इस क्षेत्र के मुसलमानों का कल्याण तब तक

सुनिश्चित नहीं हो सकता जब तक वे विभिन्न देशों में बिखरे रहेंगे और खासकर ब्रिटिश भारत में, जहाँ हिंदू बहुमत में थे। उन्होंने एक मुसलिम राष्ट्र 'पाकिस्तान' की अवधारणा दी, जिसमें अफगानिया (उत्तर-पश्चिमी सीमा प्रांत), पंजाब, जम्मू एवं कश्मीर, सिंध और बलूचिस्तान शामिल होंगे। उन्होंने इस 'पवित्र व वफादार लोगों की भूमि' के अंग के रूप में विशिष्ट रूप से बंगाल व असम के मुसलिम बहुल इलाकों की बात नहीं की, हालाँकि उन्होंने संकेत दिया कि उपमहाद्वीप के अन्य मुसलिम बहुल इलाके भी मुसलिम राष्ट्रों के रूप में एकीकृत होकर अलग राजनीतिक अस्तित्व ग्रहण कर सकते हैं।

विभाजन-पूर्व मुसलिम लीग ऑफ इंडिया ने अली की अवधारणा को अवास्तविक और अव्यावहारिक बताते हुए उसे नकार दिया। चौथे दशक के अंत में प्रसिद्ध मुसलिम दार्शनिक और कवि अल्लामा इकबाल ने अली के विचारों का समर्थन किया और उनके सुझाव को ब्रिटिश भारतीय साम्राज्य में मुसलमानों के हितों व आकांक्षाओं का एक संभावित समाधान बताया। सन् 1940 में मुसलिम लीग के लाहौर सत्र में जिन्ना ने औपचारिक रूप से इस विचार को प्रस्तुत किया और 'पाकिस्तान प्रस्ताव' पारित किया गया। पाकिस्तान की क्षेत्रीय संकल्पना को विस्तृत करके उसमें असम व बंगाल को भी सम्मिलित कर लिया गया। इसके आगे तो इतिहास ही है।

तीन विशिष्ट घटनाओं ने मुझे यह लंबा विश्लेषण करने के लिए विवश किया कि शांति व युद्ध के समय भारत और पाकिस्तान का रवैया कैसा रहा, जिसमें निरंतर विरोधी प्रवृत्तियाँ शामिल रहीं। पहला था—सन् 1999 का करगिल युद्ध, जो प्रधानमंत्री वाजपेयी की लाहौर यात्रा के तीन माह के अंदर पाकिस्तान द्वारा शुरू किया गया, जबकि लाहौर घोषणा भारत की ओर से संबंधों को सामान्य बनाने का एक गंभीर प्रयास था। करगिल का अनुभव भारत के बहुत से लोगों के लिए शिक्षाप्रद था। दूसरी घटना थी—दिसंबर 1999 में काठमांडू से भारतीय यात्री विमान का अपहरण। तब जिस तरीके से पाकिस्तान ने अपहरण के प्रति अपनी प्रतिक्रिया व्यक्त की और फिर अपहरणकर्ताओं व उनके द्वारा रिहा कराए गए अपराधियों के साथ जैसा व्यवहार किया। तीसरी घटना थी—जनरल परवेज मुशर्रफ द्वारा एक रक्तहीन सैन्य तख्तापलट करके पाकिस्तान के निर्वाचित प्रधानमंत्री नवाज शरीफ को सत्ता से बाहर कर देना और उसके बाद नवंबर 1999 की लाहौर घोषणा-पत्र को मुशर्रफ ने स्वीकार करने से इनकार कर दिया।

ऐसा लगता है कि भारत और पाकिस्तान के बीच मतभेद क्षेत्रीय विवादों,

राजनीतिक मुद्दों और दोनों देशों की शासन-व्यवस्थाओं की प्रवृत्तियों से परे है। इसलिए मैंने महसूस किया कि 1999-2000 की घटनाओं से शुरू करके विभाजन की शुरुआत और उसके भी पीछे तक की उलटी यात्रा से संभवत: भारत-पाकिस्तान संबंधों में गहराई तक जाना संभव होगा।

इसलिए पहले दो अध्याय आतंकवादियों द्वारा भारतीय विमान का अपहरण करके काठमांडू से दुबई होकर कंधार तक ले जाने और करगिल की घटनाओं का विवरण देते हैं। सामान्य भारत-पाकिस्तान संबंधों पर कालक्रम की दृष्टि से विपरीत क्रम में प्रकाश डाला गया है।

मैं सन् 1958 से लेकर 1994 तक भारत-पाकिस्तान संबंधों का प्रेक्षक रहा हूँ और उसमें सम्मिलित भी रहा हूँ। सन् 1964 में एक अवर सचिव (पाकिस्तान) के रूप में मैं सन् 1965 के युद्ध को प्रेरित करनेवाली घटनाओं का साक्षी रहा हूँ। पूर्वी पाकिस्तान संकट और बँगलादेश की आजादी के मुद्दों से निपटने के लिए बनाए गए स्पेशल डिवीजन के निदेशक के रूप में मैं बँगलादेश के निर्माण में भारत सरकार की भूमिका में मध्यम स्तर का भागीदार था। सन् 1989 से 1991 तक पाकिस्तान में उच्चायुक्त के रूप में मैंने लंबे सैन्य शासन से लेकर बेनजीर भुट्टो के नेतृत्व में लोकतंत्र तक का सफर देखा। यह एक ऐसा परिवर्तन था, जिसे कुछ पूर्व शर्तों पर चीफ ऑफ आर्मी स्टाफ जनरल मिर्जा असलम बेग ने स्वीकृति दी थी। पहला, कि प्रधानमंत्री को बरखास्त करने की राष्ट्रपति की शक्ति को बेनजीर समाप्त नहीं करेंगी। इस शक्ति को सैन्य तानाशाह जनरल जिया-उल-हक ने पाकिस्तान के संविधान में शामिल किया था। दूसरे, वह सैन्य बलों के मामले में किसी तरह का कोई हस्तक्षेप करने का प्रयास नहीं करेंगी। तीसरे, उनकी विदेश व रक्षा नीतियों के संबंध में सैन्य बल उनका मार्ग-निर्देशन करेंगे। चौथे, वह पाकिस्तान के परमाणु कार्यक्रम को समाप्त नहीं करेंगी। बेनजीर भुट्टो ने इन पूर्व शर्तों पर अपनी सहमति दी।

भारत के उच्चायुक्त के रूप में मेरे कार्यकाल के दौरान दिसंबर 1989, जनवरी 1990 में पाकिस्तान ने जम्मू एवं कश्मीर में अलगाववादी आंदोलन को जोरदार तरीके से पुन: सक्रिय किया। मैं दावा कर सकता हूँ कि मैंने भारत के खिलाफ छाया युद्ध के आरंभ को देखा।

पाकिस्तान में भारत के उच्चायुक्त और भारत के विदेश सचिव के रूप में मैंने भारत-पाकिस्तान संबंधों को सामान्य बनाने के लक्ष्य से हुई वार्त्ताओं की शृंखला में भाग लिया, जिनमें आपसी विश्वासवर्द्धक उपायों को लागू करने और

बहुपक्षीय सहयोग की संभावनाओं को ढूँढ़ने का प्रयास किया गया।

इसलिए मुझे महसूस हुआ कि केवल व्यक्तिगत रूप से चिंतन-मनन करना नहीं, बल्कि एक व्यवस्थित तरीके से लिखना उचित होगा। इस पुस्तक को लिखने में एक आनुमानिक उद्देश्य यह था कि ऐसा सर्वेक्षण कई मूलभूत सवालों के उत्तर ढूँढ़ने में मददगार हो सकता है। यह सामान्य रूप से अभिव्यक्त विरोधाभासों—द्विराष्ट्र के सिद्धांत बनाम एक धर्मनिरपेक्ष बहुलवादी नागरिक समाज के प्रति भारतीय प्रतिबद्धता से परे होगी; यह पाकिस्तानी दृष्टिकोण कि भारत ने विभाजन को स्वीकार नहीं किया है और पाकिस्तान को पुनः भारत में शामिल करने के दीर्घकालीन एजेंडे पर काम कर रहा है। उत्तर की प्रतीक्षा कर रहे मूलभूत प्रश्न हैं—क्या गहनतम मनोवैज्ञानिक व भावनात्मक स्तरों पर भारत और पाकिस्तान की मान्यताएँ वस्तुतः परस्पर शत्रुतापूर्ण हैं? क्या दोनों देशों के नागरिकों और दोनों सरकारों की प्रवृत्तियों के बीच मतभेद हैं? या क्या सत्ता-संरचना वास्तव में अपने-अपने लोगों की प्रवृत्तियों को प्रतिबिंबित करती है? यदि यह मामला नहीं है तो दोनों देशों की आम जनता की सकारात्मक प्रवृत्तियों का आपसी संबंधों पर लाभदायक प्रभाव क्यों नहीं पड़ता?

जातीयता, संस्कृति, धर्म और भाषा की दृष्टि से इतनी समानता होने के बावजूद भारत और पाकिस्तान का रवैया एक-दूसरे के प्रति सहयोगपूर्ण क्यों नहीं है? या फिर ये समानताएँ ही तो शत्रुता उत्पन्न नहीं करती हैं? दोनों देशों में धार्मिक कट्टरवाद के उदय ने संबंधों को कैसे प्रभावित किया है या आगे कैसे प्रभावित करेगी? भारत और पाकिस्तान—दोनों में केंद्र-विमुखी, उप-राष्ट्रीय आवेगों ने द्विपक्षीय संबंधों पर किस तरह प्रभाव डाला है? अंतरराष्ट्रीय आतंकवाद ने भारत-पाकिस्तान समीकरण को कैसे परिवर्तित किया है? क्या समय ने भारतीयों और पाकिस्तानियों की युवा पीढ़ी में विभाजन के कटु अनुभवों को समाप्त कर दिया है? दोनों देशों में राजनीतिक संस्थानों और शासन-प्रक्रियाओं ने उनके लोगों की मानसिकता और प्रवृत्तियों को कैसे प्रभावित किया है?

एक प्रकार से यह पुस्तक यदि इन प्रश्नों का उत्तर नहीं तो इनपर सोचने का एक प्रयास है। जनता की याददाश्त बहुत छोटी होती है और उसका ध्यान तात्कालिक अतीत और समकालीन परिणामों पर केंद्रित रहता है। भारत की समग्र सांस्थानिक याददाश्त संभवतः सरकार, यहाँ तक कि सरकार में भी, यह बहुत बेहतरीन नहीं है और आम समाज में विश्लेषकों के एक छोटे वर्ग तक सीमित है। संभवतः यह पुस्तक संस्थागत याददाश्त को ताजा करने में मदद करेगी। हम अतीत को समझे

बिना किसी भी तरीके से भारत-पाकिस्तान संबंधों के भविष्य को निर्धारित नहीं कर सकते।

भारत-पाक संबंधों पर शोध करने और इस पुस्तक को लिखने के दौरान मैंने इतिहास, समाज और राजनीतिक विकास की आश्चर्यजनक विडंबनाओं को देखा। इनमें से कुछ का जिक्र करना उपयुक्त होगा। मुसलिम लीग द्वारा अपनाया गया द्विराष्ट्र का सिद्धांत, जिसके आधार पर पाकिस्तान का निर्माण हुआ, वास्तव में विभाजन-पूर्व भारत के मुसलमानों की व्यापक आकांक्षाओं और राजनीतिक धारणाओं का प्रतिनिधित्व नहीं करता था। यहाँ तक कि ब्रिटिश भारत के उन प्रांतों, जो पाकिस्तान में शामिल हुए, की जनता 'पाकिस्तान' की अवधारणा का पूर्ण समर्थन नहीं करती थी, जबकि पूर्वी पाकिस्तान विघटित होकर बँगलादेश के रूप में उभरा। विभाजन-पूर्व पंजाब, उत्तर-पश्चिमी सीमा प्रांत और बलूचिस्तान के लोग भी एक अलग मुसलिम राष्ट्र के निर्माण के विषय में अधिक खुश नहीं थे। केवल बंगाल, संयुक्त प्रांत (अब उत्तर प्रदेश), बिहार, पंजाब और सिंध के मुसलमानों के एक वर्ग ने इसका समर्थन किया।

मुसलिम राष्ट्र को विभाजन-पूर्व भारत में रह रहे सभी मुसलमानों का राष्ट्र बनाने का विचार था। ऐसा नहीं हुआ। लगभग पचास प्रतिशत मुसलमान भारतीय गणतंत्र में ही रहे, जिसके कारण आज कल्पना के विपरीत भारत की मुसलिम जनसंख्या पाकिस्तान से अधिक है और यह विश्व में दूसरी सबसे अधिक मुसलिम आबादीवाला देश है। विभाजन के समय पाकिस्तानी और भारतीय नेताओं की उम्मीदें और आकलन पूरी तरह गलत साबित हुए। जिन्ना ने अगस्त 1947 में घोषणा की कि चूँकि पाकिस्तान का निर्माण हो चुका है, इसलिए हिंदू-मुसलमान शत्रुता के कारणों को समाप्त हो जाना चाहिए और भारत व पाकिस्तान को सद्भावनापूर्ण वातावरण में रहना चाहिए। पाकिस्तान के लिए उनका दृष्टिकोण एक मुसलिम बहुल बहुलतावादी, सहनशील और लोकतांत्रिक देश का था। महात्मा गांधी विभाजन के विरुद्ध थे। नेहरू ने भारत-पाकिस्तान संबंधों के भविष्य के बारे में जिन्ना के समान विचार प्रकट किए।

भविष्य का अनुमान लगानेवाले एकमात्र राजनेता थे सन् 1947 में भारतीय राष्ट्रीय कांग्रेस के अध्यक्ष और भारत के प्रथम शिक्षा मंत्री मौलाना अबुल कलाम आजाद। उन्होंने भविष्यवाणी की कि पाकिस्तान का निर्माण भारत के मुसलमानों को नुकसान पहुँचाएगा और सीमा की दोनों ओर उनकी इसलामी पहचान के बारे में संकट उत्पन्न करेगा। उन्हें पूर्वाभास हो गया था कि जातीय-भाषायी और

कट्टरवादी शक्तियाँ भारत और पाकिस्तान, खासकर पाकिस्तान को प्रभावित करेंगी। उनकी स्पष्ट धारणा थी कि भारत एवं पाकिस्तान एक दीर्घकालीन शत्रुतापूर्ण संबंधों के रास्ते पर चलेंगे, क्योंकि विभाजन एक सुनियोजित राजनीतिक व्यवस्था थी। उसने इस उपमहाद्वीप में लगभग ग्यारह वर्षों में विकसित हुए एक आम समाज को विखंडित कर दिया।

पूर्वी पाकिस्तान का विघटन द्विराष्ट्र के सिद्धांत के ताबूत में आखिरी कील थी। पाकिस्तान क्षेत्रीय असमानता, धार्मिक पहचान और भारत के मुसलमानों के रक्षक की भूमिका निभाने की महत्त्वाकांक्षा से जूझ रहा था। पाकिस्तान की इसलामी पहचान की एक खास विश्वसनीयता बनाने की बेकरारी ने पाकिस्तान की शासन व्यवस्था द्वारा विकसित चरमपंथी इसलाम के उद्भव को प्रोत्साहित किया।

सांस्कृतिक, बौद्धिक और सामाजिक स्तरों पर पाकिस्तान के नीति-निर्धारकों ने एक अन्य नीति का सहारा लिया, जो खाड़ी और पश्चिमी एशिया के देशों के साथ संबंध विकसित करना था। परिणामस्वरूप पाकिस्तान ने उपमहाद्वीपीय भारत में अपनी गहन ऐतिहासिक जड़ों से खुद को काट लिया और साथ-साथ वह खाड़ी व पश्चिमी एशिया के इसलामी समाज का भी अभिन्न अंग बनने में विफल रहा। इसका कारण यह साधारण सा तथ्य था कि उपमहाद्वीप में इसलाम पश्चिमी देशों व खाड़ी क्षेत्र के इसलाम से अलग है। उपमहाद्वीपीय इसलाम पर एक ओर अरब, तुर्की, पर्सियन और मध्य एशियाइयों के बीच सैकड़ों वर्षों के संपर्क का प्रभाव और समान रूप से समृद्ध व पुरातन हिंदू संस्कृति का प्रभाव था। पाकिस्तान ने अपनी राष्ट्रीय पहचान को नष्ट करके उसे पश्चिम एशियाई व खाड़ी देशों के साथ जोड़ने का प्रयास किया, जो सामाजिक या भावनात्मक स्तर पर एक सफल प्रयास नहीं था।

हाल के वर्षों में पाकिस्तान के मुसलमानों में कट्टरपंथी संघर्षों से स्थिति और भी खराब हुई है। अहमदियाओं को गैर-मुसलमान मानकर जाति से बहिष्कृत कर दिया गया है। शिया और सुन्नी सिर्फ सैद्धांतिक स्तर पर नहीं बल्कि हिंसक संघर्ष में गुत्थम-गुत्था हो रहे हैं। सिंधी, बलूची और पठानों की गहन पहचानों के परे जाने में इसलाम समर्थ नहीं हो पाया है, जो पंजाबियों के जनसंख्या संबंधी और राजनीतिक प्रभुत्व से अप्रसन्न हैं। आधी शताब्दी बीतने के बाद भी भारत के विभिन्न भागों से पाकिस्तान गए लोगों को अब भी 'मोहाजिर' कहा जाता है। इस स्थिति में गैर मुसलिम अल्पसंख्यकों के भविष्य के बारे में बोलना बेमानी है। विभाजन के समय हिंदू, ईसाई, सिख और अन्य संप्रदायों के लोग पश्चिमी पाकिस्तान

की जनसंख्या के लगभग तैंतीस प्रतिशत थे। विभिन्न स्रोतों से मिली सूचनाओं के अनुसार, अब ये अल्पसंख्यक पाकिस्तान की कुल जनसंख्या के केवल पाँच से सात प्रतिशत हैं। संख्या संभवत: इससे भी कम है, क्योंकि पाकिस्तान में नियमित आधार पर जनगणना नहीं होती।

पाकिस्तानी समाज में तनाव और चिड़चिड़ापन एक संवेदनशील स्थिति पर स्थिर है। लोकतंत्र की स्थापना के लिए शुरुआती पाँच वर्षों के प्रयास के बाद पाकिस्तान लगातार सैन्य तानाशाही से शासित रहा है; तब भी, जब आठवें दशक की शुरुआत और नौवें तथा अंतिम दशक के दौरान लोकतांत्रिक सरकारें अस्तित्व में थीं। इसका परिणाम भारत के साथ विषम शत्रुतापूर्ण संबंध रहा है। पाकिस्तानी समाज में विषमताएँ जितनी गहरी होती हैं, भारत के प्रति पाकिस्तान की नीतियाँ उतनी ही प्रतिकूल होती हैं।

इन नकारात्मक विचारों की निरंतरता को तीन तर्कों ने सहारा दिया—एक, भारत ने पाकिस्तान को उन क्षेत्रों से वंचित कर दिया, जिनपर उसका हक था। इसलिए 'विभाजन का अपूर्ण कार्य' पूरा करना है; दो, गहनतम स्तर पर भारत ने विभाजन को स्वीकार नहीं किया है; तीन, भारत में हिंदू बहुल आम समाज भारत व पाकिस्तान के मुसलमानों को नष्ट करना और उनपर शासन करना चाहता है। पिछले पचास वर्षों के अनुभव की कसौटी पर जाँच करने के बाद इनमें से कोई भी तर्क उपयुक्त नहीं प्रतीत होता।

पाकिस्तान के प्रति भारतीय धारणाओं में भी ऐसे ही नकारात्मक तत्त्व रहे हैं। ब्रिटेन द्वारा भारत के विभाजन का उद्देश्य यह था कि हिंदू क्षेत्रों को छोटे-छोटे राजनीतिक भूभागों में विखंडित कर दिया जाए और उपमहाद्वीप में सबसे बड़े व सुसंगत राजनीतिक शक्ति के रूप में पाकिस्तान का उद्भव हो। पाकिस्तान का आखिरी लक्ष्य भारत को विखंडित करना है। सन् 1948 में कश्मीर में पाकिस्तानी घुसपैठ और क्रमिक युद्ध इसी प्रयास का एक हिस्सा हैं। करगिल युद्ध और जम्मू एवं कश्मीर में छाया युद्ध इस दबाव के ताजा उदाहरण हैं। पाकिस्तानी गतिविधियों का विरोध करने में भारत निर्णायक और सख्त नहीं रहा है। भारत सभी बड़े युद्धों में पाकिस्तान को हराने के बावजूद पाकिस्तान के प्रति स्वैच्छिक रूप से उदार रहा है। पाकिस्तान का दीर्घकालीन रणनीतिक उद्देश्य यह सुनिश्चित करना है कि भारत दक्षिण एशियाई क्षेत्र में सबसे प्रभावी ताकत के रूप में न उभरे। पाकिस्तानी सत्ता व्यवस्था भारत में हिंदू बहुल आम समाज के प्रति शत्रुतापूर्ण दृष्टिकोण रखती है। पाकिस्तान ने बहुत से मुसलिम देशों, एशियाई और पश्चिमी शक्तियों का समर्थन

हासिल कर लिया है, ताकि भारत को सुरक्षात्मक रुख अपनाने के लिए विवश कर सके। भारतीय धर्मनिरपेक्षता, लोकतंत्र और संवैधानिक संस्थानों पर पाकिस्तान का बार-बार सवाल उठाना भारत में मतभेद पैदा करने का समझा-बूझा प्रयास है। जम्मू एवं कश्मीर, पंजाब और भारत के उत्तर-पूर्वी राज्यों में अलगाववादी तथा विध्वंसक शक्तियों को पाकिस्तान का सहयोग भारत की इस धारणा की पुष्टि करता है।

यह उल्लेखनीय है कि आपसी शत्रुतापूर्ण धारणाओं के बावजूद भारत और पाकिस्तान के बीच आम जनसंपर्क अस्तित्व में रहा है। भले ही यह अस्थायी हो, लेकिन यह प्रक्रिया चलती रहती है, चाहे इसमें कितनी भी कठिनाइयों का सामना करना पड़े। सबसे महत्त्वपूर्ण यह है कि दोनों देशों में यह धारणा मजबूत हो रही है कि भारत व पाकिस्तान के लोगों के बीच संपर्क से ही राजनीतिक दुराग्रह पर काबू पाया जा सकता है। यह धारणा सही है या नहीं, यह एक अलग बात है।

भारत-पाकिस्तान संबंधों के बारे में कुछ अनुमान अकसर लगाए जाते हैं—पहला, भारत व पाकिस्तान में आम लोग एक-दूसरे के संपर्क में आना चाहते हैं, लेकिन सरकारें इसे रोकती हैं; दूसरा, भारतीयों और पाकिस्तानियों की नई पीढ़ी पुराने पूर्वाग्रहों को तोड़ सकती है; तीसरा, सांस्कृतिक व बौद्धिक संपर्क के समर्थन से सामान्य आर्थिक व तकनीकी सहयोग आपसी संबंधों में सुधार ला सकता है।

इस पुस्तक का आखिरी अध्याय इन अनुमानों की उपयुक्तता की जाँच करने का प्रयास करता है। शुरुआती प्रतिक्रिया दूँ तो पहले दोनों अनुमान उपयुक्त नहीं हैं। संबंधों को सामान्य करने की चुनौतियों से जूझ रही यह भारतीयों व पाकिस्तानियों की तीसरी पीढ़ी है। अब तक विभाजन की यादें धुँधली होती नहीं दिखीं, न ही पूर्वाग्रहों से मुक्ति मिली है। तीसरे अनुमान में दम है। पाकिस्तान भारत के साथ आर्थिक संबंधों के बारे में गंभीर आशंकाओं से ग्रस्त है, क्योंकि उसे डर है कि एक बड़े पड़ोसी द्वारा उसका शोषण किया जा सकता है और उसे दबाया जा सकता है। यह अनुमान लगाना तार्किक होगा कि सूचना-क्रांति और आर्थिक भूमंडलीकरण पाकिस्तान व भारत को अपनी प्रवृत्तियाँ व नीतियाँ बदलने के लिए विवश कर सकते हैं।

मैं हार्दिक आशा करता हूँ कि ऐसा हो।

आगरा शिखर वार्त्ता मध्य जुलाई 2001 में हुई और अनिर्णीत रही। अनुमान यह था कि भारत और पाकिस्तान के बीच संबंध आगरा की विफलता के फलस्वरूप उत्पन्न विकट परिस्थितियों पर केंद्रित रहेंगे। आगरा वार्त्ता से पहले भी भारत के वरिष्ठ राजनीतिज्ञों से अपनी बातचीत में मैंने यही महसूस किया। मुझे सम्मेलन

से पहले प्रधानमंत्री वाजपेयी, विपक्ष की नेता सोनिया गांधी और विदेश मंत्री जसवंत सिंह से बात करने का सौभाग्य प्राप्त हुआ। मैं प्रधानमंत्री वाजपेयी द्वारा दिए गए भोज के दौरान पाकिस्तान के विदेश मंत्री अब्दुल सत्तार और खुद मुशर्रफ से भी मिला।

इन वरिष्ठ राजनेताओं की सार्वजनिक मुद्रा जो भी रही हो, वे आगरा में नाटकीय परिणामों की अपेक्षा नहीं कर रहे थे। उनका यह मानना था कि बातचीत को बरकरार रखना एक कठिन प्रक्रिया होगी, जिसपर दोनों देशों की सरकारों को अपना ध्यान केंद्रित करना चाहिए।

ये पूर्वानुमान 11 सितंबर, 2001 के आतंकवादी हमले के बाद नाटकीय तरीके से बदल गए। दो माह बाद भारतीय संसद् पर आक्रमण के बाद भारत-पाकिस्तान तनाव चरम सीमा पर पहुँच गया। अब जनरल मुशर्रफ एक दुविधापूर्ण स्थिति में हैं। यदि उन्हें सत्ता में रहना है तो वह अपने देश में इसलामी कट्टरपंथियों का एक सीमा से अधिक विरोध नहीं कर सकते। दूसरी ओर, उन्हें धार्मिक कट्टरता और आतंकवाद से खुद को अलग करने के अमेरिका के नेतृत्ववाले अंतरराष्ट्रीय दबाव का ध्यान भी रखना है। जैसा इस पुस्तक से प्रतीत होता है, भारत-पाकिस्तान संबंध एक और जबरदस्त घुमाववाले मोड़ पर पहुँच चुके हैं।

यह सूक्ति है और मैं स्वीकार करता हूँ कि जो लोग इस पुस्तक को पढ़ेंगे, वे इसके आकलनों व निष्कर्षों से सहमत नहीं हो सकते हैं। हर पुस्तक ज्ञान की प्रक्रियाओं और किसी व्यक्ति विशेष के अनुभवों को प्रतिबिंबित करती है। इस पुस्तक में कोई भी कमी हुई तो यह मेरी जिम्मेदारी है। इस पुस्तक की पांडुलिपि तैयार करने में अपने सहयोगी आर.एन. शर्मा का मैं आभारी हूँ। पुस्तक को हिंदी में अनुवादित करने में श्रीमती दीपिका रानी ने योग्यतापूर्वक परिश्रम किया है, उन्हें साधुवाद। हिंदी संस्करण के प्रकाशन से मुझे अधिक प्रसन्नता इसलिए हो रही है कि अब यह हिंदी के जागरूक पाठकों के हाथों में पहुँच सकेगी।

—जे.एन. दीक्षित

अनुक्रमणिका

1. युद्ध और शांति में : भारत तथा पाकिस्तान १९
2. करगिल युद्ध की जटिलताएँ ३७
3. सूक्ष्म अवलोकन ८८
4. शत्रुता की शुरुआत १०९
5. लोकतंत्र से तानाशाही और युद्ध की ओर १४२
6. पाकिस्तान का विघटन १८५
7. सरदार स्वर्ण सिंह और आत्मसमर्पण २३९
8. तख्तापलट से तख्तापलट तक २६६
9. कश्मीर : विवाद की असाध्य जड़ ३४७
10. भारत और पाकिस्तान : परमाणु शक्ति-संपन्न राष्ट्र ३७०
11. पश्चावलोकन और संभावनाएँ ३९७
12. आगरा शिखर वार्त्ता और उसके बाद ४५३
13. अनिश्चितताएँ या अवसर ४७०

परिशिष्ट-1 : पाकिस्तान : जन्म और उद्देश्य ४९६

परिशिष्ट-2 : सन् 1994 से 2000 तक के बीच का महत्त्वपूर्ण द्विपक्षीय बैठकों का कार्यक्रम ५१५

परिशिष्ट-3 : संयुक्त बयान ५२०

परिशिष्ट-4 : सहमति-पत्र ५२२

परिशिष्ट-5 : लाहौर घोषणा-पत्र ५२४

परिशिष्ट-6 : शिमला समझौता, 1972 ५२६

परिशिष्ट-7 : ताशकंद घोषणा—10 जनवरी, 1966 ५२९

परिशिष्ट-8 : भारत और पाकिस्तान : सैन्य संतुलन (वर्ष 2000-2001) ५३२

: अध्याय 1 :

युद्ध और शांति में : भारत तथा पाकिस्तान

आई सी-814, कंधार तक

इतिहास में बहुत कम ऐसे उदाहरण मिलेंगे, जब दो राष्ट्र आम जनजीवन में गहन और विस्तृत समानताओं के बावजूद आपसी संघर्ष की स्थिति में ठहर-से गए हों। स्वतंत्र देशों के रूप में अस्तित्व में आने के बाद से ही भारत और पाकिस्तान ने कई कारणों से लगातार एक-दूसरे के प्रति शत्रुतापूर्ण रवैया अपना रखा है। इस पुस्तक का उद्देश्य मात्र उन कारणों के विस्तार में जाना नहीं है, बल्कि पिछले पचास वर्षों में युद्ध व संघर्ष की स्थिति, जिनमें शांति की मामूली अवधियाँ शामिल हैं, के दौरान दोनों देशों के सत्ता-केंद्रों और जनमत की गूढ़ धारणाओं, शंकाओं, प्रेरणाओं तथा प्रवृत्तियों आदि को समझना है।

एक क्रमबद्ध सर्वेक्षण सामान्यत: सन् 1947 में हुए विभाजन से आरंभ होना चाहिए, जिसके बाद परस्पर विरोध के आधार-बिंदुओं का सर्वेक्षण होना चाहिए, जिसमें सन् 1948, 1965, 1971 और 1999 के सैन्य संघर्ष को संदर्भ रूप में इस्तेमाल करना चाहिए; परंतु ऐसा क्रमिक, तार्किक और कालानुसार तरीका उस तत्परता को कम कर देगा, जो अपने खिलाफ पाकिस्तानी काररवाइयों के जवाब में भारत के दृष्टिकोण में होना चाहिए। भारत के प्रति पाकिस्तान की यह दुश्मनी कई मायनों में भूभाग-संबंधी विवादों, जैसे—कश्मीर विवाद या भारत की सैन्य क्षमताओं के बारे में रणनीतिक चिंताओं से आगे निकल जाती है। ऐसी परिस्थितियों से बचने के लिए विपरीत दिशा से विवरण और विश्लेषण की प्रक्रिया का आरंभ करना उचित होगा, जिसे भारत के विरुद्ध अनावश्यक हिंसा की अंतिम (शायद नवीनतम नहीं) काररवाई से शुरू किया जाए, जो 24 दिसंबर, 1999 को काठमांडू से दिल्ली

आ रही इंडियन एयरलाइंस फ्लाइट 814 के अपहरण का मामला है।

इस अपहरण की त्रासदी से संबंधित सामान्य विवरण जनवरी 2000 से आम जनता की जानकारी में हैं। कुछ अधिक चिंताजनक और राजनीतिक रूप से आलोचनात्मक विवरण पाठकों की जानकारी में आना चाहिए। उस नाटकीय घटनाक्रम का वर्णन आरंभ करने से पहले पाकिस्तान की राजनीतिक कूटनीति और नीति-निर्धारण को समझना प्रासंगिक होगा, जो ऐसी हिंसक गतिविधियों की जड़ है। यह जानना भी उतना ही महत्त्वपूर्ण है कि पाकिस्तानी जनता ने अपहरण की घटना पर कैसी प्रतिक्रिया जताई। राष्ट्रीय सुरक्षा सलाहकार समिति के पूर्व सदस्य के नाते मैं इस बात की पुष्टि कर सकता हूँ कि जब मई-जुलाई 1999 के करगिल संघर्ष के बाद पाकिस्तान को अपने क्षेत्र में वापस जाने के लिए मजबूर कर दिया गया था, तब भारत सरकार और भारतीय रणनीतिक विश्लेषकों का अनुमान था कि पाकिस्तानी सरकार, सैन्य बलों के मुख्यालय और इंटर सर्विसेज इंटेलिजेंस (आई.एस.आई.) न केवल जम्मू एवं कश्मीर, बल्कि भारत के अन्य संवेदनशील क्षेत्रों में भी आतंकवाद और हिंसा की कारवाइयों को तेज करने का प्रयास करेंगे। यहाँ तक कि करगिल संघर्ष के दौरान भी यह अनुमान लगाया गया था कि पाकिस्तान ने जम्मू एवं कश्मीर में डेढ़ हजार से दो हजार तक भाड़े के हथियारबंद आतंकवादियों की घुसपैठ कराई है।

घुसपैठ की यह प्रक्रिया लगातार चलती रही है। भारत को सुरक्षात्मक दृष्टिकोण अपनाने के लिए विवश करने, सरकार को अस्थिर करने और पूरे भारत में उच्च स्तर पर तनाव उत्पन्न करने की योजना के तहत पाकिस्तानी अराजक तत्त्वों को नेपाल, बँगलादेश और अन्य दक्षिण-पूर्व एशियायी देशों से भारत के विभिन्न भागों में भेजा जाता रहा है। इस बात के संकेत मिले हैं कि भारत के विरुद्ध अराजक गतिविधियाँ जारी रखने के लिए काठमांडू, ढाका और बैंकॉक को आधार के रूप में आई.एस.आई. इस्तेमाल कर रही है। उत्तर-पूर्वी राज्यों में पाकिस्तानी खुफिया एजेंसी और हिंसक अलगाववादी आंदोलनों के बीच जुड़ाव सुरक्षा के वातावरण को प्रभावित कर रहा है। यह ध्यान देने योग्य बात है कि पाकिस्तान और काठमांडू के बीच सीधी अंतरराष्ट्रीय उड़ानें हैं, जबकि इस रूट पर यात्रियों की संख्या उतनी नहीं है कि ऐसी सीधी उड़ानें व्यावसायिक रूप से फायदेमंद हों। ये उड़ानें अराजक तत्त्वों और उनके हथियारों को भारत के पड़ोसी देशों तक ले जाने की साधन हैं, जहाँ से उन्हें भारत के विभिन्न राज्यों में भेजा जाता है। इसमें पुष्ट सूचनाएँ हैं कि उत्तर-पूर्व की हिंसक अलगाववादी संस्थाओं के लिए आई.एस.आई. सन् 1993

के मध्य से बँगलादेश और भूटान में प्रशिक्षण शिविर चलाता है। पाकिस्तान और भारत के पड़ोसियों के बीच सीधी उड़ानों के अलावा भारत और नेपाल के बीच अपेक्षाकृत खुली सीमा (औपचारिक यात्रा-प्रमाणों की आवश्यकता के बिना) का दुरुपयोग पाकिस्तान द्वारा किया जा रहा है।

करगिल संघर्ष के बाद से पाकिस्तानी आतंकवादियों ने जम्मू एवं कश्मीर, हिमाचल प्रदेश और अन्य प्रदेशों में आम जनता को आतंकवादी हमलों का शिकार बनाया है। जुलाई 1999 के बाद से पाकिस्तानी एजेंटों और देशद्रोही व्यक्तियों व संगठनों तक गुप्त रूप से हथियारों और विस्फोटकों की आपूर्ति में वृद्धि हुई है। इसका उद्देश्य मात्र जम्मू एवं कश्मीर पर कब्जा करना नहीं, बल्कि गंभीर रणनीतिक स्तर पर भारतीय राज्यों को कमजोर करना और यदि संभव हो तो भारत को क्षेत्रीय आधार पर टुकड़ों में विभाजित करना है। यह देखते हुए कि नेपाल की इंटेलिजेंस और प्रशासनिक संरचना पाकिस्तानी काररवाइयों का सामना करने में समर्थ नहीं है, नेपाल को ऐसी काररवाइयों के आधारस्थल के रूप में चुना गया, इसके बावजूद कि नेपाल और भारत के बीच अच्छे संबंध हैं और नेपाल पाकिस्तानी घुसपैठ को विफल करने में भारत को सहयोग देने का इच्छुक है।

तथ्य और कालक्रम

इंडियन एयरलाइंस के विमान आई सी-814 का अपहरण 24 दिसंबर, 1999 को किया गया। इंडियन एयरलाइंस का विमान, जिसे काठमांडू से दिल्ली आना था, को उड़ान भरने के चंद मिनटों के बाद ही, भारतीय समयानुसार सायं चार बजकर तिरपन मिनट पर अपहृत कर लिया गया। दिल्ली के पालम हवाई अड्डे के एयर ट्रैफिक कंट्रोल को चार बजकर छप्पन मिनट पर इस अपहरण की सूचना मिली। एयर ट्रैफिक कंट्रोल को मिली शुरुआती सूचनाओं में यह भी थी कि अपहरणकर्ता विमान को लाहौर ले जाने की माँग कर रहे थे। अपहरणकर्ताओं की संख्या और उनकी माँगों के विषय में कोई विस्तृत सूचना उपलब्ध नहीं थी। विमान को लाहौर में उतरने की अनुमति नहीं दी गई। उसमें ईंधन की कमी हो रही थी, इसलिए अपहरणकर्ता विमान को अमृतसर में उतारने के लिए तैयार हो गए। विमान सात बजे अमृतसर पहुँचा। अपहरणकर्ताओं ने तत्काल ईंधन भरने की माँग की। इसी बीच भारत सरकार ने इस संकट से निपटने के लिए संस्थागत और ऑपरेशनल प्रबंधों को सक्रिय किया। तुरंत केंद्रीय सचिव की अध्यक्षता में क्राइसिस मैनेजमेंट ग्रुप (संकट प्रबंधन समूह) की बैठक बुलाई गई। नेशनल सिक्योरिटी गार्ड्स

(एन.एस.जी.) को सावधान कर दिया गया। हाईजैकिंग से निपटनेवाली एन.एस.जी. की इकाई को विमान तक पहुँचाने की प्रक्रिया शुरू की गई। एक संपूर्ण केंद्रीय बैठक के अलावा सुरक्षा पर केंद्रीय समिति की बैठक आयोजित की गई। यह बैठक 31 दिसंबर, 1999 को अपहरण की समाप्ति तक रोजाना होती रही।

अमृतसर में अधिकारियों को निर्देश दिए गए कि वे विमान को उड़ान भरने से रोककर रखें और ईंधन भरने का काम तब तक विलंबित रखें जब तक अपहरण से निपटनेवाला दल वहाँ पहुँच न जाए। जब अपहरणकर्ताओं ने विमान को उड़ने से रोकने के लिए रनवे पर भारी ट्रक और बस खड़ी करते देखे तो उन्हें एहसास हो गया कि विमान को जानबूझकर विलंबित किया जा रहा है। उन्होंने अचानक विमान में ईंधन न लेने का फैसला लिया और बंदूक की नोंक पर पायलट को पाकिस्तान की ओर उड़ान भरने का आदेश दिया। विमान ने बिना ईंधन लिये और अमृतसर पर एयर ट्रैफिक कंट्रोल की अनुमति के बिना शाम सात बजकर उनचास मिनट पर उड़ान भरी। अपहरणकर्ताओं ने फिर विमान को लाहौर ले जाने की माँग की। पाकिस्तानी अधिकारियों ने शुरुआत में विमान को लाहौर उतरने की अनुमति देने से इनकार कर दिया, परंतु जब पायलट ने उन्हें सूचित किया कि ईंधन के अभाव में उसे विमान को गिरा देने के लिए विवश किया जा सकता है, तो उन्होंने विमान उतारने की इजाजत दे दी। विमान रात के आठ बजकर सात मिनट से साढ़े दस बजे तक लाहौर हवाई अड्डे पर खड़ा रहा। ईंधन भरने के बाद अपहरणकर्ताओं ने विमान को काबुल ले चलने की माँग की। काबुल एयर ट्रैफिक कंट्रोल ने पायलट को सूचित किया कि वहाँ रात में उतरने की सुविधा नहीं है। इसपर अपहरणकर्ताओं ने विमान को किसी खाड़ी देश में ले चलने के लिए कहा। इसके लिए दुबई को चुना गया।

आई सी-814 25 दिसंबर, 1999 को रात के एक बजकर बत्तीस मिनट पर दुबई हवाई अड्डे पहुँचा। इसके बाद भारत के विदेश मंत्रालय ने विश्व की प्रमुख सरकारों, खासकर अमेरिका, खाड़ी देशों और संयुक्त राष्ट्र सुरक्षा परिषद् से संपर्क साधा। तब मैं वाशिंगटन में भारत के तत्कालीन राजदूत नरेश चंद्रा के साथ था, जब अपहरण की सूचना के साथ उन्हें संबंधित अमेरिकी अधिकारियों से संपर्क करने को कहा गया, ताकि पाकिस्तान और खाड़ी देशों पर दबाव बनाया जा सके। भारतीय और अमेरिकी समय की भिन्नता के कारण राजदूत को जानकारी थी कि विमान अंत में दुबई ले जाया गया है। मैं उन टेलीफोन कॉलों और बैठकों की शृंखला का साक्षी हूँ, जो अमेरिकी सरकार को सक्रिय करने के लिए राजदूत चंद्रा

ने आयोजित कीं। अमेरिकी उप-विदेश मंत्री स्ट्रोब टालबोट और विदेश विभाग के आतंकवाद-निरोधक गतिविधियों के प्रभारी राजदूत माइकल ए. शीहान ने आश्वासन दिया कि अमेरिकी सरकार भारतीय अधिकारियों के साथ पूरा सहयोग करेगी। इसमें यह आश्वासन भी शामिल था कि संयुक्त अरब अमीरात की सरकार और दुबई में अधिकारियों का सहयोग प्राप्त होने पर विमान को दुबई से उड़ान भरने नहीं दिया जाएगा। अबूधाबी में भारतीय राजदूत और दुबई में भारतीय महावाणिज्य दूत ने तुरंत दुबई में अधिकारियों से संपर्क किया।

जब तब अपहरणकर्ता इस बात पर विचार-विमर्श कर रहे थे कि दुबई से कहाँ जाना है। वे बंधकों को न छोड़ने पर अड़े रहे। वे अमृतसर में ही संदेश दे चुके थे कि यदि विमान में ईंधन न भरा गया और बाद में यदि उनकी माँगें न मानी गईं तो वे बंधकों को एक-एक करके मारना शुरू कर देंगे। उन्होंने यह भी घोषणा की कि उन्होंने उन बंधकों को चुन लिया है, जिन्हें पहले मारा जाएगा। उनमें से एक (नवविवाहित) युवक रुपिन कत्याल को तो अपहरणकर्ताओं ने मार डाला, क्योंकि वह उनके आदेशों का पालन चुपचाप नहीं कर रहा था और क्रोध व उत्तेजना में उनका प्रतिकार कर रहा था। दुबई में अधिकारियों ने अपहरणकर्ताओं को एक सौ अस्सी यात्रियों में से सत्ताईस को छोड़ने के लिए मना लिया। रुपिन कत्याल का शव भी दुबई में उतार दिया गया। उसके बाद आई सी-814 ने दुबई से उड़ान भरी, क्योंकि स्थानीय अधिकारियों ने महसूस किया कि यदि उन्होंने विमान के उड़ने में और अधिक देरी की तो बंधकों का जीवन खतरे में पड़ सकता है। संभवतः यू.ए.ई. सरकार अपहरणकर्ताओं के साथ बातचीत की जटिलताओं में नहीं उलझना चाहती थी। विमान ने दुबई से सुबह आठ बजकर बीस मिनट पर उड़ान भरी। विमान को अफगानिस्तान लाने के लिए तालिबान अधिकारियों की स्वीकृति के बाद 26 दिसंबर को विमान आठ बजकर तिरपन मिनट पर कंधार हवाई अड्डे पर पहुँचा। आई सी-814 31 दिसंबर की शाम को अपहरण समाप्त होने तक कंधार हवाई अड्डे पर खड़ा रहा।

जैसे-जैसे समय बीतता गया, भारत सरकार के सामने अपहरणकर्ताओं की पहचान स्पष्ट होती गई। भारत सरकार ने छह अपहरणकर्ताओं की पहचान की जिनमें पाँच पाकिस्तानी थे। वे थे—इब्राहिम अतर, सनी अहमद काजी, शाहिद अख्तर सईद, मिस्त्री जहूर इब्राहिम और शाकिर। मुख्य अपहरणकर्ता इब्राहिम अतर पाकिस्तान में बहावलपुर का निवासी और हरकत-उल-अंसार या हरकत-उल-मुजाहिदीन संगठनों के प्रमुख आतंकवादी मौलाना मसूद अजहर का भाई था।

शाकिर सिंध के सुक्कूर का रहनेवाला था। बाकी तीन अपहरणकर्ता कराची के थे। इनमें पहले यूसुफ नेपाली भी शामिल था, जिसने अपहरण में शामिल होने से बाद में इनकार कर दिया; लेकिन वह अपहरणकर्ताओं के सहयोगी और संपर्क सूत्र के रूप में काम कर रहा था।

भारतीय अधिकारियों के सामने रखी गई माँगों के स्वरूप और उनपर भारतीय राजनीतिक तथा समझौते-संबंधी प्रतिक्रियाओं का वर्णन विस्तार से करना उचित होगा। इसके लिए 28 फरवरी, 2000 को तत्कालीन विदेश मंत्री जसवंत सिंह द्वारा संसद् के दोनों सदनों में दिए गए बयान के अंशों को उद्धृत करना बेहतर होगा—

'अपहरण से उत्पन्न परिस्थिति को सँभालने के लिए सरकार ने अपने लिए स्पष्ट प्राथमिकताएँ तय कीं। ये थीं—(अ) अपहरण का जल्द-से-जल्द समापन, (ब) यात्रियों, चालक दल और एयरक्राफ्ट की सुरक्षित वापसी और (स) राष्ट्रीय सुरक्षा को सुनिश्चित करना। जिस तरीके से अपहरण की समाप्ति सुनिश्चित की गई, उससे सरकार द्वारा तय प्राथमिकताएँ पूरी हुईं।'

मंत्री ने कहा, 'विमान के कंधार पहुँचने के तुरंत बाद इस घटना के विषय में अंतरराष्ट्रीय समुदाय को सूचित करने का अभियान शुरू हुआ। पहले पाकिस्तान के विदेश मंत्री से सहयोग के लिए संपर्क किया गया। संयुक्त अरब अमीरात के अधिकारियों, जिन्हें पहले ही सूचित किया जा चुका था, को भी सहयोग के लिए कहा गया। 25 दिसंबर को मैंने व्यक्तिगत रूप से पड़ोसी देशों के विदेश मंत्रियों सहित कई विदेश मंत्रियों, संयुक्त राष्ट्र सुरक्षा परिषद् के सदस्य देशों और उन देशों से संपर्क किया, जिनके नागरिक अपहृत विमान में मौजूद थे। विदेश सचिव ने भी अन्य विदेश सचिवों और नई दिल्ली में कूटनीतिक शिष्टमंडलों के प्रमुखों से बातचीत की। सहयोग के लिए हमें आश्वस्त किया गया। कंधार में अपहृत विमान के पहुँचने के बाद हमारे सुझाव पर अफगानिस्तान के लिए संयुक्त राष्ट्र मानवीय संयोजक और उन देशों के प्रतिनिधि, जिनके नागरिक विमान में सवार थे, ने कंधार में विशेष दूत भेजे।'

नेपाल सरकार ने विमान अपहरण की घटना में नेपाल की भूमिका की जाँच के लिए एक आयोग गठित किया। आयोग की रिपोर्ट सार्वजनिक नहीं की गई, लेकिन काठमांडू के त्रिभुवन हवाई अड्डे के कुछ अधिकारियों के खिलाफ काररवाई की गई। शुरुआती हिचकिचाहट के बाद यू.ए.ई. के अधिकारियों ने विमान को दुबई में उतारने का अनुरोध स्वीकार कर लिया। अपहरणकर्ताओं के साथ उनकी बातचीत के बाद सत्ताईस यात्रियों को रिहा किया गया और मारे गए यात्री का शव

भी दिया गया।

पाकिस्तानी अधिकारियों ने शुरुआती इनकार के बाद विमान को लाहौर हवाई अड्डे पर उतारने की अनुमति दे दी। सहायता के लिए भारत के अनुरोध के जवाब में पाकिस्तानी विदेश मंत्री ने कहा कि उनकी सरकार कानून और पारदर्शिता के अनुरूप काम करेगी। भारत के उच्चायुक्त को इसलामाबाद से जल्दी-से-जल्दी लाहौर पहुँचने के लिए एक हेलीकॉप्टर उपलब्ध कराया गया। बहरहाल, उसके उड़ान भरने से पहले ही विमान को दस बजकर बत्तीस मिनट पर लाहौर से उड़ने की अनुमति दे दी गई। लाहौर में कैप्टन की सलाह पर अपहरणकर्ताओं ने कुछ महिलाओं, बच्चों और घायल यात्रियों को छोड़ने का प्रस्ताव रखा, जिसे लाहौर के एयर ट्रैफिक कंट्रोल ने नामंजूर कर दिया। तब तक कोई मौत नहीं हुई थी; हालाँकि दो यात्रियों को छुरे मारे गए थे। लाहौर से दुबई के बीच जख्मी कत्याल का दम टूट गया।

आई सी-814 25 दिसंबर को सुबह आठ बजकर तैंतीस मिनट पर कंधार पहुँचा। विमान अब तालिबान अधिकारियों के नियंत्रण-क्षेत्र में था। भारत ने तालिबान को स्वीकृति नहीं दी थी और उनके साथ भारत का कोई औपचारिक संबंध नहीं था। तुरंत इसलामाबाद में भारत के उच्चायोग और तालिबान अधिकारियों के बीच एयर ट्रैफिक कंट्रोल पर संपर्क स्थापित किए गए।

27 दिसंबर की सुबह इसलामाबाद स्थित भारतीय उच्चायोग के एक अधिकारी को कंधार भेजा गया। 27 की शाम को ही डॉक्टरों का दल और राहत दस्ता दिल्ली से कंधार पहुँचा। इस दल के साथ आए अधिकारी कंधार में मौजूद अन्य देशों के प्रतिनिधियों, संयुक्त राष्ट्र के अधिकारियों और तालिबान के अधिकारियों, जिसमें विदेश मंत्री वकील अहमद मुत्तवकिल भी शामिल थे, से मिले। इस दल ने विमान की स्थिति, यात्रियों के स्वास्थ्य और तालिबान व अपहरणकर्ताओं के बीच चल रही बातचीत की जानकारी हासिल की।

अपहरणकर्ताओं और भारतीय अधिकारियों के बीच सीधी बातचीत 27 दिसंबर की संध्या से 31 दिसंबर के बीच हुई। पहले अपहरणकर्ताओं ने दस भारतीय, पाँच विदेशियों और उनकी पसंद के अन्य यात्रियों के बदले मसूद अजहर की रिहाई की माँग की। इस प्रकार की खंडित माँग को सरकार ने पूर्णरूप से अस्वीकृत कर दिया। तालिबान और अपहरणकर्ताओं को सूचित कर दिया गया कि जब तक माँगों का औपचारिक, संपूर्ण और स्पष्ट विवरण नहीं दिया जाएगा तब तक बातचीत संभव नहीं है। यह तथ्य महत्त्वपूर्ण है कि तालिबान ने अपहरणकर्ताओं को उनकी

पूरी माँगें सामने रखने की सलाह दी। ऐसा ही किया गया। ये माँगें थीं—(1) मसूद अजहर समेत भारतीय हिरासत में मौजूद 36 आतंकवादियों की रिहाई, (2) आतंकवादी सजाद अफगानी का ताबूत और (3) 200 मिलियन अमेरिकी डॉलरों का भुगतान। जब इन माँगों को सार्वजनिक किया गया तो तालिबान ने अपहरणकर्ताओं को सलाह दी कि धन और अफगानी के ताबूत की माँग इसलाम के विरुद्ध है।

तत्पश्चात् अपहरणकर्ताओं ने आग्रह किया कि मसूद अजहर को पंद्रह बंधकों और उनकी पसंद के अन्य यात्रियों के बदले छोड़ा जाए। इस प्रस्ताव को सरकार ने फिर अस्वीकृत कर दिया। अंततः सभी बंधकों की रिहाई के बदले एक पूरा पैकेज तैयार किया गया। सरकार ने तीन आतंकवादियों—मसूद अजहर, मुश्ताक जरगर और उमर शेख को रिहा किया।

भारत ने तालिबान से कहा था कि रिहा किए गए आतंकवादियों को कंधार हवाई अड्डे पर लाया जाएगा, जहाँ से वे तालिबान के नियंत्रण में होंगे, न कि अपहरणकर्ताओं के। मंत्री ने कहा, 'यह स्पष्ट रूप से तालिबान को बता दिया गया है कि हम आशा करते हैं कि अपहरणकर्ताओं और रिहा किए गए आतंकवादियों से कानून की अनुरूपता में अपराधियों की तरह पेश आया जाए।'

तालिबान द्वारा अपहरणकर्ताओं और रिहा किए गए आतंकवादियों को अफगानिस्तान से जाने के लिए दस घंटे का समय दिए जाने का निर्णय 'उनका अपना था'।

नेपथ्य में

अपहरण के तथ्य या विमान का विभिन्न हवाई अड्डों पर उतरने का कालक्रम अधिक महत्त्व नहीं रखता। यह तथ्य जानना अधिक प्रासंगिक है कि अपहरण में पाकिस्तान की पूरी भागीदारी थी। यह जानकारी बाद की जाँचों में उभरकर सामने आई। अपहरण की योजना मुंबई और ढाका में मौजूद आई.एस.आई. एजेंटों ने तैयार की थी, जिसका पता इन एजेंटों और लंदन के बीच टेलीफोन पर हुई बातचीत को बीच में सुनने पर पता चला। इन टेलीफोन कॉलों की मॉनिटरिंग अमेरिका द्वारा उपलब्ध कराए गए तकनीकी सहयोग से संभव हो पाई। मुंबई में गिरफ्तार किए गए आई.एस.आई. कार्यकर्ता थे—मुहम्मद रेहन, मुहम्मद इकबाल, यूसुफ नेपाली, अब्दुल लतीफ फैजुल्लाह और सलीम अहमद कुआरी। अपहरण की तैयारी सितंबर 1999 के अंतिम सप्ताह/अक्तूबर के प्रथम सप्ताह में आरंभ हुई थी। मुंबई स्थित एक आई.एस.आई. कार्यकर्ता अब्दुल लतीफ अक्तूबर और नवंबर के अंत तक

कई बार काठमांडू गया। उसने मुख्य अपहरणकर्ता इब्राहिम अतर से मुंबई और काठमांडू में विचार-विमर्श किया। चूँकि काठमांडू पहुँचने के लिए बँगलादेश से होकर वायुमार्ग का भी इस्तेमाल किया गया होगा, इसलिए बँगलादेश स्थित आई.एस.आई. एजेंट भी इस योजना में सम्मिलित थे। वे ढाका के नूरानी मदरसा के फैजुल्लाह और अब्दुल रहमान थे। अपहरणकर्ताओं ने काठमांडू पहुँचने के लिए अलग-अलग रास्तों का इस्तेमाल किया। मुख्य अपहरणकर्ता मुंबई से हवाई मार्ग द्वारा कलकत्ता पहुँचा। वहाँ से न्यू जलपाईगुड़ी की ट्रेन पकड़ी और एक अन्य अपहरणकर्ता अख्तर सईद के साथ काठमांडू पहुँचा। तीसरा अपहरणकर्ता शकीर मुंबई से गोरखपुर तक ट्रेन से आया और वहाँ से काठमांडू की बस पकड़ी। चारों अपहरणकर्ता 15 दिसंबर, 1999 तक काठमांडू पहुँचकर अपनी कमान सँभाल चुके थे। उनके एक पाकिस्तान-आधारित संगठन 'हरकत-उल-अंसार', जिसने अमेरिका द्वारा 'आतंकवादी संगठन' घोषित किए जाने के बाद से अपना नाम 'हरकत-उल-मुजाहिदीन' रख लिया, से संबंध थे।

मसूद अजहर सन् 1994 में भारतीय अधिकारियों द्वारा गिरफ्तारी के बाद तक 'हरकत-उल-अंसार' के अधिक हिंसक और कट्टर नेताओं में से एक था। अपहरण में पाकिस्तानी अधिकारियों की भागीदारी इस तथ्य से भी साबित होती है कि काठमांडू से आई सी-814 के उड़ान भरने के थोड़ी देर पहले काठमांडू दूतावास में पहले वाणिज्य सचिव मुहम्मद अरशद चीमा कुछ अन्य अधिकारियों के साथ हवाई अड्डे पहुँचे और विश्राम कक्ष में जाकर खुले तौर पर मुख्य अपहरणकर्ता से बातचीत की। चीमा को एक आई.एस.आई. अधिकारी माना जाता है और वे सन् 1998 में सिख विद्रोहियों तक आर.डी.एक्स. पहुँचाने के लिए जिम्मेदार थे।

अपहरण के तुरंत बाद आई सी-814 के पायलट के लिए लाहौर चलने के लिए कहा गया। लाहौर ए.टी.सी. का शुरुआती तौर पर यह अनुरोध अस्वीकार करना एक नाटक था। जब विमान अमृतसर से बिना ईंधन लिये उड़ गया तो पायलट ने अपहरणकर्ताओं को चेतावनी दी कि ईंधन की अत्यंत कमी के कारण विमान को गिराना (क्रैश लैंड) पड़ सकता है। इसपर अपहरणकर्ताओं की प्रतिक्रिया थी, 'विमान को गिराओ, लेकिन पाकिस्तान में।' विमान को लाहौर में उतरने की अनुमति पायलट के अनुरोध पर नहीं, बल्कि अपहरणकर्ताओं और ए.टी.सी. लाहौर के बीच सीधी बातचीत के बाद दी गई। लाहौर में विमान में ईंधन भी तब भरा गया, जब अपहरणकर्ताओं ने ए.टी.सी. लाहौर से बात की। इस बात की सूचनाएँ हैं कि पाकिस्तानी सैन्य और इंटेलिजेंस अधिकारी ए.टी.सी. टावर में मौजूद थे।

एयरक्राफ्ट कमांडर ने जख्मी महिलाओं और बच्चों को उतारने की अनुमति देने के लिए अपहरणकर्ताओं पर दबाव डाला; लेकिन ए.टी.सी. लाहौर ने उनकी रिहाई की अनुमति नहीं दी, क्योंकि पाकिस्तान यह नहीं दिखाना चाहता था कि अपहरणकर्ताओं के साथ उसका किसी प्रकार का कोई समझौता है।

दुबई से उड़ान भरने के बाद ए.टी.सी. काबुल ने विमान को अफगानिस्तान में कहीं भी उतरने की अनुमति देने से इनकार कर दिया; परंतु अंत में विमान को कंधार में उतरने दिया गया, क्योंकि ए.टी.सी. लाहौर ने पायलट को यह जानकारी दी कि कंधार हवाई अड्डा अपहृत विमान को वहाँ उतरने देने के लिए तैयार है। इस बात की पुष्ट सूचनाएँ हैं कि 24 से 31 दिसंबर तक अपहरण की अवधि के दौरान आई.एस.आई. के मुख्य अधिकारी, अपहरणकर्ता और मुंबई में आई.एस.आई. के कार्यकर्ता टेलीफोन द्वारा हरकत-उल-अंसार के प्रमुख फजलुर रहमान खलील के लगातार संपर्क में थे। यह बात ध्यान देने योग्य है कि अपहरणकर्ताओं द्वारा जिन छत्तीस आतंकवादियों की रिहाई की माँग की गई, उनमें से सिर्फ एक कश्मीरी, एक अफगानिस्तानी और एक पाकिस्तानी मूल का ब्रिटिश नागरिक था। बाकी तैंतीस पाकिस्तानी थे।

जब 31 दिसंबर को अपहरण की समाप्ति हुई, तब अपहरणकर्ता और भारत सरकार द्वारा छोड़े गए आतंकवादी कंधार से सीधे बलूचिस्तान (पाकिस्तान) के क्वेटा पहुँचे। रिहा किया गया मुख्य आतंकवादी मौलाना मसूद अजहर बिना किसी रुकावट के वहाँ से पाकिस्तान में पंजाब के बहावलपुर स्थित अपने घर पहुँचा। बाद में उसने सार्वजनिक घोषणा की कि अपहरणकर्ता और रिहा किए गए कुछ आतंकवादी फिर से भारत के जम्मू एवं कश्मीर में पहुँच गए हैं। इस प्रकार अपहरणकर्ताओं और भाड़े के आतंकवादियों को पाकिस्तान के सीमा-नियंत्रण चौकियों के अधिकारियों द्वारा बिना किसी आपत्ति के पाकिस्तान की अंतरराष्ट्रीय सीमा से आगे जाने दिया गया। अंतरराष्ट्रीय स्तर पर चर्चित विमान अपहरण के तुरंत बाद वे गुप्त तरीके से नहीं, बल्कि खुलेआम अपने साथियों के साथ गए।

अपहरणकर्ता और छोड़े गए आतंकवादी 'हरकत-उल-मुजाहिदीन', जिसे पहले 'हरकत-उल-अंसार' के नाम से जाना जाता था, के सदस्य थे। इस संगठन को आई.एस.आई. का समर्थन और सहयोग प्राप्त है। यह विशेष महत्त्व की बात है कि पाकिस्तानी सरकार ने पाकिस्तान में भारत के पूर्व उच्चायुक्त सतीश चंद्र (बाद में राष्ट्रीय सुरक्षा परिषद् के सचिव) से मौलाना मसूद अजहर की रिहाई की बात की थी।

यह स्पष्ट है कि काठमांडू के त्रिभुवन हवाई अड्डे पर आई.एस.आई. सूत्रों ने अपहरणकर्ताओं को विमान में हथियार ले जाने में मदद की और इसमें सुरक्षा, कस्टम और इमाइग्रेशन (प्रवजन) अधिकारियों का भी कुछ सहयोग रहा होगा। सुरक्षा व्यवस्था सामान्य से कम सख्त थी, लेकिन एक विमान के अंदर हथियार ले जाना लापरवाही से कुछ अधिक की ओर इशारा करता है। हालाँकि नेपाल सरकार द्वारा कराई गई जाँच की रिपोर्ट सार्वजनिक नहीं की गई, लेकिन काठमांडू हवाई अड्डे के कुछ अधिकारियों को निलंबित करना और जाँच के दायरे में लाना इस बात को पुष्ट करता है।

अफगानिस्तान में तालिबान अधिकारियों का रवैया और भूमिका कुछ विश्लेषण की माँग करता है। कश्मीर मुद्‌दे पर तालिबान का भारत-विरोधी रुख और विश्व के विभिन्न भागों में सक्रिय आतंकवादी संगठनों के साथ उसके संपर्क जगजाहिर हैं। कंधार में एक भारतीय विमान को उतरने देने की स्वीकृति देना उनके लिए एक कठिन फैसला रहा होगा। यह मानवीय आधार पर न्यायोचित ठहराया जा सकता था, परंतु अपहरणकर्ताओं के प्रति किसी प्रकार का सकारात्मक रवैया तालिबान सरकार की आतंकवाद-समर्थक छवि को और खराब कर सकता था। तालिबान सरकार की राजनीतिक सहानुभूति आशा के अनुरूप अपहरणकर्ताओं के साथ थी, जिसका आधार तालिबान शासन का पाकिस्तानी सरकार, खासकर आई.एस.आई. के साथ राजनीतिक व सैन्य संबंध था।

तालिबान ने उल्लेखनीय ढंग से अपहरण मामले का प्रबंधन किया। हालाँकि तालिबान सुरक्षा बलों ने कंधार में विमान को घेर रखा था, लेकिन उन्होंने बंधकों की रिहाई और अपहरण की समाप्ति के लिए अपहरणकर्ताओं के पास कोई संदेश नहीं भेजा। मानवीय संवेदनाओं का सम्मान करनेवाली सरकार के रूप में अपनी विश्वसनीयता सिद्ध करने के लिए उन्होंने विमान में बंधकों तक दवाएँ और भोजन-सामग्री पहुँचाई। उन्होंने अपहरणकर्ताओं को यह चेतावनी भी दी कि अफगान क्षेत्र में किसी भी बंधक की हत्या बरदाश्त नहीं की जाएगी और इसके परिणामस्वरूप तालिबान की सेना उनके विरुद्ध कदम उठा सकती है।

जैसा तत्कालीन विदेश मंत्री जसवंत सिंह के पहले बयान में जिक्र किया गया है, तालिबान ने अपहरणकर्ताओं को 200 मिलियन डॉलरों की माँग को गैर-इसलामी कहते हुए वापस लेने के लिए भी कहा। तालिबान ने भारत सरकार के प्रतिनिधियों, संयुक्त राष्ट्र प्रतिनिधियों और अन्य बाहरी गैर-सरकारी संगठनों को भारतीय विमान में अपहरणकर्ताओं के साथ बातचीत की सुविधाएँ उपलब्ध कराईं।

तालिबान ने अपहरणकर्ताओं और रिहा किए जानेवाले आतंकवादियों को पाकिस्तान वापस जाने के लिए पर्याप्त समय देने का आश्वासन देकर उनके लिए सुरक्षित रास्ता निकाला। बहरहाल, उन सूचनाओं को चिंता का विषय होना चाहिए कि कंधार में विमान की मौजूदगी के दौरान तालिबान अधिकारियों द्वारा अपहरणकर्ताओं को अतिरिक्त हथियार उपलब्ध कराए गए। तालिबान ने भारत के इस अनुरोध पर ध्यान नहीं दिया कि अपहरणकर्ताओं और छोड़े गए आतंकवादियों को गिरफ्तार करके उनपर अपहरण के विरुद्ध अंतरराष्ट्रीय कानून के अनुसार अभियोग लगाया जाए।

संक्षेप में, तालिबान ने इस संकट के हल के लिए न्यूनतम आवश्यक सहयोग दिया, परंतु अपहरण की कोई निंदा नहीं की गई। दिया गया सहयोग भी अंतरराष्ट्रीय स्वीकृति हासिल करने के लिए था। यह एक खोखली चेष्टा थी।

रिहाई के बाद मौलाना मसूद अजहर की गतिविधियों ने इस बात को पुष्ट किया कि पाकिस्तानी अधिकारी अपहरण और अजहर के राजनीतिक व आतंकवादी एजेंडा के समर्थक थे। अपने घर पहुँचने पर धूमधाम से उसका स्वागत किया गया, जहाँ स्थानीय पाकिस्तानी अधिकारी भी मौजूद थे। उसने बहावलपुर पहुँचने के बाद छह सप्ताह तक लगातार कई जन-सभाओं को संबोधित किया, जिनमें उसने दावा किया कि अपहरण जुर्म नहीं, बल्कि जेहाद (पवित्र युद्ध) का एक रूप था। उसने यह भी कहा कि उसके संगठन का मूल राजनीतिक उद्देश्य बल द्वारा भारतीय राज्य जम्मू एवं कश्मीर पर कब्जा करना है। उसने कहा कि उसने भारत के खिलाफ जेहाद करने के लिए लगभग आधे मिलियन हथियारबंद लोगों का दल बनाने की योजना बनाई थी। यह उत्तरी सिंध और पाकिस्तान के पंजाब में दिए गए उसके बयानों का सारांश है। उसके भाषणों के ऑडियो कैसेट बनाकर न केवल पाकिस्तान में, बल्कि भारत के जम्मू एवं कश्मीर, पंजाब, हरियाणा, उत्तर प्रदेश और उत्तर-पश्चिमी राजस्थान में वितरित किए गए। इन सबके अलावा मसूद अजहर ने धूमधाम से शादी भी की।

इस संदर्भ में जनरल परवेज मुशर्रफ और अन्य पाकिस्तानी अधिकारियों द्वारा अपहरण से कोई ताल्लुक होने से इनकार करने को हजम करना मुश्किल है। इस बात पर विश्वास करना असंभव है कि उन अपहरणकर्ताओं और आतंकवादियों को गिरफ्तार करने का कोई जरिया पाकिस्तानी अधिकारियों के पास नहीं था, जिनपर घरेलू और अंतरराष्ट्रीय कानूनों के अंतर्गत अभियोग लगाना चाहिए था।

अपहरण में भागीदारी से अविश्वसनीय इनकार के अलावा पाकिस्तान का

दावा था कि अपहरण भारत के ही कश्मीरी विद्रोहियों द्वारा किया गया था। यह भी झूठ बोलने का एक विफल प्रयास था। यूसुफ नेपाली को छोड़कर सभी अपहरणकर्ता पाकिस्तानी नागरिक थे। भारत सरकार की हिरासत में बहुत से अलगाववादी आतंकवादी थे और हैं, लेकिन अपहरणकर्ताओं ने सिर्फ पाकिस्तानी आतंकवादियों की रिहाई की माँग की। उन्होंने पाकिस्तान के कब्जेवाले कश्मीर के किसी भी आतंकवादी को छोड़ने की माँग नहीं की।

अपहरण के प्रति पाकिस्तानी प्रतिक्रिया के अन्य पक्षों का जिक्र करना भी आवश्यक है। पाकिस्तानी सरकार की पहली प्रतिक्रिया हास्यास्पद थी। पाकिस्तानी अधिकारियों के अनुसार, अपहरण की योजना भारतीय इंटेलिजेंस एजेंसियों, खासकर रिसर्च एंड एनालिसिस विंग (रॉ) द्वारा बनाई गई थी, ताकि पाकिस्तान को एक आतंकवादी राष्ट्र के रूप में प्रस्तुत किया जा सके और अमेरिकी राष्ट्रपति बिल क्लिंटन की पाकिस्तान यात्रा में बाधा उत्पन्न हो सके। जब इस विचार को समर्थन नहीं मिला तो पाकिस्तानी अधिकारियों ने दावा किया कि उन्हें अपहरणकर्ताओं के बारे में कोई जानकारी नहीं है और वे भारतीय जम्मू एवं कश्मीर के देशी आतंकवादी हैं। उन्होंने लाहौर में अपहरणकर्ताओं और पाकिस्तानी अधिकारियों के बीच मुलाकात को मानवीय आधार पर की गई मुलाकात बताया। इतना ही नहीं, अपहरणकर्ताओं और आतंकियों के पाकिस्तान पहुँच जाने के तीन सप्ताह बाद पाकिस्तानी अधिकारियों, जिनमें जनरल मुशर्रफ भी शामिल थे, ने यह अविश्वसनीय दावा किया कि अपहरणकर्ता और आतंकवादी पाकिस्तान में कहाँ हैं, इस बारे में उन्हें कोई जानकारी नहीं है; जबकि दूसरी ओर ये लोग (अपहरणकर्ता और आतंकवादी) सार्वजनिक रूप से भारत के खिलाफ अपनी भावी योजनाओं का खुला प्रचार कर रहे थे।

अपहरण के इस पूरे घटनाक्रम के दौरान पाकिस्तानी जनता की प्रतिक्रिया पाकिस्तानी समाज की सोच को प्रतिबिंबित कर रही थी। शुरुआत में तो पाकिस्तानी मीडिया भी अपनी सरकार की इसी राय को दोहराता रहा कि अपहरण की पूरी योजना के पीछे भारत का हाथ है और यह अंतरराष्ट्रीय समुदाय के सामने पाकिस्तान को बदनाम करने की कोशिश है; लेकिन जैसे ही विमान कंधार में उतरा और अपहरणकर्ताओं की माँग जनता के सामने आई तो भारत को जवाबदेह ठहराने के जनरल मुशर्रफ के दावे के बारे में पाकिस्तानी मीडिया में चुप्पी छा गई। सबसे अधिक परेशान करनेवाली बात यह रही कि बंधकों को पूरे एक सप्ताह तक जो भय और आतंक झेलना पड़ा, उसके बारे में पाकिस्तानी मीडिया और जनता ने किसी प्रकार की चिंता नहीं दिखाई।

इसी प्रकार अंतरराष्ट्रीय समुदाय की प्रतिक्रिया भी इस घटना पर व्यग्र और परेशान करनेवाली रही। अपहरण की पूरी घटना की समाप्ति तक इसकी रोजाना विस्तृत रिपोर्टिंग की गई; परंतु किसी ने भी उस संगठन की आलोचना नहीं की, जिसके सदस्य अपहरणकर्ता थे। इस तथ्य पर किसी ने कोई टिप्पणी नहीं की कि पाकिस्तान अंतरराष्ट्रीय सीमा के पार गुप्त आतंकवादी घटनाओं को प्रोत्साहित करके अपने पड़ोसी देश भारत की जमीन हड़पना चाहता है। इसके स्थान पर पश्चिमी मीडिया लगातार भारत और पाकिस्तान के परमाणु हथियारों की क्षमता के मद्देनजर जम्मू एवं कश्मीर के विवाद पर ध्यान देने की बात करता रहा।

भारतीय फैसलों की समीक्षा

अपहरण के मामले खत्म होने के बाद इस बात के लिए तालिबान और पाकिस्तान की कोई आलोचना नहीं की गई कि उन्होंने अपहरणकर्ताओं और भारत द्वारा रिहा किए गए आतंकवादियों को सुरक्षित निकल भागने के लिए रास्ता मुहैया कराया। इसकी प्रतिक्रिया में आंशिक निष्पक्षता निहित थी। इसके साथ ही यह जानना भी जरूरी है कि अमेरिका और पश्चिमी लोकतंत्रों की ओर से पाकिस्तान सरकार और अप्रत्यक्ष रूप से तालिबान को अपहरण समाप्त करने के लिए कड़े संदेश भेजे गए। अपहरण से निपटने के भारतीय तरीके की काफी आलोचना की गई। इस आलोचना की उपयुक्तता का विश्लेषण किया जाना आवश्यक है। इस प्रकार के विचार व्यक्त किए गए कि भारत को अपहरणकर्ताओं की माँगों के आगे झुकना नहीं चाहिए था, कि आई सी-814 को अमृतसर से उड़ने नहीं देना चाहिए था, कि विमान को दुबई हवाई अड्डे पर ही काबू में करना चाहिए था, कि अपहरण को अमृतसर में ही अपहरण-निरोधक दल की सहायता से समाप्त किया जाना चाहिए था।

पहले तथ्यों का विवरण देना जरूरी है। अपहरणकर्ताओं से सौदेबाजी और समझौते का फैसला तत्कालीन विदेश मंत्री ने सुरक्षा मामलों की केंद्रीय समिति में अत्यंत तनावपूर्ण विचार-विमर्श के बाद लिया और प्रधानमंत्री की बैठकें बंधकों के रिश्तेदारों के तनावपूर्ण भावनात्मक विरोध से परिपूर्ण थीं। राष्ट्रीय स्वयंसेवक संघ अपहरणकर्ताओं से किसी प्रकार की सौदेबाजी के सख्त खिलाफ था। आधिकारिक सूत्रों से मुझे पता चला कि कैबिनेट में बहस के दौरान एक केंद्रीय मंत्री ने यहाँ तक कहा कि जिन विकल्पों पर बहस की जा रही है, उनसे तुष्टीकरण के माहौल का आभास हो रहा है। गृह मंत्री लालकृष्ण आडवाणी ने अपहरणकर्ताओं

की माँगें मानने के फैसले पर अपनी सहमति हिचकिचाहट के साथ दी।

क्या हम अमृतसर और दुबई में विमान को उड़ान भरने से रोक सकते थे? पिछले फैसलों का औचित्य निर्धारित करना अप्रासंगिक है। बहरहाल, कुछ निष्कर्ष निकाले जा सकते हैं। दिल्ली और अमृतसर के अधिकारियों के बीच गति और समय के मामले में समन्वय का अभाव था। अमृतसर में विमान के उतरने के फौरन बाद रनवे पर अवरोध नहीं लगाए गए। एन.एस.जी. कमांडो पर्याप्त तेजी के साथ संघर्ष की स्थिति में सक्रिय नहीं हुए। भारत के किसी प्रभावी विरोध का सामना किए बिना उड़ान भरने का पर्याप्त समय अपहरणकर्ताओं के पास था।

जहाँ तक दुबई में परिस्थिति का प्रश्न है, वहाँ के अधिकारियों ने विमान को काफी हिचकिचाहट के बाद उतरने की अनुमति दी। वे किसी हिंसक परिस्थिति का सामना नहीं करना चाहते थे। वे किसी भी प्रकार दुबई हवाई अड्डे पर अपहरण का संकट सुलझाने में भागीदारी नहीं व रना चाहते थे। हालाँकि शुरुआत में उन्होंने अमेरिकी अधिकारियों को कुछ आ: त्रासन दिए कि वे विमान को उड़ान भरने से रोकने का प्रयास करेंगे, लेकिन उन्होंने पर्यटन और खरीदारी उद्देश्यों के लिए सुरक्षित स्थान के रूप में दुबई की विश्वसनीयता को धक्का पहुँचने की आशंका से अपना वादा पूरा नहीं किया।

एक बार जब विमान कंधार हवाई अड्डे पर उतर गया तब भारत द्वारा किसी भी प्रभावी काररवाई का सवाल व्यर्थ था। भारत इस बारे में भी निश्चित नहीं था कि अपहरण के मामले में तालिबान कैसे पेश आएगा, खासकर इसलिए कि काबुल में इसका कोई कूटनीतिक राजनयिक नहीं था। इसलामाबाद में उच्चायोग ने तालिबान के राजनयिकों के साथ आरंभिक संपर्क स्थापित किए। इसलामाबाद में भारत के राजनीतिक काउंसलर घनश्याम कंधार पहुँचे। उन्होंने बताया कि तालिबान भारत से समझौता वार्त्ता करनेवाला दल भेजे जाने का स्वागत करेगा। तत्कालीन विदेश मंत्री जसवंत सिंह ने विदेश मंत्रालय में ईरान, पाकिस्तान और अफगानिस्तान के प्रभारी संयुक्त सचिव विवेक काटजू के नेतृत्व में एक समझौता दल भेजने का निर्णय किया। काटजू के साथ गृह मंत्रालय और अन्य संबंधित एजेंसियों के अधिकारी अजित डोभाल, हूजा और राजदान भेजे गए। इस दल को ही अपहरणकर्ताओं ने अपनी माँगों के बारे में बताया, जैसा पहले बताया जा चुका है। समझौता वार्त्ता 27 दिसंबर को घनश्याम द्वारा पहली बार तालिबान से संपर्क स्थापित किए जाने के साथ शुरू हुई और रिहा किए गए आतंकवादियों के साथ जसवंत सिंह जब कंधार पहुँचे, तब समाप्त हुई।

आलोचना का एक अन्य बिंदु जसवंत सिंह का व्यक्तिगत रूप से कंधार जाना भी रहा, जिससे मनोवैज्ञानिक और जनसंपर्क की दृष्टि से अपहरणकर्ताओं का कद ऊँचा हुआ। जसवंत सिंह ने संसद् में इसके समर्थन में तर्क देते हुए कहा, 'मैंने अपहरण की समाप्ति, यात्रियों और चालक दल की सुरक्षित वापसी सुनिश्चित करने के लिए कंधार जाने का निर्णय लिया, ताकि अंतिम समय में कोई रुकावट उत्पन्न न हो और आवश्यकता पड़ने पर तुरंत निर्णय लिये जा सकें।…कंधार हवाई अड्डे पर सीमित संरचनात्मक सुविधाओं के मद्देनजर तीनों आतंकवादियों के साथ उसी विमान में मेरा जाना पूरी तरह से सैन्य अनिवार्यताओं के कारण था।'

ि देशी सरकारों को इस घटना के बारे में बताने और पाकिस्तान प्रायोजित आतंकवादी कारवाइयों का सामना करने में सहयोग माँगने के अलावा भारत सरकार ने पाकिस्तान सरकार से सीधे बात की। अपने औपचारिक ज़वाब में पाकिस्तान सरकार ने कहा कि यदि अपहरण में संलग्न लोग पाकिस्तान या पाकिस्तान के कब्जे वाले कश्मीर में पाए गए, तो उन्हें गिरफ्तार करके उनपर मुकदमा चलाया जाएगा। उसके बाद पाकिस्तान ने कहा कि कोई भी अपहरणकर्ता पाकिस्तान में नहीं था, जबकि आई.एस.आई. पाकिस्तान के कब्जेवाले कश्मीर और फिर भारत के जम्मू एवं कश्मीर में उनकी सुगमता से वापसी पहले सुनिश्चित कर चुकी थी। बहावलपुर में दिए गए अपने एक भाषण में मौलाना मसूद अजहर ने सार्वजनिक रूप से यह घोषणा की कि अपहरणकर्ता अपनी हिंसक कारवाइयाँ जारी रखने के लिए जम्मू एवं कश्मीर में लौट चुके थे। जसवंत सिंह की प्रतिक्रिया थी, 'अपहरणकर्ताओं के खिलाफ कारवाई करने की पाकिस्तान की प्रतिबद्धता का सही आकलन किया जाना चाहिए।' दूसरे शब्दों में, पाकिस्तान द्वारा इन आतंकवादियों के खिलाफ कारवाई करने की कोई संभावना न थी, न है।

अपहरण समाप्त होने के बाद जन-प्रतिक्रिया को देखते हुए भारत को इस बात पर मनन करना चाहिए था कि उसने अपहरण के मामले पर कैसा रवैया अपनाया। लोगों के एक वर्ग और मीडिया ने इस बात पर बल दिया कि अपहरणकर्ताओं की माँगों के आगे झुकने से भारत की छवि खराब हुई है। राष्ट्रीय स्वयंसेवक संघ आदि कुछ संगठनों ने यहाँ तक कहा कि भारत ने कायरोंवाला तरीका अपनाया। कुछ अन्य का विचार था कि भारत ने नरम देश की अपनी अंतरराष्ट्रीय छवि को और मजबूत कर लिया है। तो क्या कंधार में विमान के उतरने के बाद कोई अन्य विकल्प भी आजमाया जा सकता था?

मेरे विचारानुसार निश्चित रूप से एक विकल्प था, लेकिन वह एक खतरनाक

जुआ साबित हो सकता था। वह विकल्प तालिबान को यह संदेश देना था कि चूँकि अब विमान उसके क्षेत्र और नियंत्रण में है, बंधकों की रिहाई के लिए अपहरणकर्ताओं से निपटना उसकी जिम्मेदारी है। यदि वह बंधकों को छोड़ने के लिए अपहरणकर्ताओं पर दबाव डालने से इनकार करता या उनके साथ सहयोग करता तो सीमा पार आतंकवादी संगठनों से तालिबान के संपर्क सुनिश्चित हो जाते। अंतरराष्ट्रीय समुदाय, खासकर पश्चिमी लोकतंत्रों का सामना करने से बचने की तालिबान की प्रवृत्ति को देखते हुए उसे अपहरण की समाप्ति के लिए कोई कदम उठाना पड़ता। इससे तालिबान से अपने संबंधों को देखते हुए पाकिस्तान सुरक्षात्मक रुख में आ जाता। भारत अपहरणकर्ताओं के साथ किसी भी सीधे समझौते में शामिल होने से इनकार कर सकता था। यहाँ यह खतरा था कि तालिबान अपहरणकर्ताओं की माँगों को भारत के सामने रख सकता था और यदि भारत उन माँगों को मानने से इनकार करता (जो उपर्युक्त नीति के अनुसार करना पड़ता) तो तालिबान यह कहकर पूरे मामले से अपना पल्ला झाड़ सकता था कि भारत उसके साथ सहयोग नहीं कर रहा है। यदि इसके परिणामस्वरूप बंधकों को कोई नुकसान पहुँचता या विमान को उड़ा दिया जाता तो भारत सरकार की आलोचना होती; लेकिन इसके साथ ही आतंकवादियों के साथ तालिबान का संबंध प्रमाणित हो जाता।

विकल्पों की चर्चा करते हुए सोचनेवाली बात यह है कि क्या अपहरणकर्ताओं के दबाव के आगे न झुकने का संदेश देने के लिए भारत बंधकों के जीवन को खतरे में डालने को तैयार था? संभवतः ऐसे सिर्फ दो देश हैं, जहाँ आतंकवाद और विमान-अपहरण मामलों पर ऐसी निरपेक्ष नीति है—चीन और इजराइल। चूँकि बंधकों के जीवन की सुरक्षा प्राथमिक चिंता का विषय थी, अतः सरकार ने उसी के अनुसार बाकी कदम उठाए।

हालाँकि सबको लगता है कि भारत सरकार को अमृतसर में अपहरणकर्ताओं के विरुद्ध प्रभावी कदम उठाना चाहिए था और फिर तालिबान पर जिम्मेदारी डालने के लिए दृढ़ होना चाहिए था, लेकिन यह सच है कि इस मामले को यथासंभव प्रभावी ढंग से निपटाने का प्रयास किया गया। यदि इस अनुभव से भारत की सतर्कता और क्षमता में वृद्धि होती है तो यह इस त्रासदी का एक अच्छा परिणाम होगा।

सबसे अधिक विरोधाभासी बात यह थी कि जो लोग अपहरणकर्ताओं से समझौता करने के लिए सरकार पर दबाव डाल रहे थे, वे ही बाद में आलोचना

करनेवालों में शामिल हो गए। इससे पता चलता है कि भारतीय मीडिया और जनमत किस मानसिक स्थिति और दोहरी नीतियों का शिकार है। यकीनन लोकतंत्रों में ऐसा होना सामान्य बात है, जहाँ ऐसे विचारों का सम्मान करना पड़ता है। यह एक ऐसी समस्या है, जो निरंकुश या इजराइल जैसी पूरी तरह एकीकृत जनमत का प्रतिनिधित्व कर रही सरकार को प्रभावित नहीं करती। यह भी उतनी ही चिंता का विषय है कि पाकिस्तान की जनता ने अपहरण कांड पर मानवीय दृष्टिकोण से प्रतिक्रिया व्यक्त नहीं की। पाकिस्तानी सरकार का रवैया आक्रामक और पाखंड भरा था। पाकिस्तान में जनभावनाएँ भारत के खिलाफ भावनात्मक और मनोवैज्ञानिक दुश्मनी की गुलाम हैं।

□

: अध्याय 2 :

करगिल युद्ध की जटिलताएँ

जम्मू एवं कश्मीर के करगिल क्षेत्र में नियंत्रण रेखा पर भारत-पाकिस्तान युद्ध 6 मई, 1999 से जुलाई 1999 के लगभग अंत तक चला। यह दोनों देशों के बीच पाँचवाँ बड़े पैमाने का संघर्ष था। भारत और पाकिस्तान—दोनों इन संघर्षों की विशालता, उनके क्षेत्रीय उद्‌देश्यों और उनमें निहित हिंसा को स्वीकार करने में एक प्रकार की हिचकिचाहट का अनुभव करते रहे हैं। इस कारण उनके लिए नरम शब्द इस्तेमाल किए जाते रहे हैं। सैन्य संघर्षों को 'भिड़ंत', 'घुसपैठ', 'युद्ध जैसी स्थितियाँ' या 'सीमित सैन्य काररवाई' का नाम दिया जाता रहा है; जबकि वास्तव में सन् 1947-48, सन् 1965 में दो बार कच्छ और जम्मू एवं कश्मीर में (ऐसा युद्ध, जो भारत और पाकिस्तान के बीच अंतरराष्ट्रीय सीमाओं के पार फैला), पूर्वी पाकिस्तान के मामले में सन् 1971 में और सबसे हाल में करगिल में भारत और पाकिस्तानी सेनाएँ पूरी तरह एक-दूसरे के खिलाफ सैन्य काररवाई में जुटी थीं।

इन सैन्य संघर्षों की विशेष और आवर्ती बात यह रही कि हर बार पाकिस्तान ने गुप्त ढंग से उनकी शुरुआत की, चाहे वह कश्मीर में हो, कच्छ में या पहले के पूर्वी पाकिस्तान में। जब उसके प्रयासों का विरोध करके उन्हें विफल कर दिया गया तो उसने अपनी नियमित सेनाएँ तैनात कर दीं, जिसके जवाब में भारत ने भी अपनी सेनाओं से जवाब दिया। इन चार संघर्षों में, सिर्फ 1965 और 1971 के संघर्षों के दौरान भारत ने औपचारिक रूप से घोषणा की कि भारत और पाकिस्तान के बीच युद्ध की स्थिति अस्तित्व में है, अन्यथा इस तथ्य को स्वीकार करने में हमेशा हिचकिचाहट रही कि भारत और पाकिस्तान के बीच सभी बड़े संघर्ष वास्तव में नियमित युद्ध थे, जिनमें दो देशों की सेनाएँ एक-दूसरे के विरुद्ध काररवाई

में जुटी थीं। सन् 1999 में करगिल में भारत और पाकिस्तान के बीच सैन्य संघर्ष कोई भिड़ंत, सीमावर्ती घटना या सीमा-रेखा से आगे घुसपैठ नहीं थी, बल्कि वह एक युद्ध था; एक ऐसा युद्ध, जो पाकिस्तान द्वारा स्पष्ट और निश्चित रणनीति, क्षेत्रीय और राजनीतिक उद्देश्यों तथा पूर्वनियोजित योजना व तैयारी के साथ शुरू किया गया था।

करगिल में पाकिस्तानी सैन्य शुरुआत की एक राजनीतिक और भावनात्मक पृष्ठभूमि है, जो दोनों ओर की आम जनता को ज्ञात नहीं है। करगिल में पाकिस्तानी काररवाई वास्तव में जम्मू एवं कश्मीर पर कब्जा करने के बहुत से प्रयासों का चरम बिंदु थी। इसकी जड़ें कश्मीर में उनके अन्य प्रयासों की विफलता में भी थीं, खासकर 1989 से 1999 तक की अवधि के दौरान। अपने क्षेत्र-विस्तार के दावे को सच करने के लिए पाकिस्तान ने यह तर्क रखा कि जम्मू एवं कश्मीर का पाकिस्तान का अंग बनना विभाजन का एक अपूर्ण कार्य था, चूँकि विभाजन दो राष्ट्रों के सिद्धांत पर आधारित था और जम्मू एवं कश्मीर मुसलिम-बहुल राज्य (और पश्चिमी पाकिस्तान के नजदीक) था, अत: उसे पाकिस्तान का हिस्सा होना चाहिए। दूसरा तर्क यह था कि जम्मू एवं कश्मीर के लोगों को स्वयं निर्णय लेने का अधिकार है। इस अधिकार को ध्यान में रखते हुए उनसे जनमत-संग्रह का वादा किया गया था, जिससे भारत इनकार कर रहा है। इसके बाद यह कहा गया कि भारत सरकार जम्मू एवं कश्मीर में मानवाधिकार का उल्लंघन कर रही है। इसलिए इसलामी देश होने के नाते पाकिस्तान का और अंतरराष्ट्रीय समुदाय का यह कर्तव्य है कि जम्मू एवं कश्मीर को भारत से आजादी दिलाएँ।

जब ये सभी तर्क जम्मू एवं कश्मीर के लोगों को भारत के विरुद्ध एकजुट करने में विफल रहे, और जब अंतरराष्ट्रीय समुदाय भी पाकिस्तान के इन तर्कों से संतुष्ट नहीं हुआ तो पाकिस्तान ने इस आखिरी साहसी तर्क का सहारा लिया कि चूँकि सन् 1998 से भारत और पाकिस्तान—दोनों को परमाणु शस्त्र क्षमता हासिल हो चुकी है, अत: यदि भारत को जम्मू एवं कश्मीर से अपना दावा छोड़ने के लिए अंतरराष्ट्रीय समुदाय द्वारा नहीं कहा गया तो इस मुद्दे पर भारत-पाकिस्तान के बीच परमाणु युद्ध की संभावना हो सकती है, जो न केवल एशियाई क्षेत्र बल्कि पूरे विश्व की स्थिरता और सुरक्षा के लिए खतरनाक हो सकता है।

पाकिस्तान के इस अंतिम तर्क ने अंतरराष्ट्रीय समुदाय पर प्रभाव डाला। इसके परिणामस्वरूप सन् 1990 के बाद से भारत और पाकिस्तान पर दबाव बनाया गया कि वे द्विपक्षीय वार्त्ता जारी रखें और सैन्य संघर्ष की संभावना टालने के लिए

एक-दूसरे के प्रति विश्वास का माहौल बनाएँ। इस दबाव और सैन्य संघर्ष टालने की भारतीय इच्छा के परिणामस्वरूप सन् 1989 और सन् 1994 के मध्य भारत और पाकिस्तान के प्रधानमंत्रियों तथा सैन्य अधिकारियों सहित दोनों सरकारों के वरिष्ठ अधिकारियों के बीच कई बार वार्त्ता हुई। इस प्रयास को सीमित सफलता मिली, जो सन् 1990 और 1993 के बीच दोनों देशों द्वारा उठाए गए कदमों में उभरकर सामने आई। इनमें दोनों देशों के प्रधानमंत्रियों, विदेश सचिवों और सैन्य काररवाइयों के महानिदेशकों (डायरेक्टर्स जनरल, मिलिटरी ऑपरेशंस) के बीच सीधी टेलीफोन हॉटलाइनों की स्थापना शामिल थी। दोनों पक्षों में इस बात पर सहमति हुई कि अंतरराष्ट्रीय सीमा के पास सैन्य अभ्यासों को टाला जाए और थल, वायु व जल सेना अभ्यासों के संबंध में एक-दूसरे को पूर्व सूचना दी जाए। कूटनीतिक प्रतिनिधियों के व्यवहार के बारे में भी एक समझौता किया गया। बहरहाल, इन उपायों के क्रियान्वयन से यह स्पष्ट हो गया कि पाकिस्तान उन्हें सीमित जनसंपर्क प्रयास के रूप में ले रहा है। उसी समय जम्मू एवं कश्मीर और अन्य प्रदेशों में अराजक तत्त्वों को सक्रिय सहयोग देने की घटनाएँ न केवल जारी रहीं, बल्कि उनमें वृद्धि हुई। जम्मू एवं कश्मीर को पाकिस्तान का अंग बनाने का हठ बरकरार रहा, जो आज भी पाकिस्तानी शासन केंद्र का अपरिवर्तित उद्देश्य है।

पाकिस्तान ने करगिल क्षेत्र द्वारा जम्मू एवं कश्मीर पर हमले के लिए 'ऑपरेशन बद्र' आरंभ किया। यहाँ पाकिस्तान के उन राजनीतिक आकलनों और गणनाओं का जिक्र करना प्रासंगिक होगा, जिनके आधार पर उसने यह अभियान शुरू किया। पाकिस्तानी आकलन यह था कि जम्मू एवं कश्मीर में मुख्यमंत्री फारुख अब्दुल्ला की विश्वसनीयता कम थी। पाकिस्तान समझता था कि भारतीय सेना और सुरक्षा बल विभिन्न गतिविधियों में इतने अधिक लिप्त हैं कि वे एक अप्रत्याशित क्षेत्र में, अप्रत्याशित तरीके से एक समन्वित और विस्तृत सैन्य आक्रमण को रोक पाने में सफल नहीं होंगे। मार्च 1999 में वाजपेयी सरकार लोकसभा में अविश्वास प्रस्ताव पर अपनी सत्ता खो बैठी। एक गठबंधन सरकार के अलावा भारत सरकार एक कामचलाऊ सरकार थी, जो देश में आम चुनाव करवाने में व्यस्त रहती। पूर्वानुमान यह था कि वाजपेयी सरकार भारत में अस्थिर और अनिश्चित राजनीतिक परिस्थितियों के कारण विदेशी आक्रामकता के विरुद्ध दृढ़ निर्णय लेने की स्थिति में नहीं होगी। सबसे ऊपर, पाकिस्तान का अनुमान यह था कि यदि पाकिस्तानी सेना ने एक बार करगिल क्षेत्र की हिमालय शृंखलाओं की ऊँचाई पर व्यूह-रचना कर ली तो भारतीय

सेना उनका मुकाबला करने या पीछे खदेड़ने में समर्थ नहीं होगी। यह अनुमान भारतीय मीडिया में बार-बार दोहराई जानेवाली इन रिपोर्टों पर आधारित था कि हमारी सेना में अधिकारियों व हथियारों की कमी है और 1991 के दशक के दौरान उसका मनोबल गिरा हुआ है। पाकिस्तान को यह आत्मविश्वास भी था कि यदि भारतीय सेना का विरोध उसके लिए भारी पड़ा तो वह परमाणु शस्त्रों का आश्रय ले सकता है, जिससे अंतरराष्ट्रीय हस्तक्षेप होगा और सन् 1965 तथा सन् 1971 की तरह युद्ध को विस्तार देकर पाकिस्तान की सुरक्षा को खतरा पहुँचाने के भारतीय इरादों पर पानी फिर जाएगा।

पाकिस्तानी सैन्य उच्च कमांड में यह भी भावना थी कि भारतीय सेना जम्मू एवं कश्मीर और भारत के अन्य भागों में विद्रोहियों के खिलाफ लंबे समय से नियुक्त होने के कारण उत्साहविहीन होगी। वास्तव में के. सुब्रह्मण्यम की अध्यक्षता में करगिल समीक्षा समिति की रिपोर्ट के अनुसार, आई.एस.आई. के पूर्व प्रमुख ले. जनरल जावेद नासिर ने सन् 1999 की शुरुआत में पूर्वानुमान जाहिर करते हुए लिखा था—'वर्तमान में भारतीय सेना कोई भी सुव्यवस्थित काररवाई करने में असमर्थ है। इस स्थिति में कोई कैसे यह सोच सकता है कि वे एक सुनियोजित संघर्ष को विस्तार देंगे?'

करगिल में पाकिस्तानी आक्रमण के और विशिष्ट राजनीतिक तथा रणनीतिक उद्देश्यों व घटनाओं के कालक्रम का विवरण देने से पहले इस आक्रमण की योजना तैयार करनेवाले महत्त्वपूर्ण सैन्य शख्सियत की पृष्ठभूमि और महत्त्व के बारे में जानना आवश्यक है। सन् 1998 से पाकिस्तान के चीफ ऑफ आर्मी स्टाफ जनरल परवेज मुशर्रफ, जिन्होंने लोकतांत्रिक तरीके से निर्वाचित प्रधानमंत्री नवाज शरीफ सरकार को अक्तूबर 1999 में सत्ता से बेदखल करके खुद को पाकिस्तान का कार्यकारी प्रमुख घोषित कर दिया। पहले हमें उन नीतियों को समझने का प्रयास करना होगा, जिनको वह भारत के संदर्भ में क्रियान्वित करना चाहते थे। मुशर्रफ की सार्वजनिक घोषणाओं से कुछ स्पष्ट संकेत मिलते हैं। जहाँ तक भारत का संबंध है, वह राजनीतिक और सैन्य संघर्ष की स्थिति कायम रखने के लिए जाने जाते थे। वह दृढ़ता से मानते थे कि अराजक तत्त्वों और सैन्य घुसपैठ का निरंतर अभियान पाकिस्तान को कश्मीर हासिल करने का उद्देश्य पूरा करने में मदद करेगा। उनकी पृष्ठभूमि और व्यक्तित्व करगिल दुस्साहस के आरंभ को प्रभावित करनेवाले कारक थे। सन् 1943 में जनमे जनरल मुशर्रफ उत्तर प्रदेश के एक मुसलिम परिवार से ताल्लुक रखते हैं। विभाजन के ठीक पहले उनके दादा-

दादी और माता-पिता दिल्ली के निवासी थे। उनका परिवार जब पाकिस्तान में जाकर बसा तो मुशर्रफ चार वर्ष के थे। वे पहले कराची, फिर गुजराँवाला में पले-बढ़े और आखिरकार सन् 1964 में पाकिस्तानी सेना के आर्टिलरी विभाग में नियुक्त हुए। उनका कैरियर अपेक्षाकृत सामान्य तरीके से चल रहा था कि तभी राष्ट्रपति जिया-उल-हक की नजर, एक समर्पित मुसलमान अधिकारी के रूप में और पाकिस्तान के कई इसलामपसंद राजनेताओं के साथ संपर्क के कारण, उनपर पड़ी। जिया की भाँति जनरल मुशर्रफ के भी पाकिस्तान के जमात-ए-इसलामी से नजदीकी संबंध थे। जिया द्वारा मुशर्रफ को दिया गया पहला महत्त्वपूर्ण कार्य था इंटर सर्विसेज इंटेलिजेंस के निदेशालय में अफगानिस्तान में सोवियत सैन्य टुकड़ियों के खिलाफ लड़ने के लिए विभिन्न मुसलिम देशों से लाए गए भाड़े के आतंकवादियों के प्रशिक्षण का प्रभार लेना। इस प्रकार की सूचनाएँ हैं कि इस अवधि के दौरान उनका ओसामा-बिन-लादेन से भी संपर्क रहा, जिसे पहले अमेरिकी सेंट्रल इंटेलिजेंस एजेंसी द्वारा ही अफगान मुजाहिदीन हेतु बंकर और सुरंग बनाने के उद्देश्य से अफगानिस्तान लाया गया था। भाड़े के सैनिकों को प्रशिक्षण देने के उत्तरदायित्व के दौरान मुशर्रफ उनकी कारवाइयों में वित्तीय मदद देने के लिए पाकिस्तान के उत्तर-पश्चिमी सीमा प्रांत (नॉर्थ-वेस्ट फ्रंटियर प्रोविंस) में सक्रिय नारकोटिक (नशीले पदार्थ) तस्करों का भी सहयोग लेते थे। उनके कैरियर के इस दौर का एक दिलचस्प पहलू यह है कि जबकि अमेरिका और पाकिस्तान का इंटेलिजेंस विभाग उनकी सेवाओं का प्रशंसक था, अमेरिकी सरकार का नारकोटिक्स नियंत्रण विभाग उनसे खुश नहीं था। संभवतः इसीलिए जनरल मुशर्रफ पाकिस्तानी अधिकारियों के संवर्ग में इकलौते अधिकारी हैं, जो कभी अमेरिकी सैन्य संस्थानों में उच्च सैन्य प्रशिक्षण के लिए नहीं गए। उन्होंने केवल ब्रिटेन में प्रशिक्षण प्राप्त किया।

सन् 1987 जनरल मुशर्रफ के कैरियर में बहुत महत्त्वपूर्ण स्थान रखता है। सियाचिन क्षेत्र में भारतीय सेना को पीछे धकेलने के लिए बनाए गए नए स्पेशल सर्विसेज ग्रुप का ब्रिगेड कमांडर उन्हें बनाया गया। सितंबर 1987 में सियाचिन क्षेत्र के बिलाफॉण्ड ला में भारतीय सैन्य चौकी पर हुए एक बड़े आक्रमण के पीछे जनरल मुशर्रफ का ही दिमाग था। उनकी सेना को भारतीय टुकड़ियों ने पीछे खदेड़ दिया। उन्हें सन् 1989 में गिलगित क्षेत्र में सुन्नी-बहुल स्थानीय प्रशासन के खिलाफ शियाओं के विद्रोह को दबाने का विशेष दायित्व सौंपा गया। जनरल मुशर्रफ ने इस कारवाई में उत्तर-पश्चिमी सीमा प्रांत और अफगानिस्तान के पठान

कबाइलियों का इस्तेमाल किया। इस कारवाई में सैकड़ों शियाओं को मार डाला गया। 'डॉन', 'हेरॉल्ड' आदि पाकिस्तानी अखबारों ने खबर प्रकाशित की कि मुशर्रफ के दल ने काराकोरम हाइवे के मार्ग से गिलगित जिले पर आक्रमण किया, फसलों व घरों को ध्वस्त किया और बड़ी संख्या में ग्रामीणों को मार डाला। इसके बाद गिलगित और बालटिस्तान में पंजाबियों और पठानों को बसाकर गिलगित क्षेत्र का स्वरूप ही परिवर्तित कर दिया गया, ताकि उस क्षेत्र के मूल निवासी कश्मीरी शियाओं की बहुलता कम हो सके। मुशर्रफ ने दो अलग-अलग दायित्वों के लिए स्पेशल सर्विसेज ग्रुप के साथ दो वर्ष बिताए और वह पाकिस्तानी सैन्य बलों में पहाड़ी कल्याण का सबसे जानकार विशेषज्ञ होने का दावा करते हैं। वह गनर की बजाय कमांडो के रूप में अपनी पहचान को अधिक महत्त्व देते हैं। उनके फील्ड कार्यों का चरम बिंदु वह था, जब वह उत्तरी क्षेत्रों के फोर्स कमांडर बनाए गए, जिससे उन्हें जम्मू एवं कश्मीर के खिलाफ सभी प्रकार की सैन्य और अराजक कारवाइयों का प्रभार मिल गया। इस दायित्व ने उन्हें आई.एस.आई. के वरिष्ठ अधिकारियों और अफगानिस्तान व जम्मू एवं कश्मीर में सक्रिय कट्टरपंथी इसलामी गुटों के नजदीक ला दिया। नौवें दशक के अंत में और अंतिम दशक के मध्य में परवेज मुशर्रफ ने हरकत-उल-मुजाहिदीन, लश्कर-ए-तोयबा, तब्लीगी जमात आदि संगठनों से निकट संपर्क स्थापित किए। ऐसी भी सूचना है कि ओसामा बिन लादेन के अमेरिका और इजराइल के खिलाफ अंतरराष्ट्रीय इसलामिक फ्रंट से भी संपर्क हैं। दिलचस्प बात यह है कि सन् 1995 में बेनजीर भुट्टो के खिलाफ विफल सैन्य विद्रोह से भी मुशर्रफ के प्रत्यक्ष रूप से जुड़े होने की सूचना है। बताया जाता है कि इस प्रयास का नेतृत्व मेजर जनरल जहीर-उल-इसलाम अब्बासी ने किया था, जो मुशर्रफ के बाद उत्तरी क्षेत्रों के फोर्स कमांडर बने थे।

पाकिस्तानी मीडिया ने इस आशय की खबरें दीं कि यदि यह विद्रोह सफल हो जाता तो जनरल मुशर्रफ राष्ट्रपति पद के उम्मीदवार होते। अब्बासी और जनरल अजीज (जो सन् 1999 में मुशर्रफ के चीफ ऑफ स्टाफ थे) दोनों इस विद्रोह में शामिल बताए जाते हैं। अंतिम दशक के दौरान मुशर्रफ और उनके वरिष्ठ सहयोगी विभिन्न अलगाववादी गुटों और जम्मू एवं कश्मीर में सक्रिय भाड़े के आतंकवादियों को धन और हथियार उपलब्ध कराने में व्यस्त थे।

कुछ बाद की घटनाओं की बात करें तो परवेज मुशर्रफ नवाज शरीफ और वाजपेयी के बीच लाहौर बैठक कों लेकर अधिक खुश नहीं थे। यहाँ तक कि जब बैठक जारी थी, मुशर्रफ करगिल क्षेत्र में जम्मू एवं कश्मीर नियंत्रण रेखा के पास

भारत पर हमला करने की योजनाओं को अंतिम रूप दे रहे थे। भारत और पाकिस्तान के बीच चौथे बड़े सैन्य संघर्ष के प्रमुख योजनाकार मुशर्रफ ही थे। उनका मानना था कि करगिल अभियान में उन्हें विजय मिलेगी, क्योंकि उनके अनुमान के अनुसार, भारत में राजनीतिक अस्थिरता थी और रक्षा मंत्री जॉर्ज फर्नांडीस के खराब नेतृत्व व वाजपेयी के नरम नेतृत्व के कारण भारतीय सेना का मनोबल गिरा हुआ था। आई.एस.आई. के एक पूर्व प्रमुख ले. जनरल असद दुर्रानी ने तो करगिल संघर्ष के शुरुआती दौर में यहाँ तक कहा कि संभवत: फर्नांडीस उस हिसाब से बेहतरीन भारतीय रक्षा मंत्री हैं, जिसकी उम्मीद पाकिस्तान कर सकता है।

'इंडियन इंस्टीट्यूट ऑफ टॉपिकल स्टडीज' के एक अध्ययन के अनुसार, कश्मीर मुद्दे पर मुशर्रफ के दृष्टिकोण का सारांश निम्नलिखित है। यह विश्लेषण मुशर्रफ की घोषणाओं और साक्षात्कारों पर आधारित है—

1. भारतीय जनता पार्टी 'कागज के शेरों' की पार्टी है। वे सिर्फ गरजते हैं, बरसते नहीं।
2. पाकिस्तान की परमाणु और मिसाइल क्षमताओं ने सुनिश्चित किया है कि पाकिस्तान द्वारा करगिल क्षेत्र की चोटियों पर कब्जा करने पर भारत उसका विरोध नहीं कर पाएगा।
3. परमाणु हथियारों के संभावित इस्तेमाल का भय पश्चिमी देशों को हस्तक्षेप करने के लिए मजबूर करेगा, जिससे कश्मीर मुद्दे का अंतरराष्ट्रीयकरण हो जाएगा।
4. पाकिस्तान युद्धविराम के लिए तभी तैयार होगा, जब उसे भारतीय क्षेत्रों पर कब्जा बरकरार रखने की अनुमति दी जाएगी। उन क्षेत्रों को पुन: भारत के हवाले करने का कोई प्रश्न नहीं होगा।

अक्तूबर 1998 के बाद से जनरल मुशर्रफ के साक्षात्कार और भाषण उसके विचारों को इस प्रकार प्रतिबिंबित करते हैं—

5. कश्मीर पर कब्जा बाद में भी किया जा सकता है। सबसे महत्त्वपूर्ण यह है कि कश्मीर में उसी तरह भारतीय सेना पर हमले किए जाएँ जिस तरह अफगानिस्तान में सोवियत टुकड़ियों के खिलाफ अफगान मुजाहिदीन कर रहे हैं।
6. यदि कश्मीर मुद्दा सुलझ जाए तो भी भारत और पाकिस्तान के बीच सामान्य संबंध स्थापित नहीं हो सकते, क्योंकि भारत के चीन और जापान की तरह एक बड़ी एशियायी शक्ति के रूप में उभरने के इरादों को

पाकिस्तान ध्वस्त करके हमेशा भारत के लिए रास्ते का काँटा बना रहेगा। जब तक ऐसी स्थिति रहेगी, पाकिस्तान को चीन और जापान का सहयोग मिलता रहेगा।

यह मुशर्रफ की व्यावसायिक पृष्ठभूमि है और यह एक दृढ़, अपने धर्म के प्रति समर्पित सैन्य शख्सियत की मानसिक अवस्था बताता है। पाकिस्तान में भारत के तत्कालीन उच्चायुक्त सतीश चंद्रा (बाद में राष्ट्रीय सुरक्षा परिषद् के सचिव और संयुक्त इंटेलिजेंस समिति के अध्यक्ष) ने अक्तूबर 1998 में मुशर्रफ के सैन्य प्रमुख बनने पर उनके व्यक्तित्व पर टिप्पणी करते हुए कहा था कि मुशर्रफ चालाक, महत्त्वाकांक्षी और कई कट्टरपंथी इसलामी गुटों से निकट संपर्क रखनेवाले व्यक्ति हैं।

करगिल क्षेत्र में भारत के विरुद्ध विस्तृत क्षेत्रीय आक्रमण का निर्णय पाकिस्तान ने क्यों लिया, इसका जवाब भू-राजनीतिक, क्रियात्मक और मनोवैज्ञानिक कारणों में निहित है। जैसा पहले जिक्र किया जा चुका है, सन् 1989 से कई राजनीतिक बहसों और सैन्य प्रयासों के बावजूद पाकिस्तान जम्मू एवं कश्मीर में भारत की राजनीतिक और क्षेत्रीय स्थिति को नुकसान नहीं पहुँचा पाया था। इसलिए उसने (पाकिस्तान ने) महसूस किया कि जम्मू एवं कश्मीर में भारत की राजनीतिक और सैन्य पकड़ को कमजोर करने के लिए कुछ अधिक नुकसानदेह कदम उठाए जाने की जरूरत है। जम्मू एवं कश्मीर में भारत के खिलाफ सभी पाकिस्तानी सैन्य कारवाइयाँ दक्षिण-पश्चिम और उत्तर-पूर्व धुरी पर जम्मू की ओर से दक्षिण-पश्चिमी पहाड़ियों के पीछे से की गई थीं। ऐसे प्रयासों को पिछले पचास वर्षों में भारतीय सेना ने कई बार विफल कर दिया था। इसलिए पाकिस्तान ने इस बार एक अलग लोकेशन से, नियंत्रण रेखा तक भारत के अधिकारवाले क्षेत्रों के पश्चिम से कश्मीर घाटी पर रणनीतिक कब्जा करने की बात सोची। पाकिस्तानी सैन्य कमांड द्वारा सन् 1970 के बाद से ही इस दिशा में प्रयास किया जा रहा था। इस तरह का पहला प्रयास नौवें दशक की शुरुआत में सियाचिन ग्लेशियर क्षेत्र में किया गया, क्योंकि पाकिस्तान का मानना था कि वहाँ नियंत्रण रेखा पर सीमाबंदी लापरवाही से की गई होगी।

यह याद करना प्रासंगिक होगा कि जम्मू एवं कश्मीर में नियंत्रण रेखा पर, मानचित्र पर एक संकेत-चिह्न (ग्रिड रेफरेंस प्वॉइंट) एन.जे. 9842 तक, स्पष्ट रूप से सीमाबंदी की गई है। इस बात पर सहमति हुई थी कि यह ग्लेशियर की ओर इस संकेत-चिह्न के उत्तर की ओर रहेगी। पाकिस्तान ने इन मानचित्रीय बनावट

का लाभ उठाने की बात सोची। भारतीय इंटेलिजेंस को पाकिस्तान की इस योजना के बारे में पता चल गया और सन् 1984 में भारतीय टुकड़ियों को आगे बढ़ाकर सियाचिन ग्लेशियर क्षेत्र में कई जगह चौकियाँ तैनात की गईं। सियाचिन में भारतीय टुकड़ियों को अपने स्थान से हटाने के पाकिस्तानी प्रयास बार-बार विफल हो गए। पाकिस्तान का मानना था कि नियंत्रण रेखा के साथ बड़े पैमाने पर सैन्य कारवाई भारतीय टुकड़ियों को सीमा-सुरक्षा के लिए घाटी से बाहर आने के लिए मजबूर कर देगी और इस स्थिति का लाभ जम्मू एवं कश्मीर में आतंकवादी गतिविधियाँ तेज करने के लिए उठाया जा सकता है।

जिन तात्कालिक आकलनों पर पाकिस्तान की करगिल कारवाई आधारित थी, उन्हें सुब्रह्मण्यम रिपोर्ट में इस प्रकार पेश किया गया है—

(1) पाकिस्तान की परमाणु-क्षमता किसी भी बड़े भारतीय प्रयास, खासकर अंतरराष्ट्रीय सीमा के पार, को विफल करने में समर्थ होगा। पाकिस्तान का अनुमान था कि नौवें दशक के मध्य से परमाणु अवरोध ने उसे लाभ पहुँचाया है। मोटे तौर पर कहा जाए तो यह कोई गलत अनुमान नहीं था।

(2) अंतरराष्ट्रीय समुदाय द्विपक्षीय प्रणाली या संयुक्त राष्ट्र के माध्यम से हस्तक्षेप करके संघर्ष को बढ़ने से रोकेगी। यदि पाकिस्तान ने नियंत्रण रेखा के पार अपनी स्थिति मजबूत कर ली तो अंतरराष्ट्रीय समुदाय नई परिस्थिति को स्वीकार कर लेगा, जिससे सौदेबाजी में पाकिस्तान की स्थिति बेहतर होगी।

(3) चीन पाकिस्तान की सैन्य कारवाइयों का समर्थक होगा।

(4) भारत में एक कमजोर और अस्थिर सरकार दृढ़ प्रतिक्रिया व्यक्त करने में अक्षम होगी और अंतरराष्ट्रीय सीमा के पार पाकिस्तान में युद्ध को विस्तार नहीं देगी।

(5) जम्मू एवं कश्मीर में अपने आतंकवाद-निरोधी उत्तरदायित्व के कारण भारतीय सेना भी प्रभावशाली ढंग से जवाब नहीं दे पाएगी।

(6) जोजीला के पूर्व में संसाधनों के अभाव में भारत घुसपैठ के विरुद्ध कारगर कदम उठाने में तब तक असमर्थ होगा जब तक जोजीला दर्रा मई के अंत या जून के शुरू में यातायात के लिए खुल नहीं जाता।

(7) भारतीय सेना में ऐसे सैनिक पर्याप्त संख्या में नहीं हैं, जो अधिक ऊँचाई पर युद्ध के लिए पूरी तरह प्रशिक्षित हों और पाकिस्तान द्वारा पूर्वनियोजित आकस्मिक पाकिस्तानी आक्रमण का सामना करने के लिए पर्याप्त सैन्य बल तैनात नहीं हो पाएँगे। यदि पाकिस्तानी सैन्य घुसपैठ सफल रहा तो घाटी में बहाल हुई

सामान्य स्थिति को आलोड़ित करना संभव हो सकेगा।

करगिल क्षेत्र में नियंत्रण रेखा के पार से आक्रमण नौवें दशक के मध्य से ही पाकिस्तान के रणनीतिक विकल्पों और युद्ध योजनाओं का हिस्सा रहा है। वरिष्ठ पत्रकार और फील्ड मार्शल अयूब खान के सलाहकार अल्ताफ गौहर ने पुष्टि की है कि सन् 1987 से ही एक बड़ी काररवाई के द्वारा करगिल क्षेत्र में घुसपैठ की योजना पाकिस्तान के सैन्य मुख्यालय में विद्यमान थी, परंतु उसे सन् 1999 तक की सरकारों द्वारा कार्यान्वित नहीं किया गया। अपने कार्यकाल के अंतिम डेढ़ वर्षों के दौरान जनरल जिया, फिर बेनजीर भुट्टो और नवाज शरीफ ने करगिल योजना को मंजूरी नहीं दी। इसका मुख्य कारण यह था कि चीफ ऑफ आर्मी स्टाफ जनरल मिर्जा असलम बेग और जनरल जहाँगीर करामत इस प्रकार की विशाल स्तरीय सैन्य काररवाई के पक्ष में नहीं थे, जिसके प्रति भारतीय प्रतिक्रिया अकल्पनीय हो सकती थी।

बहरहाल, जनरल परवेज मुशर्रफ की मानसिकता अलग ही थी। वह पाकिस्तान के कब्जेवाले कश्मीर और उत्तरी क्षेत्रों में कई सैन्य काररवाइयों में गंभीर रूप से शामिल थे। वे लगभग पंद्रह वर्षों से सियाचिन में मिल रही विफलताओं से क्षुब्ध थे। वह ऐसा क्षेत्र था, जिसमें वह सैन्य रूप से सक्रिय रहे थे। भारत में अपेक्षाकृत अनिश्चित राजनीतिक स्थिति और भारतीय बलों के मनोबल और तैयारी के बारे में किए गए आकलनों से उन्हें लगा कि वह करगिल काररवाई को सफलतापूर्वक शुरू कर सकते हैं, जिसकी तैयारी में वे सन् 1993 से सैन्य काररवाइयों के महानिदेशक (डायरेक्टर जनरल, मिलिटरी ऑपरेशंस) के रूप में जुटे थे। परवेज मुशर्रफ ने 20 और 21 अक्तूबर, 1998 को पाकिस्तानी सेना की दसवीं कॉर्प के कमांडर ले. जनरल महमूद अहमद के साथ पाकिस्तान के कब्जेवाले कश्मीर के उत्तरी इलाकों का दौरा किया। इस दौरे के दौरान ही करगिल पर आक्रमण की योजना को स्वीकृत किया गया और अक्तूबर तथा दिसंबर सन् 1998 में इसे अंतिम रूप दिया गया।

प्रधानमंत्री शरीफ को करगिल योजना के बारे में जनवरी 1999 में पाकिस्तानी सेना के मुख्यालय (रावलपिंडी) में बताया गया। इसके एक माह बाद वे 22 फरवरी को लाहौर में प्रधानमंत्री अटल बिहारी वाजपेयी से मिले। पाकिस्तानी सेना की चढ़ाई सन् 1998 के अंत से पहले सैन्य परीक्षण और फिर नियंत्रण रेखा के पार एक उच्च स्तरीय आक्रमण का आधार तैयार करने के लिए आरंभ हुई।

नियमित पाकिस्तानी टुकड़ियों द्वारा आक्रमण की प्रक्रिया दिसंबर 1998 से

मार्च 1999 तक की अवधि में चली। अप्रैल के अंतिम सप्ताह और मई के प्रथम सप्ताह तक पाकिस्तानी सैनिक पूरे करगिल क्षेत्र में नियंत्रण रेखा को पार कर चुके थे। वे बटालिक सेक्टर, द्रास सेक्टर, मुश्कोह सेक्टर, काकसर सेक्टर, टरटोक और चोरबाट ला पर पोजीशन ले चुके थे। पाकिस्तान के एक विशाल स्तर के आक्रमण में शामिल होने का अनुमान 2 से 5 मई के बीच पहली बार तब स्पष्ट हुआ, जब भारतीय सेना के अग्रदल को उनके स्थानीय मुखबिरों द्वारा सूचना मिली कि वहाँ पाकिस्तानी सैनिक अधिक संख्या में एकत्र हो चुके हैं। युद्ध (जो मई में शुरू हुआ और जुलाई के अंत व अगस्त के शुरू में समाप्त हुआ) नियंत्रण रेखा के 200 किलोमीटर के दायरे में लड़ा गया, जो सियाचिन ग्लेशियर के पश्चिमी पहाड़ की ढलानों में मुश्कोह घाटी से लेकर सालटोरो चोटी तक फैला। पाकिस्तान ने न केवल 200 किलोमीटर तक नियंत्रण रेखा को पार किया, बल्कि भारतीय क्षेत्र में भी 10 से 12 किलोमीटर तक घुसे। असली युद्ध अत्यंत कष्टकर भूभाग में अत्यंत ठंड में और 10,000 से 18,000 फीट की ऊँचाई पर लड़ा गया।

पाकिस्तान द्वारा प्रेरित संघर्षात्मक स्थितियाँ एक नियमित युद्ध (हालाँकि खुले तौर पर घोषित नहीं) में परिवर्तित हो गईं, जिनमें उत्तरी क्षेत्रों के फोर्स कमांडर के नेतृत्व में पाकिस्तान के उत्तरी क्षेत्रों की टुकड़ियाँ, पाकिस्तानी सेना के 10 कॉर्प और हमारी उत्तरी कमांड से संबंधित भारतीय सेना की लगभग ढाई विभाग शामिल थे; जबकि पाकिस्तानी सेनाओं ने हलके और भारी पैदल सेना हथियारों, भारी तोपों और जमीन से हवा में मार करनेवाली मिसाइलों का प्रयोग किया। भारतीय सैन्य बलों ने उस प्रकार के हथियारों के अलावा भारतीय वायुसेना के सहयोग से हेलीकॉप्टरों और लड़ाकू विमानों से भी काम लिया। भारतीय वायुसेना ने काररवाई के शुरुआती चरण में अपने दो विमान और एक हेलीकॉप्टर खो दिए, परंतु नुकसान के बावजूद एकीकृत समन्वित सैन्य प्रयासों का हिस्सा बना रहा। भारतीय जलसेना ने पाकिस्तान के विरुद्ध एक सुनियोजित प्रभावी काररवाई 'ऑपरेशन तलवार' के तहत अरब सागर में युद्धपोत तैनात किए, जिससे पाकिस्तानी जलसेना और कराची में पाकिस्तानी जहाज सक्रिय नहीं हो पाए। पाकिस्तान ने अपने आक्रमण को 'ऑपरेशन बद्र' का नाम दिया था। भारतीय थलसेना, वायुसेना और जलसेना की प्रतिक्रिया को क्रमशः 'ऑपरेशन विजय', 'ऑपरेशन सफेद सागर' और 'ऑपरेशन तलवार' का नाम दिया गया। करगिल युद्ध का एक और आयाम, जो भारतीयों को पता होना चाहिए, यह था कि यह बहुत से बलिदानों और दुर्घटनाओं से युक्त एक महँगा युद्ध था। भारतीय सेना के चार सौ चौहत्तर अधिकारी व अन्य रैंक के सैनिक

शहीद हुए और एक हजार एक सौ नौ घायल हुए। शहीद होनेवालों में अधिकतर युवा अधिकारी थे, जिन्होंने युद्ध में सामने से अपने सैनिकों का नेतृत्व किया। करगिल समीक्षा समिति की रिपोर्ट के अनुसार, कठिन परिस्थितियों और बहुत सी शहादतों के बावजूद भारतीय बलों का मनोबल बहुत ऊँचा था। युवा अधिकारियों ने बहादुरी से देशभक्त सैनिकों का नेतृत्व किया।

करगिल क्षेत्र का भू-रणनीतिक महत्त्व

करगिल में पाकिस्तान के सैन्य दुस्साहस के प्रेरक तत्त्व क्या थे? करगिल क्षेत्र और नियंत्रण रेखा पर आक्रमण में पाकिस्तानी सरकार कहाँ तक शामिल थी? करगिल के अनुभव से भारत को क्या सीख लेनी चाहिए? क्या समझौता वार्त्ता के लिए फिर से पाकिस्तान पर विश्वास किया जा सकता है? क्या बातचीत जारी रहनी चाहिए? भारत में अस्थिरता लाने के लिए उसके विरुद्ध छाया-युद्ध जारी रखने की पाकिस्तान की नीयत देखते हुए भारत उसके साथ बातचीत कैसे कर सकता है? करगिल त्रासदी पर अंतरराष्ट्रीय प्रतिक्रिया का मूल्यांकन भारत कैसे कर सकता है? किन आधारों पर भारत-पाक संबंध विकसित हो सकते हैं?

इन बिंदुओं की समीक्षा करने से पहले करगिल की भू-रणनीतिक व जनसंख्या-विषयक विशेषताओं और जम्मू एवं कश्मीर को पाकिस्तान के कब्जेवाले कश्मीर से अलग करनेवाली नियंत्रण रेखा के वास्तविक तथा कानूनी आधारों का वर्णन करना उचित होगा।

भू-रणनीतिक रूप से करगिल निस्संदेह कश्मीर घाटी, लद्दाख और सियाचिन ग्लेशियर पर हमारी सैन्य स्थिति की सुरक्षा की दृष्टि से बहुत महत्त्वपूर्ण क्षेत्र है। लद्दाख से दक्षिण-पश्चिम की ओर का क्षेत्र सियाचिन, लद्दाख और कश्मीर घाटी की ओर आनेवाले कदमों को दूर करता है। यह क्षेत्र भारतीय अधिकार-क्षेत्र में, नियंत्रण रेखा के पूर्व और सियाचिन व सालटोरो चोटियों तक फैला हुआ है। यह उन सुदूर उत्तरी क्षेत्रों के पार है, जहाँ तक नियंत्रण रेखा औपचारिक रूप से निर्धारित और रूपरेखा में है। यह याद रहना चाहिए कि करगिल घाटी का एक हिस्सा नहीं है। यह मूल रूप से लद्दाख का हिस्सा था; परंतु इस क्षेत्र में शिया मुसलिमों की बहुलता को देखते हुए इसे एक अलग जिला बना दिया गया। यदि पाकिस्तान करगिल क्षेत्र (पर्वत श्रृंखलाओं से एक सौ चालीस किलोमीटर तक फैला हुआ) पर कब्जा कर लेता तो घाटी से लद्दाख तक का हाइवे नष्ट हो जाता और लद्दाख व सियाचिन से भारत का संबंध कट जाता। नियंत्रण रेखावाले करगिल

क्षेत्र (मुशकोह घाटी, द्रास, काकसर, छैनीकुंड, शिंगो, बटालिक और चोरबाट ला) पर उसकी भौगोलिक स्थितियों के कारण अधिक लोग तैनात नहीं किए गए थे। साथ ही वर्ष भर उन्हें तैनात नहीं किया जाता था। सियाचिन क्षेत्र की सुरक्षा करनेवाले ब्रिगेड और करगिल व गुरेज की सुरक्षा करनेवाले ब्रिगेडों में काफी दूरी थी। ऐसा भी महसूस किया जाता था कि क्षेत्र की बौद्ध-शिया जनसंख्या किसी विस्तृत पाकिस्तानी घुसपैठ के विरुद्ध स्वाभाविक सुरक्षा होगी। मार्च और मई 1999 के बीच पूरे एक सौ चालीस किलोमीटर के फैलाव में नियमित पाकिस्तानी सैनिक भारतीय क्षेत्र में दस से बारह किलोमीटर तक अंदर आ गए। भारत द्वारा चुनौती देने पर पाकिस्तान ने तर्क दिया कि उन्होंने नियंत्रण रेखा पार नहीं की है और उस क्षेत्र में नियंत्रण रेखा स्पष्ट रूप से निर्धारित नहीं है।

इन तथ्यों को दिमाग में रखना पर्याप्त होगा। नियंत्रण रेखा सन् 1948 एवं 1965 के युद्ध के बाद निर्धारित की गई युद्ध विराम रेखाओं से हुआ। वर्तमान नियंत्रण रेखा जुलाई 1972 के शिमला समझौते की शर्तों के अनुसार, रेखा भारत और पाकिस्तान के वरिष्ठ सैन्य कमांडरों के बीच आपसी सहमति के आधार पर बनाई गई थी। इस रेखा को नौ मानचित्रों पर उपयुक्त स्तर पर विस्तृत ग्रिड रेफरेंस के साथ दरशाया गया था। इनपर पाकिस्तान के सैन्य प्रतिनिधियों ने भी हस्ताक्षर किए हैं। एक महत्त्वपूर्ण बात यह है कि यह युद्धविराम रेखा नहीं, नियंत्रण रेखा है। 'वास्तविक' नियंत्रण रेखा न होने के कारण इसे अस्थायी व्यवस्था के रूप में देखा जा सकता था। निश्चित रूप से अभिप्राय यह नहीं था। सहमति एक स्थायी रेखा पर हुई थी।

सन् 1972 से सन् 1999 (सत्ताईस वर्षों) तक इस नियंत्रण रेखा का सम्मान किया गया। फिर उसका उल्लंघन करने के पीछे पाकिस्तानी उद्देश्य क्या था? राजनीतिक उद्देश्य बड़े पेचीदा थे। पहला यह कि जम्मू एवं कश्मीर में एक निर्वाचित सरकार की बहाली और राजनीतिक व आर्थिक स्थिरता के कारण अंतरराष्ट्रीय समुदाय के लिए वह एक नाजुक क्षेत्र नहीं रहा था। साथ ही, आतंकवादी गतिविधियों के खिलाफ भारतीय सुरक्षा बल की उल्लेखनीय सफलता इस स्थिति को और बेहतर कर रही थी। सन् 1989 में जम्मू एवं कश्मीर को अस्थिर करने और भारत से अलग करने के पाकिस्तानी प्रयासों का परिणाम शून्य रहा। इसलिए कुछ ऐसे प्रयास किए जाने थे कि पाकिस्तानी उद्देश्यों की रूपरेखा के तहत कश्मीर मुद्दे पर अंतरराष्ट्रीय समुदाय फिर से जागरूक हो जाए।

दूसरे, पाकिस्तान के रणनीतिक योजनाकारों का मानना था कि अंतरराष्ट्रीय

समुदाय जम्मू एवं कश्मीर मुद्दे का किसी प्रकार की नियंत्रण रेखा के आधार पर समाधान का समर्थक होता जा रहा है। अत: यह निर्णय लिया गया कि नियंत्रण रेखा को परिवर्तित करके पाकिस्तान के पक्षवाली स्थिति में लाया जाए। नियंत्रण रेखा को पूर्व की ओर खिसकाने पर पाकिस्तान को एक मजबूत स्थिति से जम्मू एवं कश्मीर पर कब्जा करने के प्रयासों में मदद मिली। तीसरा, यदि नियंत्रण रेखा का यह परिवर्तन करगिल क्षेत्र में किया जाता तो यह लद्दाख और घाटी की सुरक्षा की भारतीय रणनीतिक क्षमता को कमजोर कर देता। उम्मीद की जा रही थी कि कराकोरम हाइवे के दक्षिणी और दक्षिण-पूर्वी पहाड़ों की ढलान पर पाकिस्तान की अधिक लाभदायक भू-रणनीतिक स्थिति पर चीन को कोई आपत्ति नहीं होगी।

यदि यह सैन्य संघर्ष एक स्पष्ट परमाणु युद्ध की ओर बढ़ता तो अंतरराष्ट्रीय समुदाय हस्तक्षेप करके पाकिस्तान के इच्छित तरीके से कश्मीर पर समझौता करने के लिए भारत पर दबाव बनाता। सम्मिलित रूप से पाकिस्तान की संपूर्ण योजनाओं और विस्तृत सैन्य उद्देश्यों को भारत सरकार द्वारा इस प्रकार विश्लेषित किया गया—

(1) इस योजना को बहुत गुप्त रखा जाना था, जिसमें बहुत कम लोग शामिल होते और ऐसी किसी गतिविधि को टाला जाता, जिससे पाकिस्तानी इरादों का संकेत मिले।

(2) पाकिस्तानी प्रधानमंत्री से बिना निर्देश के सिर्फ 'सैद्धांतिक' सहमति ली जानी थी।

(3) आक्रमण को शुरू करने और समय से पहले तीव्र होने पर नियंत्रण के लिए एक कवर-प्लान की आवश्यकता थी।

(4) यह काररवाई कश्मीर मुद्दे, जिससे विश्व का ध्यान कुछ समय से हटा हुआ था, के अंतरराष्ट्रीयकरण में मदद देगी।

इन बातों को ध्यान में रखकर पाकिस्तानी सेना ने एक योजना बनाई, जो पाकिस्तानी चीफ ऑफ आर्मी स्टाफ (सी.ओ.ए.एस.), चीफ ऑफ जनरल स्टाफ (सी.जी.एस.), डायरेक्टर जनरल, मिलिटरी ऑपरेशंस (डी.जी.एम.ओ.), जी.ओ.सी. 10वीं कॉर्प और जी.ओ.सी. फोर्स कमांडर, नॉर्दर्न एरियाज (एफ.सी.एन.ए), जिसे करगिल क्षेत्र में सैन्य काररवाई का प्रभारी बनाया गया था, तक सीमित रखा गया। यहाँ तक कि कॉर्प कमांडरों को भी इस योजना से अवगत नहीं कराया गया। यह बात पाकिस्तानी सी.ओ.ए.एस. और सी.जी.एस. के बीच टेप की गई टेलीफोन वार्त्ता से पूरी तरह प्रमाणित हो जाती है।

पाकिस्तान के लक्ष्य

इस घुसपैठ के पीछे पाकिस्तान के सैन्य लक्ष्य इन बिंदुओं पर आधारित थे—

(1) घुसपैठ से उन खाली स्थानों का लाभ उठाया जा सकता है, जो क्षेत्र में नियंत्रण रेखा के भारत और पाकिस्तानी—दोनों पक्षों की सुरक्षा व्यवस्था में हैं। यह भूभाग बहुत ही ऊँचा-नीचा है, जहाँ प्रमुख मार्गों से नियंत्रण रेखा की ओर जानेवाले बहुत कम रास्ते हैं। सर्दियों में यहाँ भारी हिमपात होता है, जिससे यहाँ कोई गतिविधि लगभग असंभव हो जाती है।

(2) जोजीला दर्रा सामान्यत: मई के अंत या जून की शुरुआत में खुलता है। अत: तब तक श्रीनगर से जमीनी परिवहन द्वारा सेना की तैनाती संभव नहीं है। पाकिस्तान ने गणना की कि यदि मई की शुरुआत में भी इस घुसपैठ के बारे में पता चल गया तो भी भारतीय सेना की प्रतिक्रिया धीमी और सीमित होगी, जिससे अधिक प्रभावी ढंग से घुसपैठ करने में पाकिस्तान को सुविधा होगी। इस बार जोजी ला दर्रा मई के शुरू में ही टुक ड़ियों की तैनाती के लिए खोल दिया गया था।

(3) यदि घुसपैठ कामयाब रहे तो पाकिस्तानी टुकड़ियों को कई चोटियों पर अपनी स्थिति मजबूत करने में मदद मिलेगी, जहाँ से श्रीनगर-लेह मार्ग को काटा जा सकता है।

(4) घुसपैठ से भारतीय रिजर्व बल भी वहाँ सक्रिय हो जाएगा।

(5) घुसपैठ से पाकिस्तान को नियंत्रण रेखा के पार प्रभावी भूभागों पर नियंत्रण मिल जाएगा, जिससे समझौते में वह एक मजबूत स्थिति में होगा।

(6) घुसपैठ से नियंत्रण रेखा की स्थिति परिवर्तित हो जाएगी।

आकस्मिकता और धोखा

इस योजना को अत्यंत गुप्त रखने के अलावा पाकिस्तान ने इन उपायों पर अमल करने का निर्णय किया—

(1) प्रस्तावित कारवाई के लिए उत्तरी क्षेत्रों के फोर्स कमांड में नई टुकड़ियाँ शामिल नहीं की जाएँगी। किसी भी तरह की बड़ी गतिविधि (दो या तीन बटालियन) भारत का ध्यान आकर्षित कर सकती है।

(2) जुलाई-सितंबर 1998 में भारी गोलाबारी के दौरान उत्तरी क्षेत्रों के फोर्स कमांड में शामिल किया गया तोपखाना हटाया नहीं गया। चूँकि उसके बाद चाहे छोटें स्तर पर ही गोलाबारी जारी रही, इसे असाधारण नहीं समझा गया।

(3) योजना के कार्यान्वयन के बाद तक एफ.सी.एन.ए. में कोई रिजर्व बल

या यूनिट शामिल नहीं किया गया।

(4) मौजूदा सुरक्षा व्यवस्था से घुसपैठ के लिए प्रशासनिक आधार प्रदान किया जाना था।

(5) सैन्य सामग्री का परिवहन भारतीय टुकड़ियों के मार्गों और चौकियों से काफी दूर पर्वत की ढलानों और नालों की ओर से किया जाएगा।

योजना की रूपरेखा

एफ.सी.एन.ए. में पहले से कार्यरत चार पैदल बटालियनों और स्पेशल सर्विस ग्रुप (एस.एस.जी.) की दो कंपनियों के चार स्वतंत्र समूह बनाकर इस सरल योजना को प्रभाव में लाया गया। ये थे—

(1) चार नॉर्दर्न लाइट इन्फेंटरी (एन.एल.आई.) बटालियन, गिलगित में स्थित एफ.सी.एन.ए. के रिजर्व।

(2) छह नॉर्दर्न लाइट इन्फेंटरी (एन.एल.आई.) बटालियन, (पूर्व 62 इन्फेंटरी ब्रिगेड) स्कर्दू में स्थित।

(3) पाँच नॉर्दर्न लाइट इन्फेंटरी (एन.एल.आई.) बटालियन, (पूर्व 82 इन्फेंटरी ब्रिगेड) मिनिमर्ग में स्थित।

(4) तीन नॉर्दर्न लाइट इन्फेंटरी (एन.एल.आई.) (पूर्व 323 इन्फेंटरी ब्रिगेड) दानसम में स्थित।

एस.एस.जी.

चार बटालियनों के बीच स्पेशल सर्विस ग्रुप की दो कंपनियों को 32 से 94 अंकों तक के छोटे समूहों में विभाजित किया जाना था।

अतिरिक्त संसाधन

इन समूहों को कंधे पर रखकर वार करनेवाली स्टिंगर वेरायटी की एयर डिफेंस ए.डी. मिसाइलें भी दी गईं। इनके साथ सभी एन.एल.आई. बटालियनों को 12.7 मिलीमीटर ए.डी. मशीनगनें भी दी गईं, जिससे उन्हें कुछ मात्रा में एयर डिफेंस क्षमता भी प्राप्त हुई।

आतंकवादियों का इस्तेमाल

प्रत्येक बटालियन के साथ लश्कर-ए-तोयबा, हरकत-उल-अंसार और

अफगान युद्ध के अनुभवी सैनिक भी शामिल किए गए, ताकि उसे जेहाद का रूप दिया जा सके। घुसपैठ के बाद और अधिक भरती के लिए आठ सौ या अधिक आतंकवादी स्कर्दू क्षेत्र में लाए गए।

तोपखाना

बीस की संख्या में तोपें नियंत्रण रेखा के पाकिस्तानी ओर से घुसपैठियों के सहयोग में गोलाबारी करने के लिए लगाई गईं। इसका अर्थ यह था कि प्रत्येक घुसपैठी दल को तीन से चार तोपों का सहयोग मिलेगा। पाकिस्तानी सेना के निरीक्षण चौकी अधिकारियों को भी संचार-साधनों के साथ समूहों में विभाजित किया गया।

योजना का कार्यान्वयन

योजना को अंतिम रूप देने के बाद इसे अप्रैल के अंत तक लागू कर दिया गया। मुख्य समूहों को 30 से 40 की संख्यावाले बहुत से छोटे-छोटे उपसमूहों में विभाजित कर दिया गया, ताकि ढलानों के साथ बहुस्तरीय घुसपैठ और चोटियों पर कब्जा करने में मदद मिल सके। यह घुसपैठ चार मुख्य उपक्षेत्रों में इस तरह कार्यान्वित की गई—

(1) बटालिक लगभग 250

(2) काकसर लगभग 100

(3) द्रास लगभग 250

(4) मुश्कोह नुल्ला लगभग 200-300

सैन्य सामग्री

प्रत्येक बटालियन से सैनिकों और आतंकवादियों द्वारा सैन्य सामग्री पहाड़ों की ढलानों और नालों के मार्ग द्वारा ले जाई गई।

रिजर्व

योजना के कार्यान्वयन के बाद रिजर्वों की संख्या सामान्य करने के लिए पाकिस्तान ने एफ.सी.एन.ए. में सैनिकों का एक ब्रिगेड शामिल किया।

उत्तेजित करनेवाले प्रयास

इस मुद्दे को उत्तेजित करने के लिए पाकिस्तानी सरकार द्वारा लगातार प्रयास किए गए। पाकिस्तानी सी.ओ.ए.एस. के निर्देशानुसार, पाकिस्तान के तत्कालीन विदेश मंत्री सरताज अजीज असंगत ढंग से और बगैर किसी निष्कर्ष के बोले। उसके बाद से पाकिस्तान का बदलता दृष्टिकोण इन बिंदुओं पर आधारित रहा है—

(1) नियंत्रण रेखा को रेखांकित किया गया है, परंतु वह स्पष्ट रूप से चिह्नित नहीं है। यह उत्तेजित करने का सबसे निर्लज्ज प्रयास रहा है। रेखा भले ही भूमि पर चिह्नित न हो, परंतु यह दोनों सेनाओं द्वारा स्पष्ट रूप से पहचानी जाती है और पिछले सत्ताईस वर्षों से इसका सम्मान किया जा रहा है।

(2) इन चोटियों पर लंबे समय से पाकिस्तानी सेना का कब्जा है।

(3) नियंत्रण रेखा में घुसपैठ पाकिस्तानी सेना द्वारा नहीं बल्कि आतंकवादियों द्वारा की गई है, जिनपर पाकिस्तान का कोई नियंत्रण नहीं है।

(4) पाकिस्तानी सेना द्रास और करगिल सेक्टरों में लड़ रही है।

करगिल क्षेत्र में पाकिस्तानी घुसपैठ के बारे में काफी गंभीर विश्लेषण और उत्तेजक भविष्यवाणियाँ की गईं। इस बात पर भी प्रश्न पूछे गए हैं कि क्या इस युद्ध से पाकिस्तान के प्रत्यक्ष जुड़ाव के बारे में कोई वास्तविक सुबूत है? समय है कि हम पाकिस्तान के उद्देश्यों और स्पष्ट वास्तविकताओं, खासकर पाकिस्तान के लक्ष्यों के बारे में स्पष्ट रूप से जानें, जिसपर भारत की भावी नीतियाँ आधारित होनी चाहिए।

मैं भारतीय सेना प्रतिष्ठानों में व्यक्तिगत रूप से गया, जहाँ युद्ध में पाकिस्तानी सैनिकों की सीधी भागीदारी के प्रमाण उपलब्ध हैं और उन्हें प्रदर्शित किया गया है। नियमित पाकिस्तानी सैनिकों से मिले हथियारों और गोला-बारूद पर उनके यूनिटों के चिह्न और संख्या अंकित हैं। युद्ध में मारे गए सैन्य अधिकारियों और सैनिकों के हरे कवरवाले वेतन-पत्रों पर सरकारी प्रतीक हैं। भारत ने भारी संख्या में पाकिस्तानी सैनिकों की कारवाई संबंधी और युद्ध डायरियाँ कब्जे में कीं। सबसे महत्त्वपूर्ण बात यह है कि पाकिस्तानी फील्ड कमांडरों को युद्ध के दौरान युद्ध नीतियों के बारे में निर्देश दिए गए थे, जिन्हें उन्होंने अपनी डायरियों में लिख लिया था। साथ ही, मृत पाकिस्तानी अधिकारियों और सैनिकों से परिचय-पत्र, वर्दियाँ और नॉर्दर्न लाइट इन्फेंटरी व अन्य पाकिस्तानी यूनिटों की सैन्य विभागीय और बटालियन संबंधी शोल्डर पैच भी बरामद हुए। पाकिस्तान की सीधी भागीदारी के सबसे स्पष्ट और महत्त्वपूर्ण प्रमाण वे पत्र हैं, जो सैनिकों ने अपने परिवारजनों को लिखे। उनमें

से कुछ ऐसे अंतरंग पत्र हैं कि कोई भी सभ्य सैन्य बल या सरकार उन्हें सार्वजनिक नहीं करना चाहेगी। सामान्यत: उर्दू और स्थानीय बोली में लिखे गए इन पत्रों को सेना के इंटेलिजेंस अधिकारियों ने क्रमबद्ध रूप से अनूदित किया। मैंने इस सामग्री को स्वयं देखा है। यह पाकिस्तान की सरकार और सैन्य बलों द्वारा अपनाए गए तरीकों तथा युक्तियों के बारे में दिलचस्प विवरण उद्घाटित करती है।

भारत में इस हिंसक प्रवेश की योजनाएँ सन् 1998 में बनाई गईं और जनवरी 1999 में इसे अंतिम रूप दिया गया। करगिल सेक्टर में पाकिस्तानी सैनिकों का घुसपैठ एक नियमित, सामान्य और विशाल पैमाने की सैन्य घटना नहीं थी। यह काम दो माह की अवधि (शायद मार्च और अप्रैल) के दौरान धीरे-धीरे किया गया। यह कारवाई एक सुनियोजित प्रयास थी। पाकिस्तान इस आक्रमण के लिए मुख्य रूप से नॉर्दर्न लाइट इन्फेंटरी की टुकड़ियों पर निर्भर था, क्योंकि इस रेजीमेंट के अधिकतर सैनिक स्कर्दू, पाक अधिकृत कश्मीर, बालटिस्तान, गिलगिट और उत्तर-पश्चिमी पहाड़ी क्षेत्रों के युवा हैं। ये सभी अधिक ऊँचाई पर सैन्य गतिविधियों के अभ्यस्त हैं। इन सभी को अपनी वर्दियाँ उतारकर सलवार-कमीज पहनने, दाढ़ी बढ़ाने और टोपियाँ पहनने के लिए कहा गया। उन्हें तीन से चार या पाँच समूहों में बाँटकर पूरे करगिल क्षेत्र में मोर्चा सँभालने के लिए कहा गया, जो उन्होंने अप्रैल के अंत तक किया। हथियार, राशन और लॉजिस्टिकल सपोर्ट की अन्य सामग्री उनके मोर्चे तक साथ-साथ पोर्टरों और याकों द्वारा पहुँचाई गई। एफ.सी.एन.ए. और पाकिस्तानी सेना की दसवीं कॉर्प ने कमांड और नियंत्रण व सैन्य कारवाइयों के लिए पूरा सहयोग उपलब्ध कराया। भारतीय क्षेत्रों में घुसपैठ कर रहे सैनिकों तक भारी हथियार, जैसे—मोर्टार, विभिन्न प्रकार की मशीनगनें और ग्रेनेड लांचर पहुँचाए गए। सैन्य सहायता पहुँचाने के लिए अधिकतम संभव ऊँचाई तक सड़कों के जानवरों के जाने का मार्ग अलग बनाया गया। करगिल में उस समय भारतीय सेना की अनुपस्थिति में पाकिस्तानी बलों की स्थिति मजबूत करने के लिए हेलीपैड बनाए गए।

इन पाकिस्तानी प्रयासों का एक दिलचस्प आयाम यह था कि भाड़े केविदेशी आतंकवादियों को छोड़कर अनियमित सैनिकों को पोर्टरों और लॉजिस्टिकल सहयोग ले जानेवाले लोगों की तरह इस्तेमाल किया गया। पाक अधिकृत कश्मीर और उत्तरी क्षेत्रों के अन्य भागों से संबंधित ये सैनिक, जो नियमित पाकिस्तानी सेना में नहीं थे, को लॉजिस्टिकल श्रम बल के रूप में प्रयुक्त किया गया। अधिकतर सैन्य कारवाइयाँ नियमित पाकिस्तानी सैन्य अधिकारियों और सिपाहियों द्वारा की गईं।

पाकिस्तान ने सैन्य आक्रमणों को सहयोग देने के लिए अपने हेलीकॉप्टरों और तोपखानों के स्क्वाड्रनों को भी नियुक्त किया। जनरल मुशर्रफ और पाकिस्तानी सेना मुख्यालयों के चीफ ऑफ आर्मी स्टाफ ले. जनरल अजीज उच्चतम स्तर पर इस काररवाई के प्रत्यक्ष योजनाकार और कमांडिंग अधिकारी थे। यह समूची आक्रामक काररवाई पाकिस्तानी कैबिनेट की डिफेंस कमेटी के पूर्ण सहयोग और सहमति के आधार पर कार्यान्वित की गई थी। इस समिति में प्रधानमंत्री, विदेश मंत्री, रक्षा मंत्री, सूचना मंत्री, गृह मंत्री और वित्त मंत्री के साथ तीनों बलों के प्रमुख शामिल होते हैं। भारत के पास इसके पुख्ता सुबूत हैं; जबकि इस बात का कोई प्रमाण नहीं है कि पाकिस्तानी सरकार का प्रशासनिक भाग इस काररवाई के विरुद्ध था। बहरहाल, एक दिलचस्प विरोधाभास यह है कि पाकिस्तानी सेना के बहुत से कॉर्प कमांडरों को इस योजना के विषय में तब तक नहीं बताया गया था जब तक भारत का जवाबी आक्रमण शुरू नहीं हो गया। इस संबंध में सूचनाएँ हैं कि जनरल मुशर्रफ और ले. जनरल अजीज के कई वरिष्ठ सहयोगी इस गोपनीयता के कारण खुश नहीं थे।

पाकिस्तानी सेना की इकाइयों को सहयोग देने के लिए अफगानिस्तान से भाड़े के आतंकवादियों और तालिबान के सदस्यों को बुलाया गया। पाकिस्तानी लड़ाकुओं के पास उपलब्ध हथियार और सैन्य सामग्री के साथ-साथ तोपखाना व वायु-सहयोग इस झूठ की पोल खोलते हैं कि करगिल दुस्साहस में पाकिस्तान की कोई प्रत्यक्ष भागीदारी नहीं थी। भारतीय दलों को जवाबी काररवाई के लिए बहुत जटिल प्रयास करने पड़े। संपूर्ण रणनीतिक और सैन्य आक्रमण के तार्किक विकल्प के बगैर ही उन्होंने ऐसा किया, क्योंकि राजनीतिक निर्णय था कि युद्ध को पाक-अधिकृत कश्मीर तक न ले जाया जाए। इस सीमा के बावजूद भारतीय बलों की जीत केवल ध्यान आकर्षित करनेवाली बात नहीं है; इसे सैन्य और रणनीतिक विजय की एक बड़ी उपलब्धि के रूप में देखा जाना चाहिए।

करगिल की घटनाओं को पूर्णरूप से समझने के लिए यह याद रखा जाना चाहिए कि इस संघर्ष का प्रबंधन कैसे किया गया। भारत को यह आकस्मिक झटका कैसे लगा और इस युद्ध की कैसी प्रतिक्रिया भारत और पाकिस्तान की जनता पर रही? करगिल समीक्षा समिति की रिपोर्ट संसद् में पेश की गई और अब यह जनता के लिए पुस्तक के रूप में उपलब्ध है। सैन्य काररवाइयों के विस्तृत विवरण, करगिल युद्ध के रूप में परिणत होनेवाली घटनाओं और अन्य प्रासंगिक मुद्दों को इस रिपोर्ट में पर्याप्त स्थान दिया गया है। अतः मेरा उद्देश्य युद्ध के उन

पक्षों और अन्य संबद्ध मुद्दों पर प्रकाश डालना है, जिनका विस्तृत रूप से वर्णन व मूल्यांकन कहीं और नहीं किया गया है।

सरकार और सुब्रह्मण्यम समिति की रिपोर्ट द्वारा दिए गए सभी तर्कों के बावजूद यह तथ्य अपने स्थान पर मौजूद है कि भारतीय अधिकारी करगिल में लगभग आठ माह तक पाकिस्तान द्वारा की जा रही सैन्य तैयारियों की भनक भी नहीं पा सके। विभिन्न टिप्पणियों और सुब्रह्मण्यम समिति की रिपोर्ट से कई महत्त्वपूर्ण निष्कर्ष निकले हैं—पहला, करगिल क्षेत्र में नियंत्रण रेखा के पार बढ़ी हुई पाकिस्तानी गतिविधियों के बारे में विभिन्न भारतीय इंटेलिजेंस स्रोतों (जैसे—इंटेलिजेंस ब्यूरो और रॉ) द्वारा सामान्य सूचनाएँ थीं। दूसरा, इस बात के भी स्पष्ट संकेत थे कि हमारी सेना का फील्ड इंटेलिजेंस मूल्यांकन अपर्याप्त और अनिश्चित था। तीसरा, जम्मू एवं कश्मीर में सेना कमांड ने उपलब्ध सूचनाओं को मई 1999 तक किसी बड़ी पाकिस्तानी काररवाई के संकेतक के रूप में नहीं देखा। उत्तरी कमांड का अनुमान यह था कि पाकिस्तानी गतिविधियाँ हमेशा की तरह नियमित घुसपैठ और छिटपुट भिड़ंत हैं। चौथा, इंटेलिजेंस एजेंसियों (आई.बी. और रॉ) द्वारा दी गई सूचनाओं को सैन्य कमांड तथा सैन्य इंटेलिजेंस द्वारा मई के प्रथम सप्ताह तक गंभीरता से नहीं लिया गया। विडंबना का एक विषय यह है कि रॉ और आई.बी. की रिपोर्ट समय पर संयुक्त इंटेलिजेंस समिति के अध्यक्ष के पास नहीं भेजी गई।

यहाँ पर सुब्रह्मण्यम समिति की रिपोर्ट के इस निष्कर्ष का संदर्भ देना आवश्यक है कि इंटेलिजेंस ब्यूरो के निदेशक ने करगिल सेक्टर में बढ़ती पाकिस्तानी गतिविधियों पर अपनी रिपोर्ट उन अधिकारियों और एजेंसियों के पास नहीं भेजी, जो उस सेक्टर या नियंत्रण रेखा के प्रबंधन में प्रत्यक्ष रूप से शामिल हैं। इस आलोचना का कुछ यथार्थ मूल्यांकन जरूरी है। इस बारे में पुष्ट सूचनाएँ हैं कि इंटेलिजेंस ब्यूरो के निदेशक श्यामल दत्ता की रिपोर्ट कैबिनेट सचिव, प्रधानमंत्री के प्रमुख सचिव और रक्षा सचिव के पास भेजी गई। आरोप यह है कि उन्होंने इसकी प्रतिलिपियाँ डायरेक्टर जनरल मिलिटरी ऑपरेशंस, चीफ ऑफ आर्मी स्टाफ, रॉ के सचिव और जे.आई.सी. के अध्यक्ष के पास नहीं भेजीं।

सरकार की संगठनात्मक संरचना और रिपोर्टों से पेश आने के तरीके के बारे में थोड़ी-बहुत जानकारी होने के नाते मुझे आई.बी. निदेशक की आलोचना कुछ अधिक लगती है। कैबिनेट सचिव के पास भेजी गई आई.बी. निदेशक की रिपोर्ट पर ध्यान दिया जाना चाहिए था और उसे तुरंत रॉ के सचिव और संयुक्त इंटेलिजेंस समिति के अध्यक्ष के पास भेजना चाहिए था। ये दोनों कैबिनेट सचिवालय के अंग

हैं। राष्ट्रीय सुरक्षा सलाहकार (प्रधानमंत्री के मुख्य सचिव) को उस रिपोर्ट पर विचार-विमर्श करने के लिए राष्ट्रीय सुरक्षा परिषद् के स्ट्रैटजिक पॉलिसी ग्रुप की बैठक का आयोजन करने की सलाह कैबिनेट सचिव द्वारा दी जानी चाहिए थी। कैबिनेट सचिव के पास भेजी गई आई.बी. निदेशक की रिपोर्ट को बिना कोई कदम उठाए सामान्य तरीके से चिह्नित कर दिया गया। कैबिनेट सचिव के कार्यालय के विषय में सुब्रह्मण्यम समिति की चिंताएँ, इसके बजाय कि यह क्यों हुआ, यह थीं कि उस कार्यालय में विभिन्न एजेंसियों की इतनी सारी रिपोर्टें आती हैं कि आई.बी. निदेशक की रिपोर्ट पर उतना ध्यान नहीं दिया गया। मुख्य सचिव या राष्ट्रीय सुरक्षा सलाहकार के कार्यालय में जब आई.बी. निदेशक की रिपोर्ट पहुँची तो वे देश से बाहर थे। और प्रधानमंत्री कार्यालय में संबंधित अधिकारियों द्वारा ऐसी रिपोर्टें देखे जाने पर उन्हें सामान्यत: आई.बी. निदेशक के कार्यालय में वापस भेज दिया जाता है। मेरी जानकारी के अनुसार, इस रिपोर्ट की जो प्रतिलिपियाँ रक्षा मंत्रालय और सैन्य बलों के मुख्यालयों में भेजी गईं, उन्हें भी सामान्य तरीके से देखा गया और चीफ ऑफ आर्मी स्टाफ की जानकारी में नहीं लाया गया, न ही समय रहते उनपर विचार-विमर्श किया गया।

इंटेलिजेंस ब्यूरो महानिदेशक का स्पष्टीकरण यह है कि सभी संबंधित अधिकारियों के पास रिपोर्ट उन्होंने इसलिए नहीं भेजी, क्योंकि उनका खयाल था कि कैबिनेट सचिव और डी.जी.एम.आई. सभी संबंधित अधिकारियों को यह सूचना देकर उचित कदम उठाएँगे। इस स्पष्टीकरण को पर्याप्त संतोषजनक नहीं माना गया। अधिक दिलचस्प बात यह है कि सन् 1999 के वसंत के अंत और गरमियों की शुरुआत तक रॉ के सचिव अरविंद दवे जे.आई.सी. के अध्यक्ष का पद भी सँभाल रहे थे। यह पूछना उचित होगा कि उनके पास रॉ की सूचना जे.आई.सी. की जाँच के लिए क्यों नहीं आई, जब वे उसके भी प्रभारी थे।

इन सब के अलावा समझ से परे कारणों से न तो करगिल क्षेत्र के डिवीजनल कमांड प्रभारी, न ही करगिल के उत्तरी ब्रिगेड कमांड प्रभारी ने अक्तूबर 1998 से अप्रैल 1999 के बीच उभरती परिस्थिति का ध्यानपूर्वक मूल्यांकन किया। हालाँकि ब्रिगेडियर जनरल सुरिंदर सिंह ने बाद में दावा करने का प्रयास किया कि उन्होंने समय पर प्रासंगिक मूल्यांकन भेजे थे। सुब्रह्मण्यम समिति रिपोर्ट ने इसे बाद में खुद को न्यायोचित ठहराने का प्रयास जो किया, एक सही निष्कर्ष था। डिवीजनल कमांडर या कॉर्प कमांडर को इस आरोप से बरी नहीं किया जा सकता कि उन्होंने सचेत होकर खासकर फरवरी और मई 1999 के बीच उभरती परिस्थितियों के बारे

में प्रासंगिक सूचना नहीं भेजी। इस संपूर्ण निष्कर्ष से कोई नहीं बच सकता कि गुप्तचरों का जमाव उपकरणों और स्रोतों व मानव-संसाधन के अभाव में अपर्याप्त तथा तितर-बितर था। दूसरे, एकत्र सूचनाओं का जे.आई.सी. या अंतरविभागीय विचार-विमर्श द्वारा व्यवस्थित तरीके से मूल्यांकन नहीं किया गया, जिससे सरकार और सैन्य बल मुख्यालयों को कुछ हद तक संभावनाओं का सही अनुमान लगाने में मदद मिलती। पाकिस्तानी आक्रमण का खतरा और संकट दुश्मनों के व्यापक घुसपैठ और नियंत्रण रेखा के पार स्थिति मजबूत कर लेने के बाद ही समझा जा सका। करगिल युद्ध के इस खास पक्ष पर सुब्रह्मण्यम समिति की रिपोर्ट में दिए गए सुधार के उपाय सामान्यत: इस निष्कर्ष की पुष्टि करते हैं।

परिस्थिति का विश्लेषण

सैन्य कारवाइयों का विस्तृत विवरण करगिल युद्ध की रिपोर्टिंग करनेवाले पत्रकारों द्वारा पत्रिकाओं और पुस्तकों में और अधिक विस्तार से करगिल समीक्षा समिति की रिपोर्ट में लिखा गया, परंतु युद्ध और उसके प्रबंधन के बारे में कुछ सामान्य उत्सुकताओं पर स्पष्टीकरण आवश्यक है। जब नियंत्रण रेखा से विस्तृत पैमाने पर पाकिस्तानी आक्रमण का पता चल गया, तब भारत सरकार की प्रतिक्रिया संयत और निर्णायक थी। मई के मध्य में अतिरिक्त टुकड़ियों और आवश्यक हथियारों के साथ 'ऑपरेशन विजय' शुरू किया गया। सुरक्षा पर कैबिनेट समिति की बैठक नियमित रूप से और जब आवश्यक हो, आयोजित की जाती थी। सर्विस चीफ प्रधानमंत्री, रक्षा मंत्री और राष्ट्रीय सुरक्षा सलाहकार के नियमित संपर्क में थे। प्रधानमंत्री ने राष्ट्रीय सुरक्षा परिषद् के सभी अंगों, जिसमें सभी कैबिनेट सदस्य, स्ट्रैटजिक पॉलिसी ग्रुप और राष्ट्रीय सुरक्षा सलाहकार बोर्ड शामिल थे, की एक विशेष और संयुक्त बैठक बुलाई। 7 जून को हुई लंबी बैठकों में मई की शुरुआत से घटनाओं की विस्तृत समीक्षा की गई, जिसमें उत्पन्न परिस्थिति के सैन्य और राजनीतिक परिणामों का विश्लेषण किया गया। प्रधानमंत्री वाजपेयी ने निर्देश दिया कि तत्काल राष्ट्रीय सुरक्षा सलाहकार बोर्ड का एक उपसमूह बनाया जाए, जो करगिल में प्रगति का मूल्यांकन करके राष्ट्रीय सुरक्षा सलाहकार और कैबिनेट को सुझाव दे। इस ग्रुप में के. सुब्रह्मण्यम, एयर चीफ मार्शल ओ.पी. मेहरा, मेजर जनरल अफजल करीम, प्रधानमंत्री के पूर्व मुख्य सचिव और रक्षा सचिव एन.एन. व्होरा, आर्थिक मामलों के लेखक संजय बरू, राज्यसभा सदस्य और परमाणु ऊर्जा आयोग के पूर्व अध्यक्ष राजा रमन्ना के अलावा मैं भी था।

जे.आई.सी. के प्रमुख और राष्ट्रीय सुरक्षा परिषद् सचिवालय के सचिव सतीश चंद्रा इस ग्रुप के सदस्य सचिव थे। मध्य जून से सितंबर की शुरुआत तक सप्ताह में दो बार (सोमवार और गुरुवार) को इस ग्रुप की बैठक होती थी। इस सलाहकार समूह में विभिन्न सरकारी, मीडिया और अन्य स्रोतों से प्राप्त करगिल युद्ध और उससे संबंधित आंतरिक तथा बाह्य प्रगति के बारे में सूचनाओं की समीक्षा की जाती थी। इसके अनुमानों और सलाहों को मेमोरेंडा या टिप्पणियों के रूप में राष्ट्रीय सुरक्षा सलाहकार तक पहुँचा दिया जाता था। फिर कैबिनेट को उपलब्ध अतिरिक्त सूचनाओं के साथ पाकिस्तानी आक्रमण का मुकाबला करने और उसे समाप्त करने के लिए राजनीतिक और सैन्य काररवाइयों का आधार तैयार किया जाता था।

इस बारे में कुछ अफवाहें हैं कि भारतीय वायुसेना शुरुआती चरणों में सैन्य काररवाइयों में शामिल होने की इच्छुक नहीं थी। यह सत्य नहीं है। वायुसेना अध्यक्ष एयर चीफ मार्शल वाई. टिपणिस ने केवल यह तर्क दिया कि वायुसेना का इस्तेमाल सैन्य संघर्ष का रुख बदल देगा। यदि भारत सरकार करगिल में वायुसेना को तैनात करने का निर्णय करती है तो उसे जम्मू एवं कश्मीर से आगे के युद्ध के विस्तार के लिए तैयार रहना होगा और भारत के अन्य भागों में बढ़ते पाकिस्तानी आक्रमण का भी विरोध करना होगा। जब सी.सी.एस. और राष्ट्रीय सुरक्षा परिषद् ने परिस्थिति से निपटने की उनकी इच्छा को सहमति दे दी तो भारतीय वायुसेना काररवाई में सिर्फ शरीक ही नहीं हुई, बल्कि उसने युद्ध में एक प्रभावी व महत्त्वपूर्ण भूमिका भी निभाई।

भारतीय सैन्य बलों ने इस आकस्मिक आक्रमण से हतप्रभ होने के बावजूद एक समन्वित तरीके से तब तक काम किया जब तक पाकिस्तानी आक्रमण को करारा जवाब देकर उन्हें नियंत्रण रेखा से पीछे न धकेल दिया गया। भारतीय बलों ने जुलाई के पहले सप्ताह तक सभी पाकिस्तानी आक्रमणकारियों को नियंत्रण रेखा के पास उनकी पोजीशनों से हटने के लिए मजबूर कर दिया और निर्णय लिया कि यदि कहीं भी पाकिस्तानी बचे हों तो उन्हें किसी भी कीमत पर साफ कर दिया जाए। उसी समय अमेरिकी राष्ट्रपति ने प्रधानमंत्री शरीफ को सलाह दी कि पाकिस्तानी सेना को नियंत्रण रेखा से अपने क्षेत्र में बुला लें। इस सलाह को शरीफ और जनरल मुशर्रफ ने हिचकिचाहट के साथ 4 जुलाई को तब स्वीकार किया जब 4 जुलाई को वाशिंगटन में शरीफ और क्लिंटन के बीच बातचीत के बाद एक संयुक्त घोषणा-पत्र जारी करके इस प्रकार की सहमति व्यक्त की गई।

सुब्रह्मण्यम रिपोर्ट

करगिल युद्ध के राजनीतिक पक्षों पर चर्चा करने से पहले रणनीतिक मामलों पर भारत के अधिक जानकार विशेषज्ञों में से एक के. सुब्रह्मण्यम की अध्यक्षता में तैयार की गई करगिल समीक्षा समिति की रिपोर्ट का एक सामान्य मूल्यांकन करना उचित होगा। इस समिति में अध्यक्ष के. सुब्रह्मण्यम के अलावा अन्य सदस्य थे—पूर्व उप थलसेनाध्यक्ष ले. जनरल के.के. हजारी और वरिष्ठ पत्रकार, विद्वान् और 'सेंटर फॉर पॉलिसी रिसर्च' में प्रोफेसर बी.जी. वर्गीज। राष्ट्रीय सुरक्षा सलाहकार सचिवालय के सचिव सतीश चंद्रा इस समीक्षा समिति के स्वतंत्र सदस्य थे। समिति के संदर्भ-बिंदु निम्नलिखित थे—

1. जम्मू एवं कश्मीर में लद्दाख के करगिल जिला में पाकिस्तानी आक्रमण की घटनाओं की समीक्षा।
2. ऐसी सैन्य घुसपैठ से राष्ट्रीय सुरक्षा की रक्षा के लिए आवश्यक उपायों की अनुशंसा।

मुख्य रिपोर्ट दो सौ अट्ठाईस पृष्ठों की है। साथ ही, इसमें चौदह परिशिष्ट, समिति को दिए प्रमाणों के उद्धरण, रिपोर्टों के अंश आदि भी शामिल हैं। ध्यान देने योग्य पहली बात यह है कि समिति ने अपना कार्य उल्लेखनीय कम समय—लगभग साढ़े चार माह—में पूरा कर लिया। दूसरा, ऐसा पहली बार हुआ कि सरकार ने एक बड़े सुरक्षा संकट के कारणों और पृष्ठभूमि की समीक्षा के लिए पूर्ण आंतरिक सैन्य जाँच का आश्रय लेने की बजाय अलग से एक समिति नियुक्त की। तीसरा, यह भी पहली बार हुआ था कि ऐसी समिति की रिपोर्ट को संसद् के द्वारा सार्वजनिक किया गया। सन् 1962 और 1965 के युद्धों के बारे में सैन्य संघर्ष और संकट की समीक्षा आंतरिक थी; उन्हें सार्वजनिक नहीं किया गया था। चौथा, इस रिपोर्ट ने पचास दिनों तक चले युद्ध के तात्कालिक कारणों तक ही स्वयं को सीमित नहीं रखा, बल्कि इतिहास के संदर्भ में पाकिस्तानी उद्देश्यों और भारत की प्रतिक्रिया के संदर्भ में, नीतियों और मानसिकता के छुपे प्रभावों के संदर्भ में और कश्मीर पर भारत व पाकिस्तान के रवैये के संदर्भ में, भारत और पाकिस्तान की युद्धपरक प्रवृत्ति का विस्तृत विश्लेषण किया। संभवत: यह भी पहली बार हुआ कि हमारी इंटेलिजेंस, सुरक्षा और रक्षा प्रतिष्ठानों को बेहतर बनाने के लिए बहुआयामी अनुशंसा की गई।

करगिल रिपोर्ट में मौजूद आलोचनाओं पर चर्चा करने से पहले इस प्रश्न का उत्तर ढूँढ़ना उचित होगा कि क्या करगिल युद्ध को टाला जा सकता था? समिति

के क्रमबद्ध निष्कर्षों और अनुशंसाओं (रिपोर्ट के बारहवें, तेरहवें और चौदहवें अध्याय) में इस विषय को स्थान दिया गया है। संक्षेप में निष्कर्ष हैं—'यदि भारतीय सेना किसी संभावित घटना से बचने के लिए सभी विचार योग्य कमियों को दूर करने की इच्छा रखती···और अपने क्षेत्र (जनसंख्या रहित) की प्रत्येक इंच की सुरक्षा के लिए प्रयास करती तो इसका अर्थ विस्तृत मोर्चे के साथ कारगिल को सियाचिन बनाना होता, जिससे अपेक्षाकृत उच्च मानवीय और भौतिक क्षति होती। ऐसा करना न तो सैन्य और न ही राजनीतिक रूप से प्रभावी होता।

इस बात के संकेत हैं कि करगिल योजना मूल रूप से नौवें दशक में तैयार की गई थी, लेकिन उसे कार्यान्वित तभी किया गया जब जनरल मुशर्रफ ने पाकिस्तानी सेना की कमांड सँभाली। नवाज शरीफ करगिल योजना के बारे में अच्छी तरह जानते थे। हालाँकि वाजपेयी और शरीफ के बीच लाहौर वार्त्ता से भारत की सतर्कता में कोई कमी नहीं आई, लेकिन समयानुकूल मूल्यांकन के संदर्भ में इंटेलिजेंस की विफलता के कारण हमें पाकिस्तान के इरादों का पता देर से चला और हमारी प्रतिक्रिया विलंबित हो गई। रिपोर्ट के अनुसार, रॉ और आई.बी.—दोनों ने करगिल में पाकिस्तानी गतिविधियों में वृद्धि के बारे में सूचनाएँ दी थीं, परंतु इन रिपोर्टों को सभी संबंधित अधिकारियों तक पहुँचाया नहीं गया। रिपोर्ट के निष्कर्षों में यह दिलचस्प जानकारी है कि किसी भी एजेंसी ने करगिल सेक्टर में किसी विशिष्ट प्रगति जैसे—सैन्य सामग्री, संचार, सैनिकों का अधिक जमावड़ा या बलों को आगे बढ़ाना आदि के द्वारा किसी संभावित बड़े आक्रमण का संकेत नहीं दिया। रिपोर्ट में आगे है—'बटालियनों के आगमन या प्रस्थान के संबंध में किसी प्रकार की जानकारी और करगिल में सन् 1998 के दौरान और बाद में बटालियनों की पहचान के बारे में सही आँकड़ों का अभाव इंटेलिजेंस की आलोचनात्मक विफलता थी।' रिपोर्ट के अनुसार करगिल घुसपैठ कश्मीर मुद्दे के अंतरराष्ट्रीयकरण का एक सीमित पाकिस्तानी सैन्य प्रयास था, क्योंकि कश्मीर मुद्दे से विश्व का ध्यान हटता जा रहा था। रिपोर्ट में केवल एक सैन्य अधिकारी ब्रिगेडियर सुरिंदर सिंह का जिक्र है कि उन्होंने सही पूर्वानुमान न करके कोई अग्रिम काररवाई नहीं की थी।

रिपोर्ट में सुधार के उपायों की अनुशंसा बहुत विस्तृत है, जिसमें संस्थानों की पुनर्संरचना, प्रक्रियाओं में सुधार, इंटेलिजेंस के प्रवाह के लिए व्यवस्थाओं का पुनर्गठन आदि शामिल हैं। रिपोर्ट के परिशिष्टोंवाले भाग में सिर्फ प्रमाणों और रिपोर्टों का उद्धरण नहीं है, बल्कि सुरक्षा के मामलों पर पुस्तकों और प्रलेखों (दस्तावेजों) के गंभीर अध्ययन पर आधारित सूचनाएँ और आँकड़े हैं। रिपोर्ट में

ग्रंथों का संदर्भ लेते हुए फुटनोट हैं, जो गहराई तक अध्ययन पर बल देते हैं। ये फुटनोट समिति के सदस्यों की खोजों और अनुशंसाओं को मजबूती देते हैं। रिपोर्ट में पाकिस्तान के साथ पिछले युद्धों का वर्णन करते हुए करगिल युद्ध का ऐतिहासिक संदर्भ भी दरशाया गया है।

रिपोर्ट के सकारात्मक गुणों पर चर्चा करने के बाद उसकी कुछ खामियों पर भी नजर डालना आवश्यक है। यह असावधानियों का परिणाम नहीं, बल्कि जानबूझकर साधी गई चुप्पी है। आगे के क्षेत्रों से सैन्य मुख्यालयों तक सूचनाओं के आदान-प्रदान की प्रकृति और मात्रा के बारे में विस्तृत विवरण है; पर उन अयोग्यताओं और लापरवाहियों का कोई आलोचनात्मक मूल्यांकन नहीं है, जो करगिल युद्ध में सैन्य कार्यवाहियों की विशिष्टता थी। रिपोर्ट में मुख्यतः करगिल पूर्व अवधि में उत्तरी कमांड के आत्मसंतोष पर ध्यान केंद्रित किया गया है, जबकि कमांड-संरचना में विभिन्न स्तरों पर निरीक्षण, विश्लेषण और मूल्यांकन में आलोचनात्मक कमियों को दरकिनार कर दिया गया है। विभागीय कमांड स्तर पर कई कमियाँ थीं, परंतु कॉर्प कमांड और उत्तरी सैन्य कमांड की प्रतिक्रियाओं के आलोचनात्मक मूल्यांकन पर रिपोर्ट मौन रही है। निचले सैन्य स्तर से सैन्य मुख्यालयों और चीफ ऑफ आर्मी स्टाफ के कार्यालय के बीच सूचनाओं तथा आकलनों का प्रभावी आदान-प्रदान सुनिश्चित करने की कोई व्यवस्था नहीं है। उस भूमिका के बारे में बहुत कम उल्लेख है, जो सैन्य इंटेलिजेंस के महानिदेशालय द्वारा निभाई जानी चाहिए थी। यह समझा जा सकता है कि सैन्य बल मुख्यालयों द्वारा आंतरिक मूल्यांकन रिपोर्ट अधिक स्पष्ट और आलोचनात्मक रूप से विचार योग्य थी। जनरल रेड्डी द्वारा तैयार की गई यह रिपोर्ट कुछ कारणों से सार्वजनिक नहीं की जा सकती। सेना की आलोचना न करने के पीछे यह तर्क हो सकता है कि सैन्य बलों का मनोबल प्रभावित न हो, जो करगिल को वापस लेने के लिए बहुत बहादुरी से लड़े और बलिदान भी दिए। फिर भी, ऐसा लगता है कि जितना ध्यान इंटेलिजेंस ब्यूरो और रॉ की ओर दिया गया उतना ही ध्यान सैन्य बलों की भूमिका पर भी दिया जाना चाहिए था।

इस आलोचनात्मक टिप्पणी को छोड़कर निस्संदेह यह माना जा सकता है कि रिपोर्ट उद्यमयुक्त, क्रमबद्ध, विद्वत्तापूर्ण और एक बड़े सैन्य संकट का विस्तृत विश्लेषण है। यह हमारे राष्ट्रीय सुरक्षा के मुद्दों के बहुत से पक्षों के संबंध में संसद् और जनता को जानकारी देने की दिशा में महत्त्वपूर्ण और ठोस योगदान है। सरकार द्वारा इसे संसद् के समक्ष रखना इस संवेदनशील मुद्दे पर पारदर्शिता व्यक्त

करने का स्वागत योग्य प्रयास था, और आशा की जानी चाहिए कि करगिल समीक्षा समिति की रिपोर्ट को जनता के लिए उपलब्ध कराना चीन और पाकिस्तान के साथ पिछले युद्धों की रिपोर्टों (उदाहरण के लिए, सन् 1962 की हेंडरसन ब्रुक्स रिपोर्ट) को भी सार्वजनिक किया जाएगा। राष्ट्रीय सुरक्षा पर बहस में नागरिकों को शामिल करना राष्ट्र की प्रतिरक्षा के लिए सबसे अधिक जरूरी है।

इस सामान्य मूल्यांकन के बाद इस बात पर पुनः बल देना होगा कि जून 1998 से फरवरी 1999 के बीच करगिल क्षेत्र में नियंत्रण रेखा पर पाकिस्तान की ओर से घुसपैठ की घटनाओं में अत्यधिक बढ़ोतरी के बारे में पर्याप्त विशिष्टता के साथ इंटेलिजेंस सूचनाएँ थीं। आई.बी. की रिपोर्ट के अनुसार मई 1998 के परमाणु विस्फोट के बाद सीमा पर गतिविधियाँ बढ़ गई थीं और लगातार बड़ी संख्या में भाड़े के आतंकवादियों को घुसपैठ कराने के प्रयास किए जा रहे थे। इसने चोरे, हलदी, सैडल, रेशमा, मसजिद, ढलान और लेंगर सेक्टरों में नियंत्रण रेखा के पास पाकिस्तानी सैन्य बलों की बढ़ती गतिविधियों और खोड में इंडस नदी के तट पर एक हेलीपैड बनाने के बारे में भी रिपोर्टें दीं। खुद उत्तरी कमांड ने गोला-बारूद और राशन की लगातार आपूर्ति, अतिरिक्त सैन्य टुकड़ियों की सक्रियता और स्कर्दू, वरर्चा और मेटरोल सेक्टरों में जम्मू एवं कश्मीर में घुसने की प्रतीक्षा में बड़ी संख्या में सादी पोशाक में सैनिकों की उपस्थिति के बारे में रिपोर्ट दी। दिसंबर 1998 में उत्तरी कमांड ने यह अनुमान जाहिर किया कि नवंबर 1998 से सैन्य टुकड़ियों की गतिविधियों में तीन गुनी वृद्धि और वाहनों द्वारा व सामान्य परिवहन गतिविधियों में दोगुनी वृद्धि हुई है। केवल सामान्य यातायात गतिविधियाँ सन् 1998 की अपेक्षा नौ गुनी होने का अनुमान लगाया गया। इसी के समानांतर रॉ और आई.बी. ने यह अनुमान जाहिर किया (सितंबर 1998 से नवंबर 1998 के बीच) कि पाकिस्तानी सेना की आठवीं मध्यम तोपखाना रेजीमेंट की सातवीं फील्ड रेजीमेंट को करगिल सेक्टर में नियंत्रण रेखा के पास नियुक्त किया गया है। रॉ का अनुमान यह भी था कि पाकिस्तानी सेना ने गुलाटी, हसन और जावेद सेक्टरों में चौकियों तक एक लाख किलोग्राम गोला-बारूद पहुँचाने के लिए ठेकेदारों को नियुक्त किया है। रॉ ने सितंबर 1998 में रिपोर्ट दी कि पाकिस्तान की नॉर्दर्न लाइट इन्फेंटरी की अतिरिक्त इकाइयाँ गुलटारी क्षेत्र की ओर बढ़ रही हैं। इंटेलिजेंस ब्यूरो ने भारत सरकार के सामने यह आशंका व्यक्त की कि पाकिस्तान द्वारा एक सीमित तेज आक्रमण की संभावना से इनकार नहीं किया जा सकता। उसने यह भी सूचना दी कि तालिबान के सदस्यों को पाकिस्तान प्रशिक्षण दे रहा है, जिसमें बालटी और लद्दाखी भाषाओं

को सिखाना भी शामिल है। संभवतः उन्हें अप्रैल 1999 से करगिल द्वारा भारत में घुसपैठ कराया जाएगा। यह तो स्पष्ट है कि भारत सरकार को विभिन्न स्रोतों से यह विशिष्ट सूचना थी; करगिल युद्ध की शुरुआत से यह भी स्पष्ट हो गया कि जानकारियों के इन विभिन्न पक्षों की एक साथ तुलना करके एकीकृत मूल्यांकन नहीं किया गया।

कूटनीतिक प्रबंधन

पाकिस्तान सरकार की शुरुआती आधिकारिक टिप्पणी यह थी कि आक्रमण में पाकिस्तान सम्मिलित नहीं था, कि नियंत्रण रेखा को पार करने का कार्य स्थानीय मुजाहिदीन संगठनों का था, जिन्होंने करगिल सेक्टर में भारतीय सेना द्वारा अपेक्षाकृत कम ध्यान दिए जाने का लाभ उठाया। यह कहा गया कि भारत हमेशा की तरह जम्मू एवं कश्मीर के युवाओं का बड़े स्तर पर बिलगाव और भारतीय सुरक्षा बलों को चुनौती देने में उनकी सैन्य क्षमता से इनकार कर रहा है। शरीफ और मुशर्रफ—दोनों ने लगभग मई के अंत तक प्रत्यक्ष पाकिस्तानी भागीदारी से इनकार किया। जब पाकिस्तानी सैनिकों का हताहत होना सार्वजनिक रूप से जाहिर हो गया, तभी हिचकिचाहट के साथ सीधी पाकिस्तानी भागीदारी स्वीकार की गई। जब पाकिस्तानी अधिकारियों और सैनिकों की डायरियाँ भारतीय सेना के हाथों लगीं और युद्धबंदियों से पूछताछ की गई, तब भारत ने इन सब का खूब प्रचार किया और पाकिस्तान अपने झूठ पर अड़ा नहीं रह सका। फिर उसने युद्ध पर अपने बयानों का रुख बदल लिया। पहला बिंदु यह बताया गया कि करगिल में युद्ध का कारण भारतीय सेना द्वारा आक्रामक गश्ती की जा रही थी और पाकिस्तान का अनुमान था कि भारत एक बार फिर सियाचिन जैसी स्थिति उत्पन्न कर सकता है। दूसरा तर्क यह था कि विभिन्न सेक्टरों में लगभग सात सौ किलोमीटर तक नियंत्रण रेखा स्पष्ट रूप से रेखांकित नहीं है। तीसरा, नियंत्रण रेखा पर गोला-बारी उसके पार पाकिस्तानी क्षेत्र में रह रहे पाकिस्तानी नागरिकों को प्रभावित कर रही थी। अतः इसे रोकने के लिए कोई कदम उठाना आवश्यक था। चौथा, करगिल में व्यापक सैन्य संघर्ष कश्मीर मुद्दे पर भारत के अड़ियल रवैये का परिणाम था। ये कारण पाकिस्तान के कूटनीतिक दूतों को समझाए गए, ताकि संबंधित देशों की सरकारों को भरोसा दिलाया जा सके। पाकिस्तानियों द्वारा उठाया गया अतिरिक्त मुद्दा यह था कि भारत को, खासकर अचिह्नित क्षेत्रों में, नियंत्रण रेखा पर किसी परिवर्तन के बारे में शिकायत करने का अधिकार नहीं है, क्योंकि खुद भारत ने भी पिछले दो दशकों में विभिन्न

अवसरों पर नियंत्रण रेखा का उल्लंघन किया है। सरकार के इस पक्ष को सामने रखने के लिए पाकिस्तानी मीडिया से कहा गया, जबकि यह युद्ध में भागीदारी से इनकार के उनके शुरुआती दावे के बिलकुल विपरीत था।

उस अवधि के दौरान पाकिस्तान का सबसे महत्त्वपूर्ण राजनीतिक-कूटनीतिक कदम वहाँ के प्रधानमंत्री नवाज शरीफ और पाकिस्तानी विदेश मंत्री सरताज अजीज की बीजिंग यात्रा थी, जब युद्ध में भारत की जवाबी कारवाई सफल हो रही थी। पाकिस्तान को उम्मीद थी कि चीन उस संवेदनशील परिस्थिति की पाकिस्तानी व्याख्या को प्रोत्साहित करेगा। यह चीन और पाकिस्तान के नजदीकी रक्षा और रणनीतिक संबंधों को देखते हुए एक तार्किक उम्मीद थी। चीन द्वारा भारत के रणनीतिक दृष्टिकोण का विरोध और भारत के परमाणु अस्त्र कार्यक्रम की आलोचना को भी ध्यान में रखना चाहिए; लेकिन पाकिस्तान ने यह नहीं महसूस किया कि इन चीजों के बावजूद कश्मीर मुद्दे के अंतरराष्ट्रीयकरण के समर्थन में चीन नहीं होगा, क्योंकि उसे खुद तिब्बत के मामले में अंतरराष्ट्रीय हस्तक्षेप का सामना करना पड़ सकता था। अजीज और शरीफ की यात्रा के बाद चीन की प्रतिक्रिया यह थी कि नियंत्रण रेखा का सम्मान किया जाना चाहिए और युद्ध को जल्द-से-जल्द समाप्त करना चाहिए।

भारत के तत्कालीन विदेश मंत्री जसवंत सिंह को जून में अजीज की यात्रा के दो दिनों के बाद बीजिंग जाना था। पाकिस्तान को आशा थी कि चीन पाकिस्तान के समर्थन में जसवंत सिंह को स्पष्ट संकेत देगा। इस मामले में बीजिंग ने अपना रुख सख्ती से चीन के राष्ट्रीय हितों के संदर्भ में रखा। इन संवेदनशील कूटनीतिक गतिविधियों का महत्त्वपूर्ण पक्ष यह था कि जब करगिल में युद्ध चरमोत्कर्ष पर था, तो अमेरिकी और चीनी सरकारें एक-दूसरे से विचार-विमर्श कर रही थीं। इस युद्ध को जल्दी-से-जल्दी समाप्त करना और परमाणु युद्ध के रूप में इसका परिवर्तित न होना अमेरिकी और चीनी सरकारों के हित में था। दूसरी चिंता अधिक गंभीर थी, क्योंकि मई के अंत में पाकिस्तानी विदेश सचिव शमशाद अहमद खान ने बयान दिया था कि यदि पाकिस्तानी सुरक्षा को गंभीर रूप से खतरा होगा तो पाकिस्तान किसी भी उपाय या हथियार के इस्तेमाल से नहीं हिचकेगा। यह मामला राष्ट्रपति क्लिंटन के लिए पर्याप्त गंभीर था। उन्होंने अजीज की बीजिंग यात्रा से कुछ समय पहले ही राष्ट्रपति जियांग झेमिन से टेलीफोन पर विचार-विमर्श किया। क्लिंटन ने झेमिन को यह परामर्श दिया कि वह अजीज से पाकिस्तानी कारवाई समाप्त करने के लिए कहें; अमेरिका व चीन जैसे मित्र देश उसे यथासंभव सम्माननीय

तरीके से उस स्थिति से निकालने में मदद करेंगे।

ध्यान देने योग्य एक बात यह है कि बीजिंग में निराश होने के बाद शरीफ और अजीज यह जानते हुए भी वाशिंगटन गए कि नियंत्रण रेखा का उल्लंघन करने के लिए उन्हें वाशिंगटन से भी कोई सहयोग प्राप्त नहीं होगा। यह भी दिलचस्प है कि जबकि पाकिस्तान की ओर से संयुक्त राष्ट्र के सभी सदस्य देशों और संयुक्त राष्ट्र सचिवालय के सामने कूटनीतिक सफाई पेश की गई। उसने इस सैन्य संघर्ष पर संयुक्त राष्ट्र सुरक्षा परिषद् को सक्रिय करने का कोई प्रयास नहीं किया। इसका मुख्य कारण यह था कि पाकिस्तान ने यह महसूस किया कि उसे अमेरिका और सुरक्षा परिषद् के चार अन्य स्थायी सदस्यों का सहयोग नहीं मिलेगा। भारत ने कश्मीर मुद्दे पर संयुक्त राष्ट्र के पिछले नकारात्मक अनुभवों को देखते हुए, और इस संबंध में कोई अंतरराष्ट्रीय निर्णय स्वीकार न करने की नीति पर दृढ़ रहते हुए, संयुक्त राष्ट्र सुरक्षा परिषद् को सक्रिय करने का प्रयास नहीं किया।

4 जुलाई को वाशिंगटन में राष्ट्रपति क्लिंटन द्वारा शरीफ को संयुक्त घोषणा-पत्र पर हस्ताक्षर करने के लिए विवश करने से यह बात स्पष्ट हो गई कि पाकिस्तान अपने कूटनीतिक प्रयासों में पहले अपने आक्रमण को न्यायोचित ठहराने और फिर बिना अपनी विश्वसनीयता खोए युद्ध को समाप्त करने में सफल नहीं रहा। संयुक्त घोषणा-पत्र के मसौदे ने युद्ध से निर्मित नाजुक स्थितियों की पुष्टि की, जम्मू एवं कश्मीर में नियंत्रण रेखा के सम्मान पर बल दिया गया और कहा गया कि पाकिस्तान अपने सैनिकों को नियंत्रण रेखा से अपने क्षेत्र में वापस बुलाने पर सहमत हो गया है। करगिल युद्ध पर अन्य बड़ी शक्तियों की नीतियाँ भी अमेरिका और चीन से मिलती-जुलती थीं।

सभी विदेशी सरकारों ने माना कि युद्ध पाकिस्तान द्वारा आरंभ किया गया, कि एकपक्षीय उत्तेजक कार्य के रूप में पाकिस्तान द्वारा नियंत्रण रेखा का उल्लंघन किया गया, कि भारत पर आक्रमण में अपनी सेना को शामिल करके पाकिस्तान इस युद्ध में प्रत्यक्ष रूप से शामिल था, कि युद्ध को रोकने और तनाव कम करने के लिए नियंत्रण रेखा का सम्मान एक अनिवार्य शर्त थी। लगभग सभी संबंधित सरकारों ने आधिकारिक विचार-विमर्श और सार्वजनिक घोषणाओं द्वारा इन विचारों को व्यक्त किया। यह बात भी सर्वमान्य थी कि भारत सरकार और भारतीय सैन्य बल की जवाबी काररवाई राजनीतिक और सैन्य दृष्टिकोण से उचित थी।

इस दुस्साहस में पाकिस्तान की राजनीतिक और सैन्य विफलता का मुख्य कारण इस कठिन युद्ध में भारत की सैन्य सफलता थी। अंतरराष्ट्रीय समुदाय ने

करगिल सेक्टर में पाकिस्तानी आक्रमण को समाप्त करने के भारत के दृढ़ संकल्प को समझा और यह बिलकुल स्पष्ट था कि भारत किसी ऐसे अंतरिम राजनीतिक समझौते के लिए तैयार नहीं होगा, जो पाकिस्तान को राजनीतिक छल का प्रयोग करके भारतीय क्षेत्र में पैर जमाने में मदद देगा। भारत की जवाबी कारवाई की अवस्था ने उन राजनीतिक प्रवृत्तियों को जन्म दिया, जिनके कारण पाकिस्तान अलग-थलग पड़ गया।

इस प्रक्रिया में भारत सरकार के सैन्य निर्णय महत्त्वपूर्ण थे। युद्ध के उद्देश्यों और प्रभावों को विदेशी सरकारों के समक्ष लाने के समानांतर कूटनीतिक प्रयासों को भी कम करके नहीं आँका जा सकता। बँगलादेश स्वतंत्रता युद्ध के बाद संभवतः पहली बार भारत की विदेश नीति प्रबंधन और कूटनीतिक प्रयासों में उद्देश्य, स्पष्ट प्राथमिकताओं और समन्वित प्रयासों के गुण थे। भारत के राजनीतिक और कूटनीतिक प्रयासों का भी विस्तारपूर्वक वर्णन करना आवश्यक है।

सरकार को यह सुनिश्चित करना था कि करगिल युद्ध का प्रभाव जम्मू एवं कश्मीर की आंतरिक राजनीति पर न पड़े। जम्मू एवं कश्मीर के नागरिकों तक यह संदेश पहुँचाना था कि पाकिस्तानी आक्रमण का जवाब देने और पाकिस्तान की किसी प्रकार की हिंसक गतिविधि से निपटने में भारत समर्थ है। वाजपेयी सरकार को कामचलाऊ सरकार होते हुए भी मजबूत, दृढ़ और पाकिस्तानी आक्रमण को प्रभावी ढंग से जवाब देने में समर्थ सरकार होने का एहसास एक बड़े स्तर पर दिलाना था। सरकार को कम समय में भारतीय सैन्य बलों तक सभी आवश्यक सामग्री भी पहुँचानी थी, क्योंकि सैन्य बल पहाड़ों पर युद्ध के उत्तरदायित्व को निभाने के लिए पूरी तरह लैस नहीं थे। भारत की सैन्य कारवाइयों के समर्थन में सभी दलों की आम सहमति बनाना और इसी प्रकार का सहयोग भारतीय जनता से भी हासिल करना समान रूप से जटिल कार्य थे। प्रधानमंत्री की लाहौर यात्रा से कायम हुई भारत-पाक संबंधों के बारे में सकारात्मक उम्मीदों का प्रभाव अभी तक था। पाकिस्तानी आक्रमण ने पहले भारतीय जनता की राय को भ्रमित किया और फिर वाजपेयी के लाहौर प्रयास को आलोचना के घेरे में ला दिया। इसका परिणाम था—पाकिस्तान के संदर्भ में सत्तारूढ़ गठबंधन के राजनीतिक फैसलों पर संदेह।

जब करगिल में युद्ध आरंभ हुआ तब उसके चार माह बाद भारत में आम चुनाव होने वाले थे। इसलिए विभिन्न पार्टियों की प्रतिक्रियाएँ, खासकर प्रमुख विपक्षी दल कांग्रेस की प्रतिक्रियाएँ अशोभनीय दलगत राजनीति से प्रेरित थीं। विपक्षी दलों का फोकस जवाबी कारवाई के लिए बिना शर्त तात्कालिक सहयोग

देने की बजाय पाकिस्तानी आक्रमण का पूर्वानुमान न कर पाने में सरकार की विफलता पर था। जब भारतीय सैन्य बल पूरी तरह सक्रिय हो गए और सैनिकों की शहादत की शुरुआती खबरें आने लगीं, तब सरकार को आम सहयोग प्राप्त होने लगा। मीडिया को युद्ध के मोरचे तक जाने की छूट तथा एक थलसेना अधिकारी, एक वायुसेना अधिकारी और विदेश मंत्रालय के प्रवक्ता की तीन सदस्यीय टीम द्वारा प्रतिदिन प्रेस के साथ बातचीत ने भी इस सहयोग को गतिमान करने में मदद की। सरकार का एक अन्य महत्त्वपूर्ण निर्णय, जिसे उच्च स्तर का बौद्धिक व भावनात्मक समर्थन मिला, करगिल में शहीद हुए अधिकारियों और जवानों के शवों को भारत के विभिन्न भागों के शहरों व गाँवों में उनके घरों तक भेजने का निर्णय था। स्वतंत्रता के बाद से यह पहली बार था कि सैन्य बलों ने यह कष्टसाध्य उत्तरदायित्व स्वीकार किया। शहीद सैनिकों के शव उनके घरों तक ले जाने और सैनिक सम्मान के साथ उनका अंतिम संस्कार करने से लोगों की भावनाएँ जागीं। हालाँकि भंग होने के कारण संसद् का कोई औपचारिक सत्र आयोजित नहीं हुआ, प्रधानमंत्री वाजपेयी और उनके मंत्रिमंडलीय सहयोगी, साथ ही रक्षा मंत्रालय, विदेश मंत्रालय, गृह मंत्रालय और सैन्य बलों के वरिष्ठ अधिकारी विभिन्न राजनीतिक दलों को दैनिक आधार पर इस युद्ध के बारे में जानकारी देते थे।

करगिल युद्ध द्वारा उत्पन्न चुनौतियाँ भी उतनी ही जटिल थीं। करगिल में युद्ध की स्थितियों के समर्थन में पाकिस्तान द्वारा पेश किए गए तर्कों का जवाब भारत को सफलतापूर्वक यह साबित करना था कि पाकिस्तान का युद्ध में शामिल न होने का दावा झूठा था। भारत को अंतरराष्ट्रीय समुदाय को विश्वास दिलाना था कि करगिल युद्ध पाकिस्तान की अनावश्यक आक्रामकता का परिणाम था। यह भी प्रमाणित करना था कि नियंत्रण रेखा का उल्लंघन करनेवाले लोग मुख्यत: पाकिस्तानी सैन्य बल मुख्यालयों के आदेशों के अंतर्गत काम कर रहे नियमित पाकिस्तानी सैनिक थे।

यह कहा जा सकता है कि भारत ने इन उद्देश्यों को बहुत हद तक पूरा करने में सफलता प्राप्त की। तत्कालीन विदेश सचिव के. रघुनाथ के नेतृत्व में भारतीय विदेश विभाग ने दिल्ली स्थित कूटनीतिक समूहों के साथ नियमित विचार-विमर्श किया। विदेश मंत्री जसवंत सिंह और प्रधानमंत्री वाजपेयी ने उन सभी देशों के विदेश मंत्रियों और प्रधानमंत्रियों से संपर्क किया, जिनके साथ भारत के कूटनीतिक संबंध थे।

प्रधानमंत्री वाजपेयी अमेरिकी राष्ट्रपति क्लिंटन से सीधे संपर्क में थे; तत्कालीन

विदेश मंत्री जसवंत सिंह और राष्ट्रीय सुरक्षा सलाहकार ब्रजेश मिश्र अपने संपर्कों का इस्तेमाल कर रहे थे, खासकर संयुक्त राष्ट्र सुरक्षा परिषद् के पाँच स्थायी सदस्य देशों की सरकारों, पड़ोसी देशों और महत्त्वपूर्ण देशों, जैसे—जापान और जर्मनी व इसलामी देशों के संगठन के प्रभावी सदस्यों के साथ वे लगातार संपर्क में थे। इन सबके द्वारा यह संदेश प्रेषित किया गया कि जब तक पाकिस्तानी टुकड़ियों को नियंत्रण रेखा से वापस नहीं बुलाया जाता तब तक भारत अपना जवाबी आक्रमण नहीं रोकेगा। अंतरिम युद्धविराम और युद्ध के संबंध में किसी प्रकार की समझौता वार्त्ता की सलाह स्वीकार नहीं की जाएगी। भारत नियंत्रण रेखा को उसी स्थिति में पार करेगा, जब पाकिस्तान संघर्ष के स्तर या क्षेत्र में विस्तार करके अनिवार्य स्थिति पैदा कर देगा। परमाणु अस्त्रों का पहले इस्तेमाल न करने की नीति पर भारत अडिग रहेगा। यदि पाकिस्तान ने परमाणु हथियारों का प्रयोग किया तो भारत द्वारा उसका माकूल जवाब दिया जाएगा। भारत ने नियंत्रण रेखा पार करने में पाकिस्तानी सैनिकों की संबद्धता के विशिष्ट प्रमाण उपलब्ध कराए।

करगिल में भारत के प्रयासों के साथ दृढ़ उद्देश्य और स्पष्ट नीति-निर्धारण ने अधिकतर देशों की सरकारों पर प्रभाव डाला। सुरक्षा परिषद् के स्थायी सदस्य देशों में भारतीय राजनयिकों ने भारत के लिए अंतरराष्ट्रीय समर्थन जुटाने में बहुत महत्त्वपूर्ण भूमिका अदा की। वाशिंगटन में राजदूत नरेश चंद्रा, लंदन में उच्चायुक्त ललित मान सिंह, पेरिस में राजदूत कँवल सिब्बल, मॉस्को में राजदूत एस.के. लांबा और बीज़िंग में राजदूत विजय नांबियार ने तत्कालीन विदेश सचिव के. रघुनाथ के निर्देश पर कुशलता से अपना राजनीतिक और कूटनीतिक उत्तरदायित्व निभाया। संयुक्त राष्ट्र में स्थायी प्रतिनिधि राजदूत कमलेश शर्मा ने भी न्यूयॉर्क में ऐसी ही भूमिका निभाई।

टेलीफोन टेप

भारत ने करगिल आक्रमण में पाकिस्तान की प्रत्यक्ष भागीदारी का स्पष्ट प्रमाण प्राप्त करने में एक महत्त्वपूर्ण उपलब्धि तब हासिल की, जब हमारी संबंधित एजेंसियों ने पाकिस्तानी सेना के चीफ ऑफ स्टाफ ले. जनरल मोहम्मद अजीज और चीफ ऑफ आर्मी स्टाफ जनरल मुशर्रफ, जो उस समय नवाज शरीफ के साथ बीजिंग में थे, के बीच एक टेलीफोन वार्त्ता को टेप कर लिया। इस बातचीत में अजीज ने कहा कि करगिल क्षेत्र में कारवाई योजनानुसार चल रही है और मुशर्रफ इस बात का ध्यान रखें कि प्रधानमंत्री व उनके सलाहकार किसी राजनीतिक दबाव

के आगे न झुकें। इस बातचीत में पाकिस्तानी टुकड़ियों की गतिविधियों का भी कुछ वर्णन था। करगिल युद्ध में शामिल न होने के पाकिस्तानी दावे की पोल खोलने के लिए भारत ने इस टेप को पर्याप्त प्रचार दिया।

पाकिस्तान की शुरुआती प्रतिक्रिया यह थी कि टेप की गई वार्त्ता भारतीय इंटेलिजेंस एजेंसियों की मनगढ़ंत बात है और यह भारत की मनोवैज्ञानिक युद्धनीति का एक हिस्सा है। इस पड़ाव पर भारतीय युद्ध-प्रबंधन के राजनीतिक और सार्वजनिक आयामों में विरोधाभासी बातों पर प्रकाश डालना उचित होगा। इन असमानताओं में सबसे पहले, युद्ध के शुरुआती दिनों में रक्षा मंत्री जॉर्ज फर्नांडीस द्वारा दिया गया यह बयान है कि पाकिस्तान की सेना ने प्रधानमंत्री शरीफ की जानकारी या सहमति के बिना यह आक्रमण किया। उस स्थिति में, जब भारतीय जवान जवाबी काररवाई में जुटे थे, भारत के खिलाफ बड़े पैमाने पर आक्रमण शुरू करनेवाली सरकार के प्रधानमंत्री को निर्दोष करार देना सैनिकों के मनोबल के लिए नुकसानदायक था और यह शरीफ को शक्तिशाली सरकारों के आगे खुद को निर्दोष साबित करने का अवसर दे सकता था।

आक्रमण के बारे में शरीफ की जानकारी प्रमाणित होने के कारण यह एक सही आलोचना है, परंतु संघर्ष के शुरुआती दिनों में फर्नांडीस द्वारा यह बयान देने का दूसरा तर्क हो सकता है। संभवत: वह शरीफ को अपने सैनिकों को वापस बुलाकर अपना चेहरा बचाने और खुद को निर्दोष साबित करने का मार्ग देना चाहते थे, ताकि इस युद्ध को जल्द-से-जल्द समाप्त किया जा सके।

बहरहाल, फर्नांडीस का बयान विवादों और आलोचना के घेरे में आ गया। शरीफ को चरित्र प्रमाण-पत्र देने से बचना ही उचित था। इसके बाद युद्ध के प्रबल होने के साथ 'दो प्रयासों' का मामला आता है। पहला मामला पाकिस्तान के एक पूर्व विदेश सचिव नियाज नाइक का था, जो प्रधानमंत्री शरीफ का संदेश लेकर जून में दिल्ली आए। दूसरा प्रयास भारत सरकार का था, जिसने 'पैट्रियॉट' के पूर्व संपादक और वर्तमान में 'ऑब्जर्वर' ग्रुप के वरिष्ठ सलाहकार आर.के. मिश्रा को पाकिस्तान भेजा। उन्होंने पाकिस्तान को भारत का संदेश दिया कि पाकिस्तान इस कारवाई से अपना हाथ खींच ले और यदि ऐसा हुआ तो भारत इस संघर्ष को समाप्त करने का इच्छुक है। मिश्रा को अजीज और मुशर्रफ के बीच बातचीतवाला टेप पाकिस्तान के प्रधानमंत्री और विदेश मंत्री को सौंपने की जिम्मेदारी भी सौंपी गई थी। मिश्रा की यात्रा को भारत सरकार का समर्थन और सहमति प्राप्त थी, यह इस बात से प्रमाणित होता है कि उनके साथ विदेश मंत्रालय में पाकिस्तान के

प्रभारी संयुक्त सचिव विवेक काटजू भी इसलामाबाद गए थे।

पाकिस्तान सरकार ने बाद में इस बात से इनकार कर दिया कि नाइक को उसकी ओर से भेजा गया था, क्योंकि उन्हें भारत सरकार के ऊँचे स्तरों तक पहुँचने नहीं दिया गया। भारत ने कहा कि आर.के. मिश्रा को केवल मुशर्रफ-अजीज का टेप सौंपने के लिए भेजा गया था, ताकि करगिल युद्ध में पाकिस्तान की भागीदारी साबित की जा सके। विदेश मंत्रालय के संयुक्त सचिव को साथ भेजे जाने की आलोचना के जवाब में भारत सरकार ने स्पष्टीकरण दिया कि टेप का सुरक्षित पाकिस्तान पहुँचना सुनिश्चित करने के लिए काटजू को भेजा गया था, क्योंकि उन्होंने कूटनीतिक पासपोर्ट पर यात्रा की।

भारत के इस अग्रिम आश्वासन पर भी प्रश्न उठाए गए कि वह नियंत्रण रेखा को पार नहीं करेगा। ये प्रश्न उचित थे। पाकिस्तानी आक्रमण के जवाब में भारत ने अपनी युद्ध योजनाओं का अग्रिम संकेत क्यों दिया ? क्या इस आक्रमण से निपटने के लिए हमारी स्वयं-निर्धारित सीमाओं को सार्वजनिक रूप से घोषित करने की कोई आवश्यकता थी ? यह हर दृष्टि से एक उचित प्रश्न है। इस संदर्भ में बात करते हुए कोष्ठक में इसका जिक्र अवश्य होना चाहिए कि सैन्य बलों, सरकार और राष्ट्रीय सुरक्षा परिषद् के कुछ हिस्से यह महसूस करते थे कि भारत को नियंत्रण रेखा पार करना चाहिए था और वायु आक्रमणों के द्वारा करगिल में सक्रिय पाकिस्तानी बलों की आपूर्ति लाइनों और चौकियों को तबाह कर देना चाहिए था।

जहाँ तक मेरी जानकारी है, भारत सरकार ने पहले से कोई सीमा निर्धारित नहीं की थी। उपर्युक्त सुझावों समेत सभी विकल्पों पर विचार करके एक संयत और निश्चित निर्णय लिया गया कि नियंत्रण रेखा को पार करने की कोई आवश्यकता नहीं है। यह निर्णय सही साबित हुआ, क्योंकि जून 1999 के तीसरे सप्ताह से सभी मोरचों पर युद्ध भारतीय सैनिकों के पक्ष में हो गया।

यह याद रखना चाहिए कि आधिकारिक अनुमानों के अनुसार यह गणना की गई थी कि भारतीय सैन्य बल पाकिस्तानी सैनिकों को अगस्त के अंत या सितंबर की शुरुआत तक ही नियंत्रण रेखा से पीछे धकेल पाने में सफल होंगे। ऐसा माना जा रहा था कि उस कष्टदायक भूभाग और पाकिस्तानी सैनिकों की स्थिति को देखते हुए उन्हें वहाँ से हटाना एक कठिन प्रयास होगा और इसमें पाँच माह लग सकते हैं। इसका एक कारण यह था कि अधिकतर पाकिस्तानी सैनिक नॉर्दर्न लाइट इन्फेंटरी के थे, जो उस जलवायु और ऊँचाई के अभ्यस्त थे, जबकि भारतीय सैनिकों को देश के विभिन्न भागों से बुलाया गया था, सिर्फ उन सैनिकों को

छोड़कर, जिन्हें लड़ाई के शुरुआती चरण में ही जम्मू एवं कश्मीर से तत्काल यहाँ भेजा गया था।

भारत के उत्तर-पूर्वी राज्यों और मध्य व दक्षिणी भारत से टुकड़ियों को मौसम व ऊँचाई का अभ्यस्त होने के मामूली अभ्यासों के बाद करगिल में भेजा गया था। यह महसूस किया जा रहा था कि ये सैनिक नए युद्धक्षेत्र की स्थितियों में जमने में समय लेंगे और उसके बाद ही पूरी तरह कारवाई कर पाएँगे। इस प्रकार भारतीय सैन्य बलों का प्रदर्शन इस मामले में उल्लेखनीय रूप से आश्चर्यजनक था कि उन्होंने जुलाई के प्रथम सप्ताह में ही सभी लक्ष्यों को प्राप्त करके पाकिस्तान को हार मानने पर मजबूर कर दिया था।

अंतरराष्ट्रीय प्रतिक्रिया

करगिल युद्ध के प्रति महत्त्वपूर्ण देशों की सामान्य प्रतिक्रिया क्या थी ? पहले पाकिस्तान पर ही बात करें। विदेश मंत्री सरताज अजीज जून के मध्य में दिल्ली पहुँचे, जो संघर्ष को सुलझाने की कोशिश नहीं बल्कि अंतरराष्ट्रीय समुदाय को लक्ष्य करके किया गया जनसंपर्क प्रयास था। इसके पीछे दृष्टिकोण यह था कि तीव्र होते सैन्य संघर्ष के बावजूद पाकिस्तान इतना जागरूक है कि उसने बातचीत शुरू करने के लिए अपने विदेश मंत्री को भेजा। इसके जवाब में भारत अजीज की यात्रा से उसी तरीके से पेश आया। जसवंत सिंह ने अजीज की अगवानी की। बातचीत औपचारिक और स्पष्ट थी। यह स्पष्ट संदेश दिया गया कि जब तक पाकिस्तान जम्मू एवं कश्मीर में नियंत्रण रेखा से अपनी सेनाएँ पूरी तरह वापस नहीं बुला लेता तब तक बातचीत का आडंबर सफल नहीं होगा।

अजीज 9 से 11 जून के बीच बीजिंग में रहे और 12 जून को दिल्ली आए। चीन के कम सहयोगी रवैये के बावजूद अजीज करगिल प्रकरण के बारे में पाकिस्तान के इस अनर्गल और आक्रामक तर्क पर अड़े रहे कि करगिल युद्ध भारत के अड़ियल रवैये का परिणाम है और घुसपैठ में पाकिस्तान की भूमिका सिर्फ सहयोगी थी, प्रत्यक्ष नहीं।

अजीज की दिल्ली यात्रा के पहले एक दुःखद और क्रूर घटना हुई। जून में भारत का जवाबी आक्रमण पूरे चरम पर पहुँच चुका था। भारतीय सेना की जाट रेजीमेंट की एक टुकड़ी को आरंभिक चरण में ही कारवाई में शामिल किया गया था। 7 से 9 जून के बीच रेजीमेंट के दस सैनिक मार डाले गए और उनके शवों को पाकिस्तानी सैनिकों द्वारा टुकड़े-टुकड़े कर दिया गया। उन शवों को इसी बीभत्स

स्थिति में भारत की अग्रगामी यूनिटों को सौंप दिया गया। उद्देश्य स्पष्ट था। यह भारतीय जवानों के दिल में दहशत उत्पन्न करने के लिए मनोवैज्ञानिक युद्धनीति का एक क्रूर और मूर्खतापूर्ण प्रयास था। इसका प्रभाव बिलकुल विपरीत पड़ा। भारतीय सैनिकों की प्रतिक्रिया घृणा और क्रोध से भरपूर थी। क्षत-विक्षत शवों का सौंपा जाना भारतीय और विदेशी मीडिया द्वारा कवर किया गया। शवों की स्थिति ने भारत सरकार और भारत की जनता को क्रोध से भर दिया, वहीं इसकी कड़ी आलोचना अंतरराष्ट्रीय समुदाय द्वारा भी की गई।

इस घटना का एक संभावित कारण यह हो सकता है कि अपनी विजय के प्रति आश्वस्त पाकिस्तानी सैन्य बलों ने सरताज अजीज की दिल्ली यात्रा के कारण युद्ध-विराम की किसी भी संभावना को समाप्त करने का निर्णय किया। वैसे भी, अज़ीज की दिल्ली यात्रा सफल नहीं होनी थी, क्योंकि भारत सरकार द्वारा निर्णय लिया जा चुका था कि काररवाई को तब तक जारी रखा जाएगा जब तक आक्रमणकारियों को खदेड़ नहीं दिया जाता।

लेकिन अजीज की भारत यात्रा का एक सकारात्मक परिणाम यह रहा कि पाकिस्तान और अंतरराष्ट्रीय समुदाय—दोनों को भारत की ओर से यह स्पष्ट संकेत मिल गया कि अंतरिम युद्ध-विराम और समझौतों का प्रस्ताव स्वीकार नहीं किया जाएगा।

अमेरिका की पहली प्रतिक्रिया ने करगिल युद्ध के षड्यंत्र का भंडाफोड़ करने में महत्त्वपूर्ण भूमिका निभाई। मई के प्रथम सप्ताह में युद्ध से उत्पन्न स्थिति के संबंध में नई दिल्ली और वाशिंगटन में कूटनीतिक संपर्क स्थापित किए गए। करगिल प्रकरण में अमेरिका की प्रतिक्रिया को दृढ़ करनेवाली दो घटनाएँ थीं—पहली 27 मई को जमीन से हवा में मार करनेवाली मिसाइलों द्वारा भारतीय वायुसेना के दो लड़ाकू विमानों को और 29 मई को एक स्टिंगर मिसाइल द्वारा एक एमआई-17 हेलीकॉप्टर को मार गिराने की घटना। भारत ने 26 मई को वायु-आक्रमण शुरू कर दिया था। पाकिस्तानी सेना के इंटर सर्विसेज पब्लिक रिलेशन ऑफिस के महानिदेशक ब्रिगेडियर कुरैशी ने 27 मई को भारतीय विमानों को मार गिराए जाने के बाद यह घोषणा की कि पाकिस्तान जिस तरीके से भी उचित समझेगा उस तरीके से बदला लेने के लिए स्वतंत्र है। उसी समय करगिल में अपनी सैन्य काररवाई को उचित ठहराने का प्रयास करते हुए पाकिस्तान ने कहा कि भारत ने पाकिस्तान के विरुद्ध बड़े पैमाने पर जंग छेड़ दी है और नियंत्रण रेखा का उल्लंघन

अपनी प्रतिक्रिया में अमेरिका ने नियंत्रण रेखा के उल्लंघन के पाकिस्तानी दावे को अस्वीकृत कर दिया। अमेरिकी विदेश मंत्रालय के आधिकारिक प्रवक्ता ने 28 मई को कहा, 'हमारी जानकारी के अनुसार, भारत ने जानबूझकर या असावधानीवश नियंत्रण रेखा को पार नहीं किया है।' यह ब्रिगेडियर कुरैशी के बयान और सूचना मंत्री के दावे का जवाब था। सूचना मंत्री मुशाहिद हुसैन ने कहा था, 'भारत ने बड़े पैमाने पर पाकिस्तान के क्षेत्र का उल्लंघन किया है और यह इस क्षेत्र की शांति के लिए खतरा है।'

वास्तविकताओं पर आधारित एक सही मूल्यांकन के अलावा अमेरिकी प्रतिक्रिया का एक कारण यह चिंता भी थी कि पाकिस्तानी सैनिकों द्वारा इस्तेमाल की जा रही स्टिंगर मिसाइल और अन्य परिष्कृत हथियार नौवें दशक में अफगानिस्तान संघर्ष के चरम के समय मुजाहिदीनों को अमेरिका द्वारा आपूर्तित हथियार थे। अमेरिकी नीति तब और स्पष्ट हो गई जब राष्ट्रपति क्लिंटन ने नवाज शरीफ को सार्वजनिक रूप से करगिल से अपने सैनिक हटाने के लिए कहा। उन्होंने यह भी घोषणा की कि अमेरिकी सेंट्रल कमांड के कमांडर-इन-चीफ जनरल एंथोनी जिन्नी तनाव घटाने के मद्देनजर जून के अंत में पाकिस्तान जाएँगे। जनरल जिन्नी 24 जून को पाकिस्तान पहुँचे और न सिर्फ नवाज शरीफ बल्कि मुशर्रफ और उनके वरिष्ठ सहयोगियों से भी विस्तृत बातचीत की। जिन्नी का संदेश मुख्य रूप से यह था कि राष्ट्रपति क्लिंटन करगिल में युद्ध की तत्काल समाप्ति चाहते हैं, ताकि कश्मीर पर बातचीत के नए रास्ते खोजे जा सकें। जिन्नी ने यह भी कहा कि यदि पाकिस्तान ने युद्ध को तीव्र किया और अपने सैनिकों को नहीं हटाया तो अमेरिका भारत को प्रत्यक्ष समर्थन दे सकता है।

शरीफ की चीन यात्रा से पहले राष्ट्रपति क्लिंटन और जियांग झेमिन के बीच हुई बातचीत के बारे में इस अध्याय में पहले बताया जा चुका है। चीन ने अमेरिका से अपनी बातचीत और बड़ी शक्तियों में पाकिस्तान के युद्ध से हटने के विषय में बनती सहमति के बारे में पाकिस्तान को कुछ संकेत अवश्य दिए होंगे। बीजिंग में शरीफ की बैठक 28 और 29 जून को हुई थी। इस संदर्भ में क्लिंटन और शरीफ की बैठक 4 जुलाई को हुई। क्लिंटन के साथ शरीफ की तीन घंटे की बातचीत के बाद जारी बयान का एक महत्त्वपूर्ण अनुच्छेद है, 'राष्ट्रपति क्लिंटन और प्रधानमंत्री नवाज शरीफ इस विषय पर सहमत हैं कि कश्मीर के करगिल क्षेत्र में जारी संघर्ष खतरनाक है और एक विशाल युद्ध का कारण बन सकता है। वे इस बात पर भी सहमत हैं कि दक्षिण एशिया में शांति की स्थापना के लिए यह महत्त्वपूर्ण है कि

शिमला समझौते के अनुसार दोनों पक्षों द्वारा नियंत्रण रेखा का सम्मान किया जाए। अमेरिका के राष्ट्रपति और पाकिस्तान के प्रधानमंत्री के बीच इस बात पर सहमति हुई कि शिमला समझौते के अनुसार नियंत्रण रेखा की पुनर्स्थापना के लिए मजबूत कदम उठाए जाएँगे।'

जम्मू एवं कश्मीर विवाद पर किसी प्रकार का विचार व्यक्त न करते हुए अमेरिका ने स्वीकार किया कि पाकिस्तान ने नियंत्रण रेखा का उल्लंघन किया है और शिमला समझौता, भारत-पाकिस्तान मुद्दों के संबंध में एक सही प्रयास था। पाकिस्तानी सैनिकों को हटाने पर नवाज शरीफ के सहमत होने के पीछे एक और कारण भारत द्वारा दिया गया यह संकेत था कि यदि पाकिस्तान ने अपने सैनिकों को नहीं हटाया तो भारत 72 घंटों के अंदर संघर्ष को विस्तार देकर नियंत्रण रेखा पार कर लेगा। हालाँकि इस बारे में कोई पुष्ट प्रमाण नहीं हैं, परंतु खासकर भारत के थलसेनाध्यक्ष जनरल वी.पी. मलिक द्वारा 24 जून को दिए गए बयान के संदर्भ में यह एक सामान्य संभावना थी। जनरल मलिक ने कहा था, 'यदि आवश्यकता पड़ी तो हम देशहित में नियंत्रण रेखा को पार कर सकते हैं; लेकिन निर्णय कैबिनेट स्तर पर ही होगा।' उन्होंने आगे कहा कि पाकिस्तानी सेना के सुनियोजित सैन्य अभियान का जवाब दिया जाना जरूरी है, जिसका उद्देश्य जोजीला दर्रा और लद्दाख के बीच मार्ग को काटना है। जनरल मलिक ने अपने श्रोताओं का भी सही चयन किया था। उन्होंने ये टिप्पणियाँ नई दिल्ली में 28 विदेशी दूतावासों के सैन्य सहायक के सामने कीं। पाकिस्तानी सैनिकों से भारतीय सैनिकों द्वारा छीने गए हथियार भी उन्हें दिखाए गए।

करगिल युद्ध पर अन्य शक्तिशाली देशों की प्रतिक्रिया जी-8 देशों के जेनेवा शिखर वार्त्ता के दौरान पेरिस और जेनेवा में राष्ट्रीय सुरक्षा सलाहकार ब्रजेश मिश्र की बैठकों के संदर्भ में उभरी। मिश्र ने अमेरिका की राष्ट्रीय सुरक्षा सलाहकार सैंडी बरगर को प्रधानमंत्री वाजपेयी का विस्तृत संदेश सौंपा, जिसमें श्री वाजपेयी ने जिक्र किया था कि भारत का संयम अब समाप्त होता जा रहा है, जिसके बाद नियंत्रण रखना कठिन होगा। मिश्र ने जेनेवा में जी-8 के राष्ट्र प्रमुखों के वरिष्ठ सलाहकारों को घटना की जानकारी दी और पेरिस में 17 व 18 जून को फ्रांस सरकार में अपने समकक्ष अधिकारियों को अलग से जानकारी दी। भारत में पाकिस्तान की सैन्य घुसपैठ पर आपत्ति जताते हुए फ्रांस ने एक महत्त्वपूर्ण निर्णय में पूर्व कांट्रेक्टों के अनुसार पाकिस्तान को दिए जानेवाले बत्तीस मिराज लड़ाकू विमानों और तीन पनडुब्बियों की डिलीवरी रोक दी। मिश्र की दलीलों के प्रति

अमेरिका की प्रतिक्रिया थी, 'अमेरिका सप्ताहों में नहीं बल्कि चंद दिनों में ही आवश्यक कदम उठाएगा।'

क्लिंटन-शरीफ वार्त्ता से यह प्रमाणित होता है कि अमेरिका ने अपने आश्वासन पर काररवाई की। 20 जून, 1999 को जी-8 के शिखर सम्मेलन के अंत में जारी विज्ञप्ति में करगिल संघर्ष पर एक अनुच्छेद था। इस विज्ञप्ति में कहा गया था—कश्मीर में नियंत्रण रेखा का उल्लंघन और घुसपैठ से उत्पन्न संघर्ष के बारे में हम गंभीर रूप से चिंतित हैं। हम ऐसी किसी सैन्य काररवाई को गैरजिम्मेदाराना ठहराते हैं। अत: हम इन काररवाइयों को तत्काल बंद किए जाने, नियंत्रण रेखा की पुनर्स्थापना करने और दोनों पक्षों से तत्काल युद्धविराम, भविष्य में नियंत्रण रेखा का पूरा सम्मान और लाहौर वार्त्ता का उत्साह जारी रखते हुए भारत व पाकिस्तान के बीच बातचीत फिर से शुरू किए जाने के संबंध में प्रयास की आशा करते हैं।'

जी-8 के देशों में सिर्फ जापान ने अपनी नीति को एक विचित्र तरीके से व्यक्त किया। जापान सरकार ने कहा कि हालाँकि वह जी-8 के उपर्युक्त बयान से सहमत है, मगर जापान का मत है कि 'पिछले माह से युद्ध को गतिशील करने के परिणामस्वरूप सैनिकों ने नियंत्रण रेखा को पार किया है। बहरहाल, जापान के पास इसकी जाँच के लिए पर्याप्त साधन नहीं हैं कि घुसपैठ कर रहे आतंकवादियों को पाकिस्तानी नियमित सैनिकों का सहयोग प्राप्त है।'

जापान के इस रवैये का भारत में काफी विरोध और आलोचना हुई। वह रवैया अत्यधिक औपचारिक, एक अवास्तविक धारणा पर आधारित था, क्योंकि जी-8 के अन्य देशों ने पाकिस्तानी सेनाओं के प्रत्यक्ष सहयोग की बात स्वीकार की थी। भड़कानेवाली और टालू जापानी प्रतिक्रिया का एकमात्र कारण यह था कि जापान पाकिस्तान में अपने आर्थिक हितों और निवेश को नुकसान नहीं पहुँचाना चाहता था। जापान पाकिस्तान की बजाय भारत के परमाणु अस्त्र कार्यक्रम का अधिक विरोधी था। इसलिए जापानी प्रतिक्रिया की एक निश्चित राजनीतिक और भावनात्मक पृष्ठभूमि थी।

जर्मनी का दृष्टिकोण अधिक स्पष्ट था। वहाँ के विदेश मंत्रालय ने इस बात की पुष्टि की कि उसके पास इस संबंध में सूचनाएँ हैं कि नियंत्रण रेखा का उल्लंघन करके करगिल में घुसपैठ करनेवालों में अफगानी आतंकवादियों के अलावा पाकिस्तानी सैनिक भी शामिल थे। उक्त मंत्रालय ने जर्मनी के दृष्टिकोण के समर्थन में अमेरिकी कांग्रेस के सदस्य फ्रैंक पैलोन, गैरी एकरमैन और वाशिंगटन में स्टिमसन सेंटर के प्रमुख डॉ. माइकल क्रेपटन के बयान का भी जिक्र किया।

चीन ने पाकिस्तान को नियंत्रण रेखा से पीछे हटने की सलाह देते समय घटनाओं का मूल्यांकन अलग तरीके से किया। चीनी दैनिक 'लिबरेशन आर्मी' ने अपने 12 जून के अंक में, जब तक सरताज अजीज बीजिंग से नई दिल्ली के लिए रवाना हो रहे थे, यह विश्लेषण किया कि अमेरिका भारत और पाकिस्तान के बीच किसी प्रकार के संभावित टकराव से लाभ उठाने की इच्छा रखता है। अमेरिका का लक्ष्य पाकिस्तान को कमजोर करना और भारत को नियंत्रण में रखना है। जब तक यह संघर्ष परमाणु युद्ध में परिवर्तित हुए बिना चलता रहेगा तब तक यह अमेरिका के रणनीतिक हित में होगा कि वह मध्यस्थ की भूमिका निभाता रहे। अजीज को औपचारिक स्तर पर यह जरूर कहा गया कि करगिल में खतरनाक परिस्थितियों की समाप्ति को चीन आवश्यक समझता है। चीनी प्रधानमंत्री झू रोंगजी ने 28 जून को बीजिंग में शरीफ से बातचीत के दौरान अपनी नीतियों का स्पष्ट संकेत दिया। उन्होंने कहा कि चीन को आशा है कि पाकिस्तान और भारत दक्षिण एशिया में शांति और स्थिरता कायम रखने के लिए प्रयास करेंगे। साथ ही यह भी कहा कि कश्मीर संघर्ष की एक ऐतिहासिक पृष्ठभूमि है, जिसका जातिगत, क्षेत्रीय और धार्मिक आधार है। इसे सिर्फ शांतिपूर्ण उपायों से ही सुलझाया जा सकता है। इस बात का पुनः भरोसा दिलाते हुए कि चीन और पाकिस्तान स्थायी मित्र हैं, चीन का मत था कि यह संघर्ष समाप्त होना चाहिए और पुनः बातचीत आरंभ होनी चाहिए। उसके बाद झू ने अपनी विदेश नीति पर एक महत्त्वपूर्ण बयान देते हुए कहा कि पाकिस्तान और चीन की मित्रता एक-दूसरे के आंतरिक मामलों में दखलंदाजी न करने, आपसी समझदारी, विश्वास और सहयोग पर आधारित है। इस बयान से यह संदेश मिलता है कि हालाँकि चीन पाकिस्तान की मित्रता और उसके साथ रणनीतिक भागीदारी को महत्त्व देता है, मगर वह भारत-पाकिस्तान संघर्षों या विवादों में नहीं पड़ना चाहता है। चीन ने यह भी कहा कि वह विश्व क़ी बड़ी शक्तियों के इस मूल्यांकन से सहमत है कि यह संघर्ष परमाणु टकराव में परिवर्तित हो सकता है, जो चीन नहीं चाहता। इस अंतिम चिंता ने फ्रांस, ब्रिटेन और रूस की प्रतिक्रियाओं को मजबूत किया, जो तत्कालीन विदेश सचिव के. रघुनाथ द्वारा लंदन, पेरिस और मॉस्को में आयोजित बहसों में उन्होंने व्यक्त किया था।

भारत-पाकिस्तान टकराव पर क्षेत्रीय प्रतिक्रियाओं के बारे में चर्चा करते हुए दक्षिण एशिया में भारत के निकट पड़ोसियों की प्रतिक्रिया का भी जिक्र आवश्यक है। सार्क के अन्य सदस्य देशों (श्रीलंका, मालदीव, नेपाल, भूटान और बँगलादेश) में से किसी भी देश ने करगिल युद्ध के कारणों के बारे में स्पष्ट रूप से कुछ नहीं

कहा, हालाँकि वहाँ आयोजित बहसों में यह स्वीकार किया गया कि इस संकट की शुरुआत पाकिस्तान ने की है। दूसरे, इस बात पर गहरी चिंता, यहाँ तक कि आशंका, थी कि यह संघर्ष आकस्मिक रूप से या जानबूझकर परमाणु युद्ध की सीमा तक जा सकता है। इन देशों के निकट पड़ोसियों के लिए यह उचित था कि वे किसी भी प्रकार से युद्ध रोकने के लिए दोनों पक्षों से आग्रह करें। भारत ने अपने पड़ोसियों की विवशता और चिंता के प्रति संवेदनशीलता दिखाई और उनपर भारत का पक्ष लेने के लिए दबाव नहीं डाला। जहाँ तक मुझे याद आ रहा है, सिर्फ बँगलादेश की तत्कालीन प्रधानमंत्री शेख हसीना वाजेद ने ही एक बयान जारी करके युद्ध विराम करने, नियंत्रण रेखा का सम्मान करने आदि के लिए आग्रह किया था।

पाकिस्तान ने जून में भारत के साथ मध्यस्थता करने के लिए ईरान की मदद माँगी थी, लेकिन ईरान ने बीच में पड़ने से इनकार कर दिया। सऊदी अरब करगिल संकट के लिए कोई स्पष्ट दृष्टिकोण व्यक्त किए बिना युद्ध के दौरान सामान्यत: पाकिस्तान का समर्थक था। यह ज्ञात है कि किंग फैद और वाशिंगटन में सऊदी अरब के राजदूत प्रिंस बंदेर बिन सुलतान ने शरीफ सरकार के टूटते मनोबल को सहारा देने में महत्त्वपूर्ण भूमिका निभाई थी। फैद ने पाकिस्तान में धार्मिक मामलों के मंत्री को कहा कि सऊदी अरब कश्मीर मामले में पाकिस्तान को पारंपरिक सहयोग देना जारी रखेगा। प्रिंस बंदेर बिन सुलतान ने नेपथ्य में रहकर पाकिस्तानी सैन्य उच्चाधिकारियों और शरीफ को यह भरोसा दिया कि यदि पाकिस्तान नियंत्रण रेखा से अपनी सेना वापस हटा ले तो भी इससे उनके संबंधों पर कोई फर्क नहीं पड़ेगा।

शरीफ और क्लिंटन के बीच 4 जुलाई को हुए एग्रीमेंट के फौरन बाद आक्रामकता को कम करने की प्रक्रिया शुरू हो गई। इसके परिणामस्वरूप 11 जुलाई, 1999 को भारत और पाकिस्तान के सैन्य काररवाइयों के महानिदेशक अमृतसर के निकट अटारी-वाघा सीमा चौकी पर मिले। पाकिस्तानी सैन्य काररवाइयों के महानिदेशक ने भारतीय महानिदेशक को सूचित किया कि 10 जुलाई की सुबह से पाकिस्तानी सैनिकों को नियंत्रण रेखा से हटाना शुरू कर दिया गया है और 16 जुलाई की सुबह तक उन्हें पूरी तरह हटा लिया जाएगा। वादे के अनुसार पाकिस्तानी सैनिक उक्त तिथि तक नहीं हटाए गए। पाकिस्तान के सैन्य उच्चाधिकारियों ने डेडलाइन को दो या तीन दिन बढ़ाने का आग्रह भारत से किया। पाकिस्तानी देरी को देखते हुए भारत के रक्षा मंत्री फर्नांडीस ने पाकिस्तानी अधिकारियों को चेतावनी

दी कि यदि निर्धारित समय तक सैनिकों को नहीं हटाया गया तो भारतीय सेना फिर कारवाई शुरू कर देगी। पाकिस्तानी सैन्य अधिकारियों का कहना था कि वे समय-सीमा बढ़ाने की माँग इसलिए कर रहे हैं, ताकि सैनिकों को सुव्यवस्थित तरीके से हटाया जा सके और अपना सामान भी वापस ले जा सकें। भारत ने समय-सीमा दो दिन बढ़ा दी, लेकिन फिर भी पाकिस्तान ने सभी सेक्टरों से अपने सैनिक नहीं हटाए। पाकिस्तान सरकार ने यह कहकर मुद्दे में घालमेल करने का प्रयास किया कि उन्होंने किसी समय-सीमा के लिए सहमति नहीं दी थी। यह 16 जुलाई की बात है। छोटे समूहों में पाकिस्तानी टुकड़ियाँ द्रास, मुश्कोह घाटी और बटालिक उपक्षेत्र में घेराबंदी किए जमी रहीं। उसके बाद पाकिस्तानी सरकार ने अचानक यह माँग की कि भारत नियंत्रण रेखा के विषय में शिमला समझौते का सम्मान करते हुए चोरबाट ला, सियाचिन और क्वामेर सेक्टरों को खाली कर दे। यह स्पष्ट रूप से चेहरा बचाने का प्रयास था। बहरहाल, भारत ने इस माँग को अस्वीकृत कर दिया और पाकिस्तान से कहा कि भारतीय सेना द्रास, मुश्कोह और बटालिक में किसी भी पाकिस्तानी उपस्थिति को साफ करने के लिए अपना अभियान फिर शुरू कर रही है। भारतीय सेना 25 जुलाई तक पूरे क्षेत्र को खाली कराने में सफल रही।

विदेश मंत्री अजीज इस दावे पर अड़े रहे कि भारत ने नियंत्रण रेखा का उल्लंघन करके सन् 1972 में चोरबाट ला, सन् 1984 में सियाचिन और सन् 1988 में क्वामेर पर कब्जा कर लिया। उन्होंने यह नहीं कहा कि इन सभी मामलों में भारतीय सैनिकों ने सन् 1959 और सन् 1972 के समझौतों के अनुसार तय नियंत्रण रेखा को पार नहीं किया था। भारत ने केवल रेखा के अपनी ओर के क्षेत्रों पर अधिकार किया, ताकि पाकिस्तान भारतीय क्षेत्र में घुसने का प्रयास न करे।

इस अध्याय के आरंभ में मैं भारतीय शहादतों का जिक्र कर चुका हूँ। युद्ध के अंत में भारतीय अधिकारियों द्वारा किए गए मूल्यांकन के अनुसार इस युद्ध में सात सौ पैंतालीस पाकिस्तानी अधिकारी और सैनिक मारे गए तथा लगभग ढाई हजार घायल हुए। यह युद्ध मौतों के मामले में भारत के लिए तो नुकसानदेह था ही, पाकिस्तान के लिए उससे अधिक नुकसानदेह था। पाकिस्तानी सैनिकों की कारवाइयाँ प्रतिशोधात्मक और कुंठित मानसिकता का संकेत देती हैं।

संभावनाएँ

लगभग पचास दिनों तक चले करगिल युद्ध ने भारत-पाकिस्तान संबंधों के

भविष्य को कैसे प्रभावित किया, यह एक जाँच का विषय है। दोनों देशों की सरकारों के रवैये और पारस्परिक प्रभाव के मामलों में इसका विभाजन बाद में घटी घटनाओं के परिप्रेक्ष्य में समझा जा सकता है, लेकिन इस संबंध में भारत और पाकिस्तान में युद्ध के प्रति लोगों की धारणा और प्रतिक्रिया के बारे में जानना भी महत्त्वपूर्ण है।

शुरुआती चरणों में, यानी जून की शुरुआत में, पाकिस्तानी मीडिया जनता को यह विश्वास दिलाने में सफल रही कि करगिल में सैन्य संघर्ष स्वदेशी मुजाहिदीनों और भारतीय सुरक्षा बलों के बीच हो रहा है। पाकिस्तानी जनता ने सरकार के इस प्रचार को पूरी तरह मान लिया। पाकिस्तान में मीडिया कवरेज और टेलीविजन बहसों ने यह प्रचारित किया कि कश्मीर पर अपने अड़ियल रवैये का उचित दंड भारत भोग रहा है। साथ ही यह मत भी अभिव्यक्त किया गया कि संभवतः भारत के विरुद्ध पाकिस्तानी मुजाहिदीनों का अभियान अंतिम और सफल चरण में पहुँच गया है तथा जल्द ही भारत से जम्मू एवं कश्मीर छीनने में वह सफल हो जाएगा। कुछ अनर्गल बातें भी कही गईं, जैसे—31 मई को विदेश सचिव शमशाद अहमद ने कहा, 'हम अपने क्षेत्र की सुरक्षा के लिए अपने शस्त्रागार का कोई भी अस्त्र प्रयोग करने में नहीं हिचकेंगे।' सामान्य दृष्टिकोण यही था कि पाकिस्तान की परमाणु क्षमता को देखते हुए भारत पाकिस्तानी सेना और मुजाहिदीनों के खिलाफ कोई काररवाई शुरू नहीं करेगा।

करगिल युद्ध में पाकिस्तानियों के मारे जाने की खबरें पाकिस्तान में जैसे-जैसे पहुँचनी शुरू हुईं वैसे-वैसे वहाँ की जनता में करगिल संघर्ष के बारे में चिंता मिश्रित उत्सुकता उत्पन्न होने लगी। जब भारतीय पश्चिमी नौसेना कमांड कराची के दक्षिण में नियुक्त हुई और उसके सहयोग के लिए भारत के पूर्वी नौसेना कमांड के अतिरिक्त जहाज लगाए गए, तो यह आशंका उभरी कि करगिल संघर्ष एक पूर्णस्तरीय युद्ध में परिणत हो जाएगा; लेकिन जुलाई के प्रथम सप्ताह तक पाकिस्तान की सरकार और जनता इस बारे में आश्वस्त थी कि भारतीय सेना उन्हें नियंत्रण रेखा से हटाने में सफल नहीं हो पाएगी और अमेरिका के नेतृत्व में विदेशी हस्तक्षेप पाकिस्तान को करगिल युद्ध से बिना किसी क्षति के और कुछ क्षेत्रीय लाभ के साथ निकालने में सफल हो जाएगा। जब भारतीय सेना ने करगिल मोरचे पर सभी महत्त्वपूर्ण स्थानों पर कब्जा कर लिया, जिसमें टाइगर हिल, तोलोलिंग आदि ऊँची चोटियाँ शामिल थीं, तभी पाकिस्तानी जनता संकट की गंभीरता के प्रति जागरूक हुई। पाकिस्तानी मीडिया जनता को प्रासंगिक सूचनाएँ देने में सफल नहीं रही,

जबकि भारतीय मीडिया ने तीसरी दुनिया के देशों से सूचना प्रवाह की मदद से जनता को पूरी जानकारियाँ दीं। बीजिंग और वाशिंगटन में पाकिस्तान की रणनीतिक विफलता जनता की जानकारी में आने से रोका नहीं जा सकता था। जब क्लिंटन ने शरीफ को करगिल से पाकिस्तानी सैनिक हटाने के लिए कहा, तभी पाकिस्तान में करगिल काररवाइयों की आलोचना शुरू हुई। कई रिटायर्ड सेनाधिकारियों, जैसे—जनरल मिर्जा असलम बेग, एयर मार्शल नूर खान, ले. जनरल कमल मतीनुद्दीन और एयर मार्शल असगर खान ने यह मत व्यक्त किया कि करगिल अभियान गलत समय पर शुरू किया गया और इसकी योजना भी ठीक से नहीं बनाई गई।

बहरहाल, 30 जुलाई, 1999 को 'फ्राइडे टाइम्स' के संपादकीय में लिखा गया, 'करगिल अभियान की योजना योग्य सैन्य अधिकारियों द्वारा कई वर्षों से बनाई जा रही थी।' करगिल अभियान को सियाचिन के नुकसान का बदला और कश्मीरी मुजाहिदीनों को उकसाने का एक राजनीतिक साधन मानकर सही समय पर लागू करनेवाले विकल्प के रूप में रखा गया।

पाकिस्तानी जनता का आम मत यह था कि करगिल काररवाई कश्मीरी आतंकवादियों द्वारा शुरू की गई है। यह केवल सही नहीं, बल्कि अनिवार्य था कि जब ये आतंकवादी भारतीय बलों के दबाव में आए तो पाकिस्तानी सैन्य बलों ने इनका सहयोग किया। इस बात से सभी असहमत थे कि अधिकतर मुजाहिदीन विदेशी भाड़े के आतंकवादी थे, जो तालिबान में सीमित इस्तेमाल होने के कारण अफगानिस्तान से यहाँ आए थे। इस बात का भी एहसास जनता को नहीं था कि पाकिस्तानी सैन्य बल और इंटेलिजेंस एजेंसियाँ भाड़े के इन आतंकवादियों को कश्मीर की ओर भेज रही है, ताकि वे घरेलू राजनीति में रोड़े न बनें। लोग यह स्वीकार करने के लिए भी तैयार नहीं थे कि पाकिस्तानी सैन्य बलों ने ही भारत के खिलाफ आक्रामक काररवाई शुरू की। पाकिस्तान की जनता की आम राय यही थी कि कश्मीरी लोगों के 'स्वतंत्रता-संघर्ष' को कूटनीतिक और राजनीतिक समर्थन देने की नीति के कारण ही पाकिस्तान इस युद्ध में कूदा है। लोगों का एक वर्ग यह मानता था कि करगिल अभियान राजनीतिक और रणनीतिक रूप से पूर्वनियोजित था। उन्होंने महसूस किया अंतरराष्ट्रीय प्रतिक्रिया के संबंध में पाकिस्तान का मूल्यांकन गलत निकला और तकनीकी रणनीति भी भारत की अनिवार्य राजनीतिक और सैन्य प्रतिक्रिया का सामना करने योग्य नहीं थी।

यह बात स्वीकार करने में हमेशा हिचकिचाहट रही कि युद्ध में भारत की बजाय पाकिस्तान को अधिक सैनिकों को खोना पड़ा और आकस्मिक आक्रमण व

मजबूत स्थिति से लड़ने के बावजूद उन्हें निर्णायक सैन्य पराजय का सामना करना पड़ा। पाकिस्तानी जनता के मन में वहाँ के शासकों ने यह बात बैठाई कि करगिल संघर्ष में पाकिस्तान ने भारत को आश्चर्यचकित व अपमानित किया और करगिल में नीतिगत विजय हासिल की। पाकिस्तान ने किसी और कारण से नहीं, सिर्फ अमेरिकी दबाव के कारण अपनी सेनाएँ हटाईं। पाकिस्तानी जनता की इस धारणा के कारण ही नवाज शरीफ की आलोचना हुई कि उन्होंने अनावश्यक रूप से अमेरिकी दबाव के आगे घुटने टेक दिए। परवेज मुशर्रफ के सैन्य विद्रोह को समर्थन देने के पीछे यह भी एक कारण था। शरीफ ने भी सत्ताच्युत किए जाने से पहले करगिल दुस्साहस को यह कहकर तर्कसंगत ठहराने का प्रयास किया कि करगिल अभियान का उद्देश्य सैन्य विजय नहीं, बल्कि इस उपमहाद्वीप में और अंतरराष्ट्रीय समुदाय में कश्मीर मुद्दे को फिर से सक्रिय करना है। यह काररवाई न सिर्फ मुजाहिदीनों, बल्कि भारत को भी यह स्पष्ट संकेत देने के लिए की गई थी कि कश्मीर मुद्दे में पाकिस्तान का समर्थन सिर्फ बातों तक सीमित नहीं रहेगा, बल्कि उसे अमली जामा भी पहनाया जाएगा। पाकिस्तानी प्रवक्ताओं ने यह भी कहा कि यदि कश्मीर मुद्दे के ऐसे समाधान के लिए भारत तैयार नहीं होता है, जो पाकिस्तान को भी स्वीकार हो, तो भविष्य में इस तरह के कई करगिल होंगे। पाकिस्तान के विचारकों का एक बहुत ही छोटा तबका यह मानता है कि पाकिस्तान को भारतीय उपमहाद्वीप की क्षीण शांति को बिना उकसावे के सैन्य कारवाई करके भंग नहीं करना चाहिए।

भारत में जनभावनाएँ पाकिस्तान के लोगों की भावनाओं के बिलकुल विपरीत थीं। भारतीय जनता की मनोभावना को प्रभावित करनेवाले कई कारक थे, जैसे—युद्धक्षेत्र में मीडिया के स्वतंत्र रूप से आवाजाही के कारण युद्ध की स्थिति के बारे में पूरी तरह पारदर्शिता थी। युद्धक्षेत्र में शहीद भारतीय सैन्य अधिकारियों और जवानों के शव जब उनके गृह जिलों और गाँवों में लाया जाता था तो जनमत पर उसका भावनात्मक प्रभाव पड़ता था। इस बारे में आम राय थी कि राजनीतिक अनुमान लगाने और सैन्य तैनाती के मामले में भारत पिछड़ गया था। लोगों का मानना था कि लाहौर में फरवरी 1999 में नवाज शरीफ और अटल बिहारी वाजपेयी की मुलाकात के द्वारा पाकिस्तान ने भारत को राजनीतिक रूप से आत्मसंतोष की स्थिति में ला दिया था। सरकार ने जब घुसपैठियों के खिलाफ आक्रामक रणनीति अपनाई और सैन्य कारवाई शुरू की तो उसे पूरे देश में भारी समर्थन हासिल हुआ। जब यह कहा गया कि घुसपैठ के लिए नवाज शरीफ दोषी नहीं हैं और

भारत को अपनी सैन्य कारवाई रोककर घुसपैठियों को वापस पाकिस्तान जाने के लिए सुरक्षित रास्ता देना चाहिए तो जनता में इस बात की कड़ी आलोचना हुई। इस मामले को परदे के पीछे सुलझाने की उन कोशिशों की भी कड़ी आलोचना हुई, जिनके तहत पाकिस्तानी राजनयिक नियाज नाइक कथित तौर पर भारत आए और भारत से आर.के. मिश्रा एवं विवेक काटजू इसलामाबाद गए। तब जनमत इस पक्ष में था कि करगिल में भारतीय कारवाई तब तक नहीं रोकी जानी चाहिए जब तक घुसपैठियों और पाकिस्तानी सेना के खिलाफ भारतीय सैन्य बल अपना ऑपरेशन सफलतापूर्वक पूरा नहीं कर लेता। जिस तरह युद्धक्षेत्र की खबरें लोगों तक पहुँचती रहीं और शहीद हुए लोगों के अंतिम संस्कार देश के अलग-अलग हिस्सों में होते रहे, उससे पूरे राष्ट्र के मानस में देशभक्ति की भावना उमड़ पड़ी। यह माँग भी उठी कि जम्मू एवं कश्मीर की सुरक्षा के लिए जिम्मेदार और घुसपैठ के बारे में पहले से पता नहीं कर पानेवाले लोगों, चाहे वह एक हो या समूह में हों, को पहचानकर उनके खिलाफ कारवाई की जाए।

करगिल युद्ध जब तक चलता रहा तब तक देश में बड़ी संख्या में सेमीनार, बहस और कार्यशालाओं का आयोजन किया गया। आम जनता के साथ-साथ सेना के मध्यम दरजे के युवा अधिकारियों के बीच यह विचार सामान्य था कि भारतीय फौजों को नियंत्रण रेखा पार करके पाकिस्तानी चौकियों पर हमला करना चाहिए और उनकी सप्लाई लाइन काट देनी चाहिए। इस तरह के सुझाव भी सामने आए कि भारत को अपने हवाई हमलों का विस्तार करना चाहिए और अगर जरूरत पड़े तो पाकिस्तान के शासकों, खासकर वहाँ के सैन्य कमांडरों को उनके रोमांचकारी दुस्साहस का जवाब देने के लिए नौसेना का इस्तेमाल भी करना चाहिए। इस तरह के विचार मैंने न सिर्फ शैक्षिक और सामाजिक सेमीनारों में सुने, बल्कि सैन्य रणनीतिज्ञों से भी मुझे इस आशय की बातें सुनने को मिलीं।

इस दौरान मीडिया और कुछ सैन्य अधिकारियों के बीच दिलचस्प तथा परेशान करनेवाली जुगलबंदी भी देखने को मिली। इन सैन्य अधिकारियों का झुकाव मीडिया को मौखिक रूप से संबोधित करने और दस्तावेज मुहैया कराने की ओर रहा, साथ ही इनका ध्यान सरकार और शीर्ष सैन्य अधिकारियों की आलोचना की ओर भी लगा रहा। इसके कारण कुछ विवाद पैदा हुए, जिनका प्रभाव जनमानस पर तो पड़ा ही, साथ ही इससे सरकार की एकता और सेना के मनोबल पर भी असर पड़ा। देश की विपक्षी पार्टियों ने इसका फायदा उठाने में कोई कसर नहीं छोड़ी और सीमा पर लड़ रहे सैनिकों की तारीफ करते हुए भी उन्होंने सरकार को

सुरक्षात्मक रवैया अपनाने के लिए मजबूर कर दिया।

सेना में जनता का विश्वास युद्ध के दौरान और इसके खत्म होने तक बना रहा। चिंता केवल सेना की स्थिति पर मीडिया द्वारा सैन्य बलों के विश्लेषण के रूप में दी जा रही खबरों से हुई। इन मीडिया रिपोर्टों में कहा गया कि भारतीय सेना अब युवकों को कैरियर के रूप में आकर्षित नहीं करती, भारतीय सेना पूरी तरह प्रशिक्षित और हथियारबंद नहीं है, भारतीय सेना के पास अधिकारियों की भारी कमी है, उसका मनोबल गिरा हुआ है, खासकर उनका, जो जम्मू एवं कश्मीर में तैनात हैं। इसके साथ ही इस आशय की खबरें भी आईं कि राजनीतिक दल सेना और रक्षा प्रतिष्ठानों के साथ राजनीति कर रहे हैं। इस प्रकार की खबरों में कुछ हद तक सच्चाई थी, मगर जिस प्रकार सैन्य बलों ने इस परिस्थिति में खुद को साबित किया, उससे जनता का विश्वास और मजबूत ही हुआ।

'जनमत-निर्माण' से संबंधित इकलौता गलत कदम, जो सरकार ने युद्ध के दौरान उठाया, वह पाकिस्तानी टी.वी. को भारत में प्रतिबंधित करने का था। इसके पीछे यह तर्क दिया गया कि यह भारत के खिलाफ व्यापक स्तर पर झूठा प्रचार अभियान चला रहा है। कुछ लोग कह सकते हैं कि यह एक गैरजरूरी कदम था। वास्तविक स्थिति यही है कि पाकिस्तान द्वारा किए गए किसी भी झूठे प्रचार का भारतीय जनता और सेना के मनोबल पर कोई असर नहीं पड़ा।

करगिल के अंतिम परिणाम से भारतीय जनमत यह समझ गया कि भविष्य में पाकिस्तान भारत के खिलाफ अपनी काररवाइयाँ जारी रखेगा और भारत को हर समय तैयार रहने की जरूरत है। तब ऐसी स्थिति में भारत को किन बातों पर निगाह रखनी चाहिए?

पहला—पाकिस्तान और अंतरराष्ट्रीय समुदाय, खासकर अमेरिका, यह दबाव डालेगा कि कश्मीर मुद्दे पर पाकिस्तान के साथ बातचीत की जाए। दूसरा—इस बात की कोई उम्मीद नहीं करनी चाहिए कि पाकिस्तान आतंकी घटनाओं में किसी प्रकार की कमी करेगा, बल्कि कश्मीर सहित देश के दूसरे भागों में भी इस प्रकार की घटनाओं में बढ़ोतरी ही होगी। यह अनुमान केवल कल्पना भर नहीं है। पाकिस्तान की राष्ट्रीय असेंबली में 12 जुलाई, 1999 को नवाज शरीफ ने कहा कि 'हालाँकि करगिल का ज्वालामुखी विस्फोट अब नियंत्रण में है, लेकिन यदि भारत ने कश्मीर मामले पर सार्थक बातचीत नहीं की तो कई अन्य ज्वालामुखी फटेंगे।' इस बयान से पहले वह कह चुके थे कि अगर भारत ने पाकिस्तान की बात नहीं मानी तो उसे और भी कई करगिलों का सामना करना पड़ेगा। आई.एस.आई. के

प्रवक्ता ब्रिगेडियर कुरैशी से जब पूछा गया कि करगिल से घुसपैठिए कब हटेंगे तो उन्होंने काफी अस्पष्ट प्रतिक्रिया जताई, 'मैं नहीं जानता। हमने उनसे अपील की है। वे लोग श्रीनगर की ओर फैल सकते हैं।'

करगिल से भारत को निम्नलिखित सबक मिले हैं—

1. जमीनी हकीकत के आधार पर जम्मू एवं कश्मीर के किसी भी व्यावहारिक समाधान के लिए पाकिस्तान तैयार नहीं होगा और भारत के खिलाफ जम्मू एवं कश्मीर में राजनीतिक अभियान चलाने के साथ-साथ सैन्य और आतंकवादी काररवाई जारी रखेगा।

2. पाकिस्तान के साथ अधिकारी या फिर उच्च राजनयिक स्तर पर बातचीत के दौरान बड़ी उम्मीदें नहीं लगानी चाहिए, क्योंकि पाकिस्तान इस प्रकार की बातचीत का उपयोग केवल कश्मीर मुद्दे को जिंदा रखने और कूटनीति तथा प्रचार में शामिल रहने के लिए करता है।

3. पाकिस्तान का लक्ष्य केवल जम्मू और कश्मीर को हड़पना है। भारत के साथ उसकी नीति इसके इसी लक्ष्य से जुड़ी हुई है।

4. पाकिस्तान नियंत्रण रेखा पर सैन्य तनाव बनाए रखेगा और जम्मू एवं कश्मीर के विभिन्न भागों पर कब्जा करने के लिए घुसपैठ में लिप्त रहेगा। कश्मीर में अपने छाया-युद्ध के समर्थन में वह भारत के अन्य हिस्सों में भी हिंसा और आतंक की घटनाओं को बढ़ावा देता रहेगा। भारत को चाहिए कि वह पाकिस्तान के इन मंसूबों को ध्यान में रखकर अपनी नीतियाँ बनाए और पाकिस्तान की सैन्य गतिविधियों के अनुसार नियंत्रण रेखा और अंतरराष्ट्रीय सीमा पर पूरी चौकसी बरते।

5. भारत को अपनी गुप्तचर एजेंसियों की क्रियात्मक और संगठनात्मक कार्यप्रणाली की भी पूरी तरह से जाँच करनी चाहिए। इसके साथ ही गुप्तचर एजेंसियों, राष्ट्रीय सुरक्षा परिषद् और सुरक्षा मामलों की मंत्रिमंडलीय समिति के बीच आपसी संवाद भी स्थापित किया जाना चाहिए, ताकि उस प्रकार के भ्रम की स्थिति न पैदा हो जैसी करगिल के शुरुआती दिनों में हुई थी।

6. पाकिस्तान के साथ काररवाई के स्तर पर दृढ़ता के साथ प्रतिरोध दिखाने से भारत को अंतरराष्ट्रीय समर्थन हासिल होगा।

7. करगिल के समय अंतरराष्ट्रीय समुदाय का जो समर्थन भारत को मिला, वह सिर्फ करगिल तक ही सीमित था। इस तरह का समर्थन कश्मीर मामले पर भारत की नीति को नहीं मिला है। अंतरराष्ट्रीय समुदाय का मानना है कि भारत

और पाकिस्तान को मिल-बैठकर अपनी समस्या जल्दी-से-जल्दी सुलझा लेनी चाहिए, क्योंकि यह मुद्दा दोनों देशों के बीच परमाणु युद्ध का कारण बन सकता है।

8. भारत को यह भी ध्यान में रखना होगा कि जम्मू एवं कश्मीर विवाद के किसी भी समाधान में वहाँ के नागरिकों की इच्छाओं का सम्मान किया जाना आवश्यक है।

9. भारत की क्षेत्रीय अखंडता से संबंधित चिंताओं पर अंतरराष्ट्रीय समर्थन सिर्फ उसी स्थिति में हासिल हो सकेगा, जब भारत जम्मू एवं कश्मीर के मुद्दे पर तर्कसंगत रुख अपनाएगा और पाकिस्तान के साथ बातचीत करेगा। इस संबंध में जरा सी चूक से अंतरराष्ट्रीय समर्थन पाकिस्तान के खेमे में चला जाएगा।

10. यह भी सही है कि जम्मू एवं कश्मीर पर पाकिस्तान के पूरे दावे को अंतरराष्ट्रीय समुदाय कभी भी स्वीकार नहीं कर सकता।

11. विश्व की बड़ी शक्तियाँ किसी प्रकार की नियंत्रण रेखा के आधार पर कश्मीर विवाद का समाधान चाहती हैं, जिसके साथ जम्मू एवं कश्मीर के लोगों के लिए स्वायत्तता, जिसमें मुजफ्फराबाद के आस-पास के पाकिस्तानी क्षेत्रों के नागरिकों के साथ सामान्य और स्वतंत्र संपर्क शामिल हो, जबकि भारत को पाकिस्तान के साथ बातचीत के लिए तैयार रहना चाहिए, हमें यह बात स्पष्ट रूप से पता होना चाहिए कि किसी समाधान तक पहुँचने में एक या दो दशक से अधिक लग सकते हैं। तब तक हमें अपनी सुरक्षा-व्यवस्था में कोई ढील नहीं देनी चाहिए।

12. एक और महत्त्वपूर्ण सबक, जिसे हमेशा ध्यान में रखने की जरूरत है, वह है 'परमाणु शक्ति-संपन्न दक्षिण एशिया' में स्थायित्व और सुरक्षा बनाए रखने के लिए अमेरिका और चीन के बीच बनी रणनीतिक समझ। सन् 1999 मई से लेकर अगस्त तक राष्ट्रपति बिल क्लिंटन और राष्ट्रपति जियांग झेमिन लगातार एक-दूसरे के संपर्क में रहे। करगिल पर अमेरिकी और चीनी नीति एक-दूसरे के प्रति उच्चतम स्तर पर सहयोगात्मक रही। भारत को इस मामले के रणनीतिक परिणामों के प्रति सावधान रहने की जरूरत है। दो महाशक्तियों द्वारा सुरक्षा के वातावरण को लेकर की जा रही बातचीत से भारत के विकल्प चुनने की आजादी पर प्रभाव पड़ सकता है।

□

: अध्याय 3 :

सूक्ष्म अवलोकन

किसी महत्त्वपूर्ण परिस्थिति या संघर्ष की स्थिति में फँसने पर भारतीयों और पाकिस्तानियों की प्रतिक्रिया विकृत धारणाओं और कुछ खास व्याख्याओं पर स्थिर हो गई है। इस बात का वर्णन करना जरूरी है कि यह प्रवृत्ति दिसंबर 1999 में भारतीय विमान के अपहरण और करगिल युद्ध में कैसे उभरी, और यह दोनों देशों के आम समाज के बीच किसी तार्किक विचार-विमर्श की संभावनाओं पर क्या प्रभाव डालती है।

दोनों देशों की सरकारों और संबंधित सैन्य मुख्यालयों की घोषणाओं को यदि हम दरकिनार कर दें तो यह जानना बहुत दिलचस्प है कि भारत और पाकिस्तान की सत्ता-संरचना में गैरसरकारी तत्त्वों ने घटनाओं पर कैसे प्रतिक्रिया व्यक्त की। सबसे दिलचस्प प्रतिक्रिया करगिल संघर्ष के बारे में पाकिस्तान के रिटायर्ड (सेवानिवृत्त) सैन्य अधिकारियों की थी। संघर्ष के शुरुआती चरणों में वे आधिकारिक बयानों को ही दोहराते रहे कि पाकिस्तानी सेनाएँ करगिल में सक्रिय नहीं हैं, कि यह आक्रमण वास्तव में स्वदेशी मुजाहिदीन गुटों द्वारा नियंत्रण रेखा के भारतीय क्षेत्र में सैन्य चौकियों पर कब्जा है, कि मुजाहिदीनों ने फिर साबित कर दिया है कि वे भारतीय सेना के समकक्ष ही नहीं, उससे अधिक हैं, कि भारत सरकार पाकिस्तान सरकार और पाकिस्तानी सेनाओं पर गलत आरोप लगा रही है।

जब करगिल के सभी मोरचों पर पाकिस्तानी सेनाओं की प्रत्यक्ष भागीदारी स्पष्ट हो गई, तो इस व्याख्या में एक नाटकीय परिवर्तन आ गया। इसके बाद यह तर्क दिया जाने लगा कि पाकिस्तानी सेना संघर्ष में इसलिए शामिल हुई, क्योंकि भारत इस युद्ध को जमीन और वायु—दोनों में नियंत्रण रेखा से आगे ले गया था;

कि पाकिस्तानी सेनाओं द्वारा स्वदेशी मुजाहिदीनों को न्यूनतम आवश्यक समर्थन देना आवश्यक है। यह भी तर्क दिया गया कि पाकिस्तानी सेना ने करगिल क्षेत्र में सिर्फ सुरक्षात्मक काररवाई की है, क्योंकि वहाँ नियंत्रण रेखा स्पष्ट रूप से चिह्नित नहीं है। इस तर्क के साथ यह दावा किया गया कि भारत को नियंत्रण रेखा की पवित्रता के बारे में बात करने का कोई नैतिक अधिकार नहीं है, क्योंकि भारत ने नियंत्रण रेखा का उल्लंघन करके सियाचिन ग्लेशियर क्षेत्र में सुरक्षा चौकियाँ स्थापित की थीं।

जब भारत का जवाबी आक्रमण तीव्र हो गया तो सेवानिवृत्त पाकिस्तानी सैन्य अधिकारियों ने अपनी सरकार के इस मत को सहमति दी कि यदि आवश्यक हो तो पाकिस्तान को अपनी मिसाइलों और परमाणु अस्त्रों का प्रयोग करने से नहीं हिचकना चाहिए। सुरक्षा विशेषज्ञों ने दृढ़तापूर्वक यह कहा कि सन् 1990 से जम्मू एवं कश्मीर के मुसलमानों पर किए जा रहे 'अत्याचार' के संदर्भ में पाकिस्तानी सैन्य काररवाई पूरी तरह उचित है।

वरिष्ठ सैन्य शख्सियतों, जैसे—इंटर सर्विसेज इंटेलिजेंस के पूर्व प्रमुख जनरल मिर्जा असलम बेग, ले. जनरल असद दुर्रानी, पूर्व वायुसेनाध्यक्ष एयर मार्शल असगर खान ने करगिल में पाकिस्तानी सैन्य अभियान की विफलता का कारण दोषपूर्ण रणनीति और भारतीय सैन्य बलों के मनोबल और क्षमताओं का गलत आकलन बताया। पाकिस्तानी सैन्य अधिकारियों ने भारतीय सरकार, भारत की राजनीतिक स्थिति और भारतीय प्रतिष्ठान की राजनीतिक ताकत के बारे में गलत और अपर्याप्त मूल्यांकन करने के लिए नागरिक सरकार और पाकिस्तानी विदेश विभाग को भी आलोचना का शिकार बनाया। यह मत भी व्यक्त किया गया कि करगिल में पाकिस्तानी आक्रमण से पूर्व मुजाहिदीनों और घाटी की मुसलिम जनसंख्या के बीच उचित और पर्याप्त नेटवर्किंग नहीं की गई। कुल मिलाकर उनका आकलन यह था कि यदि सैन्य आक्रमण से पहले पर्याप्त मूल्यांकन और तैयारी की जाती तो यह योजना जरूर सफल होती। प्रभावी कूटनीतिक प्रयासों द्वारा सैन्य आक्रमण को सहयोग नहीं करने के लिए नवाज शरीफ सरकार और पाकिस्तानी विदेश विभाग की भी आलोचना की गई। यह आलोचनात्मक मूल्यांकन किया गया कि पाकिस्तान अपने सैन्य अभियान और कश्मीर नीति की रूपरेखा के अनुसार अपने उद्देश्यों के औचित्य के बारे में महाशक्तियों को सूचित करने और उन्हें विश्वास में लेने में विफल रहा। मीडिया और सामान्य जनता ने इन आकलनों और मूल्यांकनों के आधार पर अपना मत निश्चित किया।

सन् 1948, 1965 और 1971 में हुए पिछले युद्धों की तरह मीडिया और जनता को युद्ध में सरकार की भूमिका के बारे में पूरी सूचना नहीं दी गई। जब यह स्पष्ट हो गया कि पाकिस्तानी सैन्य बलों को पराजित करके पीछे खदेड़ दिया गया और महत्त्वपूर्ण देश व अंतरराष्ट्रीय जनमत पाकिस्तान के पक्ष में नहीं है तो पाकिस्तानी मीडिया ने आलोचनात्मक रुख अपना लिया। इस अभियान के लिए जनता का उत्साह और समर्थन समाप्त हो गया, लेकिन एक सैन्य संघर्ष शुरू करने और उससे हुई क्षति के लिए कोई पछतावा व्यक्त नहीं किया गया। यह सामान्य पाकिस्तानी जनता की स्थिति थी।

बहरहाल, पाक अधिकृत कश्मीर का जनमत अपवाद था। युद्ध में नियंत्रण रेखा के पार से भारतीय सेनाओं द्वारा बमबारी में पाकिस्तानी नागरिक भी मारे गए। युद्ध में न शामिल लोग भी मारे गए तथा घायल हुए और सामान्य जनजीवन अस्त-व्यस्त हो गया। सबसे अधिक विरोध पाकिस्तानी सेनाओं द्वारा सैन्य काररवाइयों के समर्थन में स्थानीय लोगों के इस्तेमाल के तरीके का हुआ। उन्हें मुख्यत: सैन्य सामग्री पहुँचाने के लिए इस्तेमाल किया गया। इन लोगों को नियमित सैनिकों की तरह पर्याप्त हथियार व राशन उपलब्ध नहीं कराए गए। भारतीय सैन्य प्रतिष्ठान ने उत्तरी क्षेत्रों के पाकिस्तानी सैनिकों के संदेश भी बीच में सुने, जो तल्खी से करगिल की चोटियों पर पर्याप्त सामग्री और सहयोग के बिना छोड़ दिए जाने की शिकायत कर रहे थे। सबसे बड़ी त्रासदी यह थी कि युद्ध में अपनी भागीदारी न होने को प्रमाणित करने के लिए पाकिस्तानी सेना कमांड मारे गए अपने सैनिकों को पहचानने और उनके शव लेने से इनकार कर रही थी। पाक अधिकृत कश्मीर और उत्तरी क्षेत्रों के लोगों को महसूस हो रहा था कि उन्हें एक अत्यंत हिंसक सैन्य काररवाई में लगाकर भगवान् भरोसे छोड़ दिया गया है।

भारतीय पक्ष की प्रतिक्रिया भी उतनी ही जटिल और भ्रामक थी। हालाँकि मई की शुरुआत से ही सरकार को बड़े पैमाने पर पाकिस्तानी सैनिकों की घुसपैठ के बारे में जानकारी थी, मई के अंतिम सप्ताह तक स्थिति की गंभीरता को जनता के सामने उजागर नहीं किया गया। जून के लगभग मध्य तक संघर्ष के प्रथम चरण के दौरान मीडिया और जनता को भारतीय सेनाओं की क्षमता के बारे में आशंका थी कि लगभग एक सौ किलोमीटर के मोरचे पर अपनी स्थिति मजबूत कर चुकी पाकिस्तानी सेनाओं को करगिल की चोटियों से वे हटा पाएँगे या नहीं। यहाँ तक कि अधिकतम आशावादी अनुमान यह था कि भारत अधिकतर पाकिस्तानी सैनिकों को किसी तरह सितंबर तक वहाँ से हटा पाएगा। भारतीय प्रतिक्रिया में क्रोधित

युद्धप्रियता भी शामिल थी। पाकिस्तानी क्षेत्र के अंदर जाकर हवाई आक्रमण करने और आवश्यकता पड़ने पर अंतरराष्ट्रीय सीमा के पार पाकिस्तानी पंजाब पर आक्रमण करने का समर्थन किया जा रहा था। जैसा किसी आकस्मिक संवेदनशील परिस्थिति में होता है, खासकर स्वतंत्र मीडियावाले लोकतंत्र में, जहाँ घटनाओं के विषय में एक स्तर तक पारदर्शिता होती है, भारतीय इंटेलिजेंस एजेंसियों की नाकामयाबी की जमकर आलोचना की गई।

एक नई पारदर्शिता

भारतीय जनता अपनी सेनाओं को नियंत्रण रेखा पार करके पाकिस्तानी सैन्य बलों के खिलाफ काररवाई न करने देने के लिए सरकार की आलोचना कर रही थी। भारत सरकार द्वारा दिखाया गया संयम और इस संयम को न्यायोचित ठहराने का राजनीतिक प्रयास आम जनता द्वारा स्वीकार नहीं किया गया। पूरे भारत में देशप्रेम की लहर-सी चल पड़ी। विश्लेषणों, मीडिया रिपोर्टों, टेलीविजन साक्षात्कारों और सेमिनारों व बहसों के द्वारा पूरे देश में ये भावनाएँ उभरकर सामने आईं। हमारे थलसेनाध्यक्ष जनरल वी.पी. मलिक के इस वक्तव्य की सराहना की गई कि हालाँकि भारतीय सेना एक कठिन परिस्थिति से जूझ रही है, मगर वह उपलब्ध साधनों से पाकिस्तानी आक्रमण को रोकने और समाप्त करने का हरसंभव प्रयास करेगी। अधिकतर जवाबी आक्रमण पैदल सेना द्वारा किए गए, उन्होंने रणनीतिक स्थितिवाले स्थानों पर काबिज दुश्मनों पर जवाबी हमला किया और ऊबड़-खाबड़ ऊँचे पहाड़ों पर युद्ध लड़ा गया, इन तथ्यों ने लोगों के दिलों में हमारे सैनिकों और अफसरों के साहस और प्रतिबद्धता के प्रति प्रशंसा का भाव भर दिया। हमारे सैनिक जिन खतरों का सामना कर रहे थे, उसका विवरण मुझे देते हुए सैन्य बल के एक सदस्य ने बताया कि शुरुआती लड़ाई में मरनेवाले 80 प्रतिशत सैनिक अपने सिर और कंधों पर लगे घावों के कारण मृत्यु को प्राप्त हुए, क्योंकि दुश्मन आगे बढ़ रही यूनिटों पर ऊँचाई से फायरिंग कर रहा था। शहीदों की अधिक संख्या उस कठिन युद्ध की प्रमाण थी। पुणे के एक सेवानिवृत्त वरिष्ठ सैन्य सहयोगी ने मुझे युद्ध के अंतिम दिनों में बताया, 'यह युद्ध सरकार या सैन्य उच्च कमांड द्वारा नहीं जीता गया; यह युद्ध युवा अधिकारियों तथा जवानों ने अपनी दृढ़ता और साहस के द्वारा जीता है।'

युद्ध के दौरान घटी दो घटनाओं ने भारतीय जनता के क्रोध को प्रतिशोध के स्तर तक पहुँचा दिया। पहली भारतीय वायुसेना अधिकारी अजय आहुजा को मार

डालना था, जिनका विमान पाकिस्तानी क्षेत्र में मार गिराया गया। इस बात का स्पष्ट प्रमाण था कि आहुजा विमान के गिरने के बाद जीवित थे। उन्हें मारने से पहले यातनाएँ दी गईं। दूसरी घटना में पाकिस्तानी सैनिकों ने भारतीय सैनिकों को उनकी चौकी पर कब्जा करने के बाद मार डाला और फिर उनके शवों के टुकड़े-टुकड़े करके चौकी पर प्रदर्शित किया। ये दोनों घटनाएँ जून के प्रथम पक्ष में हुईं। इन घटनाओं के बाद सरकार ने सेना की अग्रगामी यूनिटों को नियंत्रण रेखा के पार विस्तृत आक्रमण करने से रोक दिया। इन दुःखद घटनाओं के बाद जनता को शांत करने के लिए रक्षा मंत्री जॉर्ज फर्नांडीस और विदेश मंत्री जसवंत सिंह को विशेष प्रयास करने पड़े। उन्होंने पाकिस्तानी सैन्य बलों की विकृत और हिंसक संस्कृति को इस कृत्य का जिम्मेदार ठहराया। कुछ मामलों में इस युद्ध ने भारतीय मानसिकता पर सन् 1962 के भारत-चीन युद्ध जैसा प्रभाव डाला। पाकिस्तान के साथ सन् 1948, 1965 और 1971 के युद्धों ने समग्र भारतीय मानसिकता को इस प्रकार प्रभावित नहीं किया था जिस प्रकार करगिल युद्ध ने किया।

विश्वासघात और देशप्रेम की भावनाओं और आक्रमणकारी को खदेड़ने की इच्छा के अलावा एक प्रकार की अयोग्यता की भावना भी साथ-साथ थी। आक्रमण करने में भारत के संकोच और सुरक्षात्मक रवैये की आलोचना की जा रही थी। भारतीय रणनीतिक समुदाय का एक बड़ा भाग यह महसूस करता था कि भारत की गतिविधियाँ उसकी घोषित नीतियों से मेल नहीं खातीं। इस धारणा को बल देने के लिए तर्क दिए गए कि यदि कश्मीर भारत का अभिन्न अंग है और पाकिस्तान द्वारा कश्मीर की सीमा का एक बार नहीं बल्कि बार-बार उल्लंघन किया जा रहा है, तो भारत नियंत्रण रेखा पार करके पाकिस्तानी क्षेत्र में आक्रमण क्यों नहीं कर सकता?

दूसरा सवाल यह था कि क्या भारत सरकार के दृष्टिकोण के राजनीतिक और कूटनीतिक पक्षों के लिए अंतरराष्ट्रीय समर्थन भारत की क्षेत्रीय अखंडता को सुरक्षित करने में निर्णायक माना जाना चाहिए? करगिल युद्ध के समय भारत के संयम का आधार मुख्यतः अंतरराष्ट्रीय समर्थन पाने की आशा थी। यह महत्त्वपूर्ण हो सकता है, लेकिन अपनी सीमाओं की सुरक्षा का अंतिम उत्तरदायित्व अपनी राजनीतिक इच्छाशक्ति और निर्णायक रूप से कार्य करने की क्षमता पर निर्भर करता है। हालाँकि भारत आक्रमणकारी को पीछे धकेलने में सफल हुआ, लेकिन इसमें हमें बहुत मानवीय क्षति उठानी पड़ी, जो भारत द्वारा जानबूझकर और अनावश्यक संयम दिखाने के कारण हुआ।

यह तर्क कि भारत ने परमाणु युद्ध टालने के लिए यह कदम उठाया, कई

सवालों को जन्म देता है। भारत ने पाकिस्तान के परमाणु अस्त्रों का इस्तेमाल करने की धौंस का जवाब क्यों नहीं दिया? भारत के इस दावे कि यह पारंपरिक और परमाणु—दोनों प्रकार के हथियारों में पाकिस्तान से श्रेष्ठ है और अंतरराष्ट्रीय समुदाय की सीधे सैन्य हस्तक्षेप द्वारा परमाणु संघर्ष रोकने की क्षमता को देखते हुए भारत ने खुद को क्यों रोका? इस विचारधारा के अनुसार, भारत को अपने दावों की जाँच के लिए पाकिस्तान पर करना चाहिए था। अगला प्रश्न यह है कि भाजपा के नेतृत्व वाली सरकार ने जम्मू एवं कश्मीर में आतंकवादी घुसपैठों के खिलाफ आक्रामकता की अपनी घोषित नीति को लागू क्यों नहीं किया? भारत ने सन् 1998 से ही नियंत्रण रेखा के पार से घुसपैठ के खिलाफ काररवाई क्यों नहीं की? यदि गृह मंत्री लालकृष्ण आडवाणी द्वारा घोषित नीति लागू की जाती तो भारत कश्मीर में बहुत पहले ही घुसपैठ रोककर किसी बृहद् स्तरीय युद्ध की नौबत ही न आने देता।

राष्ट्र को क्षति

करगिल युद्ध के तीन वर्षों के बाद भी इन प्रश्नों पर विचार-विमर्श जारी है। इन प्रश्नों का उद्देश्य जनमत और सरकार की नीतियों का अंत:परीक्षण है। एक पूर्व उप थलसेनाध्यक्ष ले. जनरल मोती धर ने इस प्रश्न को अपने एक लेख 'ब्लंडरिंग थ्रू' में बहुत अच्छे तरीके से उठाया है, जिसे उन्होंने अपनी पुस्तक 'गंस एंड येलो रोजेज' (बंदूकें और पीले गुलाब) में शामिल किया है। वे लिखते हैं, 'करगिल में हुई घुसपैठ पूरे राष्ट्र के लिए शर्म का विषय थी, इसलिए यदि हम भविष्य में अपने राष्ट्र की सुरक्षा सुनिश्चित करना चाहते हैं तो ऐसी बड़ी भूल के लिए उत्तरदायी तत्त्वों को रेखांकित करना चाहिए। लापरवाही ने देश को लगभग पाँच हजार करोड़ रुपए और हमारे बहुत से सैनिकों की मौत का नुकसान पहुँचाया है। सबसे बड़ी बात यह है कि हमारे देश के गौरव को धक्का लगा है।' उन्होंने सन् 1973 में मिस्र और इजराइल के बीच हुए यॉम किपुर युद्ध की विफलताओं की जाँच के लिए इजराइल द्वारा नियुक्त आयोग की तरह ही इस युद्ध के विषय में एक आयोग गठित करने की सलाह दी।

जनरल धर की सलाह के बाद से दो आयोग करगिल युद्ध पर अपनी जाँच पूरी कर चुके हैं। सेना मुख्यालय ने आंतरिक जाँच समिति गठित की और सरकार ने के. सुब्रह्मण्यम की अध्यक्षता में समिति गठित की। सुब्रह्मण्यम रिपोर्ट के अंश आम जनता की जानकारी में हैं, परंतु सेना मुख्यालय द्वारा तैयार की गई आंतरिक रिपोर्ट को प्रकाशित नहीं किया गया। बहरहाल, सामान्य धारणा यह है कि इनमें से

किसी रिपोर्ट में इजराइली जाँच आयोग की रिपोर्ट की तरह गंभीर आलोचनात्मक मूल्यांकन नहीं किया गया।

करगिल के विषय में विचारों और भावनाओं की गहराई समय के साथ कम होने लगी है। फिर भी सरकार ने कुछ कदम उठाए हैं। भारत के रक्षा बजट में बढ़ोतरी की गई है। सभी प्रकार की आवश्यकताओं, सैन्य सहयोग और हथियारों के संबंध में एक विस्तृत समीक्षा करवाई जा रही है। विदेशी सरकारों के साथ रक्षा मंत्री जॉर्ज फर्नांडीस और विभिन्न सेनाओं के प्रमुखों के संपर्क के दौरान हुए विचार-विमर्श इस बात के प्रमाण हैं कि रक्षा-आपूर्ति के स्रोतों में विविधता लाई जा रही है; लेकिन किसी कल्पित नतीजे या संभावना पर बात करने से पहले, जहाँ तक हो सके, यह विश्लेषण करना आवश्यक है कि जम्मू एवं कश्मीर के लोगों ने करगिल युद्ध पर कैसी प्रतिक्रिया व्यक्त की। ये लोग पाकिस्तानी आक्रमण और हिंसा के सीधे शिकार हुए, जो अब भी जारी है। उनकी भावनाएँ और प्रतिक्रियाएँ निश्चित रूप से निर्णायक स्थान रखते हैं और भारत की कश्मीर नीतियों को उनसे प्रभावित होना चाहिए।

करगिल युद्ध और सन् 1948 व 1965 के युद्धों के दौरान जम्मू एवं कश्मीर के लोगों की प्रतिक्रियाओं में स्पष्ट विरोधाभास देखा जा सकता है। सन् 1948 में पठान घुसपैठियों व उनका सहयोग कर रहे पाकिस्तानी सैनिकों द्वारा उत्पन्न आतंक से वहाँ के लोग अत्यंत भयभीत थे। इसके परिणामस्वरूप 1947-48 के दौरान पाकिस्तान के खिलाफ भारतीय सैन्य बलों की कारवाई को जनता का पूरा समर्थन प्राप्त था। जब पंडित जवाहरलाल नेहरू ने शेख मुहम्मद अब्दुल्ला को गिरफ्तार किया तो घाटी के आम लोगों को लगा कि भारत अपने वादे पूरा नहीं कर रहा है और सबसे लोकप्रिय नेता को गिरफ्तार व निर्वासित करके राज्य को तानाशाही तरीके से अपने देश में शामिल करना चाहता है।

पंडित नेहरू की मौत के कुछ ही समय पहले शेख अब्दुल्ला की रिहाई और कश्मीरी राजनीति की मुख्यधारा में उनकी वापसी ने इस भावना को समाप्त कर दिया, जिसके कारण पाकिस्तान द्वारा सन् 1965 में शुरू किए गए युद्ध में भारत को लोगों का पूरा समर्थन मिला। सितंबर 1965 में पाकिस्तान के आक्रमण शुरू करने के बारे में घाटी के लोगों ने ही भारतीय सैन्य बलों को पूर्व सूचना उपलब्ध कराई और पाकिस्तान की पराजय से लोग बहुत खुश हुए। सन् 1965 और 1975 के बीच की अवधि में जम्मू एवं कश्मीर सरकार और भारत सरकार के बीच तनाव और गलतफहमियाँ पुनः सिर उठाने लगीं। शेख अब्दुल्ला भारतीय केंद्र में राज्य के

संवैधानिक व राजनीतिक एकीकरण की प्रक्रिया से क्रुद्ध हुए; लेकिन आखिरकार इंदिरा गांधी ने कश्मीरी नेता की चिंताओं को शांत करते हुए उन्हें समझौतों के लिए राजी कर लिया।

इन वादों ने श्रीमती गांधी के वरिष्ठ राजनीतिंक सलाहकार जी.पार्थसारथी और कश्मीरी नेता अफजल बेग के बीच हुए समझौते को औपचारिक रूप दिया। इस समझौते से घाटी में कुछ शांति और स्थिरता आई, परंतु यह अधिक दिनों तक नहीं रह पाई। इसी अवधि के दौरान सन् 1971 में पाकिस्तान के साथ युद्ध हुआ। सन् 1970 के अंत में हुए पाकिस्तानी चुनाव के नतीजों को राष्ट्रपति याह्या खान द्वारा अस्वीकार किए जाने की आलोचना करने के बावजूद युद्ध के शुरुआती चरणों में जम्मू एवं कश्मीर के लोगों और राजनीतिज्ञों का दृष्टिकोण पृथक् था। हालाँकि सन् 1971 के युद्ध में भी कश्मीर युद्धक्षेत्र बन गया था, युद्ध का राजनीतिक केंद्र पूर्वी पाकिस्तान था। याह्या खान और जुल्फिकार अली भुट्टो की पक्षपातपूर्ण और हिंसक नीतियों तथा पाकिस्तानी सैन्य बलों द्वारा तत्कालीन पूर्वी पाकिस्तान के लोगों पर किए गए अत्याचार से जम्मू एवं कश्मीर के लोगों ने राहत और संतोष की साँस ली तथा महसूस किया कि भारत का अंग होना उनके लिए बेहतर है।

सन् 1975 में शेख मुहम्मद अब्दुल्ला फिर सत्ता में लौटे और सन् 1982 में अपनी मृत्यु तक जम्मू एवं कश्मीर के मुख्यमंत्री रहे। वे पाकिस्तान में भुट्टो के शासन से संतुष्ट नहीं थे और उन्हें जिया-उल-हक के सैन्य शासन की सफलता के प्रति भी संदेह था। इस कारण से उन्होंने जम्मू एवं कश्मीर राज्य और दिल्ली में केंद्र सरकार के बीच अपेक्षाकृत स्थिर और सहयोगी रिश्ते रखे।

आंतरिक घरेलू चिंताओं और भारत के प्रति एक प्रकार की सतर्कता के दृष्टिकोण ने जिया को अपने शुरुआती वर्षों या कहा जाए कि सन् 1977 से 1981 के बीच, किसी बड़े पैमाने के सैन्य दुस्साहस से दूर रखा। नौवें दशक की शुरुआत में सिख आतंकवाद के बढ़ने के बाद ही जिया ने पंजाब में अलगाववादी आतंकवाद को सहयोग देने का निर्णय किया और धीरे-धीरे जम्मू एवं कश्मीर में भी अलगाववाद को पुनर्जीवित किया। सन् 1982 में शेख अब्दुल्ला की मौत और जिया का भारत के खिलाफ पाकिस्तानी अराजक गतिविधियों को पुनर्जीवित करना साथ-साथ हुए। श्रीमती गांधी और राजीव गांधी शेख अब्दुल्ला के साथ हुए समझौतों पर दृढ़ नहीं रहे और मुख्यधारा कांग्रेस राजनीति के साथ कश्मीर की दलगत राजनीति को एकीकृत करने का निर्णय लिया। इसने जम्मू एवं कश्मीर के सबसे महत्त्वपूर्ण और लोकप्रिय राजनीतिक दल नेशनल क्रॉन्फ्रेंस की एकता, विश्वसनीयता और पहचान

को प्रभावित किया। इन बातों का उल्लेख करने का उद्देश्य श्रीमती गांधी व राजीव गांधी तथा नेशनल कॉन्फ्रेंस के नेता शेख अब्दुल्ला के दामाद गुल शाह व बेटे फारुख अब्दुल्ला के बीच आपसी समझदारी का विवरण या विश्लेषण करना नहीं है। कश्मीर में सन्1982 और 1989 के बीच हुए चुनावों में कश्मीरी जनमत में विश्वसनीयता की कमी दिखी। जम्मू एवं कश्मीर शासन में बढ़ते कुप्रशासन और भ्रष्टाचार ने उदासीनता की प्रक्रिया शुरू की, जिसका अंत सन् 1989-90 के हिंसक आतंकवादी/अलगाववादी आंदोलन में हुआ। सन् 1989 से 1999 के दशक में कश्मीरी युवाओं का एक बड़ा भाग पाकिस्तान के आर्थिक प्रोत्साहन से आतंकवादी आंदोलन में शामिल हुआ। इसके अलावा पाकिस्तानी सैनिक, अफगान मुजाहिदीन और भाड़े के आतंकवादी भी जम्मू एवं कश्मीर में अराजकता फैलाने में जुटे थे। इसकी प्रतिक्रिया में भारत ने जम्मू एवं कश्मीर में सुरक्षा बलों की विस्तृत नियुक्ति की और वहाँ लोकतांत्रिक राजनीतिक प्रक्रिया बहाल करने का गंभीर प्रयास किया।

घाटी में विपक्षी राजनीतिक आंदोलन संगठित होकर 'ऑल पार्टीज हुर्रियत कॉन्फ्रेंस' के तहत एकजुट हुए। पाकिस्तान निवासी आतंकवादी भी जम्मू एवं कश्मीर में भारत-विरोधी आतंकवादी गतिविधियों में और भी प्रत्यक्ष रूप से शामिल हो गए। इन प्रक्रियाओं के बावजूद सन् 1996 तक भारतीय सुरक्षा बल राज्य में कुछ हद तक सामान्य स्थिति बहाल करने में सफल हो गए। इसके बाद हुए आम चुनावों में फारुख अब्दुल्ला सत्ता में लौटे। स्थिति धीरे-धीरे कुछ सुधरी और सन् 1998 में हुए चुनावों में जम्मू एवं कश्मीर ने संसद् में अपने निर्वाचित प्रतिनिधि भेजे। पर्यटन उद्योग फिर से विकसित हुआ और वहाँ काफी हद तक शांति बहाल हो गई। इस कारण दो प्रक्रियाएँ पाकिस्तान की आशा के प्रतिकूल हुईं। पहला, अंतरराष्ट्रीय समुदाय ने कश्मीर मुद्दे में रुचि लेना बंद कर दिया। दूसरा, पाकिस्तान-प्रायोजित आतंकवादी आंदोलनों के लिए राज्य के युवकों की उपलब्धता समाप्त होने लगी, जिससे पाकिस्तान को आतंकवादी गतिविधियाँ जारी रखने के लिए अधिक विदेशी भाड़े के आतंकवादी भेजने पर मजबूर होना पड़ा। घाटी के आम लोग हिंसा और तनाव के वातावरण से थक गए थे। उनकी एकमात्र अभिलाषा थी कि किसी तरह सामान्य जनजीवन और आर्थिक गतिविधियाँ बहाल हों। उनका भारत और पाकिस्तान—दोनों से मोहभंग हो चुका था। इसी परिस्थिति में पाकिस्तान ने करगिल पर आक्रमण किया। यहीं पर पिछले भारत-पाक युद्धों के प्रति जनता की प्रतिक्रिया में विषमता बिलकुल स्पष्ट हो गई। औसत कश्मीरी भारत और पाकिस्तान की सेनाओं के बीच युद्ध से लापरवाह और उदासीन था, हालाँकि संघर्ष

के क्षेत्र में व्यक्तिगत हित के बारे में वह चिंतित था। बौद्ध बहुल लद्दाख के लोग और हिंदू बहुल जम्मू के लोग पाकिस्तानी आक्रमण और उसके परिणामों को लेकर आशंकित थे। एक प्रकार से उन्होंने युद्ध के प्रति भारतीय जनता की प्रतिक्रिया को ही अपनाया और आकस्मिक आक्रमण से भारत के चकित होने की आलोचना की।

कश्मीर घाटी में प्रतिक्रिया बिलकुल भिन्न थी। शुरुआती स्तरों पर पाकिस्तानी सैन्य घुसपैठ को उनके द्वारा इस तर्क के साथ सहयोग दिया गया कि पाकिस्तान का भारतीय सैन्य बल और राज्य में अधिकार क्षेत्र को सीधी चुनौती देना जमीनी वास्तविकताओं और जम्मू एवं कश्मीर विवाद के समाधान के राजनीतिक संदर्भ को बदल देगा। इस बात की भी उम्मीद की जा रही थी कि यदि पाकिस्तान अपनी स्थिति मजबूत करने में सफल हो गया तो तीसरे पक्ष, खासकर अमेरिका की मध्यस्थता के साथ नई युद्ध-विराम व्यवस्थाएँ की जाएँगी। आम जनता ने इसपर भी राहत और खुशी व्यक्त की कि करगिल में युद्ध ने घाटी में भारतीय सैन्य बलों और सुरक्षाकर्मियों की उपस्थिति कम कर दी है, जिसके कारण उन्हें निरीक्षण और सुरक्षा संबंधी गतिविधियों से आजादी मिल जाएगी। जब युद्ध में पाकिस्तानी सेनाओं की पराजय निश्चित हो गई और पाकिस्तान ने अपनी सेनाएँ हटाने का फैसला किया तो लोगों में कड़वाहट उत्पन्न हुई। इस प्रकार के प्रश्न किए जाने लगे कि यदि पाकिस्तान भारतीय सैन्य बलों के आगे टिक नहीं सकता था तो आक्रमण करने की जरूरत क्या थी, और वे जल्दबाजी में पराजय स्वीकार करके जम्मू एवं कश्मीर के लोगों के आत्मनिर्णय का कारण कमजोर क्यों कर रहे हैं? इस दृष्टिकोण में कड़वाहट व्यक्त होती है कि भारत और पाकिस्तान कश्मीर के लोगों को चारे की तरह इस्तेमाल कर रहे हैं। वे जम्मू एवं कश्मीर के लोगों के कल्याण के प्रति प्रतिबद्धता दिखाए बिना क्षेत्र हथियाने के लिए लड़ रहे हैं। अंतरराष्ट्रीय समुदाय द्वारा नियंत्रण रेखा के सम्मान के विषय में भारत के राजनीतिक दृष्टिकोण का समर्थन करने के कारण यह उम्मीद समाप्त हो गई कि पाकिस्तानी सैन्य काररवाई के परिणामस्वरूप अमेरिका व अन्य विदेशी शक्तियाँ मध्यस्थता के लिए तैयार हो जाएँगी। युद्ध की शुरुआत में पाकिस्तानी सरकार द्वारा अपनी भागीदारी और युद्ध में मारे गए तथा घायल हुए सैनिकों या आतंकवादियों की पहचान करने से इनकार ने लोगों का पाकिस्तान से मोहभंग कर दिया।

जुलाई 1999 तक सामान्य आकलन यह था कि पाकिस्तान और उसके समर्थक हिंसक तरीकों से अपने उद्देश्य को प्राप्त करने में सफल नहीं होंगे और करगिल की पराजय उन्हें जम्मू एवं कश्मीर को भारत से अलग करने के लिए कोई

बड़ा सैन्य या राजनीतिक कदम उठाने से रोकेगी। जम्मू एवं कश्मीर में मीडिया या आम जनता ने करगिल प्रकरण से किसी प्रकार का गहरा राजनीतिक या भावनात्मक जुड़ाव नहीं दरशाया। 'इंडियन एक्सप्रेस' के संवाददाता मुजमिल जलील ने घाटी में जन-प्रतिक्रिया को स्पष्ट करते हुए लिखा, 'घाटी के अधिकतर लोगों के लिए करगिल युद्ध उस खौफनाक हिंसा और यातना की एक हलकी, दूरस्थ और अप्रासंगिक प्रतिध्वनि थी, जो उन्होंने पिछले दशक के दौरान भोगा था। मई से जुलाई तक भारतीय समाचार-पत्र और चैनल पहाड़ों पर मारे गए या घायल हुए जवानों की बहादुरी के भावुक वर्णन से भरे थे, शहीद जवानों के शव उनके बिलखते परिजनों के पास, राष्ट्रव्यापी देशप्रेम के ज्वार के बीच पहुँचाए जा रहे थे; लेकिन सन् 1989 से घाटी में हिंसक घटनाओं में हुई हजारों मौतों के कारण कश्मीरी लोग इतने संवेदनशून्य हो चुके थे, और केवल सौ मील दूर हो रहे शक्ति-संघर्ष से इतने विरक्त थे कि उन्होंने शायद ही कोई प्रतिक्रिया व्यक्त की, जबकि लड़ाई पूरी तरह कश्मीर के नाम पर थी।'

यह उनकी लड़ाई नहीं थी

युद्ध से सबसे प्रत्यक्ष रूप से प्रभावित हुए करगिल के निवासियों की प्रतिक्रिया इसके विपरीत थी। वे सामान्यत: क्रोधित थे। पाकिस्तानी गोला-बारी से पूरे करगिल क्षेत्र में बड़े स्तर पर जान-माल की क्षति हुई। लगभग पच्चीस हजार लोग बेघर हो गए और क्षेत्र के बहुत से गाँवों को पूरी तरह खाली कराया गया, लेकिन युद्ध के दौरान उनके पुनर्वास की कोई विशेष व्यवस्था नहीं की गई। उन्होंने क्षेत्र में पाकिस्तानी गोलाबारी से हुए विनाश के संदर्भ में पाकिस्तानियों के साथ कश्मीर के मुसलमानों की भागीदारी पर भी सवाल उठाए। परिणामस्वरूप करगिल के निवासी भारतीय सैन्य काररवाई के समर्थक थे।

घाटी के लोगों की युद्ध के प्रति उदासीनता और पाकिस्तान की नाकामी पर निराशा के बावजूद वे युद्ध के बाद की अवधि में जम्मू एवं कश्मीर में आतंकवादी गतिविधियों की वृद्धि के बारे में सोचकर चिंतित थे। पाकिस्तान राज्य में लगभग पंद्रह सौ आतंकवादियों की घुसपैठ कराने में सफल हो गया था, जिनमें से अधिकतर लश्कर-ए-तोयबा और हरकत-उल-अंसार से संबंधित थे। इन संगठनों के मुख्यालय पाकिस्तान में स्थित थे और इनमें मुख्यत: भाड़े के आतंकवादी शामिल थे, जो अफगानों और उत्तर-पश्चिमी सीमा-क्षेत्र के पठानों के अलावा दूर के देशों, जैसे—सोमालिया, चेचेन्या, लीबिया, अल्जीरिया और सूडान के निवासी थे।

पाकिस्तान में प्रतिक्रिया

इस अध्याय को समाप्त करने से पूर्व करगिल प्रकरण के बाद पाकिस्तान में राजनीतिक गतिविधियों के संदर्भ में वहाँ की प्रतिक्रिया के बारे में जानना आवश्यक है। पाकिस्तान द्वारा उत्पन्न और पाकिस्तान सरकार के सहयोग से भारत-विरोधी गतिविधियाँ चला रहे सभी आतंकवादी संगठन पाकिस्तानी सैनिकों के पीछे हटने के खिलाफ थे। लश्कर-ए-तोयबा, हरकत-उल-अंसार और बाद में हरकत-उल-मुजाहिदीन की पाकिस्तानी शाखाएँ व अल बद्र मुजाहिदीन ने पंजाब, उत्तर-पश्चिमी सीमा-प्रांत और दक्षिण-पूर्वी बलूचिस्तान में सार्वजनिक सभाएँ और रैलियाँ करके पाकिस्तान सरकार के इस निर्णय के खिलाफ आवाज उठाई। बाहरी दबाव के आगे झुकने के लिए नवाज शरीफ को दोषी ठहराया गया। उनपर यह भी आरोप लगाया गया कि उन्होंने पाकिस्तान सैन्य उच्च कमांड की यह सलाह अनसुनी कर दी कि सेना को नियंत्रण रेखा के पार अपनी स्थितियों पर जमे रहना चाहिए। पाकिस्तानी हुर्रियत कॉन्फ्रेंस के महासचिव गुलाम मुहम्मद शफी और मरकज-दवा-उल-इरशाद के नेता अली हमजा ने दृढ़तापूर्वक यह कहा कि करगिल में विजय के क्षणों में अमेरिका ने पाकिस्तान को धोखा दिया है और पाकिस्तान के प्रधानमंत्री अंतरराष्ट्रीय षड्यंत्रों के शिकार हैं। हरकत-उल-अंसार के प्रो. हाफिज मुहम्मद सईद ने कहा कि सैनिकों को हटाना जरूरी नहीं था। उसने इस बात पर बल दिया कि कश्मीर में जेहाद जारी रहना चाहिए। मुजाहिदीनों का लक्ष्य मात्र श्रीनगर नहीं, बल्कि लद्दाख, डोडा और अन्य स्थान भी होने चाहिए। इस बात की सूचनाएँ हैं कि जब भारत का जवाबी आक्रमण पूरी तेजी पर आ गया तो पाकिस्तानी सैन्य बल मुख्यालयों में कुछ सुझाव उभरे कि पाकिस्तान को नियंत्रण रेखा से पीछे हट जाना चाहिए। इन मुख्यालयों में यह आकलन किया गया कि यदि पाकिस्तान भारतीय क्षेत्र में कुछ स्थानों पर अपनी स्थिति अस्थायी रूप से मजबूत कर लेता है तो भी अंतरराष्ट्रीय राजनीतिक दबाव के कारण उसे नियंत्रण रेखा से पीछे हटना ही होगा। यह सुझाव भी दिया गया था कि पाकिस्तान को यह कहना चाहिए कि करगिल क्षेत्र में सक्रिय मुजाहिदीनों के खिलाफ काररवाई करते हुए जब भारतीय सेना ने नियंत्रण रेखा का उल्लंघन किया तो पाकिस्तान मुजाहिदीनों की सहायता के लिए वहाँ गया। इसी प्रक्रिया में पाकिस्तान ने नियंत्रण रेखा पार की और भारतीय बलों को सबक सिखाकर अब शांति और स्थिरता की स्थापना के लिए अपनी इच्छा से पीछे हट रहे हैं।

इस सुझाव को लागू न करने के पीछे दो कारण थे। पहला, भारतीय सेना का

जवाबी आक्रमण कठिन भौगोलिक परिस्थितियों के बावजूद दृढ़, निर्णायक और तेज था। पाकिस्तानी बलों को समूहों में एकत्र होकर स्वैच्छिक वापसी घोषित करने का पर्याप्त समय नहीं दिया गया। भारतीय सैन्य दबाव निरंतर बना हुआ था और उसके फलस्वरूप पाकिस्तानियों के पीछे हटने की प्रक्रिया जारी थी। दूसरा कारण यह था कि न तो जनरल परवेज मुशर्रफ और न ही नवाज शरीफ स्वैच्छिक और एकपक्षीय वापसी घोषित करने के बाद आलोचनाओं को झेलने का साहस रखते थे, चाहे वे उसके पक्ष में कोई भी स्पष्टीकरण दें।

पाकिस्तान के राजनीतिक विश्लेषक और रिटायर्ड सैन्य व प्रशासनिक अधिकारी यह महसूस करते थे कि करगिल में पाकिस्तान के सैन्य अभियान में नैतिक या राजनीतिक दृष्टिकोण से कुछ भी गलत नहीं था। उनके अनुसार, पाकिस्तान के पास यह स्पष्टीकरण था कि मुसलमानों को लेकर महाराजा हरिसिंह के पूर्वाग्रह और भारत सरकार, शेख अब्दुल्ला व हरिसिंह के बीच आपसी षड्यंत्र के कारण कश्मीर को गलत तरीके से भारत में शामिल किया गया। इसलिए पाकिस्तान कश्मीर मुद्दे पर खुद को पीड़ित महसूस करता है। इस विचारधारा के अनुसार न भारत और न ही अंतरराष्ट्रीय समुदाय ने पाकिस्तान की पीड़ा के कारण को दूर करने का प्रयास किया है। इसलिए पाकिस्तान को खुद कदम उठाने और चुनौतीपूर्ण नीतियाँ अपनाने का अधिकार है। करगिल आक्रमण को न्यायोचित ठहराने का सबसे दिलचस्प प्रयास शरीफ सरकार में सूचना और प्रसारण मंत्री मुशाहिद हुसैन की टिप्पणियों और बयानों में नजर आता है। जब मैं पाकिस्तान में उच्चायुक्त था तो वे मेरे मित्र बन गए थे। उस समय वे एक वरिष्ठ पत्रकार थे। मुशाहिद को पाकिस्तान की पहचान से संबंधित खतरों का गंभीर एहसास है। वे 'दो राष्ट्र' के सिद्धांत और पाकिस्तान के अस्तित्व को निर्धारित करनेवाले अनुवर्ती सैद्धांतिक संदर्भों के प्रति भी पूरी तरह प्रतिबद्ध हैं। सन् 1999 के दूसरे अर्द्धभाग में व्यक्त किए गए उनके विचारों से नवाज शरीफ और पाकिस्तानी सैन्य उच्च कमांड द्वारा कश्मीर पर जनता की प्रवृत्ति को जानने के तरीके के बारे में कुछ संकेत मिलते हैं, जिसके बाद पाकिस्तान ने कश्मीर में अपने दुस्साहस का बीड़ा उठाया।

ये विचार इन बिंदुओं पर आधारित हैं—पाकिस्तान के पास कश्मीर को अपना अंग बनाने का नैतिक और राजनीतिक अधिकार है; भारतीय जम्मू एवं कश्मीर में आतंकवादियों को सहयोग देने से पाकिस्तानी जनता को इस बात का विश्वास हो गया है कि कश्मीर मुद्दे का पाकिस्तान के लिए स्वीकारणीय राजनीतिक समाधान तब तक प्राप्त नहीं हो सकता जब तक जम्मू एवं कश्मीर में मूल परिस्थितियों

में परिवर्तन नहीं किया जाता। इसके लिए जम्मू एवं कश्मीर में भारत सरकार के अधिकार-क्षेत्र को कमजोर करके भारतीय सुरक्षा बलों की स्थिति को अरक्षणीय बनाना होगा; कश्मीर पर भारत का पाकिस्तान से किसी प्रकार की बातचीत करने से इनकार ने पाकिस्तान को करगिल में घुसपैठ के लिए प्रेरित किया। जब तक भारत पाकिस्तान को मंजूर किसी समझौते के लिए राजी नहीं होता, करगिल जैसी स्थितियाँ पैदा होती रहेंगी।

न तो सरकार और न ही सैन्य उच्च कमांड ने करगिल अभियान द्वारा जम्मू एवं कश्मीर को भारत से आजाद करने की उम्मीद की थी। करगिल अभियान के पीछे पाकिस्तान के तीन उद्देश्य थे। पहला, जम्मू एवं कश्मीर पर अंतरराष्ट्रीय समुदाय का ध्यान पुनः आकर्षित करना, जो भारतीय नीतियों के कारण कम होता जा रहा था। दूसरा, कश्मीर घाटी के लोगों को यह संकेत देना कि पाकिस्तान कश्मीरी अलगाववादियों को सक्रिय सहयोग देना जारी रखेगा। तीसरा, भारतीय सेनाओं का आत्मविश्वास तोड़ना और यह दिखाना कि पाकिस्तान लद्दाख और सियाचिन के लिए रणनीतिक रूप से गंभीर खतरे उत्पन्न करने में समर्थ है।

मुशाहिद हुसैन और उनके सहयोगियों द्वारा निकाला गया निष्कर्ष यह है कि पाकिस्तान अपनी सेनाओं की अपमानजनक वापसी के बावजूद अपने तीनों उद्देश्यों को प्राप्त करने में सफल रहा। यह भी महसूस किया गया कि पाकिस्तान ने सैन्य बलों का सहारा इसलिए लिया, क्योंकि पाकिस्तानी जनता और पाकिस्तान सरकार को यह विश्वास होता जा रहा था कि भारत के साथ किसी समझौता-वार्त्ता द्वारा कश्मीर मुद्दे के समाधान की कोई उम्मीद नहीं है। दिलचस्प है कि वाजपेयी और शरीफ के बीच लाहौर बैठक के नतीजों के बारे में एक टिप्पणी यह है कि यह भारत का एक कृत्रिम प्रयास और पाकिस्तान की कश्मीर नीति तथा सामान्य सुरक्षा को कमजोर करने के लिए किया गया राजनीतिक प्रयास था। इसलिए करगिल प्रयास निराशा में उठाया गया कदम था।

बहरहाल, इस बारे में आम सहमति थी कि पाकिस्तान की करगिल कारवाई एक अस्थायी और कुनियोजित प्रयास था, जिसमें इस सैन्य प्रयास के दीर्घकालीन परिणामों पर विचार नहीं किया गया। कुछ सेवानिवृत्त प्रशासनिक और सैन्य अधिकारियों, जैसे—पूर्व विदेश सचिव तनवीर अहमद खान और आई.एस.आई. के एक पूर्व प्रमुख ले. जनरल तलत मसूद का यह मानना था कि करगिल प्रकरण के दौरान राजनीतिक और सैन्य उच्च कमांड के बीच समन्वय तथा एकीकृत योजना निर्माण का अभाव था।

पाकिस्तान में आम धारणा यह थी कि पाकिस्तानी सेनाओं को भारतीय सैन्य बल से पराजय के कारण नहीं, बल्कि अमेरिकी दबाव के कारण मैदान छोड़ना पड़ा। अमेरिकी सैन्य बल के कमांडिंग ऑफिसर जनरल जिन्नी के नवाज शरीफ व जनरल परवेज मुशर्रफ के साथ हुए विचार-विमर्श को पाकिस्तानी रणनीतिक समुदाय में आलोचना का शिकार बनना पड़ा। यह माना गया कि युद्ध के अंत और पाकिस्तानी सेनाओं की वापसी के लिए अमेरिका द्वारा बनाए गए राजनीतिक दबाव में जिन्नी ने सैन्य और रक्षा सहयोग का आयाम जोड़ा। इस बारे में भारत में अटकलें लगाई जा रही थीं कि क्या पाकिस्तानी सैन्य उच्च कमांड ने वाकई पाकिस्तान के राजनीतिक नेतृत्व को करगिल योजना के बारे में सूचित किया था? आम धारणा यह थी कि सन् 1998 के अंत से शरीफ सरकार को करगिल सैन्य अभियान के बारे में पूरी तरह विश्वास में ले लिया गया था। शरीफ ने एटॉक जेल में जून 2000 में दिए गए अपने बयानों में इसका खंडन किया है; लेकिन कहानी में इस मोड़ के विषय में और अधिक चर्चा बाद में होगी। बहरहाल, पाकिस्तान के वरिष्ठ राजनीतिक और सैन्य शख्सीयतों ने स्वीकार किया है कि करगिल की तरह एक विशाल स्तरीय अभियान कैबिनेट की स्वीकृति के बिना नहीं शुरू किया जा सकता है, भले ही यह स्वीकृति किसी भी परिस्थिति में हासिल की गई हो।

भारत और विदेशों में अटकलों का एक और विषय यह था कि क्या करगिल की योजना सन् 1990 के मध्य से ही बनाई जा रही थी? पाकिस्तान के पूर्व थलसेनाध्यक्ष जनरल मिर्जा असलम बेग ने कहा कि करगिल की तरह युद्धनीति जम्मू एवं कश्मीर के लिए पाकिस्तानी रणनीतिक योजना का हिस्सा हो सकती थी, लेकिन इस प्रकार की कोई निश्चित योजना नहीं थी। एक और पूर्व थलसेनाध्यक्ष जनरल जहाँगीर करामत ने स्पष्ट रूप से इनकार किया है कि जनरल आरिफ नवाज जनूजा की सेवानिवृत्ति के बाद उनके शासन के दौरान ऐसी कोई योजना थी। पाकिस्तान के इसलामपसंद दल और विभिन्न मुजाहिदीन समूह पाकिस्तानी सेनाओं की वापसी से सबसे अधिक क्षुब्ध थे। उन्होंने यह भी महसूस किया कि भारतीय सैन्य बलों द्वारा युद्ध में पाकिस्तानी सैनिकों के शामिल होने के प्रमाणों को प्रचार देने के बाद ही अपनी भागीदारी स्वीकार करने की बजाय पाकिस्तान सरकार को शुरुआत में ही इस तथ्य से इनकार नहीं करना चाहिए था। इन कट्टरपंथी इसलामी दलों और मुजाहिदीनों ने जम्मू एवं कश्मीर में जेहाद के रूप में अपना हिंसक अभियान जारी रखने का संकल्प स्पष्ट रूप से घोषित किया है, जो उसके उद्‌देश्यों की प्राप्ति तक समाप्त नहीं हो सकता। उन्होंने यह भी कहा कि हालाँकि पाकिस्तान

सरकार ने नियंत्रण रेखा को लेकर कुछ वादे किए हैं, वे जम्मू एवं कश्मीर में अपनी गतिविधियाँ न केवल जारी रखना चाहते हैं, बल्कि उनमें वृद्धि करना चाहते हैं। जनरल परवेज मुशर्रफ ने ऐसी उम्मीदों को पूरा करने के विषय में संकेत दिए हैं। एक अमेरिकी समाचार-पत्र में 24 जून, 2000 को दिए एक साक्षात्कार में उन्होंने जेहाद को भी न्यायोचित ठहराते हुए कहा है कि यह एक आतंकवादी और हिंसक आंदोलन नहीं है। यह एक 'उदार धारणा' है, जिसमें मुसलमानों की सुरक्षा और गरिमा की रक्षा के लिए इसलाम के प्रति धार्मिक, राजनीतिक और सामाजिक प्रतिबद्धता शामिल होती है।

सत्ता छीने जाने तक नवाज शरीफ इनमें से बहुत सी धारणाओं और स्थापनाओं से सहमत थे। जून में उनके इस बयान कि सैन्य कारवाई से पूर्व उन्हें सूचित नहीं किया गया और उनसे परामर्श नहीं लिया गया, की जाँच के लिए पाकिस्तान में सैन्य बलों और राजनीतिक सत्ता-संरचना के बीच अंतर्संबंध के बारे में जानना और वहाँ की कश्मीर नीति में अधिक महत्त्वपूर्ण तत्त्वों को समझना आवश्यक है।

मई 1999 के अंत में रक्षा मंत्री जॉर्ज फर्नांडीस ने सार्वजनिक रूप से यह टिप्पणी की कि करगिल पर आक्रमण पाकिस्तानी सैन्य बलों का एक षड्यंत्रपूर्ण दुस्साहस था और शायद प्रधानमंत्री शरीफ को पहले से सूचित नहीं किया गया था। इस अनुमान का तथ्यात्मक आधार स्पष्ट नहीं था, हालाँकि इसके उद्देश्यों के बारे में कल्पना की जा सकती है। संभवत: फर्नांडीस ने यह उम्मीद की थी कि उनकी टिप्पणी से शरीफ को पाकिस्तान के सैन्य कमांड से खुद को अलग करने का एक मौका मिलेगा और वह जनरल मुशर्रफ पर दबाव डालकर नियंत्रण रेखा से पाकिस्तानी सैनिकों की तुरंत वापसी सुनिश्चित करेंगे। जबकि भारतीय सेनाएँ पाकिस्तानी बलों के खिलाफ जवाबी आक्रमण में जुटी थीं, यह टिप्पणी करने के लिए फर्नांडीस की आलोचना की गई। पाकिस्तान के प्रधानमंत्री को निर्दोष करार देने का उनका प्रयास तथ्यात्मक रूप से गलत और भारतीय सेनाओं के मनोबल के लिए नुकसानदायक माना गया। पाकिस्तानी विश्लेषकों ने रक्षा मंत्री फर्नांडीस के बयान को पाकिस्तानी सरकार में दरार उत्पन्न करने का प्रयास मानते हुए खारिज कर दिया। मजबूत हो रहे लोकतंत्र में पाकिस्तानी सेनाओं का निर्वाचित सरकार से स्वतंत्र होकर काम करने की संभावना पर क्रुद्ध प्रतिक्रिया व्यक्त की गई। चाहे जो हो, शरीफ करगिल संघर्ष और उसके बाद की घटनाओं में न सिर्फ जून और जुलाई के दौरान शामिल रहे, बल्कि अक्तूबर 1999 तक सम्मिलित रहे, जब उन्हें जनरल परवेज मुशर्रफ द्वारा सैन्य विद्रोह में सत्ता से बाहर कर दिया गया।

करगिल युद्ध के लगभग एक वर्ष बाद नवाज शरीफ ने इन अटकलों की पुष्टि की कि पाकिस्तानी सेना ने उनकी सरकार को विश्वास में लिये बिना काररवाई की थी। इससे पूर्व जून में कई बयानों में शरीफ ने दावा किया था कि पाकिस्तानी सैन्य बलों ने उन्हें न तो सूचित किया और न ही करगिल पर आक्रमण करने से पहले उनसे परामर्श लिया। शरीफ ने ये बयान एटॉक, लाहौर और कराची में दिए, जहाँ उन्हें बंदी बनाया गया और सुनवाई के लिए ले जाया गया। उनके बयानों से निम्नलिखित निष्कर्ष निकलते हैं—

(1) सन् 1998 के अंत से ही पाकिस्तानी सैन्य मुख्यालयों में करगिल में घुसपैठ करने की योजना बनाई जा रही थी। (2) पाकिस्तानी सैन्य मुख्यालयों ने उन्हें इन योजनाओं के बारे में कोई भी सूचना नहीं दी और न ही सैन्य संघर्ष शुरू करने से पहले उनसे परामर्श किया। (3) परवेज मुशर्रफ द्वारा तैयार की गई करगिल आक्रमण की योजनाओं के बारे में यदि उन्हें जानकारी होती तो वे प्रधानमंत्री के रूप में उसे स्वीकृति नहीं देते या यदि वे इसे रोक पाने में सफल नहीं होते तो फरवरी 1999 में प्रधानमंत्री वाजपेयी से मिलने के लिए तैयार नहीं होते। (4) लाहौर बैठक के लिए जाते समय उन्हें करगिल योजना का आभास नहीं था और वे कश्मीर मुद्दे व भारत-पाकिस्तान के संबंधों को प्रभावित करनेवाली अन्य समस्याओं को सुलझाने के लिए भारत के साथ ठोस बातचीत कायम रखने की उम्मीद कर रहे थे। (5) उन्हें सैन्य अभियान के बारे में अप्रैल के उत्तरार्द्ध में ही पता चला, जब नियंत्रण रेखा पर सैन्य घुसपैठ शुरू की जा चुकी थी।

शरीफ का आखिरी आरोप यह था कि मुशर्रफ ने ही पाकिस्तान को ऐसे दुस्साहस में भागीदार बनाया, जिसमें पाकिस्तानी सेनाओं को हार का मुँह देखना पड़ा और कश्मीर मुद्दे पर पाकिस्तान की विश्वसनीयता को नुकसान पहुँचा। शरीफ ने पाकिस्तान की सैन्य पराजय और राजनीतिक शर्मिंदगी के लिए मुशर्रफ को जिम्मेदार ठहराया। उन्होंने बाद में मुशर्रफ पर इस बड़ी सैन्य काररवाई को अंतिम रूप देने से पहले पाकिस्तानी सैन्य उच्च कमांड, पाकिस्तानी सैन्य बलों के कॉर्प कमांडरों, पाकिस्तानी सैन्य मुख्यालयों के मुख्य स्टाफ ऑफिसरों और सेना के सर्वोच्च अंग से परामर्श न करने का आरोप लगाया।

शरीफ ने दावा किया कि उनकी सरकार ने पाकिस्तान सरकार में विभाजन टालने के लिए मुशर्रफ की योजनाओं का साथ देने का निर्णय किया। जब पाकिस्तानी सैन्य बल पराजय का सामना कर रहे थे, तभी उन्होंने अमेरिका और चीन के परामर्श से समझौता करने का फैसला किया, ताकि पाकिस्तान को इस सैन्य अभियान

के दलदल से निकाला जा सके। शरीफ ने राष्ट्रपति बिल क्लिंटन के साथ अपनी बातचीत और पाकिस्तानी सेना को नियंत्रण रेखा से वापस बुलाने के निर्णय को उचित ठहराते हुए कहा कि यह पाकिस्तान की राष्ट्रीय सुरक्षा और क्षेत्रीय एकता, जिसमें उत्तरी क्षेत्र और पाक-अधिकृत कश्मीर पर पाकिस्तान का अधिकार-क्षेत्र शामिल हैं, के लिए यह कदम आवश्यक था। उन्होंने आखिर में एक दिलचस्प टिप्पणी की कि पाकिस्तानी सेना को अमेरिका के सहयोग से करगिल संकट से निकालने का अनुरोध मुशर्रफ ने खुद उनसे किया था। नवाज शरीफ ने इसलाम-पसंद दलों और मुशर्रफ द्वारा उनपर करगिल में पाकिस्तान के हितों और विश्वसनीयता से समझौता करने के आरोपों को, अवास्तविकउग्रवाद और सैन्य बलों की विफलता का उत्तरदायित्व सरकार पर डालने का एक प्रयास बताया।

नवाज शरीफ द्वारा खुद को सही ठहराने के इस प्रयास के कुछ स्पष्ट उद्देश्य थे। पहला और सबसे महत्त्वपूर्ण उद्देश्य पाकिस्तानी जनता में एक शांति व स्थिरता के समर्थक के रूप में अपनी विश्वसनीयता को वापस पाना था तथा दूसरा, वे घरेलू राजनीतिक समूहों को यह संदेश देना चाहते थे कि लगभग एक दशक से पाकिस्तान में लोकतंत्र की पुनर्स्थापना के बाद भी पाकिस्तानी सैन्य बल संवैधानिक आवश्यकताओं, संस्थागत परामर्शों या पाकिस्तान की आम जनता के हितों के प्रति किसी प्रकार की संवेदनशीलता दिखाए बिना अपने अलग एजेंडे पर चलते हैं। शरीफ के अनुसार अक्तूबर 1999 में मुशर्रफ का सैन्य विद्रोह कश्मीर पर उनकी आक्रामक नीतियों का शरीफ द्वारा विरोध किए जाने का परिणाम था। चौथा, उन्होंने मुशर्रफ को एक ऐसे सैन्य प्रमुख के रूप में पेश किया, जो एक बड़ी सैन्य काररवाई शुरू करने से पहले अपने वरिष्ठ सैन्य सहयोगियों और कॉर्प कमांडरों को भी विश्वास में लेना उचित नहीं समझता। शरीफ के इस प्रयास का एक और उद्देश्य विश्व की बड़ी शक्तियों को यह संदेश देना था कि पाकिस्तान में राजनीतिक दल और जनता की इच्छा कश्मीर व अन्य विचाराधीन मुद्दों पर भारत के साथ शांतिपूर्ण तथा ठोस बातचीत करने की है, परंतु सैन्य प्रतिष्ठान हमेशा इन प्रयासों में विघ्न डालता रहा है। इस हद तक कि वह लोकतांत्रिक ढंग से निर्वाचित सरकार को भी सत्ता से बाहर कर सकता है।

पाकिस्तान के गैरसरकारी राजनीतिक और रणनीतिक समुदाय ने शरीफ के इस स्पष्टीकरण को स्वीकार नहीं किया। उन्होंने यह सामान्य मत व्यक्त किया कि जब तक शरीफ अपने दावों के पक्ष में ठोस सबूत पेश नहीं करते, यह उस संवेदनशील कानूनी और राजनीतिक परिस्थिति से बचने का एक प्रयास माना

जाएगा, जिसका सामना वह कर रहे हैं। पाकिस्तानी जनता ने भी उनके राजनीतिक दल 'पाकिस्तान मुसलिम लीग' का बहिष्कार करते हुए उनके आकलन को स्वीकार नहीं किया।

भारत-पाकिस्तान संबंधों के संदर्भ में दो अन्य घटनाओं के प्रति जनता की प्रतिक्रिया भी बहुत महत्त्वपूर्ण है। ये हैं अगस्त 1999 में सिंध और गुजरात के बीच सर क्रीक बॉर्डर पर पाकिस्तानी टोही विमान को मार गिराना और इंडियन एयरलाइंस के विमान का अपहरण करके काठमांडू से कंधार ले जाना। पाकिस्तानी विमान को मार गिराने और उसमें मौजूद बाईस पाकिस्तानी सैन्य अधिकारियों की मौत के बारे में स्वाभाविक रूप से दुःख प्रकट किया गया। भारत के खिलाफ पाकिस्तान सरकार के आरोपों को पाकिस्तानी जनता ने पूरी तरह से स्वीकार नहीं किया। इस बारे में सवाल उठाए गए कि करगिल युद्ध के फौरन बाद खासकर जब भारत युद्ध के जोश में था, पाकिस्तानी वायुसेना को ऐसी टोही कारवाई करने की क्या आवश्यकता थी? यह मत व्यक्त किया गया कि यदि पाकिस्तान का स्पष्टीकरण उचित था तो भी उस समय ऐसी गतिविधियों की क्या आवश्यकता थी, जब पाकिस्तान की अंतरराष्ट्रीय विश्वसनीयता कम थी और भारत द्वारा निर्णायक सैन्य प्रतिक्रिया की पूरी उम्मीद थी?

संभवतः इस आलोचना को समाप्त करने के लिए पाकिस्तान सरकार इस मामले को हेग में इंटरनेशनल कोर्ट ऑफ जस्टिस (आई.सी.जे.) में ले गई। भारत ने इस मुद्दे पर आई.सी.जे. के न्यायक्षेत्र पर सवाल उठाया। आई.सी.जे. ने जून 2000 में भारत के पक्ष को माना और समर्थन किया, जिसने पाकिस्तान सरकार के लिए और भी शर्मिंदगी उत्पन्न की। एक पाकिस्तानी मित्र ने अपने दिल्ली भ्रमण के दौरान आई.सी.जे. के निर्णय और करगिल संघर्ष के पर्दाफाश पर प्रतिक्रिया व्यक्त करते हुए उन्नीसवीं शताब्दी के उर्दू शायर जौक का एक शेर उद्धृत किया—

कम होंगे इस बिसात में हम जैसे बदकमार
जो चाल हम चले सो निहायत बुरी चले।

जहाँ तक दिसंबर 1999 में भारतीय विमान के अपहरण का मामला था, पाकिस्तानी जनता चिंतित और तटस्थ थी। चिंता इस बात की थी कि यदि विमान पाकिस्तान में रहा तो पाकिस्तान फिर से एक विवाद में फँस सकता है और अंतरराष्ट्रीय समुदाय बढ़ते आतंकवाद-विरोधी वातावरण में भारत का समर्थन करेगा। तटस्थता इसलिए थी कि अक्तूबर 1999 में आई नई सैन्य सत्ता से सामंजस्य

बिठाने के मध्य में इस घटना को प्रासंगिक और आई.एस.आई. द्वारा आतंकवादी समूहों को दिए जा रहे समर्थन का हिस्सा माना गया। सिर्फ पाकिस्तान के चरमपंथी इसलामी दलों और आतंकवादी समूहों ने ही इस अपहरण की घटना का समर्थन किया। जब अपहृत विमान लाहौर से उड़ गया और आखिर में अफगानिस्तान पहुँचा, तब पाकिस्तान की आम जनता ने राहत की साँस ली। हालाँकि इस बात के लिए कुछ चिंता जताई जा रही थी कि पाकिस्तान और तालिबान के बीच के संपर्कों के कारण इस अपहरण के लिए पाकिस्तान भी अंतरराष्ट्रीय आलोचना का शिकार हो सकता है। अपहरणकर्ताओं का पाकिस्तान आना और भारत द्वारा छोड़े गए आतंकवादी मसूद अजहर का पाकिस्तान में रहकर धूमधाम से शादी रचाना मामले को और उलझा गया। कुल मिलाकर मई 1999 और जून 2000 के बीच घटित संवेदनशील घटनाओं पर पाकिस्तानी प्रतिक्रिया को इस प्रकार समझा जा सकता है—

(1) करगिल युद्ध और उपर्युक्त दोनों घटनाएँ कश्मीर पर पाकिस्तान के पक्ष की उपयुक्तता और भारत द्वारा किसी समझौते पर बातचीत से इनकार करने के कारण पाकिस्तान द्वारा टाली नहीं जा सकती थीं। (पाकिस्तानी नज़रिए से)

(2) करगिल की विफलता दुःखद है, परंतु सेना की गलत गणनाओं, गलत राजनीतिक अनुमानों और पाकिस्तानी सरकार में समन्वय की कमी के कारण ऐसा हुआ।

(3) यह पराजय इसलिए भी हाथ लगी, क्योंकि अंतरराष्ट्रीय जनमत पाकिस्तान के खिलाफ करने में भारत किसी तरह सफल हो गया और अमेरिका को पाकिस्तान पर दबाव डालने के लिए तैयार कर लिया।

(4) जम्मू एवं कश्मीर में अलगाववादी गतिविधियों को समर्थन जारी रहना चाहिए, लेकिन वह सुनियोजित होना चाहिए।

(5) आकस्मिक और विस्तृत सैन्य अभियान से बचना चाहिए। भारत पर धीमा, निरंतर और बढ़ता दबाव बनाए रखना चाहिए।

(6) करगिल काररवाई पर कोई पछतावा नहीं जताया गया। जनता के मत और पाकिस्तानी प्रतिष्ठान में पछतावा सिर्फ उसकी विफलता को लेकर है।

(7) यह बात स्वीकार नहीं की जा रही है कि सन् 1948 से कश्मीर में पाकिस्तान की बार-बार विफलताओं के बावजूद विभाजन की सैद्धांतिक जटिलताओं में न उलझते हुए ठोस वास्तविकताओं के आधार पर सहमत होकर समाधान निकाला जा सकता है।

इस निराशाजनक निष्कर्ष से बचा नहीं जा सकता कि भारत और पाकिस्तान दोनों ही अड़ियल मानसिकता से ग्रस्त हैं। संक्षिप्त टिप्पणी के रूप में यह उल्लेख भी किया जा सकता है कि करगिल युद्ध के दौरान नियंत्रण रेखा के पाकिस्तानी ओर भी सामान्य लोग कम प्रभावित नहीं हुए। मीडिया रिपोर्टों, खासकर विदेशी संवाददाताओं की रिपोर्टों ने इस बात को उभारा कि पाक अधिकृत कश्मीर और उत्तरी क्षेत्र की आम जनता में अधिक दु:ख तथा क्रोध का माहौल है जिनके जीवन व परिवार इस अनावश्यक सैन्य अभियान से प्रभावित हुए।

□

: अध्याय 4 :

शत्रुता की शुरुआत

एक विचारधारा के अनुसार, भारत-पाकिस्तान की दुश्मनी की जड़ें भारत में मुसलमानों में निहित हैं, जिन्होंने यूरोपीय औपनिवेशिक शक्तियों के आगमन से पहले लगभग एक हजार वर्ष तक इस देश पर शासन किया। इसका आशय यह है कि भारत के मुसलमान अन्य विदेशी ताकतों, जैसे—फ्रेंच या ब्रिटिश हुकूमत स्वीकार करने के लिए तैयार थे, लेकिन औपनिवेशिक शासन से स्वतंत्र भारत के हिंदुओं द्वारा शासन किए जाने की संभावना उन्हें स्वीकार्य नहीं थी। एक अन्य विचारधारा के अनुसार, भारतीय जन समाज द्वारा स्वीकृत किया गया हिंदू-मुसलिम समन्वय (क्योंकि मुसलमान शासक भारत को घर मानते हुए यहीं बस गए), सन् 1658 से 1707 की अवधि में औरंगजेब के शासनकाल की चरमपंथी इसलामी रूढ़िवाद के कारण बिखर गया। इस बारे में कल्पनाएँ की जाती रही हैं कि यदि औरंगजेब, जिसने अपने बड़े भाई को मारकर सिंहासन हासिल किया, की बजाय शाहजहाँ का बड़ा बेटा दारा शिकोह बादशाह बनता तो नतीजे क्या होते। इतिहासकारों का मानना है कि दारा शिकोह अपने परदादा अकबर द्वारा शुरू की गई तथा बहुत हद तक जहाँगीर द्वारा अनुसरित शासन-पद्धति को जारी रखता। इन कल्पनाकारों के अनुसार, औरंगजेब के समय से चली आ रही मुसलिम दावेदारी और हिंदू विद्वेष ने हिंदू-मुसलिम शत्रुता को जन्म दिया।

हिंदू-मुसलिम तनाव के बारे में एक तीसरी कल्पना अठारहवीं शताब्दी के ब्रिटिश शासन से लेकर आजादी पाने तक सक्रिय राजनीतिक शक्तियों को इसका कारण बताती है। यह विचारधारा हिंदू-मुसलिम शत्रुता के पीछे यह मानती है कि अंग्रेजों ने बहुत हद तक राजनीतिक शक्ति देश के विभिन्न भागों में मुसलिम

शासकों से छीनी थी। इसके परिणामस्वरूप ब्रिटिश शासन के आरंभिक काल में मुसलमानों से उपेक्षित और भेदभाव भरा व्यवहार किया गया, जबकि हिंदुओं को प्रशासन के निचले स्तर तक में भाग लेने और फिर आर्थिक तथा व्यावसायिक गतिविधियों में शामिल होने के अवसर प्रदान किए गए। इससे बीसवीं शताब्दी के पहले दशक तक हिंदू ब्रिटिश शासन के संपन्न और प्रगतिशील हिस्सेदार बनने में सफल हुए, जबकि कभी भारत के शासक रहे मुसलमान अपेक्षाकृत एक पिछड़े और राजनीतिक रूप से शक्तिहीन समुदाय बन गए।

एक दृष्टिकोण यह भी है कि भारतीय राजनीति की मुख्यधारा, जो अपने शुरुआती दौर में शहरीकृत अंग्रेजी-शिक्षित मध्य वर्ग के नेतृत्व में थी, धार्मिक या सांप्रदायिक पूर्वाग्रहों से रहित थी; लेकिन बीसवीं शताब्दी के दूसरे दशक में धार्मिक मसले पुनर्जीवित हो गए, जो हिंदू-मुसलिम द्वेष, विभाजन और भारत व पाकिस्तान के निर्माण का कारण बने।

इन सभी कल्पनाओं में सत्यता के तत्त्व हैं। ये कारक लगभग ढाई सौ सालों से फैल रहे हैं और किसी-न-किसी कारण से भारत तथा पाकिस्तान के बीच शत्रुता की उत्पत्ति में सहायक रहे हैं। सत्रहवीं शताब्दी से उन्नीसवीं शताब्दी के मध्य तक हिंदुओं और मुसलमानों के बीच दुश्मनी के विषय में पर्याप्त विश्लेषण उपलब्ध हैं। इसलिए हमें अपना ध्यान हिंदू-मुसलिम तनाव और उसके परिणामस्वरूप भारत-पाकिस्तान शत्रुता की उत्पत्ति के अपेक्षाकृत अधिक नवीन कारणों पर केंद्रित करना चाहिए।

भारत और पाकिस्तान के बीच विरोध को समझने के लिए सन् 1857 के विद्रोह के बाद भारत का राजनीतिक इतिहास एक समीपी संदर्भ-बिंदु हो सकता है। यह विश्लेषण सामान्य प्रकृति का होगा, जहाँ बीसवीं शताब्दी की शुरुआत से घटनाओं और राजनीतिक प्रवृत्तियों के अधिक विस्तृत आकलन की आवश्यकता होगी।

ब्रिटिश शासन द्वारा भारतीय विद्रोह को दबाने के बाद पहले दो दशकों में मुसलिम समुदाय अलग-थलग और असुरक्षित महसूस करने लगा। सन् 1803 से लगभग पचास वर्षों तक अंतिम मुगल शासक की गिरफ्तारी व कैद और अंग्रेजों द्वारा भारत के विभिन्न भागों में मुसलिम शासकों को राजनीतिक छल-प्रपंच व सैन्य विजय द्वारा हटाना, इस समुदाय को पीड़ित और विस्थापित कर दिया। उत्तरी भारत के हिंदू भी अंग्रेजों से तिरस्कृत थे, लेकिन वे अपने हजारों सालों के शासन की यादें नहीं ढोते रहे। हिंदुओं ने आखिरकार खुद को ब्रिटिश शासकों से राजनीतिक,

सामाजिक व सांस्कृतिक रूप से जोड़ लिया। वे भारत में अंग्रेजों के आर्थिक और प्रौद्योगिकी संबंधी प्रयासों में गौण भागीदार भी बन गए।

बहरहाल, उन्नीसवीं शताब्दी की अंतिम चौथाई अवधि में ब्रिटिश सत्ता संरचना और बुद्धिजीवी समुदाय के साथ संपर्क ने हिंदू समुदाय में राजनीतिक और सामाजिक जागरूकता उत्पन्न की, जिसके परिणामस्वरूप उनमें एक बौद्धिक व सामाजिक पुनर्जागरण आया तथा उनकी राजनीतिक दावेदारी को प्रेरित किया। भारत की ब्रिटिश सरकार ने इसे एक विध्वंसकारी प्रक्रिया माना, जिसके खिलाफ काररवाई करना आवश्यक था। यह निष्कर्ष निकाला गया कि इस सामाजिक-सांस्कृतिक पुनर्जागरण और राष्ट्रीय पहचान के निर्माण की ओर राजनीतिक झुकाव को भारतीय मुसलिम समुदाय तक पहुँचने नहीं देना चाहिए।

ब्रिटिश सत्ता के कुछ चतुर सदस्यों ने यह महसूस किया कि टेलीग्राफ, डाक और रेलवे व्यवस्था के शुरू होने से विभिन्न धर्मों व समुदायों के लोगों के बीच आपसी संपर्क बढ़ेगा। यह राजनीतिक और सामाजिक आवेगों के एकीकरण का कारण बन सकता है और एक एकीकृत राष्ट्रीय आंदोलन में इसकी अभिव्यक्ति हो सकती है। इसलिए हिंदुओं और मुसलमानों के बीच द्वेष का लाभ उठाने के लिए यह चतुर निर्णय लिया गया। सरकार मुसलिम समुदाय की कुंठा और विरोध के प्रति अधिक हमदर्दी दिखाएगी। इस नीति के अनुसार, दसवीं शताब्दी से विकसित हो रहे समन्वय को उपेक्षित करते हुए एक अलग सामाजिक, धार्मिक और सांस्कृतिक मुसलिम पहचान को मान्यता देना और प्रोत्साहित करना था। यह भी निश्चित किया गया कि मुसलमानों की राजनीतिक, आर्थिक, सांस्कृतिक और शैक्षिक माँगों व उम्मीदों का जवाब हिंदुओं से अलग तरीके से दिया जाए। यहीं से 'फूट डालो और शासन करो' की नीति की शुरुआत हुई।

बहरहाल, यह मानना पड़ेगा कि ब्रिटिश दृष्टिकोण भारतीय समाज की सामाजिक, धार्मिक और सांस्कृतिक विशेषताओं के ज्ञान पर आधारित था। जाति और निषेधात्मक बंधनों में जकड़ा हिंदू समुदाय और जिस प्रकार से वह धार्मिक व सामाजिक क्षेत्र में मुसलमानों के साथ व्यवहार करता था, इन दो समुदायों के अलगाव की धारणा का कारण बन गया। अंग्रेजों को भारतीय इतिहास का यह ज्ञान था कि उन्होंने हिंदुओं को दबानेवाले मुसलिमों की जगह ली है, लेकिन फिर भी उन्होंने यह प्रमाणित किया कि एक समुदाय को दूसरे के खिलाफ इस्तेमाल करने के लिए हिंदू-मुसलिम अलगाव का लाभ उठाया जा सकता है। इस प्रवृत्ति की चाहे जो भी भावनात्मक आलोचना की जाए, इसने भारतीय मुसलमानों को अपनी

हताश मानसिकता से उबरकर भारतीय समाज की मुख्यधारा में शामिल होने के लिए प्रेरित किया।

यह दिलचस्प है कि अंग्रेजों की उपर्युक्त नीति के बावजूद बीसवीं शताब्दी के पहले तीन दशकों में कोई हिंदू-मुसलिम विभाजन नहीं था। हालाँकि दोनों समुदायों में अलग-अलग राजनीतिक व सामाजिक आंदोलन और नेता उभरे, सामान्यत: उन्होंने स्वराज के लिए राष्ट्रीय आंदोलन में एक-दूसरे का सहयोग किया। मुसलिम संगठनों और भारतीय राष्ट्रीय कांग्रेस के नेता सन् 1930 के मध्य तक एक-दूसरे की बैठकों और आंदोलनों में शामिल होते रहे। इसके बाद अलगाव शुरू हुआ, जिसका परिणाम अंतत: विभाजन के रूप में सामने आया। चौथे दशक के मध्य में यह परिवर्तन कुछ घटनाओं और प्रवृत्तियों का परिणाम था, जिनका वर्णन नीचे किया गया है।

अलगाववादी प्रवृत्तियाँ

सन् 1910 के बाद से भारतीय राष्ट्रीय कांग्रेस का नेतृत्व और सदस्यता परिवर्तित होने लगी थी। संस्थापक वर्षों का संभ्रांत अंग्रेजियत भरा नेतृत्व बदलने लगा और भारतीय समाज के धार्मिक-सांस्कृतिक मूल्यों में अधिक आस्था रखनेवाले और अंग्रेजी सरकार के खिलाफ अधिक मुखर रहनेवाले नेता उभरने लगे। दादाभाई नौरोजी, सुरेंद्रनाथ बनर्जी, आर.सी.दत्त, बदरुद्दीन तैयबजी और गोपाल कृष्ण गोखले का स्थान लोकमान्य तिलक, बिपिनचंद्र पाल तथा लाला लाजपत राय ने और कुछ समय बाद महात्मा गांधी ने भी ले लिया। मेरा अनुमान है कि लोकमान्य तिलक और महात्मा गांधी—दोनों ने कुछ तरीकों से भारतीय मुसलमानों के हृदय में हिंदू बहुमत के बारे में भ्रम और शंकाएँ उत्पन्न करने में योगदान दिया। भारतीय राष्ट्रीयता को धार्मिक और सांस्कृतिक संदर्भों तथा प्रतीकों से मजबूत किया जाना था। तिलक द्वारा गणेश चतुर्थी त्योहार को पुनर्जीवित करना और भारतीय राष्ट्रीयता को बल देने के लिए शिवाजी का संदर्भ देना भारतीय मुसलमानों को धार्मिक विश्वास और समग्र ऐतिहासिक स्मृति के संदर्भ में नहीं जँचा। सन् 1920 में भारतीय राष्ट्रीय कांग्रेस के प्रमुख नेता के रूप में महात्मा गांधी का उभरना मुसलमानों के लिए और भी चिंता का कारण बन गया। हालाँकि गांधीजी धर्मनिरपेक्षता के दृढ़ समर्थक और सभी धर्मों को समान आदर दिए जाने के पक्षधर थे। उनका 'रामराज्य' का संदर्भ और अपनी प्रार्थना-सभाओं में कुरान के कुछ अंशों का पाठ शामिल करना उनके उद्देश्यों के बारे में नकारात्मक उत्सुकता और चिंता उत्पन्न करने लगा। एक

भारतीय राष्ट्रीय पहचान बनाने की महात्मा गांधी की गंभीर सोच और मानसिकता को सामान्य मध्यवर्गीय मुसलमान समझ नहीं पाया। एक सामान्य मुसलमान के लिए 'रामराज्य' का अर्थ हिंदू-प्रभुत्व था। यह एक घोर धार्मिक हिंदू नेता द्वारा राजनीतिक उद्देश्यों के लिए इसलाम के अनूठे गुणों को हलका करने का प्रयास माना गया। यहाँ तक कि 'खिलाफत' आंदोलन के समय कांग्रेस और मुसलिम नेताओं के बीच भावनात्मक और बौद्धिक समन्वय भी अधिक दिनों तक नहीं टिक पाया। खिलाफत आंदोलन के बीच में ही मौलाना मोहम्मद अली और शौकत अली ने अपना रास्ता गांधीजी से अलग कर लिया और उनकी आलोचना की।

इन सबके बावजूद महत्त्वपूर्ण मुसलिम नेताओं और भारतीय राष्ट्रीय कांग्रेस के नेताओं के बीच एक प्रकार का तालमेल बना रहा। विडंबना यह है कि पाकिस्तान के निर्माता मुहम्मद अली जिन्ना को गोखले ने हिंदू-मुसलिम एकता का प्रतिनिधि मानते हुए सम्मानित किया था। जिन्ना और तिलक ने सन् 1916 के लखनऊ समझौते पर हस्ताक्षर किए थे। संभवत: राजनीति और व्यक्तित्व संबंधी टकरावों ने भारतीय राष्ट्रीय आंदोलन के मुसलिम और हिंदू नेताओं के बीच सकारात्मक संबंधों को नुकसान पहुँचाया। इस बात के पर्याप्त ऐतिहासिक साक्ष्य हैं कि जिन्ना हिंदू और मुसलमानों—दोनों का राष्ट्रीय नेतृत्व करना चाहते थे; लेकिन जब वे यह भूमिका पाने के बहुत करीब थे तब महात्मा गांधी, मोतीलाल नेहरू, जवाहरलाल नेहरू और पंडित मदन मोहन मालवीय ने भारतीय राष्ट्रीय कांग्रेस में महत्त्वपूर्ण स्थान प्राप्त किया और जननेता बनकर उभरे; जबकि मुहम्मद अली जिन्ना आम लोगों के साथ थोड़ी दूरी और श्रेष्ठता की ऊँचाई से ही घुलना-मिलना पसंद करते थे। सन् 1920 के अंत से कांग्रेस के प्रति उनका आकर्षण समाप्त हो गया। इसके परिणामस्वरूप वे मुसलिम समुदाय के नेतृत्व की ओर मुड़ गए, जहाँ वे अधिक सहज थे। उन्होंने महसूस किया कि हिंदुओं के जातिवादी दृष्टिकोण ने उन्हें राष्ट्रीय नेतृत्व से वंचित किया और उनसे कम योग्य लोगों ने अधिक शक्तिशाली स्थान प्राप्त कर लिया। यह याद रखना चाहिए कि जिन्ना एक बहुत अच्छे वकील और सफल बैरिस्टर थे। महात्मा गांधी और जवाहरलाल नेहरू—दोनों उनके स्तर के वकील नहीं थे। मोतीलाल नेहरू हालाँकि उतने ही योग्य वकील थे, लेकिन जिन्ना उन्हें कम प्रसिद्ध मानते थे, क्योंकि मोतीलाल नेहरू इंग्लैंड से पढ़कर आए बैरिस्टर नहीं थे। (यह सर्वविदित है कि जिन्ना किसी मामले में मोतीलाल नेहरू के खिलाफ खड़े होने के लिए तैयार नहीं होते थे।)

हिंदुओं और मुसलमानों के राजनीतिक नेतृत्व के अलगाव को सन् 1932 में

ब्रिटिश प्रधानमंत्री रामसे मैक्डोनाल्ड द्वारा घोषित 'कम्यूनल अवार्ड' ने मजबूती दी। यह अवार्ड सन् 1930 से 1932 के बीच लंदन में भारतीय राजनीतिक सुधारों पर हुए तीन गोलमेज सम्मेलनों में हुए विचार-विमर्श पर आधारित था। इसमें अलग-अलग मतदाता-समूहों के लिए अलग-अलग प्रतिनिधित्व और मतदान व्यवस्था थी। गवर्नमेंट ऑफ इंडिया एक्ट-1935 के अनुसार, क्षेत्रीय विधानसभाओं और केंद्रीय विधानसभा में विभिन्न समुदायों के लिए सीटें आरक्षित थीं। इस अवार्ड ने एंग्लो-इंडियनों, ईसाइयों, यूरोपीयों, मुसलमानों और सिखों के लिए अलग-अलग और आरक्षित प्रतिनिधित्व उपलब्ध कराया। सन् 1934 में सरकारी सेवाओं में भरती के लिए इस अवार्ड के विधानों में कुछ विस्तार किया गया, जिसमें मुसलमानों और अन्य अल्पसंख्यकों के लिए कोटा शामिल था। अन्य भारतीयों को सामान्य मतदाता 'माना गया। इस अवार्ड ने शुरुआत में हिंदुओं के बीच अस्पृश्य जाति के लोगों के लिए अलग मतदाता-समूह और आरक्षित सीटें उपलब्ध कराईं, लेकिन महात्मा गांधी ने आमरण अनशन द्वारा आखिरकार डॉ. अंबेडकर को एक समझौता करने के लिए राजी करके सामान्य श्रेणी में अछूतों को अधिक प्रतिनिधित्व दिलाया।

महत्त्वपूर्ण यह है कि महात्मा गांधी और भारतीय राष्ट्रीय कांग्रेस ने इस कम्यूनल अवार्ड के अंतर्गत विधानसभाओं में मुसलमानों के लिए अलग प्रतिनिधित्व का विरोध 'भारतीय एकता के विकास में रुकावट' कहकर किया। मुसलिम नेतृत्व इसलिए चिंतित था कि मुसलिम जनता का प्रतिनिधित्व करने के उनके दावे के बावजूद गवर्नमेंट ऑफ इंडिया एक्ट-1937 के अंतर्गत हुए क्षेत्रीय विधानसभा चुनावों में मुसलिम लीग ने भारतीय राष्ट्रीय कांग्रेस के खिलाफ बहुत खराब प्रदर्शन किया। कांग्रेस ने अधिकांश भारत में स्पष्ट बहुमत हासिल किया। यहाँ तक कि ब्रिटिश भारत के मुसलमान बहुल क्षेत्रों, जैसे—बंगाल और पंजाब में, अन्य राजनीतिक दलों के साथ मिली-जुली सरकारें अस्तित्व में आईं, जिनमें मुसलिम लीग की कोई भूमिका नहीं थी। जिन्ना की यह सलाह कि अवध और आगरा के संयुक्त क्षेत्र (वर्तमान उत्तर प्रदेश) में मुसलमानों की बड़ी संख्या को देखते हुए वहाँ मिली-जुली सरकार होनी चाहिए, को भारतीय राष्ट्रीय कांग्रेस द्वारा स्पष्टतया अस्वीकृत कर दिया गया, जिसने उस क्षेत्र में अधिकांश सीटें जीती थीं। मुसलिम लीग ने महसूस किया कि अपनी चुनावी विजय के गर्व में भारतीय राष्ट्रीय कांग्रेस मुसलिम लीग और भारत में मुसलिम समुदाय का नेतृत्व करने के उसके दावे को नष्ट कर देगी। इसका परिणाम यह हुआ कि मुसलिम लीग ने जिन्ना के नेतृत्व में 'दो राष्ट्र'

के सिद्धांत का सुझाव रखा। मुसलिम लीग ने कांग्रेस पर भावी भारतीय स्वशासन में मुसलमानों के अधिकारों को अस्वीकार करने की योजना बनाने का आरोप लगाया और इस बात पर बल दिया कि हिंदुओं तथा मुसलमानों को अलग-अलग राष्ट्र गठित करना चाहिए। दोनों को इस उपमहाद्वीप में बराबर अधिकार और भारतीय मुसलमानों को स्वतंत्र सत्ता मिलनी चाहिए। इस दृष्टिकोण को व्यक्त करने के लिए मुसलिम लीग ने सन् 1940 में 'पाकिस्तान प्रस्ताव' जारी किया।

दूसरे विश्व युद्ध ने पाकिस्तान प्रस्ताव के उद्देश्य को विकसित करने में महत्त्वपूर्ण भूमिका अदा की। ब्रिटिश सरकार द्वारा भारतीय राष्ट्रीय कांग्रेस नेतृत्व से परामर्श किए बिना भारत की ओर से धुरी राष्ट्रों के खिलाफ युद्ध घोषित करने का परिणाम यह हुआ कि कांग्रेस ने केंद्रीय व क्षेत्रीय विधानसभाओं से इस्तीफा दे दिया और भारत की ब्रिटिश सरकार से खुद को अलग कर लिया। युद्ध में मुसलमानों का सहयोग बरकरार रखने और सेना में मुसलमानों की अधिक भरती की इच्छुक ब्रिटिश सरकार ने पाकिस्तान प्रस्ताव में व्यक्त आकांक्षाओं का समर्थन करने का संकेत दिया। ब्रिटिश सरकार के साथ मुसलिम लीग की स्वीकार्यता और जुड़ाव भारत को स्वतंत्रता मिलने तक बढ़ता रहा। बहरहाल, भारतीय राष्ट्रीय कांग्रेस ने इन गतिविधियों के प्रति कोई दूरदर्शिता या संवेदनशीलता नहीं दिखाई। इस षड्यंत्र का परिणाम यह हुआ कि मुसलिम लीग सन् 1942 से 1946 के बीच एक विश्वसनीय राजनीतिक शक्ति बनकर उभरी और नई दिल्ली में बनाई गई अंतरिम सरकार में कांग्रेस की लगभग बराबरी तक आने में सफल हो गई।

हम इससे थोड़ा सा पीछे चलें। ब्रिटिश सरकार ने भारत में स्वशासन और राजनीतिक सुधार की योजनाओं पर विचार-विमर्श के लिए एक कैबिनेट शिष्टमंडल भेजा। इस शिष्टमंडल (जिसमें सेक्रेटरी ऑफ स्टेट फॉर इंडिया लॉर्ड पेथिक लॉरेंस, प्रेसीडेंट ऑफ द बोर्ड ऑफ ट्रेड सर स्टेफोर्ड क्रिप्स और फर्स्ट लॉर्ड ऑफ द एडमिरलटी लॉर्ड ए.वी. एलेक्जेंडर शामिल थे) ने सन् 1946 में मार्च और जून के बीच अपने प्रस्तावों पर चर्चा की और 16 मई को एक संयुक्त योजना का सुझाव दिया। इस योजना का विवरण इस प्रकार था—

कैबिनेट शिष्टमंडलीय योजना ने भारतीय ब्रिटिश क्षेत्रों और रियासतों के एक केंद्रीय सरकार, जो विदेशी मामलों, रक्षा और संचार संबंधी मामलों की देख-रेख करेगी, में संयोजन का प्रस्ताव रखा। भारतीय प्रभुत्ववाली नई केंद्रीय सरकार के पास इन मुद्दों की देख-रेख के लिए आवश्यक वित्तीय शक्तियाँ होंगी। भारत की ब्रिटिश सरकार के अधीन अन्य विषय व बाकी शक्तियाँ क्षेत्रीय सरकारों और

रियासतों को हस्तांतरित की जाएँगी। केंद्रीय सरकार में एक कार्यकारिणी और एक विधायिका होगी, जिसमें कार्यकारिणी केंद्रीय विधायिका के प्रति उत्तरदायी होगी। हिंदुओं या मुसलमानों के हितों को प्रभावित करनेवाला कोई भी मुद्दा हर विधानसभा में प्रत्येक समुदाय के प्रतिनिधियों के अलग-अलग बहुमत से सुलझाया जाएगा। भारतीय ब्रिटिश क्षेत्रों को उस क्षेत्र में रहनेवाले लोगों के धार्मिक मतों के आधार पर उप-केंद्रीय समूहों के निर्माण की स्वतंत्रता दी गई। हिंदू बहुल क्षेत्र एक-दूसरे के साथ मिलकर एक हिंदू उप-विभागीय समूह बना सकते थे। पंजाब, उत्तर-पश्चिम सीमा प्रांत, बलूचिस्तान, सिंध, असम और बंगाल के मुसलिम बहुल क्षेत्र एक अलग मुसलिम उप-केंद्रीय शासन-व्यवस्था का निर्माण कर सकते थे। केंद्रीय विधानसभा में 292 सदस्य होंगे, जो क्षेत्रीय विधानसभाओं से जातिगत प्रतिनिधित्व के आधार पर चुनकर आएँगे; 93 सदस्यों को महाराजाओं, नवाबों और रियासतों के राजाओं द्वारा नियुक्त किया जाएगा। नए शासन-तंत्र के लिए संविधान बनाते समय विशेष सलाहकार समिति द्वारा अल्पसंख्यकों और जनजातीय समूहों के हितों का ध्यान रखा जाएगा।

ब्रिटिश कैबिनेट शिष्टमंडल ने यह योजना मुसलिम लीग या भारतीय राष्ट्रीय कांग्रेस की सहमति प्राप्त किए बिना घोषित कर दी। इसमें मुसलिम लीग की बहुत सी माँगों को शामिल किया गया था, लेकिन विभाजन और अलग मुसलिम राष्ट्र की माँग अस्वीकृत कर दी गई। शिष्टमंडल ने केंद्रीय विधानसभा में गैर-जातीय प्रतिनिधित्व और एक मजबूत केंद्रीय सरकार के निर्माण की कांग्रेस की माँग भी ठुकरा दी। कांग्रेस ऊपरोल्लिखित केंद्रीय उप-समूहों के सुझाव के भी खिलाफ थी। भारतीय राष्ट्रीय कांग्रेस ने इस योजना को अस्वीकृत कर दिया और एक वैकल्पिक योजना के लिए अधिक विचार-विमर्श की माँग की। मुसलिम लीग की प्रतिक्रिया अधिक आक्रामक थी। उसने 16 अगस्त, 1946 को पाकिस्तान के पक्ष में मुसलमानों द्वारा सीधे काररवाई की बात कही। इन गतिविधियों का नियंत्रण कर रहे वाइसराय लॉर्ड वावेल मार्च 1946 में भारत से चले गए और उनके बदले लॉर्ड माउंटबेटन को सन् 1948 तक ब्रिटिश शासन की समाप्ति को व्यवस्थित तरीके से लागू करने के लिए भेजा गया। भारतीय नेताओं के साथ अपनी शुरुआती बातचीत में माउंटबेटन ने पाया कि इसका समाधान विभाजन ही है। महात्मा गांधी के सिवाय भारतीय राष्ट्रीय कांग्रेस आजादी पाने और सत्ता हासिल करने के लिए उतावली हो रही थी। इसलिए यह सबसे बड़ी राष्ट्रीय पार्टी भारत के विभाजन के लिए सहमत हो गई। गांधीजी ने जिन्ना को प्रधानमंत्री बनाने तक का सुझाव कांग्रेस

के प्रमुख नेताओं को दिया; लेकिन घटनाओं की तीव्रता ने इस सुझाव को अप्रासंगिक बना दिया। भारतीय उपमहाद्वीप में पूर्व में असम से लेकर पश्चिम में उत्तर-पश्चिमी सीमा प्रांत तक दंगे भड़क उठे। ऐसी परिस्थिति को देखते हुए माउंटबेटन ने विभाजन की प्रक्रिया तेज कर दी और अंग्रेजों के भारत छोड़ने की तिथि लगभग नौ माह कम करके जून 1948 से 15 अगस्त, 1947 कर दी। स्वतंत्र देशों के रूप में 14 और 15 अगस्त को पाकिस्तान और भारत के उभरने के साथ ही यह उपमहाद्वीप दो खंडों में विभाजित हो गया। बड़े पैमाने पर सांप्रदायिक दंगों से भारत और पाकिस्तान के बीच लगभग दस मिलियन लोग विस्थापित हो गए। एक मिलियन लोग मारे गए। विभाजन और उसके साथ जुड़ी हिंसा के बाद स्थिति सामान्य होने की बजाय और भी विवादास्पद हो गई। पिछले पचास से नब्बे वर्षों के बीच बोए गए सांप्रदायिक दुश्मनी के बीज जहरीले पौधों के रूप में उग रहे थे।

सन् 1946 में पाकिस्तानी और भारतीय नेताओं का मानना था कि विभाजन एक साफ-सुथरा अलगाव होगा, जो एक शांतिपूर्ण और स्थायी संबंध का आधार निश्चित करेगा। यह धारणा शुरू से ही गलत सिद्ध हुई। विभिन्न क्षेत्रों में रह रहे आम लोगों ने यह कल्पना भी नहीं की थी कि उन्हें अपना घर-बार छोड़कर दूसरी जगह जाना पड़ेगा। पंजाब, उत्तर-पश्चिम सीमा प्रांत और सिंध में बड़ी संख्या में रह रहे हिंदुओं, जिन्हें पाकिस्तान में इन क्षेत्रों के शामिल होने के बाद वहाँ से भागना पड़ा, कभी सोचा भी नहीं था कि उन्हें विभाजन की पीड़ादायिनी प्रक्रिया को झेलना पड़ेगा।

ऐसी ही मानसिकता पूर्वी बंगाल, जो बाद में पूर्वी पाकिस्तान बन गया, के हिंदुओं की थी, फिर पंजाब के पूर्वी हिस्सों और पश्चिम बंगाल के साथ उत्तर प्रदेश में रह रहे मुसलमानों ने उस हिंसा की कल्पना नहीं की थी, जो सीधी कारवाई के लिए जिन्ना के आह्वान से उभरा। सांप्रदायिक दंगों की कठोर वास्तविकताओं के परिणामस्वरूप मुसलमान पश्चिमी पाकिस्तान में चले गए और बंगाली मुसलमान पश्चिम बंगाल से पूर्वी पाकिस्तान में चले गए। इस प्रकार दोनों देशों की आम जनता के हृदय में एक-दूसरे के प्रति क्रोध और कड़वाहट भर गई।

दुश्मनी और शक के इस तात्कालिक कारण के अलावा अन्य घटनाओं ने इस स्थायी शत्रुता की नींव रखी। मुसलिम नेतृत्व की इस उम्मीद, कि मुसलिम-बहुल क्षेत्र और रियासत अपने पूरे क्षेत्रीय विस्तार के साथ पाकिस्तान के अंग बन जाएँगे, पूरी नहीं हुई। पंजाब और बंगाल के ब्रिटिश भारतीय क्षेत्र वहाँ के निवासियों की धार्मिक और जातिगत सहमति के आधार पर जनसंख्या विषयक विशिष्टता के रूप

में विभाजित किए गए। पंजाब और बंगाल का आधा हिस्सा ही पाकिस्तान को मिल पाया। मुसलिम लीग असम को भी पाकिस्तान में शामिल करने की सोच रहा था, लेकिन असम का एक छोटा हिस्सा ही पूर्वी पाकिस्तान में मिल पाया। उत्तर-पश्चिमी सीमा प्रांत और बलूचिस्तान के भौगोलिक अलगाव के कारण इन क्षेत्रों के निवासी पाकिस्तान में मिलने के अधिक इच्छुक नहीं थे। मुसलिम बहुल जूनागढ़, हैदराबाद, भोपाल और कश्मीर रियासतें सन् 1948 के अंत से नई भारतीय शासन-व्यवस्था का अभिन्न अंग बन गईं।

मुसलिम लीग ने पाकिस्तान में उत्तरी गुजरात के कुछ हिस्सों के भी शामिल होने होने की उम्मीद की थी, मगर ऐसा नहीं हुआ। जिन्ना ने कहा कि उन्हें एक 'कीड़े द्वारा खाया गया और छँटा हुआ पाकिस्तान' दिया गया है। हैदराबाद, कश्मीर, जूनागढ़ और भोपाल की रियासतें जिस तरीके से भारत के अंग बनीं तथा इसके कारण पाकिस्तान में जो कुंठा उत्पन्न हुई उसका जिक्र हम बाद में करेंगे। इतना कहना पर्याप्त है कि इन्हीं प्रक्रियाओं के दौरान क्षेत्रीय पहचान को लेकर शत्रुता के बीज अंकुरित हुए।

नए पाकिस्तानी नेतृत्व ने विभाजन के समय भारत को मिले क्षेत्रीय लाभों के लिए हिंदुओं के छल-कपट और 'लॉर्ड माउंटबेटन व जवाहरलाल नेहरू के बीच पाकिस्तान के खिलाफ षड्यंत्र' को जिम्मेदार ठहराया। भारतीय ब्रिटिश सरकार के संपत्ति के भारत और पाकिस्तान के बीच बँटवारे ने भी विवाद उत्पन्न किए। पाकिस्तान इस पूरी संपत्ति का आधा भाग चाहता था, न कि उपमहाद्वीप के क्षेत्रीय विभाजन के अनुपात में उनका बँटवारा। इसमें विदेशी विनिमय संपत्ति, ब्रिटिश भारतीय सैन्य बलों की संपत्ति और सरकारी संपत्ति का बँटवारा शामिल था। पाकिस्तान भारत के नए सत्ता-क्षेत्र में स्थित संपत्ति के लिए आर्थिक हरजाना चाहता था, ताकि नवनिर्मित राष्ट्र में संरचनात्मक सुविधाओं के निर्माण के लिए कोषों का उपयोग किया जा सके। ब्रिटिश संसद् द्वारा भारत को स्वतंत्रता प्रदान करने के लिए पारित एक्ट और उसके अनुसार की गई व्यवस्थाओं को पाकिस्तान ने अन्यायपूर्ण बताया। शुरुआती सोच यह थी कि विभाजन के बावजूद नए राष्ट्रों में किसी चुंगी व सीमा-शुल्क अवरोधों के बगैर सामान्य आर्थिक व्यवस्थाएँ होंगी और परिवहन व संचार की आधारभूत संरचना एकीकृत रहेगी, जो दोनों देशों को लाभ पहुँचाएगी। कश्मीर में पाकिस्तान की सैन्य कारवाई, सन् 1946 से सन् 1948 के बीच हैदराबाद की विशाल रियासत को स्वायत्तता दिलाने के षड्यंत्रों और बीकानेर, जोधपुर व जैसलमेर के राजाओं से पाकिस्तान में शामिल होने के

जिन्ना का आग्रह ने इन संभावनाओं को ध्वस्त कर दिया। सन् 1948 के अंत तक भारत और पाकिस्तान ने एक-दूसरे को पूरी तरह स्वतंत्र प्रभुत्व-संपन्न देशों के रूप में देखने का फैसला किया। इसके परिणामस्वरूप संचार व परिवहन व्यवस्था को अलग करने और चुंगी व सीमा-शुल्क निर्धारित करने का निर्णय लिया गया।

महात्मा गांधी द्वारा नेहरू व सरदार पटेल को संपत्ति के बँटवारे, विदेशी विनिमय संपत्ति का अधिकार छोड़ने आदि के बारे में पाकिस्तान के प्रति उदार होने की सलाह नहीं मानी गई। जनवरी 1948 में हुई उनकी हत्या ने भारत और पाकिस्तान के संबंधों पर अंतिम उदारवादी प्रभाव को भी समाप्त कर दिया।

ऐतिहासिक परिप्रेक्ष्य

दोनों देशों के अस्तित्व में आने के पहले दो दशक तक, यानी सन् 1948 से 1959 तक की घटनाओं और उनकी प्रवृत्तियों का विश्लेषण करने से पहले यह उचित होगा कि एक गहरे राजनीतिक और रणनीतिक स्तर पर भारत और पाकिस्तान की शत्रुता की उत्पत्ति के विषय में चर्चा की जाए। ब्रिटिश सरकार के अधिकारियों और मुसलिम लीग के नेताओं का औपचारिक राजनीतिक लेखा-जोखा और व्यक्तिगत अभिलेख इस ओर संकेत करते हैं कि एक खास भू-रणनीतिक योजना ने विभाजन के प्रयास को हवा दी। इस योजना के अनुसार, उम्मीद थी कि ब्रिटिश भारतीय क्षेत्र बाँटे जाएँगे और उन्हें क्रमशः भारत व पाकिस्तान की सत्ता में शामिल किया जाएगा। ब्रिटिश सरकार ने तय किया कि ब्रिटिश राज और भारतीय राजाओं के बीच सभी संधियाँ विभाजन के समय समाप्त मानी जाएँगी और महाराजाओं, निजामों व नवाबों को अपने-अपने क्षेत्र पर पुनः आधिपत्य प्राप्त हो जाएगा। यह फैसला पूरी तरह से उनके विवेक पर छोड़ दिया जाएगा कि वे स्वतंत्र रहना चाहते हैं अथवा भारत या पाकिस्तान में शामिल होना चाहते हैं। इस रवैये के पीछे यह उम्मीद थी कि बड़ी रियासतें, जैसे—कश्मीर, हैदराबाद और राजस्थान के बड़े राज्य किसी सत्ता के अधीन होने की बजाय स्वतंत्र रहना पसंद करेंगे। सोचा गया रणनीतिक परिदृश्य यह था कि भारत में एक खंडित शासन-व्यवस्था होगी, जिसमें ब्रिटिश क्षेत्र उसकी नई सत्ता में शामिल होंगे, लेकिन उसमें विभिन्न रियासतें पैबंद की तरह होंगी, जो भारत के क्षेत्रीय और भू-रणनीतिक संयोजन को नष्ट करते हुए ब्रिटिश सरकार से अपने संपर्क स्थापित रखेंगी। इसके विपरीत यह आशा की जा रही थी कि पाकिस्तान की सत्ता इसलामी एकता के आधार पर एक संयोजित तथा मजबूत राष्ट्र के रूप में उभरेगी और पाकिस्तान के निर्माण में मुसलिम लीग को

दिए गए सहयोग को देखते हुए ब्रिटिश सरकार से नजदीकी संबंध बनाए रखेगी।

इस योजना का पूर्वानुमान यह था कि एक तरफ कमजोर भारत और दूसरी तरफ पाकिस्तान व भारतीय रियासतों पर ब्रिटेन के प्रभाव को देखते हुए ब्रिटेन उपमहाद्वीप की राजनीतिक गतिविधियों में अब भी शक्तिशाली भूमिका रखेगा। इनमें से कोई भी उम्मीद पूरी नहीं हुई। ब्रिटिश नीति-निर्माताओं ने भारतीय राजाओं की क्षमता के बारे में गलत अनुमान लगाया। साथ ही उन्होंने रियासतों में जन-आंदोलनों के झुकाव और शक्ति को भी कम करके आँका, जो भारतीय राष्ट्रीय कांग्रेस से कुछ अलग-थलग होते हुए भी बीसवीं शताब्दी के तीसरे दशक से मुख्य धारा के स्वतंत्रता आंदोलन का हिस्सा बन गए थे। अंग्रेजी सरकार सरदार वल्लभभाई पटेल की दृढ़ता, संकल्पशक्ति और राजनीतिक कौशल का भी आकलन करने में विफल रही, जिन्होंने यह सुनिश्चित किया कि लगभग पाँच सौ रियासतों में से अधिकतर भारत में शामिल होंगी। कश्मीर, हैदराबाद और जूनागढ़ रियासतें इसका अपवाद थीं, जहाँ राजनीतिक आग्रह के साथ-साथ भारत सरकार द्वारा बल-प्रयोग भी आवश्यक था।

भारत में रियासतों का विलय कुछ मामलों में राजनीतिक रूप से अत्यंत नाटकीय रहा। माना जाता है कि बीकानेर, जैसलमेर और जोधपुर के महाराजाओं को पाकिस्तान के पश्चिमी भाग से उनकी भौगोलिक समीपता और भारतीय राष्ट्रीय कांग्रेस से उनके विरोध का उल्लेख करते हुए जिन्ना ने उन्हें पाकिस्तान में शामिल होने का सुझाव दिया। उन्होंने प्रस्ताव रखा कि पाकिस्तान में शामिल होने के लिए उन्हें इन राजाओं की कोई भी शर्त बिना किसी रुकावट या समझौते के स्वीकार्य होगी।

बहरहाल, वे राजा अपनी जनता की इच्छाओं के प्रति संवेदनशील थे। उन्होंने जिन्ना का प्रस्ताव अस्वीकृत कर दिया। कुछ समय तक इंदौर के महाराजा मल्हाव राव होल्कर ने स्वतंत्र रहने और भारत या पाकिस्तान किसी में भी शामिल न होने का फैसला किया। कहानी यह है कि सरदार पटेल ने उन्हें इस निर्णय को अंतिम रूप देने के लिए दिल्ली आमंत्रित किया। हिज हाइनेस महाराजा इंदौर से अपनी विशेष रेलगाड़ी में बैठकर दिल्ली के लिए रवाना हुए। जैसे ही रेलगाड़ी ने भारतीय सत्ता क्षेत्र में प्रवेश किया, उसे रतलाम में रोक दिया गया और उसे न तो दिल्ली जाने तथा न ही इंदौर वापस जाने की अनुमति दी गई। उसके बाद महाराजा तक यह संदेश पहुँचाया गया कि यदि वह भारत सरकार के सहयोग के बिना अपने राज्य की सीमा से बाहर भी नहीं जा सकते तो वह अपनी स्वतंत्र सत्ता कैसे बरकरार रख

सकेंगे ? महाराजा को बात समझ में आ गई। इंदौर भारत में मिल गया।

कश्मीर के अलावा तीन अन्य राज्य, जिन्होंने स्वतंत्र रहने की गंभीर इच्छा दिखाई, वे थे—हैदराबाद, जूनागढ़ और त्रावणकोर। त्रावणकोर के महाराजा और जूनागढ़ के नवाब ने अपने राज्यों में जन-आंदोलनों के दबाव के आगे झुकते हुए भारत में शामिल होने का फैसला कर लिया। हैदराबाद के निजाम जुलाई 1948 तक अड़े रहे। हैदराबाद राज्य, जो आकार में फ्रांस के बराबर था, दक्षिण मध्य भारत में फैला हुआ था। विभाजन के तुरंत बाद एक इसलामी चरमपंथी कासिम रिजवी के नेतृत्व में एक आतंकवादी मुसलिम समूह ने हैदराबाद की राजनीति को प्रभावित कर लिया। निजाम ने भी पाकिस्तान और संयुक्त राष्ट्र सचिवालय से संपर्क करके एक स्वतंत्र राज्य के रूप में हैदराबाद का अस्तित्व सुनिश्चित करने का प्रयास किया। हैदराबाद का जन-आंदोलन (ऐसा जन-आंदोलन, जिसमें निजाम के सलाहकारों को छोड़कर हिंदू और मुसलमान सभी शामिल थे) ऐसी गतिविधियों के खिलाफ था। दक्षिणी भारत के एक बड़े हिस्से को घेरते हुए हैदराबाद का स्वतंत्र अस्तित्व भारतीय गणतंत्र की क्षेत्रीय पहचान के लिए राजनीतिक और रणनीतिक खतरा बन सकता था। निजाम के साथ लंबी समझौता-वार्त्ता विफल रहने के बाद भारत सरकार ने सीमित सैन्य काररवाई का सहारा लेने का निर्णय लिया, जिसके फलस्वरूप भारत में हैदराबाद का समावेश (विलय) हो पाया। पूरी सैन्य काररवाई में एक सप्ताह से भी कम समय लगा। निजाम के सलाहकारों को जिस सरलता से काबू में किया गया और उन्हें पाकिस्तान भागने के लिए मजबूर होना पड़ा, यह निजाम की महत्त्वाकांक्षाओं के खिलाफ हैदराबाद के लोगों की मानसिकता का स्पष्ट प्रमाण है। हैदराबाद रियासत का क्षेत्र और मद्रास का पूर्वी ब्रिटिश क्षेत्र मिलाकर आज का आंध्र प्रदेश है।

कश्मीर का विलय

अब हम भारत में कश्मीर के विलय पर चर्चा करते हैं। महाराजा हरिसिंह कश्मीर को एक स्वतंत्र राज्य और स्वयं को वहाँ का राजा घोषित करने के प्रति उद्धत थे। उन्होंने नेशनल कॉन्फ्रेंस या मुसलिम लीग की इच्छाओं को कोई अहमियत नहीं दी। जम्मू एवं कश्मीर की मुसलिम लीग चाहती थी कि कश्मीर पाकिस्तान में शामिल हो, जबकि नेशनल कॉन्फ्रेंस के नेता शेख अब्दुल्ला पाकिस्तान में कश्मीर के विलय के विरुद्ध थे। नेहरू और सरदार पटेल ने जिन्ना तथा लियाकत अली खान के पास संदेश भेजा कि रियासतों के भारत या पाकिस्तान में विलय का निर्णय

महाराजाओं और नवाबों पर नहीं छोड़ा जाना चाहिए। उन्होंने आग्रह किया कि इन रियासतों की जनता को अपना राजनीतिक भविष्य चुनने की आजादी होनी चाहिए। जिन्ना ने इसपर रूखा संवैधानिक रवैया (अपने राजनीतिक आकलन के आधार पर) अपनाते हुए कहा कि राजाओं को अपने राज्यों के भविष्य के बारे में निर्णय लेने का राजनीतिक और कानूनी अधिकार है। जिन्ना का पूर्वानुमान यह था कि हैदराबाद के निजाम और कश्मीर के महाराजा भारत में शामिल होना नहीं चाहेंगे। यह बात याद रखने योग्य है कि जिन्ना और मुसलिम लीग के उच्च नेतृत्व ने ही लोकतांत्रिक वितरण या जनता की इच्छा के आधार पर क्षेत्रों के बँटवारे का आग्रह मानने से इनकार कर दिया था। पाकिस्तानी नेताओं के अवसरवादी रूखे प्रयास सफल नहीं हो पाए। कश्मीर विवाद उसी का नकारात्मक परिणाम है, जिसने पचपन वर्षों से भारत और पाकिस्तान के रिश्तों को कड़वाहट से भर रखा है।

अब कश्मीर पर भारत और पाकिस्तान के बीच पहले युद्ध को जन्म देनेवाली घटनाओं के विस्तृत कालक्रम पर नजर डालें। कश्मीर के अंतिम महाराजा हरिसिंह शुद्ध रूप से सामंती निरंकुश शासक थे, जो अपनी जनता की इच्छाओं की परवाह नहीं करते थे। विभाजन के समय संभवत: वे एक अत्यधिक महत्त्वपूर्ण रणनीतिक क्षेत्र पर शासन करने का सपना देख रहे थे। उन्होंने यह कहते हुए भारत और पाकिस्तान के साथ एक विराम-संधि पर हस्ताक्षर किए कि वे जम्मू एवं कश्मीर के बारे में अंतिम फैसला करने के लिए कुछ समय चाहते हैं।

इस सुनियोजित आनाकानी और मुसलिम कॉन्फ्रेंस व नेशनल कॉन्फ्रेंस के नेताओं को कैद किए जाने की घटनाओं ने जम्मू एवं कश्मीर में आंतरिक अशांति उत्पन्न की। विभाजन के समय सांप्रदायिक हिंसा ने वातावरण को और भी तनावपूर्ण बना दिया। जम्मू में हिंदू-मुसलिम दंगे हुए। साथ ही, घाटी और रियासत के पश्चिमी भागों में ग्रामीण मुसलिम किसानों के खिलाफ हिंसा की घटनाएँ हुईं। पाकिस्तान की नई सरकार ने विराम-संधि का उल्लंघन करने के लिए उस परिस्थिति का लाभ उठाया। पाकिस्तान ने सितंबर और शुरुआती अक्तूबर 1947 में हरिसिंह के विरुद्ध आवाज उठाते हुए कहा कि हथियारबंद दल, जिनमें महाराजा के सैनिक शामिल हैं, राज्य के मुसलिम गाँवों पर आक्रमण कर रहे हैं और पाकिस्तान इस स्थिति को खतरे से परिपूर्ण मानता है। राजा हरिसिंह का जवाब यह था कि पाकिस्तान जिन उपद्रवों के खिलाफ आवाज उठा रहा है, वे पाकिस्तान की ही करतूतें हैं। इस बयान में सच्चाई थी। जम्मू एवं कश्मीर मुसलिम कॉन्फ्रेंस, जिसके संपर्क मुसलिम लीग से थे, के लोगों द्वारा उत्पन्न अशांति के अलावा पाकिस्तान

प्रायोजित जनजातीय घुसपैठिए अक्तूबर से राज्य के पश्चिमी हिस्से में अपनी हिंसक काररवाई शुरू कर चुके थे। पाकिस्तानी सेना के सेवानिवृत्त मेजर जनरल अकबर खान (जिन्होंने जनजातीय घुसपैठ और बाद में सन् 1947-48 में जम्मू एवं कश्मीर में पूर्णस्तरीय पाकिस्तानी सैन्य काररवाई के प्रबंधन में सबसे महत्त्वपूर्ण भूमिका निभाई) ने अपने संस्मरणों (रेडर्स इन कश्मीर, दूसरा संस्करण, नेशनल बुक फाउंडेशन, इसलामाबाद द्वारा सन् 1975 में प्रकाशित) में इसकी पुष्टि की है कि सन् 1947 में ही अगस्त के अंत और सितंबर में पाकिस्तानी राजनीतिक और सैन्य नेताओं ने मुरे में अपनी बैठक के दौरान जम्मू एवं कश्मीर पर कब्जा करके उसे पाकिस्तान का हिस्सा बनाने के उपायों और अवधि के बारे में विचार-विमर्श किया। अकबर खान दावा करते हैं, 'पाकिस्तान में कश्मीर का विलय केवल चाह की बात नहीं थी, बल्कि पाकिस्तान के अलग अस्तित्व के लिए एक निश्चित आवश्यकता थी।'

जम्मू एवं कश्मीर मुसलिम कॉन्फ्रेंस के नेता सरदार इब्राहिम, जो बाद में 'आजाद कश्मीर' के प्रथम राष्ट्रपति बने, ने सन् 1947 में यह मत प्रकट किया कि 'पाकिस्तान में कश्मीर के विलय संबंधी समझौतों का समय समाप्त हो गया था। इसलिए प्रश्न यह था कि क्या पाकिस्तान सरकार इस मामले में सक्रिय प्रयास करना चाहती है?' मेजर जनरल अकबर खान स्वीकार करते हैं कि उन्होंने 'कश्मीर में सैन्य विद्रोह' नामक एक योजना तैयार की थी, जिसमें एक बड़े पाकिस्तानी सेना दल द्वारा जम्मू एवं कश्मीर में भारतीय नियुक्तियाँ रोकना या महाराज हरिसिंह व जन-आंदोलन के सर्वाधिक लोकप्रिय नेता शेख अब्दुल्ला को रोकने के उपाय शामिल थे। इससे भी महत्त्वपूर्ण अकबर खान का यह पुष्टि करना है कि उन्होंने इस योजना पर पाकिस्तान के तत्कालीन प्रधानमंत्री लियाकत अली खान से विचार-विमर्श किया था। वे इस योजना पर सहमत थे। लियाकत अली खान के साथ अपनी बैठक को अकबर खान 'प्रसन्नता और आत्मविश्वास भरा वातावरण' में हुआ विचार-विमर्श कहते हैं। यह सर्वविदित है कि अकबर खान ने व्यक्तिगत रूप से कश्मीर के जनजातीय आक्रमण का नेतृत्व किया था।

27 अक्तूबर, 1947 के बाद से जम्मू एवं कश्मीर में पाकिस्तान-प्रेरित जनजातीय आक्रमण अपने चरम स्तर पर पहुँच गए। महाराजा हरिसिंह की सेना के मुसलमान सैनिक अपनी चौकियाँ छोड़कर भाग गए। पाकिस्तान-प्रायोजित आक्रमणकारियों ने मुजफ्फराबाद और पुंछ पर कब्जा कर लिया और पाँच दिनों के अंदर श्रीनगर के निकट बारामूला पहुँच गए। इस मुसलिम बहुल इलाके में नरसंहार, आगजनी और

बलात्कार की घटनाएँ हुईं। बाद में मिली सूचनाओं के अनुसार, चालीस हजार की जनसंख्यावाले इस इलाके में केवल तीन हजार लोग बचे थे। इसके बाद आक्रमणकारियों ने श्रीनगर का रुख किया। इस दौर में महाराजा हरिसिंह ने भय और दबाव में आकर भारत में शामिल होने का निर्णय लिया। 27 अक्तूबर, 1947 को पहली बार वायु सैनिक श्रीनगर हवाई अड्डे पर उतरे और उन जनजातीय आक्रमणकारियों को खदेड़ने के लिए सीधी जंग में शामिल हो गए, जो हवाई अड्डे के बाहरी भाग तक पहुँच चुके थे।

यह सच है कि 'आजाद कश्मीर' कहे जानेवाले क्षेत्रों के लोग मुसलिम लीग व पाकिस्तान की सहयोगी मुसलिम कॉन्फ्रेंस के समर्थक थे, जबकि रियासत के सभी अन्य क्षेत्रों के लोग शेख अब्दुल्ला के जम्मू एवं कश्मीर नेशनल कॉन्फ्रेंस के समर्थक थे। यह भी सच है कि 'मुसलिम कॉन्फ्रेंस' के सदस्यों ने 7 अक्तूबर से पाकिस्तान के सहयोग से कश्मीर में उपद्रव मचाना शुरू कर दिया। ऐसा उन्होंने उस पूर्व सूचना के आधार पर किया कि उन्हें पाकिस्तान के उत्तर-पश्चिम सीमा प्रांत के जनजातीय लश्करों का सहयोग मिलेगा।

वास्तव में जब जनजातीय आक्रमणकारियों ने बारामूला की ओर रुख किया, तभी 24 अक्तूबर, 1947 को पाकिस्तान-प्रायोजित आजाद कश्मीर सरकार स्थापित की गई। यह एक अपरिपक्व प्रयास था, क्योंकि भारतीय सैनिक लगातार जनजातीय आक्रमणकारियों को पीछे धकेलते रहे। दिसंबर 1947 तक उन्हें घाटी से बाहर खदेड़ दिया गया और सन् 1948 के वसंत तक भारतीय सेना ने राज्य के बाकी हिस्सों से पाकिस्तान-प्रायोजित आक्रमणकारियों को निकालने के लिए आक्रामक रुख अपना लिया। सन् 1947 के अंत और सन् 1948 की शुरुआत में पाकिस्तानी सेना ने जनजातीय आतंकवादियों का सहयोग करने का निर्णय लिया।

पाकिस्तान के गवर्नर जनरल जिन्ना ने व्यक्तिगत रूप से जनजातीय आक्रमणकारियों के सहयोग के लिए पाकिस्तानी सैनिकों की तैनाती का आदेश दिया। शुरुआत में पाकिस्तानी सेना के कमांडर-इन-चीफ, जो एक ब्रिटिश जनरल था, ने इसका विरोध किया, लेकिन निचले स्तर पर काम कर रहे पाकिस्तानी अधिकारियों और ब्रिटिश अधिकारियों—दोनों ने जम्मू एवं कश्मीर में पाकिस्तानी सैनिकों को भेजने का समर्थन किया। भारतीय सैन्य बलों के सफल जवाबी आक्रमण को देखते हुए सन् 1948 की गरमियों में पाकिस्तानी टुकड़ियाँ सैन्य अभियान में जनजातीय लोगों के साथ शामिल हो गईं।

कश्मीर पर इस पहले युद्ध का एक दिलचस्प पक्ष यह था कि भारत-पाकिस्तान

की दो उच्च स्तरीय संयुक्त समितियाँ—विभाजन समिति और संयुक्त रक्षा समिति, विभाजन से उत्पन्न अन्य समस्याओं को सुलझाने के लिए बैठकें कर रही थीं, लेकिन नवंबर-दिसंबर तक इन समितियों के प्रयास कश्मीर में संघर्ष से धुँधले पड़ गए। इस शृंखला की अंतिम बैठक 8 दिसंबर, 1947 को हुई, जिसमें भाग लेनेवाले प्रमुख लोग लियाकत अली खान और जवाहरलाल नेहरू थे। पाकिस्तानी प्रधानमंत्री ने पहले ही नेहरू के पास भेजे गए टेलीग्राम में शेख अब्दुल्ला को 'देशद्रोही' कहकर और नेहरू व भारत सरकार पर जम्मू एवं कश्मीर की संपूर्ण मुसलिम जनसंख्या को नष्ट करने का कार्यक्रम बनाने का प्रत्यक्ष आरोप लगाकर किसी उपयोगी बातचीत की संभावनाओं को नष्ट कर दिया था। मध्य दिसंबर, 1947 से भारत और पाकिस्तान के बीच गतिरोध स्थापित हो गया था।

एक सामान्य धारणा यह है कि जवाहरलाल नेहरू ने सन् 1947-48 में हुए प्रथम भारत-पाक युद्ध के दौरान कभी भी गंभीरता से पाकिस्तान के विरुद्ध विस्तृत सैन्य काररवाई पर विचार नहीं किया था। यह सच नहीं है। वास्तव में नेहरू उस युद्ध के दौरान पाकिस्तान के विरुद्ध एक सामान्य सैन्य अभियान चलाना चाहते थे, लेकिन सफल नहीं हुए, क्योंकि भारत के स्वतंत्र होने के बाद पहले दो वर्षों तक सैन्य और रक्षा मामलों का उच्च प्रबंधन अंग्रेजों के हाथों में ही था। इसकी चर्चा उचित होगी कि नेहरू के इरादों को कैसे रोका गया। सन् 1949 के अंत तक भारतीय थलसेना, भारतीय वायुसेना और भारतीय नौसेना के कमांडर-इन-चीफ अंग्रेज ऑफिसर ही थे। लॉर्ड माउंटबेटन दूसरे विश्व युद्ध के दौरान दक्षिण एशिया में मित्र देशों के सुप्रीम कमांडर होने की पृष्ठभूमि के दावे के आधार पर रक्षा मामलों के भारतीय मंत्रिमंडलीय समिति के अध्यक्ष बने रहे। फील्ड मार्शल लार्ड ऑचिनलेक रक्षा मामलों और सन् 1946-47 में भारत-पाकिस्तान के बीच भारतीय सैन्य बलों के बँटवारे के मामले में एक प्रभावी शख्सियत थे। पहले दो कमांडर-इन-चीफ जनरल लॉकहर्ट और बुचर अंग्रेज थे।

लॉर्ड माउंटबेटन, लॉकहर्ट और बुचर द्वारा जम्मू एवं कश्मीर पर पाकिस्तान के आक्रमण से पेश आने के तरीके ने नेहरू और पटेल की सहज प्रतिक्रियाओं को समाप्त कर दिया। इन तीन अंग्रेज अधिकारियों ने न केवल सलाह दी बल्कि नेहरू और सरदार पटेल की इच्छा के विरुद्ध निर्णय भी लिये, जिसका परिणाम यह हुआ कि भारत जम्मू एवं कश्मीर का एक-तिहाई हिस्सा खो बैठा। बाद में प्रकाश में आए रिकॉर्ड बताते हैं कि नेहरू और पटेल ने दिसंबर 1947-जनवरी 1948 में यह विचार किया था कि भारतीय सैन्य बलों को पाकिस्तान के विरुद्ध सैन्य अभियान

शुरू करना चाहिए और जम्मू एवं कश्मीर से पाकिस्तानी सेनाओं की वापसी सुनिश्चित करने के लिए उचित रणनीतिक उपायों को अपनाना चाहिए। रक्षा परिषद् के अध्यक्ष के रूप में माउंटबेटन ने इस सलाह को अस्वीकृत कर दिया। माउंटबेटन ने ही नेहरू को संयुक्त राष्ट्र के पास जाकर जनमत के बारे में प्रस्ताव रखने के लिए कहा और यह आश्वासन दिया कि अमेरिका के साथ मिलकर ब्रिटिश सरकार संयुक्त राष्ट्र के नेतृत्व में जम्मू एवं कश्मीर से पाकिस्तान की वापसी सुनिश्चित करने के लिए उपयुक्त कदम उठाएगी। जम्मू एवं कश्मीर में सैन्य बलों का नेतृत्व कर रहे मेजर जनरल कुलवंत सिंह और वेस्टर्न कमांड के उच्च सैन्य अधिकारी जनरल थिमैया और करियप्पा द्वारा प्राप्त सूचनाओं के आधार पर जवाहरलाल नेहरू ने आग्रह किया कि जब तक संयुक्त राष्ट्र तक जाने का राजनीतिक विकल्प आजमाया जा रहा है तब तक भारत को जम्मू एवं कश्मीर में हिंसा की समाप्ति के लिए पाकिस्तान के विरुद्ध सैन्य अभियान की योजना तैयार करनी चाहिए। ऐसे आदेश भारतीय सेना के कमांडर-इन-चीफ जनरल लॉकहर्ट को दिए गए, जिन्होंने नेहरू से कहा कि पाकिस्तान-प्रायोजित आक्रमणकारियों को सन् 1948 के वसंत तक झेलम घाटी से निकालना संभव नहीं होगा। लॉकहर्ट के उत्तराधिकारी बुचर ने पाकिस्तान के खिलाफ सीमित सैन्य कारवाई के नेहरू के आदेश को नरमी से टाल दिया। बाद में जनवरी 1948 में बुचर ने एक अमेरिकी अधिकारी के सामने स्वीकार किया कि उन्होंने सीमा पार कारवाई के लिए भारतीय सेना को तैयार करने के लिए कोई कदम नहीं उठाया। उन्होंने बताया कि माउंटबेटन की सलाह पर एटली सरकार ने नेहरू को किसी सैन्य कारवाई के खिलाफ चेतावनी दी थी।

बहरहाल, बुचर ने संयुक्त राष्ट्र सुरक्षा परिषद् का बहाना करके नेहरू के आदेशों को टाल दिया। जनरल थिमैया और जनरल कुलवंत सिंह के प्रयासों के कारण ही भारतीय सेना को जम्मू एवं कश्मीर में सीमित कारवाई करने की अनुमति मिली, जिसमें वे सफल रहे।

यह याद रखना जरूरी है कि फील्ड कमांडर थिमैया और कुलवंत सिंह ने न केवल सैन्य मामलों में प्रभावी तरीके से कारवाई की, बल्कि उनकी सलाह थी कि जम्मू एवं कश्मीर के पूरे क्षेत्र को वापस प्राप्त करने से पूर्व भारत को संयुक्त राष्ट्र के पास नहीं जाना चाहिए। नेहरू ने इन सलाहों पर ध्यान नहीं दिया, हालाँकि दिसंबर 1947 में उन्होंने महसूस किया कि संयुक्त राष्ट्र के पास जाने का उपाय भारत के महत्त्वपूर्ण हितों के पक्ष में नहीं था।

संयुक्त राष्ट्र से अपील

पाकिस्तान सरकार ने 16 नवंबर, 1947 को सुझाव दिया कि कश्मीर की समस्या को संयुक्त राष्ट्र के पास ले जाना चाहिए, ताकि कश्मीर में एक निष्पक्ष प्रशासन की व्यवस्था की जा सके। उसके पहले सभी बाहरी सेनाओं को हटाया जाना चाहिए। यह अंतरराष्ट्रीय कूटनीति में पाकिस्तान का पहला धूर्ततापूर्ण प्रयास था। युद्धविराम उस सैन्य पराजय को रोक सकता था, जिसका सामना पाकिस्तान कर रहा था। पाकिस्तान के दृष्टिकोण से बाहरी सेनाओं को हटाने का सुझाव सिर्फ भारतीय बलों पर लागू होता था, क्योंकि अभी भी पाकिस्तान संघर्ष में किसी सीधी भागीदारी से इनकार कर रहा था। निष्पक्ष प्रशासन की स्थापना भारत में जम्मू एवं कश्मीर के विलय को रोक देती और सत्ता में शेख अब्दुल्ला के आने की संभावनाएँ समाप्त कर देता। न तो शेख अब्दुल्ला और न ही भारत सरकार स्पष्ट रूप से कुटिल इस प्रयास को स्वीकार कर सकती थी। अपना सैन्य अभियान शुरू करने के बाद भारत ने इस मुद्दे को तथ्यों और निजी हितों की रूपरेखा के अंदर संयुक्त राष्ट्र तक ले जाने का निर्णय लिया। भारत ने संयुक्त राष्ट्र प्रपत्र (चार्टर) की धारा 35 के तहत 31 दिसंबर, 1947 को इस मामले को संयुक्त राष्ट्र के सामने पेश किया। इस धारा के अनुसार, संयुक्त राष्ट्र का कोई भी सदस्य संयुक्त राष्ट्र सुरक्षा परिषद् या जनरल असेंबली के सामने ऐसा विवाद प्रस्तुत कर सकता है, जो अंतरराष्ट्रीय संघर्ष का कारण बन सकता है या अंतरराष्ट्रीय शांति और सुरक्षा के लिए खतरा उत्पन्न कर सकता है।

इस संदर्भ में, उसी दिन यानी 31 दिसंबर, 1947 को भेजी गई पाकिस्तान की प्रतिक्रिया गंभीर रूप से नकारात्मक थी इसलिए भारत ने अपने 31 दिसंबर के संदर्भ को आगे बढ़ाते हुए 1 जनवरी, 1948 को सुरक्षा परिषद् से औपचारिक रूप से अपील की। इसमें कहा गया, 'अब एक ऐसी परिस्थिति उत्पन्न हो गई है, जिसका कायम रहना अंतरराष्ट्रीय शांति और सुरक्षा के लिए खतरा हो सकता है। घुसपैठिए, जिनमें पाकिस्तान के नागरिक और पाकिस्तान के उत्तर-पश्चिम में जुड़े क्षेत्रों के जनजातीय लोग शामिल हैं, पाकिस्तान के दिशा-निर्देश पर कश्मीर में अराजकता फैला रहे हैं। कश्मीर एक ऐसा राज्य है, जो भारत की सत्ता में शामिल हो चुका है और भारत का एक हिस्सा है। भारत सरकार सुरक्षा परिषद् से अनुरोध करती है कि पाकिस्तान को भारत के खिलाफ हिंसक कारस्वाइयों में सहयोग देना तुरंत समाप्त करने को कहें। यदि पाकिस्तान ऐसा नहीं करता है तो भारत सरकार अपनी सुरक्षा के लिए पाकिस्तानी क्षेत्र में प्रवेश करके घुसपैठियों के विरुद्ध कारस्वाई

करने के लिए विवश हो जाएगी। इस प्रकार इस मामले को अतिशीघ्र निपटाने की आवश्यकता है।'

संयुक्त राष्ट्र सन् 1948 से कश्मीर मुद्दे पर जिस तरीके से पेश आया है, यह भारत के लिए बहुत अप्रसन्नता का विषय रहा है। भारत में जम्मू एवं कश्मीर के संवैधानिक और विधिसम्मत विलय के आधार पर कोई काररवाई करने की बजाय और पाकिस्तान से हिंसक गतिविधियाँ बंद करने के लिए कहने की बजाय संयुक्त राष्ट्र ने इन वर्षों में 'भारत के एक भाग जम्मू एवं कश्मीर में पाकिस्तानी आक्रमण' के मुद्दे को 'भारत-पाकिस्तान विवाद' में बदल दिया।

पिछले पचपन वर्षों में इस विवाद के बारे में बहुत कुछ लिखा और विश्लेषित किया गया है। कुछ प्रासंगिक घटनाओं का विवरण देना उचित होगा। पहला और सबसे महत्त्वपूर्ण बिंदु है, जो कश्मीर पर हो रही बहसों में अकसर भुला दिया जाता है, कि पाकिस्तान ने एक विधिसम्मत और संवैधानिक निर्णय को बदलने के लिए बल प्रयोग का सहारा लिया, और भारत शांतिपूर्ण समाधान के लिए इस मुद्दे को संयुक्त राष्ट्र के सामने ले गया। दूसरा, संयुक्त राष्ट्र तक इस मुद्दे को ले जाने के पंडित नेहरू के फैसले के ठीक पहले, सन् 1947 और 1948 में, जम्मू एवं कश्मीर में सैन्य अभियान का नेतृत्व कर रहे सैन्य कमांडरों ने सुझाव दिया था कि जम्मू एवं कश्मीर से पाकिस्तानी सैनिकों और नागरिकों को बाहर निकालने में सिर्फ चंद सप्ताह लगेंगे तथा भारत को संयुक्त राष्ट्र तक जाने की कोई आवश्यकता नहीं है। ऐसी सूचना है कि उस समय जम्मू एवं कश्मीर में भारतीय बलों के वरिष्ठ कमांडर ले. जनरल कुलवंत सिंह ने भारत सरकार को ऐसी सलाह देने में सबसे महत्त्वपूर्ण भूमिका निभाई थी, लेकिन लॉर्ड माउंटबेटन और जवाहरलाल नेहरू—दोनों ने अपनी राजनीतिक समझ के अनुसार यह सलाह मानने से इनकार कर दिया। एक अधिक दिलचस्प बात, जो सबको पता नहीं है, यह है कि शेख अब्दुल्ला भी इस बात के लिए उतने उत्सुक नहीं थे कि भारतीय सेना राज्य के पश्चिमी क्षेत्र को पाकिस्तानी टुकड़ियों से आजाद करा ले। इसका कारण यह था कि वे उन क्षेत्रों, यानी वर्तमान पाक-अधिकृत कश्मीर के लोगों में अपनी लोकप्रियता और स्वीकार्यता के प्रति निश्चित नहीं थे। उनके नेतृत्व और उनकी पार्टी 'जम्मू एवं कश्मीर नेशनल कॉन्फ्रेंस' को उन क्षेत्रों में जम्मू एवं कश्मीर के अन्य क्षेत्रों की तरह समर्थन प्राप्त नहीं था। जम्मू एवं कश्मीर के पश्चिमी क्षेत्रों के लोग 'मुसलिम कॉन्फ्रेंस' और 'मुसलिम लीग' के समर्थक थे। इसलिए सैन्य काररवाई की समाप्ति के बाद राज्य के उस हिस्से को काबू में करने की बजाय शेख अब्दुल्ला ने इस मुद्दे को संयुक्त

राष्ट्र सुरक्षा परिषद् के सामने ले जाने के मुद्दे पर भारत का समर्थन किया।

सन् 1947 और 1948 में भारत द्वारा अपनाई गई दोषपूर्ण राजनीतिक रणनीति का एक और आयाम यह था कि संयुक्त राष्ट्र प्रपत्र की धारा 35 के साथ धारा 36 के तहत यह मुद्दा भारत प्रस्तुत नहीं कर रहा था। इस धारा के उपखंड तीन में स्पष्ट रूप से उल्लिखित है कि धारा 33, 34 और 35 के तहत किसी विवाद पर काररवाई करने या उसका समाधान करने के साथ संयुक्त राष्ट्र उस मुद्दे के कानूनी पक्षों की भी जाँच करेगा और सामान्य नियम के अनुसार उस मामले को 'इंटरनेशनल कोर्ट ऑफ जस्टिस (आई.सी.जे.) के सामने प्रस्तुत करेगा।' इसके अतिरिक्त भारत को संभवतः प्रपत्र की धारा 6 और 7 के तहत भी यह मुद्दा सुरक्षा परिषद् की जानकारी में लाना चाहिए था, जिसमें भारत का अभिन्न हिस्सा बन चुके राज्य या क्षेत्र के विरुद्ध पाकिस्तान की हिंसक गतिविधियों को महत्त्व दिया जाता। विदेशी विशेषज्ञों (जैसे—भारत और पाकिस्तान पर पहली संयुक्त राष्ट्र समिति के अध्यक्ष जोसेफ कॉरबेल) ने भी टिप्पणी की कि भारत ने राजनीतिक, कानूनी व संवैधानिक स्तर पर इस मुद्दे को सुरक्षा परिषद् में प्रभावी ढंग से प्रस्तुत नहीं किया है।

इससे यह निष्कर्ष निकाला जा सकता है कि भारत को संयुक्त राष्ट्र के पास कतई नहीं जाना चाहिए था, क्योंकि उस समय पाकिस्तानी योजनाओं को पूर्ण और स्थायी रूप से समाप्त किया जा सकता था। दूसरा, हम संयुक्त राष्ट्र के पास भी अपर्याप्त और सीमित दृष्टिकोण के साथ गए। ऐतिहासिक महत्त्व की एक और बात यह है कि जब पाकिस्तानी सैन्य कमांडर दो राष्ट्रवाले सिद्धांत को लेकर उत्साह से भरे थे और जम्मू एवं कश्मीर पर कब्जा करने के प्रति दृढ़प्रतिज्ञ थे, कुछ अपवादों को छोड़कर भारतीय सैन्य कमांडर पाकिस्तानी सेना के उन सहयोगियों से लड़ने के मुद्दे पर बहुत खुश नहीं थे, जो कुछ ही समय पहले ब्रिटिश भारतीय सेना में उनके कॉमरेड थे। इसलिए यह एक राहत की बात होनी चाहिए कि इन भावनात्मक आशंकाओं के बावजूद भारतीय सैन्य बलों ने आक्रमणकारियों को पीछे धकेलने में प्रभावी भूमिका निभाई, जब तक उन्हें उच्च राजनीतिक निर्णयों से रोक नहीं दिया गया।

इसके विपरीत पाकिस्तान का लक्ष्य निश्चित था; वह आक्रामक था और भारत द्वारा संयुक्त राष्ट्र में मामला ले जाने की प्रतिक्रिया में झूठ का सहारा ले रहा था। 15 जनवरी, 1948 को पाकिस्तान ने सुरक्षा परिषद् में भारतीय अपील पर प्रतिक्रिया व्यक्त करते हुए उसे 'भारत के प्रति पाकिस्तान की शिकायत' नाम दिया। पाकिस्तान ने कश्मीर की परिस्थिति को भारत के खिलाफ आरोपों की वर्षा

में डुबो दिया। पाकिस्तानी प्रतिक्रिया इस दावे के साथ शुरू हुई कि पाकिस्तानी सरकार इस विषय में दृढ़ता से इनकार करती है कि वह 'तथाकथित' घुसपैठियों को सहयोग दे रही है या भारत के खिलाफ किसी प्रकार की काररवाई में संलिप्त है। इसके विपरीत वह दोनों सरकारों के बीच मित्रतापूर्ण संबंधों को प्रोत्साहित करने के उद्देश्य से जनजातीय गतिविधियों को समाप्त करने का हर संभव प्रयास कर रही है। इस दावे के बाद पाकिस्तान ने जम्मू एवं कश्मीर में मुसलमानों के संहार का आरोप भारत पर लगाया। साथ ही यह भी कहा कि भारत ने अनुचित तरीकों से जूनागढ़ और हैदराबाद पर कब्जा किया है। पाकिस्तान ने सर सायरिल रेडक्लिफ के बाउंड्री अवार्ड को अनुचित और अन्यायपूर्ण बताया। अंत में पाकिस्तान ने कहा कि जम्मू एवं कश्मीर में भारतीय सेना 'पेशेवर सेना' है और भारतीय नीतियाँ पाकिस्तान के खिलाफ विध्वंसी और दुश्मनी से परिपूर्ण हैं; उनका उद्देश्य पाकिस्तान को न्यायोचित वित्तीय और अन्य संपत्तियों से वंचित करके शुरुआत में ही कमजोर बना देना है। इसके बाद भारत पर एक बड़ा आरोप लगाया गया कि भारत ने विभाजन को स्वीकार नहीं किया है, भारतीय सत्ता में जम्मू एवं कश्मीर का समावेश 'धोखाधड़ी और हिंसा' द्वारा किया गया और अब पाकिस्तान पर प्रत्यक्ष सैन्य आक्रमण द्वारा भारत उसके लिए खतरा उत्पन्न कर रहा है। संयुक्त राष्ट्र में यह नीति अपनाते हुए पाकिस्तान ने जम्मू एवं कश्मीर में अपनी गतिविधियों को और तेज कर दिया।

अपने मामले के प्रस्तुतीकरण में भारत द्वारा एक और गलती यह की गई कि संयुक्त राष्ट्र सुरक्षा परिषद् को कश्मीर के जन-आंदोलनों के बारे में सूचित नहीं किया गया। उदाहरण के लिए—शेख अब्दुल्ला और उनके दल द्वारा महाराजा हरिसिंह के शासन का विरोध। अंतरराष्ट्रीय समुदाय की जानकारी में यह बात नहीं आ पाई कि महाराजा हरिसिंह द्वारा लिये गए निर्णय को ज़म्मू एवं कश्मीर की सबसे अधिक प्रतिनिधित्ववाली और लोकप्रिय पार्टी 'नेशनल कॉन्फ्रेंस' का समर्थन प्राप्त था।

एक लंबे प्रसंग को यदि हम संक्षिप्त करें तो यही कहा जा सकता है कि संयुक्त राष्ट्र और अन्य बड़ी शक्तियों ने विवाद की प्रकृति पर ध्यान नहीं दिया। पाकिस्तान के क्षेत्रीय विस्तार के प्रयासों पर सवाल उठाने की बजाय संयुक्त राष्ट्र ने इस मुद्दे पर पाकिस्तान और भारत को समान नजरिए से विवादियों के रूप में देखा। सन् 1945 से 1949 के बीच संयुक्त राष्ट्र सुरक्षा परिषद् द्वारा पारित किए गए समाधानों ने इस विवाद को सुलझाने के लिए पूर्णरूप से अनुचित संदर्भों का

निर्माण किया तथा जम्मू एवं कश्मीर के विलय के संवैधानिक और कानूनी आधार को नकार दिया, जिसमें भारत का विभाजन करनेवाले ब्रिटिश संसदीय कानून के अनुसार भारत और पाकिस्तान का बँटवारा और भारतीय उपमहाद्वीप की रियासतों को स्वविवेक से निर्णय करने का प्रावधान था। संयुक्त राष्ट्र ने जम्मू एवं कश्मीर नेशनल कॉन्फ्रेंस और उसके नेता शेख अब्दुल्ला की राजनीतिक विश्वसनीयता तथा प्रतिनिधि विशिष्टता को मानने से भी इनकार कर दिया। एक जनमत-संग्रह की व्यवस्था पर जोर दिया गया। संयुक्त राष्ट्र द्वारा किया गया एकमात्र सही निर्णय यह था कि पाकिस्तानी टुकड़ियों को जम्मू एवं कश्मीर से निकल जाना चाहिए और पाकिस्तान भी यह सुनिश्चित करने का प्रयास करे कि उसके द्वारा प्रायोजित जनजातीय आक्रमणकारी वापस चले जाएँ। जम्मू एवं कश्मीर से अपने समर्थकों को वापस बुलाने के लिए पाकिस्तान को बाध्य नहीं किया गया। साथ ही, बड़ी शक्तियों का रवैया भी, द्विपक्षीय या संयुक्त राष्ट्र में, कश्मीर मुद्दे के बारे में अड़ियल उदासीनता से परिपूर्ण था। इसका मनोवैज्ञानिक कारण यह विचार था कि उपनिवेशवाद से उभरे नए स्वतंत्र राष्ट्र अपने राजनीतिक मामलों का प्रबंधन तार्किक और व्यावहारिक तरीके से करने में सक्षम नहीं हैं। इसलिए इस मुद्दे को निष्पक्ष रूप से देखा जाना चाहिए, जिसमें कमजोर व नए राष्ट्र पाकिस्तान के प्रति सहानुभूति रखनी चाहिए तथा विभाजन, सीमा-निर्धारण व अधिकतर रियासतों का भारत में विलय की कुंठा के मद्देनजर पाकिस्तान द्वारा की गई गलतियों को सहानुभूतिपूर्ण नजरिए से देखना चाहिए।

उसके बाद मध्यस्थों के एक समूह ने कश्मीर मुद्दे को सुलझाने के लिए प्रस्ताव और सुझाव दिए। जून 1948 में भारत और पाकिस्तान पर पहला संयुक्त राष्ट्र आयोग अस्तित्व में आया। इसके अध्यक्ष थे चेकोस्लोवाकिया के जोसेफ (कॉरबेल) बाद में अमेरिकी विदेश सचिव बनीं मेडलीन ऑलब्राइट के पिता। आयोग के अन्य प्रतिनिधि अमेरिका, बेल्जियम, कोलंबिया और अर्जेंटीना से थे। इस आयोग के प्रयासों के बाद अमेरिकी मध्यस्थों—सन् 1949 में जनरल मैकनॉटन, 1950 में सर ओवेन डिक्सन, 1951 में डॉ. फ्रैंक ग्राहम और 1957 में गुनर जेरिंग—ने इस मामले में अपना योगदान दिया। इन लोगों के सभी सुझाव और उपाय बेकार रहे, क्योंकि उनमें से कोई भी भारत और पाकिस्तान को पूरी तरह स्वीकार्य नहीं था।

क्या संयुक्त राष्ट्र इस मुद्दे को अलग तरीके से निपटा सकता था? कनाडाई विद्वान् माइकल ब्रेचर ने अपनी किताब 'स्ट्रगल फॉर कश्मीर' (सन् 1953) में इस

बारे में कुछ संकेत दिए हैं, जो अब भी प्रासंगिक हैं। ब्रेचर के अनुसार, संयुक्त राष्ट्र को इन सवालों का जवाब देना चाहिए था— (1) क्या भारत और पाकिस्तान को स्वतंत्रता प्रदान करनेवाले ब्रिटिश संसदीय कानूनों के अनुसार जम्मू एवं कश्मीर का विलय कानूनी रूप से वैध था? (2) क्या पाकिस्तान ने कश्मीर पर आक्रमण किया? यदि किया तो संयुक्त राष्ट्र और सुरक्षा परिषद् द्वारा दंड-निर्धारण और सुधारात्मक काररवाई की जानी चाहिए। यदि नहीं, तो सुरक्षा परिषद् को स्पष्ट रूप से भारत का मामला अस्वीकार कर देना चाहिए। (3) क्या जम्मू एवं कश्मीर के शासन के लिए एक वैध संवैधानिक व्यवस्था है? (4) क्या आजाद कश्मीर एक वैध सत्ता है? (5) आजाद कश्मीर की सेना पाकिस्तान निर्मित है या जम्मू एवं कश्मीर के कुछ भागों के निवासी, तत्कालीन महाराजा के विरोधी कश्मीरियों के एक भाग द्वारा निर्देशित किया जा रहा स्वतंत्र सैन्य बल है?

इन प्रश्नों के तथ्यात्मक और वस्तुपरक उत्तर अब भी पाकिस्तान को अच्छे नहीं लगेंगे। ऐसे जवाब कश्मीर मुद्दे पर विश्व की बड़ी शक्तियों और संयुक्त राष्ट्र सुरक्षा परिषद् के पक्षपाती रवैयों की भी पोल खोल देंगे। अब हम कश्मीर मुद्दे के आरंभिक दौर को समाप्त करते हैं और सन् 1959, जब पाकिस्तान सैन्य तानाशाही के अधीन हो गया, तक भारत-पाकिस्तान संबंधों से संबंधित घटनाओं और प्रवृत्तियों की ओर चलते हैं।

मानवीय पक्ष

यहाँ हम विभाजन के फौरन बाद भारत-पाकिस्तान संबंधों के भावनात्मक आयामों की चर्चा करते हैं। कश्मीर में पहला युद्ध जारी रहने और भारत के संयुक्त राष्ट्र तक यह मुद्दा ले जाने के दौरान महात्मा गांधी की हत्या कर दी गई। विभाजन के गंभीर विरोधी होने और पाकिस्तान के साथ नरमी बरतने की इच्छा रखने के बावजूद जब विभाजन अनिवार्य हो गया तो उन्होंने जम्मू एवं कश्मीर में पाकिस्तानी आक्रमण को अनुचित पाया और उसके खिलाफ भारतीय प्रतिक्रिया को सहमति दी। उनकी मौत ने भारत और पाकिस्तान के बीच संपर्क पर एक गहरे प्रभाव को मिटा दिया। दूसरी ओर जिन्ना भी कैंसर से जूझ रहे थे। सन् 1948 के अंत में वे भी मृत्यु को प्राप्त हो गए। इस प्रकार भारत और पाकिस्तान के दो सबसे प्रमुख नेताओं को विभाजन के बाद की घटनाओं को प्रभावित करने के लिए बहुत कम समय मिल पाया। दोनों देशों में नेतृत्व की अगली पीढ़ी ने स्वतंत्रता-प्राप्ति के डेढ़ वर्षों के अंदर बागडोर सँभाल ली। परिणाम यह हुआ कि पाकिस्तान ने एक

अधिक गंभीर इसलामिक पहचान, तानाशाही और सैन्य शासन की ओर अपनी यात्रा शुरू की; जबकि भारत के राजनीतिक हलकों की मानसिकता में विभाजन और कश्मीर मुद्दे पर पाकिस्तान-विरोधी भावनाएँ घर कर गईं।

संख्याओं के लिहाज से सन् 1946 से 1949 के बीच लगभग दस मिलियन लोग इधर से उधर और उधर से इधर आए। इस स्थानांतरण के भौगोलिक और जनसंख्या-विषयक पक्ष दिलचस्प हैं। पंजाब, सिंध और उत्तर पश्चिम सीमा प्रांत के अधिकतर हिंदू और सिख यह महसूस नहीं करते थे कि उनका जीवन बाधित हो जाएगा और उन्हें अपना मकान छोड़ना पड़ सकता है। शुरुआती धारणा यह थी कि हालाँकि विभाजन दुःखद घटना थी; केवल प्रशासनिक स्तर पर परिवर्तन होंगे और जीवन सामान्य ढंग से चलता रहेगा। इसके विपरीत मुसलिम लीग ने हैदराबाद रियासत, उत्तर प्रदेश, बिहार, मध्य प्रदेश, राजस्थान और पश्चिम बंगाल के मुसलमानों के बीच एक अभियान चलाकर उनसे आग्रह किया कि वे पाकिस्तान में आएँ, जो मुसलमानों का अपना घर है। दिलचस्प यह है कि बंगाल, असम के कुछ भागों और पूर्वी पंजाब को छोड़कर इन राज्यों के सामान्य मुसलमानों ने मुसलिम लीग के इस अभियान के प्रति खास उत्साह नहीं दिखाया। 16 अगस्त, 1946 को कलकत्ता में जिन्ना द्वारा प्रत्यक्ष काररवाई के आह्वान के बाद बड़े पैमाने पर हुए सांप्रदायिक दंगों ने दोनों ओर के क्षेत्रों में रह रहे हिंदुओं और मुसलमानों को जबरन स्थानांतरण के लिए सोचने पर विवश किया। पश्चिमी पंजाब, उत्तर पश्चिम सीमा प्रांत और सिंध के उत्तरी भागों के अधिकतर हिंदू और सिख भारत में आ गए, जबकि पूर्वी पंजाब के अधिकतर मुसलमान पश्चिमी पंजाब और उत्तर-पश्चिमी सीमा प्रांत में चले गए। पश्चिम बंगाल में रहनेवाले अधिकतर मुसलमान पूर्वी बंगाल, जो पूर्वी पाकिस्तान बनने वाला था, में चले गए।

सिंध में रहनेवाले हिंदुओं ने भारत में आने के लिए दबाव महसूस नहीं किया, लेकिन सन् 1947 के मध्य से ही उनके खिलाफ हिंसा की घटनाएँ बढ़ने लगी थीं। फलतः उन्हें राजस्थान और तत्कालीन बॉम्बे प्रेसीडेंसी की ओर स्थानांतरित होना पड़ा। दिलचस्प बात यह है कि उत्तर प्रदेश, बिहार, राजस्थान, मध्य प्रदेश और हैदराबाद व तमिलनाडु के दक्षिणी राज्यों से पाकिस्तान जाकर बसनेवाले अधिकतर मुसलमान मध्य वर्गीय प्रोफेशनल थे। इन राज्यों के अधिकतर मुसलमानों ने भारत में ही रहने का फैसला किया, आंशिक रूप से इसलिए, क्योंकि उनकी आर्थिक स्थिति मजबूत नहीं थी और वे पाकिस्तान में अपनी आर्थिक सुरक्षा को लेकर आश्वस्त नहीं थे। अधिक महत्त्वपूर्ण बात यह है कि सत्तारूढ़ कांग्रेस पार्टी

ने अपनी सुनियोजित नीति के तहत एक विशेष अभियान चलाकर भारत में उनकी सुरक्षा और नागरिक अधिकारों के बारे में उन्हें आश्वस्त किया। कांग्रेस ने इस बात पर बल दिया कि भारत की संविधान और शासन-पद्धति धार्मिक और सांप्रदायिक सहनशीलता व धर्मनिरपेक्षता पर आधारित होगी।

अंतिम रूप से जो परिस्थिति उभरी, वह मुसलिम लीग की उम्मीदों से अलग थी। पाकिस्तान में इच्छानुसार क्षेत्रों के समावेश न होने के अलावा वह मुसलमानों की जनसंख्या के बड़े हिस्से को भी पाकिस्तान ले जाने में सफल नहीं हो पाई। उस अवधि की स्थूल गणनाएँ इस बात का संकेत देती हैं कि इस उपमहाद्वीप में रह रहे एक सौ से एक सौ तीस मिलियन मुसलमानों में पाकिस्तान की जनसंख्या में वैसे ही मुसलमान शामिल हुए, जो पहले से उन क्षेत्रों के निवासी थे। भारत के बाकी हिस्सों में रह रहे मुसलमानों का एक छोटा प्रतिशत ही पाकिस्तान में जाकर बसा। यह याद रखना भी महत्त्वपूर्ण है कि पंजाब और उत्तर पश्चिम सीमा प्रांत की राजनीति में शामिल संभ्रांत मुसलमान विभाजन के खिलाफ थे। मुसलिम लीग ने प्रत्यक्ष काररवाई का आह्वान इन क्षेत्रों में रह रहे लोगों के समर्थन के कारण किया था। पैंतीस से बयालीस मिलियन मुसलमान भारत में ही रहे और नए मुसलिम राष्ट्र में नहीं गए। पंजाब और बंगाल के भारतीय हिस्सों के मुसलमान पाकिस्तानी पंजाब और पूर्वी बंगाल में जाकर बस गए; जबकि उत्तर प्रदेश, बिहार, राजस्थान, मध्य प्रदेश और दक्षिणी राज्यों से वहाँ जानेवाले अधिकतर मुसलमान सिंध में बसे, क्योंकि उन्हें पाकिस्तानी पंजाब और उत्तर पश्चिम सीमा प्रांत में आसानी से स्वीकार नहीं किया गया। बिहार से गए लगभग आधे मिलियन मुसलमान पूर्वी पाकिस्तान में चले गए। भारत से पाकिस्तान की ओर मुसलिम स्थानांतरण की इन क्षेत्रीय जनसंख्या-विषयक विशिष्टताओं ने नौवें और अंतिम दशक में पाकिस्तान की राजनीति शाखाओं में विभाजित हो गई।

मैं सन् 1946 से 1949 तक मेवाड़ (उदयपुर) की रियासत में और बाद में दिल्ली में माध्यमिक विद्यालय का छात्र था। बाकी देशवासियों की तरह मेरे पास भी विभाजन के भावनात्मक और भौगोलिक आयामों की व्यक्तिगत यादें हैं। राजस्थान की रियासतों में इसलाम के विभिन्न पंथों को माननेवाले मुसलमानों की बड़ी संख्या थी। उनमें से अधिकतर की महत्त्वपूर्ण सामाजिक और आर्थिक स्थिति थी। ब्रिटिश भारत में बीसवीं शताब्दी के पहले चार दशकों में हिंदू-मुसलिम संबंधों को प्रभावित करनेवाले सांप्रदायिक तनाव के मुकाबले में राजस्थान की रियासतों में सन् 1948 की शुरुआत तक हिंदुओं व मुसलमानों के बीच कोई गंभीर तनाव नहीं

था। सुन्नी, शिया, इसमायली, खोजा, बोहरा आदि राजस्थान के समाज के अंग थे। जब पश्चिमी पंजाब और सिंध से हिंदू स्थानांतरित होकर यहाँ आए, तभी यहाँ तनाव शुरू हुआ। मुझे याद आता है कि समृद्ध सिंधी लोग अजमेर के मार्ग से उदयपुर आए और राजस्थान के मुसलमान पाकिस्तान के सिंध और दक्षिण पश्चिम पंजाब में जाकर बसे। इस अंतरराष्ट्रीय सीमा पर आने-जानेवाले लोगों और अन्य सीमाओं में एकमात्र अंतर यह था कि राजस्थान से पाकिस्तान और पाकिस्तान से राजस्थान आनेवाले लोगों को उस प्रकार की क्रूर हिंसा का सामना नहीं करना पड़ा, जैसा स्थानांतरण करनेवाले लोगों ने पूर्वी व पश्चिमी पंजाब और पूर्वी व पश्चिमी बंगाल के बीच झेला।

मुझे यह भी याद है कि दिल्ली में दिल्ली गेट से अजमेरी गेट तक फैला रामलीला मैदान तंबुओं के एक शहर में परिवर्तित हो गया था। यहाँ पंजाब और उत्तर पश्चिमी सीमा प्रांत से आए लोग कठिन परिस्थितियों में रह रहे थे। उन शरणार्थियों में आत्मसम्मान का गहन भाव था, जो अपनी खराब आर्थिक दशा के बावजूद भिक्षावृत्ति नहीं करना चाहते थे। उस समय मैं दिल्ली के सीताराम बाजार में रहता था और तंबुओं के इस शहर में मॉर्निंग वॉक करने जाता था। आनेवाले शरणार्थी दुकानें लगाने, इंजीनियरिंग और मशीनों के कामों के लिए झोंपड़ी बनाने में व्यस्त रहते थे, यहाँ तक कि छोटे बच्चे भी पैसे कमाने के लिए अखबार बेचने का काम करते थे। परिश्रम और दृढ़निश्चय की भावना से पंजाब के इन शरणार्थियों ने सिर्फ दो दशकों में दिल्ली और आस-पास के क्षेत्रों के आर्थिक और सामाजिक जीवन को प्रभावित कर लिया।

पूर्वी बंगाल से भारत आनेवाले शरणार्थी इसके विपरीत थे। मेरी स्वर्गीया माताजी डॉ. रत्नामयी देवी दीक्षित रामकृष्ण मिशन की एक समर्पित भक्त थीं। इसलिए दक्षिणेश्वर के निकट बेलुर स्थित रामकृष्ण मिशन के मुख्यालयों में उनका आना-जाना था। बेलुर उस समय कलकत्ता का एक उपनगर था। मैं अपनी माताजी के साथ जाता था। मुझे अभी भी हावड़ा और सियालदह के रेलवे प्लेटफॉर्मों पर पूर्वी बंगाल के शरणार्थियों का शोर याद है। वे उदासीन और हताश लग रहे थे। उनमें से अधिकतर लोग पश्चिम बंगाल के सामाजिक व सांस्कृतिक रूप से परिचित वातावरण के बाहर नहीं निकलना चाहते थे। परिश्रम करने और परिस्थितियों से लड़ने का जोश उनमें कम ही दिख रहा था। इस विषमता का प्रमाण यह था कि उत्तरी भारत में सन् 1950 के अंत तक अधिकतर शरणार्थी शिविर गायब हो चुके थे, जबकि जिन शिविरों में बंगाली शरणार्थी रह रहे थे, वे सॉल्टलेक और सियालदह

आदि स्थानों में कई वर्षों तक जारी रहे।

हिंसा और कड़वाहट की इन घटनाओं के बीच मानवीय संवेदनाओं और सभ्यता से भरी हुई मर्मस्पर्शी घटनाएँ भी थीं। एक घटना में जवाहरलाल नेहरू व्यक्तिगत सुरक्षा के सभी साधन छोड़कर मुसलिम-विरोधी दंगों के बीच कनॉट प्लेस पहुँच गए थे और हिंसा रोकने के लिए क्रोधित होकर हिंदू और सिख दंगाइयों को फटकार सुनाई थी। उत्तरी भारत में ऐसी बहुत सी घटनाएँ थीं, जिनमें हिंदू पड़ोसियों ने अपने मुसलिम दोस्तों व उनके परिवारों को शरण देकर उन्हें सांप्रदायिक हिंसा की आग से बचाया था और उनका सुरक्षित पाकिस्तान निकलना सुनिश्चित किया था। इसी प्रकार पंजाब और उत्तर पश्चिमी सीमा प्रांत के शहरों मुलतान, लायलपुर (अब फैसलाबाद), लाहौर, रावलपिंडी और पेशावर में मुसलमानों ने अपने हिंदू और सिख पड़ोसियों को भविष्य में होनेवाली हिंसा के बारे में चेतावनी दी थी। साथ ही सीमा की दोनों ओर बिछुड़ी महिलाओं और बच्चों को उनके परिवारों तक पहुँचाने के प्रयास किए गए। इस अवधि में मृदुला साराभाई और पाकिस्तान में उनकी जैसी महिलाओं द्वारा किया गया काम मानवीय व्यवहार का एक प्रत्यक्ष उदाहरण था।

सभी प्रकार की दुश्मनी के बावजूद यह स्वीकार करना जरूरी है कि सन् 1947 और 1959 के बीच दोनों देशों के राजनीतिक नेतृत्व द्वारा अपने विवादों को सुलझाने और एक सामान्य संबंध बनाने के लिए नींव रखने के प्रयास किए गए। जवाहरलाल नेहरू ने लियाकत अली खान तथा उनके उत्तराधिकारियों—नाजिमुद्दीन, मुहम्मद अली बोगरा और फिरोज खान नून तक सभी पाकिस्तानी प्रधानमंत्रियों से संपर्क स्थापित किए। कश्मीर विवाद दोनों देशों के बीच तनाव का चरम बिंदु रहा और सन् 1950 में पूर्वी पाकिस्तान में हिंदुओं के प्रति हिंसा की घटनाओं ने जन-स्थानांतरण का एक और दौर शुरू किया। लियाकत और नेहरू ने कुछ अन्य मुद्दों पर समझौते का निर्णय लिया। ये मुद्दे थे : क्षेत्र छोड़कर जानेवाले लोगों की संपत्ति की समस्या, दोनों देशों में अल्पसंख्यकों के साथ व्यवहार, दोनों देशों के बीच आर्थिक और व्यापारिक रिश्ते बहाल करने की संभावनाएँ। अप्रैल 1950 में लियाकत अली खान और जवाहरलाल नेहरू ने एक शांति समझौते पर हस्ताक्षर किए, जिसे 'लियाकत-नेहरू समझौता' कहा जाता है। उन्होंने दोनों देशों में अल्पसंख्यकों के साथ व्यवहार के लिए कुछ खास नियम और आचार-संहिता बनाई। नेहरू ने इस समस्या की गंभीरता पर बल दिया, क्योंकि पूर्वी पाकिस्तान से लगभग आधे मिलियन शरणार्थी वहाँ सन् 1950 में सांप्रदायिक हिंसा पुनः शुरू होने के कारण भारत आ

गए थे। दोनों प्रधानमंत्रियों ने परिवहन, सिंचाई, संचार और दूसरे देश में चले गए शरणार्थियों की संपत्ति के विषयों में सहयोग की संभावनाओं पर भी विचार-विमर्श किया। भारत को लेकर पाकिस्तान की सबसे बड़ी चिंता पश्चिम पंजाब की ओर बह रही नदियों से नहर के पानी का प्रवाह सुनिश्चित करना था, क्योंकि उन सभी की मुख्य धारा भारत में थी। भारत की एक बड़ी चिंता शरणार्थियों की संपत्ति को लेकर थी। भारतीय शरणार्थियों ने पाकिस्तान में, खासकर पश्चिमी पाकिस्तान में, लगभग चौदह हजार मिलियन की संपत्ति छोड़ी थी; जबकि मुसलमान शरणार्थी भारत में सिर्फ दो हजार मिलियन की संपत्ति छोड़ गए थे। (*इंडिया-पाकिस्तान : हिस्ट्री ऑफ अनरिजॉल्व्ड कॉनफ्लिक्ट* का अंक 1, लेखक—लार्स ब्लिकेनबर्ग, सन् 1998 में ओडेंस यूनिवर्सिटी प्रेस द्वारा प्रकाशित) इनमें से शरणार्थी संपत्ति और नहर के पानी का मुद्दा सन् 1960 तक सुलझा लिया गया था। अल्पसंख्यकों, परिवहन, संचार और व्यापार से संबंधित मुद्दे अनसुलझे रहे। सन् 1952 में लियाकत अली खान की हत्या ने भारत-पाकिस्तान संबंध के इन अध्यायों को समाप्त कर दिया। मुहम्मद अली बोगरा के साथ नेहरू के रिश्ते मैत्रीपूर्ण थे। जून और जुलाई 1953 में लंदन और दिल्ली में उनकी बैठकों से जम्मू एवं कश्मीर से संबंधित मुद्दों को छोड़कर भारत-पाकिस्तान के संबंधों में बहुत सुधार आया।

शेख अब्दुल्ला की गिरफ्तारी

सन् 1949 के प्रारंभ में भारतीय सैन्य कारवाइयाँ रुकने के बाद पाकिस्तान ने अपने कब्जेवाले क्षेत्रों में 'आजाद कश्मीर' के नाम से एक अलग क्षेत्रीय सत्ता स्थापित की। सन् 1957 में जेरिंग शिष्टमंडल तक मध्यस्थता के सभी उपाय विफल हो गए। स्थिति तब और भी जटिल हो गई, जब भारत ने शेख अब्दुल्ला को कश्मीर के प्रधानमंत्री पद से बरखास्त करके उन्हें गिरफ्तार कर लिया। इस निर्णय का कारण जम्मू एवं कश्मीर में अंतर्विरोधी जटिलताओं का उत्पन्न होना था। शेख अब्दुल्ला भारत के साथ एक सामान्य केंद्रीय व्यवस्था के अंदर जम्मू एवं कश्मीर के लिए विशेष स्वायत्तता चाहते थे, जबकि हिंदू बहुल जम्मू के लोग अपनी पार्टी प्रजा परिषद् के द्वारा भारतीय गणतंत्र में अन्य राज्यों की तरह जम्मू एवं कश्मीर के पूर्ण समावेश के लिए दबाव बना रहे थे।

शेख अब्दुल्ला इस माँग के बिलकुल खिलाफ थे। जम्मू प्रजा परिषद् ने अब्दुल्ला सरकार की मुसलिम-समर्थक नीतियों की भी निंदा की। शेख अब्दुल्ला की प्रतिक्रिया के परिणामस्वरूप जम्मू प्रजा परिषद् ने हिंसक प्रदर्शनों का सहारा

लिया, जिससे स्थिति और भी गंभीर हो गई। जम्मू एवं कश्मीर में भारतीय संविधान को पूरी तरह से लागू करने की 'प्रजा परिषद्' की माँग को अब्दुल्ला ने अवास्तविक, बचकाना और उन्मादी बताया। शेख अब्दुल्ला की इच्छा यह थी कि वे बिना भारतीय हस्तक्षेप के स्वतंत्र रूप से कश्मीर पर शासन करें। उनका यह आकलन था कि वे इस उद्देश्य को अच्छी तरह प्राप्त करने में तभी सफल होंगे, यदि जम्मू एवं कश्मीर भारत का अंग बना रहे। उन्हें संदेह था कि जम्मू एवं कश्मीर के पाकिस्तान का हिस्सा बनने पर उन्हें यह स्वतंत्रता प्राप्त नहीं होगी। यदि यह राज्य पाकिस्तान का भाग बन जाता तो उन्हें डर था कि मुसलिम लीग द्वारा उनका राजनीतिक कैरियर समाप्त कर दिया जाएगा। उनका आकलन यह भी था कि उनकी अपनी पार्टी के कुछ वरिष्ठ सदस्य ही भारतीय संपर्कों का इस्तेमाल करके उन्हें हाशिये पर ले जाना चाहते हैं। इसलिए वे अपने इस विचार को स्पष्ट करने में अधिक अड़ियल और असंयमी हो गए कि उन्होंने भारत में जम्मू एवं कश्मीर के विलय पर सहमति इसी शर्त पर दी थी कि उसे स्वायत्तता दी जाएगी।

नेहरू ने जुलाई 1952 में उनके साथ एक समझौते पर हस्ताक्षर करके इस संकट को सुलझाने का प्रयास किया; लेकिन शेख अब्दुल्ला की महत्त्वाकांक्षाओं ने इस संकट को और भी गहरा कर दिया। भारत में इस बात पर शंका थी कि विलय के बारे में वह अपने निर्णय से पीछे हट सकते हैं। इसलिए जम्मू एवं कश्मीर विधानसभा के संकेत पर उन्हें प्रधानमंत्री पद से हटा दिया गया। उनके सहयोगी बख्शी गुलाम मुहम्मद, जो भारत सरकार के निकट संपर्क में थे, को वहाँ का मुख्यमंत्री बना दिया गया। वह सन् 1963 तक सत्ता में रहे।

शेख अब्दुल्ला की गिरफ्तारी ने जम्मू एवं कश्मीर पर पाकिस्तान के साथ तनाव को और तीव्र कर दिया। पाकिस्तान ने इस मुद्दे को ऊँचे स्तर पर कॉमनवेल्थ सम्मेलनों और संयुक्त राष्ट्र में उठाया। भारतीय स्थिति आनुपातिक रूप से और भी दृढ़ हो गई और सन् 1957 में सुरक्षा परिषद् में मैराथन बहस में यह मामला चरम बिंदु पर पहुँचा। श्री वी.के. कृष्ण राव ने सुरक्षा परिषद् में भारत के मामले को प्रभावी और विस्तृत तरीके से रखा, जिसमें भारत के इस पक्ष की तर्कसम्मत व्याख्या की गई कि जम्मू एवं कश्मीर भारत का अभिन्न अंग है और चूँकि पाकिस्तान ने जनमत-संग्रह के लिए संयुक्त राष्ट्र प्रस्तावों में उल्लिखित कोई भी शर्त पूरी नहीं की है, अत: भारत अब किसी जनमत-संग्रह के लिए सहमत नहीं होगा। पाकिस्तान ने अपने कब्जेवाले क्षेत्र पर 'आजाद कश्मीर' बना दिया है, इसलिए जनमत-संग्रह की माँग और भी अस्वीकार्य हो गई है।

शीत युद्ध से संबंध

भारत का अधिक दृढ़ रवैया दो अन्य कारकों का भी परिणाम था। पहला, भारत को लगा कि बड़ी पश्चिमी शक्तियाँ कश्मीर मुद्दे को उन कानूनी और संवैधानिक प्रावधानों के अंतर्गत नहीं निपटाना चाहती हैं, जिनके तहत जम्मू एवं कश्मीर का भारत में विलय हुआ था। दूसरा, पाकिस्तान ने सन् 1954 और 1955 के बीच अमेरिका के साथ कई रक्षा समझौतों पर हस्ताक्षर किए, जिनका अर्थ था कि वह सोवियत संघ और उसके सहयोगियों के खिलाफ अमेरिकी सैन्य गठबंधन का हिस्सा बनने के लिए सहमत है। पाकिस्तान बगदाद समझौते और दक्षिण-पूर्व एशिया संधि संगठन का एक सदस्य बन गया था। अमेरिका और पाश्चात्य लोकतंत्रों ने मार्क्सवादी विस्तार को सीमित करने के प्रयास में अपने गुट में पाकिस्तान का स्वागत किया। पाकिस्तान का उद्देश्य भारत पर राजनीतिक और सैन्य दबाव बनाने के लिए इन समझौतों की सदस्यता का इस्तेमाल करना था। भारत द्वारा शीत युद्ध में संलग्न किसी भी गुट में शामिल न होकर गुटनिरपेक्षता दिखाना अमेरिका को नागवार गुजरा। यहाँ तक कि तत्कालीन अमेरिकी विदेश मंत्री जॉन फॉस्टर डुल्स ने कहा, 'जो हमारे साथ नहीं हैं, वे हमारे खिलाफ हैं।' इसका परिणाम यह हुआ कि पाकिस्तान को अपनी भारत-विरोधी नीतियों, खासकर जम्मू एवं कश्मीर मुद्दे, पर बड़ी पश्चिमी शक्तियों का समर्थन मिला। सन् 1956 से 1959 के बीच भारत व चीन के संबंधों में खटास आने का प्रभाव भारत-पाकिस्तान संबंधों पर भी पड़ा। पाकिस्तानी सैन्य प्रतिष्ठान, जो तत्कालीन चीफ ऑफ आर्मी स्टाफ जनरल मुहम्मद अयूब खान के नेतृत्व में था, ने भारत को सुरक्षात्मक रुख अपनाने को मजबूर करने के लिए चीन के साथ समीकरण विकसित करने की संभावनाओं पर विचार करना शुरू किया। इसके समानांतर पाकिस्तान की घरेलू राजनीति एक गुणात्मक परिवर्तन के दौर से गुजर रही थी। पाकिस्तान आंदोलन में भूमिका निभानेवाले और पाकिस्तान सरकार के नेतृत्व की पहली पीढ़ी में शामिल राजनेता राजनीतिक परिदृश्य से गायब होते जा रहे थे। वरिष्ठ नौकरशाहों और सैन्य कमांडरों का एक गुट पाकिस्तान की सत्ता पर हावी हो रहा था।

इन राजनीतिक प्रवृत्तियों का चरम बिंदु था सन् 1958 में गवर्नर जनरल गुलाम मुहम्मद का पद छोड़ना और जनरल अयूब खान के समर्थन से उनकी जगह जनरल इसकंदर मिर्जा का आना। सन् 1960 की शुरुआत में अयूब खान द्वारा राष्ट्रपति पद हथियाने के साथ ही शक्ति विभाजन पूर्व राजनेताओं से सैन्य-नौकरशाही व्यवस्था को स्थानांतरित हो गई। भारत-पाकिस्तान संबंधों में मौजूद सभी विरोधाभास

अब एक बड़े सैद्धांतिक अंतर से एकजुट हो गए; क्योंकि एक ओर लोकतंत्र में भारत का दृढ़ विश्वास था तो दूसरी ओर पाकिस्तान का एक सैन्य-नौकरशाही निरंकुश राष्ट्र के रूप में परिवर्तन।

यहाँ विभाजन और उसके परिणामों के बारे में जनता की सामान्य प्रतिक्रियाओं का संदर्भ लेना प्रासंगिक होगा। ब्रिटिश भारत के विभाजित क्षेत्रों के निवासियों के मन, अपने जीवन पर विभाजन के प्रभाव को देखते हुए, कड़वाहट से भरे हुए थे। भारत और पाकिस्तान दोनों जगह जनसमूहों की मानसिकता में सांप्रदायिक चरमवाद उत्पन्न हो गया था। इसकी चरम अभिव्यक्ति थी हिंदू महासभा से संबंधित हिंदू कट्टरवादी नाथूराम विनायक गोडसे द्वारा महात्मा गांधी की हत्या। जम्मू एवं कश्मीर में पाकिस्तानी घुसपैठ ने आपसी शत्रुता की भावनाओं को और हवा दी, खासकर पश्चिमी पाकिस्तान और उत्तर व उत्तर मध्य भारत में। इसी प्रकार की विरोधी मानसिकता ने असम और पश्चिम बंगाल के भागों से बने पूर्वी पाकिस्तान को प्रभावित किया। पूर्वी पाकिस्तान से बड़ी संख्या में बंगाली हिंदुओं के स्थानांतरण ने भारत के पूर्वी भागों में इस कड़वाहट को उभारने में योगदान दिया।

विभाजन के तुरंत बाद वरिष्ठ राजनेताओं की घोषणाओं से स्थिति में कोई सुधार नहीं आया। पाकिस्तान के वरिष्ठ नेताओं का कहना था कि विभाजन की प्रक्रिया समाप्त नहीं हुई है और भारत ने धोखे से मुसलिम बहुल क्षेत्रों को अपने कब्जे में रखा है। दूसरी ओर, भारतीय नेता इस बात पर बल देते रहे कि उन्होंने अनिच्छा के साथ विभाजन स्वीकार किया है; केवल इसलिए अस्वीकार करने की स्थिति में स्वतंत्रता मिलने में और देरी होती। भारतीय राष्ट्रीय कांग्रेस के सबसे वरिष्ठ मुसलमान नेता मौलाना अबुल कलाम आजाद ने विभाजन को 'एक भटकाव' का नाम दिया। उन्होंने दूरदर्शितापूर्वक पूर्वानुमान लगाया कि केवल इसलाम एक राष्ट्रीय पहचान का आधार नहीं हो सकता है। पाकिस्तान या तो गहन ऐतिहासिक और सांस्कृतिक समानताओं के कारण पुनः भारत में मिल जाएगा या जाति व भाषा-संबंधी अनेकताओं के कारण टूट जाएगा, क्योंकि इसलाम आधारित राष्ट्रीय पहचान के सिद्धांत द्वारा इन विविधताओं पर विजय प्राप्त नहीं की जा सकती है।

इस तथ्य की जानकारी आवश्यक है कि भारत के अन्य हिस्सों, खासकर दक्षिणी भारत के राज्यों पर विभाजन का उतना प्रभाव नहीं पड़ा जितना उत्तरी क्षेत्रों पर। उन्होंने विभाजन के प्रत्यक्ष राजनीतिक या आर्थिक प्रभाव महसूस नहीं किए। एक बार जब हैदराबाद की रियासत का विलय भारत में हो गया, तब दक्षिणी राज्यों में रहनेवाले लोगों की जाति-भाषा संबंधी विशिष्टताओं ने दक्षिणी क्षेत्र के

लोगों का ध्यान आकर्षित किया। इसके परिणामस्वरूप अंततः राज्य पुनर्संगठन आयोग का गठन किया गया और जाति-भाषा संबंधी माँगों के आधार पर नए राज्यों—तमिलनाडु, आंध्र प्रदेश, कर्नाटक, गुजरात और महाराष्ट्र का गठन हुआ। पाकिस्तान में भी लोगों को इसी प्रकार का अनुभव हुआ। पंजाब और उत्तर पश्चिमी सीमा प्रांत के सिवाय जम्मू एवं कश्मीर को लेकर पाकिस्तानी लालसा के संबंध में वहाँ कोई तीव्र भावना नहीं थी। वास्तव में, उत्तर पश्चिमी सीमा प्रांत, बलूचिस्तान और सिंध के लोग खासकर जिन्ना और लियाकत की मौत के बाद, पाकिस्तान की सत्ता में पंजाब के प्रभाव की संभावनाओं के बारे में चिंतित थे। साथ ही उनमें प्रशासन को प्रभावित करनेवाले प्रशासनिक अधिकारियों और नौकरशाहों के प्रति भी द्वेष का भाव था; क्योंकि उनमें से अधिकतर उत्तर प्रदेश, बिहार और अन्य ब्रिटिश भारतीय क्षेत्रों के थे। पश्चिमी पाकिस्तान के लोग भी इसी प्रकार की भावनाओं से जूझ रहे थे, जब पूर्वी पाकिस्तान के तीन राजनेता—एच.एस.सोहरावर्दी, निजामुद्दीन और मुहम्मद अली बोगरा प्रधानमंत्री बन गए।

दूसरी ओर पूर्वी पाकिस्तान के लोगों ने प्रशासन, सैन्य बलों और पुलिस विभाग में पश्चिमी पाकिस्तान के प्रभाव का विरोध करना शुरू कर दिया था। जब बँगला को पूर्ण रूप से उपेक्षित करके उर्दू को पाकिस्तान की राष्ट्रीय भाषा बनाया गया, तब उनमें अपनी पहचान को लेकर गंभीर चिंता उत्पन्न हुई। सन् 1952 तक पूर्वी पाकिस्तान में भाषा-आंदोलन एक महत्त्वपूर्ण राजनीतिक मुद्दा बन चुका था।

कुल मिलाकर, भारत में राजनीतिक एकीकरण की प्रक्रिया पाकिस्तान के विपरीत चली, जबकि भारत एक लोकतांत्रिक संविधान और एक संयुक्त संस्थागत रूपरेखा के आधार पर एकीकृत हो रहा था। पाकिस्तान इसी तर्ज पर विकास करने के प्रयासों के बावजूद अपनी लोकतांत्रिक राजनीतिक संरचना व राष्ट्रीय पहचान को एकीकृत करने में सफल नहीं हो पाया। गहन बौद्धिक स्तर पर इस विफलता ने पाकिस्तान में भारत के प्रति आशंकाएँ और संदेह उत्पन्न करने में योगदान दिया। □

: अध्याय 5 :

लोकतंत्र से तानाशाही और युद्ध की ओर

पाकिस्तान सन् 1948 से लेकर 1972 तक—लगभग चौदह वर्षों तक सैन्य शासन के अधीन रहा। सन् 1958 में लोकतांत्रिक सरकार को उखाड़ फेंकने के बाद पहले जनरल इसकंदर मिर्जा और फिर जनरल अयूब खान ने सत्ता अपने हाथों में ले ली। वास्तव में, सैन्य-नौकरशाही गुट ने लियाकत की हत्या के बाद सन् 1950 के मध्य से ही पाकिस्तानी राजनीतिक गतिविधियों को प्रभावित करना शुरू कर दिया था। शासन-प्रणाली अपने सैद्धांतिक नियमों से भटकने लगी थी। उसकी राष्ट्रीय पहचान अपना पहला डगमगाता हुआ कदम रखने से पहले ही छिन्न-भिन्न हो गई। शुरुआत में पाकिस्तान के सत्ता-केंद्र द्वारा महसूस की गई क्षेत्रीय कमियाँ प्रारंभिक अपकेंद्री दबावों के कारण और भी गंभीर हो गई। उत्तर-पश्चिमी सीमा प्रांत के पश्तून नए देश का हिस्सा बनकर सहज नहीं महसूस कर रहे थे। इस मनोवृत्ति का कारण था उत्तर-पश्चिमी सीमा प्रांत की राजनीति में खान अब्दुल गफ्फार खान और उनके बड़े भाई डॉ. खान साहब का प्रभुत्व। 'खुदाई खिदमतगार आंदोलन' का भारतीय राष्ट्रीय कांग्रेस से मजबूत संबंध था। मुसलिम लीग अब तक उत्तर-पश्चिमी सीमा प्रांत व बलूचिस्तान के उत्तर-पूर्वी भागों में रह रहे पश्तूनों को नए मुसलिम राष्ट्र के गुण और लाभ के बारे में विश्वास नहीं दिला पाया था।

इसी प्रकार, पूर्वी पाकिस्तान के लोग पाकिस्तान की सत्ता-संरचना में अपनी आनुपातिक हिस्सेदारी को लेकर सशंकित थे। जिन्ना और लियाकत के इस आग्रह, कि पाकिस्तान की एकमात्र राष्ट्रीय भाषा उर्दू होगी, ने बंगाली मुसलमानों के बीच अपनी सांस्कृतिक, भाषायी और प्रजाति संबंधी पहचान के प्रति गंभीर चिंताएँ उत्पन्न कर दीं। सन् 1952 तक भाषा-आंदोलन अत्यंत दृढ़ हो चुका था। इस

आंदोलन के खिलाफ सरकार द्वारा उठाए गए कदमों ने पूर्वी पाकिस्तान में अपकेंद्री दबाव को और भी बढ़ा दिया। फरवरी 1952 में ढाका में बँगला को एक राष्ट्रीय भाषा का दरजा दिए जाने की माँग को लेकर आंदोलनरत बंगाली छात्रों पर की गई फायरिंग ने बँगलादेश के अलगाव के बीज बो दिए थे।

पाकिस्तान सरकार द्वारा वरिष्ठ प्रशासनिक, राजनीतिक और सैन्य पदों के लिए भरती में पूर्वी पाकिस्तानियों को प्रतिनिधित्व न देकर असंवेदनशीलता दिखाया जाना संदेह को और बढ़ा गया। पूर्वी पाकिस्तान से संबंध रखनेवाले तीन प्रधानमंत्रियों के साथ पश्चिमी पाकिस्तान के नौकरशाही व सैन्य नेतृत्व द्वारा जिस तरह का व्यवहार किया गया, उससे लोगों की चिंताओं की वैधता प्रमाणित हो गई। लोगों की धारणा यह थी कि सोहरावर्दी, निजामुद्दीन और बोगरा को केवल दिखावे के लिए प्रधानमंत्री बनाया गया।

सन् 1950 के मध्य से पाकिस्तान की विदेश और सुरक्षा नीतियों में भी परिवर्तन आया। जिन्ना और लियाकत, जिन्होंने पाकिस्तान द्वारा एक स्वतंत्र विदेश नीति अपनाने और भारत के साथ सामान्य संबंधों की कल्पना की थी, की नीतियाँ सन् 1948 में सत्ता में उनके आते ही बदल गईं। यह चिंता कि भारत अब भी अपनी नागरिकता के हिस्से के रूप में मुसलमानों की एक बड़ी संख्या का दावा कर सकता है और जम्मू एवं कश्मीर में उनके कबायली-सैन्य दुस्साहस की विफलता ने पाकिस्तान को दो निष्कर्षों पर पहुँचने के लिए प्रेरित किया। पहला यह कि दो राष्ट्र के सिद्धांत पर आधारित पाकिस्तान की पहचान को अधिक आक्रामक मुसलिम पहचान द्वारा ही मजबूत किया जा सकता है, जिसके पश्चिम एशिया और खाड़ी के मुसलिम देशों के साथ नजदीकी भू-राजनीतिक व सांस्कृतिक जुड़ाव हों। दूसरा यह कि भारत के मुकाबले अपेक्षाकृत सैन्य कमजोरी को देखते हुए पाकिस्तान को उन देशों से सैन्य और रक्षा समीकरण तय करने चाहिए, जो अपने भू-रणनीतिक हितों व सैद्धांतिक झुकावों के संदर्भ में भारत के प्रति शत्रुता की भावना रखते हों।

अमेरिका ने नॉर्थ अटलांटिक ट्रीटी ऑर्गेनाइजेशन (नाटो), बगदाद पैक्ट (सेंटो), साउथ ईस्ट एशिया ट्रीटी ऑर्गेनाइजेशन (सीटो) और ऑस्ट्रेलिया-न्यूजीलैंड-अमेरिका सिक्योरिटी पैक्ट (एनजस) गठित किए। गुटबंदी का यह प्रयास अमेरिका के जापान और रिपब्लिक ऑफ चाइना (ताइवान) के साथ अलग-अलग सुरक्षा समझौतों के साथ पूरा हुआ। पाकिस्तान ने इस व्यवस्था में शामिल होने का निर्णय लिया और इन सैन्य समझौतों में, सोवियत मध्य एशिया के दक्षिणी

और भारतीय उपमहाद्वीप के उत्तर-पश्चिमी किनारे की कड़ी होने का प्रस्ताव रखा। अपने भू-रणनीतिक व सुरक्षा उद्देश्यों को पूरा करने में उसे सिर्फ दो प्रयास करने पड़े। उसने सन् 1954 में अमेरिका के साथ द्विपक्षीय रक्षा सहयोग समझौते पर हस्ताक्षर किए और सेंटो तथा सीटो सैन्य गठबंधनों का सदस्य बन गया। यह उल्लेखनीय है कि इस ओर आकर्षित होने के पाकिस्तान के उद्देश्य अमेरिका के बृहत् रणनीतिक उद्देश्यों से बहुत सीमित तारतम्य रखते थे। अमेरिका ने अपने साम्यवाद-विरोधी रणनीतिक अभियान की एक छोटी कड़ी के रूप में पाकिस्तान का स्वागत किया। इसके पीछे अमेरिका का यह भी उद्देश्य था कि अमेरिका के साथ पाकिस्तान का सुरक्षा-संयोजन, सोवियत संघ के साथ भारत के बढ़ते संबंध और संभावित भारत-चीन समीकरण का जवाब होगा। अमेरिका के नेतृत्व में सैन्य गठबंधनों में पाकिस्तान का शामिल होना साम्यवादी देशों के प्रति किसी गंभीर शत्रुता के कारण नहीं था। उसे उम्मीद थी कि ये सैन्य गठबंधन पाकिस्तान को भारत द्वारा किसी राजनीतिक या सैन्य खतरे का सामना करने में मदद देंगे।

सन् 1955 तक भारत ने सोवियत संघ से अपने आर्थिक, प्रौद्योगिकी संबंधी और सैन्य संबंध विस्तृत करके जवाबी गतिविधियाँ शुरू कर दी थीं। इस समय यह जानना प्रासंगिक है कि जनरल इसकंदर मिर्जा और जनरल अयूब खान क्रमशः आंतरिक मामलों के मंत्री और रक्षा मंत्री के रूप में पाकिस्तानी कैबिनेट के सदस्य बन चुके थे। अयूब अमेरिका और पाकिस्तान के बीच रक्षा सहयोग व्यवस्थाओं के मुख्य कर्ता-धर्ता थे। इसलिए जब उन्होंने पाकिस्तान के सैन्य प्रमुख के रूप में सत्ता हासिल की, तब उन्हें भारत के दो पूर्वाग्रहों को झेलना पड़ा। पहला, वे एक लोकतांत्रिक सरकार और एक प्रधानमंत्री बोगरा की जगह पर आए थे, जिनकी नेहरू के साथ अच्छी घनिष्ठता थी। दूसरा नुकसान भारत में अयूब खान की यह छवि थी कि उन्होंने सन् 1954 और 1959 के बीच अमेरिका-पाकिस्तान रक्षा-संबंध विकसित करने में मुख्य भूमिका निभाई थी। इस संदर्भ में, सन् 1964 तक अयूब खान की भारत संबंधी नीतियों को विश्लेषित करना आवश्यक है। इस अवधि के दौरान उन्होंने पाकिस्तान में राजनीतिक स्थिरता, अच्छा शासन और एक स्वच्छ व प्रभावी प्रशासन बहाल करने का प्रयास किया। वे अपने पूर्वी पाकिस्तान के देशवासियों को भी संतुष्ट करना चाहते थे। वे सन् 1947 से 1950 के बीच जम्मू एवं कश्मीर में पाकिस्तान को मिली पराजय को भी सुधारना चाहते थे। सबसे महत्त्वपूर्ण बात यह है कि वे भारत और पाकिस्तान के बीच कश्मीर मुद्दे पर उत्पन्न गतिरोध को समाप्त करना चाहते थे।

सन् 1957 तक भारत इस निष्कर्ष पर पहुँच चुका था कि संयुक्त राष्ट्र और पश्चिमी शक्तियाँ कश्मीर पर भारत के पक्ष को स्वीकार नहीं करेंगी। अतः उसने कश्मीर में जनमत-संग्रह कराने का अपना मूल प्रस्ताव वापस ले लिया। कृष्ण मेनन ने इन सबका उल्लेख सन् 1957 के संयुक्त राष्ट्र सुरक्षा परिषद् की बहसों में किया था। भारत की कश्मीर नीति में सन् 1947-1952 के बाद से गुणात्मक परिवर्तन आया था। जनरल अयूब ने इस गतिरोध को समाप्त करना चाहा।

जल-समस्या

जनरल अयूब उस बड़े आर्थिक खतरे के प्रति भी चिंतित थे, जो भारत पाकिस्तान के लिए उत्पन्न कर सकता था। पंजाब की ओर बहनेवाली और बाद में सिंधु नदी की उपनदियों के रूप में जुड़नेवाली सभी नदियों की मुख्य धाराएँ भारत के जम्मू एवं कश्मीर और पंजाब में थीं। पाकिस्तान की कृषि और खाद्य सुरक्षा भारत से किसी टिकाऊ समझौते पर निर्भर थी, जिससे झेलम, रावी, चेनाब और सतलुज नदियों के बेसिनों के द्वारा अबाधित जल-प्रवाह सुनिश्चित हो सके। अयूब खान इस उद्देश्य से भारत के साथ समझौता करने के इच्छुक थे। चीन द्वारा तिब्बत का अधिग्रहण और सन् 1950 के मध्य में भारत-चीन व भारत-सोवियत संघ के बीच हुई घनिष्ठता ने अयूब को चिंता में डाल दिया। इसमें सुधार के लिए उन्होंने अमेरिका के साथ बहुपक्षीय और द्विपक्षीय रक्षा सहयोग स्थापित करने का उपाय अपनाया। वे यह महसूस करने के लिए रणनीतिक रूप से पर्याप्त चतुर थे कि यदि संभव हो तो संघर्ष टालने के बारे में भारत से भी कुछ समझौते करने चाहिए।

उन्होंने इन उद्देश्यों की प्राप्ति के लिए अपने शासन-काल के प्रथम पाँच वर्षों के दौरान नीतियाँ बनाईं। उन्होंने पूर्वी पाकिस्तान के प्रशासन में अधिक बंगाली प्रशासनिक अधिकारियों की भरती की। उन्होंने पाकिस्तानी सैन्य बलों में भी बंगाली अधिकारियों की बड़ी संख्या में नियुक्ति की और पाकिस्तान के घरेलू प्रशासन को निश्चित रूप से अधिक प्रभावी बनाया। पाकिस्तानी शासन-व्यवस्था में पंजाब और उसके लोगों के राजनीतिक प्रभाव के मद्देनजर उन्होंने राजधानी को कराची से रावलपिंडी के नजदीक इसलामाबाद स्थानांतरित करने का निर्णय लिया। इस निर्णय को प्रभावित करनेवाला एक अन्य कारक उनका यह अनुमान था कि उन्हें पाकिस्तानी सेना के मुख्यालयों और रावलपिंडी व पंजाब के अन्य भागों में स्थित सैन्य छावनियों के नजदीक रहना चाहिए।

जहाँ तक नदियों और नहरों के पानी के बँटवारे का प्रश्न था, इस मुद्दे का

आर्थिक महत्त्व देखते हुए भारत और पाकिस्तान के बीच व्यापक कड़वाहट आ गई, यहाँ तक कि एक संभावित युद्ध का खतरा महसूस होने लगा। पाकिस्तान का मानना था कि एक निचले नदी-तट पर स्थित देश होने के नाते उसे नदियों व नहरों का पानी पूरी तरह मिलना चाहिए, खासकर रावी और सतलुज का, जो भारत और पाकिस्तान की सीमा का निर्माण करते हैं। बहरहाल, सन् 1947 से 1951 के बीच लघुकालिक व्यवस्थाएँ की गईं। दो विद्वान् अमेरिकियों ने इस संबंध में सुझाव दिए, जिसने अंततः इस समस्या को सुलझा दिया। टेनीज वैली ऑथोरिटी के पूर्व अध्यक्ष डेविड लिलियेंथल ने तत्कालीन अमेरिकी विदेश मंत्री डीन एचेसन से विचार-विमर्श के बाद फरवरी 1951 में पाकिस्तान का दौरा किया। उसके बाद उन्होंने यह सुझाव दिया कि 'भारत और पाकिस्तान को सिंधु बेसिन नदी व्यवस्था को विकसित करने के लिए संयुक्त रूप से प्रयास करने की आवश्यकता है, जिसपर दोनों देश अपनी सिंचाई व्यवस्था के लिए आश्रित हैं। सिंधु और उसकी उपनदियों पर अधिक बाँध और सिंचाई नहरें बनाकर दोनों देशों के खाद्य-उत्पादन के लिए आवश्यक अतिरिक्त जल उत्पन्न किया जा सकता है।' उन्होंने यह भी सुझाव दिया कि विश्व बैंक को संयुक्त राष्ट्र के सहयोग से भारत और पाकिस्तान के बीच समझौता करवाने का प्रयास करना चाहिए और उस समझौते को लागू करने के लिए वित्तीय मदद देनी चाहिए। विश्व बैंक के तत्कालीन अध्यक्ष यूगेन आर. ब्लैक ने लिलियेंथल के प्रस्तावों का समर्थन किया। सन् 1954 के वसंत तक विश्व बैंक के विशेषज्ञों ने प्रस्तावों को अनुमोदित कर दिया। तीन पूर्वी नदियों—रावी, व्यास और सतलुज के पानी को भारत पूरी तरह से अपने लिए इस्तेमाल करेगा। तीन पश्चिमी नदियों—सिंधु, झेलम और चेनाब का पानी सिर्फ पाकिस्तान इस्तेमाल करेगा। पश्चिमी नदियों से पाकिस्तान के उन क्षेत्रों तक पानी पहुँचाने के लिए नई नहरें बनाई जाएँगी, जो विभाजन से पहले सिंचाई के लिए रावी, व्यास और सतलुज पर निर्भर थे। अंत में, जब तक ये नहरें निर्माण की प्रक्रिया में रहेंगी तब तक भारत पाकिस्तान को न्यूनतम आवश्यक जल उपलब्ध कराएगा। भारत ने इन प्रस्तावों को संपूर्णता में स्वीकार कर लिया; लेकिन पाकिस्तान को कुछ आपत्तियाँ थीं, जो उनके दृष्टिकोण से तर्कसंगत थीं। उनकी आपत्ति यह थी कि उपर्युक्त वर्णित अंतरिम अवधि के दौरान पाकिस्तान को पानी की कमी से जूझना पड़ेगा।

इस बीच विश्व बैंक ने अपने प्रस्तावों पर कोई समझौता होने की स्थिति में उच्च स्तर के वित्तीय और टेक्नीकल सहयोग का वादा किया। रोम, लंदन और वाशिंगटन में बैठकों की एक श्रृंखला के बाद ठीक उसी समय एक समझौते को

अंतिम रूप दिया गया, जब अयूब ने पाकिस्तान की सर्वोच्च सत्ता पर कब्जा कर लिया। यहाँ यह बताना समीचीन होगा कि इस समझौते के निर्धारण में विश्व बैंक के तत्कालीन उपाध्यक्ष डब्ल्यू.ए.बी. इलीफ और पाकिस्तान व भारत के वरिष्ठ टेक्नोक्रैट जी. मुइनुद्दीन और एन.डी. गुलाटी का योगदान था। यह समझौता इसलिए संभव हो पाया, क्योंकि अयूब ने राजनीतिक सोच-विचार के बिना और अपनी सैन्य पृष्ठभूमि के साथ आवश्यक राजनीतिक प्रोत्साहन दिया, जिसे पहले ही नेहरू का प्रोत्साहन प्राप्त था। भारत और पाकिस्तान के बीच सिंधु जल-संधि पर 19 सितंबर, 1960 को कराची में नेहरू, अयूब और इलीफ ने हस्ताक्षर किए और जनवरी 1961 में औपचारिक रूप से पुष्ट किया गया। हालाँकि यह सन् 1960 के मानसून से पहले ही प्रभाव में आ चुका था। सन् 1947 से लगभग असाध्य मानी जा रही इस समस्या के समाधान का स्वागत करने हुए जनरल अयूब खान ने एक सार्वजनिक बयान जारी किया, जिसका एक अंश इस प्रकार है—

सिंधु जल-संधि पर हस्ताक्षर दोनों देशों के लिए ऐतिहासिक महत्त्व की एक घटना है। और अगर मैं ऐसा कह सकता हूँ, तो पूरे विश्व के सामने पूरी विनम्रता के साथ कहना चाहता हूँ कि इतने अधिक महत्त्व की समस्या का शांतिपूर्ण समाधान, जिसपर करोड़ों लोगों का जीवन और जीविका निर्भर थी, बहुत कठिन समझौता वार्त्ताओं के बाद प्राप्त किया गया है, जो लगभग एक दशक से घिसटता आ रहा था।

तिब्बत पर कब्जा करने के बाद चीन के इरादों के बारे में पाकिस्तानी आशंकाओं का जिक्र मैंने किया था। ये आशंकाएँ अमेरिका नीत सैन्य गठबंधनों में पाकिस्तान की हिस्सेदारी के संदर्भ में चीन की पाकिस्तान के प्रति प्रवृत्ति पर आधारित थीं, लेकिन सन् 1959 तक पाकिस्तानी नीतियों में इन आशंकाओं का कोई स्थान नहीं रहा। लद्दाख, उत्तर प्रदेश व तिब्बत के बीच सीमावर्ती क्षेत्र और उत्तर-पूर्व, खासकर नगालैंड और अरुणाचल प्रदेश के एक बड़े भारतीय भूभाग पर चीन के दावे के बाद चीन और भारत के संबंध खराब होने लगे थे। भारत को यह भी पता चला कि चीन लद्दाख के अक्साई चिन में एक सड़क बना रहा है तो उसने चीन का विरोध किया। धीरे-धीरे भारतीय और चीनी सीमा गश्ती दलों के बीच झड़पें बढ़ने लगीं। सन् 1959 तक ये झड़पें आवर्ती संघर्षों में परिणत हो गईं।

संयुक्त रक्षा समझौता

हालाँकि पाकिस्तान भारत-चीन संबंधों में ह्रास को देखते हुए अपनी चीन संबंधी नीति में नए विकल्पों की तलाश में जुटा था। उसे महसूस हुआ कि भारत

के साथ किसी प्रकार का शांति या रक्षा समझौता पाकिस्तान या भारत के सुरक्षा वातावरण पर चीन के किसी खतरे की संभावना को कम कर देगा। हालाँकि सन् 1949 में पाकिस्तान ने नेहरू के शांति समझौते के प्रस्ताव को ठुकरा दिया था। अयूब ने 24 अप्रैल, 1959 को इस प्रस्ताव को एक अन्य रूप में प्रस्तुत किया। पाकिस्तान ने जम्मू एवं कश्मीर में अपने सैनिकों और लश्करों की पराजय के तुरंत बाद भारत के शांति समझौते के प्रस्ताव को अस्वीकार कर दिया था, क्योंकि उसने इसे जम्मू एवं कश्मीर पर कब्जे के लिए पाकिस्तान की किसी कारवाई को रोकने का प्रयास माना था।

अयूब का प्रस्ताव एक संयुक्त रक्षा समझौते के लिए था। सन् 1959 महत्त्वपूर्ण है, क्योंकि इस वर्ष के वसंत और ग्रीष्मकाल में दलाई लामा और चीनी नेतृत्व के बीच अलगाव तय हुआ। दलाई लामा भारत आ गए। यहाँ उन्हें राजनीतिक शरण दिया गया। पाकिस्तान सरकार तिब्बत में प्रत्यक्ष चीनी हस्तक्षेप के बारे में चिंतित थी। इसे टोकियो में पाकिस्तानी राजदूत मुहम्मद अली ने 20 अप्रैल, 1959 को इस प्रकार व्यक्त किया—'तिब्बत मुद्दे ने एशिया के लोगों की आत्मतुष्टि को आलोड़ित कर दिया है। एशिया पर, रूस के हंगरी पर आक्रमण की बजाय, तिब्बत मुद्दे का अधिक प्रभाव होना चाहिए। चीन के रवैये से एशिया को साम्राज्यवाद का खतरा महसूस कर लेना चाहिए।'

एक संयुक्त रक्षा समझौते के लिए अयूब के प्रस्ताव के प्रति नेहरू की प्रतिक्रिया छोटी और कड़वाहट भरी थी। उन्होंने कहा, 'इस संयुक्त रक्षा समझौते का निशाना कौन है?' 4 मई, 1959 को लोकसभा में बोलते हुए जवाहरलाल नेहरू ने कहा, 'मैं पाकिस्तान के साथ अपनी समस्याओं को सुलझाने और एक सामान्य मित्रवत् संबंधों के प्रति प्रतिबद्ध हूँ; लेकिन हम एक सामान्य रक्षा नीति नहीं चाहते, जो एक तरह से किसी प्रकार के सैन्य गठजोड़ की तरह है। मैं समझ नहीं पा रहा हूँ कि किन लोगों के खिलाफ सामान्य रक्षा नीतियों की आवश्यकता है।' नेहरू को अब तक विश्वास था कि चीन के साथ भारत के सकारात्मक संबंध बने रह सकते हैं और यह एशिया की स्थिरता और शांति के लिए आवश्यक है। उन्होंने पाकिस्तान के साथ किसी प्रकार के समझौते को शीत-युद्ध के एक कनिष्ठ भागीदार के साथ घनिष्ठता बताया। इसलिए उन्होंने अयूब के प्रस्ताव को ठुकरा दिया।

इस अस्वीकृति का एक और कारण नेहरू का यह आकलन था कि पाकिस्तान इस प्रकार के सुरक्षा समझौते का इस्तेमाल जम्मू एवं कश्मीर मुद्दे पर अपने अनुकूल पक्ष बनाने के लिए आधार की तरह कर सकता है। पिछले दशक के

दौरान जम्मू एवं कश्मीर पर नेहरू का पक्ष और दृढ़ हो गया था। इसका पहला कारण सन् 1947-48 का युद्ध था और दूसरा कारण इस मुद्दे को संयुक्त राष्ट्र द्वारा अनुचित तरीके (भारत के दृष्टिकोण से) से निपटाया जाना था। तीसरा कारण कश्मीर में वे राजनीतिक अनिश्चितताएँ थीं, जो शेख अब्दुल्ला ने सन् 1950 की शुरुआत में बनाने का प्रयास किया था। इसी कारण नेहरू ने शेख अब्दुल्ला को जम्मू एवं कश्मीर के प्रधानमंत्रित्व से बेदखल करके बंदी बनाया था। नेहरू ने इस संयुक्त रक्षा समझौते को एक बाहरी खतरे के खिलाफ उपाय के रूप में भी देखा। उन्होंने पाकिस्तान के साथ एक द्विपक्षीय शांति समझौते को प्राथमिकता दी।

नेहरू के इस रवैये से अयूब काफी निराश हुए। अपनी आत्मकथा *'फ्रेंड्स नॉट मास्टर्स'* में उन्होंने लिखा—'इस प्रस्ताव में कोई बुराई नहीं थी। न ही मैं यह प्रस्ताव करनेवाला पहला शख्स था। कैद-ए-आजम ने सोचा था कि यह स्वतंत्र प्रभुत्व-संपन्न देशों के रूप में पाकिस्तान और भारत के लिए बहुत महत्त्वपूर्ण है, ताकि एक दोस्ताना तरीके से एक-दूसरे का सहयोग कर सकें और जमीन व समुद्र में अपनी सीमाओं का किसी भी आक्रमण के खिलाफ सुरक्षा कर सकें।' अयूब एक स्विस समाचार-पत्र *'Neue Zurcher Zeitung'* में 11 मार्च, 1948 को जिन्ना द्वारा दिए गए साक्षात्कार का उल्लेख कर रहे थे। संवाददाता एरिक स्टेरिफ को उन्होंने कहा, 'हमारे सर्वोपरि हितों के लिए यह आवश्यक है कि पाकिस्तान और भारत की सत्ता अंतरराष्ट्रीय मामलों और विकास-प्रक्रिया में अपनी भूमिका निभाने के लिए एक साथ मिलकर काम करे।'

दोनों देशों के विश्लेषकों ने नेहरू द्वारा अयूब का प्रस्ताव ठुकराए जाने की आलोचना की। उन्होंने यह निष्कर्ष निकाला कि नेहरू के इस रवैये के कारण ही अयूब ने चीन की ओर दोस्ती का हाथ बढ़ाया; लेकिन एक संयुक्त रक्षा समझौते के प्रस्ताव के पीछे अयूब का उद्देश्य तब स्पष्ट हो गया, जब वह 1 सितंबर, 1959 को पालम हवाई अड्डे पर थोड़ी देर के लिए नेहरू से मिले। अयूब ने कहा, 'दोनों देशों के बीच शांति स्थापित करना ही मेरा उद्देश्य था। मुझे लगा कि ऐसा प्रयास कश्मीर और नहरों के जल-संबंधी बड़ी समस्याओं को सुलझाने के लिए अपेक्षित है। एक बार ये समस्याएँ सुलझ जाएँ तो दोनों देशों की सेनाएँ अलग होकर अपनी-अपनी संवेदनशील सीमाओं पर जा सकती हैं। यह हमें अपनी सीमाओं की सुरक्षा करने की स्वतंत्रता देगी।' पाकिस्तान में भारत के पूर्व उच्चायुक्त केवल सिंह ने इस बयान पर टिप्पणी करते हुए कहा, 'अयूब ने इस प्रकार हमारे अधिकारियों की इन धारणाओं को पुष्ट किया है कि यह संयुक्त रक्षा-प्रस्ताव गंभीर नहीं था,

बल्कि कश्मीर और नहर जल-विवाद पर भारत को अपना पक्ष छोड़ने को विवश करने के लिए था।' बहस के जो भी मुद्दे हों, पाकिस्तान ने सन् 1959 के अंत तक चीन से अपना संबंध बढ़ाने का आरंभिक संकेत दे दिया था।

यदि अयूब के शासन-काल के दौरान भारत-पाकिस्तान संबंधों का सकारात्मक-नकारात्मक पक्ष देखा जाए तो सिंधु जल संधि और रक्षा-समझौते का प्रस्ताव उनमें अंतिम सकारात्मक तत्त्व थे। एक बार जब अयूब खान ने सत्ता में अपनी स्थिति मजबूत कर ली, तब जवाहरलाल नेहरू इस नतीजे पर पहुँचे कि विभाजन-पूर्व अवधि की तरह महत्त्वपूर्ण राजनीतिक शख्सीयतों को कराची में भारत का उच्चायुक्त बनाकर पाकिस्तानी नेतृत्व के साथ संपर्क बनाने के लिए भेजना उपयोगी नहीं होगा। भारतीय प्रतिनिधि को नई सैन्य सत्ता-संरचना की सामाजिक-सांस्कृतिक पृष्ठभूमि और मानसिकता के बारे में अच्छी जानकारी होनी चाहिए। इसलिए नेहरू ने ब्रिटिश भारतीय प्रशासनिक सेवा (आई.सी.एस.) के एक पूर्व सदस्य राजेश्वर दयाल को चुना, जिन्होंने विभाजन से पहले भारत की ब्रिटिश सरकार में चौदह वर्षों तक काम किया था। दयाल सन् 1933 में आई.सी.एस. से जुड़े और विभाजन से पूर्व अधिकतर उत्तर प्रदेश में नियुक्त रहे। इस अवधि के दौरान वे आगरा में जिला अधिकारी (डिस्ट्रिक्ट ऑफिसर) के पद पर भी रहे। इस दौरान जनरल अयूब खान आगरा छावनी में ब्रिटिश भारतीय सेना के एक युवा अधिकारी के रूप में नियुक्त थे। इस अवधि में अयूब और दयाल में परिचय हुआ, जिसके परिणामस्वरूप दोनों में एक प्रकार का व्यक्तिगत संबंध स्थापित हो गया। दयाल को सन् 1961 की शुरुआत में इस आशा के साथ कराची में भारत का उच्चायुक्त नियुक्त किया गया कि अयूब खान के साथ उनकी व्यक्तिगत घनिष्ठता भारत-पाकिस्तान संबंधों में कुछ सामान्यता बहाल करने में मददगार होगी। दयाल द्वारा कराची में बिताए गए सन् 1961 से 1962 तक लगभग एक वर्ष की छोटी अवधि अयूब खान के साथ उनकी व्यक्तिगत मित्रता से प्रभावित थी; लेकिन इसने कश्मीर मुद्दे और पश्चिमी गुट के साथ पाकिस्तान के बढ़ते रक्षा संबंधों के विषय में भारत-पाक के खराब रिश्तों को सुधारने में कोई मदद नहीं की।

यहाँ यह भी जोड़ना उचित होगा कि राजेश्वर दयाल कराची में अपनी नियुक्ति के दौरान भारत-पाक संबंधों पर पूरा ध्यान नहीं दे पाए। वे उसी समय कांगो में संयुक्त राष्ट्र के शांति-स्थापना प्रयासों और उसके बाद की घटनाओं से जुड़े हुए थे, जिसमें पैट्रिस लुमांबा और डैग हैमर्सजॉड की हत्या शामिल थी। दयाल का हृदय और बुद्धिमत्ता संयुक्त राष्ट्र के साथ अधिक जुड़ी हुई थी, बजाय दक्षिण एशिया के

साथ, जिसे विदेश सेवा के कई आई.सी.एस. अधिकारियों द्वारा कूटनीतिक पिछड़ा क्षेत्र कहा जाता था। व्यक्तिगत समीकरणों का बड़े राजनीतिक उद्देश्यों के लिए इस्तेमाल करने का यह प्रयास सफल नहीं हुआ, जैसा अधिकतर मामलों में होता है।

सन् 1959 से 1961 के बीच की अवधि में चीन-भारत संबंधों में ह्रास हुआ, जिसका चरम बिंदु अक्तूबर-नवंबर 1962 के दौरान युद्ध के रूप में देखने को मिला। भारत और चीन के बीच सीमा-विवाद सन् 1959 के बाद से स्पष्ट हो गए, जब भारतीय और चीनी गश्ती दलों के बीच अकसर सीमा पर झड़पें होने लगीं। सीमा-विवाद पर चाऊ एन-लाई और नेहरू के बीच विचार-विमर्श निष्फल रहा। सन् 1959 और 1961 के बीच आधिकारिक स्तर की बातचीत धीरे-धीरे कटु और विवादास्पद हो गई। सन् 1961 में रंगून में बातचीत के अंतिम दौर ने इनकी संपूर्ण समाप्ति का संकेत दे दिया। चीन ने अतिरिक्त फॉरवर्ड सीमा चौकियाँ स्थापित करना और अपनी सीमा गश्ती प्रक्रिया को भी मजबूत करना शुरू कर दिया।

जुल्फिकार अली भुट्टो

खराब होते भारत-चीन संबंधों का उल्लेख करने की प्रासंगिकता इस तथ्य के साथ स्पष्ट हो जाती है कि राष्ट्रपति अयूब खान की सरकार ने इन गतिविधियों को रुचि के साथ देखा। अयूब खान की सरकार में एक व्यक्ति इस अवधि के दौरान भारत-चीन संबंधों का एक मनोयोगी पर्यवेक्षक था, जो इस परिस्थिति का लाभ पाकिस्तान के लिए उठाने की इच्छा रखता था। वह था जुल्फिकार अली भुट्टो। भुट्टो ने अयूब सरकार में सबसे युवा कैबिनेट मंत्री के रूप में काम शुरू किया। उन्हें सूचना, पेट्रोलियम और ऊर्जा संसाधन, व्यवसाय और अंत में विदेश विभाग दिया गया था। अयूब एक ओर अमेरिका और दूसरी ओर चीन व सोवियत संघ के बीच शीत-युद्ध समीकरणों को देखते हुए चीन से संबंध विकसित करने के मामले में कम बोलते थे, भुट्टो अंतरराष्ट्रीय संबंधों के गूढ़ार्थ और निहित भावनाओं के अधिक सूक्ष्म पर्यवेक्षक थे। उन्होंने देखा कि सोवियत संघ और अमेरिका के बीच सन् 1950 के अंत और सन् 1960 की शुरुआत की अवधि के दौरान कई संघर्ष हुए, जो रूस द्वारा यू-2 जासूसी विमान को मार गिराने से शुरू हुआ और सन् 1962 में क्यूबन मिसाइल संकट के रूप में चरम बिंदु पर पहुँचा। भुट्टो का निष्कर्ष यह था कि चूँकि रूस की रणनीतिक और विदेश नीति संबंधी चिंताएँ अमेरिका और पश्चिमी यूरोप पर केंद्रित होंगी, वह मॉस्को और नई दिल्ली के बीच सन् 1955 से बढ़ती नजदीकी के बावजूद भारत को पूरी तरह से सहयोग नहीं दे पाएगा।

भुट्टो ने जल्दी ही चीन और सोवियत संघ के बीच उत्पन्न हो रहे सैद्धांतिक और राजनीतिक मतभेदों को भी भाँप लिया। उन्होंने निकिता ख्रुश्चेव और माओ जिडॉन्ग के बीच नकारात्मक समीकरणों का सही आकलन किया और अमेरिका व पश्चिमी लोकतंत्रों द्वारा प्रस्तुत चुनौतियों के खिलाफ साम्यवादी एकता प्रस्तुत करने की सोवियत संघ की चिंता को भी भाँप लिया। अतः उन्होंने चीन के साथ संबंध सुधारने को पाकिस्तान की विदेश और सुरक्षा नीति का एक महत्त्वपूर्ण और तात्कालिक उद्देश्य बनाने का समर्थन करना शुरू किया। उन्होंने यह उचित आकलन किया कि यदि चीन-पाकिस्तान समीकरण स्थापित हो जाते हैं तो पाकिस्तान के लिए खतरा उत्पन्न करने की भारत की क्षमता का सामना किया जा सकता है। उन्होंने यह भी कहा कि ऐसा करना भारत से खतरे की स्थिति में पूर्वी पाकिस्तान की सुरक्षा को भी मजबूत करेगा। शुरुआत में अयूब भुट्टो की सलाह मानने में हिचकिचा रहे थे, लेकिन जब चीन-भारत संघर्ष शुरू हुआ तो उनके विचार बदल गए। भारत को एक निर्णायक सैन्य पराजय का सामना करना पड़ा। संघर्ष के शुरुआती दौर में सोवियत संघ ने भारत को राजनीतिक समर्थन भी नहीं दिया और भारत को कोई सैन्य सहयोग नहीं मिला। इसके विपरीत, अमेरिका ने राजनीतिक समर्थन और सैन्य सहयोग के भारत के आग्रह को तुरंत मान लिया। भारत के गुटनिरपेक्ष विदेश नीति के बावजूद अमेरिका की सकारात्मक प्रतिक्रिया ने साबित किया कि चीन को लेकर भुट्टो का विश्लेषण सही था। भुट्टो को चीन से संबंध विकसित करने का अधिकार दिया गया। यह काम उन्होंने प्रभावी तरीके से और सफलतापूर्वक किया।

भुट्टो की पहली सुनिश्चित चाल थी चीन के साथ पाक-अधिकृत जम्मू एवं कश्मीर के हिस्सों और पश्चिमी तिब्बत व जिनजियांग के सीमा-निर्धारण से संबंधित समझौते पर हस्ताक्षर करना। भुट्टो ने तिब्बत में स्थिति मजबूत करने और तिब्बत व जिनजियांग के बीच एक सुरक्षित कम्युनिकेशन नेटवर्क व्यवस्थित करने संबंधी चीन की चिंताओं और हितों को सही पहचाना। लद्दाख के अक्साई चिन क्षेत्र में सड़क का निर्माण इसी प्रयास का एक हिस्सा था। इसने भारत-चीन सीमा विवाद को और भड़का दिया। अयूब की सहमति से भुट्टो ने पश्चिमी तिब्बत और जिनजियांग के बीच चीनी सूचना तंत्र के लिए भू-रणनीतिक सुरक्षा का प्रस्ताव रखा। साथ ही जम्मू एवं कश्मीर के उत्तरी सिरे से चीन तक के पूरे क्षेत्र को छोड़कर पाकिस्तान के साथ व्यापार के लिए सड़क मार्ग बनाने और एक नई चीन-पाकिस्तान सीमा बनाने का प्रस्ताव भी रखा। यह समझौता सन् 1962 में भारत पर चीन की सैन्य विजय के तुरंत बाद किया गया था। भुट्टो ने एक तीर से तीन

शिकार किए। उन्होंने चीन के साथ दीर्घकालिक संबंध बनाने में पाकिस्तान की रुचि का पक्का सबूत दिया और चीन में ऐसे संबंध को बनाने के प्रति रुचि उत्पन्न की। पुराने जम्मू एवं कश्मीर का हिस्सा रहे क्षेत्र, जिसपर भारत दावा करता रहा है, को देकर उन्होंने उस क्षेत्र पर भारत के क्षेत्राधिकार संबंधी पक्ष को नष्ट करने के लिए एक ऐसी ठोस वास्तविकता का निर्माण किया, जहाँ भारत को उस क्षेत्र पर अपना दावा जताने और उसे वापस लेने के लिए पाकिस्तान से ही नहीं, बल्कि चीन से भी लड़ना पड़ेगा। तीसरे, चीन के साथ सीमा-समझौता करके उन्होंने सीमा के मुद्दे पर इस चीनी दृष्टिकोण का समर्थन किया कि औपनिवेशिक काल के दौरान बनाई गई सीमाओं की कोई स्थायी या कानूनी वैधता नहीं है।

पाकिस्तान ने चीन-भारत युद्ध के पहले ही 3 मई, 1962 को चीन के सामने एक ओर जिनजियांग और दूसरी ओर गिलगित के बीच सीमा-निर्धारण का प्रस्ताव रखा था। चीन-पाकिस्तान सीमा समझौते पर 2 मार्च, 1963 को हस्ताक्षर किए गए। इसका परिणाम यह हुआ कि चीन ने उस समय कश्मीर मुद्दे पर पाकिस्तान के पक्ष का समर्थन किया। यह भी दिलचस्प है कि अक्तूबर-नवंबर 1962 में अमेरिका के राष्ट्रपति जॉन. एफ. केनेडी ने अयूब को सुझाव दिया था कि वह नेहरू को आश्वस्त करें कि पाकिस्तान भारत-पाकिस्तान सीमा पर कोई काररवाई नहीं करेगा। केनेडी का सोचना यह था कि यदि भारत को यह आश्वासन दिया गया तो वह चीनी सैन्य खतरे का सामना करने के लिए अपनी पश्चिमी सीमाओं से अधिक सैन्य बल स्थानांतरित कर सकता है। केनेडी के संदेश के जवाब में 28 अक्तूबर, 1962 को प्रकट की गई अयूब की प्रतिक्रिया स्पष्ट रूप से नकारात्मक थी। उन्होंने लिखा, 'मुझे आश्चर्य है कि हमसे ऐसा आग्रह किया गया है। आखिर हम जो कर रहे हैं, वह सिर्फ भारत से अपनी सुरक्षा के लिए है। क्या यह मानवीय प्रकृति के अनुरूप है कि हम ऐसे कदम उठाना बंद कर दें, जो हमारी सुरक्षा के लिए आवश्यक हैं?'

हम कल्पना कर सकते हैं कि यदि भारत ने एक संयुक्त रक्षा समझौते के लिए अयूब का प्रस्ताव स्वीकार कर लिया होता तो क्या पाकिस्तानी प्रतिक्रिया अलग होती। वास्तव में, एक अतिरिक्त नकारात्मक कारण यह था कि चीन-भारत संघर्ष के दौरान अमेरिका नीत पश्चिमी लोकतंत्रों द्वारा भारत को दिए जा रहे सहयोग को लेकर पाकिस्तान नाराज था। इसका एक उदाहरण तत्कालीन पाकिस्तानी विदेश मंत्री मुहम्मद अली द्वारा पाकिस्तान नेशनल असेंबली में दिया गया यह बयान है, 'हमारे कुछ सहयोगियों और मित्रों ने बुद्धिमत्ता दिखाते हुए भारत को हथियार, उपकरण और सैन्य सहयोग उपलब्ध कराया है; जबकि भारत हमारी

सुरक्षा के लिए खतरा उत्पन्न कर रहा है।' अयूब ने इस अवसर पर अपने भाषण में यह जोड़ा, 'भारतीय सेना का विस्तार उसके छोटे पड़ोसी देशों, खासकर पाकिस्तान को दबाने के लिए किया गया है।'

चीन-भारत संघर्ष और भारत को दी जा रही पश्चिमी सैन्य सहायता का एक परिणाम रहा पाकिस्तान को स्वीकार्य शर्तों पर कश्मीर मुद्दे को हल करने के लिए भारत पर दबाव बनाना। चीन के खिलाफ भारत को दिए गए सहयोग के प्रति पाकिस्तानी प्रतिक्रिया को लेकर अमेरिका और ब्रिटेन आशंकित थे। उन्हें उम्मीद थी कि भारत को दिया गया सहयोग उसे उनकी रणनीति के प्रति अनुकूल बनाएगा, हालाँकि वे जानते थे कि भारत द्वारा इन उम्मीदों को पूरा किया जाना निश्चित नहीं है। पश्चिमी लोकतंत्रों के दीर्घकालीन हितों ने उनके द्वारा पाकिस्तान की भारत संबंधी आशंकाओं के प्रति सहानुभूति दिखाना अनिवार्य बना दिया।

इसके परिणामस्वरूप कश्मीर मुद्दे पर बातचीत पुनः शुरू करने के लिए भारत को समझाने के उद्देश्य से अमेरिका और ब्रिटेन के दो विशेष दूत राष्ट्रपति कैनेडी के सुझावों के साथ राजदूत एवरेल हैरीमैन और उनके प्रयासों में मदद करने के लिए ब्रिटेन से डंकन सैंडीज आए। उनके प्रस्ताव भारतीय हितों को हतोत्साहित करनेवाले थे। उन्होंने संकेत दिया कि भारत को 'रिजनल री-एडजस्टमेंट' को स्वीकार कर लेना चाहिए और कश्मीर से अपनी अधिकांश सेना तथा टुकड़ियों को हटा लेना चाहिए।

कुछ विश्लेषकों ने पश्चिमी देशों के इन प्रयासों की उदार विवेचना करते हुए कहा कि दक्षिण एशिया में चीन के बढ़ते खतरे को देखते हुए ही अमेरिका और ब्रिटेन कोशिश कर रहे हैं कि भारत और पाकिस्तान के बीच संबंध बेहतर बनें। यह स्पष्ट रूप से पाकिस्तानी नीतियों का गलत आकलन था; क्योंकि जिस समय हैरीमैन और सैंडी भारत को अपने सुझाव दे रहे थे, उसी समय पाकिस्तान चीन के साथ सीमा समझौते में व्यस्त था। यह एक ऐसा समझौता था, जिसने चीन और पाकिस्तान के बीच सीमा निर्धारित करने से अधिक भारत को रक्षात्मक रुख अपनाने पर मजबूर किया था।

चीन के खिलाफ भारत को मदद करने के बदले अमेरिका और ब्रिटेन ने जब दबाव डाला तो पं. नेहरू को इसपर प्रतिक्रिया जतानी पड़ी। नेहरू और अयूब खान कश्मीर मुद्दे पर राजनीतिक स्तर पर बातचीत के लिए तैयार हो गए। कश्मीर पर भारत और पाकिस्तान की बातचीत रावलपिंडी में 27 दिसंबर, 1962 को शुरू हुई। भारतीय प्रतिनिधिमंडल का नेतृत्व तात्कालीन रेल मंत्री सरदार स्वर्ण सिंह कर रहे

थे, जबकि पाकिस्तानी टीम का नेतृत्व नवनियुक्त विदेश मंत्री जुल्फिकार अली भुट्टो कर रहे थे। इस बातचीत का वातावरण एकदम शुरू में ही तब खराब हो गया जब बातचीत से दो दिन पहले पाकिस्तान ने यह घोषणा की कि चीन और पाकिस्तान के बीच पाक-अधिकृत कश्मीर में सीमा के निर्धारण पर एक समझौता हो गया है। बातचीत के दौरान भुट्टो ने माँग रखी कि सन् 1948 और 1953 के संयुक्त राष्ट्र प्रस्तावों के अनुसार समस्या का समाधान होना चाहिए, जबकि सरदार स्वर्ण सिंह ने इस बात पर जोर दिया कि जम्मू एवं कश्मीर भारत का अभिन्न हिस्सा है। मई 1963 तक चले बातचीत के पाँच अन्य दौरों में भी यही बातें दोहराई जाती रहीं। यहाँ यह जानना भी जरूरी है कि सैंडीज के सुझाव जहाँ पूरी तरह पाकिस्तान के पक्ष में थे वहीं हैरीमैन ने कहा कि समस्या का निष्पक्ष समाधान अमेरिका चाहता है और वह भारत को दी गई सैन्य सहायता के बदले में किसी तरह की क्षतिपूर्ति नहीं चाहता है।

स्वर्ण सिंह और भुट्टो के बीच 1962-63 में हुई बैठकों के कई दिलचस्प तथ्य हैं। विदेश मंत्रालय के मेरे सहकर्मियों ने मुझे बताया कि दोनों पक्षों के समझौता वार्त्ता के तरीके में काफी अंतर था। भुट्टो स्वर्ण सिंह से उम्र में काफी छोटे, दबंग, विवादास्पद और पाकिस्तान के हितवाले बिंदुओं पर ध्यान केंद्रित करनेवाले थे। साथ ही वह जम्मू एवं कश्मीर पर पाकिस्तान के जातीय और भू-राजनीतिक दावे पर लगातार जोर दे रहे थे। बातचीत के दौरान वह तनाव में और कड़वाहट से भरे भी लग रहे थे। इसके विपरीत स्वर्ण सिंह बोझिल कर देनेवाले आत्मविश्वास से भरे थे। पूरी बातचीत के दौरान वह लगातार इसी बात पर डरे रहे कि दो राष्ट्रों के सिद्धांत के अनुसार जम्मू एवं कश्मीर पर पाकिस्तान का एकतरफा दावा किसी भी तरह सही नहीं है। उन्होंने इस बात को प्रमुखता दी कि जम्मू एवं कश्मीर द्वारा पारित प्रस्ताव पूरी तरह उस कानूनी और संवैधानिक अनुबंध के अनुसार था, जिसके द्वारा बँटवारे को अंजाम दिया गया था। स्वर्ण सिंह की एप्रोच पूरी तरह वर्णनात्मक और चलताऊ थी। कहा जाता है कि पहले दो दौर की बातचीत के बात भुट्टो ने अपने प्रतिनिधिमंडल के सदस्यों से कहा कि 'सरदारजी का प्रयास समझौता करना नहीं, बल्कि उन्हें (भुट्टो को) थकाना भर है।' यह भी कहा जाता है कि भुट्टो स्वर्ण सिंह के साथ किसी प्रकार की अर्थपूर्ण और तार्किक बातचीत को असंभव मानते थे। कोई भी यह अनुमान लगा सकता है कि एक अनुभवी राजनेता होने के नाते स्वर्ण सिंह ने भुट्टो और पूरे पाकिस्तानी प्रतिनिधिमंडल को विचलित कर देने तथा भारतीय हितों को सुरक्षित रखने का फैसला किया।

इसके साथ ही उन्होंने पाकिस्तान को यह संदेश भी दे दिया था कि कश्मीर पर उसका इकलौता दावा किसी प्रकार भी मंजूर नहीं किया जा सकता। उनका यह संदेश पाकिस्तान की समझ में आ गया था। यह तब स्पष्ट हुआ जब 16 मई, 1963 को समझौता वार्त्ता टूटने के दो साल के अंदर पाकिस्तान ने जम्मू एवं कश्मीर में सैन्य कारवाई शुरू कर दी।

लाल बहादुर शास्त्री

मई 1964 में जवाहरलाल नेहरू का देहांत हुआ। लाल बहादुर शास्त्री उनके स्थान पर प्रधानमंत्री बनाए गए। हालाँकि वह कांग्रेस के अधिक योग्य और आदरणीय नेताओं में से एक थे, फिर भी अंतरराष्ट्रीय संबंधों के बारे में उनका अनुभव काफी कम था। नेहरू के मुकाबले वह एक अल्पज्ञात नेता थे, यहाँ तक कि पाकिस्तानी सत्ता के गलियारों में भी। पाकिस्तान के सैन्य शासक अयूब खान और आक्रामक विदेश मंत्री भुट्टो के विपरीत उनकी छवि एक गैरदबंग और लड़ाई के प्रति घृणा रखनेवाले की थी। पाकिस्तान को दक्षिण एशिया में एक बड़ी शक्ति के रूप में स्थापित करने की इच्छा भुट्टो के मन में थी। सन् 1962-63 की समझौता वार्त्ता टूटने का परिणाम यह हुआ कि पाकिस्तान सोचने लगा कि यदि एक बार फिर उसने कश्मीर समस्या के समाधान के लिए सैन्य कारवाई की तो अमेरिका और पश्चिमी देश उसकी आलोचना नहीं करेंगे। पाकिस्तान का आकलन यह था कि भारत-चीन युद्ध के दौरान भारत को राजनीतिक और सैन्य मदद देने से पाकिस्तान को जो चिंता हुई थी, अब पश्चिमी देश उसके लिए पाकिस्तान को राहत देने के इच्छुक हैं। सन् 1962-64 (दो वर्षों के) के दौरान पूर्वी पाकिस्तान में अल्पसंख्यक हिंदुओं के विरुद्ध जबरदस्त हिंसा से भारत और पाकिस्तान के संबंधों में काफी खटास आ गई थी। कश्मीर मुद्दे पर वार्त्ता के विफल होने के बाद पाकिस्तान ने भारत के खिलाफ दुष्प्रचार भी शुरू कर दिया था। पाकिस्तान को इसका पूरा मौका तब हाथ लग गया, जब पश्चिम बंगाल और बिहार में मुसलिमों के खिलाफ सांप्रदायिक हिंसा हुई। इन सभी घटनाओं की परिणति पाकिस्तान के साथ दो जगह सैन्य कारवाई में हुई—पहली सन् 1965 की गरमियों में कच्छ के रण में और दूसरी—उसी साल अगस्त-सितंबर में जम्मू एवं कश्मीर में।

पाकिस्तान की पहली सोच यह थी कि चीन से लड़ाई में हारने के बाद भारत का मनोबल काफी गिरा हुआ है; उसकी सेना कमजोर, असुरक्षित और हतोत्साहित है। दो—पाकिस्तान ने यह भी अनुमान लगाया कि नेहरू के देहांत के बाद भारतीय

राज व्यवस्था गंभीर अनिश्चितताओं में घिरी है और अपेक्षाकृत कमजोर नेता शास्त्री के हाथों में है। तीन—पाकिस्तान इस नतीजे पर भी पहुँचा कि चीन से भारत की हार के बाद जम्मू और कश्मीर की जनता भी भारत से अलग होना चाहती है। पाकिस्तानी उम्मीद यह थी कि जैसे ही पाकिस्तानी फौजें कश्मीर घाटी में घुसपैठ करेंगी वैसे ही वहाँ की जनता भारत का साथ छोड़कर अलग हो जाएगी। चार—पाकिस्तान का अनुमान था कि अंतरराष्ट्रीय बिरादरी उसकी सैन्य कारवाई का विरोध नहीं करेगी, क्योंकि सन् 1962-63 की वार्त्ता के दौरान कश्मीर मुद्दे पर अपना रुख न बदलने के लिए वह भारत को दोषी मानती है। पाकिस्तान का सोचना था कि यदि अंतरराष्ट्रीय बिरादरी उसका सहयोग नहीं करेगी तो विरोध भी नहीं करेगी। पाँच—कच्छ के रण में विस्फोटक सैन्य कारवाई में पाकिस्तानी सेना को थोड़ी-बहुत सफलता मिल गई थी, जिससे उसका यह अनुमान पक्का हुआ था कि भारत की सेना इस स्थिति में है कि उसपर हमला किया जा सके।

इसीलिए पाकिस्तानियों ने सोचा कि वे अपनी पसंद के किसी भाग में भारतीय सेना का सुरक्षित रूप से सामना कर सकते हैं। इस खास भाग को जम्मू एवं कश्मीर भी कह सकते हैं। पाकिस्तानी उम्मीद यह थी कि भारतीय सेना सिर्फ वहीं पर प्रतिक्रिया जताएगी जहाँ पाकिस्तानी सेना आक्रमण करेगी।

कच्छ में चल रही सैन्य झड़पें अंततः 30 जून, 1965 को एक समझौते के द्वारा खत्म हुईं। इस समझौते में दोनों ही देश इस बात पर सहमत हुए कि कच्छ में दोनों देशों की सीमा का निर्धारण एक अंतरराष्ट्रीय ट्रिब्यूनल में मंत्री स्तरीय बातचीत से किया जाए। तत्कालीन प्रधानमंत्री लाल बहादुर शास्त्री ने युद्ध न करने की संधि का प्रस्ताव एक बार फिर पाकिस्तान को दिया, जिसे अस्वीकृत कर दिया गया। कच्छ का सीमा-विवाद जिस अंतरराष्ट्रीय ट्रिब्यूनल के सामने भेजा गया, उसके अध्यक्ष स्वीडिश जज गुन्नार लगरगेन थे। इसमें पाकिस्तान के द्वारा डॉ. नसरुल्लाह इंतजाम को नामित किया गया, जो ईरान से थे, जबकि भारत ने यूगोस्लाविया के डॉ. एल.एस. वेब्लर को नामित किया। ट्रिब्यूनल ने सन् 1965 से 67 के दौरान 170 बैठकें कीं और 21 फरवरी, 1968 को अपना अंतिम निर्णय दिया, जिसमें सीमा का निर्धारण किया गया था। इसे दोनों देशों ने स्वीकार कर लिया। उस समय सिर्फ सर क्रीक के पास सीमा का निर्धारण नहीं हुआ था और वह मामला अभी भी नहीं सुलझा है; लेकिन जैसा पहले कहा गया है, कच्छ में पाकिस्तानी सेना की कारवाई सिर्फ भारतीय सेना की क्षमता का जायजा लेने के लिए की गई थी। उसका उद्देश्य यह जानना था कि जम्मू एवं कश्मीर में भारतीय सेना को परास्त किया जा

सकता है या नहीं। कश्मीर में घुसपैठ और इसे भारत से अलग करने की पूरी योजना सन् 1965 के वसंत में ही बन चुकी थी। भुट्टो इस पूरी सैन्य योजना के प्रमुख राजनीतिक रचनाकार थे।

योजना यह थी कि सबसे पहले हजारों कबाइलियों और संगठित लश्करों को एन.डब्ल्यू.एफ.पी. और पाक-अधिकृत कश्मीर की तरफ से भारतीय जम्मू एवं कश्मीर में घुसपैठ कराया जाएगा। संचार के सभी साधनों को नष्ट कर देने, सेना के कमांड और कंट्रोल सिस्टम को खत्म कर देने तथा हवाई अड्डों और सभी प्रमुख सड़कों पर कब्जा करने की जवाबदेही इन लोगों को दी गई। एक बार इन लक्ष्यों में कामयाबी मिल जाने के बाद ये घुसपैठिए जम्मू एवं कश्मीर की ज़नता की मदद से भारतीय सुरक्षा बलों और जी. एम. सादिक की सरकार को हटने पर मजबूर कर देते। फिर एक क्रांतिकारी शासकीय परिषद् के गठन की घोषणा की जाती, जो भारत से अलग होने और पाकिस्तान में विलय की घोषणा कर देती। अगर ये सभी लक्ष्य योजना के अनुसार पूरे नहीं होते, तब पाकिस्तानी सेना सीधे काररवाई करती। इस योजना को 5 अगस्त, 1965 को अमल में लाना शुरू किया गया और हजारों कबाइलियों को युद्ध-विराम रेखा से आगे घुसपैठ करा दिया गया। अचरज भरी बात यह है कि पाकिस्तान ने ऐसा जताया, मानो उसे कुछ पता ही न हो और इस सबसे उसका कोई लेना-देना न हो।

पाकिस्तान में भारत के नए उच्चायुक्त केवल सिंह 5 अगस्त को ही दोपहर में कराची पहुँचे थे। उनके द्वारा अपना नियुक्ति-पत्र प्रस्तुत करने के लिए 10 अगस्त का दिन तय किया गया था, लेकिन उन्हें सूचना दी गई कि अयूब खान विशेष सम्मान देते हुए उनसे अगले दिन सुबह, यानी 6 अगस्त को मिलेंगे। युद्ध स्तर की कई समस्याओं, जिसमें दिल्ली से विशेष कूरियर द्वारा दिल्ली से मँगवाया गया मान्यता-पत्र भी शामिल था, का सामना करते हुए केवल सिंह अगले दिन सुबह रावलपिंडी पहुँचे। वहाँ उन्होंने अयूब खान के सामने सारे कागजात प्रस्तुत किए। इस अवसर पर अयूब खान ने कहा कि वह दोनों देशों के बीच बेहतर तालमेल बनाने के भारत के किसी भी कदम का स्वागत करते हैं। अयूब ने यह भी कहा कि दोनों देश अपने खराब संबंधों के कारण रक्षा पर बहुत ज्यादा खर्च कर रहे हैं; जबकि यह पैसा आर्थिक विकास में लगाया जा सकता था। इस तरह की सकारात्मक बातें करते समय अयूब खान यह अच्छी तरह जानते थे कि पाकिस्तान में प्रशिक्षित हजारों घुसपैठिए उस समय से बारह घंटे पहले ही युद्ध-विराम रेखा पार करना शुरू कर चुके हैं।

घुसपैठ के शुरुआती पाँच दिनों अर्थात् 5 अगस्त से 10 अगस्त के बीच ही पाकिस्तान की मूल सोच गलत साबित होने लगी। यह सोच थी कश्मीर की जनता के बारे में। पाकिस्तानी सोच के विपरीत कश्मीर की जनता ने भारतीय सुरक्षा बलों को घुसपैठियों के बारे में जानकारी देनी ही शुरू नहीं की, बल्कि घुसपैठियों को पहचानकर समाप्त करने या गिरफ्तार करने में सक्रिय योगदान दिया। यह स्वाभाविक था कि अयूब ने कश्मीर में पाकिस्तानी घुसपैठ की खबर बाकी विश्व तक पहुँचने से पहले भारतीय उच्चायुक्त को औपचारिक मान्यता देना चाहा। वह भारतीय कूटनीतिक वापसी को भी रोकना चाहते थे, क्योंकि घुसपैठ को जम्मू एवं कश्मीर का सहज आंतरिक आंदोलन बताया जा रहा था। संघर्ष के कारण भारतीय उच्चायुक्त द्वारा अपना मान्यता-पत्र प्रस्तुत न करने से मामला उनके हाथ से निकल सकता था। 9 अगस्त को केवल सिंह को अयूब तक यह संदेश पहुँचाने का निर्देश नई दिल्ली से दिया गया कि भारत घुसपैठियों का विरोध करने और उन्हें पीछे खदेड़ने के विषय में दृढ़ है। केवल सिंह को लगभग चौबीस घंटों तक मुलाकात का समय नहीं दिया गया, क्योंकि जम्मू एवं कश्मीर में सुरक्षा स्थितियाँ खराब हो रही थीं। विदेश मंत्री भुट्टो ने 10 अगस्त को शाम सात बजे केवल सिंह से मुलाकात की और कश्मीर में उत्पन्न हो रही हिंसक स्थितियों में पाकिस्तान की किसी भागीदारी को दृढ़ता से गलत बताया। भुट्टो ने अपने सार्वजनिक बयान में कहा, 'कश्मीर की घटनाओं के लिए पाकिस्तान को जिम्मेदार नहीं ठहराया जा सकता है। यह कश्मीर के लोगों की प्राकृतिक जागरूकता है।' उन्होंने कुछ चतुर दाँव-पेंच दिखाते हुए कहा कि जम्मू एवं कश्मीर में हो रहे न्यायोचित जन-आंदोलन का बदला लेने के लिए पाकिस्तान पर आक्रमण करने की तैयारी भारत कर रहा है।

जम्मू एवं कश्मीर को भारत से अलग करके पाकिस्तान में मिलाने के लक्ष्य को लेकर कराई गई घुसपैठ की पूरी योजना सावधानीपूर्वक तैयार की गई थी। इसे 'ऑपरेशन जिब्राल्टर' नाम दिया गया और इस बारे में पुष्ट सूचनाएँ हैं कि सन् 1965 के युद्ध के लिए तैयारी अप्रैल/मई 1965 से ही की जा रही थी। अयूब ने आपातकाल का अध्यादेश जारी करते हुए पाकिस्तानी रिजर्वों और सैन्य सहायक मुजाहिदीन बलों की संख्या बढ़ाकर एक लाख से अधिक कर दिया। इन सैनिकों को मुरे और उसके आस-पास के क्षेत्रों में पाकिस्तानी सेना की बारहवीं डिवीजन के जी.ओ.सी. मेजर जनरल अख्तर हुसैन के नेतृत्व में विस्तृत सैन्य प्रशिक्षण दिया गया। विदेश मंत्री भुट्टो ने जिब्राल्टर योजना की रूपरेखा के निर्माण संबंधी विचार-विमर्श में सक्रिय रूप से भाग लिया। इसकी ऑपरेशनल तकनीक चीन की पीपुल्स

लिबरेशन आर्मी और अल्जीरिया के गुरिल्लों की रणनीति पर आधारित थी। इस योजना का मुख्य उद्देश्य भारतीय सुरक्षा बल के सैन्य कमांड व नियंत्रण व्यवस्था और जम्मू एवं कश्मीर की निर्वाचित सरकार के प्रशासन को नष्ट करना था। एक बार यदि शुरुआती काररवाइयाँ सफल हो जातीं तो एक क्रांतिकारी परिषद् आजाद जम्मू एवं कश्मीर में एक अस्थायी सरकार की स्थापना कर देती। उस सरकार को पाकिस्तानी सैन्य बलों के दो डिवीजनों का समर्थन प्राप्त होता, जो कश्मीरी क्रांतिकारी और गुरिल्ले होने का दिखावा करते।

हालाँकि पाकिस्तानी सरकार और मीडिया ने तथाकथित स्वतंत्रता सेनानियों की सफलता के बारे में सूचनाएँ दीं, अगस्त के अंत तक तसवीर साफ हो गई। भारतीय सुरक्षा बलों द्वारा पकड़े गए कुछ कैदियों ने यह भेद खोल दिया कि वे पाकिस्तानी सैन्य बलों के नियमित अधिकारी हैं। उन सैनिकों ने स्वीकार किया कि वे इस आक्रमण की तैयारी लगभग छह माह से कर रहे थे और भारतीय क्षेत्र पर आक्रमण शुरू करने से पहले उन्हें तीन माह तक गहन प्रशिक्षण दिया गया था। दिल्ली, रावलपिंडी और कराची स्थित अमेरिकी तथा ब्रिटिश संवाददाताओं ने मध्य अगस्त तक अपनी खबरों में इसकी पुष्टि की कि यह घुसपैठ पाकिस्तानी कमांडो द्वारा किया गया था और वे पुलों, सैन्य अड्डों और कई अन्य सरकारी प्रतिष्ठानों को उड़ाने के लिए पूर्वनियोजित मिशन पर निकल चुके हैं। जम्मू एवं कश्मीर में संयुक्त राष्ट्र के प्रमुख सैन्य पर्यवेक्षक जनरल निम्मो ने महासचिव जनरल यू. थांट के सामने पुष्ट किया कि घुसपैठिए पाकिस्तानी थे और उन्हें पाकिस्तान में ही प्रशिक्षण तथा सहयोग दिया गया था।

बाद में मिली सूचनाओं ने संकेत दिया कि भारत और पाकिस्तान के औपचारिक रूप से युद्ध में शामिल होने से पहले मुजाहिदीन घुसपैठियों की संख्या लगभग डेढ़ लाख थी। इन्हें आठ भागों में बाँटा गया था। हर भाग में मुजाहिदीन घुसपैठियों के छह समूह शामिल थे, जिसमें हर समूह में एक सौ दस लोग थे। 5 अगस्त से 10 अगस्त के बीच लगभग पाँच हजार घुसपैठिए भारत के जम्मू एवं कश्मीर में घुसे। स्थानीय लोगों के विरोध और स्थानीय लोगों द्वारा भारतीय सुरक्षा बलों को सहयोग दिए जाने के कारण उनका मिशन सफल नहीं हुआ। पाकिस्तानी अधिकारियों के सामने यह स्पष्ट हो गया कि सैनिकों का गुप्त रूप से इस्तेमाल करना विफल हो रहा है। इसलिए पाकिस्तान ने भारत के खिलाफ स्पष्ट और पहले सैन्य काररवाई करने का निर्णय लिया। उसने 1 सितंबर को छंब जिले में भारी बख्तरबंद गाड़ियों के साथ आक्रमण किया, जहाँ युद्धविराम रेखा अंतरराष्ट्रीय सीमा में लगती थी और

उनका लक्ष्य जम्मू व पुंछ और जम्मू व श्रीनगर के बीच संपर्क को तितर-बितर करना था। आक्रमण मुख्य रूप से छंब जॉरियन पर किया गया था। इसका राजनीतिक और रणनीतिक उद्‌देश्य जम्मू एवं कश्मीर में भारतीय सुरक्षा बलों को अलग-थलग करना और भारत के मुख्य सैन्य प्रतिष्ठानों से उन तक कोई सहयोग पहुँचने से रोकना था। उनका उद्‌देश्य घेराबंदी करके भारत और कश्मीर घाटी के बीच संपर्क को तोड़ना और फिर कश्मीर मुद्दे का अंतरराष्ट्रीयकरण करके भारत को नुकसान पहुँचाना भी था।

एक अप्रत्याशित निर्णय

छंब सेक्टर में आक्रमण भारत के लिए आकस्मिक था। यदि वहाँ भारत पराजित हो जाता तो पाकिस्तानी सैन्य बल दक्षिण-पश्चिम की ओर से जम्मू एवं कश्मीर में आगे बढ़ते, जबकि घुसपैठिए पश्चिम और उत्तर-पश्चिम से अपनी गतिविधियों को विस्तार देते। पाकिस्तान ने यह रणनीतिक प्रयास इस आकलन के आधार पर किया कि भारत संघर्ष को जम्मू एवं कश्मीर के क्षेत्र से बाहर विस्तार नहीं देगा। यह दूसरा आकलन था, जो गलत साबित हुआ। पहले पाकिस्तानी आक्रमण ने संघर्ष का पूरा रुख ही बदल दिया। भारत के लिए पाकिस्तानी योजनाओं को ध्वस्त करने के लिए जवाबी काररवाई करना जरूरी था। पहला, छंब और जॉरियन में पाकिस्तानी दबाव का जवाब देने के लिए भारत ने भारतीय वायु सेना सहित भारतीय सैन्य बलों को बुलाकर संघर्ष का क्रियात्मक आयाम विस्तृत कर दिया। उसके बाद प्रधानमंत्री शास्त्री ने पाकिस्तान के संबंध में एक पूरी तरह से अप्रत्याशित निर्णय लिया। उन्होंने भारतीय सैन्य बलों को युद्ध को जम्मू एवं कश्मीर के आगे अंतरराष्ट्रीय सीमा के पार ले जाने के लिए अधिकृत कर दिया। वे पाकिस्तानी पंजाब में लाहौर और सियालकोट को लक्ष्य करके आक्रमण कर सकते थे। अब आश्चर्यचकित होने की बारी पाकिस्तान की थी। उसने कल्पना नहीं की थी कि भारत पाकिस्तान के सबसे महत्त्वपूर्ण क्षेत्र पंजाब तक युद्ध को ले जा सकता है और उनकी राजधानी लाहौर को खतरे में डाल सकता है। भारतीय सेना का प्राथमिक उद्‌देश्य छंब-अखनूर सेक्टर में पाकिस्तानी दबाव को कम करना था। पाकिस्तान को लाहौर और सियालकोट में भारतीय आक्रमण का सामना करने के लिए छंब और अखनूर से अपनी सेनाएँ हटानी पड़ीं। भारत ने पाकिस्तान को सुरक्षात्मक रुख अपनाने पर विवश करके पाकिस्तानी सेना की प्रकृति और क्षमता—दोनों को कम कर दिया।

पंजाब सेक्टर में पाकिस्तानी कारवाइयों के खिलाफ व्यवस्थित प्रतिरोध ने दो अन्य पूर्वानुमानों को गलत साबित कर दिया, जिसपर पाकिस्तान की कारवाई आधारित थी। पहला यह कि लाल बहादुर शास्त्री के नेतृत्व में विशाल स्तर की राजनीतिक सत्ता-संरचना आक्रामक और निर्णायक प्रतिक्रिया करने में अक्षम होगी और दूसरा, चीन के हाथों अपनी पराजय के बाद भारतीय सैन्य बलों का मनोबल गिरा हुआ होगा।

22 सितंबर, 1965 को समाप्त हुए युद्ध के परिणामस्वरूप भारत ने पंजाब में 720 वर्ग मील पाकिस्तानी क्षेत्र पर कब्जा कर लिया और पाकिस्तान के नियंत्रण में राजस्थान का 220 मील भारतीय क्षेत्र था। भारत की ओर 12,500 सैनिक हताहत हुए, जिनमें से 2,700 मारे गए तथा 1,500 बंदी हुए या उनका पता नहीं चला और 8,400 घायल हुए। पाकिस्तान की ओर 3,000 लोग मारे गए, 2,000 बंदी हुए या गुमशुदा हुए और लगभग 9,000 घायल हुए। पाकिस्तान को अपने 200 टैंक खोने पड़े और 150 टैंक अक्षम हो गए। भारत के 175 से 190 टैंक क्षतिग्रस्त हो गए और 200 टैंक अस्थायी रूप से अक्षम हो गए। पाकिस्तान ने अपनी लगभग 32 प्रतिशत बख्तरबंद गाड़ियाँ खो दीं, जबकि भारत को 27 प्रतिशत बख्तरबंद गाड़ियाँ खोनी पड़ीं। सन् 1965 के युद्ध में न तो भारतीय और न ही पाकिस्तानी जलसेना ने महत्त्वपूर्ण भूमिका निभाई। लड़ाकू विमानों के नुकसान के बारे में कोई निश्चित आँकड़ा नहीं है, लेकिन दोनों पक्षों ने वायु में एक-दूसरे के लिए गतिरोध उत्पन्न करते हुए लड़ाई की। याद रखने वाली बात यह है कि पाकिस्तान के पास भारत के विंटेज नेट, हंटर, मिस्टर, वैंपायर, कैनबेरा, पैकेट्, डकोटा और ऑस्टर के मुकाबले एफ-104, एफ-86 आदि बेहतर लड़ाकू विमान होते हुए भी भारतीय वायुसेना ने पाकिस्तानी वायुसेना के समकक्ष प्रदर्शन किया। सन् 1965 में भारतीय वायुसेना के पास सबसे उन्नत लड़ाकू विमान मिग-21 था।

हालाँकि भारत ने सन् 1965 के युद्ध में विजय का दावा किया, लेकिन शुद्ध क्रियात्मक और सैन्य रूप में वह एक ड्रॉ था, जिसमें किसी भी पक्ष को निर्णायक सैन्य जीत प्राप्त नहीं हुई। राजनीतिक-रणनीतिक रूप में और नीतिगत उद्देश्यों के संदर्भ में पाकिस्तान की पराजय हुई। यह एक अविवादास्पद तथ्य था कि पाकिस्तान ने 'ऑपरेशन जिब्राल्टर' नामक गुप्त आक्रमण के अंतर्गत जम्मू एवं कश्मीर में कबाइली घुसपैठ के जरिए यह संघर्ष शुरू किया। जब यह विफल रहा तो अपने नियमित सैनिकों को न केवल जम्मू एवं कश्मीर में, बल्कि छंब-जॉरियन सेक्टर में युद्ध-विराम रेखा के दक्षिणी सिरे पर 'ऑपरेशन ग्रैंड स्लैम' के तहत तैनात किया।

ये नामकरण अपनी ही कहानी कहते हैं। अरब जनरल अब्दुर रहमान तारिक-इब्न-जियाद ने 711 ईसवी में जिब्राल्टर पर कब्जा करने के बाद अपने आदमियों को उनकी नावें जलाने का आदेश दिया (जिब्राल्टर का पुराना नाम जिबाल-उल-तारिक है)। जब उसके सैनिकों ने पूछा कि वे मगहरेब कैसे लौटेंगे, तो जनरल अब्दुर रहमान ने उनसे कहा कि उनकी योजना केवल जिब्राल्टर नहीं, बल्कि पूरे स्पेन पर कब्जा करने की है (जो मुसलमानों ने आठवीं और नौवीं शताब्दियों के बीच किया), जो मुसलमानों का अपना राष्ट्र होगा। अपने मूल स्थान पर उनके लौटने का कोई सवाल नहीं था। जम्मू एवं कश्मीर में पाकिस्तान प्रायोजित घुसपैठ का मनोवैज्ञानिक और भावनात्मक उद्देश्य भी उसे पाकिस्तान का हिस्सा बनाना था। पाकिस्तान लगभग एक हजार वर्ष पहले हुए ऐतिहासिक इसलामी युद्ध को पृष्ठभूमि की तरह इस्तेमाल कर रहा था।

पाकिस्तान ने इस आक्रमण से निस्संदेह भारत को एक झटका दिया; लेकिन जब एक बार जवाबी काररवाई शुरू हो गई तब उसके उद्देश्य बिलकुल स्पष्ट हो गए। पहला—पाकिस्तान के किसी प्रकार के क्षेत्रीय अधिग्रहण के प्रयास को विफल करना और दूसरा—पाकिस्तान के खिलाफ सैन्य अभियान को सफल बनाने के लिए कई विकल्पों पर विचार करना। प्रधानमंत्री शास्त्री और उनके वरिष्ठ सलाहकारों ने संघर्ष का क्षेत्र सीमित नहीं करने बल्कि उसे विस्तार देने का उचित निर्णय लिया, ताकि पाकिस्तान की क्षमता को गुणात्मक क्षति पहुँचाई जा सके। तीसरा निर्णय यह लिया गया कि सैन्य काररवाई को तब तक ही जारी रखा जाए, जब तक पाकिस्तान जम्मू एवं कश्मीर में अपने सैन्य दुस्साहस को समाप्त करने के लिए विवश न हो जाए। किसी बड़े पाकिस्तानी शहर या पाकिस्तान के किसी भी भाग में अपनी सत्ता फैलाने का कोई उद्देश्य नहीं था। जब भारत अपना आक्रमण अंतरराष्ट्रीय सीमा के पार ले गया तो पाकिस्तान ने अपने क्षेत्रों पर कब्जा करने का इरादा रखने का आरोप इसपर लगाया। भारतीय उद्देश्यों का पाकिस्तानी कूटनीतिक विश्लेषण यह था कि वह पाकिस्तानी सेना की विस्तृत पराजय चाहता है, पाकिस्तान के बड़े भागों पर कब्जा करके उसे भारत में मिलाना चाहता है। पाकिस्तानी विश्लेषकों का एक अधिक सचेत समूह था, जिसने यह आकलन किया कि भारत का उद्देश्य बड़े शहरों—लाहौर और सियालकोट—पर कब्जा करना था।

बहरहाल, सैन्य विश्लेषक और विद्वान् बाद में इस निष्कर्ष पर पहुँचे कि भारत का उद्देश्य सीमित है। छंब-जॉरियन सेक्टर में आक्रमण के खिलाफ जवाबी काररवाई का उद्देश्य वहाँ पाकिस्तानी दबाव को कम करना था। भारत का उद्देश्य

मात्र अखनूर को पाकिस्तानी दबाव से मुक्त करना और फिर जम्मू एवं कश्मीर में पाकिस्तान के सीमा पार दबाव को कम करना था। वास्तव में, भारत उस गति पर आश्चर्यचकित था, जिससे इसकी सेनाओं ने लाहौर की सीमा में प्रवेश किया। बहरहाल, यह जानना आवश्यक है कि लाहौर बहुत सुरक्षित था और उसपर कब्जा करना एक कठिन कार्य था; उसपर कब्जा बरकरार रखना उससे भी मुश्किल तो था।

पूर्वी पाकिस्तान और भारत के पूर्वी राज्यों के बीच कोई विशेष थल काररवाई नहीं हुई। पूर्वी सेक्टर में बहुत सीमित वायु संघर्ष हुआ, जिसमें भारतीय लड़ाकू विमानों ने छिटागॉन्ग पर और पाकिस्तानी लड़ाकू विमानों ने पश्चिम बंगाल तथा असम के कुछ एयर बेस व एयर डिफेंस सेंटर्स पर बमबारी की।

सितंबर के तीसरे सप्ताह तक उस युद्ध को समाप्त करने के अंतरराष्ट्रीय प्रयास पूरी गति में आ गए। सबसे पहले अमेरिका ने इस दिशा में प्रयास किया। जब संयुक्त राष्ट्र सैन्य पर्यवेक्षक जनरल निम्मो ने पाकिस्तानी घुसपैठ और जम्मू एवं कश्मीर में पाकिस्तानी सैन्य बलों की प्रत्यक्ष भागीदारी को पुष्ट कर दिया तो अमेरिका ने पाकिस्तान तक सैन्य आपूर्ति का प्रवाह कम करने की बजाय इस बात पर बल दिया कि भारत व पाकिस्तान संयुक्त राष्ट्र के महासचिव को यह मुद्दा सुलझाने दें। पाकिस्तानी सैन्य बलों ने भारतीय सेना के खिलाफ अमेरिका द्वारा आपूर्तित बख्तरबंद गाड़ियों, लड़ाकू विमानों और निरीक्षण उपकरणों का इस्तेमाल किया। अमेरिका ने फिर इस युद्ध में एक पक्षपातरहित रुख अपनाया। पाकिस्तान के साथ अपने रक्षा और रणनीतिक संपर्क तथा सन् 1962 के भारत-चीन युद्ध के बाद भारत के साथ सुरक्षा एवं राजनीतिक सहयोग में हुए निराशाजनक अनुभव को देखते हुए अमेरिका ने निष्पक्ष रहने का फैसला किया। उस समय नई दिल्ली में अमेरिकी राजदूत चेस्टर बाउल्स शुरू से ही दोनों पक्षों, खासकर पाकिस्तान पर युद्धविराम के लिए प्रत्यक्ष दबाव डालने का आग्रह बार-बार कर रहे थे। यहाँ तक कि बाउल्स ने भी तत्कालीन परिस्थिति या भारतीय हितों के बारे में प्रारंभिक संवेदनशीलता नहीं दिखाई। जब 1 सितंबर, 1965 को पाकिस्तान ने छंब-जॉरियन सेक्टर में अपनी नियमित सेनाओं को तैनात करते हुए संघर्ष को तेज कर दिया, तो राजदूत बाउल्स ने भारतीय विदेश मंत्री स्वर्ण सिंह को सचेत रहने के लिए कहा और यह चेतावनी दी कि पाकिस्तानी गतिविधि के जवाब में भारत द्वारा सैन्य दबाव बढ़ाना एक युद्ध को उत्तेजित कर सकता है।

स्वर्ण सिंह ने बाउल्स से कहा कि उन्हें पाकिस्तान पर भारतीय सेना के खिलाफ अमेरिका द्वारा आपूर्तित पैटन टैंकों का इस्तेमाल न करने के लिए जोर

डालना चाहिए। अमेरिका के रुख से लग रहा था कि यदि पाकिस्तान अपने प्रयासों में सफल हो गया तो कोई नुकसान नहीं है। पाकिस्तान की सैन्य आपूर्ति में कटौती करने के बारे में बाउल्स के सुझाव पर प्रतिक्रिया व्यक्त करते हुए तत्कालीन विदेश मंत्री डीन रस्क ने राजदूत को सूचित किया, 'यहाँ उच्च स्तर पर लिये गए फैसले के अनुसार फिलहाल पाकिस्तान या भारत पर प्रत्यक्ष दबाव नहीं डालना है, बल्कि प्राथमिक उत्तरदायित्व संयुक्त राष्ट्र पर डालना है। दोनों पक्षों के साथ संबंधों में तनाव को देखते हुए हमें नहीं लगता है कि आपके द्वारा सुझाए गए सैन्य सहायता निलंबित करने के उपाय इस समय युद्ध को रोक सकते हैं।' अमेरिका ने केवल संयुक्त राष्ट्र महासचिव यू. थांट को सामान्य समर्थन देने के प्रति रुचि दिखाई। युद्ध-विराम के लिए संयुक्त राष्ट्र का दबाव बढ़ने पर ही अमेरिकियों ने निष्पक्षता से भारत और पाकिस्तान—दोनों को सैन्य सहायता देना बंद कर दिया।

रूस को प्रोत्साहन

स्पष्ट रूप से देखें तो सन् 1965 में अमेरिका की नीतियों ने भारत और पाकिस्तान—दोनों को निराश किया। भारत इसलिए नाराज था कि अमेरिका द्वारा आपूर्तित सैन्य उपकरणों को पाकिस्तान भारत के खिलाफ इस्तेमाल कर रहा था। पाकिस्तान भी अधिक नहीं तो उतना ही निराश था, क्योंकि अमेरिका उसे खुला समर्थन नहीं दे रहा था और सैन्य व आर्थिक सहयोग में भी कुछ कटौती कर रहा था। किसी भी प्रकार मध्यस्थता करने में अमेरिका की कोई रुचि नहीं थी, क्योंकि इससे पाकिस्तान के साथ उसके रणनीतिक और रक्षा संबंध खराब हो सकते थे। इसलिए अमेरिका ने सोवियत संघ को संकेत दिया कि यदि रूस मध्यस्थता करे तो उसे कोई आपत्ति नहीं होगी। जनवरी 1966 में ताशकंद सम्मेलन में हुए विचार-विमर्श पर हम बाद में चर्चा करेंगे, लेकिन इस दक्षिण एशिया संकट में सोवियत संघ की भूमिका को अमेरिका द्वारा समर्थन करने के बारे में समझना जरूरी है। रस्क ने अमेरिका का पक्ष इस प्रकार रखा, 'हमने ताशकंद मुद्दे पर रूस को प्रोत्साहित किया, क्योंकि हमने महसूस किया कि हमारे पास खोने लायक कुछ नहीं है। यदि वे ताशकंद में दोनों देशों के संबंध सुधारने में सफल हो जाते हैं तो उपमहाद्वीप पर भारत और पाकिस्तान के बीच शांति होगी और हमें इससे लाभ मिलेगा। यदि रूस ताशकंद में विफल रहता है तो कम-से-कम रूस को उस निराशा का कुछ तो अनुभव होगा, जो हम पाकिस्तान और भारत के बीच संबंध सुधारने के लिए पिछले बीस वर्षों से झेल रहे हैं।'

रस्क ने जिस बात का उल्लेख नहीं किया, वह यह थी कि यदि रूस विफल रहा तो पाकिस्तान की नजदीकियाँ अमेरिका के साथ बढ़ेंगी और रूस से मोहभंग होने पर भारत भी अमेरिका की ओर मुड़ सकता है। रस्क ने लिंडोन बी. जॉनसन लाइब्रेरी के ओरल हिस्ट्री सेक्शन के लिए रिकॉर्डिंग करते हुए अमेरिका की मनोवृत्ति के बारे में बताया, 'भारत और पाकिस्तान ने अमेरिका की सलाह के विपरीत इस मुद्दे को दोनों ओर बहुत उग्र होने में मदद दी। इसलिए हमने अपने कंधे उचकाए और कहा कि ठीक है, यदि तुम दोनों लड़ना चाहते हो तो लड़ो, लेकिन उसके लिए हम नुकसान नहीं उठाने जा रहे।' वाशिंगटन नीति-निर्माताओं को प्रभावित करनेवाला एक और कारक वियतनाम युद्ध में अमेरिका की अधिक भागीदारी थी, जिसके कारण अमेरिकी राजनीतिक और सुरक्षा प्राथमिकताओं में दक्षिण एशिया का महत्त्व कम हो गया। वाशिंगटन ने दक्षिण-पूर्व एशिया और सुदूर पूर्व एशिया में अपने हितों तथा भागीदारी को देखते हुए रूस को दक्षिण एशियाई सुरक्षा मामलों में बड़ी भूमिका निभाने दिया।

संयुक्त राष्ट्र की पहल

संयुक्त राष्ट्र के महासचिव यू थांट और सुरक्षा परिषद् के सदस्य सन् 1965 में हुए युद्ध के वास्तविक कारणों से पूरी तरह अवगत थे। उन्हें अगस्त के प्रथम सप्ताह में जम्मू एवं कश्मीर में पाकिस्तान के व्यापक गुप्त व हिंसक आक्रमण के विषय में अच्छी तरह जानकारी थी। जनरल निम्मो और उनके सहयोगियों ने बड़े पैमाने पर हुई पाकिस्तानी घुसपैठ की पुष्टि की। अपने मुख्यालयों में रिपोर्ट प्रस्तुत करते हुए स्पष्ट रूप से की। संयुक्त राष्ट्र सुरक्षा परिषद् और संयुक्त राष्ट्र महासचिव ने पूरे अगस्त के दौरान पाकिस्तान द्वारा प्रायोजित घुसपैठियों को वापस बुलाने के लिए नहीं कहा। सिर्फ हिंसक परिस्थितियों पर ध्यान दिया गया और शांति बहाल करने के लिए सामान्य अपीलें की गईं।

संयुक्त राष्ट्र संघ अधिक सक्रिय तभी हुआ, जब पाकिस्तान द्वारा शुरू किया गया छाया युद्ध एक खुले युद्ध में बदल गया और 1 सितंबर, 1965 को युद्ध की घोषणा की गई, जब भारतीय सैन्य बलों ने छंब-जॉरियन-अखनूर क्षेत्र में पाकिस्तानी सैन्य चढ़ाई के जवाब में अपनी जवाबी काररवाई शुरू कर दी। फिर से संयुक्त राष्ट्र संघ की प्रतिक्रिया उदासीन और अत्यंत औपचारिक थी। यू. थांट ने युद्ध-विराम, दोनों ओर से संघर्ष की समाप्ति, युद्ध-विराम रेखा की बहाली आदि के लिए अपील जारी की। उन्होंने अयूब को अपने सैनिकों और कबाइलियों को युद्ध-

विराम रेखा से वापस बुलाने के लिए कहने की बजाय युद्ध विराम के लिए प्रयास करने को कहा। भारत को उसकी बदले की काररवाई को नियंत्रित रखने के लिए कहा गया। यू. थांट की अपील के जवाब में पाकिस्तान की प्रतिक्रिया हठी व चुप्पी थी, जबकि भारत ने कहा कि यदि संयुक्त राष्ट्र संघ पाकिस्तान पर दबाव डाले कि अपने घुसपैठियों और सैनिकों को वापस बुलाए तो भारत अपनी काररवाई सीमित कर सकता है। सबसे महत्त्वपूर्ण तो महासचिव द्वारा भारत और पाकिस्तान को लिखे गए पत्रों की शैली थी। उसने इस आकलन को प्रमाणित किया कि संयुक्त राष्ट्र संघ संघर्ष के कारण पर कोई पक्ष रखने के प्रति रुचि नहीं रखता। यू. थांट ने 1 सितंबर को दोनों सरकारों के पास भेजे गए पत्र (उपमहाद्वीप और न्यूयार्क के बीच लगभग साढ़े नौ घंटे के समय के अंतराल को देखते हुए वह पत्र जब जारी हुआ तो भारत और पाकिस्तान के बीच युद्ध अंतरराष्ट्रीय सीमा के पार फैल चुका था) में लिखा—'किसी पर दोषारोपण किए बिना यह कहा जा सकता है कि अब ऐसी कारवाइयाँ नियंत्रण रेखा के दोनों ओर से होती हैं, जिनमें बड़ी संख्या में हथियारबंद लोग शामिल होते हैं और लड़ाई सिर्फ थल पर ही नहीं बल्कि वायु में भी होती है। सबसे गंभीर बात तो यह है कि दोनों देशों के नियमित सैनिक नियंत्रण रेखा के साथ और उसके पार युद्ध में संलग्न होते हैं।'

इस बात का उल्लेख जानबूझकर नहीं किया गया कि पाकिस्तान ने बिना छेड़े युद्ध का आरंभ किया है। संयुक्त राष्ट्र सुरक्षा परिषद् की बैठक 4 सितंबर को हुई। उसमें एक प्रस्ताव पारित करके दोनों सरकारों को तत्काल युद्ध-विराम, युद्ध-विराम रेखा का सम्मान करने और रेखा का अतिक्रमण करनेवाले सैन्य बलों को वापस बुलाने संबंधी कदम उठाने के लिए कहा गया। एक दिलचस्प बात यह है कि यह प्रस्ताव संयुक्त राष्ट्र सुरक्षा परिषद् के अस्थायी सदस्यों द्वारा जारी किया गया, जिसमें पाँचों सदस्यों का कोई सक्रिय योगदान नहीं था। वे नेपथ्य में अपने-अपने रणनीतिक व राजनीतिक हितों के अनुसार मामले के प्रबंधन में व्यस्त थे। इस बात के लिए पाकिस्तान की कोई आलोचना नहीं की गई कि वह विभाजन के कानूनी और संवैधानिक क्षेत्रीय व्यवस्था को बल-प्रयोग द्वारा परिवर्तित करने का प्रयास कर रहा है।

महासचिव यू. थांट सन् 1965 में सितंबर के दूसरे सप्ताह में इसलामाबाद और नई दिल्ली आए। भारत के प्रधानमंत्री और पाकिस्तान के राष्ट्रपति के साथ विचार-विमर्श में उन्होंने 14 सितंबर तक बिना शर्त युद्ध की समाप्ति के लिए कहा। भारत सरकार ने तुरंत प्रतिक्रिया व्यक्त करते हुए थांट के प्रस्ताव को स्वीकार

करके पाकिस्तान से भी सलाह मानने को कहा। भारत ने यह भी माँग की कि युद्ध समाप्त होने के बाद पाकिस्तान को जम्मू एवं कश्मीर व भारत के अन्य भागों से अपने घुसपैठियों और सैनिकों को हटाना होगा। पाकिस्तान ने संकेत दिया कि वह अपने सैनिकों व घुसपैठियों को हटाए बिना युद्ध-विराम चाहता है, जबकि भारत को पंजाब से अपने सैनिकों को हटाना होगा। संयुक्त राष्ट्र संघ के प्रयासों के प्रति भारत व पाकिस्तान की प्रतिक्रियाओं में स्पष्ट विरोधाभास था। भारत ने सिर्फ सैनिकों की वापसी आदि युद्ध से संबंधित माँगें रखीं, जबकि पाकिस्तान सभी पुराने मुद्दों की शर्तों पर युद्ध-विराम चाहता था। वह चाहता था कि कश्मीर में संयुक्त राष्ट्र की सेना तैनात की जाए। पाकिस्तान ने माँग की कि भारत एक जनमत-संग्रह के लिए सहमत हो और उन्होंने भारतीय सीमा में जहाँ भी कुछ भूमि पर कब्जा किया है, उसे वे बरकरार रखेंगे।

महासचिव ने 1965 में 1 सितंबर से 16 सितंबर के बीच सुरक्षा परिषद् को दी गई अपनी रिपोर्टों में सुरक्षा परिषद् के पाँच स्थायी सदस्यों द्वारा इस संकट को सुलझाने के लिए एकबद्ध होकर प्रयास करने में दिखाई गई अरुचि का उल्लेख नहीं किया। उनकी रिपोर्टों में एक महाशक्ति द्वारा पाकिस्तान को सक्रिय राजनीतिक समर्थन दिए जाने और भारत पर अप्रत्यक्ष सैन्य दबाव बनाने संबंधी वास्तविकताओं पर भी ध्यान नहीं दिया गया। पाकिस्तान के अड़ियल रवैये और युद्ध शुरू करने में उसकी प्रत्यक्ष भागीदारी को हिचकिचाहट के साथ स्वीकार किया गया। 16 सितंबर की अपने रिपोर्ट में यू. थांट ने स्वीकार किया कि भारत ने उनके सुझावों को माना है, जबकि पाकिस्तान ने नहीं। रिपोर्ट में उन्होंने यह भी स्वीकार किया कि पाकिस्तान के उत्तर-पश्चिमी सीमा प्रांत के कबाइली बड़ी संख्या में जम्मू एवं कश्मीर में और सीमा पर भारत के साथ युद्ध में हिस्सा ले रहे हैं।

इन घटनाओं के साथ-साथ सोवियत संघ ने भारत और पाकिस्तान की सरकारों को एक अपील जारी करके युद्ध के विषय में चिंता प्रकट की और दोनों के बीच बातचीत की व्यवस्था करने के लिए अपने सहयोग का प्रस्ताव दिया। यह सूचना सुरक्षा परिषद् को 17 सितंबर और 20 सितंबर की बैठकों में दी गई। 20 तक भारत और पाकिस्तान—दोनों की ओर से संकेत मिले कि वे सोवियत संघ के प्रस्ताव पर विचार कर सकते हैं। सुरक्षा परिषद् ने 20 सितंबर को एक प्रस्ताव पारित करके 22 को भारत व पाकिस्तान के बीच युद्ध-विराम की माँग की, जिसके बाद दोनों पक्षों की सेनाएँ पूर्वस्थिति में वापस चली जाएँगी। प्रस्ताव में महासचिव को युद्ध-विराम सुनिश्चित करने के लिए आवश्यक सहयोग उपलब्ध कराने और सभी राष्ट्रों को

ऐसी किसी हरकत से दूर रहने की चेतावनी देने के लिए कहा गया, जिससे क्षेत्र में तनाव उत्पन्न हो। सबसे अंत में कहा गया कि संयुक्त राष्ट्र ऐसे उपायों पर विचार-विमर्श करेगा, जिससे जम्मू एवं कश्मीर मुद्दे के हल में मदद मिल सके।

किसी भी हालत में न तो पाकिस्तान और न ही भारत के पास लंबे समय तक संघर्ष में संलग्न रहने की क्षमता थी, जब तक वह बिलकुल अपरिहार्य न हो जाए। सन् 1965 के युद्ध के अंतिम दौर में अमेरिका व ब्रिटेन द्वारा पाकिस्तान को सैन्य व आर्थिक सहयोग के निलंबन ने सैन्य संघर्ष में जमे रहने की उसकी क्षमता कम कर दी थी। भारत पारंपरिक सैन्य क्षमताओं के मामले में उससे बेहतर स्थिति में था, लेकिन सोवियत संघ से रक्षा-आपूर्ति कम कर दी गई थी। भारत व पाकिस्तान—दोनों के 27 से 30 प्रतिशत बख्तरबंद यान व लड़ाकू विमान नष्ट हो चुके थे और पाकिस्तान को यह स्वीकार करना था कि उसने जिन उद्देश्यों से जम्मू एवं कश्मीर में आक्रमण शुरू किया था, उन्हें प्राप्त करना संभव नहीं है। भारत ने पाकिस्तानी आक्रमण के जवाब में जिन उद्देश्यों को ध्यान में रखकर जवाबी काररवाई शुरू की थी, वह उनमें कुछ विशिष्ट, परंतु सीमित उद्देश्यों को प्राप्त करने में सफल रहा। राजनीतिक व सैन्य वास्तविकताओं और ठोस परिस्थितियों ने दोनों देशों को युद्ध-विराम व द्विपक्षीय सम्मेलन के सुझावों पर विचार करने के लिए विवश कर दिया।

सामान्य सैन्य संघर्ष 22 सितंबर को समाप्त हो गया और युद्ध-विराम दिसंबर में संपन्न हुआ। सोवियत संघ ने अपने सहयोग का प्रस्ताव सितंबर के तीसरे सप्ताह में दिया था। 21 नवंबर, 1965 को प्रधानमंत्री एलेक्सी कोसीगिन ने पुनः भारत व पाकिस्तान को सोवियत संघ में एक द्विपक्षीय सम्मेलन के लिए आमंत्रित किया। भारत व पाकिस्तान ने 1965 में दिसंबर के पूर्वार्द्ध में इस आमंत्रण को स्वीकार कर दिया। इस बात पर सहमति हुई कि बैठक ताशकंद (उज्बेक सोवियत गणतंत्र) में 1966 में जनवरी के प्रथम सप्ताह में होगी।

चीन की भूमिका

ताशकंद सम्मेलन और उसके परिणामों का प्रभाव सिर्फ भारत-पाक संबंधों पर ही नहीं बल्कि पाकिस्तान की घरेलू राजनीति पर भी पड़ा। ताशकंद विचार-विमर्श का विश्लेषण इस युद्ध के दौरान चीन की भूमिका और संघर्ष की समाप्ति के लिए सोवियत संघ की भागीदारी के उद्देश्यों के संदर्भ के साथ करना चाहिए। सन् 1962 के भारत-चीन युद्ध के तुरंत बाद चीन और पाकिस्तान के संबंधों में गुणात्मक सुधार आया। जैसा पहले जिक्र किया जा चुका है, पाकिस्तान ने चीन को

जम्मू एवं कश्मीर के कुछ क्षेत्र देकर उसकी अतिरिक्त सहानुभूति प्राप्त कर ली थी। चीन भारत और सोवियत संघ में बढ़ती निकटता तथा सीमा-युद्ध के बाद भारत को सैन्य सहायता देने के प्रति अमेरिका की रुचि से भी चिंतित था। भुट्टो पहले ही पाकिस्तान की विदेश नीति में नए परिवर्तनों का सूत्रपात कर चुके थे, जिसमें भारत से संभावित खतरों का सामना करने के लिए चीन से निकटता बढ़ाना प्रमुख था। चीन तब तक संयुक्त राष्ट्र या उसकी सुरक्षा परिषद् का सदस्य नहीं था। इसलिए पाकिस्तान के साथ स्वतंत्र सहयोगी संबंध रखना केवल भारत को सुरक्षात्मक रुख अपनाने के लिए विवश करने का उद्देश्य ही नहीं पूरा करता, बल्कि पश्चिमी सैन्य गठबंधनों के एक सदस्य पाकिस्तान से संबंध बनाने पर अन्य चीजों तथा कई अन्य उद्देश्यों की प्राप्ति भी हो सकती थी। पाकिस्तान सूचना का एक महत्त्वपूर्ण स्रोत हो सकता था। पाकिस्तान के साथ उसका संबंध टर्की से लेकर फिलीपींस तक फैले पश्चिमी गठबंधनों की शृंखला की एक कड़ी कमजोर कर सकता था। इसलिए चीन ने युद्ध के दौरान भारत पर अप्रत्यक्ष राजनीतिक और सैन्य दबाव डालते हुए पाकिस्तान को सहारा देने का निर्णय लिया। दोनों देशों के बीच खुला युद्ध शुरू होने के चार दिनों के अंदर 4 सितंबर को चीनी विदेश मंत्री मार्शल चेन यी कराची पहुँचे। उन्होंने जुल्फिकार अली भुट्टो से विचार-विमर्श किया। विचार-विमर्श के अंत में एक संवाददाता सम्मेलन में चेन यी ने घोषणा की, 'चीन कश्मीर में भारत की सशस्त्र छेड़खानी के विरुद्ध पाकिस्तान की न्यायोचित कारवाई का पूरी तरह समर्थन करता है।'

जब भारत-पाकिस्तान युद्ध विस्तृत हुआ तब चीन ने उस तनावपूर्ण परिस्थिति में एक महत्त्वपूर्ण आयाम जोड़ने का निर्णय किया। चीन के विदेश मंत्रालय ने 7 सितंबर को बीजिंग स्थित भारतीय दूतावास में एक कड़ा विरोध दर्ज कराया, जिसमें भारत सरकार पर भारतीय सैनिकों द्वारा चीनी क्षेत्र और प्रभुसत्ता के बार-बार अतिक्रमण का आरोप लगाया गया और चेतावनी दी गई कि चीन आवश्यक जवाबी कदम उठाएगा। चीनी सरकार ने बार-बार यह दोहराया कि वह भारतीय आक्रामकता के खिलाफ पाकिस्तान के न्यायोचित संघर्ष को पूरा समर्थन देता है। चीन ने भारत को बनावटी भय दिखाने की कोशिश की कि 'भारत की आपराधिक आक्रामकता से उत्पन्न होनेवाले परिणामों का पूरा उत्तरदायित्व भारत का होगा।' जब भारतीय सैन्य बलों ने छंब-जॉरियन सेक्टर से पाकिस्तानी सैनिकों को खदेड़ दिया और कसूर-खेमकरन सेक्टर में उनके बख्तरबंद आक्रमण का मुँहतोड़ जवाब दिया तो चीन ने पूर्वी हिस्सों में भारत-चीन सीमा की ओर भारतीय सैन्य बलों का

ध्यान बँटाने की सोची।

चीनी विदेश मंत्रालय में दक्षिण एशिया के महानिदेशक ने बीजिंग में भारतीय संबंधित अधिकारी को 16 सितंबर की मध्य रात्रि को बुलाकर एक विरोध-पत्र सौंपा, जिसके कुछ अंशों को उद्धृत करना प्रासंगिक होगा। भारत पर सिक्किम क्षेत्र के द्वारा चीन के खिलाफ आक्रामक गतिविधियों का आरोप लगाते हुए उस पत्र में कहा गया, 'भारतीय सैनिकों ने तिब्बत में चीनी क्षेत्रों के खिलाफ आक्रमण के उद्देश्य से बड़े पैमाने पर सैन्य तैयारियाँ की हैं। अब 56 ऐसी सैन्य कार्यशालाएँ हैं, जो चीनी क्षेत्र का अतिक्रमण कर रही हैं और उसकी प्रभुसत्ता का उल्लंघन कर रही हैं। चीन सरकार माँग करती है कि भारत सरकार इस पत्र के मिलने के तीन दिनों के अंदर अपनी सभी सैन्य कार्यशालाएँ नष्ट करे और चीन-भारत सीमा व चीन-सिक्किम सीमा पर सभी प्रकार की घुसपैठ को तुरंत बंद करे। भारत को अपहृत सीमा निवासियों व जब्त किए गए पशुधन को लौटाना होगा और सीमा पार किसी प्रकार के क्रूर छापों से बाज आने का वादा करना होगा, अन्यथा भारत सरकार पर इसके गंभीर परिणामों का पूरा उत्तरदायित्व होगा।' इसके बाद इस पत्र में अनुचित तरीके से कश्मीर मुद्दे और भारत-पाकिस्तान के जारी संघर्ष का संदर्भ दिया गया, 'चीन सरकार लगातार इस पक्ष पर दृढ़ रही है कि कश्मीर मुद्दे को कश्मीरी लोगों के आत्मनिर्णय के अधिकार के सम्मान के आधार पर हल किया जाना चाहिए, जैसा भारत और पाकिस्तान ने उनसे वादा किया था। भारत और पाकिस्तान के विवाद में चीनी सरकार की गैर-भागीदारी का यही कारण है, लेकिन गैर-भागीदारी का अर्थ सही और गलत के बीच अंतर करने में अक्षमता बिलकुल नहीं है। इसका यह अर्थ बिलकुल नहीं है कि चीन कश्मीरी लोगों के आत्मनिर्णय का अधिकार छीने जाने को सहमति देगा या कश्मीर मुद्दे के बहाने से पाकिस्तान के विरुद्ध भारतीय आक्रामकता को समर्थन देगा। जब तक भारत सरकार कश्मीरी लोगों को दबाती रहेगी तब तक चीन आत्मनिर्णय के लिए कश्मीरी लोगों के संघर्ष में समर्थन देना बंद नहीं करेगा। हमारा यह रुख कभी परिवर्तित नहीं होगा, भले ही तुम्हारे पास अमेरिका, आधुनिक संशोधनकर्ता और अमेरिका द्वारा नियंत्रित संयुक्त राष्ट्र जैसे कितने ही सहायक क्यों न हों।'

न केवल चीन ने खुले तौर पर भारत को धमकी दी बल्कि अमेरिका, सोवियत संघ ('आधुनिक संशोधनकर्ता', सोवियत संघ का कूट नाम था) और संयुक्त राष्ट्र की आलोचना करके उसने अपनी रणनीतिक चिंताओं को अभिव्यक्त किया। इस चीनी भर्त्सना के प्रति भारत की प्रतिक्रिया गैर-विवादास्पद और दृढ़ थी। उसने

पूर्वी क्षेत्रों में, खासकर उत्तर प्रदेश से लेकर अरुणाचल प्रदेश तक भारत-चीन सीमा पर अपने सैन्य बलों को सचेत कर दिया।

सन् 1965 के युद्ध में सोवियत संघ की भागीदारी और ताशकंद सम्मेलन से सोवियत संघ की दक्षिण एशिया नीति में एक उल्लेखनीय बदलाव आया, जो लगभग सात वर्षों (सन् 1964 से 1971) तक रहा। यह याद रखा जाना चाहिए कि भारत और सोवियत संघ के बीच नजदीकी के शुरुआती दौर के कर्ता-धर्ता रहे दो सोवियत नेता ब्रेझनेव और ख्रुश्चेव सन् 1964 के अंत तक सत्ता से बाहर हो चुके थे। ब्रेझनेव और कोसीगन ने 'कम्युनिस्ट पार्टी ऑफ सोवियत यूनियन' (सी.पी.एस.यू.) के साथ मिलकर सत्ता स्थापित की। ब्रेझनेव सन् 1955 से 1964 के बीच अमेरिका और चीन से हुई परेशानियों के मद्देनजर अपनी विदेश नीति में बदलाव चाहते थे।

सोवियत संघ सोवियत केंद्रीय एशिया के दक्षिणी व दक्षिण-पूर्वी ओर एक भू-रणनीतिक वातावरण बनाने के प्रति भी इच्छुक था। इससे सोवियत केंद्रीय एशिया के गणतंत्रों की सुरक्षा सुनिश्चित हो सकती थी और इस क्षेत्र में विकेंद्री आवेगों की उत्पत्ति से बचाव हो सकता था। खाड़ी के गरम जलस्रोतों और उसके ऊर्जा संसाधनों तक पहुँच स्थापित करने की भी इच्छा थी। इसलिए सोवियत नीति-निर्माताओं ने महसूस किया कि भारत के साथ अतिशय और एकपक्षीय भागीदारी की बजाय अफगानिस्तान व पाकिस्तान और यदि संभव हो तो ईरान के साथ संबंध विकसित करने का प्रयास करना चाहिए। सन् 1965 के भारत-पाक युद्ध ने सोवियत संघ को ऐसा कदम उठाने के लिए एक महत्त्वपूर्ण अवसर प्रदान किया। अमेरिका, जो वियतनाम में व्यस्त था और परमाणु क्षमता व शत्रुतापूर्ण दृष्टिकोणवाले चीन को लेकर चिंतित था, (चीन ने सितंबर 1964 में परमाणु परीक्षण करके एशिया में रणनीतिक संतुलन परिवर्तित कर दिया था) सोवियत संघ के साथ किसी प्रकार का सद्भाव स्थापित करने का इच्छुक था, जिसकी पुष्टि अमेरिका में सोवियत राजदूत एनेटोली डोब्रिनिन ने अपनी संस्मरणात्मक पुस्तक 'इन कॉन्फिडेंस' में की है। अपने सहयोगी पाकिस्तान से दूरी न बढ़ाने के इच्छुक अमेरिका ने सन् 1965 के युद्ध के दौरान सोवियत संघ को दक्षिणी एशिया में महत्त्वपूर्ण राजनीतिक भूमिका निभाने देने के प्रति इच्छा जताई। अमेरिका को यह भी लगा कि भारत पर सोवियत संघ का अत्यधिक प्रभाव उसे संघर्ष को समाप्त करने के प्रति विवश करने में मददगार होगा। सोवियत संघ ने सन् 1964-65 के बीच पाकिस्तान को यह संकेत दिया कि वह उसके साथ द्विपक्षीय आर्थिक और

तकनीकी संबंधों का विस्तार चाहता है। इन कारकों ने सोवियत संघ को भारत-पाकिस्तान बैठक की मेजबानी करने के लिए प्रेरित किया।

रूस की मेजबानी

सोवियत प्रधानमंत्री एलेक्सी कोसीगिन ने 20 अगस्त, 4 सितंबर, 7 सितंबर, 8 सितंबर और फिर 21 नवंबर को पाकिस्तानी राष्ट्रपति अयूब खान व भारतीय प्रधानमंत्री लालबहादुर शास्त्री को संदेश भेजकर भारत और पाकिस्तान के बीच विवादों को सुलझाने के लिए अपना सहयोग देने का प्रस्ताव रखा। शास्त्री और अयूब खान कोसीगिन की उपस्थिति में एक द्विपक्षीय वार्त्ता, जो सोवियत संघ के उज्बेकिस्तान गणतंत्र स्थित ताशकंद में होनी थी, के लिए सहमत हो गए। ताशकंद सम्मेलन 4 से 10 जनवरी तक चला—एक तनावपूर्ण वातावरण में हुआ। शास्त्रीजी के साथ विदेश मंत्री सरदार स्वर्ण सिंह व रक्षा मंत्री वाई.बी.चव्हाण थे। अयूब के साथ वाणिज्य मंत्री गुलाम फारुख, सूचना मंत्री ख्वाजा शहाबुद्दीन और विदेश मंत्री जुल्फिकार अली भुट्टो ताशकंद पहुँचे। प्रधानमंत्री कोसीगिन के साथ विदेश मंत्री एंड्रे ग्रोमक्यो और डिफेंस चीफ मार्शल मालिनोवस्की थे। सभी प्रतिनिधिमंडलों के साथ वरिष्ठ अधिकारी भी थे।

ताशकंद बैठक के महत्त्व का आकलन करते समय दो बातों को ध्यान में रखना आवश्यक है। पहला—दोनों पक्ष अंतरराष्ट्रीय कूटनीतिक दबाव के कारण बैठक के लिए तैयार हुए। दूसरा—भारत और पाकिस्तान के स्पष्ट विरोधाभासी उद्देश्य थे। भारत युद्ध-विराम रेखा की बहाली के साथ एक समझौता चाहता था कि उसे भारतीय सैनिकों द्वारा कब्जे में लिये गए हाजीपुर, पुंछ-उरी और करगिल सेक्टरों के रणनीतिक दर्रों पर नियंत्रण बरकरार रखने की अनुमति दी जाए। इन रणनीतिक स्थानों पर नियंत्रण भारत के लिए महत्त्वपूर्ण था, क्योंकि इन्हीं मार्गों से सन् 1947 से पाकिस्तानी घुसपैठ होता रहा था। भारत एक ऐसा वादा भी चाहता था कि पाकिस्तान कश्मीर विवाद को हल करने के लिए सेना के इस्तेमाल से दूर रहेगा। भारत का रुख इस मामले में स्पष्ट था कि वह भारतीय गणतंत्र के एक अभिन्न भाग कश्मीर की स्थिति पर सम्मेलन में कोई विचार-विमर्श नहीं चाहता। पाकिस्तान के उद्देश्य इसके बिलकुल विपरीत थे। सबसे महत्त्वपूर्ण भारतीय गणतंत्र में कश्मीर के विलय के मुद्दे को पुनर्जीवित करना था। पाकिस्तान चाहता था कि भारतीय सैनिकों द्वारा कब्जे में लिये गए सभी रणनीतिक मार्ग खाली कर दिए जाएँ। पाकिस्तान जम्मू एवं कश्मीर की स्थिति में परिवर्तन लाने के लिए सेना

का प्रयोग न करने के बारे में कोई आश्वासन नहीं देना चाहता था। पाकिस्तान यदि संभव हो तो कश्मीर को एक अंतरराष्ट्रीय मुद्दे के रूप में संयुक्त राष्ट्र में चर्चा में लाना चाहता था, जिसके बाद सन् 1948 के संयुक्त राष्ट्र प्रस्तावों को लागू किया जाता, ताकि जम्मू एवं कश्मीर का पाकिस्तान का हिस्सा बनना सुनिश्चित हो सकता। उसका लक्ष्य उन उद्देश्यों को राजनीतिक रूप से प्राप्त करना था, जिन्हें वह सैन्य प्रयोग द्वारा प्राप्त नहीं कर पाया था।

3 जनवरी, 1966 को अयूब और शास्त्री जब ताशकंद पहुँचे उसके तुरंत बाद कोसीगिन की उनके साथ अलग-अलग बैठक हुई। त्रिपक्षीय सम्मेलन ताशकंद म्युनिसिपल हॉल में 4 जनवरी की दोपहर को कोसीगिन के भाषण के साथ शुरू हुआ। विश्व मीडिया के लगभग तीन सौ प्रतिनिधि ताशकंद पहुँच चुके थे। शास्त्री और अयूब द्वारा दिए गए उद्घाटन भाषण सहज थे, जिनमें शांति के महत्त्व, समझौतों द्वारा विवादों का निपटारा आदि पर बल दिया गया। कोसीगिन का भाषण औपचारिक और राजनीतिक रूप से सही था, खासकर इस तथ्य पर बल देनेवाला था कि सोवियत संघ दोनों देशों के मामले में हस्तक्षेप नहीं करना चाहता है। कोसीगिन ने कहा, 'भारत-पाकिस्तान संबंध दोनों देशों के सद्भावना व आपसी समझदारी दिखाने व सकारात्मक परिणाम प्राप्त करने की इच्छा पर निर्भर करते हैं। सोवियत संघ सरकार अपनी ओर से इन ऊँचे लक्ष्यों को यथार्थ में बदलने में पूरा सहयोग देगी। हम इस बैठक की सफलता के लिए अपना सहयोग पेश करते हैं। जिनके लिए शांति महत्त्वपूर्ण है, वे सभी पाकिस्तान के राष्ट्रपति और भारत के प्रधानमंत्री की इस बैठक के प्रति अत्यंत आशान्वित हैं। वे पाकिस्तान और भारत के नेताओं के समझदार नेतृत्व में विश्वास रखते हैं। वे ताशकंद बैठक की सफलता और भारतीय तथा पाकिस्तानी लोगों की शांति व कल्याण की कामना करते हैं।'

5 जनवरी को शास्त्री व अयूब और उनके कैबिनेट मंत्रियों के बीच वार्त्ता (केंद्रीय मंत्री बाद में अलग से मिले) में दृष्टिकोण का गहन अंतर साफ नजर आया। खासकर सरदार स्वर्ण सिंह और भुट्टो के बीच विचार-विमर्श बहुत रूखा था। भुट्टो ने इस बात पर बल दिया कि भारत अपने अभिन्न अंग के रूप में जम्मू एवं कश्मीर की कानूनी और संवैधानिक अवस्था को अस्वीकार करे तथा पाकिस्तानी माँगों के अनुरूप समझौते के लिए सहमत हो। भारत की ओर से प्रस्तुत किए गए एक समझौते के मसौदे में आपसी सहमति से सेनाओं की वापसी, सीमा पर शांति, अच्छे पड़ोसियों की तरह संबंध, शांतिपूर्ण उपायों द्वारा विवादों का निपटारा और सेनाओं के इस्तेमाल पर रोक के मुद्दे थे। पाकिस्तान ने भारतीय मसौदे को पूरी

तरह अस्वीकृत कर दिया, जबकि भारत जम्मू एवं कश्मीर की स्थिति के बारे में विचार-विमर्श नहीं करने के अपने निर्णय पर दृढ़ रहा। प्रधानमंत्री कोसीगिन 5 जनवरी की बैठक में सम्मिलित नहीं हुए; लेकिन किसी समझौते के प्रयास में वे अयूब और शास्त्री से अलग-अलग मिले। 6 जनवरी के पूर्वाह्न तक यह स्पष्ट हो गया कि वार्त्ता में गतिरोध उत्पन्न हो चुका है।

उसके बाद कोसीगिन ने एक सक्रिय भूमिका निभाने का निर्णय लिया। उन्होंने 6 और 7 जनवरी को प्रतिदिन आठ से दस घंटे अयूब और शास्त्री के साथ बातचीत में बिताए। मतभेदों को सुलझाने के लिए 7 जनवरी को एक और प्रयास में शास्त्री और अयूब एकांत में दो घंटे के लिए मिले। इस बैठक ने भी यह पुष्ट किया कि भारत और पाकिस्तान के बीच समझौता नहीं हो सकता।

कोसीगिन अंततः गतिरोध समाप्त करने में सफल रहे। उन्होंने 8 और 9 जनवरी को अयूब और शास्त्री के साथ लंबी बातचीत की, जबकि ग्रोमक्यो ने स्वर्ण सिंह और भुट्टो से बात की। मत की विभिन्नता बहुत गंभीर थी, लेकिन तीनों पक्ष इस बारे में एकमत थे कि यह सम्मेलन विफल नहीं होना चाहिए। यदि यह सम्मेलन विफल हो जाता तो सोवियत संघ की राजनीतिक और कूटनीतिक विश्वसनीयता को धक्का लगता। अयूब और भुट्टो अपने सैन्य प्रयास की निराशाजनक विफलता के बाद यहाँ से बिना किसी परिणाम के पाकिस्तान नहीं लौट सकते थे। शास्त्री का यह पहला अंतरराष्ट्रीय सम्मेलन था, जहाँ भारतीय हित प्रत्यक्ष रूप से शामिल थे। इस प्रकार सम्मेलन की सफलता में उनकी भी रुचि थी। मतभेद के दो महत्त्वपूर्ण बिंदु थे—सम्मेलन के नतीजों का संक्षेपण करनेवाले अंतिम कागजात में कश्मीर मुद्दे पर कोई निश्चित रुख अपनाना और भारत द्वारा महत्त्वपूर्ण सीमा-दर्रों को खाली करना। कोसीगिन के आग्रह से शास्त्री और अयूब पहले बिंदु पर सहमत हो गए। आपसी सहमति से एक मसौदा तैयार किया गया, जो ताशकंद घोषणा-पत्र का पहला हिस्सा था। उसमें कहा गया, 'दोनों पक्ष संयुक्त राष्ट्र घोषणा-पत्र के अनुरूप भारत और पाकिस्तान के बीच अच्छे संबंध स्थापित करने के लिए हर संभव प्रयास करेंगे। उन्होंने घोषणा-पत्र के अनुसार अपने कर्तव्यों की पुनः पुष्टि की है कि वे सेना का प्रयोग नहीं करेंगे तथा अपने विवादों को शांतिपूर्ण तरीकों से सुलझाएँगे। उन्होंने स्वीकार किया कि उनके क्षेत्र, खासकर भारत-पाक उपमहाद्वीप में, शांति और भारत व पाकिस्तान के लोगों के हित दोनों देशों के तनाव से बाधित नहीं होंगे। जम्मू एवं कश्मीर पर विचार-विमर्श किया गया और दोनों पक्षों ने अपना मत स्पष्ट किया।'

हाजीपुर, करगिल व उरी-पुंछ क्षेत्र में मार्गों को खाली करने के संबंध में मतभेद का दूसरा बिंदु एक गंभीर मुद्दा था। आखिरकार कोसीगिन ने शास्त्री को दो तर्कों के आधार पर इन क्षेत्रों से भारतीय सैनिकों की वापसी के लिए तैयार कर लिया। पहला—अगस्त और सितंबर 1965 के संयुक्त राष्ट्र प्रस्तावों में स्पष्ट रूप से कहा गया था कि दोनों पक्ष अपनी सेनाओं को उस स्थिति में वापस ले आएँगे, जहाँ वे 5 अगस्त के पहले थे। दूसरा तर्क यह था कि भारत द्वारा इन चौकियों को खाली करना भारत-पाक संबंधों में स्थिरता के हित में होगा। शास्त्री ने हिचकिचाहट के साथ यह स्वीकार कर लिया, जबकि भुट्टो ताशकंद समझौते के इस प्रतिबंध से बिलकुल खुश नहीं थे कि दोनों पक्ष सेनाओं का प्रयोग नहीं करेंगे।

ताशकंद समझौता 10 जनवरी को साढ़े चार बजे ताशकंद म्युनिसिपल हॉल में हस्ताक्षरित किया गया। पिछले तथ्यों के आधार पर देखें तो यह घोषणा-पत्र और समझौता एक छोटी अवधि के लिए तनाव कम करने की दिशा में एक हलका प्रयास था। यह एक सामान्य सहयोगात्मक संबंधों का आधार नहीं था, जैसे भारत-पाक संबंधों में ताशकंद समझौते के क्षणिक योगदान के पूर्वाभास से 10 जनवरी को लगभग मध्य रात्रि में प्रधानमंत्री शास्त्री को दिल का दौरा पड़ा और वे चल बसे। वापस आकर भारतीय लोगों को समझौते के महत्त्व के बारे में बताने की बजाय यह भारतीय प्रतिनिधिमंडल के लिए शवयात्रा बन गई। कोसीगिन और सख्त दिख रहे अयूब ने शास्त्रीजी के पार्थिव शरीर को सहारा दिया तब जब उसे भारतीय विमान में रखा जा रहा था। ताशकंद सम्मेलन इस दु:खी और त्रासद परिणाम के साथ समाप्त हुआ।

कुछ ही दिनों में यह स्पष्ट हो गया कि सम्मेलन के परिणामों ने दोनों देशों में असंतोष उत्पन्न किया। राजनीतिक ज्ञान रखनेवाले लोग और गैर-सरकारी रणनीतिकारों ने ताशकंद सम्मेलन और उसके परिणामों की अनिवार्यता स्वीकार कर ली; लेकिन जनता ने सरकार के इस आकलन को मानने से इनकार कर दिया कि ताशकंद घोषणा ने भारत और पाकिस्तान के बीच सामान्य संबंधों और समझदारी के एक युग की शुरुआत की है। भारत में यह महसूस किया जा रहा था कि कुछ बड़े पाकिस्तानी शहरों पर कब्जा करके स्पष्ट रूप से अपनी सैन्य श्रेष्ठता दिखाए बिना ताशकंद सम्मेलन के लिए भारतीय नेताओं को नहीं जाना चाहिए था। हालाँकि पाकिस्तानी योजनाओं को ध्वस्त करने में भारत कामयाब रहा, परंतु जनता को यह समझ में नहीं आया कि यह युद्ध कुल मिलाकर बराबरी का था। लोगों का मत यह था कि विजयी भारत राजनीतिक इच्छाशक्ति के कुछ अभाव के कारण अंतरराष्ट्रीय

दबाव में आकर ताशकंद सम्मेलन के लिए तैयार हो गया। खासकर हाजीपुर, करगिल और पुंछ-उरी में रणनीतिक दर्रों को खाली करने के शास्त्री के निर्णय के प्रति नाराजगी व्यक्त की गई। सैन्य बल इस निर्णय के कारण उस घटना के चार दशकों बाद भी अप्रसन्न हैं। सेना और भारत के रणनीतिक प्रतिष्ठान के दबंग भागों का मत यह रहा है कि बाद में हुए सभी पाकिस्तानी घुसपैठों और जम्मू एवं कश्मीर में अराजकता का मुख्य कारण इन चौकियों को खाली करना रहा है। कुल मिलाकर जनता का मत यह था कि ताशकंद सम्मेलन ने युद्ध को समाप्त भले ही कर दिया, भारत ने महाशक्तियों और संयुक्त राष्ट्र की शाबाशी पाने की इच्छा में अपनी सैन्य सफलताओं का राजनीतिक लाभ नहीं उठाया। पाकिस्तानी जनता का भी मत इसके समान ही था, लेकिन उसकी चिंताएँ अलग थीं। पहला और सबसे महत्त्वपूर्ण राष्ट्रपति अयूब खान का राजनीतिक पतन शुरू हुआ, जिसके कारण आखिरकार उन्हें सत्ता छोड़नी पड़ी। इस प्रक्रिया में प्रमुख हाथ भुट्टो का था। सम्मेलन में भुट्टो ने भी भाग लिया था। उन्होंने ताशकंद से लौटते ही उसके परिणामों को पाकिस्तानी हितों का 'आत्मसमर्पण और धोखा' मानते हुए स्वीकार करने से इनकार कर दिया। उन्होंने पाकिस्तान की सैन्य विफलताओं के लिए अयूब को जिम्मेदार ठहराया। सम्मेलन की समाप्ति के एक सप्ताह के अंदर 18 जनवरी से विद्यार्थियों द्वारा हिंसक प्रदर्शन किए जाने लगे और लाहौर में दंगे भड़क उठे। सैन्य शासन से नाराज विपक्षी पार्टियाँ, बुद्धिजीवी वर्ग और बार एसोसिएशनों ने अयूब के खिलाफ एक अभियान छेड़ दिया। पाकिस्तानी सैनिकों की विधवाओं ने लाहौर की सड़कों पर जुलूस निकालकर इसमें भावनात्मक आयाम जोड़ दिया। उनका कहना था कि उनके पतियों की शहादत ताशकंद में धोखेबाजी किए जाने के कारण बेकार गई।

भारत के हाथों कश्मीर बेचने का आरोप लगाया गया। इस आरोप से चिंतित होकर उन्होंने 14 जनवरी, 1966 को एक रेडियो संदेश द्वारा कहा कि ताशकंद घोषणा ने पाकिस्तान को कश्मीर पर उसके दृढ़ रवैये से विचलित नहीं किया है और कश्मीरियों को आत्मनिर्णय के अधिकार का इस्तेमाल करना चाहिए। उन्होंने यह भी वादा किया कि जब सेनाओं की वापसी पूरी हो जाएगी तो वह संयुक्त राष्ट्र से कश्मीर पर उसके प्रस्तावों को पाकिस्तानी हितों की रूपरेखा में लागू करने का आग्रह करेंगे। पाकिस्तान में ताशकंद घोषणा के बारे में व्यापक आलोचना और निराशा के दो कारण थे—पहला, सैन्य आक्रमण को पाकिस्तानियों के सामने भारतीय सत्ता से जम्मू एवं कश्मीर को आजाद कराने के एक सुविचारित प्रयास के

रूप में प्रस्तुत किया गया था, जिसके सफल होने में कोई संदेह नहीं था। दूसरे, सन् 1965 तक अयूब के सैन्य शासन के खिलाफ विरोध ठोस होने लगा था। पाकिस्तान की सैन्य पराजय और ताशकंद में जम्मू एवं कश्मीर पर भारत से कोई प्रतिबद्धता ले पाने में पाकिस्तान की विफलता ने विपक्षी राजनेताओं को अयूब की साख बिगाड़ने का एक अच्छा मौका उपलब्ध कराया। इस प्रयास और ताशकंद समझौते को अपनाने से इनकार करने में भुट्टो की सबसे बड़ी भूमिका थी। उन्होंने इस घोषणा पर हस्ताक्षर करने का विरोध किया था, जिसे अयूब ने अस्वीकृत कर दिया था। अब उन्होंने जनता के विरोध का पूरा लाभ उठाते हुए अयूब के उद्देश्य और प्रदर्शन पर सवाल उठाना शुरू कर दिया। उन्होंने अयूब-विरोधी राजनीतिक अभियान आरंभ कर दिया, जिसका परिणाम उनके द्वारा 'पीपुल्स पार्टी ऑफ पाकिस्तान' की स्थापना और स्वतंत्र रूप से एक नेता के रूप में उभरना था। हालाँकि अयूब को कुछ वरिष्ठ राजनेताओं व गवर्नरों का समर्थन प्राप्त था। उन्होंने उनके द्वारा जनता के सामने ताशकंद घोषणा का महत्त्व बताने का प्रयास किया, लेकिन सन् 1965 तक योग्यता और निर्णायक क्षमता का जो प्रभामंडल उनके चारों ओर था, वह नष्ट हो गया था। सैन्य प्रयास की विफलता के कारण सैन्य बलों के अधिकारियों पर उनका अनुशासन और अधिकार भी कम हो गया था।

सन् 1966 के अंत तक द्विपक्षीय रूप से ताशकंद घोषणा की क्रियात्मक प्रासंगिकता समाप्त हो चुकी थी। अयूब सहित पाकिस्तानी प्रतिष्ठान ने भावी भारत-पाक संबंधों के लिए आधार के रूप में ताशकंद के अनुबंधों को स्वीकार करने से इनकार कर दिया। सन् 1966 से 1972 के बीच जब भी भारत-पाक संबंधों में कोई महत्त्वपूर्ण दौर आया, भारत सरकार ने ताशकंद का संदर्भ लेना जारी रखा। उस घोषणा को भारत-पाक नीति-निर्धारण के लिए क्रियात्मक आधार बनाने की बजाय उसे मंत्रों की तरह पढ़ा गया।

परिदृश्य में इंदिरा गांधी का प्रवेश

जनवरी 1966 में किया गया ताशकंद समझौता मार्च 1966 तक निष्प्राण हो गया था। इस बीच इंदिरा गांधी ने प्रधानमंत्री के रूप में भारत की सत्ता सँभाल ली थी। उन्होंने राष्ट्रपति अयूब खान के पास संदेश भेजा कि भारत ताशकंद समझौते में समाविष्ट निर्णयों के अनुसार नीति-निर्माण जारी रखेगा। उन्होंने यह भी संकेत दिया कि सरदार स्वर्ण सिंह के नेतृत्व में एक भारतीय प्रतिनिधिमंडल मार्च में इसलामाबाद जाएगा। साथ ही उन्होंने विदेश मंत्री भुट्टो को अपनी सुविधानुसार

भारत आने का निमंत्रण दिया।

25 फरवरी, 1966 तक भारत और पाकिस्तान के सैन्य बल 5 अगस्त, 1965 से पूर्ववाली अपनी स्थिति में लौट चुके थे। विदेश मंत्री स्वर्ण सिंह, जहाजरानी और नागरिक उड्डयन मंत्री एन. संजीव रेड्डी, वाणिज्य मंत्री मनुभाई शाह और विदेश सचिव सी.एस. झा वाला भारतीय प्रतिनिधिमंडल मार्च की शुरुआत में इसलामाबाद पहुँचा। भारतीय पक्ष का उद्‌देश्य ताशकंद समझौते के आगे की काररवाई के बारे में विचार-विमर्श करना था, खासकर संबंधों के सामान्यीकरण और द्विपक्षीय सहयोग का आरंभ, जिसमें संयुक्त आयोग और आर्थिक व सांस्कृतिक सहयोग के लिए उसके उप-आयोगों का गठन शामिल था।

आधिकारिक स्तर की वार्त्ता के शुरुआती सत्र में पाकिस्तान के विदेश सचिव अजीज अहमद ने कहा कि जब तक कश्मीर मुद्‌दे पर विचार-विमर्श नहीं किया जाएगा और कश्मीर की स्थिति के बारे में किसी समाधान के लिए स्थायी संस्थागत व्यवस्थाएँ नहीं की जाएँगी, तब तक भ रत-पाक संबंधों को सामान्य करने के लिए अन्य विकल्पों पर विचार नहीं किया जाएगा। अगली सुबह मंत्री स्तर की वार्त्ता की शुरुआत करते हुए विदेश मंत्री भुट्टो ने दृढ़तापूर्वक कहा कि जब तक भारत जम्मू एवं कश्मीर पर बातचीत और उसकी स्थिति परिवर्तित करने के लिए तैयार नहीं होगा, तब तक पाकिस्तान ताशकंद समझौते की अन्य अनुवर्ती काररवाइयों पर विचार-विमर्श के लिए राजी नहीं होगा। भुट्टो ने सन् 1965 के युद्ध से संबंधित अन्य तात्कालिक मुद्‌दों पर बात करने से इनकार कर दिया, जिनमें संचार, कब्जे में की गई संपत्ति व जहाजों को लौटाना था। दोनों देशों के बीच लोगों और वस्तुओं का आवागमन आदि मुद्‌दे शामिल थे। उन्होंने दीर्घकालीन व्यावसायिक, नागरिक उड्डयन और आर्थिक सहयोग पर बात करने से स्पष्ट रूप से मना कर दिया। इस प्रकार यह उच्च स्तरीय द्विपक्षीय वार्त्ता पूरी तरह विफल रही। यह स्पष्ट हो गया कि भुट्टो के प्रभाववाला पाकिस्तानी सत्तातंत्र ताशकंद समझौते को लागू करने में कोई रुचि नहीं रखता। ताशकंद सम्मेलन में शामिल होने का पाकिस्तान का सीमित उद्‌देश्य संभवतः अमेरिका व सोवियत संघ को नाराज न करना और खुद को उस संघर्ष से बाहर निकालना था, जिसमें वह सुरक्षात्मक रुख में था।

पश्चदृष्टि से पता चलता है कि पाकिस्तान को ताशकंद समझौते से पीछे खींचनेवाला एक और कारण था। सन् 1950 की शुरुआत में पूर्वी पाकिस्तान में शेख मुजीबुर रहमान के नेतृत्व में हुआ भाषा आंदोलन स्वायत्तता के लिए पूर्ण विकसित आंदोलन बन चुका था। 5 और 6 फरवरी, 1966 को लाहौर में हुई

विपक्षी दलों की संयुक्त बैठक में मुजीबुर रहमान ने स्वायत्तता के लिए अपनी प्रसिद्ध छह सूत्रीय माँग की घोषणा की।

भारत ने इन माँगों को सहानुभूतिपूर्वक देखा, क्योंकि वह पश्चिमी पाकिस्तान द्वारा पूर्वी पाकिस्तान के साथ भाषायी और जातीय विभेद के प्रति संवेदनशील था। पश्चिम बंगाल में जनमत ने पूर्वी पाकिस्तान के साथ किए जा रहे आर्थिक भेदभाव और शोषण पर ध्यान दिया। पूर्वी पाकिस्तान और उसके नेताओं के प्रति सामान्य सहानुभूति का एक और कारण यह था कि पूर्वी पाकिस्तान भारत के खिलाफ पश्चिमी पाकिस्तान के सत्तातंत्र द्वारा शत्रुतापूर्ण व्यवहार का समर्थक नहीं था।

सन् 1966 के मध्य तक सरकार से त्यागपत्र देकर अयूब के विरुद्ध खुले विपक्ष में भुट्टो चले गए। सन् 1967 की शुरुआत तक भारत-पाक संबंधों में कुछ तार्किकता लाने का संक्षिप्त प्रयास भी गायब हो गया। 4 अप्रैल, 1967 को समाचार-पत्र 'डॉन' ने अपने संपादकीय में लिखा, 'पाकिस्तान को ताशकंद-पश्चात् सुखानुभूति से तुरंत छुटकारा पा लेना चाहिए, उसकी वास्तविकता पर एक बार फिर अपना ज्ञान बढ़ाना चाहिए और आंतरिक व बाह्य मजबूती तथा भरोसेमंद अंतरदेशीय संबंधों के द्वारा भविष्य के बारे में तैयारी करनी चाहिए।' सन् 1960 और 1971 के बीच की अवधि में भारत-पाक संबंध में और गिरावट आई। अयूब को भुट्टो द्वारा उत्पन्न राजनीतिक व आंदोलनकारी विरोधियों से जूझना पड़ा, जिसका पश्चिमी पाकिस्तान और पूर्वी पाकिस्तान के अन्य राजनीतिक दलों ने भी सैन्य सरकार की वैधता और प्रभाव क्षमता पर सवालिया निशान लगाने के लिए लाभ उठाया।

सन् 1967 के चुनावों में इंदिरा गांधी को बहुत हलका बहुमत मिला। उन्हें कांग्रेस में व्यापक आंतरिक गुटबंदी से भी खतरा था, इसलिए उनका पूरा ध्यान अपने राजनीतिक कैरियर और संबंधित घरेलू विषयों पर था। जिस संकट से वह जूझ रही थीं, उसकी गंभीरता का अंदाजा इस तथ्य से लगाया जा सकता है कि सन् 1969 में सत्ताधारी कांग्रेस दल के दो टुकड़े हो गए। दल के पुराने लोग, जिन्होंने इंदिरा गांधी को प्रधानमंत्री बनाने में मदद की थी, राष्ट्रीय राजनीति में अलग-थलग हो गए। एक दीर्घकालीन राजनीतिक व रणनीतिक महत्त्व का विकास था भारत और पाकिस्तान के रक्षा बजट में उल्लेखनीय वृद्धि।

सन् 1966 और 1971 के बीच दोनों देशों के रक्षा-खर्च में लगभग ज्यामितीय वृद्धि हुई। सन् 1966-67 में पाकिस्तान का बजट था 473 मिलियन अमेरिकी डॉलर, जो सरकारी राजस्व का लगभग 19 प्रतिशत था। भारत का रक्षा-खर्च 1171 मिलियन अमेरिकी डॉलर था, जो उसके बजट का 17 प्रतिशत था। सन्

1970–71 तक पाकिस्तान का सैन्य बजट उसके राजस्व का 32 प्रतिशत हो गया, जो 625 मिलियन अमेरिकी डॉलर था। उस वर्ष भारत का रक्षा बजट 25 प्रतिशत बढ़कर 1466 मिलियन अमेरिकी डॉलर हो गया, जबकि भारतीय सैन्य बल का आकार एक मिलियन लोगों और पाकिस्तान का साढ़े तीन लाख लोगों पर स्थिर था। पाकिस्तान ने अपनी बख्तरबंद क्षमता में वृद्धि करके न केवल सन् 1965 के नुकसान की भरपाई की, बल्कि अपने टैंकों की संख्या भारत के 1320 की अपेक्षा 1439 कर ली। भारत ने जवाब में पाकिस्तान के 447 लड़ाकू विमानों की अपेक्षा 745 लड़ाकू विमान अर्जित कर लिये। पाकिस्तान को अधिकांश सैन्य आपूर्ति चीन द्वारा की गई, लेकिन भारत को चिंता इस बात की थी कि ताशकंद समझौते को आयोजित करनेवाले रूस ने भी पाकिस्तान को कुछ रक्षा आपूर्तियाँ कीं।

पाकिस्तान में घरेलू अशांति ने एक नाटकीय मोड़ लिया, जब सन् 1967 में अयूब पर जानलेवा हमला हुआ। भुट्टो और अन्य विपक्षी नेताओं को गिरफ्तार किया गया। इसके परिणामस्वरूप पूरे पाकिस्तान में व्यापक अशांति और आंदोलन भड़क उठे। अयूब की स्थिति अस्थिर हो गई। उन्होंने सन् 1969 में राष्ट्रपति पद छोड़ दिया। उनके स्थान पर तत्कालीन चीफ ऑफ आर्मी स्टाफ जनरल याह्या खान आए। याह्या में अयूब जैसी शिष्टता व सभ्यता का अभाव था। उनकी मानसिकता सरकार के अधिकतर वरिष्ठ शख्सीयतों से अधिक भारत-विरोधी थी। उन्हें विश्वास था कि पूर्वी पाकिस्तान में सभी परेशानियाँ और आंदोलन भारतीय षड्यंत्रों और प्रत्यक्ष भारतीय भागीदारी के कारण है। सन् 1956 से 1970 के बीच पूर्वी पाकिस्तान के नेता शेख मुजीबुर रहमान को कई बार गिरफ्तार किया गया, जिसका चरम बिंदु था अगरतला षड्यंत्र मामले में उनपर देशद्रोह का आरोप लगाया जाना। याह्या एक संकीर्ण तानाशाही सैन्य दृष्टिकोण रखनेवाले व्यक्ति थे। उन्हें दो चुनौतियों का सामना करना पड़ा। पहली चुनौती थी—लोकतंत्र की बहाली के लिए बढ़ते जन-आंदोलनों के बीच अपनी स्थिति मजबूत करना। इनमें सबसे महत्त्वपूर्ण चुनौती भुट्टो द्वारा उत्पन्न की गई थी, जो पश्चिमी पाकिस्तान में जन-समर्थन के साथ राजनीतिक महत्त्ववाले नेता के रूप में उभर रहे थे। दूसरी चुनौती मुजीबुर रहमान और उनकी अवामी लीग द्वारा उत्पन्न की गई थी। स्वायत्तता, पाकिस्तान के लिए नया संविधान और आम चुनावों की उनकी माँग तीव्र होती जा रही थी।

याह्या का व्यक्तित्व और झुकाव भी पाकिस्तान की आंतरिक राजनीति तथा भारत के साथ संबंधों पर प्रभाव डाल रहा था। उनकी मानसिकता ब्रिटिश सेना के एक अधिकारी-सी थी। वे अलग-थलग रहना पसंद करते थे। कुछ सामंती दृष्टिकोण

था और जन-राजनीति की प्रक्रियाओं के प्रति वे उदासीन थे। उनके पास सन् 1965 के युद्ध और ताशकंद सम्मेलन के बाद पाकिस्तान में फैली अशांति के दौरान राजनीति के प्रबंधन के लिए न तो धैर्य था और न ही राजनीतिक संवेदनशीलता। उस अशांति में अब सैन्य शासन के प्रति विरोध भी शामिल हो गया था। इसलिए भारत के प्रति उनका दृष्टिकोण अनिवार्य रूप से अलग-थलग और शत्रुतापूर्ण था। इसका कारण सन् 1965 के युद्ध में पाकिस्तानी सैन्य विफलता और भुट्टो के नेतृत्व वाले जन-आंदोलनों में भारत-विरोधी सुर के प्रति अनिवार्य प्रतिक्रिया थी।

इंदिरा गांधी, जो सन् 1966 के वसंत में सत्ता में आईं, इसी प्रकार की कठिन राजनीतिक परिस्थितियों से जूझ रही थीं। उन्हें सत्ता में आने के एक वर्ष के अंदर अप्रैल 1967 में आम चुनावों का सामना करना था। भारतीय अर्थव्यवस्था खाद्य की कमी, मुद्रास्फीति और शहरी अमीर व ग्रामीण गरीब के बीच बढ़ती असमानता से पीड़ित थी। कृषि व औद्योगिक उत्पादन गिर रहा था। भारत की विदेशी ऋण देनदारी बढ़ती जा रही थी। सन् 1966-67 के आम आर्थिक सर्वेक्षण में रिजर्व बैंक ऑफ इंडिया ने आकलन किया कि भारत की 35 फीसदी जनसंख्या कुपोषण का शिकार है। श्रीमती गांधी ने न केवल देशी, बल्कि विदेशी विशेषज्ञों से भी सलाह ली। उसके बाद उन्होंने रुपए का अवमूल्यन किया; लेकिन उन्होंने अवमूल्यन का पूरा लाभ उठाने के लिए उसके अनुसार आर्थिक सुधारों और पुनर्संरचना का प्रयास नहीं किया। उन्होंने बैंकों का राष्ट्रीयकरण किया और आधुनिकीकरण या स्वतंत्रता देने की बजाय अर्थव्यवस्था पर सरकारी नियंत्रण बढ़ा दिया। इसका परिणाम यह हुआ कि कांग्रेस को बड़े पैमाने पर नुकसान का सामना करना पड़ा; लेकिन सन् 1967 के चुनावों में सत्ता बची रही। लोकसभा में कांग्रेस की सीटें 363 से घटकर 284 रह गईं। सन् 1962 में कांग्रेस के पक्ष में 45 प्रतिशत वोटों की तुलना में सन् 1967 के चुनावों में उसे 40.9 प्रतिशत वोट मिले। उसे कुछ प्रांतीय विधानसभाओं में सत्ता से बाहर होना पड़ा। कांग्रेस के चुनावी नुकसानों से लाभ उठानेवाली दो महत्त्वपूर्ण पार्टियाँ थीं—दक्षिणपंथी स्वतंत्र पार्टी और जनसंघ, जिसे विदेशी हलकों में 'हिंदू राष्ट्रवादी पार्टी' कहा जाता था। स्वतंत्र पार्टी ने लोकसभा में अपनी संख्या 18 सीटों से बढ़ाकर 42 कर ली और जनसंघ ने अपनी सीटें दोगुनी से अधिक करते हुए 14 से 35 तक पहुँचा ली।

इन सबके साथ, श्रीमती गांधी को अपनी ही पार्टी में गंभीर गुटबंदी का भी सामना करना पड़ा। मोरारजी देसाई और कांग्रेस के वरिष्ठ नेता एस. निजलिंगप्पा, नीलम संजीव रेड्डी और के. कामराज ने चुनावी धक्के के लिए उन्हें जिम्मेदार

ठहराया। इस संवेदनशील स्थिति ने इंदिरा गांधी के ध्यान को एक ओर केंद्रित कर दिया। इसका एक गौण प्रभाव (साइड इफेक्ट) था पाकिस्तान के प्रति भारत की नीतियों में भटकाव, जो भारत के प्रति पाकिस्तानी नीतियों की प्रतिक्रिया बन गई।

कुल मिलाकर सन् 1958 से 1970 के बीच की अवधि में भारत व पाकिस्तान के बीच सिंधु जल-संधि को छोड़कर दोनों देशों के आपसी संबंधों में अधोगामी विकास हुआ। इस अवधि के दौरान पाकिस्तान के प्रति भारत की धारणाओं और प्रवृत्तियों को तीन कारकों ने प्रभावित किया। पाकिस्तान के अमेरिका और चीन के साथ विदेश व रक्षा संपर्क भारत के गुटनिरपेक्ष आंदोलन के प्रति प्रतिबद्धता से टकराए। गुटनिरपेक्ष आंदोलन के नेतृत्व का भारत की विदेश नीति में महत्त्वपूर्ण स्थान माना जाता था। भारत और पाकिस्तान के बीच राजनीतिक तथा भावनात्मक दूरियाँ बढ़ीं, खासकर पाकिस्तान के सैन्य शासन के संदर्भ में यह दूरी और बढ़ी। तीसरा कारक था सन् 1965 में भारत से बदला लेने के लिए पाकिस्तान द्वारा सेना का प्रयोग और भारतीय असुरक्षा की भ्रांतिपूर्ण धारणा के आधार पर कश्मीर पर कब्जा करने का प्रयास।

इस अवधि के दौरान भारत-पाकिस्तान संबंधों का जायका प्रकट करनेवाले तीन किस्सों का जिक्र करने से खुद को रोक नहीं पा रहा हूँ। पहली घटना फरवरी 1966 में हुई, जब पाकिस्तान में भारत के तत्कालीन उच्चायुक्त केवल सिंह ताशकंद समझौते के बाद अयूब से मिलने गए। अयूब लरकाना, सिंध में आखेट यात्रा पर गए हुए थे। केवल सिंह को बैठक के लिए लरकाना आने को कहा गया। केवल सिंह और अयूब के बीच बातचीत अनुमानित बिंदुओं पर आगे बढ़ी, जिसमें ताशकंद समझौते के आधार पर सामान्य संबंध स्थापित करने की आवश्यकता के बारे में आश्वासन दिए गए। विचार-विमर्श के बाद रात्रिभोज आयोजित किया गया, जिसके अंत में कराची के कुछ युवा कलाकारों द्वारा गजल और नृत्य पेश किए गए। इन कलाकारों की व्यवस्था भुट्टो ने अतिथियों के मनोरंजन के लिए की थी। इस घटना के वर्षों बाद एक दिन केवल सिंह ने मुझे बताया कि इस समारोह में गाई गई अंतिम गजल फैज अहमद 'फैज' की गजल थी, जिसके शब्द इस प्रकार थे—

> 'गुलों में रंग भरे, बादे नौबहार चले,
> चले भी आओ कि गुलशन का कारोबार चले।'

केवल सिंह ने बताया कि रात्रिभोज के अंत में एक वरिष्ठ पाकिस्तानी अधिकारी ने उनसे दिल्लगी के स्वर में कहा कि भारतीय उच्चायुक्त को यह नहीं सोचना

चाहिए कि यह गजल किसी भी प्रकार भुट्टो के नेतृत्व में पाकिस्तानी विदेश मंत्रालय के राजनीतिक मूड को दरशाती है। उच्चायुक्त को समझना चाहिए कि यह सिर्फ पारंपरिक पाकिस्तानी मनोरंजन और खातिरदारी की एक अभिव्यक्ति है।

दूसरा किस्सा पहले भारतीय कमांडर-इन-चीफ के.एम. करियप्पा के पुत्र के विषय में है, जो भारतीय वायु सेना में एक लड़ाकू विमानचालक थे। सन् 1965 के युद्ध में जब वह बमबारी के लिए लड़ाकू विमान को उड़ा रहे थे तो पाकिस्तान द्वारा उस विमान को मार गिराया गया। युवा करियप्पा, जो बाद में भारतीय वायु सेना में एयर मार्शल बने, को युद्धबंदी बना लिया गया। अयूब ने उस समय तक भारतीय सेना से सेवानिवृत्त हो चुके करियप्पा को एक व्यक्तिगत संदेश भेजा कि वह ब्रिटिश भारतीय सेना में करियप्पा के साथ अपने पुराने संबंधों को देखते हुए उनके पुत्र को छोड़ना चाहेंगे। तब जनरल करियप्पा ने जो प्रतिक्रिया व्यक्त की, वह लोक साहित्य और भारतीय सैन्य बलों की परंपरा में अमिट हो गई है। उन्होंने अयूब को संदेश भेजा, 'मेरे हजारों पुत्र इस युद्ध में लड़ रहे हैं। हर भारतीय युद्धबंदी मेरा पुत्र है। मेरे पुत्र के प्रति विशेष भावना दरशाने की कोई आवश्यकता नहीं है।'

तीसरा किस्सा भारत के पूर्व विदेश सचिव, मेरे वरिष्ठ सहयोगी के.पी.एस. मेनन (जूनियर) ने मुझे सुनाया, जो सन् 1966 से 1968 के दौरान इसलामाबाद में वाणिज्य दूत थे। सन् 1965 का युद्ध-विराम घोषित होने के तुरंत बाद पाकिस्तानी पंजाब के अगले क्षेत्रों में नियुक्त एक पाकिस्तानी ब्रिगेड कमांडर ने भारतीय सेना के अगले समूहों में एक संदेश भेजकर पूछा कि क्या भारतीय पक्ष में दून स्कूल का कोई पूर्व विद्यार्थी है? यदि है, तो वह उनसे मिलना चाहेगा और वर्तमान युद्ध के बावजूद उनसे बात करना चाहेगा। मेनन ने मुझे बताया कि उन्हें यह नहीं मालूम कि भारत की ओर से कोई प्रतिक्रिया हुई या नहीं, लेकिन मेरा आकलन है कि भारतीय पक्ष में भी दून स्कूल की पृष्ठभूमि के कुछ सैन्य अधिकारी अवश्य रहे होंगे और यदि अवसर मिला होगा तो उन्होंने उस संदेश के प्रति अपनी प्रतिक्रिया अवश्य दिखाई होगी।

भारत-पाकिस्तान संबंधों की रचना में ये किस्से भले ही कोई और संदेश दें, लेकिन स्थायी स्थिति यह थी कि संबंधों में लगातार गिरावट हो रही थी। इसने उपमहाद्वीप में उन महत्त्वपूर्ण घटनाओं के लिए मंच तैयार किया, जो सन् 1970 के अंत में शुरू हुई और पाकिस्तान के विघटन व बँगलादेश के निर्माण के साथ चरम पर पहुँची।

□

: अध्याय 6 :

पाकिस्तान का विघटन

मुजीबनगर से शिमला—जिया-उल हक का आगमन।

याह्या खान और पाकिस्तानी सेना ने फील्ड मार्शल अयूब खान को हटाने पर सहमति जताई, क्योंकि वह जनता की आलोचना के केंद्र थे। याह्या को उम्मीद थी कि एक बार जब अयूब परिदृश्य से गायब हो जाएँगे तो जुल्फिकार अली भुट्टो की भी ताकत समाप्त हो जाएगी और सैन्य बल सत्ता में अपना अस्तित्व बनाए रखेंगे। किंतु यह एक भ्रम था। सन् 1969 के अंत तक और 1970 की शुरुआत तक पश्चिमी और पूर्वी पाकिस्तान में विपक्षी पार्टियाँ लोकतंत्र की वापसी की जोरदार माँग कर रही थीं।

अयूब के तथाकथित 'मूल लोकतंत्र' की धारणा वास्तविक लोकतंत्र के लिए विश्वव्यापी वयस्क जनादेश के तर्कपूर्ण आधार का स्थान नहीं ले सकती थी। अयूब के मूल लोकतंत्र में न्यूनतम शैक्षिक स्तरों और संपत्ति के स्वामित्ववाले लोगों के एक निर्वाचन समूह द्वारा जिला स्तर के और प्रांतीय परिषदों का निर्माण शामिल था। याह्या को महसूस हो गया कि उन्हें देश में जल्द-से-जल्द चुनाव कराने होंगे। सन् 1970 के वसंत तक उन्होंने संकेत दे दिए कि वे वर्ष के अंत तक पाकिस्तान में आम चुनाव संपन्न करवाएँगे। उधर पाकिस्तान, खासकर पूर्वी पाकिस्तान, का वातावरण अस्थिर था। उसने पूरे वर्ष के दौरान भारत-पाक संबंधों को प्रभावित किया। अतः यह उचित होगा कि सन् 1971 के युद्ध के बाद पाकिस्तान के विघटन का कारण बननेवाली घटनाओं का वर्णन कुछ विस्तार से किया जाए।

सन् 1971 के दौरान पूर्वी पाकिस्तान के लोगों को जिस हिंसा और त्रासदी का सामना करना था, मानो उसका पूर्वाभास दिलाते हुए सन् 1970 में, नवंबर के

दूसरे सप्ताह में, वह क्षेत्र भयावह चक्रवात में घिर गया, जिसके कुछ ही सप्ताह बाद पाकिस्तान में ग्यारह वर्षों के सैन्य शासन के बाद आम चुनाव होने थे। शुरुआत में चुनाव अक्तूबर में तय किए गए थे, लेकिन मध्य दिसंबर में कराए गए। नेशनल असेंबली चुनावों के साथ-साथ पूर्वी पाकिस्तान प्रांतीय असेंबली में शेख मुजीबुर रहमान की अवामी लीग को भारी बहुमत प्राप्त हुआ। पार्टी ने नेशनल असेंबली में 313 सीटों में से 162 सीटों पर विजय प्राप्त करके स्पष्ट बहुमत प्राप्त किया। इसी प्रकार उनकी पार्टी ने प्रांतीय असेंबली में 300 में से 288 सीटें जीतीं।

लेकिन मैं कहानी के आगे बढ़ गया हूँ। नवंबर 1970 में तटीय पूर्वी पाकिस्तान को चपेट में लेनेवाले चक्रवात और ज्वारीय तरंगों ने लगभग डेढ़-दो लाख लोगों की जान ले ली। लगभग दो मिलियन लोग उस क्षेत्र को चपेट में लेने वाली बाढ़ से प्रभावित हुए। अंतरराष्ट्रीय समुदाय की सहानुभूति और सहयोग असीम था। भारत को लेकर सैन्य शासन की भ्रांतियाँ ऐसी विकट परिस्थितियों में भी कम नहीं हुईं। दवाओं, अनाज, तंबुओं और चिकित्सकों के रूप में शीघ्र राहत, यहाँ तक कि राहत-अभियान के लिए विमानों और हेलीकॉप्टरों का भी प्रस्ताव भारत ने दिया। पाकिस्तान ने पूरे विश्व से सहायता स्वीकार कर ली, लेकिन याह्या खान ने भारत के सहयोग को यह कहते हुए ठुकरा दिया कि अन्य स्रोतों से आनेवाली राहत सामग्री पर्याप्त है और पाकिस्तान को भारत के सहयोग की कोई आवश्यकता नहीं है। यह इस तथ्य के बावजूद था कि यह राहत का शीघ्रतम स्रोत था। कुछ खास पश्चिमी पाकिस्तानी राजनेताओं और सैन्य शासकों ने चक्रवात को नियत आम चुनावों को स्थगित करने का जरिया बनाया। पीपुल्स पार्टी के अध्यक्ष भुट्टो ने आम चुनावों को कुछ माह के लिए स्थगित करने का समर्थन किया। उन्हें सेना के कुछ खास विभागों का समर्थन प्राप्त था। उनके इंटेलिजेंस ने बिलकुल सही आकलन किया कि यह चुनाव लोगों के स्पष्ट जनादेश द्वारा मुजीबुर रहमान को सत्ता में ले आएगा। चक्रवात को एक बहाने के रूप में इस्तेमाल करने के साथ ही खुलना, ढाका और अन्य जिला मुख्यालयों में सरकार द्वारा दंगे और गड़बड़ियाँ फैलाई गईं। कानून व्यवस्था की बहाली और स्थापना सरकार को चुनाव स्थगित करने के अतिरिक्त कारण उपलब्ध करवाते।

इन चालबाजियों से परिचित अवामी लीग ने केंद्रीय सरकार को चुनाव-स्थगन की संभावना के खिलाफ चेतावनी दी और बल दिया कि ऐसा कदम व्यापक विरोधों का कारण बन सकता है। पश्चिमी पाकिस्तान में अवामी लीग और अन्य राजनीतिक पार्टियों ने अपनी सार्वजनिक घोषणाओं और सैन्य शासन के साथ अपने विचारों के

आदान-प्रदान में इसी प्रकार के संदेश दिए। सिर्फ पी.पी.पी. और पश्चिमी पाकिस्तान की इसलामपसंद पार्टियाँ ही परस्पर विरोधी प्रवृत्ति अपनाए हुई थीं।

इसी बीच चुनाव हुए और उसके परिणामों ने सैन्य शासन की आशंकाओं को पुष्ट कर दिया। सभी प्रकार से शेख मुजीबुर रहमान पाकिस्तान के प्रधानमंत्री बनते और उनकी पार्टी का एक वरिष्ठ नेता पूर्वी पाकिस्तान का मुख्यमंत्री। उनके चुनावी घोषणा-पत्र में एक प्रमुख संकल्प था कि यदि उनकी पार्टी सत्ता में आई तो वह नया संविधान बनाकर सत्ता के विकेंद्रीयकरण और पाकिस्तान की संघटक इकाइयों के लिए स्वायत्तता उपलब्ध कराएगी। इस चुनावी वादे के विस्तार ने यह संकेत दिया कि प्रस्तावित संविधान में संदर्भ के रूप में स्वायत्तता का छह सूत्रीय कार्यक्रम सम्मिलित होगा। न तो याह्या शासन और न ही नेशनल असेंबली में दूसरे स्थान पर रही पीपुल्स पार्टी चुनावी निर्णय स्वीकार करने के लिए तैयार थी। भुट्टो ने सत्ता में अवामी लीग के आने का स्पष्ट विरोध किया, यहाँ तक कि उस समय पाकिस्तान पर शासन कर रहे जनरलों की अपेक्षा भुट्टो का विरोध अधिक तीव्र था। 20 दिसंबर, 1970 को लाहौर में अपने एक बयान में भुट्टो ने दृढ़तापूर्वक कहा कि उनकी पार्टी के सहयोग के बिना कोई भी नया संविधान नहीं बनाया जा सकता या केंद्र में कोई भी सरकार स्थापित नहीं की जा सकती। उन्होंने यह असामान्य अतार्किक दावा करना जारी रखा कि 'पीपुल्स पार्टी ऑफ पाकिस्तान' नेशनल असेंबली के विपक्षी सीटों पर बैठने के लिए तैयार नहीं है। यह जानते हुए कि मुजीबुर रहमान को नेशनल असेंबली में स्पष्ट बहुमत प्राप्त है, उन्होंने कहा कि राष्ट्रीय राजनीति में सिर्फ बहुमत मायने नहीं रखता। अपनी स्थिति को स्पष्ट करते हुए उन्होंने कहा कि अवामी लीग को नेशनल असेंबली में बहुमत प्राप्त हो सकता है, लेकिन 'पीपुल्स पार्टी ऑफ पाकिस्तान' ने सिंध और पंजाब के प्रांतीय विधानसभाओं में स्पष्ट बहुमत प्राप्त किया है। चूँकि केंद्रीय सरकार की वास्तविक शक्ति इन प्रांतों में स्थित है, पाकिस्तान में कोई भी केंद्रीय सरकार पी.पी.पी. की भागीदारी के बिना नहीं बनाई जा सकती। पूर्वी पाकिस्तान के अवामी लीग नेताओं मुजीबुर रहमान और पार्टी सचिव ताजुद्दीन अहमद ने जवाब दिया कि पाकिस्तान की जनता, खासकर पूर्वी पाकिस्तान की, सिंध और पंजाब को सत्ता का गढ़ मानने के लिए तैयार नहीं है। उन्होंने चुनावी निर्णय का सम्मान करने पर बल दिया।

भुट्टो की पूर्व शर्त

दिसंबर 1970 तक यह स्पष्ट हो गया था कि याह्या शासन और भुट्टो

मुजीबुर रहमान को राष्ट्रीय सरकार नहीं बनाने देंगे या पूर्वी पाकिस्तान की जनता की उम्मीदों के अनुसार नया संविधान तैयार नहीं करने देंगे। पूर्वी पाकिस्तान के नेताओं और भुट्टो के बीच सार्वजनिक तथा विवादास्पद बयानबाजी ने दिसंबर 1970 और जनवरी 1971 के बीच की घटनाओं की भूमिका तैयार की। भुट्टो के असहयोगी रवैये ने याह्या को नेशनल असेंबली संयोजित करने और पाकिस्तान में लोकतांत्रिक सरकार बनाने की प्रक्रिया तक चलाने से बचा लिया। राजनीतिक बहस इस स्तर तक विकृत हो गई कि अवामी लीग की चुनावी विजय पर भुट्टो ने यह कहकर सवाल खड़ा किया कि वह भारत द्वारा विध्वंसक गतिविधि का परिणाम था। उन्होंने अवामी लीग नेतृत्व पर हिंदू समर्थक संगठन होने का आरोप लगाते हुए कहा कि यह प्रस्तावित संविधान में छह सूत्रीय स्वायत्तता प्रावधान शामिल करके गुप्त चाल द्वारा पाकिस्तान की इसलामी पहचान को प्रभावित करेगा।

इन राजनीतिक तिकड़मबाजियों के बीच सैन्य शासन को अपनी घरेलू और अंतरराष्ट्रीय विश्वसनीयता बरकरार रखने की समस्या का सामना करना पड़ा। याह्या ने जनवरी 1971 में अपनी चीन यात्रा के मध्य में अपने घुमावदार ढाका यात्रा के दौरान बार-बार दोहराया कि वह निर्वाचित प्रतिनिधियों को सत्ता हस्तांतरित करने के इच्छुक हैं; वह जल्द-से-जल्द नेशनल असेंबली संयोजित करेंगे और शेख मुजीबुर रहमान पाकिस्तान के प्रधानमंत्री होंगे। भुट्टो ने इसपर प्रतिक्रिया व्यक्त करते हुए जटिल राजनीतिक और कानूनी तर्कों का सहारा लिया, जिसका मुख्य तत्त्व यह था कि अवामी लीग पूर्वी पाकिस्तान में सरकार बना सकती है, लेकिन केंद्र में 'पीपुल्स पार्टी ऑफ पाकिस्तान' और अवामी लीग का गठबंधन होना चाहिए। उन्होंने यह भी कहा कि प्रधानमंत्री का पद स्वत: मुजीबुर रहमान को नहीं मिलना चाहिए, बल्कि इस मुद्दे को सत्ता व्यवस्थाओं के आधार पर समझौते के द्वारा सुलझाया जाना चाहिए। याह्या ने जनवरी के अंत या फरवरी की शुरुआत तक यह घोषणा कर दी थी कि नेशनल असेंबली 3 मार्च, 1971 को ढाका में संयोजित की जाएगी। इस बीच भुट्टो ने एक अतिरिक्त माँग यह रखी कि पाकिस्तान का नया संविधान छह सूत्रीय कार्यक्रम के अनुसार नहीं, बल्कि उन छह बिंदुओं पर ताजा विचार-विमर्श करने के बाद तैयार किया जाना चाहिए। वह चाहते थे कि केंद्रीय सरकार के अधिकार और पाकिस्तान के एकीकरण को बरकरार रखने के लिए उनके द्वारा सुझाए गए संशोधनों को अवामी लीग स्वीकार करे। उन्होंने 15 फरवरी को पेशावर में एक बयान में घोषणा की कि जब तक मुजीबुर रहमान उनकी शर्तों को स्वीकार नहीं कर लेते तब तक उनकी पार्टी 3 मार्च को

ढाका में आयोजित सत्र में शामिल नहीं होगी।

यह ध्यान देने योग्य बात है कि पश्चिमी पाकिस्तान की अधिकतर राजनीतिक पार्टियाँ अवामी लीग के खिलाफ भुट्टो की रुकावट डालने और लोकतंत्र की बहाली को बाधित करने की प्रवृत्ति से खुश नहीं थीं। फरवरी के अंतिम सप्ताह तक भुट्टो ने कहा कि अवामी लीग के साथ समझौता करने का कोई अवसर नहीं बचा है और वह असहयोग का रास्ता अपनाने जा रहे हैं। भुट्टो के असहयोगी रवैये के बावजूद मुजीबुर रहमान व्यावहारिक राजनीतिक समझौते करने के लिए तैयार थे। उन्होंने ढाका में फरवरी के अंतिम सप्ताह में याह्या और भुट्टो के साथ बैठकें कीं। हालाँकि ये बैठकें निष्फल रहीं, मुजीबुर रहमान ने 24 फरवरी को जारी किए गए एक लंबे प्रेस बयान में इस बात की पुष्टि की कि वह समस्याओं के समाधान के लिए पश्चिमी पाकिस्तान के नेताओं और याह्या खान के साथ विस्तृत तथा उपयोगी विचार-विमर्श करने के लिए तैयार हैं। उन्होंने यह भी प्रमाणित किया कि याह्या खान ने उन्हें आश्वासन दिया है कि फरवरी के अंतिम सप्ताह में नेशनल असेंबली संयोजित करने की तिथि में कोई फेर-बदल नहीं किया जाएगा। याह्या खान या तो भुट्टो के हाथों की कठपुतली बन गए थे या भुट्टो के दिमाग में चल रही विध्वंसक योजनाओं के भागीदार बन गए थे। मुजीबुर रहमान को यह आश्वासन देने के बाद कि नेशनल असेंबली 3 मार्च को प्रस्तावित तिथि को ही संयोजित की जाएगी, उन्होंने 1 मार्च को यह घोषणा की कि पश्चिमी और पूर्वी पाकिस्तान के नेताओं के बीच आम सहमति के अभाव में उन्होंने संयोजन स्थगित करने का निर्णय किया है। उन्होंने इसके पीछे यह तर्क दिया कि उन्हें भारत द्वारा पूर्वी पाकिस्तान में तनावपूर्ण वातावरण बनाने के कारण यह फैसला लेने पर मजबूर होना पड़ा।

इस कृत्रिम और अन्यायपूर्ण आरोप की कुछ पृष्ठभूमि है। भारत ने दिसंबर 1971 में पाकिस्तान में आम चुनाव होने का स्वागत खुले दिल से किया था और 17 जनवरी, 1971 को चुनावी प्रक्रिया की समाप्ति को इस आशा के साथ ध्यानपूर्वक देखा था कि मुजीबुर रहमान के नेतृत्व में एक ईमानदार प्रतिनिधि सरकार स्थापित होगी। भारत-चीन युद्ध के दौरान पाकिस्तान का भारत के प्रति व्यवहार पाकिस्तान और चीन के बीच बढ़ते संबंध (जिसके मुख्य वास्तुकार अयूब के नेतृत्ववाली सरकार के तहत भुट्टो थे) और पाकिस्तान के साथ सन् 1965 के युद्ध ने भारत को पाकिस्तान की सैन्य तानाशाही के प्रति संकुचित दृष्टिकोण से देखने के लिए विवश कर दिया था। इसलिए जब भारत ने पाकिस्तान में लोकतांत्रिक प्रक्रियाओं का

समर्थन किया तो याह्या के लिए यह स्वाभाविक था कि वे अपने संकुचित दृष्टिकोण से पाकिस्तानी राजनीति में विरोधाभासों के लिए भारत सरकार को दोषी ठहराएँ।

नेशनल असेंबली के सत्र की शुरुआत स्थगित करने के याह्या के फैसले का व्यापक विरोध हुआ। जब पाकिस्तानी अधिकारियों ने 2 मार्च, 1971 को इस फैसले के खिलाफ प्रदर्शन कर रहे अवामी यूथ लीग के सदस्यों पर गोलियाँ चलाईं तो मुजीबुर रहमान ने क्रोधपूर्ण प्रतिक्रिया व्यक्त की। तब 2 मार्च को ढाका में जारी किए गए एक प्रेस वक्तव्य में उन्होंने नागरिक अवज्ञा के एक विशाल कार्यक्रम की घोषणा की। उन्होंने कहा कि 3 से 7 मार्च तक प्रतिदिन एक प्रांत-व्यापी हड़ताल की जाएगी तथा पूर्वी पाकिस्तान में सरकारी व गैर-सरकारी हलकों में सार्वजनिक उपयोगी सेवाओं, परिवहन और संचार सहित सभी गतिविधियों में गतिरोध उत्पन्न किया जाएगा। उन्होंने घोषणा की कि 3 मार्च (जिस दिन नेशनल असेंबली का संयोजन होने वाला था) राष्ट्रीय शोक दिवस के रूप में मनाया जाएगा और उस दिन संध्या को वे ढाका के पलटन मैदान में सार्वजनिक सभा को संबोधित करेंगे। उन्होंने यह भी घोषणा की कि वे विरोध के आगामी कार्यक्रमों की घोषणा करेंगे। ये विरोध पूर्णत: सफल हुए, हालाँकि इनमें कुछ उपद्रवों का भी समावेश था, जिसके खिलाफ सैन्य शासन ने सेना का इस्तेमाल किया; सभी बड़े शहरों में सेना और पुलिस नियुक्त कर दी गई। इन सेनाओं को हटाने और लोकतांत्रिक प्रक्रिया फिर शुरू करने की मुजीबुर रहमान की माँग को उपेक्षित कर दिया गया।

एक उल्लेखनीय समानांतर गतिविधि यह थी कि मुसलिम लीग और पी.पी.पी. को छोड़कर पश्चिमी पाकिस्तान में अन्य राजनीतिक दलों ने मुजीब की इस माँग का समर्थन किया कि चुनाव परिणामों का सम्मान किया जाना चाहिए और अवामी लीग को सत्ता हस्तांतरित कर देनी चाहिए। यहाँ तक कि 'पंजाब पाकिस्तान फ्रंट' नामक एक क्षेत्रीय राजनीतिक दल ने भी 3 मार्च को प्रस्ताव पारित करके नई सरकार के गठन के खिलाफ भुट्टो के रुख का विरोध किया। फ्रंट के संयोजक मलिक गुलाम जिलानी ने प्रस्ताव की सामग्री प्रेस के लिए जारी की। इसमें उल्लिखित था—'पंजाब पाकिस्तान फ्रंट गठन समिति के मत में एक व्यक्ति के उतावले व गलत लक्ष्य के लिए देश पर एक निर्णय थोपा जा रहा है। वह व्यक्ति पाकिस्तान के नाम पर बोलने का दावा करता है, लेकिन पश्चिमी पाकिस्तान के चार प्रांतों में से केवल एक में उसे स्पष्ट बहुमत प्राप्त है।' जमायत-उल-उलेमा-ए-पाकिस्तान के पश्चिमी पाकिस्तान इकाई के महासचिव मौलाना गुलाम घौस हजारवी ने चेतावनी भरी भाषा में बात करने और संकट उत्पन्न करने के लिए भुट्टो की आलोचना की।

नेशनल असेंबली के संयोजन को स्थगित करने और मुजीबुर रहमान को प्रधानमंत्री बनाने के निर्णय को विलंबित करने के विरोधों से पूर्वी पाकिस्तान में सभी सरकारी गतिविधियों में गतिरोध उत्पन्न हो गया। हिंसक घटनाएँ भी हुईं और सेना व पुलिस ने ढाका, टॉन्गी और राजशाही में गोलियाँ बरसाईं। 3 से 6 मार्च के बीच सरकार के दमन में लगभग पचास लोग मारे गए और लगभग छह सौ लोग घायल हुए। मार्शल लॉ की घोषणा के साथ सैन्य शासन द्वारा कानून व्यवस्था स्थापित करने के हिंसक उपाय अपनाए गए। मुजीबुर रहमान ने स्थिति को सामान्य करने के लिए 7 मार्च को चार सूत्रीय (मार्शल लॉ को तत्काल रद्द किए जाने, सैनिकों को वापस उनके बैरकों में भेजने, फरवरी के मध्य और 7 मार्च के बीच हुई हत्याओं की जाँच करवाने और लोगों के निर्वाचित प्रतिनिधियों को सत्ता हस्तांतरित करने की) माँग रखी। उसी समय उन्होंने संकेत दिया कि असहयोग आंदोलन और विरोध तब तक जारी रहेंगे जब तक अवामी लीग को सत्ता हस्तांतरित नहीं की जाती। पूर्वी पाकिस्तान में मुजीब के व्यापक समर्थन और भुट्टो व मुसलिम लीग के अलावा पश्चिमी पाकिस्तान के सभी बड़े राजनीतिक दलों व नेताओं द्वारा उनको दिए गए समर्थन ने याह्या को विवश किया कि वे फिर से समझौता वार्त्ता आरंभ करें। भुट्टो भी बातचीत में शामिल हुए, लेकिन समस्या का समाधान करने की नीयत से नहीं बल्कि अपने उद्देश्यों से। उनका पहला उद्देश्य था—इस आधार पर एक संभावित जन-समर्थन पाना कि वे मुजीबुर रहमान से मूलभूत मतभेदों के बावजूद उनसे बात करने के लिए तैयार हो गए। उनका दूसरा उद्देश्य अधिक महत्त्वपूर्ण था। वह था यह सुनिश्चित करना कि याह्या मुजीबुर रहमान की दलीलों के आगे न झुकें, जिससे भुट्टो के लक्ष्यों को खतरा पहुँचे। 17 और 25 मार्च के बीच याह्या, भुट्टो तथा मुजीबुर रहमान के बीच हुई वार्त्ता का विवरण पिछले छब्बीस वर्षों से जनता की जानकारी में हैं, उनका संक्षेपण करने की कोई आवश्यकता नहीं है। इन समझौता-वार्त्ताओं की मुख्य विशेषता यह थी कि याह्या और भुट्टो ने केंद्रीय सरकार में सत्ता की हिस्सेदारी में सहमत होने के लिए मुजीबुर रहमान पर जोर डाला। स्वायत्तता और पाकिस्तान के लिए नया संविधान बनाने का निश्चय बदलने के लिए भी मुजीब पर दबाव डाला गया। मुजीबुर रहमान की प्रतिक्रिया नकारात्मक थी। उन्होंने यह उचित तर्क दिया कि पाकिस्तान के भावी संविधान पर कोई भी विचार-विमर्श नेशनल असेंबली में किया जाएगा। सैन्य शासन या भुट्टो को कोई अग्रिम आश्वासन नहीं दिया जा सकता।

वार्त्ता अनुमानित विफलता की ओर बढ़ रही थी। मुजीबुर रहमान ने 7 मार्च

को रामा मैदान में अपना प्रसिद्ध भाषण दिया, जिसमें उन्होंने बँगला में कहा, 'अब संघर्ष आजादी और स्वशासन के लिए है। इस समय यह संघर्ष स्वतंत्रता के लिए है।' इस संबंध में सूचनाएँ हैं कि मुजीब स्वतंत्रता के लिए यह स्पष्ट सार्वजनिक रुख अपनाने में हिचकिचाहट महसूस कर रहे थे, क्योंकि समझौता वार्त्ता 25 तक जारी रहनी थी। वह पाकिस्तान से विघटन पर कोई निर्णायक दृष्टिकोण अपनाने से पहले अंतिम परिणाम की प्रतीक्षा करना चाहते थे। वस्तुतः अवामी लीग के छात्र नेताओं ने, जिनमें तुफैल अहमद, अब्दुल रज्जाक, अब्दुल कुदूस मखोन और अब्दुर रब शामिल थे, उन्हें 7 मार्च, 1971 को स्वतंत्रता की घोषणा करने के लिए विवश किया।

भुट्टो अपनी जिद पर अड़े थे और याह्या खान उन्हें नाराज नहीं करना चाहते थे, क्योंकि उन्हें आशा थी कि कोई गतिरोध सैन्य शासन को जारी रखने में मदद कर सकता है, इसलिए वार्त्ता विफल रही। वार्त्ता में शामिल होते समय भी भुट्टो की व्यक्तिगत महत्त्वाकांक्षा और संशय स्पष्ट था। जब मुझे ढाका में भारत का पहला कूटनीतिक प्रतिनिधि नियुक्त किया गया तो मेरे वरिष्ठ बँगलादेशी मित्रों ने मुझे बताया कि हर संध्या को वार्त्ता समाप्त होने के बाद मुजीब और पूर्वी पाकिस्तान के अन्य नेताओं का मजाक भुट्टो उड़ाते। उनकी मुद्रा व्यंग्यपूर्ण व खिल्ली उड़ानेवाली थी और वे अपने द्वारा उत्पन्न उस संकट से अपनी शर्तों पर निकलने के प्रति आश्वस्त थे। इसी बीच जन-अशांति बढ़ती जा रही थी। याह्या खान ने लोगों के दमन का निर्णय लिया। उन्होंने 25 मार्च से मार्शल लॉ लगाने और अवामी लीग, खासकर उसके युवा गुट के खिलाफ, सैन्य काररवाई का आदेश दिया। ये गोपनीय आदेश थे। मुजीब को इन इरादों के बारे में कोई पूर्व चेतावनी नहीं दी गई।

सैन्य काररवाई

25 मार्च को, जिस दिन याह्या ने नेशनल असेंबली का स्थगित सत्र संयोजित करने का वादा किया था, भुट्टो कराची के लिए रवाना हुए। सैन्य काररवाई के आदेश न केवल अवामी लीग और उसके यूथ विंग के विरुद्ध दिए गए थे, बल्कि पाकिस्तानी सेना के ईस्ट बंगाल रेजीमेंट और ईस्ट पाकिस्तान राइफल्स के विरुद्ध भी सैन्य काररवाई के आदेश दिए गए थे। इसी प्रकार, सभी बड़े शहरों में पूर्वी पाकिस्तान के पुलिस बैरकों को पश्चिमी पाकिस्तान की सेनाओं द्वारा घेर लिया गया और उन्हें नष्ट कर दिया गया। 25-26 मार्च की मध्य रात्रि से कुछ ही देर पहले

सैन्य छापा शुरू हुआ। यह कोई आकस्मिक या तदर्थ निर्णय नहीं था, सैन्य उपायों द्वारा चुनाव परिणामों को उलटने की योजना मार्च की शुरुआत से ही बनाई जा रही थी। पाकिस्तानी सैनिकों को सादे कपड़ों में पाकिस्तान इंटरनेशनल एयरलाइंस द्वारा ढाका भेजा गया। पाकिस्तानी नौसेना ने भी मार्च की शुरुआत से सैनिकों और सैन्य सामग्री को पूर्वी पाकिस्तान में पहुँचाना शुरू कर दिया था। मार्च के तीसरे सप्ताह तक सैन्य शासन ने पूर्वी पाकिस्तान में एक डिवीजन और एक ब्रिगेड तैनात कर दिया था। पाकिस्तानी सेना के विशेष रूप से प्रशिक्षित कमांडो ने अतिरिक्त विध्वंसक गतिविधियाँ शुरू कीं। वे विरोध मार्चों और प्रदर्शनों में घुसकर उन्हें हिंसक बना देते, ताकि उसके बाद होनेवाली सैन्य काररवाई को वैध ठहराया जा सके।

इस संकट पर ध्यानपूर्वक नजर रख रहे भारतीय इंटेलिजेंस एजेंसियों ने इन गतिविधियों की पूर्व सूचना दी थी। भुट्टो और याह्या ने मुजीब को संतुष्ट करके उन्हें पश्चिमी पाकिस्तान के वैसे नेताओं, जो समान विचारवाले अलग करने के लिए एक समानांतर राजनीतिक तिकड़म की योजना बनाई। यह तिकड़म काम कर गई। उन्हीं दिनों क्योंकि अशांति और उपद्रवों के बावजूद सैन्य छापों से पहले दस दिनों के दौरान मुजीब-याह्या की समझौता वार्त्ता प्रत्यक्ष रूप से जारी थी। याह्या ने मार्शल लॉ हटाने और सत्ता हस्तांतरित करने की मुजीब की माँग स्वीकार कर ली। इसके बदले में मुजीब एक नए संविधान का मसौदा तैयार होने और उससे अंतिम रूप देने तक पाकिस्तान का अंतरिम राष्ट्रपति याह्या के बने रहने पर सहमत हो गए। उन्होंने याह्या का यह सुझाव भी मान लिया कि संविधान-निर्माण के प्रयास में राष्ट्रीय विधानसभा और प्रांतीय विधानसभाओं की प्रस्तावित संयुक्त बैठक न होकर अलग-अलग बैठक होगी। मुजीब भुट्टो की इस आशंका के जवाब में अलग-अलग बैठकों के लिए तैयार हो गए कि संविधान का प्रारूप तैयार करने के लिए प्रांतीय विधानसभाओं और राष्ट्रीय विधानसभा की संयुक्त बैठक में मुजीब द्वारा बलूचिस्तान, उत्तर-पश्चिमी सीमा प्रांत और सिंध के नेताओं के साथ गठजोड़ कर लेने पर पाकिस्तान पीपुल्स पार्टी पूर्ण रूप से अलग-थलग पड़ सकती है। कमजोर बिंदुओं को ठीक कर लिया गया और याह्या ने मुजीब से कहा कि इस समझौते के अनुसार उद्घोषणा के साथ राष्ट्रीय विधानसभा के संयोजन का नोटिस 25 मार्च को जारी कर दिया जाएगा। स्पष्ट रूप से किए गए इस तार्किक विचार-विमर्श के कारण मुजीब 15 से 25 मार्च तक असहयोग आंदोलनों से पीछे हटने के लिए तैयार हो गए।

दोपहर तक पूरी तैयारी कर ली गई। ले. जनरल टिक्का खान को 25 मार्च

की संध्या को अवामी लीग और पूर्वी पाकिस्तान के लोगों के खिलाफ जिला स्तरीय सैन्य काररवाई शुरू करने का निर्देश दिया गया। इन आदेशों को देने के दो घंटे के अंदर याह्या ढाका से रवाना हो गए। अब पूर्वी पाकिस्तान के सत्तर हजार सैनिक टिक्का खान के कमांड के अंदर थे। पश्चिमी पाकिस्तान के सैनिक ईस्ट बंगाल रेजीमेंट, ईस्ट पाकिस्तान राइफल्स और ईस्ट पाकिस्तान पुलिस फोर्स की अपेक्षा अधिक संख्या में थे। टिक्का खान ने क्रूरतापूर्ण जनसंहार-अभियान शुरू कर दिया। उसके सैनिकों ने ढाका के पील खाना में ईस्ट पाकिस्तान राइफल्स के रेजीमेंटल मुख्यालयों पर सभी अधिकारियों को मार डाला। पश्चिमी पाकिस्तान के सैनिकों ने राजबाग में ढाका पुलिस के मुख्यालयों पर भी धावा बोला। इन सैन्य और सहायक सैन्य संगठनों के बंगाली सदस्यों ने इन काररवाइयों का सैन्य विरोध करने का प्रयास किया, लेकिन वे बख्तरबंद यानों और तोपों से सुसज्जित भारी सेनाओं का सामना कर रहे थे।

पाकिस्तानी सैनिकों ने ढाका विश्वविद्यालय और सभी बड़े शहरों में बंगाली सैनिकों पर भी आक्रमण किया। सबसे जघन्य नरसंहार ढाका विश्वविद्यालय के जगन्नाथ हॉल और वहाँ गर्ल्स हॉस्टल में किया गया। वहाँ सैकड़ों छात्रों को मार डाला गया और विश्वविद्यालय की इमारत को बुरी तरह क्षतिग्रस्त कर दिया गया। मध्य रात्रि के आस-पास मुजीब भूमिगत हो गए। पूर्वी पाकिस्तान को 'बँगलादेश' नामक एक नए स्वतंत्र देश के रूप में घोषित करता हुआ उनका एक पूर्व रिकॉर्डेड भाषण देश के उत्तर-पश्चिमी भागों के रंगपुर और राजशाही जिलों में अवामी लीग द्वारा स्थापित किए गए गुप्त रेडियो स्टेशनों से प्रसारित किया गया।

उसी समय, छिटागॉन्ग में ईस्ट पाकिस्तान रेजीमेंट के बटालियन कमांडर मेजर जियाउर रहमान (जो सन् 1976-77 में बँगलादेश के राष्ट्रपति बने) ने कुछ देर के लिए छिटागॉन्ग रेडियो स्टेशन पर कब्जा करके स्वतंत्र बँगलादेश की उद्घोषणा की और सभी बंगाली सैन्य तथा सहायक सैन्य अधिकारियों से पाकिस्तानी सेना का विरोध करने की अपील की। वास्तव में, जियाउर रहमान की उद्घोषणा मुजीब की उद्घोषणा से थोड़ी देर पहले हुई। नए राष्ट्र के प्रति अपनी वफादारी घोषित करनेवाले वह पाकिस्तानी सेना के प्रथम बंगाली अधिकारी थे।

जनरल टिक्का खान ने 26 मार्च के पूर्वाह्न तक पूर्वी पाकिस्तान के सभी रेडियो स्टेशनों और संचार केंद्रों पर कब्जा कर लिया। हत्याओं और गिरफ्तारी का एक व्यवस्थित कार्यक्रम शुरू किया गया। इस बीच, मुजीब अपनी उपस्थिति के बारे में अनिश्चितता हटाने और स्वतंत्रता आंदोलन के प्रति विश्वास बनाए रखने के

लिए ढाका में धान मंडी स्थित अपने निवास-स्थान पर ही रहे। पाकिस्तानी सैन्य अधिकारियों ने छापे की रात में उन्हें गिरफ्तार कर लिया और रावलपिंडी ले गए।

भारत इन गतिविधियों पर ध्यानपूर्वक नजर रख रहा था। प्रधानमंत्री इंदिरा गांधी ने सन् 1971 में मार्च और मई के बीच संसद् के दोनों सदनों में कई बार अपने बयानों में पूर्वी पाकिस्तान की घटनाओं के बारे में चिंता प्रकट की और वहाँ लोकतांत्रिक प्रक्रियाओं की बहाली के लिए भारत द्वारा समर्थन किए जाने की घोषणा की। उन्होंने सरकार की सैन्य कारवाई की भी तीखी आलोचना की। उनके दृष्टिकोण को सभी राजनीतिक पार्टियों और भारतीय जनता का समर्थन मिला। संसद् ने सर्वसम्मति से सलाह दी कि भारत सरकार को पूर्वी पाकिस्तान के लोगों की उम्मीदों को पूरा करने में सहयोग देना चाहिए। चूँकि सैन्य शासन चुनाव परिणामों को व्यर्थ करने का प्रयास कर रहा था, पूर्वी पाकिस्तान के लोगों के खिलाफ षड्यंत्र का एक कारण भारत और पाकिस्तान के बीच एक सैन्य संघर्ष का आधार तैयार करना था। मार्च 1971 की शुरुआत में पाकिस्तानी एजेंटों द्वारा भारतीय एयरलाइंस के एक विमान का अपहरण करने की योजना तैयार की गई। पाकिस्तान को आशा थी कि भारत अपने विमान-अपहरण का बदला लेने के लिए कुछ सीमित इंटेलिजेंस और सैन्य कारवाई का सहारा लेगा, जिसके जवाब में पाकिस्तान भारत के साथ एक और सैन्य संघर्ष शुरू कर सकता है। उसे पूर्वी पाकिस्तान के लोगों के खिलाफ विशाल सैन्य कारवाई को न्यायोचित ठहराने के लिए बहाने के रूप में इस्तेमाल किया जाता, लेकिन भारत की प्रतिक्रिया संयमपूर्ण थी। उसने मध्य मार्च से भारतीय वायु क्षेत्र के ऊपर से सभी पाकिस्तानी विमानों के उड़ान पर प्रतिबंध लगा दिया और पाकिस्तान प्रायोजित भारतीय विमान अपहरण के खिलाफ कारवाई करने के लिए अंतरराष्ट्रीय नागरिक उड्डयन संगठन (आई.सी.ए.ओ.) से अपील की। अपहरणकर्ताओं के खिलाफ कोई प्रभावी कारवाई करने में सैन्य शासन की विफलता और भुट्टो का स्वयं उनसे मिलना भारत के पक्ष को मजबूत कर गया। भारत ने आई.सी.ए.ओ. की कार्यकारिणी परिषद् में शामिल देशों का समर्थन लेने के लिए दो कूटनीतिक प्रतिनिधियों को भेजा, ताकि अपहरण मामले में पाकिस्तान के खिलाफ उचित कारवाई हो सके। विदेश मंत्रालय के कानूनी और संधि विभाग के तत्कालीन निदेशक डॉ.एस.पी. जगोटा भारत का पक्ष रखने के लिए पश्चिमी यूरोप और उत्तरी व दक्षिणी अमेरिका के देशों में गए। इसी उद्देश्य से मुझे पूर्वी यूरोप, उत्तरी यूरोप और अरब देशों में भेजा गया। आई.सी.ए.ओ. ने कुछ कारवाई की, लेकिन उसका कोई स्पष्ट प्रभाव नहीं पड़ा। इस विशिष्ट

मिशन का सबसे उल्लेखनीय याद यह है कि अरब देशों ने टाल-मटोल करते हुए भारतीय पक्ष के प्रति पूरा समर्थन व्यक्त नहीं किया। मेरे साथ विचार-विमर्श करनेवालों में सबसे स्पष्ट वक्ता लीबिया के उप विदेश मंत्री थे। उन्होंने मुझसे कहा कि इस मुद्दे की वास्तविकता कुछ भी हो, लीबिया को एक मुसलिम राष्ट्र पाकिस्तान द्वारा की गई किसी भी काररवाई के प्रति सहानुभूतिपूर्ण दृष्टिकोण रखना होगा।

इस छेड़खानी के प्रति भारत द्वारा हिंसक प्रतिक्रिया व्यक्त नहीं करने से पाकिस्तान की आशाओं पर पानी फिर गया। सैन्य शासन और भुट्टो की यह उम्मीद पूरी नहीं हुई कि पूर्वी पाकिस्तान में उनका षड्यंत्र भारत के साथ उभरते संघर्ष में दब जाएगा।

भारत की धीमी चाल

मुजीब की गिरफ्तारी के बाद अवामी लीग नेतृत्व की दूसरी जमात ने उभरते स्वतंत्रता-संघर्ष की कमान सँभाल ली। उनमें से अधिकतर लोग ढाका से भागकर भारतीय राज्य पश्चिम बंगाल के पूर्वी जिलों में पहुँच गए। भारतीय सीमा पर बँगलादेश की एक स्वतंत्र सरकार स्थापित की गई और उस स्थान का नाम 'मुजीबनगर' रखा गया। उसके उपराष्ट्रपति के रूप में सईद नजरूल इसलाम के नेतृत्व में नई सरकार ने 10 अप्रैल को एक उद्घोषणा जारी की, जिसके प्रमुख बिंदु थे—बँगलादेश एक स्वतंत्र प्रभुत्व संपन्न गणतंत्र है; शेख मुजीबुर रहमान नए राष्ट्र के लिए राष्ट्रपति होंगे; सईद नजरूल इसलाम उपराष्ट्रपति और गणतंत्र के सैन्य बलों के सुप्रीम कमांडर बनाए गए; उनके नेतृत्ववाली सरकार राष्ट्र के सभी कार्यकारी और विधायी शक्तियों का इस्तेमाल करेगी। ताजुद्दीन अहमद को प्रधानमंत्री बनाया गया, जबकि कमरुजुमन को गृहमंत्री का पद दिया गया। सरकार ने पाकिस्तानी शासन के खिलाफ एक पूर्ण स्तरीय स्वतंत्रता-संघर्ष का आदेश दिया। उसने सभी बंगाली सैन्य और सहायक सैन्य अधिकारियों तथा युवाओं से बँगलादेश की स्वतंत्रता सेना में शामिल होने की अपील की।

इस नई सरकार का एक प्रतिनिधिमंडल भारत की मान्यता और सैन्य सहयोग प्राप्त करने के उद्देश्य से दिल्ली आया। भारत ने पूर्वी बंगाल के लोगों की आशाओं को पूरा करने में सहयोग देने का आश्वासन उसे दिया और शेख मुजीबुर रहमान को रिहा करने तथा शांतिपूर्ण राजनीतिक समाधान के लिए समझौता करने का आग्रह पाकिस्तान सरकार से किया।

उसी समय बँगलादेश के प्रधानमंत्री ताजुद्दीन अहमद ने अंतरराष्ट्रीय सहयोग और स्वतंत्रता-संघर्ष के लिए सैन्य सहयोग की अपील की। विश्व की सभी महत्त्वपूर्ण शक्तियों ने पूर्वी पाकिस्तान के लोगों के प्रति सहानुभूति जताई, लेकिन उनका सक्रिय सहयोग करने के प्रति किसी ने भी रुचि नहीं दिखाई। एकमात्र सकारात्मक तत्त्व यह सर्वसम्मत दृष्टिकोण था कि पाकिस्तान को चुनाव परिणामों का सम्मान करना चाहिए, लोकतंत्र बहाल करना चाहिए और शेख मुजीबुर रहमान को रिहा करना चाहिए। जब यह अतियथार्थवादी नाटक प्रगति पर था, पाकिस्तानी सैन्य काररवाई तीव्र कर दी गई। इस प्रक्रिया के शुरुआती दौर में पाकिस्तानी सत्ता-संरचना के सभ्य सदस्यों ने खुद को याह्या और भुट्टो की राजनीति से अलग करना शुरू कर दिया। उनमें सबसे महत्त्वपूर्ण थे ले. जनरल साहेबजादा याकूब खान, जो उस समय पूर्वी पाकिस्तान के गवर्नर थे। उन्होंने अपने पद से इस्तीफा दे दिया और पश्चिमी पाकिस्तान में लौट गए, क्योंकि उनकी नेक सलाह राजनीतिक रूप से अंधी सैन्य शासन और भुट्टो द्वारा ठुकरा दी गई। बंगाली सैन्य अधिकारियों और बंगाली युवाओं ने स्वतंत्रता-सेनानियों के कई समूह बनाकर पाकिस्तानी सेनाओं के खिलाफ सैन्य प्रतिरोध आरंभ कर दिया।

दूसरी घटना पूर्वी पाकिस्तान से भारतीय राज्यों—पश्चिम बंगाल, असम और त्रिपुरा की ओर बड़ी संख्या में शरणार्थियों का सामूहिक प्रस्थान था। अप्रैल के मध्य तक बँगलादेश में स्वतंत्रता संघर्ष जोर पकड़ चुका था। बहरहाल, इस संघर्ष को एक राजनीतिक वास्तविकता के रूप में पहचानने में विश्व को लगभग सात माह लग गए। यहाँ तक कि भारत भी अगस्त-सितंबर 1971 तक सैन्य उपायों द्वारा एक पड़ोसी देश के विघटन में सहयोग देने की घोषणा करने में झिझक रहा था, हालाँकि मई के अंत तक भारत सरकार के आंतरिक विचार-विमर्श में स्वतंत्रता-संघर्ष का समर्थन करना अपरिहार्य मान लिया गया। भारतीय सीमा से सक्रिय मुजीबनगर सरकार को 18, कामाक स्ट्रीट, कलकत्ता में मुख्यालय उपलब्ध कराए गए। विदेश मंत्रालय ने नजरूल इसलाम व ताजुद्दीन अहमद के नेतृत्ववाली मुजीबनगर सरकार के संपर्क में रहने के लिए कलकत्ता में एक पूर्णकालिक सचिवालय स्थापित किया। विदेश सेवा के एक वरिष्ठ अधिकारी ए.के. राय को इसका प्रमुख बनाया गया। श्री राय पूर्वी पाकिस्तान में उप उच्चायुक्त रह चुके थे और जब यह संकट शुरू हुआ तो वे नई दिल्ली में पाकिस्तान डिवीजन के प्रभावी सचिव थे।

इस संकट के राजनीतिक और मनोवैज्ञानिक कारकों ने स्वतंत्रता-संघर्ष में भारत की भागीदारी को अनिवार्य बना दिया। अत्यंत महत्त्वपूर्ण बात यह है कि

भारत का सहयोग विभाजन के बाद से भारत की एकता और अखंडता के लिए खतरा उत्पन्न कर रहे पाकिस्तान की गतिविधियों के जवाब में पूर्वनियोजित षड्यंत्रपूर्ण रणनीतिक प्रतिक्रिया नहीं थी। भारत द्वारा उठाया गया पहला कदम पूर्वी पाकिस्तान में लोकतंत्र की विजय के लिए अपनी स्पष्ट सहानुभूति दरशाना और दिसंबर 1970-जनवरी 1971 के चुनावों में अभिव्यक्त पूरे पाकिस्तान के लोगों की उचित उम्मीदों को पूरा करना था। सैन्य कारवाई और शेख मुजीबुर रहमान की गिरफ्तारी के फौरन बाद अवामी लीग के वरिष्ठ नेता अपनी जान बचाकर भारत आ गए और एक निर्वासित सरकार बनाने में मदद माँगी। भारत का पहला औपचारिक प्रयास ऐसी सरकार की स्थापना की अनुमति देना था। दूसरा प्रयास था व्यापक सैन्य छापे के मुख्य लक्ष्य रहे सैन्य और सहायक सैन्यकर्मियों को शरण देना।

बर्बरता और विवेकहीन सैन्य हिंसा ने पूर्वी पाकिस्तान के लोगों के बीच पश्चिमी पाकिस्तानियों खासकर सैन्य शासन के प्रति गहरा और व्यापक रोष उत्पन्न कर दिया। मई के लगभग अंत तक बहुत से बँगलादेशी विरोध समूह अस्तित्व में आ गए। सेना के पूर्व स्थानीय सदस्य, जो सेना छोड़कर स्वतंत्रता-संघर्ष में शामिल हो गए थे, ने मेजर जियाउर रहमान और तत्कालीन वरिष्ठतम पूर्व पूर्वी पाकिस्तान सेनाधिकारी कर्नल एम.ए.जी. उस्मानी के नेतृत्व में विरोध आरंभ कर दिया। अन्य वरिष्ठ बँगलादेशी अधिकारी, जैसे—ले. जनरल वसीउद्दीन उस समय पश्चिमी पाकिस्तान में थे; वहाँ उन्हें नजरबंद कर दिया गया था। अवामी लीग के यूथ विंग के सदस्यों ने प्रखर और करिश्माई व्यक्तित्व के लोगों, जैसे—शेख फजलुल हक मोनी (मुजीबुर रहमान के भतीजे), 'टाइगर' कादिर सिद्दीकी, तुफैल अहमद अब्दुल रजाक, अब्दुल कुदूस मखोन आदि के नेतृत्व में मुक्तिवाहिनी संगठन बनाए। औपचारिक प्रशिक्षण और राजनीतिक अनुभव के अभाव के बावजूद इन समूहों की प्राथमिकताएँ स्पष्ट थीं। वे जानते थे कि प्रतिरोधी आंदोलन को सफल बनाने के लिए वित्त और हथियार सबसे महत्त्वपूर्ण थे।

पूर्वी पाकिस्तान के प्रशासन को स्थिर करने का प्रयास करने की बजाय सैन्य शासन ने अत्यंत हिंसक सैन्य दमन का सहारा लेना जारी रखा। प्रशासन के निचले स्तर में नियुक्त बंगाली लोगों ने पश्चिमी पाकिस्तान के साथ अलगाव और बँगलादेश की स्थापना का पूरा समर्थन किया। परिस्थिति का लाभ उठाते हुए प्रतिरोधी समूहों ने ढाका को छोड़कर बहुत जगहों पर शस्त्रागारों पर कब्जा कर लिया। उन्होंने विभिन्न जिलों और कुछ उपजिला मुख्यालयों के कोषागारों पर भी कब्जा कर लिया। इस रकम के साथ उन्होंने भारतीय मदद माँगी। भारत ने इन संसाधनों का

एक हिस्सा विदेशी मुद्रा में परिवर्तित करके उन्हें संघर्ष को जारी रखने में सहायक आवश्यक संचार उपकरण और अन्य वस्तुएँ खरीदने में सहयोग प्रदान किया।

मई के मध्य तक भारत की ओर शरणार्थियों का प्रवाह खतरनाक अनुपात में पहुँच गया था। मई के तीसरे सप्ताह तक पूर्वी पाकिस्तान के साढ़े पाँच से सात मिलियन शरणार्थियों ने असम, त्रिपुरा और पश्चिम बंगाल पर जनसंख्या दबाव बढ़ा दिया, जिससे इन भारतीय राज्यों के संसाधन संकुचित होने लगे। हालाँकि भारत ने पूर्वी पाकिस्तान के उद्देश्यों के प्रति सामान्य समर्थन का इजहार किया, लेकिन वह स्वतंत्रता-संघर्ष के समर्थन में विशाल-स्तरीय कूटनीतिक या राजनीतिक कदम उठाने के प्रति सावधान था। एक अंतरिम सरकार की स्थापना के लिए सुविधाएँ उपलब्ध कराने और प्रतिरोधी आंदोलन को अपना सामान्य समर्थन देने के बावजूद भारत ने मुजीबनगर सरकार को औपचारिक मान्यता नहीं दी थी।

संयुक्त राष्ट्र में भारत के राजदूत

शरणार्थियों के विशाल पैमाने पर अंत:प्रवाह को देखते हुए श्रीमती गांधी ने पूर्वी पाकिस्तान के शरणार्थियों के मामले से निपटने के लिए भारत सरकार के पुनर्वास सचिव के नियंत्रण में एक अलग विभाग स्थापित किया। भारत पश्चिमी पाकिस्तान मुद्दे को पहले एक शरणार्थी समस्या के रूप में संयुक्त राष्ट्र में ले गया। न्यूयॉर्क और जेनेवा में संयुक्त राष्ट्र स्थित राजदूतों को संयुक्त राष्ट्र के आर्थिक व सामाजिक परिषद् (ई.सी.ओ.एस.ओ.सी.), संयुक्त राष्ट्र का शरणार्थियों के लिए उच्चायोग (यू.एन.एच.सी.आर.) और अन्य संबंधित एजेंसियों को पूर्वी पाकिस्तान की हिंसक घटनाओं और भारत पर उनके नकारात्मक प्रभाव का विस्तृत तथ्यात्मक विवरण देने के लिए कहा गया। ऐसे ही निर्देश सभी कूटनीतिक शिष्टमंडलों को दिए गए। जब शुरुआती प्रयास के रूप में यह सब किया जा रहा था तब सरकार में उच्चतम स्तर पर आंतरिक दृष्टिकोणों में विरोधाभास और मतभेद थे। श्रीमती गांधी ने इस संकट से जूझने के लिए वरिष्ठ सलाहकारों का एक केंद्रीय समूह नियुक्त किया। इस समूह में भारत सरकार के पॉलिसी प्लानिंग कमेटी के अध्यक्ष डी.पी. धर, प्रधानमंत्री के मुख्य सचिव पी.एन. हक्सर, विदेश सचिव टी.एन. कौल, केंद्रीय सचिवालय के रिसर्च एंड एनालिसिस विंग के निदेशक आर.के. कॉ और प्रधानमंत्री कार्यालय में सचिव पी.एन. धर शामिल थे। कैबिनेट स्तर पर मुख्य सलाहकार थे स्वर्ण सिंह, वाई.बी.चव्हाण और जगजीवन राम।

आंतरिक विचार-विमर्श के परिणाम, जिनका वर्णन मैंने नीचे किया है, उन

विचार-विमर्शों पर डी.पी. धर और टी.एन. कौल द्वारा बाद में मुझे बताए गए तथ्यों पर आधारित हैं। उस समय मैं विदेश मंत्रालय के संयुक्त राष्ट्र विभाग में उपसचिव के रूप में संयुक्त राष्ट्र की विशिष्ट एजेंसियों से संबंधित गतिविधियों का प्रभारी था। चूँकि भारत शरणार्थियों के अंत:प्रवाह को संयुक्त राष्ट्र के विभिन्न मंचों पर पूर्वी पाकिस्तान के मुद्दे को हाईलाइट करने के लिए इस्तेमाल करना चाहता था, अत: मुझे इस कार्य के लिए मध्य स्तर पर समन्वयन अधिकारी बनाया गया। जून 1971 के मध्य तक इस संकट से जूझने के लिए एक विशेष इकाई या ब्यूरो का निर्माण किया गया और मुझे संयुक्त राष्ट्र विभाग से हटाकर उसका निदेशक बनाया गया। चूँकि मैं कागजात तैयार करने तथा मूल नीति पर टिप्पणियों और बिंदुओं के तथ्य प्रस्तुत करने में जुटा हुआ था, अत: डी.पी. धर और टी.एन.कौल दोनों ने जारी विचार-विमर्श के आधार पर मुझे मार्ग-प्रदर्शन और निर्देश दिए। इस प्रकार मैं भारतीय नीति पर भिन्न-भिन्न मतों के कुछ पक्षों के बारे में जानकारी प्राप्त कर पाया।

श्रीमती गांधी की शुरुआती और सहज प्रतिक्रिया यह थी कि आजाद बँगलादेश को तुरंत मान्यता दे दी जाए और पूरे सैन्य सहयोग द्वारा स्वतंत्रता संघर्ष व प्रतिरोधी आंदोलनों को समर्थन दिया जाए। इधर विदेश मंत्री स्वर्ण सिंह का मत था कि आखिरकार भारत को यही करना पड़ेगा, लेकिन उसे यह जरूर सुनिश्चित कर लेना चाहिए कि उसकी विश्वसनीयता और राजनीतिक शुद्धता पर प्रश्न न उठाया जाए। स्वर्ण सिंह ने महसूस किया कि भारत को इस संभावित आधार पर बड़ी शक्तियों और संयुक्त राष्ट्र के संयुक्त अंतरराष्ट्रीय प्रतिरोध का सामना करना पड़ सकता है, कि भारत एक पड़ोसी देश के मामलों में हस्तक्षेप करके उसके टुकड़े करना चाहता है। जहाँ तक मुझे याद है, पी.एन. हक्सर भी इस विचार से सहमत थे, जबकि डी.पी. धर पाकिस्तान के विरुद्ध तत्काल सख्त काररवाई करने के पक्ष में थे। जब श्रीमती गांधी ने रक्षा मंत्री जगजीवन राम और तत्कालीन आर्मी चीफ जनरल सैम मानेकशॉ से संपर्क किया तो उन दोनों ने कहा कि भारत सैन्य विकल्प का प्रयोग कर सकता है, लेकिन गरमियों और बारिश के मौसम में एक उतावला सैन्य अभियान समस्याएँ उत्पन्न कर सकता है और अभियान की सफल समाप्ति को विलंबित कर सकता है। जनरल मानेकशॉ ने यह मत व्यक्त किया कि उन्हें पाकिस्तान के खिलाफ तैनाती के लिए भारतीय सैन्य बलों को तैयार करने के लिए पर्याप्त समय दिया जाना चाहिए, क्योंकि उनके आकलन के अनुसार, उन्हें दो मोरचों पर युद्ध करना होगा। श्रीमती गांधी के सलाहकारों ने यह भी सुझाव दिया

कि भारत को इस संकट के दौरान भारतीय प्रतिक्रिया के संबंध में अंतरराष्ट्रीय विश्वसनीयता सुनिश्चित करने के साथ-साथ पाकिस्तान को चीन द्वारा मिलनेवाले राजनीतिक और सैन्य सहयोग को भी ध्यान में रखना चाहिए। यह उस सहयोग के अलावा होगा, जो राष्ट्रपति आर.एम. निक्सन के नेतृत्ववाली अमेरिकी सरकार पाकिस्तान को देगी। परिणामस्वरूप एक क्रमिक नीति अपनाई गई, ताकि अंतरिम उपायों से पूर्वी पाकिस्तान का संकट हल न होने पर सैन्य विकल्प का प्रयोग किया जा सके। इस प्रकार एक नीतिगत दृष्टिकोण पर सहमति हुई, जिसमें निम्नांकित तत्त्व थे—

1. पूर्वी पाकिस्तान का संकट तभी हल हो सकता है, जब पाकिस्तान आम चुनावों के परिणामों का सम्मान करे और पाकिस्तान खासकर पूर्वी पाकिस्तान के लोगों की उचित राजनीतिक और संवैधानिक आशाएँ पूरी करने का आश्वासन दे।
2. इस उद्देश्य की पूर्ति के लिए सैन्य शासन को फौरन शेख मुजीबुर रहमान को कैद से रिहा करना चाहिए, ताकि वे ढाका लौट सकें और उनके साथ राजनीतिक समझौता वार्त्ता पुनः शुरू करना चाहिए।
3. पाकिस्तान को सुनिश्चित करना चाहिए कि सभी पूर्वी पाकिस्तानी शरणार्थी अपने घर लौट सकें और उनकी सुरक्षा, सम्मान व आर्थिक कल्याण की गारंटी लेना चाहिए।
4. पाकिस्तान को पूर्वी पाकिस्तान के लोगों पर सैन्य काररवाई तुरंत बंद करना चाहिए और पाकिस्तानी सैनिकों को अपने बैरकों में लौट जाना चाहिए।
5. अंतरराष्ट्रीय समुदाय को शांतिपूर्ण तरीकों से पूर्वी पाकिस्तान का संकट सुलझाने के लिए पाकिस्तान पर दबाव डालना चाहिए। यह सलाह और दबाव द्विपक्षीय कूटनीतिक माध्यमों और संयुक्त राष्ट्र के द्वारा उत्पन्न किया जाना चाहिए।
6. संयुक्त राष्ट्र और उसकी विशिष्ट एजेंसियों को भारत में लाखों पूर्वी पाकिस्तानी शरणार्थियों व पूर्वी पाकिस्तान में सैन्य काररवाई के कारण आश्रयविहीन हो चुके लोगों को राहत और पुनर्वास सहयोग देने के लिए तत्काल कदम उठाने चाहिए।

इस नीतिगत मुद्रा के प्रति पाकिस्तान की प्रतिक्रिया चिर-परिचित थी। उसने पाकिस्तान के विघटन के लिए षड्यंत्र करने का आरोप भारत पर लगाया। शेख

मुजीबुर रहमान को बिना शर्त रिहा करने या उनके साथ राजनीतिक समझौता वार्त्ता पुनः शुरू करने की सलाह के प्रति कोई प्रतिक्रिया नहीं व्यक्त की गई। पाकिस्तान ने प्रोपेगेंडा में उलझते हुए कहा कि भारत में आनेवाले शरणार्थी वस्तुतः विद्रोही तथा 'अलगाववादी अराजक तत्त्व' थे और उनमें से अधिकतर हिंदू हैं। उसने पूर्वी पाकिस्तान की निर्वासित सरकार व विद्रोही गुटों को समर्थन देने का भी आरोप भारत सरकार पर लगाया, जो तथ्यात्मक रूप से सही था। जुलाई तक शरणार्थियों की संख्या आठ मिलियन पहुँच गई और तब तक पाकिस्तान की संघर्षात्मक मुद्रा से वापस आने का कोई संकेत नहीं था। साथ ही भारत सरकार में ऐसी अनुभूति बढ़ रही थी कि बँगलादेश के स्वतंत्रता-संघर्ष के समर्थन में सैन्य विकल्प का प्रयोग करना अनिवार्य हो गया है।

भारत-सोवियत समझौता

इस संभावना की तैयारी के लिए भारत ने जो सबसे विशिष्ट रणनीतिक कदम उठाया, वह था सोवियत संघ के साथ शांति, मित्रता और सहयोग के लिए एक समझौते पर हस्ताक्षर करना। इस संबंध में लगभग छह वर्षों, सन् 1960 के मध्य से, समझौता वार्त्ता चल रही थी। समझौते की विषय-वस्तु, उसका समापन और हस्ताक्षर करने की तिथि पूरी तरह गोपनीय रखी गई। सोवियत विदेश मंत्री एंड्रे ग्रोमक्यो 5 अगस्त, 1971 को दिल्ली आए और 7 अगस्त की सुबह साउथ ब्लॉक के कैबिनेट कक्ष में समझौते पर हस्ताक्षर किए गए। उस समझौते में एक-दूसरे की सुरक्षा सुनिश्चित करने के लिए आपसी सहयोग की विशिष्ट धाराएँ थीं। प्रत्येक धारा का विवरण न देते हुए उनमें सबसे महत्त्वपूर्ण राजनीतिक और रणनीतिक धाराएँ वे थीं, जिनमें स्पष्ट किया गया था कि दोनों देश एक-दूसरे की सुरक्षा की गारंटी लेते हैं। यदि किसी भी पक्ष द्वारा समझौते को कोई नुकसान पहुँचने का खतरा दिखे तो वे सुधार के जवाबी उपाय करने के लिए तुरंत विचार-विमर्श कर सकते हैं। वे अन्य देशों के साथ ऐसी कोई व्यवस्था या समझौता नहीं करेंगे, जो एक-दूसरे के सुरक्षा हितों के लिए हानिकारक हो सकता है, और वे सुरक्षा को मजबूत करने के लिए एक-दूसरे के साथ सहयोग करेंगे।

पाकिस्तान के साथ-साथ अमेरिका और अन्य पश्चिमी लोकतंत्रों ने इस समझौते की कड़ी आलोचना की। जहाँ तक भारत का सवाल था, इस समझौते का सामान्य उद्देश्य यह था कि यदि किसी देश द्वारा भारत की सुरक्षा को खतरा हो तो यह समझौता सोवियत संघ का सहयोग लेने का कानूनी और राजनीतिक आधार

होगा। इसका विशिष्ट उद्देश्य यह था कि बँगलादेश के स्वतंत्रता संघर्ष के समर्थन में भारत द्वारा किसी सैन्य कारवाई को रोकने के लिए यदि अमेरिका और पाकिस्तान या पाकिस्तान और चीन एकजुट होकर कोई कारवाई करते हैं तो भारत सोवियत संघ से सहयोग ले सकता है। भारत ने इस बात पर बल दिया कि भारत-सोवियत समझौता किसी आक्रामक या हठी इरादों पर आधारित नहीं है। न ही यह भारत की किसी अन्य देश के साथ इस प्रकार का समझौता करने की इच्छा को असंभव बनाता है। बहरहाल, इस समझौते द्वारा उपजी महत्त्वपूर्ण राजनीतिक धारणा यह थी कि भारत बँगलादेश के स्वतंत्रता संघर्ष में क्रियात्मक सहयोग देने की दिशा में बढ़ रहा है। शरणार्थियों से जूझने और स्वतंत्रता संघर्ष को अप्रत्यक्ष रूप से सहयोग देने के साथ भारत को इस तथ्य पर भी ध्यान देना पड़ा कि अमेरिका ने पाकिस्तानी शासन को की जानेवाली सैन्य आपूर्ति बढ़ा दी है। भारत ने यह भी ध्यान दिया कि वायु मार्ग द्वारा पूर्वी पाकिस्तान तक सैन्य सामग्री और सैनिक पहुँचाने के लिए श्रीलंका को मार्ग के रूप में इस्तेमाल किया जा रहा है।

भारत के सोवियत संघ के साथ समझौते पर हस्ताक्षर करने के तीन दिनों के अंदर यानी 10 अगस्त, 1971 तक जनरल याह्या खान ने घोषणा की कि वह पाकिस्तान के विरुद्ध युद्ध शुरू करने के आरोप में मुजीबुर रहमान के कोर्ट मार्शल का आदेश देने जा रहे हैं। सुनवाई कमरे में होनी थी, जिसके लिए मुजीबुर रहमान को कोई कानूनी बचाव उपलब्ध नहीं कराया गया और न ही कोई निष्पक्ष पर्यवेक्षक वहाँ उपस्थित हुआ। श्रीमती गांधी और स्वर्ण सिंह दोनों ने संयुक्त राष्ट्र संघ के महासचिव और नई दिल्ली में कूटनीतिक शिष्टमंडलों के प्रमुखों को संदेश भेजकर पाकिस्तान के निर्णय पर आपत्ति दर्ज कराई और कहा कि ऐसी कारवाई राजनीतिक संकट को और बढ़ा सकती है।

हेनरी किसिंगर जुलाई 1971 में दिल्ली आए और स्वतंत्रता संघर्ष को समर्थन देने के खिलाफ भारत को चेतावनी दी। उन्होंने कहा कि अमेरिका याह्या का पूरी तरह समर्थन करता है। उन्होंने पहले कहा कि बँगलादेश की आजादी के समर्थन में भारत के किसी भी प्रयास का अमेरिका विरोध करेगा। श्रीमती गांधी, पी.एन. हक्सर और अन्य भारतीय अधिकारियों के साथ किसिंगर की बैठकें तनावपूर्ण और अलाभदायक रहीं। किसिंगर का रुख अड़ियल और रूखा था। उन्हें अपने भारतीय वार्त्ताकारों से भी दृढ़ और समान रूप से रूखी प्रतिक्रिया प्राप्त हुई, जिसका विवरण किसिंगर और तत्कालीन विदेश सचिव टी.एन. कौल के संस्मरणों में उपलब्ध है।

किसिंगर नई दिल्ली से इसलामाबाद पहुँचे, जहाँ से उन्हें अमेरिका और चीन

के बीच कूटनीतिक तथा राजनीतिक संबंधों की पुनर्स्थापना के लिए बीजिंग के गोपनीय मिशन पर जाना था। याह्या और भुट्टो वे मध्यस्थ थे, जिन्होंने यह राजनीतिक वार्त्ता और वह सैन्य-संचालन आयोजित किया था, जो इस महत्त्वपूर्ण दौरे के दौरान अपनी पराकाष्ठा पर जा पहुँचा। चीन के साथ यह नया समीकरण बनाने में पाकिस्तान अमेरिका की मदद कर रहा था। इसलिए यह स्वाभाविक था कि अमेरिका पाकिस्तान की सैन्य सरकार का पूर्ण समर्थन करता।

अब हम थोड़ा पीछे लौटें। पूर्वी पाकिस्तान तक पाकिस्तानी सेनाएँ पहुँचाने के लिए कोलंबो को वायु मार्ग केंद्र के रूप में इस्तेमाल किया जा रहा था। इसकी प्रतिक्रिया में श्रीमती गांधी ने अगस्त के अंत में सरदार स्वर्ण सिंह को कोलंबो भेजा, ताकि यह सुविधा समाप्त करने के लिए श्रीमती एस. भंडारनायके पर दबाव डाला जा सके। उन्हें यह भी याद दिलाना था कि भारत ने उनके खिलाफ हिंसक जनता विमुक्ति पेरूमन (जे.वी.पी.) आंदोलन पर काबू करने में उन्हें सहयोग दिया था। बातचीत के दौरान शुरुआत में भंडारनायके उक्त सुविधा समाप्त करने की बहुत इच्छुक तब तक नहीं थीं जब तक स्वर्ण सिंह ने मृदुता से उन्हें नहीं बताया कि यदि श्रीलंका ने भारत का अनुरोध स्वीकार नहीं किया तो भारत को कोलंबो के कथुननायके हवाई अड्डे पर पाकिस्तानी रक्षा-आपूर्ति विमानों को उतरने से रोकने के लिए कोई काररवाई करने पर विवश होना पड़ सकता है। आखिरकार श्रीमती भंडारनायके भारत के अनुरोध पर सहमत हो गईं।

अमेरिका द्वारा पाकिस्तान के सैन्य शासन को समर्थन देने की सीमा का अंदाजा इस तथ्य से लगाया जा सकता है कि किसिंगर और निक्सन प्रशासन ने ढाका में अमेरिका के तत्कालीन महावाणिज्य दूत आर्चर ब्लड द्वारा भेजी गई अत्याचार और मानवाधिकारों के उल्लंघन की तथ्यपरक रिपोर्टों को उपेक्षित और वस्तुतः खारिज कर दिया। ब्लड को बहिष्कृत तथा अलग-थलग कर दिया गया और वापस बुला लिया गया। उनके स्थान पर स्पीवाक नामक कूटनीतिज्ञ को भेजा गया। अमेरिका ने पाकिस्तान से मुजीबुर रहमान को रिहा करने या उसके साथ समझौता वार्त्ता करने का आग्रह करने से इनकार कर दिया। बँगलादेश के स्वतंत्रता संघर्ष को सहयोग देने के पीछे भारत का मूलभूत रणनीतिक उद्‌देश्य और तात्कालिक राजनीतिक विवशता थी। भारत के विभाजन के बाद वर्षों तक पाकिस्तान ने अपने पूर्वी भाग को भारत के खिलाफ विध्वंसक गतिविधियों और अलगाववादी आंदोलनों के लिए इस्तेमाल किया था। पूर्वी पाकिस्तान के हिंदुओं को भारत में शरणार्थियों के रूप में भेजने के अलावा भारत के उत्तर-पूर्वी राज्यों में सक्रिय अलगाववादी

समूहों, चाहे वह नगा हो या मिजो, तक हथियार पहुँचाने और उन्हें वित्तीय मदद देने के लिए पूर्वी पाकिस्तान को आधार के रूप में उपयोग में लाया जाता था। जब सन् 1962 से चीन-पाकिस्तान समीकरण अस्तित्व में आया और रक्षा व राजनीतिक सहयोग के रूप में विकसित हुआ, तब भारत की रक्षा योजना को इस संभावना पर ध्यान देना पड़ा कि यदि पाकिस्तान के साथ किसी युद्ध की संभावना उत्पन्न होती है तो भारत को दो या तीन मोर्चों पर युद्ध करना पड़ेगा। ऐसा युद्ध पाकिस्तान के पूर्वी भाग में चीनी सहयोग को आमंत्रित कर सकता है और भारत-चीन सीमा पर भी युद्ध की स्थिति बन सकती है।

यह धारणा केवल अनुमान पर आधारित नहीं थी। जब सन् 1965 के भारत-पाक युद्ध के बाद ताशकंद समझौता हस्ताक्षरित हुआ तो जुल्फिकार अली भुट्टो ने उसे 'राष्ट्रीय अवमानना' और 'कूटनीतिक विश्वासघात' कहा था। इसमें सुधार करने और बदला लेने के लिए भुट्टो ने न केवल बल-प्रयोग द्वारा जम्मू एवं कश्मीर को हथियाने, बल्कि भारत के पूर्वी अंगों को खंडित करने का भी समर्थन किया। स्टेनले वोलपर्ट ने भुट्टो की जीवनी *'जुल्फी भुट्टो ऑफ पाकिस्तान : हिज लाइफ एंड टाइम्स'* में पृष्ठ 93 पर लिखा है—सन् 1965 के युद्ध के फौरन बाद भुट्टो ने फील्ड मार्शल अयूब खान को एक अति गोपनीय मेमोरेंडम (नोट) भेजा था, जिसमें लिखा गया था, 'पूर्वी पाकिस्तान की सुरक्षा को नेफा और संभव हो तो नेपाल व सिक्किम क्षेत्र में चीनी गतिविधियों के साथ समन्वित किए जाने की आवश्यकता है। उस क्षेत्र में हमारी सेनाओं के साथ चीनी सहयोग उपलब्ध कराना जरूरी है। मुझे लगता है कि (पाकिस्तान को) नेपाल से अलग करनेवाली भारतीय क्षेत्र की सँकरी पट्टी पर एक तीव्रगामी आक्रमण किया जा सकता है, जो भारतीय क्षेत्र में जलपाईगुड़ी-सिलीगुड़ी-बागडोगरा का भाग है। हमारे दृष्टिकोण से यह काफी लाभदायक होगा। भारत से अलग-थलग होकर अपनी स्वतंत्रता सुरक्षित करना नेपाल के लिए भी फायदेमंद होगा। यह सिक्किम और तिब्बत की समस्या को सुलझा देगा और हम असम पर पूरा नियंत्रण प्राप्त कर पाएँगे, जिसकी व्यवस्था हम उसके बाद निर्धारित करेंगे।'

पाकिस्तान की भारत नीति का प्रमुख उद्देश्य पाकिस्तान, चीन और भारत के अन्य छोटे पड़ोसियों के साथ पाकिस्तान के भारत-विरोधी अंतर्संबंध के जरिए भारत की क्षेत्रीय एकता का ह्रास करना और भारत को विखंडित करना था। यह याद रखा जाना चाहिए कि हालाँकि अयूब ने सन् 1969 और याह्या ने सन् 1969 से लेकर 1972 तक शासन किया, सन् 1965 के बाद से ही राष्ट्रीय और अंतरराष्ट्रीय

रूप से भुट्टो पाकिस्तान के सबसे प्रभावी राजनीतिक शख्सीयत थे। भारत के प्रति भुट्टो के रुख ने भारत के रणनीतिक खतरों की आशंका को बढ़ा दिया। भारत-पाक संबंधों के विषय में भुट्टो के राजनीतिक दृष्टिकोण के कई पक्ष थे। पूर्वी पाकिस्तानी महसूस करते थे कि इसलामाबाद में केंद्रीय अधिकारियों के लिए उनकी रक्षा और सुरक्षा अधिक मायने नहीं रखती। उन्हें लगा कि पूर्वी पाकिस्तान में पूर्ण सुसज्जित सैन्य बलों की तैनाती द्वारा उसकी सुरक्षा व्यवस्था मजबूत करने की बजाय पाकिस्तान उनकी सुरक्षा की जिम्मेदारी चीन पर डालने के प्रति अधिक इच्छुक है।

जब से (सन् 1954-56 से) पूर्वी पाकिस्तान में स्वायत्तता के लिए आंदोलन तेज हुआ तभी से भारत में जनमत, खासकर पश्चिम बंगाल के लोग उस आंदोलन के समर्थक हो गए। भारत सरकार की औपचारिक मुद्रा चाहे जो भी रही हो, नीति-निर्माताओं द्वारा वास्तविकताओं की अनदेखी नहीं की जा सकती थी। हालाँकि विभाजन के बाद इतिहास का दोहराव और पाकिस्तानी क्षेत्रों का स्वयं में पुनः सम्मिलन भारत नहीं चाहता था, तो भी वह इस बारे में पूर्ण आश्वस्त था कि केवल धर्म से किसी राष्ट्र का गठन नहीं हो सकता है। भारतीय क्षेत्र के हजारों मीलों तक फैले पाकिस्तान के दो घटक, एक भौगोलिक और राजनीतिक विसंगति थी। चीन व पाकिस्तान के बीच पूर्वी पाकिस्तान में केंद्रित रणनीतिक अंतर्संबंध एक अतिरिक्त कारक था, जिसने भारत को पूर्वी पाकिस्तान के स्वायत्तता आंदोलन का समर्थन करने के लिए विवश किया। यदि सामाजिक, जातीय और भाषायी कारकों से प्रेरित पूर्वी पाकिस्तान के लोग अपने मूल अधिकारों और उम्मीदों की अतार्किक व अड़ियल उपेक्षा के कारण पाकिस्तान से अलग होना चाहते थे तो इसमें भारत को कोई आपत्ति नहीं थी। यदि भारतीय समर्थन और सहयोग एक मैत्रीपूर्ण सत्ता के आविर्भाव का कारण बनता तो यह भारत के लिए लाभदायक था। एक शत्रु पूर्वी पाकिस्तान की बजाय एक मित्र बँगलादेश अधिक वांछनीय था।

ये रणनीतिक विचार थे; लेकिन तात्कालिक कारण निश्चित रूप से वह मानवीय अत्याचार था, जो नागरिकों पर क्रूर सैन्य शासन द्वारा किया जा रहा था। इसके अतिरिक्त पश्चिम बंगाल, असम, त्रिपुरा और मणिपुर में बड़े पैमाने पर शरणार्थियों के अंतःप्रवाह के कारण इन राज्यों पर बढ़ता आर्थिक और जनसंख्या दबाव एक निर्णायक कदम की माँग कर रहा था। भारत सरकार पूर्वी पाकिस्तानियों के प्रति पश्चिम बंगाल के लोगों की भावनात्मक और जातीय सहानुभूति की उपेक्षा किसी भी प्रकार नहीं कर सकती थी।

प्रतिकूल लक्ष्य और प्रभाव

मुजीबुर रहमान के नेतृत्ववाले आंदोलन के खिलाफ पाकिस्तानी प्रोपेगेंडा ने स्वतंत्रता आंदोलन के प्रति भारतीय समर्थन को और मजबूत ही किया। पाकिस्तान ने भारत पर कई आरोप लगाए। पहला यह कि भारत ने पाकिस्तान को तोड़ने के लिए छल-कपट से मुजीबुर रहमान की चुनावी जीत सुनिश्चित की है। दूसरा यह कि बँगलादेश के स्वतंत्रता सेनानी अलगाववादियों के एक अल्पसंख्यक गुट से संबंध रखते थे। तीसरा यह कि मुजीब का राजनीतिक कार्यक्रम भारत द्वारा उसपर थोपा गया था, इसलिए अंतरराष्ट्रीय समुदाय को पाकिस्तान की क्षेत्रीय एकता को खतरा पहुँचाने के भारत के प्रयासों का विरोध करना चाहिए। भारत वित्तीय लाभ और राजनीतिक रूप से पूर्वी पाकिस्तान को पश्चिमी पाकिस्तान से अलग करने के लिए अपने क्षेत्र में शरणार्थियों के प्रवाह को प्रोत्साहित कर रहा है।

पूर्वी पाकिस्तान के स्वतंत्रता आंदोलन को समर्थन देने के भारत के निर्णय का उलटा परिणाम भी निकल सकता था। सन् 1971 तक भारत को अपने उत्तर-पूर्वी राज्यों और तमिलनाडु में जातीय, भाषायी और सांस्कृतिक उद्देश्यों से प्रेरित अपकेंद्री प्रवृत्तियों का सामना करना पड़ा था। बँगलादेश के स्वतंत्रता आंदोलन का समर्थन भारत को इसी प्रकार की दुविधा में डाल सकता था। बहरहाल, यह महसूस किया गया कि बँगलादेशी आंदोलन के प्रति सकारात्मक दृष्टिकोण अलग पहचान के लिए पश्चिम बंगाल जैसे राज्यों के आंदोलन करने की संभावना को कम कर सकता था। क्रियात्मक रूप में पूर्वी पाकिस्तान में कोई सहयोग या सैन्य हस्तक्षेप से भारत पर एक ऐसे देश के आंतरिक मामलों में हस्तक्षेप करने का आरोप लग सकता था, जो संयुक्त राष्ट्र का एक मान्यता प्राप्त सदस्य भी था। यदि भारत सैन्य काररवाई में संलग्न होता तो वह अंतरराष्ट्रीय कानून और आलोचनात्मक अंतरराष्ट्रीय जनमत के आरोपों के घेरे में आ सकता था। अप्रैल के अंत तक श्रीमती गांधी और उनके सलाहकार इस नतीजे पर पहुँचे कि भारत को पूर्वी पाकिस्तान के स्वतंत्रता संघर्ष के प्रति औपचारिक और सक्रिय समर्थन देने की संभावना के लिए घरेलू जनमत तैयार करना चाहिए। इस बात की भी आवश्यकता महसूस की गई कि विश्व के प्रमुख राष्ट्राध्यक्षों को भारत की चिंताओं के बारे में बताने के लिए विस्तृत कूटनीतिक प्रयास करने चाहिए।

इस संकट से निपटने के लिए विदेश मंत्रालय में एक विशेष इकाई गठित करने के अलावा श्रीमती इंदिरा गांधी ने निर्वासित बँगलादेश सरकार के संपर्क में रहने के लिए कलकत्ता में मंत्रालय का एक अलग शाखा-सचिवालय स्थापित

किया। इसके प्रमुख ए.के.राय थे, जिनके अनौपचारिक विस्तृत संपर्क पाकिस्तान के नेतृत्व के साथ थे। उन्हें उच्च बौद्धिक क्षमता और दृढ़ता के लिए जाना जाता था। उनके सहयोग के लिए एक विदेश सेवा अधिकारी (तत्कालीन उप सचिव सुश्री अरुंधती घोष) थीं, जो बाद में जेनेवा में संयुक्त राष्ट्र के लिए भारत की स्थायी प्रतिनिधि और निरस्त्रीकरण सम्मेलन में भारत की राजदूत बनीं। कलकत्ता के शाखा सचिवालय को मुजीबनगर सरकार के साथ संपर्क स्थापित करने, केंद्र सरकार के मतों और नीतियों को पश्चिम बंगाल की राज्य सरकार के साथ समन्वित करने और बँगलादेश के स्वतंत्रता सेनानियों तथा मुक्तिवाहिनी को सैन्य संचालन संबंधी सहयोग उपलब्ध कराने का काम सौंपा गया था। विदेश प्रचार के तत्कालीन निदेशक और विदेश विभाग के प्रवक्ता एस.के. सिंह को सरकार की पूर्वी पाकिस्तान बँगलादेश की नीतियों के प्रचार-अभियान के समन्वय का उत्तरदायित्व दिया गया था।

श्रीमती इंदिरा गांधी ने भारत की नीति को निखारने और विदेशी सरकारों के समक्ष तथ्य प्रस्तुति के लिए कई वरिष्ठ राजनीतिज्ञों और मंत्रियों को शामिल करने का फैसला किया। स्वर्ण सिंह, के.सी.पंत, वाई.बी.चव्हाण और जगजीवन राम को भारत की नीतियों के लिए घरेलू व अंतरराष्ट्रीय समर्थन जुटाने के लिए अलग-अलग दायित्व दिए गए। स्वर्ण सिंह ने मई और सितंबर 1971 के बीच यूरोप और उत्तरी अमेरिका की महत्त्वपूर्ण राजधानियों का दौरा किया। के.सी. पंत कई एशियाई और दक्षिणी व केंद्रीय अमेरिकी देशों में गए। श्रीमती गांधी के नजदीकी विश्वासपात्र और मित्र मुहम्मद यूनुस को मुसलिम व अरब देशों में भारत के मामले को रखने का दायित्व दिया गया। जेनेवा और न्यूयॉर्क में कूटनीतिक शिष्टमंडलों को मजबूत किया गया। विदेश विभाग में आर्थिक संभाग को मजबूत किया गया और उसके प्रभावी संयुक्त सचिव आर.डी. साठे को निर्वासित बँगलादेश सरकार के काम आनेवाली सहायता से निपटने का विशेष दायित्व दिया गया।

ये मूल संगठनात्मक और राजनीतिक व्यवस्थाएँ मई 1971 के अंत तक कर दी गई थीं। भारत को तीन विशेष मामलों से निपटना था। पहला मुद्दा था विश्व के विभिन्न भागों में बिखरे पूर्वी पाकिस्तानी लोगों के साथ निर्वासित बँगलादेशी सरकार को संपर्क स्थापित करने में मदद करना, ताकि उनके लिए फंड और सहायता जुटाई जा सके। दूसरा मुद्दा उन बहुत से बंगाली मूल के पाकिस्तानी सरकारी कर्मचारियों से संबंधित था, जिन्होंने बँगलादेश के स्वतंत्रता संघर्ष में शामिल होने के लिए अपने पदों से त्यागपत्र दे दिया था। उनमें से कई भारत में आना और रहना चाहते थे, जब तक कि बँगलादेश का स्वतंत्रता संघर्ष सफलतापूर्वक

समाप्त न हो जाए। तीसरा मुद्दा यह सुनिश्चित करना था कि संयुक्त राष्ट्र संघ की महासभा और सुरक्षा परिषद् को भारत के विरुद्ध कारवाई करने के लिए तैयार करने में पाकिस्तान सफल न हो, खासकर वह अमेरिकी राष्ट्रपति रिचर्ड निक्सन, अमेरिकी विदेश मंत्री हेनरी किसिंगर और पाकिस्तान के याह्या खान के बीच संबंधों का लाभ उठा सकता था।

मई और दिसंबर 1971 के बीच पूर्वी पाकिस्तानी सरकारी अधिकारियों के पद-त्याग में निरंतर वृद्धि हो रही थी। इस दिशा में पहला कदम उठानेवाले अधिकारी थे नई दिल्ली स्थित पाकिस्तानी उच्चायोग में एक युवा पूर्वी पाकिस्तानी द्वितीय सचिव शहाबुद्दीन, जिन्होंने मार्च 1971 में अपने पद से त्यागपत्र दिया था। वह पाकिस्तान सरकार से औपचारिक रूप में त्यागपत्र देनेवाले प्रथम पाकिस्तानी प्रशासनिक अधिकारी थे। यह सैन्य कारवाई की स्वाभाविक और भावनात्मक प्रतिक्रिया थी। शहाबुद्दीन ने त्यागपत्र देकर भारत से राजनीतिक शरण माँगी, जो उन्हें तत्काल प्रदान की गई। उनके बाद कलकत्ता में पाकिस्तान के महावाणिज्य दूतावास के सभी बंगाली अधिकारियों ने त्यागपत्र दे दिया। चूँकि यह वाणिज्य दूतावास पश्चिम बंगाल में था और यह पाकिस्तानी दूतावास, पश्चिम बंगाल और असम के साथ पूर्वी पाकिस्तान के संबंधों को प्रभावित करनेवाली समस्याओं पर काम कर रहा था, इसलिए महावाणिज्य दूत समेत इसके अधिकतर कर्मचारी पूर्वी पाकिस्तानी थे। चूँकि भारत ने बँगलादेश को औपचारिक मान्यता प्रदान नहीं की थी, इसलिए इन अधिकारियों को निर्वासित बँगलादेश सरकार में सम्मिलित होकर उभरते विदेश विभाग का केंद्रीय भाग बनाने का अनुरोध किया गया। निर्वासित सरकार के विदेश मंत्री खोंडकर मुश्ताक अहमद और उसके विदेश सचिव महबुबुल आलम चाशी ने भारत के विदेश मंत्रालय के कलकत्ता स्थित शाखा सचिवालय और अन्य संबंधित एजेंसियों के सहयोग से पूर्वी पाकिस्तान के कूटनीतिक अधिकारियों के पद-त्याग के मामले से निपटना शुरू किया। विदेश स्थित भारतीय कूटनीतिक शिष्टमंडलों को पूर्वी पाकिस्तान के अधिकारियों के राजनीतिक शरण के अनुरोध के प्रति सकारात्मक प्रतिक्रिया दिखाने के निर्देश दिए गए।

जून के मध्य तक नौ मिलियन शरणार्थी भारत में आ चुके थे। पश्चिम बंगाल, त्रिपुरा और असम में विशाल शरणार्थी शिविर खोलने पड़े, क्योंकि सैन्य दमन तीव्र रूप से जारी था। पूर्वी पाकिस्तान के प्रशासन का आधार मार्शल लॉ था। शुरुआती विवेकहीन हिंसा के बाद पाकिस्तानी सेनाओं ने राजनीतिक कार्यकर्ताओं, बुद्धिजीवियों, शिक्षाविदों, कलाकारों और पूर्व सरकारी कर्मचारियों को समाप्त

करने पर अपना ध्यान केंद्रित किया। टिक्का खान के विशेष शिकार थे बंगाली युवा। महिलाओं के विरुद्ध अत्याचार उनके जनसंहार का एक हिस्सा बन गया था। पाकिस्तानी सेना ने सहायक सैन्य सतर्कता बल 'रजाकर' और 'अलबद्र' गठित किए, जो प्रत्येक सैन्य काररवाई के बाद नागरिकों पर नजर रखते थे। इन सैन्य सहायक बलों में नियुक्त अधिकतर लोग उत्तर प्रदेश और बिहार के प्रवासी थे, जो महसूस करते थे कि उनके भावी हितों की सुरक्षा पश्चिमी पाकिस्तान के आतंक का समर्थन करने पर ही हो सकती है। सैन्य शासन द्वारा बनाए गए इस दमन के जातीय आयाम ने पूर्वी पाकिस्तान के बंगालियों और गैर-बंगालियों के बीच एक गहरा विभाजन उत्पन्न कर दिया।

इस उभरते संकट के प्रति अंतरराष्ट्रीय प्रतिक्रिया में विचित्र विरोधाभास था। पाकिस्तान सरकार द्वारा थोपी गई नियंत्रण व्यवस्था के बावजूद सैन्य दमन, हिंसा और मानवाधिकारों के भयावह उल्लंघन की घटनाएँ मीडिया के द्वारा विश्व भर की जनता तक पहुँच रही थीं। बँगलादेश की स्वतंत्रता के लिए समर्थन और सहानुभूति बढ़ रही थी। इसके पूर्णत: विपरीत अधिकतर सरकारें न केवल पश्चिमी लोकतंत्र बल्कि गुटनिरपेक्ष समूह और समाजवादी ब्लॉक के देश बँगलादेश की आजादी या पाकिस्तान के विघटन के विरुद्ध थे। उनमें से अधिकतर ने भारत को बीच में न पड़ने की सलाह देते हुए उम्मीद प्रकट की कि पाकिस्तान सरकार पूर्वी पाकिस्तान के नेताओं के साथ राजनीतिक वार्त्ता पुन: शुरू करेगी। इस प्रकार की प्रतिक्रिया तार्किक और संभावित थी। कोई सरकार किसी राष्ट्र के क्षेत्रीय विखंडन को समर्थन नहीं दे सकती और न ही उस प्रक्रिया को तीव्र करनेवाले किसी बाहरी सहयोग या हस्तक्षेप को प्रोत्साहित कर सकती है।

पश्चिमी लोकतंत्रों में से अधिकतर के पाकिस्तान के साथ गहरे रणनीतिक संबंध थे, क्योंकि वह सैन्य गठबंधनों की पश्चिमी व्यवस्था का एक सदस्य था। गुटनिरपेक्ष देशों में से अधिकतर सैन्य तानाशाहों या निरंकुश शासकों द्वारा शासित थे, इसलिए उनमें याह्या खान के लिए सहानुभूति थी। पाकिस्तान के साथ चीन के लगभग एक दशक लंबे अपने राजनीतिक और रणनीतिक समीकरण के कारण चीन पाकिस्तान का समर्थन कर रहा था। सोवियत संघ और पूर्वी यूरोपीय देश रणनीतिक और राजनीतिक रूप से भारत को समर्थन देने के बावजूद बँगलादेश के स्वतंत्रता संघर्ष को खुले तौर पर समर्थन देने के लिए तैयार नहीं थे, जब तक वह अनिवार्य न हो जाए। संयुक्त राष्ट्र और उसकी विशिष्ट एजेंसियों ने संकेत दिए कि वे शरणार्थियों की मदद के लिए संसाधन जुटाने के इच्छुक हैं और मुजीबुर रहमान

को रिहा करके राजनीतिक वार्त्ता आरंभ करने के लिए याह्या खान पर दबाव डालेंगे। बहुपक्षीय मंचों में से किसी ने भी पूर्वी पाकिस्तानियों के सैन्य दमन या सैन्य शासन द्वारा पाकिस्तान के लोगों के चुनावी मत के असम्मान पर विशेष प्रतिक्रिया व्यक्त नहीं की।

राष्ट्रपति याह्या खान अपने रुख पर अडिग रहे। उन्होंने रावलपिंडी जेल में शेख मुजीबुर रहमान का कोर्ट मार्शल शुरू किया। सभी संकेत बताते थे कि उनपर देशद्रोह का आरोप लगाया जाएगा और मृत्युदंड दिया जाएगा। मुजीब के साथ एक अन्य वरिष्ठ राजनेता थे कमाल हुसैन, जिन्हें भावी बँगलादेश का विदेश मंत्री बनना था। उन्हें आजीवन कारावास की सजा दिए जाने की उम्मीद थी। सितंबर की शुरुआत तक यह स्पष्ट हो गया कि न तो पाकिस्तानी सरकार और न ही अंतरराष्ट्रीय समुदाय पूर्वी पाकिस्तानियों का दमन रोकने या राजनीतिक बातचीत के जरिए किसी समाधान की संभावना ढूँढ़ने का इच्छुक है। स्वतंत्रता संघर्ष को भारतीय समर्थन दिए जाने के कारण पाकिस्तान के साथ युद्ध लगभग तय था।

इसी पृष्ठभूमि में भारतीय प्रतिनिधिमंडल ने मध्य सितंबर 1971 में संयुक्त राष्ट्र महासभा सत्र में जाने की तैयारी की। यह भी निर्णय लिया गया कि निर्वासित बँगलादेश सरकार का एक विशेष प्रतिनिधिमंडल संयुक्त राष्ट्र में भेजा जाए, ताकि उस संकटपूर्ण परिस्थिति की ओर अंतरराष्ट्रीय समुदाय का ध्यान आकर्षित किया जा सके और स्वतंत्रता आंदोलन के लिए सहयोग जुटाया जा सके। सितंबर के अंत तक भारत ने अपनी गति तेज करते हुए बँगलादेश के स्वतंत्रता सेनानियों को क्रियात्मक सहयोग देने का फैसला किया।

अगस्त 1971 तक भारत के सामने यह स्पष्ट हो गया कि पाकिस्तान का सैन्य शासन पूर्वी पाकिस्तान संकट पर एक व्यावहारिक राजनीतिक समझौता करने का इच्छुक नहीं है। अप्रैल और अगस्त के बीच स्पष्ट रूप में उभरनेवाली पाकिस्तान की नीतियों ने इन रुझानों की ओर इशारा किया—

- शेख मुजीबुर रहमान पर मुकदमा चलाकर मौत की सजा दी जाएगी और निर्णय में संशोधन के बाद उन्हें लंबे कारावास की सजा दी जा सकती है, ताकि वे फिर से पूर्वी पाकिस्तान की राजनीति में उभर न सकें।
- पाकिस्तान को स्वतंत्रता संघर्ष के खिलाफ इस तर्क की सहायता से विदेशी सहयोग एकत्र करना चाहिए कि पाकिस्तानी सरकार विकेंद्रीयकरण की आड़ में देश का विखंडन नहीं होने देगी।
- भारत भाग गए सभी मुसलिम शरणार्थियों को पाकिस्तान वापस ले लेगा,

लेकिन हिंदुओं को नहीं।

- शरणार्थियों की वापसी इस शर्त पर निर्भर करेगी कि संयुक्त राष्ट्र संघ और पश्चिमी लोकतंत्र उनके पुनर्वास के लिए सभी संसाधन उपलब्ध कराएगा।
- अवामी लीग का उन्मूलन कर दिया जाएगा और उसे पूर्वी पाकिस्तान की राजनीति में हिस्सा लेने की अनुमति नहीं दी जाएगी।
- जनवरी 1971 के चुनाव परिणामों के संदर्भ के बिना पाकिस्तानी सरकार एक नए संविधान का प्रारूप तैयार करेगी (यह 28 जून, 1971 को जनरल याह्या खान की घोषणा के संदर्भ में है)। प्रस्तावित संविधान पूर्वी पाकिस्तान के लिए आंशिक स्वायत्तता उपलब्ध कराएगी और मुजीबुर रहमान के साथ अलग हो गए नेताओं को छोड़कर पूर्वी पाकिस्तान के सभी राजनेताओं को सरकार में भागीदारी की अनुमति दी जाएगी। सन् 1971 में चुनाव जीतनेवाली अवामी लीग के पूरे नेतृत्व को इससे बाहर रखा जाएगा।
- पूर्वी पाकिस्तान मार्शल लॉ के तहत ही रहेगा। जब तक स्थिति पूरी तरह नियंत्रित नहीं हो जाती, वहाँ सैन्य कारवाइयाँ जारी रहेंगी। यदि स्थिरता बहाल हो गई तो सन् 1971 के अंत तक पूर्वी पाकिस्तान में एक नागरिक सरकार स्थापित कर दी जाएगी।
- स्वतंत्रता संघर्ष को दिए जा रहे भारतीय समर्थन को पाकिस्तान की एकता के खिलाफ विध्वंसक हस्तक्षेप के रूप में प्रस्तुत किया जाएगा। इस मुद्दे को शांति और क्षेत्रीय स्थिरता पर खतरे के रूप में संयुक्त राष्ट्र महासभा और सुरक्षा परिषद् के सामने लाया जाएगा।
- भारत के समर्थन को पहले सीमित और फिर समाप्त कर दिया जाएगा। इसके लिए अमेरिका से रक्षा-आपूर्तियों की माँग और पूर्वी पाकिस्तान संकट पर केंद्रित चीन के साथ विशिष्ट रक्षा सहयोग व्यवस्था की जाएगी। साथ ही, भारत की भूमिका के प्रति अंतरराष्ट्रीय विरोध उत्पन्न किया जाएगा। उम्मीद यह की जा रही थी कि यदि पाकिस्तान इन समीकरणों में सफल हो और सैन्य कारवाई जारी रखे तो पूर्वी पाकिस्तानी संघर्ष प्रत्यक्ष भारतीय सैन्य हस्तक्षेप के अभाव में कमजोर पड़ जाएगा।

इस बिंदु पर भारत की सबसे बड़ी चिंता अमेरिका को बँगलादेश के स्वतंत्रता संघर्ष का विरोध न करने के लिए मनाना और यह सुनिश्चित करना कि चीन-पाकिस्तान मिलीभगत पूर्वी पाकिस्तान में भेदभावपूर्ण सैन्य शासन को बरकरार

रखने में मदद न दे तथा अधिकतम संभावित सीमा तक यह सुनिश्चित करना कि संयुक्त राष्ट्र और उसकी सुरक्षा परिषद् सैन्य शासन की नीतियों के समर्थन में कोई कदम न उठाए और सोवियत संघ के साथ एक समझौता करना कि स्वतंत्रता संघर्ष की सफलता सुनिश्चित करने में वह भारत का साथ दे।

निक्सन का दृष्टिकोण

अमेरिका के नेतृत्व में पश्चिमी लोकतंत्र पूर्वी पाकिस्तान में मानवाधिकारों के उल्लंघन और सैन्य दमन के बारे में चिंतित थे, लेकिन वे स्वतंत्रता संघर्ष का समर्थन नहीं कर सकते थे। चीन उन सबसे ऊपर था, जो याह्या शासन का समर्थन पूरी तरह कर रहा था। सोवियत संघ का दृष्टिकोण अगस्त 1971 तक अस्पष्ट था। वह स्वतंत्रता संघर्ष के प्रति सहानुभूति व्यक्त कर रहा था, भारत का समर्थन कर रहा था; लेकिन खुद को बँगलादेश की आजादी के पक्ष में खुले तौर पर घोषित नहीं कर रहा था। अमेरिका और चीन के संबंधों में सुधार और जुलाई 1971 में किसिंगर की बीजिंग यात्रा से सोवियत संघ की नीतियों में गुणात्मक परिवर्तन आया। उभरते अमेरिका-पाकिस्तान-चीन अंतर्संबंध को देखते हुए उसके रणनीतिक हितों में बदलावा आया। सोवियत संघ ने अगस्त के पहले सप्ताह में भारत के साथ शांति, मित्रता और सहयोग का समझौता किया तथा इस प्रकार यह अप्रत्यक्ष संदेश दिया कि पूर्वी पाकिस्तानी संकट के संबंध में भारत को चीन द्वारा होनेवाले किसी संभावित सैन्य खतरे के दौरान वह भारत की मदद करेगा।

पूर्वी पाकिस्तान की गतिविधियों से संबंधित सभी मुद्दों पर निक्सन प्रशासन का रुख भारत-विरोधी था। भारत के प्रति निक्सन की विमुखता न तो सैद्धांतिक थी और न ही राजनीतिक कारकों से प्रभावित थी। यह पूरी तरह निक्सन के इंदिरा गांधी के साथ व्यक्तिगत खराब संबंधों का मामला था, जब वे आइजेनहॉवर के राष्ट्रपति काल में उप-राष्ट्रपति थे। निक्सन सन् 1960 की शुरुआत में भारत आए थे, जब एक 'कोल्ड वारियर' और ख्रुश्चेव के साथ 'किचन डिबेट' के विजेता के रूप में उनकी खूब प्रसिद्धि थी। श्रीमती गांधी और भारतीय नेतृत्व उनके साथ कुछ बेपरवाही से पेश आए, क्योंकि जवाहरलाल नेहरू और इंदिरा गांधी का केनेडी और लिंडन जॉनसन, साथ ही डेमोक्रेटिक पार्टी के नेतृत्व से बेहतर व्यक्तिगत समीकरण था। निक्सन भारत से पाकिस्तान गए। नई दिल्ली के व्यवहार के विपरीत फील्ड मार्शल अयूब खान और पाकिस्तान सरकार ने उनका भव्य स्वागत किया। निक्सन ने ध्यान और अत्यधिक सम्मान के अभाव के लिए श्रीमती गांधी और

भारत सरकार को कभी माफ नहीं किया। श्रीमती गांधी ने निक्सन के साथ अपनी मुलाकात को रूखा और उदासीन बताया। तो भी उस समय भारत की विदेश नीति में अमेरिका को बहुत महत्त्व नहीं दिया जा रहा था, जबकि निक्सन और किसिंगर अमेरिका के रणनीतिक हितों पर निर्भर होकर पूर्वी पाकिस्तान के मामले में टालमटोल और अस्पष्ट रवैया अपना रहे थे, अमेरिका का जनमत और अमेरिकी कांग्रेस अपने ही नागरिकों के खिलाफ पाकिस्तानी सैन्य हिंसा के प्रति चिंतित थे। वे पूर्वी पाकिस्तान के नागरिकों के प्रति सहानुभूति रखते थे। वाशिंगटन में भारतीय राजदूत एल.के. झा और दूतावास के भारतीय उप प्रमुख एम.के. रसगोत्रा को अमेरिकी जनता और अमेरिकी कांग्रेस को एकमत करके निक्सन सरकार पर बँगलादेश-विरोधी और भारत-विरोधी नीति के खिलाफ दबाव बनाने का कठिन तथा जटिल दायित्व सौंपा गया।

विदेश मंत्री स्वर्ण सिंह पूर्वी पाकिस्तान में बढ़ते संकट की जानकारी अमेरिकी अधिकारियों को देने के लिए जून 1971 में वाशिंगटन पहुँचे। उन्होंने याह्या शासन को पूर्वी पाकिस्तान के लोगों के लिए अपना रुख बदलने हेतु विवश करने के लिए अमेरिकी सरकार से सैन्य सहायता रोकने और आर्थिक प्रतिबंध लगाने का आग्रह किया। किंतु यह प्रयास बेकार गया। निक्सन और किसिंगर चीनी नेतृत्व से संपर्क स्थापित करने में मदद के लिए याह्या के प्रति बहुत कृतज्ञ थे। अगस्त के अंत और सितंबर की शुरुआत में अमेरिका ने वह नीति अपनाने का निर्णय किया, जिसे 'पाकिस्तान के समर्थन में झुकाव' कहा जाता है। हालाँकि पाकिस्तान को सैन्य सहायता बंद करने संबंधी एक सामान्य बयान जारी किया गया, लेकिन आपूर्ति जारी रही। अगस्त के अंत से इस प्रकार के सुझाववाले संदेश आने लगे कि यदि भारत ने पूर्वी पाकिस्तान के आंदोलन को समर्थन देना जारी रखा तो अमेरिका भारत को आर्थिक सहायता देना बंद कर सकता है। राजनीतिक नाटकबाजी का एक दिलचस्प उदाहरण तब देखने को मिला, जब अमेरिकी राजदूत केनेथ कीटिंग ने नई दिल्ली में साउथ ब्लॉक स्थित प्रधानमंत्री कार्यालय में श्रीमती गांधी से कहा कि अमेरिका भारत को आर्थिक सहायता और सहयोग देना बंद करने का चिंताजनक निर्णय टालना चाहता है और आशा करता है कि भारत पूर्वी पाकिस्तान मुद्दे के संबंध में अपनी नीतियों पर पुनर्विचार करेगा। श्रीमती गांधी की प्रतिक्रिया अविलंब और निर्णायक थी। उन्होंने कीटिंग से तुरंत कहा कि अमेरिका को चिंतित होने की कोई आवश्यकता नहीं है और अमेरिका नई दिल्ली में अपना सहायता कार्यालय तुरंत बंद कर सकता है। वह अपने निर्णय पर दृढ़ रहीं।

उस समय महरौली रोड (अब अरबिंदो मार्ग) स्थित अमेरिकी कार्यालय बंद कर दिया गया। वह भवन भारतीय पर्यटन विकास निगम द्वारा संचालित एक होटल (कुतुब होटल) में परिवर्तित कर दिया गया।

सितंबर 1971 में संयुक्त राष्ट्र महासभा सत्र में भारत ने पूर्वी पाकिस्तान मुद्दे का जोरदार और व्यापक समर्थन करने का निर्णय लिया। निर्वासित बँगलादेशी सरकार के प्रधानमंत्री ताजुद्दीन अहमद से विचार-विमर्श करने के बाद यह भी फैसला किया गया कि महासभा पर प्रभाव डालने के लिए निर्वासित सरकार भारतीय प्रतिनिधिमंडल के साथ अलग से अपना एक विशेष प्रतिनिधिमंडल भेजेगा। न्यूयॉर्क में बँगलादेशी प्रतिनिधिमंडल के आगमन के बारे में राजदूत एल.के. झा को संदेश दिया गया, जिन्होंने अगस्त के अंत में किसिंगर के साथ एक विचार-विमर्श में सलाह दी थी कि यह प्रतिनिधिमंडल एक उद्देश्य प्रसारित करने और पूर्वी पाकिस्तान के लोगों की मनोवृत्ति का आकलन देने के लिए उपयोगी रहेगा। यह अमेरिकी सरकार को राष्ट्रपति याह्या खान को उचित रुख अपनाने की सलाह देने के लिए प्रेरित कर सकता है।

बहरहाल, अमेरिका ने इस सलाह को अपने उद्देश्यों की पूर्ति के लिए इस्तेमाल किया। पूर्वी पाकिस्तान अवामी लीग के एक सदस्य कयूम, जो निर्वासित बँगलादेश सरकार के संपर्क में थे, ने कलकत्ता में अमेरिकी महावाणिज्य दूतावास के एक अधिकारी जॉर्ज ग्रिफिन से कहा कि उन्हें अमेरिका के साथ संपर्क स्थापित करने के लिए नियुक्त किया गया है। अमेरिकी महावाणिज्य दूत को कयूम से बातचीत करने के लिए अधिकृत किया गया। कयूम ने ग्रिफिन से स्पष्ट रूप से कहा कि यदि मुजीबुर रहमान को रिहा किया जाता है और राजनीतिक समझौता वार्त्ता के लिए उन्हें आमंत्रित किया जाता है तो अवामी लीग का एक हिस्सा पूरी आजादी से कुछ कम शर्तों पर और मुजीब के छह सूत्रीय एजेंडा की रूपरेखा में सत्ता के विकेंद्रीयकरण के लिए सहमत हो जाएगा। इसलामाबाद में अमेरिकी राजदूत जोसेफ फर्लांड द्वारा याह्या तक यह संदेश पहुँचाया गया। याह्या की प्रतिक्रिया थी कि समझौते की ओर उन्मुख अवामी लीग के उस भाग से अमेरिकी संपर्क बनाए रखें। बहरहाल, उन्होंने मुजीब को रिहा करने के बारे में कोई प्रतिबद्धता नहीं दिखाई।

नेपथ्य में कुछ और ही हो रहा था। विदेश मंत्री खोंडकर मुश्ताक अहमद के नेतृत्व में निर्वासित बँगलादेश सरकार का एक गुट अमेरिका की मध्यस्थता से याह्या सरकार के साथ समझौता चाहता था। ताजुद्दीन अहमद को खोंडकर के

प्रतिनिधि कयूम और ग्रिफिन के बीच संपर्क के बारे में पता चला तो उन्होंने डी.पी. धर को सतर्क किया। फलतः भारतीय एजेंसियों ने कयूम और खोंडकर मुश्ताक अहमद के अमेरिकी वाणिज्य दूतावास कार्यालय के साथ संपर्कों पर नजर रखना शुरू किया। सितंबर के अंत तक भारत सरकार के पास निर्वासित सरकार से खोंडकर की विमुखता के बारे में पक्की सूचना थी। खोंडकर को संयुक्त राष्ट्र में बँगलादेश के प्रतिनिधिमंडल का नेतृत्व करना था। उनकी योजना में पूर्वी पाकिस्तान के नवनियुक्त गवर्नर और संयुक्त राष्ट्र में पाकिस्तानी शिष्टमंडल के सदस्यों से समझौता वार्त्ता शुरू करना और इस वार्त्ता के आधार पर शेख मुजीबुर रहमान की नीतियों और घोषणाओं को परे कर देना शामिल था। वे ऐसा मुजीबनगर सरकार या भारत सरकार को सूचना दिए बिना करना चाहते थे। किसिंगर अपनी आत्मकथा 'व्हाइट हाउस ईयर्स' के पहले भाग में इन गतिविधियों की पुष्टि आंशिक रूप से करते हैं; लेकिन वे कयूम, खोंडकर और अमेरिकी वाणिज्य दूतावास के अधिकारियों के बीच बातचीत का बिलकुल भिन्न रूप प्रस्तुत करते हैं।

डी.पी. धर ने महसूस किया कि मुजीबुर रहमान की व्यक्तिगत सुरक्षा और बँगलादेश की आजादी के बड़े उद्देश्य को खतरे में डालनेवाले संभावित समझौतों को रोकने के लिए निर्णायक उपाय किए जाने की आवश्यकता है। उन्होंने ताजुद्दीन अहमद को सलाह दी कि खोंडकर को विदेश मंत्री के पद से हटा दिया जाए और उसके विदेश सचिव महबुबुल आलम चाशी को भी पदमुक्त कर दिया जाए। धर ने सलाह दी कि मुजीबनगर सरकार की एकता बनाए रखने के लिए खोंडकर को कोई और दायित्व दे दिया जाए। ताजुद्दीन अहमद खोंडकर को सरकार से पूरी तरह हटाए जाने के पक्ष में थे। आखिर में राष्ट्रपति नजरूल इसलाम ने ताजुद्दीन को ऐसा कड़ा कदम उठाने से रोक दिया। खोंडकर को विदेश मंत्री के पद से मुक्त कर दिया गया और न्यूयॉर्क जानेवाले बँगलादेशी शिष्टमंडल का नेतृत्व करने से रोक दिया गया। फिर ताजुद्दीन ने एक विश्वस्त (अवामी लीग के सदस्य) अब्दुस समद आजाद को विदेश मंत्री का पद सौंपा।

जिस तरीके से इस संवेदनशील मामले को निपटाया गया, उसके विषय में कलकत्ता में विदेश मंत्रालय के शाखा सचिवालय के प्रभारी ए.के. राय और डी.पी. धर व विदेश सचिव टी.एन. कौल में कुछ मतभेद थे। राय महसूस करते थे कि खोंडकर और ग्रिफिन के बीच संपर्क को मंत्रालय कुछ अधिक बढ़ा-चढ़ाकर देख रहा है। उन्होंने यह भी महसूस किया कि भारत द्वारा ताजुद्दीन अहमद को खोंडकर को हटाने के लिए दी गई सलाह को अवामी लीग का एक भाग हस्तक्षेप के रूप में

ले सकता है। इससे मुजीबनगर सरकार और अवामी लीग—दोनों में बिखराव हो सकता है। राय का आकलन यह भी था कि संपर्कों को संदेह की दृष्टि से नहीं देखा जाना चाहिए। संभवतः उनका मानना था कि इससे अमेरिका पूर्वी पाकिस्तान के प्रति अपनी मनोवृत्ति में सुधार ला सकता है। बहरहाल, स्वतंत्रता संघर्ष और उसके लिए भारत का समर्थन इतना आगे जा चुका था कि अब इस प्रक्रिया में परिवर्तन नहीं लाया जा सकता था। इसे स्वतंत्रता सेनानियों और पूर्वी पाकिस्तान के लोगों की सहमति भी प्राप्त नहीं होती। इसके साथ, याह्या शासन के गोल-मोल रवैये और भुट्टो के अटल हठीपन ने भारत व मुजीबनगर सरकार को विश्वास दिला दिया कि अमेरिकी प्रयास एक उचित व्यवस्था के गंभीर प्रयास की बजाय याह्या को बचाने की तिकड़म है।

संयुक्त राष्ट्र में विचार-विमर्श

सरदार स्वर्ण सिंह के नेतृत्व में भारतीय प्रतिनिधिमंडल ने बँगलादेश-संकट पर संयुक्त राष्ट्र महासभा की चर्चा में भाग लिया। सितंबर-अक्तूबर 1971 में एक सौ सत्रह में से पैंतीस देशों ने अपने नीतिगत बयानों में बँगलादेश का जिक्र किया। सरदार स्वर्ण सिंह ने अपना नीतिगत बयान 27 सितंबर को दिया। उन्होंने सभा को सूचित किया, 'पाकिस्तानी अधिकारियों ने उन गंभीर घोषणाओं और समझौतों को नष्ट कर दिया है, जिसपर पाकिस्तान की जनता ने सहमति प्रकट की थी। पाकिस्तान ने बौखलाकर अपनी अत्याचारपूर्ण कारवाइयों से सबका ध्यान बँटाने का प्रयास किया है। उसकी गतिविधियों ने संयुक्त राष्ट्र चार्टर में उल्लिखित बहुत से नियमों का इतना गंभीर अतिक्रमण किया है कि यह सुझाव देना कि यह एक आंतरिक मुद्दा है, अंतरराष्ट्रीय कानून और अंतरराष्ट्रीय न्याय व्यवस्था का मखौल उड़ाना होगा।'

स्वर्ण सिंह ने आगे कहा, 'हमारे दृष्टिकोण में जब तक लोगों के निर्वाचित प्रतिनिधियों का स्वीकार्य राजनीतिक हल नहीं ढूँढ़ा जाता तब तक न तो शरणार्थियों का प्रवाह रुकेगा और न ही भारत आ चुके शरणार्थी वापस जाने के लिए तैयार होंगे। महासचिव यू. थांट और कई अन्य महत्त्वपूर्ण राजनेता तथा जननेता लगातार इस बात पर दृढ़ रहे हैं कि राजनीतिक समाधान की दिशा में पहले कदम के रूप में अवामी लीग के नेता शेख मुजीबुर रहमान को अविलंब रिहा करना चाहिए और उनसे समझौता वार्त्ता आरंभ करना चाहिए। यह पूरी तरह से प्रमाणित हो चुका है कि मात्र वही, पूर्वी बंगाल के लोगों की ओर से बोल सकते हैं। केवल वही पूर्वी

पाकिस्तान के लोगों की उम्मीदों और इच्छाओं का प्रतिनिधित्व करते हैं। ये कारवाइयाँ पाकिस्तानी स्वयं कर सकते हैं। इनके अलावा इन स्थितियों में अंतरराष्ट्रीय समुदाय क्या कर सकता है ? पहला और सबसे महत्त्वपूर्ण, महासभा और संयुक्त राष्ट्र में शामिल या अलग, सभी अंतरराष्ट्रीय शक्तियाँ इसलामाबाद के सैन्य शासन को यह बता सकती हैं कि सेना का इस्तेमाल सफल नहीं होगा और सैन्य शासन व निर्वाचित नेताओं के बीच एक राजनीतिक समझौता आवश्यक है। संकट अतिशय बढ़ने तक प्रतीक्षा करना अदूरदर्शिता है। द्विपक्षीय रूप से सभी सरकारें किसी भी उपलब्ध उपाय द्वारा अपनी ओर से यह सुनिश्चित करने का पूरा प्रयास कर सकती हैं कि सैन्य शासन अपना अत्याचार बंद करे, निर्वाचित नेताओं से समझौता वार्त्ता शुरू करके उनकी सहमति से एक राजनीतिक समाधान निकाले और सेना को वापस बैरकों में भेजे। केवल इन्हीं उपायों से शरणार्थियों का प्रवाह रोका जा सकता है और भारत में आ चुके शरणार्थी अपने घर लौटने में सफल होंगे। मैंने जो उपाय सुझाए हैं, उन्हीं के द्वारा अकाल का खतरा कम किया जा सकता है और सामान्य स्थिति बहाल हो सकती है। यदि ये उपाय नहीं अपनाए गए, यदि विभिन्न विश्लेषणों और झूठे आरोपों से ध्यान बँटाने का प्रयास किया गया तो संभावनाएँ अंधकारमय हैं। यहाँ सभा में हम भले ही शिष्टतापूर्ण तरीके से बहस कर सकते हैं, लेकिन जो लोग आक्रामकता के शिकार हैं और भय व नरसंहार के कारण भागने के लिए मजबूर हैं, वे ऐसा संयमित दृष्टिकोण नहीं रखेंगे। वे अपनी संकट की घड़ी में साथ न देने के लिए हमें या अन्य किसी को माफ नहीं करेंगे।'

मुझे याद आता है कि संयुक्त राष्ट्र में पाकिस्तान के स्थायी प्रतिनिधि आगा शाही ने सरदार स्वर्ण सिंह के भाषण में दो बार हस्तक्षेप किया। दोनों बार उन्होंने पाकिस्तान के आंतरिक मामलों में हस्तक्षेप करने का आरोप भारत पर लगाया; लेकिन एक अधिक दिलचस्प औचित्य का प्रश्न संयुक्त राष्ट्र में लंबे समय से सऊदी अरब के राजदूत जमील बरूदी ने उठाया। उन्हें पाकिस्तानी प्रतिनिधिमंडल ने सरदार स्वर्ण सिंह को टोकने के लिए प्रेरित किया। बरूदी ने मंच पर आकर सलाह दी कि संयुक्त राष्ट्र को भारत में शरणार्थियों की समस्या के बारे में पहले से जानकारी है। इसलिए भारत को आम बहस में यह मुद्‌दा उठाने की कोई आवश्यकता नहीं है। उसके बाद उन्होंने यह असामान्य सुझाव दिया कि चूँकि भाषण की विषय-वस्तु पहले ही महासभा के सदस्यों में वितरित की जा चुकी है, अतः सरदार स्वर्ण सिंह को अपना पूरा भाषण पढ़ने की कोई आवश्यकता नहीं है। यह महासभा का समय बचाएगा और विवादों को टालने में मददगार होगा।

सरदार स्वर्ण सिंह ने बरूदी और आगा शाही द्वारा उठाए गए मुद्दों का माकूल जवाब दिया और अपना पूरा भाषण पढ़ने पर जोर दिया। जब वह भाषण देकर मंच से नीचे आए तो उनकी विनोदशीलता और उसका प्रदर्शन विशेष रूप से उल्लेखनीय था। प्रतिनिधिमंडल में शामिल हम सभी ने उनसे पूछा कि क्या वे हस्तक्षेपों, खासकर सऊदी राजदूत के हस्तक्षेप से क्षुब्ध नहीं हुए? सरदार स्वर्ण सिंह का जवाब था, 'तुम नए लोगों को समझना चाहिए कि विदेश मंत्री बनने और कैबिनेट से जुड़ने से पहले कई वर्षों तक मैं जालंधर और पंजाब के अन्य भागों की अदालतों में वकालत करता था। मैं वकीलों द्वारा सुविचारित और प्रायः किए जानेवाले व्यवधानों तथा उससे होनेवाली परेशानी का अभ्यस्त हूँ। यदि बरूदी ने यह सोचा कि मैं इन प्रतिनिधिमंडलों की कृत्रिम सहमति लेने के लिए अपना भाषण देना बंद कर दूँगा तो उन्होंने मेरी क्षमता को कम करके आँका है।'

बहस का निष्कर्ष यह निकला कि संयुक्त राष्ट्र के सदस्य मुद्दों के औचित्य या लोकतंत्र व कानून व्यवस्था के आधार पर अपने किसी सदस्य राष्ट्र में संवेदनशील राजनीतिक गतिविधियों पर प्रतिक्रिया व्यक्त नहीं करेंगे, जबकि संयुक्त राष्ट्र इन आधारों का समर्थन करता है। जब पूर्वी पाकिस्तान संकट के एजेंडा विषय, जिसमें भारत ने पूर्वी पाकिस्तान के लोगों की उम्मीदों को पूरा करने की माँग संबंधी प्रस्ताव रखा था, पर मतदान करवाया गया तो संयुक्त राष्ट्र के सदस्यों के विशाल बहुमत—जहाँ तक मुझे याद है—एक सौ चौदह में से एक सौ ग्यारह देशों ने भारत के खिलाफ मत दिया। इस प्रस्ताव के पक्ष में केवल दो मत पड़े, जिसमें एक भारत का और दूसरा भूटान का था। एक या दो ने मत नहीं दिया। इस मतदान को पाकिस्तानी प्रतिनिधिमंडल और अमेरिका ने इस बहस का आधार बनाया कि पूर्वी पाकिस्तान के स्वतंत्रता आंदोलन से समर्थन वापस लेने के लिए भारत पर दबाव डाला जाना चाहिए।

महासभा में एक सौ सत्रह सदस्यों ने आम बहस में भाग लिया, जिसमें भारत और पाकिस्तान को छोड़कर पचपन ने अपने बयानों में बँगलादेश का जिक्र किया। इन्हें निम्नलिखित श्रेणियों में विभाजित किया जा सकता है—

1. चौबीस देशों ने कहा कि इस समस्या को मानवीय दृष्टिकोण से सुलझाया जाना चाहिए; लेकिन उन्होंने समस्या के राजनीतिक पहलू का कोई जिक्र नहीं किया। ये देश थे—अर्जेंटीना, ऑस्ट्रेलिया, चिली, चीन (ताइवान), मिस्र, घाना, जमैका, जापान, लाओस, लाइबेरिया, लीबिया, मेक्सिको, मेडागास्कर, नीदरलैंड, निकारागुआ, तंजानिया, थाईलैंड, टर्की,

युगांडा, उरुग्वे, यमन (अदन), यमन (साना) और जांबिया।

2. आठ देशों ने कहा कि प्राथमिक संदर्भ मानवीय आधार होना चाहिए और पूर्वी बंगाल में सामान्य स्थिति बहाल करने की माँग की। ये देश थे— अफ़गानिस्तान, सिलोन ('लोकतांत्रिक व संवैधानिक प्रक्रियाओं को बढ़ाना'), इक्वेडोर, फिनलैंड, इटली, नेपाल, ब्रिटेन ('नागरिक सरकार की वापसी') और यूगोस्लाविया।
3. चौदह देशों ने मानवीय चिंता व्यक्त करने के अलावा विशेष रूप से कहा कि पूर्वी बंगाल में स्थिति सामान्य करने के लिए एक राजनीतिक समाधान ढूँढ़ा जाना चाहिए। ये थे—ऑस्ट्रिया, बेल्जियम (चौथी श्रेणी में भी सम्मिलित), साइप्रस ('मानवीय समस्या की जड़ें राजनीतिक परिस्थिति में हैं और महासचिव ने इस मुद्दे पर उचित जोर डाला है'), फ्रांस, गुयाना, आयरलैंड, माल्टा (अनिवार्य रूप से 'राजनीतिक अनुकूलन' पर आधारित समाधान का जिक्र किया), मंगोलिया ('जनसंख्या के हितों के अनुकूल उपाय'), न्यूजीलैंड ('स्थायी राजनीतिक समझौता'), नॉर्वे, पोलैंड (पाकिस्तान से 'पूर्वी पाकिस्तान के संकट के यथोचित राजनीतिक समाधान हेतु उपाय अपनाने' के लिए कहा), स्वीडन, अमेरिका और रूस।
4. पाँच देशों ने समस्या के मानवीय पक्ष को स्वीकार करते हुए कहा कि उसे संयुक्त राष्ट्र के सहयोग से या सहयोग के बिना भारत और पाकिस्तान के बीच सुलझाया जाना चाहिए। ये थे—अल्जीरिया, इंडोनेशिया, ईरान, लेबनान, सियेरा लिओन और बेल्जियम (पहले तीसरी श्रेणी में शामिल किया जा चुका है)।
5. सऊदी अरब ने पाकिस्तान-समर्थक रुख अपनाते हुए खुद के लिए एक श्रेणी तैयार की।
6. तीन देशों—इथियोपिया, आइसलैंड और इजराइल ने इस समस्या का जिक्र केवल नाम मात्र के लिए किया।

बारह देशों ने विशेष रूप से कहा कि पूर्वी बंगाल में स्थिति मानवाधिकार का मामला है, या इस वाक्य का सहारा लिया कि पूर्वी बंगाल में जनता द्वारा निर्वाचित प्रतिनिधियों से परामर्श करके राजनीतिक हल निकाला जाना चाहिए। ऐसे बयानों को इन श्रेणियों में विभाजित किया जा सकता है—

(अ) आठ देशों ने विशेष रूप से कहा कि पूर्वी बंगाल की समस्या में

मानवाधिकार का मामला सम्मिलित है—बेल्जियम, इक्वेडोर ('पूर्वी पाकिस्तान में नरसंहार का विरोध, जो मानव जीवन की पूजनीय प्रकृति का उल्लंघन है'), आयरलैंड, माल्टा (शरणार्थी शिविर 'राजनीतिक और सैन्य कारवाई का प्रत्यक्ष परिणाम हैं' और शरणार्थियों के पास 'अहस्तांतरीय मानवाधिकार' हैं), मेडागास्कर ('दमनात्मक कारवाइयों में मानवता दिखाने' के लिए कहा), न्यूजीलैंड, स्वीडन और उरुग्वे।

(ब) चार देशों ने विशेष रूप से कहा कि जनता के निर्वाचित प्रतिनिधियों से विचार-विमर्श के बाद एक राजनीतिक समाधान निकाला जाना चाहिए—फ्रांस ('पाकिस्तानी जनता की सहमति पर आधारित एक राजनीतिक समाधान'), मंगोलिया ('जनता के हितों के अनुकूल राजनीतिक उपायों द्वारा समाधान'), न्यूजीलैंड और स्वीडन ('चुनाव में अभिव्यक्त जनता की इच्छा पर आधारित एक राजनीतिक समाधान')।

यह दिलचस्प तथ्य है कि पूरे संयुक्त राष्ट्र में केवल भारत और चार अन्य देशों ने ही पूर्वी पाकिस्तान संकट में वहाँ की जनता के हितों के अनुकूल राजनीतिक समाधान का समर्थन किया। बाकी देशों की प्रतिक्रिया अस्पष्ट और कायराना थी।

परिवर्तन के बाद भी अपरिवर्तनीय

अक्तूबर के तीसरे सप्ताह तक भारत के सामने यह स्पष्ट हो गया कि अंतरराष्ट्रीय समुदाय स्वतंत्रता संघर्ष या पाकिस्तान के विघटन को समर्थन नहीं देगा। यह प्रवृत्ति तार्किक और अंतरराष्ट्रीय क़ानून के सामान्य सिद्धांतों के अनुकूल थी। अंतरराष्ट्रीय समुदाय सिर्फ भारत में आए पूर्वी पाकिस्तान के शरणार्थियों की राहत और पुनर्वास के लिए कुछ आर्थिक सहयोग देने का इच्छुक था। निरंतर सैन्य दमन स्वतंत्रता सेनानियों के विभिन्न समूहों की क्रियात्मक प्रभावशीलता को नुकसान पहुँचा रहा था। अधिकतर मुसलिम देश और अमेरिका के नेतृत्व में पश्चिमी लोकतंत्र याह्या शासन का समर्थन कर रहे थे।

एक चिंताजनक बात यह थी कि पाकिस्तान अंतरराष्ट्रीय समुदाय के कुछ भागों और कुछ बहुपक्षीय मंचों को इसके लिए राजी करने में सफल हो गया कि वे पूर्वी पाकिस्तान से आए शरणार्थियों की संख्या के बारे में भारत के दावों की सच्चाई पर प्रश्न उठाएँ। पूर्वी पाकिस्तान शरणार्थी समस्या के विशेष प्रभावी सचिव जी.एस. कहलौन ने सरदार स्वर्ण सिंह को सलाह दी कि भारत उन शरणार्थी

शिविरों में प्रतिष्ठित तथा विश्वसनीय विदेशी पर्यवेक्षकों को आमंत्रित करे और फिर उन्हें भारतीय व विदेशी पत्रकारों को संबोधित करने के लिए कहे। चूँकि पाकिस्तान को मिलनेवाले अंतरराष्ट्रीय सहयोग में और वृद्धि होने की संभावना थी, जो भारत पर अतिरिक्त दबाव उत्पन्न करता, अत: इस बात का सावधानीपूर्वक आकलन करना आवश्यक हो गया कि स्वतंत्रता संघर्ष भारत के केवल सामान्य समर्थन से सफल हो पाएगा या उसे भारत के सैन्य सहयोग की आवश्यकता पड़ेगी। इसमें पाकिस्तान के साथ खुले सैन्य संघर्ष का खतरा था। भारत को समर्थन देनेवाले देशों और संयुक्त राष्ट्र की संभावित प्रतिक्रिया के बारे में मूल्यांकन करना आवश्यक था।

भारत ने देशी-विदेशी पत्रकारों व पर्यवेक्षकों को शरणार्थी शिविरों में आने का एक सामान्य आमंत्रण दिया। अक्तूबर और शुरुआती नवंबर के बीच शिविरों का दौरा करनेवाले तीन गण्यमान्य व्यक्ति थे—अमेरिकी सीनेट के मानवाधिकार और शरणार्थी समस्याओंवाली उपसमिति के अध्यक्ष सीनेटर एडवर्ड केनेडी, फ्रांस के पूर्व संस्कृति मंत्री एंड्रे मेलरॉक्स और शरणार्थियों के लिए संयुक्त राष्ट्र के उच्चायुक्त प्रिंस सदरुद्दीन आगा खान। सीनेटर केनेडी और मेलरॉक्स भारतीय दावों तथा शरणार्थियों की संवेदनशील स्थिति के बारे में विश्वस्त होकर गए। उन्होंने बँगलादेश के उद्देश्य की वैधता का भी समर्थन किया। प्रिंस सदरुद्दीन आगा खान ने अत्यंत राजनीतिक शुद्धता दिखाई और उन राजनीतिक संवेदनाओं को संयमित किया, जो वे निस्संदेह रखते थे। मैं पश्चिम बंगाल, असम, त्रिपुरा और कलकत्ता के सॉल्ट लेक सिटी व गुवाहाटी, अगरतला के पास स्थित शरणार्थी शिविरों तक उनके साथ गया। उन्होंने पश्चिम बंगाल के मुख्यमंत्री सिद्धार्थ शंकर रे और असम के राज्यपाल बी.के. नेहरू के साथ बैठकें भी कीं। चूँकि प्रिंस सदरुद्दीन चाहते थे कि वे भारत सरकार के हस्तक्षेप के बिना आकलन करें, इसलिए उन्हें पंजीकरण प्रक्रिया और व्यक्तिगत रूप से शरणार्थियों तक बिना किसी सरकारी हस्तक्षेप या उपस्थिति के पहुँचने दिया गया। उनके परिवार के पाकिस्तान से अंतरंग संबंध और खुद एक वरिष्ठ संयुक्त राष्ट्र अधिकारी के रूप में निष्पक्ष रहने की इच्छा ने प्रिंस सदरुद्दीन आगा खान को बहुत असमंजस में डाल दिया। वे शरणार्थियों की दु:खद स्थिति देखकर बहुत विचलित हुए। दिल्ली में श्रीमती इंदिरा गांधी के वरिष्ठ सलाहकारों के साथ विचार-विमर्श में उन्होंने स्वीकार किया कि वे कुछ संशय के साथ भारत आए थे; लेकिन पूर्वी पाकिस्तान के संकट की विशाल और दु:खद जटिलता से आश्वस्त होकर लौट रहे हैं।

सीनेटर एडवर्ड केनेडी ने मुजीबनगर सरकार के प्रतिनिधियों के साथ अलग बैठकें कीं, जो कलकत्ता और दिल्ली में आयोजित की गई थीं। वे अमेरिका लौटकर बँगलादेशियों की दुर्दशा के बारे में सीनेट, अमेरिकी राजनीतिक हलकों और अमेरिकी मीडिया के सामने समझदारीपूर्वक बोले। मेलरॉक्स इतने विचलित हुए कि उन्होंने भारतीय सेना गठित करके पूर्वी पाकिस्तान के सैन्य अत्याचारियों के खिलाफ युद्ध छेड़ने की अपनी इच्छा के बारे में लिखा। ठोस वास्तविकताओं के बारे में पारदर्शिता और विदेशी पर्यवेक्षकों को शरणार्थियों तक पहुँचने देने की अनुमति ने विश्व जनमत पर प्रभाव डाला। मुजीबुर रहमान को रिहा करने और समझौता-वार्त्ता शुरू करने के बारे में महत्त्वपूर्ण व्यक्तियों, यहाँ तक कि कुछ सरकारों द्वारा गंभीर अपील और सुझाव अक्तूबर के मध्य तक पाकिस्तान को प्राप्त होने लगे।

इसी बीच, डी.पी. धर ने पूर्वी पाकिस्तान से संबंधित कैबिनेट समिति के विचार के लिए एक स्थिति पत्र तैयार करने के लिए मुझसे कहा। भारत द्वारा बँगलादेश के स्वतंत्रता संघर्ष को खुला सैन्य समर्थन देने की स्थिति में विश्व की बड़ी शक्तियों और संयुक्त राष्ट्र के सदस्यों की संभावित प्रतिक्रियाओं का विश्लेषण और आकलन करने के लिए भी मुझसे कहा गया। ऐसी काररवाई से पाकिस्तान के साथ एक खुला युद्ध शुरू होने की पूरी संभावना थी। उन्होंने विदेश प्रचार के तत्कालीन प्रभारी निदेशक एस.के. सिंह को और मुझे कलकत्ता जाने के लिए कहा। वे चाहते थे कि हम मुजीबनगर सरकार के प्रतिनिधियों और पश्चिम बंगाल सरकार से बात करके यह मूल्यांकन करें कि क्या निर्वासित सरकार और विभिन्न स्वतंत्रता सेनानी समूह पाकिस्तानी सेना का आकार और क्रियात्मक क्षमता देखते हुए अपनी सैन्य काररवाइयाँ जारी रख सकेंगे?

एस.के. सिंह और मैं सितंबर के अंत में और अक्तूबर के पूर्वार्द्ध में कलकत्ता गए। हमने डी.पी. धर को संयुक्त रूप से एक रिपोर्ट दी, जिसमें यह स्पष्ट आकलन था कि पाकिस्तानी सेना स्वतंत्रता सेनानियों को निष्प्रभावी करने में सफल हो रही है। इसमें बंगाल रेजीमेंट और पूर्वी पाकिस्तान के सैन्य सहायक बल व पुलिसकर्मियों के समूह भी शामिल हैं, जिसका योग्यतापूर्वक नेतृत्व मेजर जियाउर रहमान सहित पाकिस्तानी सेना के पूर्व अधिकारी कर रहे हैं। जहाँ तक मुझे याद है, हमारा आकलन था कि यदि भारत ने एक और भारत-पाक युद्ध का खतरा उठाकर स्वतंत्रता समूहों को अपना गुणात्मक सहयोग नहीं बढ़ाया तो अधिक-से-अधिक जनवरी या शुरुआती फरवरी 1972 तक पाकिस्तानी सेना इन आंदोलनों पर काबू करने में सफल हो जाएगी।

भारत-पाक युद्ध के प्रति संभावित अंतरराष्ट्रीय प्रतिक्रिया में मैंने निम्नलिखित आकलन शामिल किए—

1. स्वतंत्र बँगलादेश के अस्तित्व में आने की संभावना पर अंतरराष्ट्रीय समुदाय अनिश्चितता से ग्रस्त है।
2. पूर्वी पाकिस्तान के लोगों की स्थिति के बारे में कोई निराशा या चिंता नहीं होगी।
3. यदि पाकिस्तानी सैन्य शासन स्थिति को नियंत्रित करने में सफल हो गया तो विश्व इस तथ्य को निर्विवाद रूप से स्वीकार कर लेगा और पाकिस्तान सरकार का समर्थन करेगा।
4. यदि भारत ने पाकिस्तान के साथ सैन्य संघर्ष की दिशा में कदम बढ़ाया तो अमेरिका, पश्चिमी लोकतंत्र और चीन केवल भारत का विरोध ही नहीं करेंगे बल्कि पाकिस्तान को पूरा राजनीतिक और अप्रत्यक्ष सैन्य सहयोग देंगे; लेकिन पाकिस्तान के सहयोगियों और समर्थकों द्वारा युद्ध में प्रत्यक्ष भागीदारी की संभावना कम है।
5. पाकिस्तान की सैन्य सत्ता को मुसलिम राष्ट्र सामान्य राजनीतिक समर्थन देंगे, लेकिन उनके द्वारा पाकिस्तान को कोई अर्थपूर्ण वास्तविक सहयोग देने की संभावना नहीं है। गुटनिरपेक्ष आंदोलन के सदस्य देश पूर्वी पाकिस्तान के संकट के विषय में एकमत नहीं होंगे। वह केवल निष्पक्ष झिड़की तक सीमित रहेंगे, जबकि उसके अधिकतर सदस्य पाकिस्तान की क्षेत्रीय एकता के बारे में उसके दावे को समर्थन देंगे।
6. भूटान को छोड़कर भारत के पड़ोसी देश उसकी प्रत्यक्ष भागीदारी को अपनी वास्तविक या काल्पनिक खतरों की धारणा के संदर्भ में देख सकते हैं। अमेरिका-चीन और चीन-पाकिस्तान-अमेरिका अंतर्संबंधों के संदर्भ में अपनी रणनीतिक गणनाओं के कारण रूस सामान्यतः भारत का समर्थन करेगा।

मैंने यह सामान्य आकलन भी दिया कि हालाँकि रूस भारत के प्रति सहानुभूति रखेगा, लेकिन यदि युद्ध या संघर्ष लंबा खिंचा तो संयुक्त राष्ट्र और सुरक्षा परिषद् सफलतापूर्वक हस्तक्षेप कर सकते हैं। मैंने इस सामान्य मत के साथ अपनी रिपोर्ट पूरी की कि बँगलादेश के स्वतंत्रता संघर्ष के प्रति भावी समर्थन का समय-निर्धारण, प्रकृति और विषय-वस्तु, प्राथमिक रूप से हमारी इंटेलिजेंस एजेंसियों और सैन्य बल मुख्यालयों से विचार-विमर्श करने के उपरांत तय करना चाहिए। यदि उनकी

सलाह है कि खुला समर्थन एक छोटी सफल काररवाई में परिणत हो सकती है तो भारत को इस विकल्प पर विचार करना चाहिए। यदि उनका आकलन यह है कि यह संघर्ष लंबा खिंच सकता है तो सरकार को सावधान होना चाहिए।

श्रीमती गांधी के प्रयास

उस अवधि में भारतीय नीतियों पर प्रभाव डालनेवाला एक और राजनीतिक कारक था बँगलादेश के स्वतंत्रता संघर्ष के समर्थन में केवल बंगाल या असम में नहीं, बल्कि पूरे भारत के जनमत में असाधारण उफान। भारत द्वारा खुला सैन्य समर्थन न दिए जाने के बारे में संसद् और मीडिया में धैर्य घट रहा था। सिद्धार्थ शंकर रे, त्रिगुना सेन आदि नेताओं ने संघर्ष को पश्चिम बंगाल के लोगों द्वारा दिए जा रहे भावुकतापूर्ण समर्थन पर जोर डाला।

अक्तूबर के तीसरे सप्ताह तक जब संयुक्त राष्ट्र महासभा की बहस समाप्त होने जा रही थी, श्रीमती गांधी ने एक प्रत्यक्ष और व्यक्तिगत कूटनीतिक प्रयास करने का निर्णय लिया। वे महत्त्वपूर्ण शक्तियों की राजधानियों का दौरा करके उन्हें भारत की स्थिति समझाने और उनसे शेख मुजीबुर रहमान को रिहा करके राजनीतिक वार्त्ता शुरू करने के लिए पाकिस्तान पर प्रभाव डालने का अंतिम प्रयास करने का आग्रह करना चाहती थीं। इसके विपरीत याह्या शासन की प्रवृत्ति और भी उग्र होती जा रही थी। इसका एक स्पष्ट उदाहरण संयुक्त राष्ट्र मुख्यालय में हुए एक संवाददाता सम्मेलन में याह्या का व्यवहार था, जब वे सितंबर-अक्तूबर 1971 में महासभा में गए। इस सम्मेलन के बीच में एक विदेशी संवाददाता ने उनसे आम चुनाव, जिसमें मुजीबुर रहमान को बहुमत मिला था। संवाददाता ने चुनाव-परिणाम के आँकड़ों को उद्धृत किया और पाकिस्तान में अन्य प्रांतों के नागरिकों की अपेक्षा बंगाली नागरिकों के अनुपात के बारे में कुछ अतिरिक्त तथ्यात्मक सूचना देने के लिए याह्या खान से अनुरोध किया। याह्या का जवाब रूखा और अनुचित था। चुनाव-पश्चात् अवधि में पूर्वी पाकिस्तान में सैन्य काररवाई को न्यायोचित ठहराने के बाद उन्होंने कुछ ऐसा कहा कि वह पाकिस्तान के राष्ट्रपति हैं, अतः उनसे आँकड़ों व तथ्यात्मक सूचनाओं के बारे में नहीं पूछा जाना चाहिए। उसके बाद उन्होंने अपने साथ सम्मेलन में बैठे एक वरिष्ठ अधिकारी, संभवतः संयुक्त राष्ट्र में उनके राजदूत आगा शाही, की ओर अँगुली उठाकर संवाददाता से कहा कि वे ऐसे सवाल 'मेरी एक कठपुतली (स्टूज)' से पूछ सकते हैं। उन्होंने कहा, 'वे आपको इस प्रकार की रूटीन सूचना दे सकते हैं।'

इसी बीच, मुजीबुर रहमान की सुनवाई जारी रही। सभी संकेत इस प्रकार के थे कि उन्हें एक क्रूर सजा दी जाएगी। श्रीमती गांधी ने अपना विश्व दौरा नवंबर में शुरू किया, जिसमें वह रूस, अमेरिका और पश्चिमी यूरोपीय देशों की राजधानियों में गईं। इससे पहले मध्य अक्तूबर से ही भारत ने बँगलादेशी स्वतंत्रता सेनानियों को विस्तृत समर्थन देना शुरू कर दिया था। भारतीय सेना और नौसैनिक इकाइयों को सतर्क कर दिया गया था कि यदि पाकिस्तानी सेनाओं ने भारतीय क्षेत्रों को प्रभावित करते हुए कोई निर्णायक सैन्य काररवाई की तो वे स्वतंत्रता सेनानियों को समर्थन देने के लिए तैयार रहें।

निक्सन को इन गतिविधियों की पूरी जानकारी थी। उन्होंने पूर्वी पाकिस्तान के संकट से निपटने के लिए अपनी राष्ट्रीय सुरक्षा परिषद् में 'वाशिंगटन स्पेशल ऐक्शन ग्रुप' गठित कर दिया था। उन्होंने सोवियत विदेश मंत्री ग्रोमक्यो से बातचीत की एक श्रृंखला भी शुरू की और किसिंगर को वाशिंगटन में सोवियत राजदूत डोब्रिनिन से संपर्क बनाए रखने के लिए कहा, ताकि स्वतंत्रता संघर्ष में समर्थन देने से भारत को रोकने के लिए रूस पर अमेरिका का सहयोग करने का दबाव बनाया जा सके।

सोवियत संघ की प्रतिक्रिया कौशलपूर्ण, किंतु दृढ़ थी। ग्रोमक्यो ने 29 सितंबर को निक्सन से कहा कि हालाँकि उपमहाद्वीप में युद्ध की संभावना टालना आवश्यक है, लेकिन सोवियत संघ का मानना है कि युद्ध का खतरा पूरी तरह से 'पाकिस्तान के दुस्साहस और हठ' का परिणाम है। अक्तूबर की शुरुआत तक निक्सन ने किसिंगर के उप राष्ट्रीय सुरक्षा सलाहकार एलेक्जेंडर हेग से कहा कि भारतीयों पर फिर से पूर्वी पाकिस्तानी सीमा से अपने सैनिक हटाने के लिए दबाव डाला जाए, जिसके बदले में पाकिस्तान भी अपनी सेनाएँ हटा लेगा। अमेरिकी सीनेट और हाउस ऑफ रिप्रेजेंटेटिव्स प्रशासन के पाकिस्तान समर्थक झुकाव के आलोचक थे, जिससे क्रोधित होकर पाकिस्तान के समर्थन में निक्सन और भी आक्रामक हो गए। उनका पूरा ध्यान याह्या और भुट्टो को समर्थन देना जारी रखने और किसी भी प्रकार पूर्वी पाकिस्तान के राजनीतिक भविष्य पर पश्चिमी पाकिस्तान का नियंत्रण बनाए रखने पर था। भुट्टो और याह्या को राजनीतिक समझौतों के ढेर सारे अस्पष्ट और टालनेवाले प्रस्तावों से लोगों को लुभाने का प्रयास करने के लिए प्रोत्साहित किया गया।

श्रीमती गांधी की यात्रा के दौरान सोवियत संघ ने सहानुभूतिपूर्ण व सहयोगी रवैया जताया, जबकि अन्य यूरोपीय देशों ने गैर-प्रतिबद्ध प्रतिक्रिया दिखाई। 4 और

5 नवंबर को वाशिंगटन में राष्ट्रपति निक्सन के साथ उनकी दो बैठकें हुईं। इन महत्त्वपूर्ण बैठकों के बारे में किसिंगर के 'व्हाइट हाउस ईयर्स' से कोई बेहतर विवरण (अमेरिकी दृष्टिकोण से) नहीं है। वह लिखते हैं—

> 'निक्सन के पास श्रीमती गांधी के विनीत रवैए के लिए कोई समय नहीं था। पीठ पीछे वह श्रीमती गांधी के नैतिक आडंबर की खिल्ली उड़ाते थे, जो उन्हें क्षुब्ध करनेवाला लगता था। वे उन्हें राजनीति की भावनाशून्य निपुण खिलाड़ी मानते थे। 11 अगस्त को निक्सन ने सीनियर रिव्यू ग्रुप के सामने स्वीकार किया कि श्रीमती गांधी की जगह होने पर वे भी ऐसा ही करते, लेकिन वह उनकी जगह नहीं थे। वह और मैं कोई संघर्ष टालना चाहते थे, क्योंकि उनको मालूम था कि युद्ध हमारी भू-राजनीतिक व्यवस्था को खतरा पहुँचाएगा और हम दोनों ने यह आकलन किया कि पूर्वी पाकिस्तान की स्वायत्तता अनिवार्य है, चाहे भारत द्वारा सुझाए गए समय से कुछ अधिक समय ही क्यों न लगे। वास्तव में, भारत ने कभी कोई विशिष्ट समय सारिणी प्रस्तुत नहीं की, यह संकेत देते हुए कि पहले ही बहुत देर हो चुकी है।

श्रीमती गांधी, जो जितनी विनीत थीं उतनी ही सख्त भी, को निक्सन के इरादों के बारे में कोई भ्रम नहीं था। वे अपने ही परस्पर विरोधी दबावों का सामना कर रही थीं। उनकी संसद् की बैठक दो सप्ताह में होती थी, जिसमें रक्तपात की माँग की जाती। हालाँकि उन्होंने इस संकट के वातावरण में कम योगदान नहीं किया था। अब से उसकी अपनी गति बन गई थी, जिसे यदि वह नियंत्रित नहीं करतीं तो वह उनपर हावी हो जाता।

उनका निक्सन को न पसंद करना, जो उनके रवैए की ठंडी औपचारिकता से प्रकट होता था, शायद इस असहज बोध से और भी बढ़ जाता था कि यह व्यक्ति, जिसे उनके संस्कारों ने तिरस्कार से देखने पर विवश किया था, अंतरराष्ट्रीय संबंधों को उसी नजरिये से देखता है जो असुविधाजनक रूप से उनके अपने तरीके के नजदीक था। ऐसा नहीं था कि उनका रवैया पाखंडपूर्ण था, जैसा कि निक्सन सोचते थे, कि वह अपनी कथनी व करनी के बीच अंतर को समझती थीं। इसकी बजाय, उनके लिए उनके हित और मूल्य अलग नहीं थे।

अगले दिन निक्सन और श्रीमती गांधी के बीच की बातचीत से अमेरिका-भारत के खराब संबंधों की पुष्टि हुई। श्रीमती गांधी ने पाकिस्तान का कोई जिक्र नहीं किया। पूरी बैठक विश्व स्तर के मामलों तक सीमित थी, जिसमें श्रीमती गांधी

ने बाकी जगहों में हमारी विदेश नीति के बारे में तीखे सवाल पूछे, जैसे विश्व में केवल भारतीय उपमहाद्वीप पर ही शांति और स्थिरता हो। उन्होंने उस जगह (भारतीय उपमहाद्वीप) छोड़कर हर जगह हमें अच्छे ग्रेड दिए। निक्सन अपनी ओर से पिछले दिन के विषय को टालने के इच्छुक थे—आंशिक रूप से, क्योंकि उन्होंने यह सही अनुमान लगाया कि यह हमारी विभिन्न योजनाओं को अस्वीकार करने का श्रीमती गांधी का तरीका है। यह इसका एक आदर्श उदाहरण था कि सरकार के प्रमुखों को विवादास्पद मामलों पर बातचीत नहीं करनी चाहिए, क्योंकि उनके गतिरोध असहनीय लगते हैं, वास्तविकता को नजरअंदाज करने की उनकी प्रवृत्ति बढ़ जाती है। इस प्रकार, श्रीमती गांधी की यात्रा किसी उल्लेखनीय मामले या यहाँ तक कि प्रगति की प्रक्रिया पर भी किसी सकारात्मक नतीजे के बिना समाप्त हुई।

जैसा पहले उल्लेख किया जा चुका है, अक्तूबर में विदेश मंत्रालय में विदेश प्रचार के प्रभारी निदेशक और पूर्वी पाकिस्तान संकट से निपटनेवाली विशेष इकाई के प्रभारी निदेशक के रूप में मैं कलकत्ता भेजा गया। प्रधानमंत्री ताजुद्दीन अहमद के कार्यालय में अधिकारियों ने हमें बताया कि गुरिल्ला युद्ध-प्रणाली कई वर्षों तक चल सकती है; स्वतंत्रता सेनानी के विभिन्न समूह प्रत्यक्ष भारतीय सैन्य सहयोग के बिना पाकिस्तानी सेना पर काबू नहीं पा सकते। कर्नल (रिटायर्ड) एम.ए.जी. उस्मानी, जो सभी स्वतंत्रता सेनानियों के घोषित प्रमुख थे, ने यह स्पष्ट मत दिया कि यदि भारत से प्रत्यक्ष सैन्य सहयोग प्राप्त नहीं होगा तो पश्चिमी पाकिस्तानी सेनाओं से लड़ रहे जोशीले समूह अंततः निष्प्रभावी हो जाएँगे। मुजीबनगर सरकार द्वारा भारत सरकार को निम्नलिखित विशिष्ट सुझाव दिए गए—

1. बँगलादेश सरकार को औपचारिक मान्यता देनी चाहिए और एक स्वतंत्र राष्ट्र के रूप में बँगलादेश के अस्तित्व को भारत सरकार द्वारा स्वीकार किया जाना चाहिए।
2. बँगलादेश में पाकिस्तानी सैन्य बलों के खिलाफ पूर्ण स्तरीय सैन्य अभियान के लिए भारतीय सेनाओं और मुक्तिवाहिनी का एक संयुक्त कमांड बनाना चाहिए।
3. भारत संयुक्त राष्ट्र को संकेत दे कि उसके अधिकतर सदस्यों की विलंबकारी प्रवृत्ति के मद्देनजर भारत और बँगलादेश संयुक्त राष्ट्र द्वारा ऐसे किसी हस्तक्षेप की अनुमति नहीं देंगे, जो पूर्ण स्वतंत्रता की माँग पर समझौता करने या उसे कम करने के लक्ष्य से किया गया हो।

वाशिंगटन से लौटने तक श्रीमती गांधी इन सभी माँगों के प्रति सकारात्मक

प्रतिक्रिया अपनाने का निर्णय कर चुकी थीं। इंटेलिजेंस स्रोतों ने उन्हें बताया कि राष्ट्रपति निक्सन के निर्देशों पर अमेरिका की राष्ट्रीय सुरक्षा परिषद् के स्पेशल ऐक्शन ग्रुप ने बँगलादेश में स्वतंत्रता संघर्ष का विरोध करने और भुट्टो व याह्या के दृष्टिकोण को उचित ठहराने के लिए संयुक्त राष्ट्र और विश्व की महत्त्वपूर्ण राजधानियों में रणनीतियाँ तैयार करना शुरू कर दिया था। अतः भारत इस निष्कर्ष पर पहुँचा कि पाकिस्तान के समर्थन के लिए अमेरिका द्वारा कोई सुनियोजित कारवाई शुरू करने से पहले ही बँगलादेशी स्वतंत्रता सेनानियों के प्रयासों को अधिक क्रियात्मक सहयोग उपलब्ध कराया जाना चाहिए। मध्य नवंबर तक मुक्तिवाहिनी समूहों ने पूरे बँगलादेश में अपनी कारवाइयों को तीव्र करके पाकिस्तानी सैन्य कमांड को कुछ बौखला दिया था। बँगलादेशी स्वतंत्रता सेनानियों को प्रत्येक कारवाई के बाद भारतीय क्षेत्र में शरण मिल जाती थी। इसलिए पाकिस्तान के सैन्य उच्च कमांड ने पूर्वी पाकिस्तान में केवल बारह या चौदह विमान होने के बावजूद भारतीय क्षेत्र में उनका पीछा करते रहने का फैसला किया।

15 और 31 नवंबर के बाद, जब भारतीय सैनिकों ने इस पाकिस्तानी प्रयास का प्रतिरोध करना आरंभ किया, तब मामला गरम हो गया। 22 नवंबर को हुई घटना, जिसे बोयरा के युद्ध के रूप में जाना जाता है, वास्तव में भारत और पाकिस्तान के बीच सैन्य संघर्ष की शुरुआत थी। इसलामाबाद से याह्या खान ने चेतावनी दी कि यदि भारत स्वतंत्रता संघर्ष को समर्थन देने से बाज नहीं आता तो पाकिस्तान इस संघर्ष को केवल पूर्वी सेक्टर तक सीमित नहीं रखेगा और भारत को पश्चिमी सीमाओं पर भी संघर्ष का सामना करने के लिए तैयार रहना चाहिए।

एक खुले युद्ध की संभावना को देखते हुए और स्वतंत्रता संघर्ष को अधिक समर्थन देने की तैयारी करते हुए भारतीय सैनिकों को सतर्क कर दिया गया तथा सोवियत संघ से रक्षा-आपूर्ति के लिए अनुरोध किए गए। सोवियत संघ ने इस अनुरोध के प्रति सकारात्मक प्रतिक्रिया दिखाई और मध्य अक्तूबर तक सोवियत सैन्य सामग्री भारत पहुँचने लगी। बोयरा के युद्ध के बाद भारत सरकार ने स्वतंत्रता संघर्ष में भारत के प्रत्यक्ष सैन्य सहयोग के लिए आवश्यक सभी प्रक्रियात्मक और कानूनी व्यवस्थाओं का प्रबंध कर लिया। जहाँ तक मुझे याद आ रहा है, भारतीय प्रशासनिक और सैन्य अधिकारियों का एक दल भारत सरकार और मुजीबनगर सरकार के बीच संयुक्त सैन्य कमांड पर समझौते के प्रारूप को अंतिम रूप देने के लिए 28 से 30 नवंबर के बीच दिल्ली से कलकत्ता पहुँचा। यह भी फैसला किया गया कि एक बार जब कमांड तैयार कर लिया जाएगा और कारवाई शुरू कर दी

जाएगी तो श्रीमती गांधी बँगलादेश को औपचारिक मान्यता देने की घोषणा करेंगी। वह पश्चिम बंगाल सरकार द्वारा आयोजित कांग्रेस के कुछ कार्यक्रमों के लिए 1 से 3 दिसंबर के बीच कलकत्ता आ रही थीं। उन्हें मुजीबनगर के राष्ट्रपति व प्रधानमंत्री से मिलकर स्वतंत्रता संघर्ष में भारत की भागीदारी को औपचारिक रूप देना था।

नवंबर के अंतिम सप्ताह में एक संयुक्त कमांड का निर्माण कुछ दिनों के लिए एक विवादास्पद मुद्दा बन गया। भारतीय सैन्य कमांड का पक्ष था कि कमांड की एक एकीकृत केंद्रीय व्यवस्था होना अनिवार्य है। वे इस बारे में प्रसन्न नहीं थे कि पूर्वी पाकिस्तान में काररवाई करनेवाले संयुक्त कमांड के सुप्रीम कमांडर जनरल उस्मानी (इस अभियान के लिए उन्हें ही यह पद दिया गया था) प्रधानमंत्री ताजुद्दीन अहमद महसूस करते थे कि उनकी सरकार की राजनीतिक विश्वसनीयता और स्वतंत्रता सेनानियों का अनुशासन व वफादारी तभी सुनिश्चित हो सकती है, जब एक संयुक्त कमांड तैयार की जाए, जिसमें जनरल उस्मानी के नेतृत्व में बँगलादेशी स्वतंत्रता सेनानियों की मुख्य भूमिका हो।

आखिरकार इंदिरा गांधी के निर्देश पर डी.पी. धर ने भारतीय उच्च कमांड को एक संयुक्त कमांड व्यवस्था के लिए राजी कर लिया, जिसका नेतृत्व जनरल उस्मानी के साथ पूर्वी कमांड के जनरल ऑफिसर कमांडिंग-इन-चीफ जगजीत सिंह अरोड़ा करेंगे। संयुक्त कमांड पर एक समझौता वार्त्ता हुई और 1 से 3 दिसंबर, 1971 को इस समझौते पर हस्ताक्षर किए गए। यह फैसला किया गया कि दिसंबर के पहले सप्ताह के अंत तक भारत प्रत्यक्ष और क्रियात्मक रूप में स्वतंत्रता संघर्ष में सम्मिलित हो जाएगा। भारत इस बात से अवगत था कि एक बार सेनाओं के प्रत्यक्ष रूप से संघर्ष में शामिल हो जाने के बाद उन्हें काररवाई का अधिकतम भार उठाना होगा, जबकि मुक्तिवाहिनी इकाइयाँ, पूर्वी पाकिस्तानी सेनाओं के प्रशासन, संचार और सैन्य समन्वय को तहस-नहस करने की महत्त्वपूर्ण जिम्मेदारी वहन करेंगी। यह भी स्पष्ट था कि काररवाई शुरू हो जाने के बाद कमांड और नियंत्रण दिल्ली और कलकत्ता के भारतीय सैन्य मुख्यालयों के पास ही रहेगा। संयुक्त कमांड का निर्माण बँगलादेश की राजनीतिक स्थिति और संवेदनशीलताओं को सम्मान देने की एक राजनीतिक व्यवस्था थी।

एक प्रकार से अक्तूबर से ही भारतीय सैन्य भागीदारी आरंभ हो चुकी थी। भारतीय कमांडो और नौसैनिक बँगलादेशी स्वतंत्रता सेनानियों के समूहों के साथ पूर्वी पाकिस्तान में घुसपैठ शुरू कर चुके थे। प्रशिक्षित भारतीय सैन्य कर्मियों की उपस्थिति ने स्वतंत्रता सेनानियों के गुरिल्ला युद्ध की प्रभावशीलता बढ़ा दी थी।

स्वतंत्र रूप से काम कर रहे स्वतंत्रता सेनानियों के विभिन्न समूहों के बीच विवादों को सुलझाने और उनका धैर्य बनाए रखने में भारतीय सैन्य संपर्क अधिकारियों ने भी मदद की। एक समूह का नेतृत्व टाइगर कादर सिद्दीकी कर रहे थे और एक समूह के नेता शेख मुजीबुर रहमान के भतीजे शेख फजलुल हक मोनी थे। साथ ही, पूर्वी पाकिस्तान के पूर्व सैनिक, सहायक सैनिक और पुलिसकर्मी भी जनरल उस्मानी और बाद में बँगलादेश के राष्ट्रपति बने मेजर जियाउर रहमान आदि सैन्य अधिकारियों के नेतृत्व में अभियान में शामिल थे।

जिसकी उम्मीद की गई थी

श्रीमती गांधी ने 3 दिसंबर की शाम तक अपनी व्यस्तताएँ निपटा ली थीं। वह और उनकी पार्टी, जिसमें डी.पी. धर, पश्चिम बंगाल के कुछ राजनेता और बँगलादेश मुद्दे के मध्य स्तरीय अधिकारी, जैसे—पीटर सिनाइ और मैं, एक विशेष विमान से लगभग सात बजे दिल्ली रवाना हुए। जैसे ही विमान लखनऊ के कुछ पूर्व स्थित वायुक्षेत्र में पहुँचा, पायलट ने डी.पी. धर को कॉकपिट में आने के लिए कहा, क्योंकि दिल्ली से एक आवश्यक सूचना थी। श्री धर तीन-चार मिनट तक कॉकपिट में रहे, बाहर आए और श्रीमती गांधी से बात की। फिर वे अपनी सीट पर आए और पीछे बैठे हम सबसे मुखातिब होकर बोले, 'मूर्ख ने वही किया, जिसकी उम्मीद हमने की थी।' जनरल याह्या खान ने उत्तरी भारत के जम्मू, पंजाब और राजस्थान के भारतीय एयरबेसों पर अग्रिम वायु आक्रमण किया था और भारतीय क्षेत्र में थल आक्रमण भी आरंभ कर दिया था। चीफ ऑफ आर्मी स्टाफ जनरल मानेकशा ने जवाबी काररवाई भी शुरू कर दी थी। अधिकतर उत्तरी और उत्तर-केंद्रीय भारत आक्रमणों के निशाने पर था।

नई दिल्ली जाने की बजाय श्रीमती गांधी का विमान लखनऊ हवाई अड्डे की ओर मोड़ दिया गया। हम लगभग दो घंटे तक हवाई अड्डे पर रहे और विमान ने लगभग दस बजे पालम के लिए उड़ान भरी। रक्षा मंत्री जगजीवन राम इंदिरा गांधी की अगवानी के लिए वहाँ मौजूद थे। हम सब वहाँ से सीधे साउथ ब्लॉक के सैन्य मुख्यालय पहुँचे। श्रीमती गांधी, जगजीवन राम, स्वर्ण सिंह और अन्य वरिष्ठ अधिकारी सीधे ऑपरेशन रूम में गए। हमें बाहर रुकने के लिए कहा गया। जनरल मानेकशा ने भारत द्वारा पश्चिमी सेक्टर में शुरू किए गए जवाबी आक्रमण के बारे में श्रीमती गांधी और उनके कैबिनेट सहयोगियों को जानकारी दी। उन्होंने श्रीमती गांधी से पूर्वी सेक्टर में भी आक्रमण शुरू करने की अनुमति माँगी, जो तत्काल

प्रदान की गई। श्रीमती गांधी साउथ ब्लॉक के पश्चिमी भाग में स्थित कैबिनेट कक्ष में एक आपात्‌कालीन बैठक के लिए गईं, जिसका आह्वान उन्होंने दिल्ली की हवाई यात्रा के दौरान ही किया था। कैबिनेट ने तत्काल पाकिस्तान के साथ युद्ध की घोषणा करने, बँगलादेश को मान्यता देने और नई दिल्ली में बँगलादेश का कूटनीतिक मिशन खोलने की अनुमति देने का निर्णय लिया।

4 दिसंबर के पूर्वाह्न तक पूर्वी और पश्चिमी कमांड से संबंधित सैन्य समूहों ने पाकिस्तानी बलों के खिलाफ पूर्ण स्तरीय काररवाई शुरू कर दी थी। थलसेना और नौसेना को तत्काल आक्रामक काररवाइयाँ, नाकेबंदी और पाकिस्तानी विमानों व जहाजों को रोकने के आदेश दिए गए। श्रीमती गांधी ने 5 दिसंबर को संसद् में बँगलादेश को औपचारिक मान्यता देने की घोषणा की। संसद् ने एकमत से इस निर्णय का समर्थन किया और सैन्य काररवाइयों के लिए अपना अबाधित सहयोग घोषित किया। पहले पाकिस्तानी उच्चायोग में रहे बँगलादेश के सबसे वरिष्ठ कूटनीतिज्ञ हुमायूँ रशीद चौधरी को भारत में बँगलादेश का पहला प्रभारी राजदूत नियुक्त किया गया और संसद् के एक संयुक्त सत्र में दोनों सदनों द्वारा उनका स्वागत किए जाने का असामान्य सम्मान उन्हें दिया गया।

संघर्ष की शुरुआत की एक घटना भारतीय सैन्य उच्च कमांड के आत्मविश्वास और विनोदशीलता की भावना को प्रतिध्वनित करती है। मैंने 3 दिसंबर की मध्य रात्रि को एक सैन्य ब्रीफिंग के लिए ऑपरेशंस कक्ष में जाने का उल्लेख किया था। वहाँ उपस्थित कुछ सहयोगियों ने बाद में मुझे बताया कि जैसे ही इंदिराजी ऑपरेशंस कक्ष में घुसीं, उनका ध्यान टेबल पर रखी एक स्कॉच की बोतल और दो गिलासों पर गया। हमेशा की तरह तुनुकमिजाज प्रधानमंत्री ने त्यौरियाँ चढ़ाकर जनरल मानेकशॉ की ओर प्रश्नवाचक निगाहों से देखा। कहानी यह है कि जनरल मानेकशॉ ने श्रीमती गांधी से कहा, 'मैडम, इस व्हिस्की का ब्रांड नाम ब्लैक डॉग है। याह्या खान यही व्हिस्की पीते हैं। मुझे पूरा विश्वास है कि मैं उनसे अधिक पी सकता हूँ और उनसे अधिक लड़ सकता हूँ, इसलिए कृपया नाराज न हों।' इसके वर्षों बाद सन् 1998 की गरमियों में मैंने फील्ड मार्शल मानेकशॉ से पूछा कि क्या यह कहानी सच है ? उनका संक्षिप्त उत्तर था, 'हाँ, सामान्य रूप से यह कहानी सच है; लेकिन मुझे याद नहीं है कि मैंने उनसे क्या कहा था। हो सकता है, मैं हमेशा की तरह अविनीत रहा होऊँगा।'

भारत ने अपने सैन्य प्रयास के समर्थन में साथ-साथ एक कूटनीतिक अभियान भी शुरू किया। श्रीमती गांधी और विदेश मंत्री स्वर्ण सिंह द्वारा सभी राष्ट्रों व

सरकारों के प्रमुखों को क्षेत्र में संकटपूर्ण स्थिति की पृष्ठभूमि के बारे में बताते हुए संदेश भेजे गए और यह स्पष्ट किया गया कि स्वतंत्रता संघर्ष का समर्थन करने के लिए भारत को क्यों विवश होना पड़ा। उभरते संकट पर चर्चा करने के लिए 4 दिसंबर से संयुक्त राष्ट्र सुरक्षा परिषद् का आपात्कालीन सत्र बुलाया गया। अमेरिकी राजदूत जॉर्ज बुश और चीनी राजदूत हुआंग हुआ के समर्थन से संयुक्त राष्ट्र में पाकिस्तानी राजदूत आगा शाही ने सुरक्षा परिषद् द्वारा भारत के खिलाफ तत्काल काररवाई की माँग की। सोवियत राजदूत जैकब मलिक ने भारत का समर्थन करते हुए भाषण दिया और उसकी गतिविधियों को तार्किक ठहराया। जब सुरक्षा परिषद् भारत और पाकिस्तान के बीच तीसरे युद्ध से निपटने की तैयारी कर रही थी, उसी बीच संयुक्त राष्ट्र में भारत के राजदूत समर सेन ने परिस्थिति के बारे में बताते हुए कहा, 'मात्र प्रस्तावों और उपदेशों से कोई हमें अपने रास्ते पर चलने से नहीं रोक सकता। जैसा मैं पहले ही बता चुका हूँ, युद्ध-विराम का सवाल भारत और पाकिस्तान के बीच नहीं बल्कि पाकिस्तानी सेना और बँगलादेशी लोगों के बीच है। इसलिए हमें आगे बढ़ने से पहले उनकी भी बातें सुन लेनी चाहिए।'

संबद्ध राजनीतिक घटनाएँ

सन् 1971 में मात्र पंद्रह दिन चले युद्ध के बारे में कई किताबें लिखी गई हैं। इनमें राजनीतिक से लेकर सैन्य गतिविधियों तक की विवेचना की गई है। तत्कालीन पूर्वी पाकिस्तान (अब बँगलादेश) में पाकिस्तानी सेना के कमांडर रहे जनरल ए. के. नियाजी उस घटना के सत्ताईस साल बाद अपना पक्ष लेकर सामने आए हैं, जबकि भारतीय सेना के कमांडर रहे लेफ्टिनेंट जे. एस. अरोड़ा को अभी ऐसा करना बाकी है। मेरे लिए यह उचित नहीं होगा कि मैं बँगलादेश युद्ध के समय के सैन्य ऑपरेशन के बारे में किसी प्रकार की टिप्पणी करूँ, क्योंकि मैं इससे सीधे जुड़ा हुआ नहीं था। मैं सिर्फ उस समय की राजनीतिक गतिविधियों और निर्णयों का एक परोक्ष गवाह भर था। इसीलिए मैं उस समय की राजनीतिक घटनाओं पर ही अपना ध्यान केंद्रित करूँगा और एक स्वतंत्र देश के रूप में बँगलादेश के निर्माण के लिए जिम्मेदार नाटकीय घटनाक्रम की व्याख्या करूँगा।

सबसे पहले जो सैन्य अभियान के उन विस्तृत लक्ष्यों और विशेषताओं का वह संक्षिप्त वर्णन मैं यहाँ कर रहा हूँ, मुझे याद है। इस सैन्य अभियान का प्राथमिक लक्ष्य पाकिस्तानी सेना को करारी मात देने के लिए बँगलादेश के स्वतंत्रता सेनानियों को पूरा समर्थन देना था, ताकि स्वतंत्र बँगलादेश का निर्माण संभव हो सके।

एक अन्य लक्ष्य यह था कि पाकिस्तान इस विवादास्पद स्थिति का कोई फायदा उठाकर जम्मू एवं कश्मीर में किसी प्रकार की घुसपैठ करके उसपर कब्जा न कर सके। साथ ही यह लक्ष्य भी रखा गया कि जहाँ तक संभव हो सके, पाकिस्तान को सिंध और पंजाब की ओर से पश्चिमी सेक्टर में भारतीय भूमि पर कब्जा करने से रोका जाए। भारत ने यह भी तय किया कि संयुक्त राष्ट्र सहित विभिन्न देशों की राजधानियों में तकनीकी और कार्यवाही के स्तर पर राजनीतिक पहल की जाए। पाकिस्तान के खिलाफ भारत की काररवाई पर किसी प्रकार की द्विपक्षीय अथवा विश्व समुदाय की विस्तृत प्रतिक्रिया को रोकने और बँगलादेश के निर्माण में किसी प्रकार की देरी को टालने के लिए ऐसी पहल आवश्यक थी।

इन सभी लक्ष्यों को हासिल करने के लिए सैन्य अभियान को उच्च स्तर पर राजनीतिक दिशा-निर्देश प्रधानमंत्री श्रीमती इंदिरा गांधी द्वारा दिए जा रहे थे और इस काम में उनका सहयोग उनके प्रधान सचिव पी. एन. हक्सर और नीति योजना समिति के अध्यक्ष डी. पी. धर कर रहे थे। काररवाई और विस्तृत दिशा-निर्देश जनरल मानेकशॉ, एयर चीफ मार्शल पी. सी. लाल और एडमिरल एस. एम. नंदा दे रहे थे। पूर्वी सेक्टर में सेना की कमान लेफ्टिनेंट जनरल अरोड़ा और पश्चिमी सेक्टर में लेफ्टिनेंट जनरल के. पी. कैंडेथ के हाथों में थी।

यह विस्तृत रणनीति काम कर गई और भारत द्वारा निर्धारित किए गए सभी लक्ष्य पूरी तरह हासिल कर लिये गए। पूर्वी पाकिस्तान में पाकिस्तानी सेना को निर्णायक रूप से पराजित होना पड़ा और भारतीय सेना ने तिरानबे हजार युद्धबंदी पकड़े। यह संख्या विश्व इतिहास के किसी भी अन्य युद्ध में बंदी बनाए गए सैनिकों की संख्या से अधिक है और इसकी तुलना सिर्फ स्टालिनग्राद में रूसी सेना द्वारा फील्ड मार्शल वॉन पॉली की पूरी टुकड़ी को बंदी बनाने से की जा सकती है। युद्धबंदियों में जनरल भी शामिल थे और ये सभी पूर्वी पाकिस्तान में सेवारत थे। पश्चिमी सेक्टर में भारत ने पाकिस्तानी सेनाओं को कच्छ के रन से पीछे खदेड़ दिया। 16 दिसंबर, 1971 को जिस समय भारत ने पश्चिमी सेक्टर में एकतरफा युद्ध-विराम की घोषणा की, उस समय तक जम्मू एवं कश्मीर के रणनीतिक दृष्टि से महत्त्वपूर्ण स्थलों के अलावा दक्षिणी पंजाब और सिंध का पाँच हजार वर्ग किलोमीटर का इलाका भारत के कब्जे में आ चुका था। संक्षिप्त रूप में यही सैन्य अभियान का सुफल है।

इस अभियान के राजनीतिक और कूटनीतिक आयाम ही दिलचस्प हैं। जिस समय प्रधानमंत्री श्रीमती गांधी और रक्षा मंत्री जगजीवन राम दिल्ली में स्थिति

सँभाल रहे थे उस समय विदेश नीति और संयुक्त राष्ट्र में स्थिति सँभालने का काम भारत के व्यवहार कुशल और धैर्यवान् विदेश मंत्री सरदार स्वर्ण सिंह और विदेश सचिव टी. एन. कौल कर रहे थे। इस काम में उनका सहयोग संयुक्त राष्ट्र में भारत के राजदूत अमर सेन कर रहे थे। जैसे ही युद्ध शुरू हुआ, दुनिया की विभिन्न ताकतों ने युद्ध रोकने और युद्ध-विराम की घोषणा के लिए भारत पर दबाव डालना शुरू कर दिया। इस आशय के संदेश लगातार आने लगे। केवल सोवियत संघ इस मामले में अपवाद था। सोवियत संघ ने हालाँकि युद्ध समाप्त करने का आग्रह किया, मगर इस बात पर भी जोर दिया कि ऐसा सिर्फ तभी संभव हो सकता है, जब याह्या खान शेख मुजीबुर रहमान को रिहा करें और पूर्वी पाकिस्तान के नागरिकों की इच्छाओं के अनुरूप अर्थपूर्ण कदम उठाएँ। पूर्व में लिखा जा चुका है, जैसे ही युद्ध शुरू हुआ, पूर्वी पाकिस्तान/बँगलादेश में चल रहे घटनाक्रम पर किए जा रहे विचार-विमर्श को संयुक्त राष्ट्र महासभा से स्थानांतरित करके सुरक्षा परिषद् में भेज दिया गया। दिसंबर 1971 में न तो भारत और न ही पाकिस्तान सुरक्षा परिषद् का सदस्य था। सुरक्षा परिषद् के अध्यक्ष और संयुक्त राष्ट्र संघ के महासचिव ने एक बैठक बुलाई, मगर इसकी पहल अमेरिका ने की थी। सुरक्षा परिषद् की इस आपात् बैठक का उद्देश्य ऐसे सामूहिक प्रस्तावों को पारित करना था, जिसमें भारत और पाकिस्तान से युद्ध रोकने तथा राजनीतिक बातचीत शुरू करने को कहा जाता। 4 दिसंबर से 16 दिसंबर तक सुरक्षा परिषद् के सदस्य देशों के स्थायी प्रतिनिधियों और भारत-पाकिस्तान ने कुल पैंतीस बयान जारी किए। दिलचस्प तथ्य यह है कि पोलैंड के प्रतिनिधि को छोड़कर अधिकांश बयान अमेरिका, ब्रिटेन, फ्रांस, चीन और रूस ने जारी किए। निश्चित रूप से संयुक्त राष्ट्र में भारतीय राजदूत समर सेन और पाकिस्तानी राजदूत आगा शाही ने भी बयान जारी किए। पाँच स्थायी सदस्य देशों का प्रतिनिधित्व काफी वरिष्ठ लोगों ने किया। अमेरिका का प्रतिनिधित्व जॉर्ज बुश ने किया, जो कि बाद में अमेरिका के राष्ट्रपति बने (इक्कीसवीं सदी के प्रारंभ में इनके पुत्र भी अमेरिका के राष्ट्रपति बने)। फ्रांस के प्रतिनिधि के. मोर्तजई थे, जो बाद में वहाँ के विदेश मंत्रालय के महासचिव बने। चीन के प्रवक्ता हुआंग हुआ थे, जो बाद में विदेश मंत्री बने। रूस और ब्रिटेन का प्रतिनिधित्व क्रमश: जैकब मलिक और सर कॉलिन क्रो ने किया। आगा शाही बाद में पाकिस्तान के विदेश मंत्री बने, जबकि समर सेन बँगलादेश में भारत के दूसरे (सबसे अधिक दिनों तक) उच्चायुक्त रहे। सुरक्षा परिषद् की कार्यवाही का मुख्यत: लेखा-जोखा इस प्रकार रहा—

पाकिस्तान ने आरोप लगाया कि भारत जानबूझकर पूर्वी पाकिस्तान में अलगाववादियों को भड़का रहा है और उन्हें खुलेआम सैन्य सहायता दे रहा है। भारत के सारे तर्क इस बात पर केंद्रित रहे कि भारत में तेज गति से बढ़ रहे शरणार्थियों की वजह से पैदा हुए राजनीतिक, सामाजिक और आर्थिक कारणों ने उसे बँगलादेशी स्वतंत्रता सेनानियों को सहायता देने पर मजबूर कर दिया है। अमेरिका, फ्रांस और ब्रिटेन के साथ-साथ कई अस्थायी सदस्य देशों ने इस मामले में टालमटोल की नीति अपनाई और विवाद के मूल कारणों से तटस्थता का भाव अपनाते हुए भारत और पाकिस्तान से आग्रह किया कि वे तत्काल युद्ध-विराम करें और विवादों का राजनीतिक हल ढूँढ़ें। इनमें से किसी भी देश ने विवाद के कारणों की गहराई में जाने का प्रयास नहीं किया, खासकर बँगलादेश की जनता द्वारा दिए गए आदेश के पूरा करने पर भी कोई विचार नहीं किया गया। सोवियत संघ और कुछ हद तक पोलैंड ने समस्या के मूल में जाने का प्रयास किया।

4 से 7 दिसंबर के दौरान संयुक्त राष्ट्र में तेरह प्रस्ताव (चार महासभा में और तेरह सुरक्षा परिषद में) रखे गए। 12 से 21 दिसंबर तक तेरह और प्रस्ताव सुरक्षा परिषद् में रखे गए। अमेरिका, सोवियत संघ और पोलैंड द्वारा रखे गए प्रस्ताव खास तौर से महत्त्वपूर्ण हैं। अमेरिकी प्रस्ताव में लगातार माँग की गई कि भारत और पाकिस्तान के बीच सभी प्रकार की लड़ाई तत्काल बंद होनी चाहिए और भारत तथा पाकिस्तान को एक-दूसरे की जमीन तत्काल खाली करनी चाहिए। प्रस्ताव में दोनों देशों से आग्रह किया गया कि वे ऐसा माहौल बनाएँ कि बँगलादेशी शरणार्थी अपने देश में सकुशल लौट सकें। इस काम में संयुक्त राष्ट्र के महासचिव की मदद लेने की बात भी कही गई। इस प्रस्ताव में बँगलादेशी जनता की राजनीतिक आकांक्षाओं के बारे में एक शब्द भी नहीं कहा गया और न ही यह कहा गया कि किसी प्रकार बँगलादेशियों की राजनीतिक इच्छा पूरी होगी।

इसके विपरीत सोवियत संघ का प्रस्ताव छोटा और विषय-केंद्रित था। उनका कहना था कि पूर्वी पाकिस्तान की समस्या का राजनीतिक हल निकालने से सभी प्रकार की लड़ाई स्वतः समाप्त हो जाएगी। प्रस्ताव में पाकिस्तान से आग्रह किया गया कि वह पूर्वी पाकिस्तान में निरीह जनता का कत्लेआम बंद करने के लिए अपनी सेना को निर्देश जारी करे। चीन का प्रस्ताव भारत की निंदा करनेवाला था। उसमें माँग की गई थी कि भारत को पाकिस्तानी क्षेत्र से अपनी सीमा तत्काल हटा लेनी चाहिए। प्रस्ताव में सभी देशों से माँग की गई थी कि भारत के आक्रमण के खिलाफ उन्हें पाकिस्तान का समर्थन करना चाहिए। फ्रांस, ब्रिटेन सहित अन्य

अस्थायी देशों के प्रस्ताव अमेरिकी प्रस्ताव के समर्थन में थे।

सुरक्षा परिषद् में रखा गया सबसे महत्त्वपूर्ण प्रस्ताव पोलैंड का था (ड्राफ्ट रिजॉल्यूशन नंबर एस-10453), जो 14 दिसंबर, 1971 को रखा गया था। इस प्रस्ताव में सुरक्षा परिषद् की ओर से यह शर्त रखने की बात कही गई थी कि पूर्वी पाकिस्तान में जनता के द्वारा चुने गए प्रतिनिधियों को शांतिपूर्ण ढंग से सत्ता का हस्तांतरण किया जाना चाहिए और जनता के नेता शेख मुजीबुर रहमान को तुरंत रिहा किया जाना चाहिए। प्रस्ताव में इसके लिए युद्ध-विराम की शर्त रखी गई थी। इस प्रस्ताव के फॉलोअप में पोलैंड ने यह भी जोड़ा कि पूर्वी पाकिस्तान में पाकिस्तानी सेना को निर्धारित स्थानों पर रखा जाए, जहाँ से उन्हें पश्चिमी पाकिस्तान भेजा जा सकता है। पाकिस्तानी सेना और पश्चिमी पाकिस्तान के नागरिकों की स्वदेश वापसी और पूर्वी पाकिस्तान के शरणार्थियों की वापसी संयुक्त राष्ट्र की निगरानी में करवाने की बात भी कही गई। प्रस्ताव में सुझाव दिया गया कि जैसे ही ये सभी शर्तें पूरी हो जाएँ वैसे ही भारतीय सेना को पाकिस्तानी जमीन खाली कर देनी चाहिए। इसके साथ ही युद्ध के दौरान जीते गए क्षेत्रों को भी वापस किया जाना चाहिए।

जैसा मुझे याद आता है—4 से 16 दिसंबर के बीच सोवियत संघ ने सात बार भारत के पक्ष में और अमेरिका तथा उसके सहयोगियों के प्रस्तावों के विरोध में सुरक्षा परिषद् में मतदान किया था। इसी प्रकार सोवियत संघ और पोलैंड के बँगलादेश और भारत-समर्थक प्रस्तावों को भी पश्चिमी देशों के वीटो का सामना करना पड़ा। 12 से 14 दिसंबर के बीच जब युद्ध समाप्ति की ओर बढ़ गया तब कुछ प्रस्तावों को (जैसे—फ्रांस द्वारा रखे गए प्रस्ताव को बँगलादेशियों की आकांक्षाओं की प्रतिक्रिया और राजनीतिक समाधान के लिए निर्दिष्ट किया गया। विस्तृत रूप से यही बात सामने आई कि भारत के सोवियत संघ के साथ नजदीकी संबंध और रणनीतिक समीकरणों ने ही सुरक्षा परिषद् को भारत के खिलाफ दंडात्मक कदम उठाने से रोका। अगर सोवियत वीटो नहीं होता तो राष्ट्रपति निक्सन की प्रो-पाकिस्तान नीति का प्रदर्शन सुरक्षा परिषद् की काररवाई में होता। तब बँगलादेश की आजादी की संभावना तो खत्म हो ही जाती, भारत को भी जोरदार रणनीतिक झटका लगता।

यह आकलन दिसंबर 1971 में सुरक्षा परिषद् की बहसों में भाग लेनेवाले भारतीय प्रतिनिधिमंडल के सचिव के रूप में मेरी लगातार मौजूदगी पर आधारित है। पूर्वी पाकिस्तान से संबंधित समस्या पर सुरक्षा परिषद् में बहस के दौरान हुए

शास्त्रार्थ और भारत तथा पाकिस्तान के द्वारा चली गई राजनीतिक चालों के कारण कुछ नाटकीय दृश्य भी देखने को मिले। 9 से 12 दिसंबर के बीच हुई बहस के दौरान चीन के प्रतिनिधि हुआंग हुआ ने अपने प्रस्तावों पर सोवियत संघ द्वारा वीटो क़र देने के बाद वैचारिक शास्त्रार्थ का उपाय अपनाया और सोवियत संघ की आलोचना की। उन्होंने सोवियत संघ की समाजवादी मान्यता, विश्व में समाजवादी एकता बनाए रखने और इसके लिए प्रेरणा प्रदान करने में सोवियत संघ की अक्षमता पर सवाल खड़े किए।

रूसी प्रतिनिधि जैकब मलिक का जवाब व्यंग्यपूर्ण था। सभी आलोचनाओं का सिलसिलेवार जवाब दे देने के बाद उन्होंने हुआंग हुआ से कहा कि सोवियत संघ अपनी समाजवादी पहचान को लेकर किसी मनोग्रंथि का शिकार नहीं है। हाँ, चीन को जरूर अपनी समाजवादी एकता को लेकर आत्मविश्लेषण करना चाहिए। मलिक ने कहा कि चीन ने एक बार एक साम्राज्यवादी को रूस भेजा था—उनका आशय मिंग वंश के अंतिम शासक पू यी से था—जो उस समय मंचूरिया गया था, जब वह रूस के शासन के अंतर्गत था। रूसियों ने उसे लाइब्रेरियन बना दिया था और वापस चीन भेज दिया था, ताकि वह चीनी नागरिक के रूप में उपयोगी काम कर सके। इसके बाद रूस ने एक अन्य चीनी नागरिक को लाइब्रेरी विज्ञान में प्रशिक्षण देकर चीन भेजा था—यहाँ पर आशय माओ-त्से-तुंग से था—जिसे चीनियों ने शासक बना दिया, जो पूरी तरह सनक और कल्पनाओं से भरा हुआ था। यह सुनाने के बाद मलिक ने पूछा कि कौन सा देश सही मायने में समाजवादी है?

□

: अध्याय 7 :

सरदार स्वर्ण सिंह और आत्मसमर्पण

सुरक्षा परिषद् की चर्चा के लिए स्वर्ण सिंह 10 दिसंबर को न्यूयॉर्क पहुँचे। उनके भाषण का पहला प्रारूप तैयार करने का कार्य मुझे और संयुक्त राष्ट्र में हमारे स्थायी मिशन के पहले सचिव और बाद में चीन तथा फ्रांस में राजदूत बने सी.वी. रंगनाथन को सौंपा गया था। हमने एक संक्षिप्त और केंद्रित भाषण तैयार किया। स्वर्ण सिंह ने प्रारूप पर एक नजर डाली और कहा कि यह भाषण ठीक नहीं है। उन्होंने कहा कि हमें पूर्वी पाकिस्तान के लोगों का उनके अपने देश से अलगाव का संपूर्ण इतिहास वर्णित करते हुए एक लंबा भाषण तैयार करना चाहिए। उन्होंने यह भी कहा कि उन्होंने कम-से-कम दो दिनों तक भाषण देने का प्रस्ताव रखा है। हमने उसी के अनुसार बीस मुद्रित पृष्ठों का एक लंबा भाषण तैयार किया। उस भाषण का एक व्याख्यात्मक दूसरा भाग था, जो नौ मुद्रित पृष्ठों में समाहित था। स्वर्ण सिंह ने यह भाषण 12 और 13 दिसंबर को दिया। एक बार उन्होंने सहकालिक (साथ-साथ) अनुवाद की बजाय क्रमवार अनुवाद पर जोर दिया। सुरक्षा परिषद् वह इकलौता मंच है, जहाँ प्रतिनिधि अपने भाषण को संयुक्त राष्ट्र की चार आधिकारिक भाषाओं में क्रमिक अनुवाद करवाने की माँग कर सकता है और अपने भाषण के मुद्दे की गंभीरता को देखते हुए सहकालिक अनुवाद को अस्वीकार कर सकता है। इसका स्पष्ट परिणाम यह होता है कि भाषणकर्ता को अधिक समय मिल जाता है।

न्यूयॉर्क के स्थानीय समय के अनुसार, 14 दिसंबर की सुबह तक यह स्पष्ट हो गया था कि सैन्य संघर्ष अगले 12 से 24 घंटों में समाप्त हो जाएगा। हमने सरदार स्वर्ण सिंह से पूछा कि वह एक लंबे भाषण का आग्रह क्यों कर रहे हैं, जो

सुरक्षा परिषद् के सदस्यों का ध्यान वास्तविक मुद्दे पर से हटा सकता है ? उन्होंने जवाब दिया कि इस संघर्ष को एक निर्णायक अंत तक पहुँचाने के लिए भारत को पर्याप्त समय दिलाना है, ताकि संयुक्त राष्ट्र का कोई निर्णय उसके मार्ग में बाधा न बन सके। उनका राजनीतिक आकलन बिलकुल सही था; क्योंकि 11 दिसंबर तक यह स्पष्ट हो गया था कि संयुक्त राष्ट्र में धैर्य कम होने लगा था। यहाँ तक कि रूस ने भी भारत से इस संघर्ष को जल्द समाप्त करने का आग्रह करना आरंभ कर दिया था; क्योंकि उसे महसूस होने लगा था कि वह संयुक्त राष्ट्र में पश्चिम के प्रयासों का विरोध अधिक समय तक जारी नहीं रख पाएगा।

चूँकि ढाका में पाकिस्तानी सेना की हार और आत्मसमर्पण की संभावनाएँ नजर आने लगी थीं, अत: 16 दिसंबर को सुरक्षा परिषद् की बैठक हुई। परिषद् में पाकिस्तानी प्रतिनिधिमंडल का नेतृत्व कर रहे जुल्फिकार अली भुट्टो ने कटु शब्दों में भारत पर दोषारोपण किया। न्यूयॉर्क और उपमहाद्वीप में समय-अंतराल के कारण न्यूयॉर्क के स्थानीय समय के अनुसार, 16 दिसंबर की सुबह को किसी समय, ढाका में आत्मसमर्पण किए जाने की सूचना सरदार स्वर्ण सिंह को मिली। उन्होंने आत्मसमर्पण और (भारतीय समयानुसार आठ बजे शाम से पश्चिमी मोरचे पर) एकपक्षीय युद्ध-विराम घोषित करने के भारत के फैसले के बारे में सूचना देते हुए सुरक्षा परिषद् की बैठक को संबोधित किया। उन्होंने सुरक्षा परिषद् से यह सुनिश्चित करने का आग्रह किया कि भारत की एकपक्षीय युद्ध-विराम घोषणा को सम्मानित व लागू किया जाए। गोलाकार सम्मेलन मेज पर सरदार स्वर्ण सिंह से तीन या चार यार्ड दूर बैठे भुट्टो ने अपने सामने रखे परिषद् के कागजात फाड़ डाले, बिफर कर भारत पर हिंसा व आक्रामकता का आरोप लगाया और घोषणा की कि सरदार स्वर्ण सिंह के हाथ खून से रँगे हैं। उन्होंने कहा कि सदस्य देशों के महत्त्वपूर्ण हितों के प्रभावित होने पर सुरक्षा परिषद् कोई महत्त्वपूर्ण भूमिका नहीं निभाता। उसके बाद परिषद् की बैठक छोड़कर भुट्टो चले गए। पाकिस्तान के स्थायी प्रतिनिधि आगा शाही ने समझदारी दिखाते हुए वहीं रहने का फैसला किया, क्योंकि उन्हें महसूस हुआ कि इस समय पाकिस्तान को अंतरराष्ट्रीय समर्थन और सहानुभूति की आवश्यकता है। वे परिषद् के स्थगित होने तक अपनी जगह पर बैठे रहे।

सरदार स्वर्ण सिंह की दूरदर्शिता

16 दिसंबर, 1971 को ढाका में रेस कोर्स मैदान में साढ़े चार बजे अपराह्न में आत्मसमर्पण हुआ। ले. जनरल नियाजी ने आत्मसमर्पण और ले. जनरल अरोड़ा ने

आत्मसमर्पण स्वीकार करने के कागजात पर हस्ताक्षर किए। आत्मसमर्पण समारोह के पहले कुछ नाटकबाजी हुई, जिसका वर्णन मैं बाद में करूँगा। पहले हम संयुक्त राष्ट्र में लौटें। जब 16 दिसंबर को सुरक्षा परिषद् की बैठक समाप्ति की ओर बढ़ रही थी, तब सरदार स्वर्ण सिंह ने सचिव टी.एन. कौल तक यह संदेश पहुँचाया कि इस बैठक के समाप्त होने के तुरंत बाद परिषद् कक्ष के बाहर लाउंज में सभी भारतीय प्रतिनिधियों से वे मिलना चाहते हैं। हम सभी इस बैठक के उद्देश्य के बारे में जानने के लिए उत्सुक थे। सरदार स्वर्ण सिंह बाहर आए और हमें दो या तीन विशिष्ट निर्देशों का पालन सख्ती से करने को कहा। उन्होंने कहा कि कोई भी भारतीय प्रतिनिधि अगले अड़तालीस घंटों में प्रतिनिधि लाउंज के बार में नहीं दिखना चाहिए। उन्होंने हमें इस बात के लिए भी सतर्क किया कि अन्य प्रतिनिधियों से भारतीय सेना की जीत और बँगलादेश की आजादी के बारे में बात करते समय हमें शेखी या युद्धप्रियता का डंका नहीं पीटना है। उन्होंने कहा कि सवालों के जवाब देते समय हमें खुद को सीमित रखना चाहिए। उन्होंने इस बात पर बल दिया कि अपनी प्रतिक्रिया में हमें यह जरूर बताना चाहिए कि इस त्रासदी का कारण पूर्णरूप से पाकिस्तानी सैन्य शासन की अतार्किकता है, कि स्वतंत्रता संघर्ष के लिए भारत का समर्थन अनिवार्य था और भारत द्वारा युद्ध के पश्चिमी मोरचे पर एकपक्षीय युद्ध-विराम की घोषणा इस बात का प्रमाण है कि उसका कोई आक्रामक उद्देश्य नहीं था। हम सब स्वर्ण सिंह की राजनीतिक संवेदनशीलता और दूरदर्शिता से प्रभावित हुए। उन्होंने जो निर्देश हमें दिए, वे अब भी इतिहास की इस प्रकार की घटनाओं और क्षणों के लिए प्रासंगिक हैं।

ढाका में पाकिस्तानी सेनाओं के आत्मसमर्पण से पहले सैन्य काररवाइयों के दौरान की एक घटना का उल्लेख करना उचित होगा। पूर्वी पाकिस्तान के गवर्नर ने बढ़ते और आसन्न भारतीय सैन्य काररवाइयों से निपटने के उपायों पर चर्चा के लिए 13 या 14 दिसंबर को पूर्वी पाकिस्तान सरकार के कैबिनेट की बैठक बुलाई। भारतीय सैन्य इंटेलिजेंस को इस बैठक और उसके समय के बारे में पूर्व सूचना मिल गई थी। बाद में 'बंग भवन' के रूप में प्रसिद्ध होनेवाली इमारत के बाएँ हिस्से में स्थित विशाल सम्मेलन कक्ष में वह बैठक होनी थी। इस बैठक के शुरू होने से चंद मिनट पहले भारतीय वायुसेना ने इस कक्ष को लक्ष्य करके सटीक रॉकेट आक्रमण किया। भवन का कोई और हिस्सा क्षतिग्रस्त नहीं हुआ था। (मैंने 16 दिसंबर को आत्मसमर्पण के तुरंत बाद इस कमरे को देखा) रॉकेटों ने केवल इस कक्ष और उसके सम्मेलन मेज को क्षति पहुँचाई थी। मेरे बँगलादेशी मित्रों ने बाद में

मुझे बताया कि इस वायु कारखाई ने पूर्वी पाकिस्तान के शासकों को विशेष रूप से हतोत्साहित किया और संभवतः शीघ्र बिना शर्त समर्पण की भूमिका तैयार की।

फिर संयुक्त राष्ट्र में लौटें, तो इस बात का उल्लेख करना उचित होगा कि जनरल नियाजी ने 11 और 12 दिसंबर को संयुक्त राष्ट्र महासचिव को यह संदेश भेजा कि संयुक्त राष्ट्र के संरक्षण में तत्काल युद्ध-विराम की माँग की जानी चाहिए और संयुक्त राष्ट्र के विमानों व जहाजों द्वारा पाकिस्तानी सैन्य बलों को निकाल लिया जाना चाहिए। इस संदेश पर नियाजी के राजनीतिक सलाहकार और चीफ ऑफ स्टाफ मेजर जनरल राव फरमान अली के हस्ताक्षर थे। राष्ट्रपति याह्या खान की कोई औपचारिक सहमति नहीं थी। जो भी हो, 10 से 17 दिसंबर के दौरान संघर्ष अंतिम दौर में था।

सुरक्षा परिषद् की बैठक में नाटक का अंतिम प्रकरण था 21 दिसंबर, 1971 को एक प्रस्ताव (1971 का नं 307) लागू करना। संघर्ष की समाप्ति भारत द्वारा घोषित एकपक्षीय युद्ध-विराम और पाकिस्तान की स्वीकृति को देखते हुए सुरक्षा परिषद् ने माँग की कि युद्ध-विराम को स्थायी बनाया जाए। उसने भारतीय और पाकिस्तानी सेनाओं की वापसी का सुझाव दिया। उसने अपने सदस्य देशों को ऐसी किसी गतिविधि से दूर रहने को कहा, जो उपमहाद्वीप में स्थिति को अनियंत्रित कर सकती हो। यह विशेष धारा संभवतः पाकिस्तान और चीन को यह संकेत था कि वे एक साथ मिलकर संघर्ष को पुनः शुरू करने का प्रयास न करें।

मैंने 'नाटक' शब्द का प्रयोग इसलिए किया, क्योंकि पूरे पूर्वी पाकिस्तान संकट के दौरान संयुक्त राष्ट्र ने इस महत्त्वपूर्ण मुद्दे की गंभीरता को समझने और उसे सुलझाने का कोई प्रयास जैसे कि पूर्वी पाकिस्तान की जनता की आकांक्षाओं को पूरा करने का कोई प्रयत्न नहीं किया, न ही संयुक्त राष्ट्र या सुरक्षा परिषद् ने बँगलादेश के लोगों के खिलाफ पाकिस्तानी सेना की विध्वंसक सैन्य कारखाइयों को रोकने का कोई प्रयास किया। यहाँ तक कि इस मुद्दे पर चर्चा करते समय मत-विभाजन पूरी तरह रणनीतिक और शीत युद्ध पर आधारित था। एक प्रकार से यह भारत को सोवियत संघ की मदद से स्वतंत्रता संघर्ष को समर्थन देने की नीति बरकरार रखने में मददगार साबित हुई; लेकिन सबसे महत्त्वपूर्ण सबक भारत को एक बार फिर मिला—एक ऐसा सबक जो पहले कश्मीर में पाकिस्तानी आक्रमण के मुद्दे पर संयुक्त राष्ट्र के रवैये से भारत को मिल चुका था—कि संयुक्त राष्ट्र राजनीतिक संकटों को सुलझाने में तब तक प्रभावी भूमिका नहीं निभा सकता जब तक परिषद् के स्थायी सदस्यों में आम सहमति न हो। संकटपूर्ण स्थितियों में संयुक्त

राष्ट्र के शीत-युद्ध पश्चात् प्रतिक्रिया के संदर्भ में यह सबक अब भी सही है।

अब हम 3 दिसंबर, 1971 और 9 जनवरी, 1972 के बीच भारत और बँगलादेश की घटनाओं की ओर चलें। दूसरी तिथि बँगलादेश के इतिहास में एक महत्त्वपूर्ण स्थान रखती है, क्योंकि इसी दिन दोपहर को शेख मुजीबुर रहमान लगभग नौ माह के बाद ढाका लौटे। पश्चिमी पाकिस्तान में अपने लंबे कारावास की अवधि के दौरान वह कई बार फाँसी के कगार पर थे।

मैंने युद्ध के दौरान भारतीय सैन्य उच्च कमांड द्वारा अपनाए गए विस्तृत रणनीतिक दृष्टिकोण का उल्लेख किया है। पाकिस्तानी वायु आक्रमण के बाद जब खुला युद्ध घोषित हो गया तो भारतीय सेना ने पाकिस्तानी सैन्य बलों से लड़ने का मुख्य भार अपने ऊपर ले लिया। स्वतंत्रता सेनानियों के विभिन्न समूहों ने पाकिस्तानी सैन्य रेखाओं और उनके केंद्रबिंदुओं के पीछे से आक्रमण करने में महत्त्वपूर्ण भूमिका निभाई। उन्होंने पूरे सैन्य अभियान के दौरान भारतीय सैन्य बलों का मार्गप्रदर्शन उन क्षेत्रों में किया, जिनसे भारत रिचित नहीं था। उन्होंने पूर्वी पाकिस्तान में पाकिस्तानी बलों के बारे में अत्यंत महत्त्‍ पूर्ण मनोवैज्ञानिक, सैन्य-संचालन संबंधी और क्रियात्मक सूचनाएँ उपलब्ध कराई। मुक्तिवाहिनी सेना के सदस्यों ने अपने नेताओं जनरल उस्मानी, मेजर जियाउर रहमान, शेख मोनी, टाइगर सिद्दीकी, अब्दुल रब, तुफैल अहमद तथा अब्दुल रजाक के मार्गप्रदर्शन में पूर्वी पाकिस्तान और भारतीय सैन्य बलों के बीच एक महत्त्वपूर्ण कड़ी के रूप में भी काम किया। हालाँकि यह युद्ध पंद्रह दिनों में समाप्त हो गया, फिर भी यह बहुत से तनावों और विरोधाभासों से भरपूर था। इंटेलिजेंस सूत्रों ने संकेत दिया कि चीन पाकिस्तान की मदद के लिए आ सकता है। यह एक ऐसी सूचना थी, जिसे भारत ने अपनी रणनीतिक योजना में स्थान दिया था। जनरल नियाजी के संस्मरणों और पाकिस्तानी लेखकों द्वारा लिखे गए युद्ध के वर्णन इस बात की पुष्टि करते हैं कि इसलामाबाद को उम्मीद थी कि चीन उन्हें राजनीतिक और सैन्य समर्थन प्रदान करेगा। इस संभावना से निपटने के लिए भारत को आकस्मिक योजनाओं की आवश्यकता थी। जनरल उस्मानी और पूर्वी कमांड के वरिष्ठ सैन्य अधिकारियों के संबंध कुछ तनावपूर्ण थे। हालाँकि संयुक्त कमांड के संदर्भ में क्रियात्मक उत्तरदायित्व पूर्वी कमांड के जी.ओ.सी. में निहित थे, जनरल उस्मानी युद्ध रणनीति बनाने में क्रियात्मक भूमिका चाहते थे और भारतीय कमांडरों के साथ मिलकर काम करने की प्रधानमंत्री ताजुद्दीन अहमद की सलाह पर कभी-कभी क्षुब्ध हो जाते थे।

भारतीय सेनाओं के पास मिसाइल, गोला-बारूद, तोप के गोलों और विभिन्न

प्रकार के सैन्य उपकरणों की कमी थी, जो उनके लिए तत्काल सोवियत संघ से प्राप्त करना आवश्यक था। सोवियत संघ के साथ डी.पी. धर और टी.एन. कौल के नजदीकी संबंध इसमें मददगार सिद्ध हुए। ये दोनों सातवें दशक में मॉस्को में राजदूत रह चुके थे। इसके साथ ही श्रीमती गांधी और ब्रेझनेव के बीच अच्छे समीकरण भी इसमें सहायक हुए। अगस्त 1971 में हस्ताक्षरित किया गया शांति, मित्रता और सहयोग का भारत-सोवियत संघ समझौता इस युद्ध के दौरान सबसे महत्त्वपूर्ण राजनीतिक और कूटनीतिक प्रभावी कारक सिद्ध हुआ। दो पूर्व सोवियत उप विदेश मंत्री—फिरयुबिन और कुझनेत्सोव ने खासकर भारत की बहुत मदद की। यह ध्यान में रखना चाहिए कि राष्ट्रपति निक्सन और पूर्वी पाकिस्तान पर उनके वाशिंगटन स्पेशल ऐक्शन ग्रुप का भारत-विरोधी झुकाव अमेरिका और सोवियत संघ के अंतर्व्यवहार में स्पष्ट रूप से सामने आया। अक्तूबर और दिसंबर 1971 के बीच वाशिंगटन ने मॉस्को को कई प्रस्ताव भेजे कि वह बँगलादेश के स्वतंत्रता संघर्ष में शामिल होने से रोकने के लिए भारत पर दबाव डाले। इन संदेशों के मुख्य तत्त्व ये थे कि सोवियत संघ इस बात का प्रयास करे कि भारत मुजीबनगर सरकार को समर्थन देना बंद करे, उससे संबंध तोड़ ले तथा पाकिस्तान की सीमाओं पर नियुक्त अपने सैनिकों को वापस बुला ले। इसके बदले में मुजीबुर रहमान को रिहा करने, उनके साथ बातचीत आरंभ करने और पूर्वी पाकिस्तान के शरणार्थियों को भारत से वापस बुलाने में सहयोग करने का प्रस्ताव रखा गया। सोवियत संघ ने इस प्रस्ताव को अस्वीकृत कर दिया।

सोवियत सैन्य सामग्री अक्तूबर के अंत तक भारत पहुँचने लगी। जब नई दिल्ली में भारत-पाक सशस्त्र संघर्ष की संभावना का पूर्वानुमान लगाया गया तो उप रक्षा मंत्री और सोवियत सशस्त्र सेनाओं के चीफ ऑफ स्टाफ मार्शल पावेल एस. कुताखोव नवंबर में भारत के दौरे पर आए। अमेरिका ने अपनी ओर से जनरल याह्या खान को पीछे हटने के लिए राजी करने का प्रयास किया। याह्या खान को पूर्वी पाकिस्तान से पाकिस्तानी सैनिकों की एकपक्षीय वापसी और मुजीबुर रहमान के साथ राजनीतिक वार्त्ता शुरू करने के लिए कहा गया। याह्या 2 नवंबर को अपने सैनिकों को पूर्वी पाकिस्तान से वापस बुलाने के लिए राजी हो गए; लेकिन उन्होंने राजनीतिक वार्त्ता पुनः शुरू करने की बात को टाल दिया। उनका पक्ष यह था कि वह उन पूर्वी पाकिस्तानी राजनेताओं से बातचीत करने के लिए तैयार हैं, जो स्वतंत्रता आंदोलन में शामिल नहीं थे। इससे अवामी लीग के साथ वार्त्ता की संभावना समाप्त हो गई। याह्या खान स्थिति की गंभीरता को समझे बिना

तब भी राजनीतिक चालें चल रहे थे।

एक अन्य महत्त्वपूर्ण घटनाक्रम में अमेरिका ने नवंबर में भारत को आर्थिक सैन्य सहायता और सैन्य बिक्री पर रोक लगा दी। यह बात आम जनता की जानकारी में नहीं है कि पूरे नवंबर और दिसंबर के मध्य तक राष्ट्रपति निक्सन संयुक्त राष्ट्र में चीनी राजदूत हुआंग हुआ के साथ बैठकें करके यह विचार करते रहे कि भारत को बँगलादेशी स्वतंत्रता आंदोलन से अलग करने के लिए किस प्रकार का चीनी दबाव डाला जाए। जब युद्ध शुरू हो गया तो पूर्वी पाकिस्तान के मुद्दे पर समझौते के किसिंजर के प्रस्ताव पर चीन का रवैया नकारात्मक था। चीन ने माँग की कि इस मुद्दे को सुरक्षा परिषद् में ही निपटाया जाए और सुझाव दिया कि भारत तथा बँगलादेश के अलगाववादियों के साथ समझौता करने की जगह पर उनके खिलाफ काररवाई की जाए। दिलचस्प तथ्य यह है कि चीन ने पाकिस्तान को सक्रिय सैन्य सहयोग देने का कोई संकेत नहीं दिया।

सात दिन और सातवाँ बेड़ा

युद्ध शुरू होने के सात दिन बाद 10 दिसंबर को जब पूर्वी और पश्चिमी पाकिस्तान में युद्ध तेजी से बढ़ रहा था, अमेरिका ने भारतीय आक्रमण के फलस्वरूप पश्चिमी पाकिस्तान की एकता को लेकर चिंताएँ व्यक्त करनी शुरू कीं। इस बेचैनी का एक पक्ष यह था कि भारत कहीं पाकिस्तानी कब्जेवाले 'आजाद कश्मीर' से पाकिस्तानी सेनाओं को बाहर न निकाल दे। अमेरिका में भारत के राजदूत एल.के. झा को कई बार अमेरिकी विदेश विभाग में बुलाकर यह आश्वासन माँगा गया कि भारत पाकिस्तान अधिकृत कश्मीर को आजाद नहीं कराएगा और न ही पश्चिमी पाकिस्तान की क्षेत्रीय अखंडता से छेड़छाड़ करेगा। झा ने अमेरिकियों को आश्वासन दिया कि भारत का पश्चिमी पाकिस्तान में किसी प्रकार का क्षेत्रीय स्वार्थ नहीं है; लेकिन जहाँ तक पाक-अधिकृत कश्मीर का सवाल है, वहाँ पर भारत कोई भी कदम सैन्य परिस्थितियों को ध्यान में रखकर उठाएगा। उन्होंने कहा कि उन्हें इस बारे में नई दिल्ली से दिशा निर्देश मिलते हैं। पश्चिमी पाकिस्तान के विखंडन की चिंता और यह संकेत देने के लिए कि अमेरिका पूर्वी पाकिस्तान का अलगाव रोक सकता है, अमेरिका ने विमानवाहक पोत 'एंटरप्राइजेज' के नेतृत्व में अपना सातवाँ बेड़ा बंगाल की खाड़ी की ओर रवाना कर दिया। सातवें बेड़े ने 13 दिसंबर, 1971 को मलक्का जलडमरूमध्य को पार किया और बंगाल की खाड़ी में प्रवेश किया। सातवें बेड़े के घातक हथियारों, परमाणु अस्त्रों से लैस युद्धक विमानों सहित बंगाल

की खाड़ी में पहुँचने के पीछे यह तर्क दिया गया कि इसका उद्देश्य चटगाँव बंदरगाह पर पहुँचकर पूर्वी पाकिस्तान में रह रहे विदेशियों को रक्षा मुहैया कराना और उन्हें उन क्षेत्रों से बाहर निकालना है, जहाँ पर युद्ध अपनी पूरी सीमा पर पहुँच चुका है और नागरिकों के जान-माल को हानि पहुँचा रहा है। हालाँकि इस कदम का असली उद्देश्य अमेरिकी नौसैनिकों और योद्धाओं को पूर्वी पाकिस्तान में उतारकर लड़ाई में हस्तक्षेप करना था। और इस काम में सातवें बेड़े के युद्धक विमान तथा युद्ध-क्षमता उनकी मदद करती।

भारत स्वाभाविक रूप से इस घटनाक्रम से चिंतित हो गया। 13 और 14 दिसंबर को मंत्रिमंडल की बैठकों में श्रीमती गांधी के मंत्रिमंडलीय सहयोगियों ने इस बात पर आशंका जताई और कहा कि भारत को सैन्य कारवाई धीमी करके अमेरिका, पश्चिमी देशों और सोवियत संघ के साथ उच्च स्तर पर कूटनीतिक संपर्क कायम करना चाहिए। श्रीमती गांधी ने इस बारे में सैन्य नेतृत्व से बात की तो उन्होंने सातवें बेड़े के आगमन को गंभीर बताते हुए इससे चिंता तो जताई, लेकिन साथ ही यह भी कहा कि सैन्य अभियान में शिथिलता लाने की किसी बात पर विचार नहीं किया जाए, भले ही परिणाम कुछ भी हो। विदेश मंत्रालय ने भी सुझाव दिया कि किसी भी अमेरिकी दबाव के आगे झुक जाने से विश्व में भारत की विश्वसनीयता और छवि प्रभावित होगी।

बंगाल की खाड़ी में सातवें बेड़े की मौजूदगी के संदर्भ में ही दो सोवियत उप विदेश मंत्री फिरयुबिन और कुझनेत्सोव नई दिल्ली पहुँचे। उनसे विचार-विमर्श के दौरान डी.पी. धर और श्रीमती गांधी ने अमेरिकी दबाव के आगे न झुकने की भारत की प्रतिबद्धता को दोहराया। उन्होंने यह संकेत भी दिया कि संकट की इस घड़ी में भारत सोवियत संघ से भारत के साथ खड़े होने की उम्मीद करता है। दोनों नेताओं के आगे यह भी तथ्य रखा गया कि याह्या खान ने अमेरिका से सन् 1954 और 1959 के रक्षा समझौतों और सी ई एन टी ओ (सैंटो) एवं एस ई ए टी ओ (सीएटो) की सदस्यता के नियमों के तहत सैन्य सहायता की माँग रखी है। फिरयुबिन और कुझनेत्सोव राष्ट्रपति ब्रेझनेव का संदेश लेकर आए थे, जो राष्ट्रपति निक्सन से उनकी बातचीत पर आधारित था। महाशक्तियों के स्तर पर एक स्थिति आ चुकी थी, जहाँ सोवियत संघ अमेरिका से अपने सुधरते रिश्तों को जोखिम में नहीं डालना चाहता था। वह चीन के साथ अमेरिका के बदलते रिश्तों को ध्यान में रखते हुए वाशिंगटन के साथ अपने समीकरणों को व्यावहारिक रूप देना चाहता था। सोवियत संघ ने अमेरिका को यह संदेश भिजवा दिया था कि उसे अपने

सातवें बेड़े को बंगाल की खाड़ी से हटा लेना चाहिए। इधर उसने भारत के पास यह संदेश भेजा कि उसे पूर्वी पाकिस्तान में अपने अभियान को दिसंबर के अंत तक खत्म कर लेना चाहिए। मॉस्को का कहना था कि पूर्वी पाकिस्तान में सैन्य अभियान के सफलतापूर्वक पूरा होने के बाद पश्चिमी क्षेत्र में भी युद्ध-विराम घोषित हो जाना चाहिए। सोवियत मंत्रियों ने इस तथ्य को रेखांकित किया कि सुरक्षा परिषद् में सोवियत संघ ने भारत के पक्ष में अपने वीटो का इस्तेमाल लगातार किया है; हालाँकि यह प्रक्रिया अनवरत नहीं चल सकती है।

सोवियत संघ ने अमेरिका को यह चेतावनी-संदेश भी भेजा कि बंगाल की खाड़ी में 'एंटरप्राइजेज' की मौजूदगी के कारण पश्चिमी प्रशांत क्षेत्र में स्थित सोवियत बेड़े को सतर्क कर दिया गया है और उसे बंगाल की खाड़ी में स्थिति को संतुलित करने के लिए भेजा जा सकता है। इस चेतावनी के साथ अमेरिका को आश्वस्त करने के लिए यह संदेश भी भेजा गया कि पूर्वी पाकिस्तान में अपना ऑपरेशन खत्म करने के बाद भारत एकतरफा युद्ध-विराम की घोषणा कर देगा। भारत ने अमेरिका और सोवियत संघ की तरफ से पड़ रहे दबावों के कारण इन सुझावों को मान लिया। भारत ने इकलौती शर्त रखी कि वह अपने आप को पूर्वी पाकिस्तान के विवाद से तब तक अलग नहीं कर लेगा जब तक बँगलादेश का निर्माण नहीं हो जाता। भारत ने सोवियत संघ को यह संकेत दिया कि पूर्वी पाकिस्तान में सैन्य अभियान 15 या 16 दिसंबर तक खत्म हो सकता है। सातवें बेड़े ने 15 दिसंबर से बंगाल की खाड़ी से वापसी शुरू कर दी।

भारतीय सैनिक13-14 दिसंबर को पैराशूटों के सहारे ढाका में उतरे। उसके बाद भारतीय सैनिकों ने पूर्वी पाकिस्तान के अधिकांश इलाकों को अपने नियंत्रण में ले लिया और पाकिस्तानी टुकड़ियों को उनके डिवीजनल मुख्यालयों में नियंत्रित कर दिया गया। बिना शर्त समर्पण किए जाने की माँग मानेकशॉ ने विमानों द्वारा परचे गिरवाकर की और आश्वासन दिया कि जेनेवा सम्मेलन और अन्य अंतरराष्ट्रीय कानूनों की धाराओं के तहत सभी के साथ व्यवहार किया जाएगा। जनरल नियाजी तत्काल युद्ध-विराम और समर्पण के लिए तैयार हो गए। चार बजकर इकतीस मिनट पर आत्मसमर्पण करनेवाले और विजेता सेना के जनरलों ने समर्पण के कागजात पर हस्ताक्षर किए और पूर्वी सेक्टर में तत्काल प्रभाव से युद्ध-विराम लागू कर दिया गया। सेना के मेरे कुछ सहयोगियों ने मुझे बताया कि लेफ्टिनेंट जनरल नियाजी ने लेफ्टिनेंट जनरल अरोड़ा से कहा कि युद्ध का परिणाम चाहे जो भी हुआ हो, लेकिन वह लेफ्टिनेंट ज़नरल अरोड़ा से यह उम्मीद करते हैं कि वह दुनिया को

बताएँगे कि नियाजी ने उन्हें कड़ी चुनौती दी और वह काफी अच्छी तरह लड़े। इस आत्मसमर्पण के बाद भारत ने 17 दिसंबर की रात आठ बजे पश्चिमी सेक्टर में भी एकतरफा युद्ध-विराम की घोषणा कर दी। भारत ने संयुक्त राष्ट्र सुरक्षा परिषद् और दुनिया की सभी राजधानियों को इसके बारे में सूचित कर दिया।

इस समर्पण समारोह की सबसे बड़ी भूल यह थी कि भारतीय सैन्य कमान ने इस समारोह में जनरल एम.ए.जी. उस्मानी की उपस्थिति सुनिश्चित नहीं की और उन्हें एक हस्ताक्षरकर्ता नहीं बनाया। इस बारे में औपचारिक कारण यह बताया गया कि उनका हेलीकॉप्टर उड़ा तो जरूर, पर सही समय पर ढाका नहीं पहुँच पाया। वैसे इस बारे में काफी शंकाएँ हैं कि उनका हेलीकॉप्टर मार्ग से भटका दिया गया और इसी कारण वह समय पर ढाका नहीं पहुँच पाए तथा समारोह में सारा ध्यान भारतीय सैन्य कमांडरों पर ही टिका रहा। यह एक दुर्भाग्यपूर्ण भटकाव था। इसके कारण बँगलादेश के राजनीतिक हलकों में काफी नाराजगी पैदा हो गई। समर्पण समारोह में उस्मानी की उपस्थिति भारत और बँगलादेश के बीच शुरुआती दिनों में पैदा हुई कई गलतफहमियों को दूर कर सकती थी।

पूर्वी क्षेत्र में विवाद का खात्मा दरअसल समस्याओं से भरा हुआ था। युद्ध-पश्चात् की स्थिति में तिरानबे हजार युद्धबंदियों को सुरक्षित हिरासत में रखना तार्किक और कानून व्यवस्था—दोनों ही दृष्टियों से एक दुःस्वप्न जैसा था। इस बात की कोई गारंटी नहीं थी कि पाकिस्तानी सेना का एक वर्ग हिंसा पर उतारू नहीं हो जाएगा। यह खतरा पूरी तरह वास्तविक था कि बँगलादेश के नागरिक उनपर जुल्म करनेवाले सैन्य कर्मियों और पाकिस्तान का पक्ष लेनेवाले सिविल अधिकारियों पर प्रतिक्रिया के तहत हमला कर सकते हैं। मुक्तिवाहिनी के कुछ गुट भावनात्मक मूड में थे। उन्हें उन पाकिस्तानी सैनिकों के पास जाकर तोड़-फोड़ करने से रोकना था, जिन्हें पाकिस्तान सरकार ने पूर्वी पाकिस्तान में कानून व्यवस्था बहाल करने के लिए भेजा था। इस संवेदनशील स्थिति को और नाजुक बनाने का काम वे बीस हजार मुहाजिर कर रहे थे, जो बिहार और उत्तर प्रदेश से इस क्षेत्र में आकर बसे थे और पश्चिमी पाकिस्तान तथा याह्या सरकार का खुला समर्थन किया था। ये भी बँगलादेशियों के निशाने पर थे। इन्हें भी सुरक्षा मुहैया की जानी थी।

सन् 1971 के राजनीतिक बदलाव और सैनिक हार ने पाकिस्तान के उन भ्रमों तथा विश्वासों को तहस-नहस कर दिया, जिनपर उसकी भारत नीति टिकी हुई थी। जो भ्रम नष्ट हुए, वे थे—

1. पाकिस्तान से निर्णायक लड़ाई लड़ने के लिए भारत कभी भी एक नहीं हो सकता और न ही राजनीतिक रूप से संगठित हो सकता है।
2. भारत एक शांतिप्रिय और नरम राष्ट्र है, जो हिंदूवादी गुणों से संचालित होता है। इसीलिए वह पाकिस्तान की सैनिक परंपराओं का सामना नहीं कर सकता।
3. भारत का लोकतंत्र अस्थायी है और अनेक समस्याओं से घिरा हुआ है। अतः वह पाकिस्तान की उपमहाद्वीपीय नीति पर कोई प्रभाव नहीं डाल सकता है।
4. पाकिस्तान के सैनिक दबाव के आगे पूर्वी पाकिस्तान अपनी आजादी की माँग पर अटल नहीं रह सकता है।
5. पूर्वी पाकिस्तान के निवासी बंगाली होने के कारण (मुसलिम होने के बावजूद) हिंदूवादी गुणों से संचालित होते हैं और यथेष्ट बल-प्रयोग होने के बाद वे अपनी सैन्य कारवाई रोक देंगे।
6. पाकिस्तानी सैन्य ताकत और अमेरिकी सहयोग से मुक्तिवाहिनी को दिए जा रहे भारतीय समर्थन को नियंत्रित किया जा सकेगा।
7. अंतरराष्ट्रीय समुदाय क्षेत्रीय एकता की धारणा का सम्मान और राष्ट्रों के विभाजन का विरोध करता है। इसके कारण बँगलादेशी नेताओं को अपना लक्ष्य हासिल करने से रोका जा सकेगा।
8. सुरक्षा परिषद् के स्थायी सदस्य पाकिस्तानी सैन्य दुस्साहस को शर्मनाक सैन्य पराजय बनने से रोकने के लिए समय पर कदम उठाएँगे।
9. पाकिस्तान और चीन के मित्रवत् संबंधों के कारण चीन पाकिस्तान के समर्थन में सक्रिय सैन्य हस्तक्षेप करेगा।
10. सबसे अंतिम, परंतु सबसे महत्त्वपूर्ण भ्रम यह था कि पाकिस्तानी नीति-निर्माता वर्ग पाकिस्तानी समाज के लोकतांत्रिक आवेग का अनादर करते हुए अपनी राजनीतिक महत्त्वाकांक्षाओं के सफल प्रतिष्ठापन में सफल होगा।

सन् 1971 के युद्ध के बाद पाकिस्तान दिग्भ्रमित और हताश हो गया; लेकिन पाँच वर्षों के अपने पाकिस्तान-प्रबंधन के दौरान भुट्टो का जो भी आलोचनात्मक मूल्यांकन किया जाए, उन्होंने अपने देश व देशवासियों में राष्ट्रीय भावना, कुछ हद तक आत्मसम्मान की भावना और राष्ट्रीय सम्मान की क्षमता बहाल करने का प्रयास किया। दिसंबर 1971 में पाकिस्तान की भारत नीति की मुख्य प्राथमिकता

पाकिस्तान को पराजय की अप्रिय राजनीतिक अवस्था से उबारना था। फरवरी-मार्च 1972 तक भारत और पाकिस्तान के बीच बातचीत शुरू हुई। पाकिस्तान की प्राथमिकता थी तिरानबे हजार युद्धबंदियों को वापस लेना, ताकि पाकिस्तानी सैन्यकर्मियों के खिलाफ युद्ध-अपराध मुकदमे चलाने से बँगलादेश को रोका जा सके, कब्जे में चली गई लगभग पाँच हजार वर्ग मील क्षेत्र को वापस प्राप्त करना और यथासंभव यह सुनिश्चित करना कि कश्मीर पर पाकिस्तान का पक्ष कमजोर या हलका न पड़े, जिससे भारत उसका लाभ उठा सके।

हालाँकि पराजय के बाद पाकिस्तानी सेना की साख बिगड़ गई थी और वह अस्त-व्यस्त अवस्था में थी, लेकिन अब भी वह प्रतिष्ठान का सबसे व्यवस्थित भाग था। भुट्टो को उपर्युक्त उद्देश्यों की पूर्ति के लिए सेना को साथ-साथ रखना था। उन्हें अंतरराष्ट्रीय समुदाय में पाकिस्तान की राजनीतिक विश्वसनीयता भी पुनःस्थापित करनी थी। उन्होंने पाकिस्तानी सैन्य उच्च कमांड के परिष्करण और पुनर्गठन का फैसला किया तथा इसलामी देशों से संबंध बढ़ाना शुरू किया।

भारत ने पूर्वी सेक्टर में पाकिस्तानी सेनाओं के आत्मसमर्पण के साथ पश्चिमी सेक्टर में एकपक्षीय युद्ध-विराम की घोषणा करके अपने राजनीतिक-सैन्य इरादों का संकेत दिया। पश्चिमी पाकिस्तान में किसी प्रकार का सैन्य आक्रमण या क्षेत्रीय अधिग्रहण एक व्यावहारिक निर्णय नहीं था, न ही यह अंतरराष्ट्रीय समुदाय, खासकर पूर्वी पाकिस्तान-संकट के दौरान भारत के रवैये व गतिविधियों के समर्थक रहे देशों को स्वीकार्य होता। पाकिस्तान के साथ सन् 1948 और सन् 1965 के युद्धों के अनुभवों ने भारत को परिपक्व बना दिया था। वह एक बार फिर तीसरे पक्ष की मध्यस्थता-प्रक्रिया का हिस्सा नहीं बनना चाहता था, जिससे पाकिस्तान अपनी निर्दोषता का कृत्रिम वातावरण तैयार कर सके और युद्ध के पश्चात् क्षतिपूर्ति-समझौतों की माँग कर सके।

इसी संदर्भ में, भारत ने युद्ध के बाद स्थिति सामान्य करने के लिए एक ओर बँगलादेश और दूसरी ओर पाकिस्तान को रखकर समझौता वार्त्ता शुरू की। फरवरी व जुलाई 1972 के बीच इसलामाबाद, नई दिल्ली और मुरे में हुए विचार-विमर्श तथा भारत व बँगलादेश के बीच समझौता वार्त्ता के विवरण पिछले तीन दशकों से चर्चा और विश्लेषण का विषय रहे हैं। यह बातचीत आखिरकार शिमला समझौते पर हस्ताक्षर के साथ समाप्त हुई। यहीं से भारत-पाक संबंधों में गतिरोध का नया मोड़ आरंभ होता है।

शिमला समझौता

नवंबर 1971 से लेकर जुलाई 1972 तक पाकिस्तानी उद्देश्यों और बयानों के एक पश्चावलोकन के लिए शिमला समझौता की विषय-वस्तु और उसके पूर्व हुई समझौता वार्त्ता को समझना आवश्यक है। याह्या खान द्वारा उत्तरी भारत में एयर बेसों पर वायु आक्रमण करवाना, बँगलादेश में स्वतंत्रता आंदोलन के बढ़ते प्रभाव का सफलतापूर्वक सामना न कर पाने के कारण उपजी कुंठा और इस रणनीतिक धारणा का परिणाम था कि यदि पूर्वी पाकिस्तान में आंतरिक संघर्ष को एक अंतरराष्ट्रीय युद्ध में बदल दिया जाए तो पाकिस्तान का विभाजन रोकने के लिए महाशक्तियों और संयुक्त राष्ट्र का हस्तक्षेप सुनिश्चित हो सकता है। वायु आक्रमण का क्रियात्मक निर्णय पाकिस्तानी सैन्य बल प्रतिष्ठान द्वारा लिया गया था; लेकिन उन्हें सहारा देनेवाली रणनीतिक योजना भुट्टो की उपयोगी, किंतु दोषपूर्ण कल्पना का परिणाम था। भुट्टो का मत यह था कि संघर्ष को भारत के साथ युद्ध में परिणत करने पर न केवल स्वतंत्रता संघर्ष को दबाने में मदद मिलेगी, बल्कि जम्मू एवं कश्मीर के मुद्दे को संयुक्त राष्ट्र में पुनः सक्रिय करने में भी मदद मिलेगी।

युद्ध के दौरान की घटनाओं पर भुट्टो के प्रभाव को कम करके नहीं आँका जाना चाहिए। दो सप्ताह के युद्ध के अंतिम दौर में पाकिस्तानी गतिविधियों में बहुत भ्रम और विरोधाभास दिख रहा था। पूर्वी पाकिस्तान के पाकिस्तानी सैन्य कमांड का सुझाव था कि मुजीब को रिहा करके वापस भेज देना चाहिए। रावलपिंडी में केंद्रीय अधिकारियों ने यह सुझाव स्वीकार नहीं किया, क्योंकि भुट्टो को अब भी आशंका थी कि पूर्वी पाकिस्तान में मुजीब की वापसी उनकी राजनीतिक महत्त्वाकांक्षाओं और भविष्य को खतरे में डाल सकती है। इन्हीं आशंकाओं के कारण भुट्टो ने दिसंबर 1971 में सुरक्षा परिषद्‌में सोवियत और पोलिश प्रस्तावों को अस्वीकृत कर दिया था, जिसमें तत्काल युद्ध-विराम, मुजीब की वापसी, चुनावी नतीजों के आधार पर पाकिस्तान में लोकतांत्रिक सरकार की बहाली, भारतीय सैनिकों की वापसी और पाकिस्तानी सैनिकों की पश्चिमी पाकिस्तान में वापसी की सलाह दी गई थी। ढाका में ले. जनरल नियाजी के मुख्यालय में दूसरे वरिष्ठतम अधिकारी मेजर जनरल राव फरमान अली ने जब तत्काल युद्ध-विराम स्वीकार करने की इच्छा जताते हुए सुरक्षा परिषद् में एक प्रत्यक्ष संदेश भेजा था तो इसलामाबाद और रावलपिंडी में केंद्रीय अधिकारियों ने इस प्रयास से स्वयं को अलग कर लिया था। उन्होंने नियाजी के पास संदेश भेजा कि 'चीनी गतिविधियाँ' आरंभ होने की संभावना है।

ध्यान देनेवाली बात यह है कि पूर्वी पाकिस्तान-संकट पर सुरक्षा परिषद् की बैठक में पाकिस्तानी प्रतिनिधिमंडल का नेतृत्व भुट्टो कर रहे थे। सन् 1965 के युद्ध के दौरान चीन और अमेरिका से संबंधित अपने नकारात्मक अनुभवों के बावजूद वह अब भी चीनी और अमेरिकी हस्तक्षेप की उम्मीद लगाए बैठे थे। चीन ने संयुक्त राष्ट्र में पाकिस्तान का समर्थन करने के अलावा कोई काररवाई नहीं की, जबकि अमेरिकी नौसैनिक टास्क फोर्स बंगाल की खाड़ी में उतरा और कोई परिणाम दिखाए बिना वापस चला गया। 16 दिसंबर, 1971 को सुरक्षा परिषद् में सरदार स्वर्ण सिंह को कटु शब्दों में झिड़कने के बाद भुट्टो ने एजेंडा पेपर और प्रस्तावों को फाड़कर मेज पर फेंक दिया और बैठक छोड़कर चले गए। उन्हें उम्मीद थी कि पश्चिमी सेक्टर में युद्ध जारी रहेगा और सुरक्षा परिषद् की बैठक में पाकिस्तान के खिलाफ आक्रामक इरादे रखने के कारण भारत को कटघरे में खड़ा किया जा सकेगा। पश्चिमी सेक्टर में एकपक्षीय युद्धविराम की भारत की घोषणा ने उनकी कुंठा और कड़वाहट और भी बढ़ा दी। वे अपने भारत-विरोधी दुस्साहस में दूसरी बार विफल हुए थे। इसी कड़वाहट और प्रतिशोध की भावना के साथ भुट्टो सन् 1972 की शुरुआत में पाकिस्तान के राष्ट्रपति और प्रमुख मार्शल लॉ प्रशासक बने।

भारत-पाक संबंधों में भुट्टो-काल के दो चरण हैं। पहली अवधि सन् 1972 से 1975 की थी, जब पाकिस्तान भारत के खिलाफ अपने विरोधी रुख की मूल धारणा से विचलित हुए बिना सन् 1971 के युद्ध में हुई अपनी राजनीतिक और सैन्य क्षति से उबरने का प्रयास कर रहा था। दूसरे चरण यानी सन् 1974 के अंत से सन् 1977 तक भुट्टो ने यह महसूस किया कि उन्होंने अपने अंतरिम उद्देश्य प्राप्त कर लिये हैं और अब वह सभी उपमहाद्वीपीय समीकरणों में भारत की बराबरी करने के लिए रणनीतिक कदम उठा सकते हैं।

इसलिए उन्होंने अपनी शक्ति के संवर्द्धन के लिए आंतरिक राजनीतिक व संवैधानिक प्रक्रियाओं तथा एक सर्व इसलामी अंतरराष्ट्रीय विश्वसनीयता की स्थापना और युद्धबंदियों व अधिग्रहीत क्षेत्र की वापसी के लिए भारत पर राजनीतिक एवं आर्थिक दबाव उत्पन्न करने का प्रयास किया। उन्होंने सैन्य पराजय के प्रभाव को कम करने के लिए पाकिस्तान की भारत नीतियों में भारत-विरोधी मुद्रा को प्रोत्साहित किया और यह जताने का प्रयास किया कि पाकिस्तान रक्तरंजित हो गया, लेकिन झुका नहीं। उन्होंने पाकिस्तानी मीडिया में जम्मू एवं कश्मीर और उसके लोगों के आत्मनिर्णय के अधिकार व भारत द्वारा अपने अल्पसंख्यकों—न केवल मुसलिम बल्कि सिखों के साथ भी—बुरा बरताव करने के बारे में भारत-विरोधी प्रचार

किया। सन् 1972 में सत्ता में आने के साथ ही भुट्टो ने सिख अलगाववादियों को प्रोत्साहित करना आरंभ कर दिया। उन्होंने दक्षिण एशियायी क्षेत्र में भारत के प्रभुत्व का सामना करने के लिए चीन के महत्त्व पर जोर दिया और भारत के अन्य पड़ोसियों को उसके विस्तारवादी उद्देश्यों के प्रति सचेत किया।

भुट्टो ने जनवरी 1972 में सत्ता सँभालने के प्रथम माह में ही ईरान, टर्की, मोरक्को, अल्जीरिया, ट्यूनीशिया, लीबिया, मिस्र और सीरिया का दौरा किया। हालाँकि उन्होंने घोषणा की कि उनके दौरे का उद्देश्य पाकिस्तान की सैन्य-शक्ति व अर्थव्यवस्था के पुनर्निर्माण में सहयोग और समर्थन के लिए इन मुसलिम देशों को शुक्रिया अदा करना है। वस्तुत: इससे बड़ा राजनीतिक उद्देश्य यह देखना था कि क्या एशियायी, पश्चिम एशियायी और खाड़ी राजनीति में भारत के प्रभाव तथा हैसियत को कम करने के लिए एक इसलामी गठबंधन बनाया जा सकता है ? बाद की घटनाओं ने दिखाया कि वह अपने इस प्रयास में सफल हुए। सन् 1974 में होनेवाली ऑर्गेनाइजेशन ऑफ इसलामिक कंट्रीज (ओ.आई.सी.) के शिखर सम्मेलन के लिए पाकिस्तान को मेजबान बनाया गया। पाकिस्तान के सैन्य और आर्थिक सुधार के लिए संसाधनों का प्रवाह भी आरंभ हो गया। हालाँकि भुट्टो ने पूर्वी पाकिस्तान संकट के दौरान कॉमनवेल्थ के टाल-मटोल को ध्यान में रखते हुए पाकिस्तान को उससे निकाल लिया, लेकिन ब्रिटेन से अपना संपर्क बनाए रखा। अमेरिका और चीन से निराश होने के बावजूद उन्होंने युद्ध-पश्चात् क्षतिपूर्ति प्रयासों में सहयोग प्राप्त करने के लिए उनके साथ बातचीत पुन: शुरू की। उन्होंने सोवियत संघ को ऐसे संदेश भी दिए कि वह भारत के पक्ष में कोई एकतरफा काररवाई न करे।

हालाँकि सातवें दशक में चीन के साथ नजदीकी बढ़ाने और अमेरिका द्वारा प्रायोजित सैन्य गठबंधनों से दूरी उत्पन्न करने के पीछे भुट्टो का ही दिमाग था, अब उन्होंने बल दिया कि अमेरिका-प्रायोजित सैन्य गठबंधन, जिसका सदस्य पाकिस्तान था, सन् 1971 के भारत-सोवियत समझौते के संदर्भ में पाकिस्तान के लिए फिर से प्रासंगिक हो गया है। उन्होंने भारत के साथ वार्त्ता के संबंध में पाकिस्तान की स्थिति मजबूत करने की दृष्टि से सन् 1972 में जनवरी और अप्रैल के बीच इन प्रक्रियाओं को गति दी। आखिरकार सन् 1972 में फरवरी और अप्रैल में मुरे में वार्त्ता शुरू हुई। भुट्टो ने दुविधा की स्थिति में जुलाई 1972 के शिमला सम्मेलन में भाग लेने के लिए सहमति दी। उन्हें यह सुनिश्चित करना था कि घरेलू जनता उन्हें मिन्नतें करनेवाले के रूप में न देखे। इसके साथ ही उन्हें पाकिस्तानी

युद्धबंदियों व अधिग्रहीत क्षेत्र को वापस लेना और जम्मू एवं कश्मीर का मामला पुनर्स्थापित करना था। उन्हें यह भी सुनिश्चित करना था कि बँगलादेश पाकिस्तानी सैन्य अधिकारियों पर युद्ध-अपराध के लिए मुकदमे न चलाए।

सन् 1972 में बँगलादेश के भारतीय दूतावास में मेरे शुरुआती दिनों के दौरान प्रधानमंत्री ताजुद्दीन ने मुझसे कहा कि जब सन् 1972 में 4 से 7 जनवरी के बीच भुट्टो ने मुजीब को रिहा करने का फैसला किया तो उन्होंने पाकिस्तानी सेना के हितों की सुरक्षा की दिशा में पहला कदम उठाया। कहा जाता है कि मुजीब के रिहा होने और लंदन व टर्की के मार्ग द्वारा उनके प्रस्थान होने से पहले भुट्टो ने उनसे कहा कि अपनी रिहाई के बदले में उन्हें युद्धबंदियों को रिहा करवाने और उनके खिलाफ युद्ध-अपराध का मुकदमा न चलाने की बात सुनिश्चित करवाने का प्रयास करना चाहिए। ऐसी भी सूचनाएँ हैं कि भुट्टो ने अपनी सलाह के समर्थन में मुसलमानों में एकता की आवश्यकता का तर्क दिया। उन्होंने मुजीब को विभाजन के पहले मुसलिम लीग में उनके संघर्ष को भी याद दिलाया, भले ही बाद में कुछ भी मतभेद या विवाद रहे हों। सन् 1972 से 1974 के बीच इन मुद्दों पर मुजीब की नीतियों और प्रवृत्तियों ने इन सूचनाओं को प्रमाणित किया। शिमला वार्त्ता के लिए श्रीमती गांधी के सलाहकारों ने दो विरोधी दृष्टिकोणों का समर्थन किया। एक गुट सैन्य विजय का पूरा लाभ उठाने के पक्ष में था। इस गुट ने कहा कि युद्धबंदियों को रिहा करने और कब्जे में आए क्षेत्र को खाली करने के बदले पाकिस्तान को जम्मू एवं कश्मीर पर सभी दावों को त्यागने और इस मुद्दे पर एक निर्णायक समझौता करने के लिए विवश किया जाना चाहिए। यदि भुट्टो इन माँगों को स्वीकार करने से इनकार करें तो युद्ध से कुछ कम, एक सशस्त्र संघर्ष की स्थिति जारी रखनी चाहिए। सलाहकारों के दूसरे गुट, जो संभवतः उपमहाद्वीपीय शांति और स्थिरता के अधिक वास्तविक और बड़े लक्ष्य से प्रेरित था, ने क्षेत्र खाली करने और युद्धबंदियों को रिहा करने की वकालत की। उनका कहना था कि इसके साथ यह शर्त होनी चाहिए कि भुट्टो जम्मू एवं कश्मीर पर एक उचित समझौता करने के लिए तैयार हों और उस समझौते की शर्तें इस प्रकार तैयार की जाएँ, ज़ो उन्हें भारत के साथ शांतिपूर्ण संबंध और अपनी घरेलू राजनीतिक विश्वसनीयता बनाए रखने के लिए प्रोत्साहित करें।

शिमला में समझौता वार्त्ता तनावपूर्ण और जटिल थी। यह वार्त्ता लगभग विफल हो चुकी थी; लेकिन श्रीमती गांधी और भुट्टो के एक लंबे व्यक्तिगत विचार-विमर्श के बाद उसे पुनर्जीवित किया गया। समझौते के अनुबंधों और

उसके आशयों का घिसे-पिटे ढंग से अध्ययन, विश्लेषण, आलोचना व मूल्यांकन किया जाता रहा है। समझौते की औपचारिक धाराओं पर ध्यान देने की आवश्यकता नहीं है, बल्कि भुट्टो द्वारा कश्मीर मुद्दे को सुलझाने के लिए श्रीमती गांधी को दिए गए कथित संकेत वर्तमान भारत-पाक विवादों के संदर्भ में प्रासंगिक हैं।

शिमला वार्त्ता में शामिल रहे पाकिस्तानी और भारतीय अधिकारियों तथा वहाँ मौजूद मीडिया प्रतिनिधियों का कहना है कि भुट्टो ने जम्मू एवं कश्मीर मुद्दे को उभरती ठोस वास्तविकताओं के आधार पर सुलझाने के लिए सहमति दी। पाकिस्तान अधिकृत कश्मीर और जम्मू एवं कश्मीर के बीच युद्ध-विराम रेखा की जगह नियंत्रण रेखा को लेनी थी। तत्कालीन सचिव और बाद में प्रधानमंत्री के मुख्य सचिव बने पी.एन.धर ने 4 अप्रैल, 1995 को 'टाइम्स ऑफ इंडिया' में लिखे अपने एक लेख में इन सूचनाओं की पुष्टि की है। श्रीमती गांधी और उनके सलाहकार इस बारे में स्पष्ट मत के थे कि शिमला में कश्मीर मुद्दे के एक स्थायी समाधान के लिए आधार तैयार करना है, लेकिन कैबिनेट और आधिकारिक स्तर पर उनके वरिष्ठ सलाहकारों में पद्धति को लेकर मतभेद थे। मेरे पास जो सामान्य सूचना उपलब्ध है, उसके अनुसार एक महत्त्वपूर्ण सलाहकार डी.पी.धर पाकिस्तान द्वारा नियंत्रण रेखा को कानूनी रेखा के रूप में स्वीकार करने के संबंध में एक स्पष्ट और औपचारिक समझौता चाहते थे। उनका कहना था कि यदि भुट्टो इस शर्त को स्वीकार करेंगे, तभी पाकिस्तानी युद्धबंदियों को छोड़ा जाए और पाकिस्तानी क्षेत्र को खाली किया जाए। भारतीय पक्ष ने इस प्रस्ताव पर वार्त्ता करने और इसे शिमला समझौते में शामिल करने का प्रयास अंतिम मिनट तक किया; लेकिन पाकिस्तान इसपर सहमत नहीं हुआ।

हर बात यह संकेतित कर रही थी कि वार्त्ता विफल हो जाएगी। तभी भुट्टो ने 2 जुलाई की देर शाम को श्रीमती इंदिरा गांधी के साथ एक निजी बैठक के लिए अनुरोध किया। यह निजी बैठक छह बजे शाम को शुरू हुई और लगभग डेढ़ घंटे में समाप्त हुई। बाद में उपलब्ध कराई गई सूचना के अनुसार, भुट्टो निम्नलिखित बिंदुओं पर सहमत हुए थे—

1. कश्मीर मुद्दे को पूरी तरह सुलझाना चाहिए और उसे भारत-पाक संबंधों में एक रुकावट के रूप में हटाया जाना चाहिए।
2. वह पाक-अधिकृत कश्मीर और जम्मू एवं कश्मीर के बीच नियंत्रण रेखा को धीरे-धीरे कानूनी रेखा के रूप में परिणत करने के लिए तैयार हो गए। बहरहाल, उन्होंने अनुरोध किया कि इन प्रतिबद्धताओं को

औपचारिक समझौते या लिखित वादे के रूप में नहीं शामिल किया जाना चाहिए। उन्होंने कहा कि यदि ऐसा किया गया तो यह पाकिस्तान में उनके अस्तित्व और उभरती लोकतांत्रिक व्यवस्था को खतरा पहुँचा सकता है। वह सैन्य बलों पर प्रशासनिक नियंत्रण स्थापित करने की प्रक्रिया में है और वह प्रक्रिया इससे बाधित हो सकती है।

3. उनका मत यह था कि बँगलादेश के विभाजन और सैन्य पराजय के बाद तुरंत और औपचारिक रूप से कश्मीर को दे देना पाकिस्तानी जनता के मन में भारत के खिलाफ शत्रुता की भावना को और गहरा कर सकता है। उन्होंने कहा कि वह इसलामाबाद लौटने के बाद पहले पाक-अधिकृत कश्मीर और पुरानी जम्मू एवं कश्मीर रियासत के अन्य संबंधित क्षेत्रों को पाकिस्तान के केंद्रीय क्षेत्रों के साथ एकीकृत करने का प्रयास करेंगे। तीन से पाँच वर्षों के बाद वह नियंत्रण रेखा को कानूनी रेखा के रूप में बदलने के लिए सहमत होंगे।

नियंत्रण रेखा

श्रीमती गांधी और भुट्टो इस बात पर सहमत हो गए कि जब नियंत्रण रेखा एक सीमा के रूप में स्थायी हो जाएगी तो सामान्य सीमा पार जनसंपर्क बहाल कर दिया जाएगा। इस बात पर चर्चा की गई कि क्या भुट्टो के प्रस्तावों और वादों को किसी प्रकार की गुप्त टिप्पणी या धारा के रूप में समझौते में शामिल किया जाएगा। भुट्टो और श्रीमती गांधी—दोनों इस बात पर सहमत थे कि इस प्रकार का कोई प्रयास इस प्रतिबद्धता के साथ नाइनसाफी होगी कि समझौते के बारे में भारत व पाकिस्तान की जनता से कोई बात छिपाई नहीं जाएगी। पी.एन.धर के अनुसार, श्रीमती गांधी ने भुट्टो से पूछा कि क्या हम आपसी समझदारी पर आगे बढ़ सकते हैं? भुट्टो ने जवाब दिया, 'बिलकुल। आप मुझपर भरोसा कीजिए।' यह सबको मालूम है कि भुट्टो के इसी विशेष अनुरोध के कारण उनके और इंदिरा गांधी के बीच हुए इन समझौतों का कोई लिखित रिकॉर्ड नहीं है। फिर भी इंदिरा गांधी को विश्वास था कि ये वादे पूरे किए जाएँगे। उन्हें भुट्टो की ईमानदारी से अधिक उनकी बाध्यताओं और सीमाओं के बारे में भरोसा था। अंततः 2 जुलाई, 1972 की देर रात को शिमला समझौते पर हस्ताक्षर किए गए।

भुट्टो ने कुछ हद तक अपने वादों को पूरा किया। जब कमांडरों ने भारत और पाकिस्तान के बीच नई रेखा बनाई तो उसे नियंत्रण की वास्तविक रेखा की

बजाय 'नियंत्रण रेखा' कहा गया। संकेत यह था कि नियंत्रण रेखा एक स्थायी रेखा होगी, जिसे धीरे-धीरे सीमा के रूप में परिणत कर दिया जाएगा। दूसरे, भुट्टो ने मूल रूप से जम्मू एवं कश्मीर का भाग रहे उत्तरी क्षेत्रों को अलग करके उन्हें पाकिस्तान के केंद्रीय क्षेत्रों में एकीकृत किया। उन्होंने पाक-अधिकृत कश्मीर पर भी अधिक राजनीतिक, प्रशासनिक और संवैधानिक नियंत्रण स्थापित किया। सन् 1976 के उत्तरार्द्ध तक वह घरेलू राजनीतिक विवादों में फँस गए। उन्होंने श्रीमती गांधी को दिए गए आश्वासनों के आधार पर उपर्युक्त कदम उठाए। सन् 1973 की शुरुआत से उन्होंने जम्मू एवं कश्मीर पर अपने रवैए को भी लचीला बनाया।

भारत बँगलादेश सरकार के साथ अपने विचार-विमर्श के बाद युद्धबंदियों को छोड़ने और कब्जे में लिये गए क्षेत्र को खाली करने के लिए तैयार हो गया। इसके बदले में पाकिस्तान से बँगलादेश को मान्यता देने की माँग की गई। युद्ध अपराधों की सुनवाई के मामले में भारत ने यह पक्ष रखा कि इसके विषय में पूरी तरह से बँगलादेश सरकार को निर्णय लेना है, हालाँकि भारत एक उचित समझौता ढूँढ़ने में सहयोग देगा। यह शिमला समझौते के लिए की गई वार्त्ता की विषय वस्तु थी।

शिमला समझौते के तुरंत बाद भुट्टो द्वारा उत्तरी क्षेत्रों को पाक-अधिकृत कश्मीर से अलग करना और फिर पाक-अधिकृत कश्मीर पर अधिक संवैधानिक, राजनीतिक और प्रशासनिक नियंत्रण स्थापित करना जम्मू एवं कश्मीर पर समझौते की कथित इच्छा की पुष्टि करते हैं। बाद की घटनाएँ और आठवें दशक के अंत व नौवें दशक की शुरुआत में पाकिस्तान की नीतियाँ भुट्टो की ईमानदारी पर प्रश्नचिह्न लगा सकती हैं; लेकिन शिमला में उनकी बाध्यताओं ने समझौते में उन्हें समझदारी दिखाने के लिए विवश किया। वह शिमला से खाली हाथ नहीं लौट सकते थे। और वह नहीं लौटे।

जहाँ तक पाकिस्तान का सवाल है, एक पराजित पक्ष के रूप में समझौता वार्त्ता के लिए आने के बावजूद वह राजनीतिक रूप से लाभ में रहे। समझौते में युद्धबंदियों की रिहाई और क्षेत्र को खाली करने पर सहमति हुई। औपचारिक स्तर पर जम्मू एवं कश्मीर मुद्दा एक महत्त्वपूर्ण मुद्दा बना रहा। भुट्टो यह दावा कर सकते थे कि उन्होंने सैन्य पराजय के बावजूद पाकिस्तान के अत्यंत महत्त्वपूर्ण हितों को नुकसान नहीं पहुँचने दिया है। शिमला समझौते के बाद दूतावासों को भी पुनः खोलने का मार्ग खुल गया। भारत पाकिस्तान में अपने राजदूत के रूप में किसी अत्यंत योग्य व्यक्ति को भेजना चाहता था। ऑक्सफोर्ड में भुट्टो के वरिष्ठ समकालीन रहे के.एस. वाजपेयी को इसलामाबाद में नियुक्त किया गया। लगभग दो वर्षों तक

भारत-पाक संबंध एक ऊपरी और अनिश्चित सामान्यता के दौर से गुजरे।

अपने तात्कालिक उद्देश्यों को प्राप्त करने के बाद भुट्टो ने अपने दो बाकी लक्ष्यों पर अपना ध्यान केंद्रित किया। वे थे—युद्ध-अपराध मुकदमों को रोकना और बँगलादेश के साथ इसलामी संपर्क पुर्नस्थापित करना। मुजीब से सीधी प्रतिद्वंद्विता के बावजूद भुट्टो ने मुजीब के अवचेतन इसलामी झुकाव व भारत के प्रति उनकी सहज मानसिकता के बारे में सटीक अनुमान लगाया, जो पश्चिम बंगाल के बारे में मुजीब की मनोग्रंथियों से जाहिर हुआ। सन् 1973 से भुट्टो ओ.आई.सी. से जुड़ने के लिए मुजीब को प्रेरित करते रहे। इसके लिए एक बड़े दक्षिण एशियायी इसलामी देश के रूप में बँगलादेश के उभरने का आकर्षक प्रस्ताव दिया गया। जब मुजीब ने इसलामी देशों के इस प्रस्ताव के प्रति सकारात्मक प्रतिक्रिया दिखाई तो यह संदेश दिया गया कि यदि युद्ध-अपराध मुकदमे न चलाए जाएँ तो पाकिस्तान बँगलादेश को मान्यता प्रदान करेगा और उसे ओ.आई.सी. में प्रवेश मिल जाएगा। यह सौदा नवंबर 1973 और जनवरी 1974 के बीच किसी समय पक्का हुआ।

अवामी लीग के अपने पुराने कॉमरेडों के अच्छे-खासे विरोध और शंकाओं के बावजूद फरवरी 1974 में मुजीब ने लाहौर में इसलामी सम्मेलन में भाग लिया। मुजीब वहाँ से लौटे, पाकिस्तान ने बँगलादेश को मान्यता दी और भुट्टो को ढाका आने का निमंत्रण दिया गया। उस अवधि के दौरान बँगलादेश के साथ संपर्क बढ़ाने का भुट्टो का एक ही उद्देश्य था—सन् 1971 के युद्ध में भारत द्वारा प्राप्त राजनीतिक व रणनीतिक उद्देश्यों को नष्ट करना। इस प्रक्रिया में वह बँगलादेश में पुनः इसलामी जागरूकता लाना चाहते थे। कहा जाता है कि निजी बातचीत में वह अपने वरिष्ठ पार्टी सलाहकारों से कहते थे कि भारत ने भले ही बँगलादेश का निर्माण किया हो, लेकिन वह कुछ ऐसा करेंगे कि भारत को एक नहीं बल्कि दो-दो पाकिस्तानों से जूझना पड़े—एक पूर्व की ओर हो और दूसरा पश्चिम की ओर।

यहाँ पर थोड़ा विषयांतर करके बँगलादेशी मनोवृत्ति के बारे में उनके आकलन की परिशुद्धता और अधिकतम घरेलू प्रभाव प्राप्त करने की उनकी क्षमता का उदाहरण दिया जा सकता है। जुलाई 1974 में ढाका दौरे के दौरान तेजगाँव हवाई अड्डे से उनके अतिथिगृह तक की सड़कें नागरिकों से खचाखच भरी हुई थीं। वह एक शत्रुतापूर्ण भीड़ नहीं थी, यह देखते हुए कि यही लोग सन् 1971 में उनके खून के प्सासे थे। भारत का तत्कालीन उच्चायुक्त होने के नाते मैं स्वागत पंक्ति में था।

जब मेरा परिचय उनसे कराया गया तो उन्होंने मुझसे हाथ मिलाया और मुजीब की ओर मुड़कर बयान व जिज्ञासा के बीच की भावनाओं के साथ बोले, 'अब जबकि हम लोगों की इच्छानुसार उपमहाद्वीपीय भूगोल को पुनर्व्यवस्थित कर रहे हैं, श्री दीक्षित, मुझे लगता है कि हमें इसी के अनुसार कश्मीर मुद्दे के समाधान के बारे में सोचना चाहिए।'

उनके द्वारा उठाया गया विषय उनकी सोच को प्रतिबिंबित कर रहा था। केवल मुजीब और भारत के प्रति उनकी प्रवृत्ति का मखौल उड़ाने के लिए उन्होंने अनुचित मौके व व्यक्ति का चयन किया। इसके बाद जो हुआ, वह अत्यंत महत्त्वपूर्ण और भावी परिस्थिति का संकेतक था। जब कारों का काफिला बाहर निकला तब मुजीब की कार को चप्पलों के हारों से सजाया गया और अवामी लीग-विरोधी नारे व 'भुट्टो जिंदाबाद', 'बँगलादेश-पाकिस्तान मित्रता जिंदाबाद' आदि नारे लगाए गए। मुख्य कारों के काफिले के पीछे कूटनीतिकों की कारों का काफिला था। जब मेरी कार उस मोड़ पर पहुँची, जहाँ से सड़क इंटरकॉण्टिनेंटल होटल व सरकारी अतिथिगृह के लिए बाएँ मुड़ती थी। तो भारतीय ध्वज को पहचानकर भीड़ ने मेरी कार को हिलाया, धकियाया और भारत-विरोधी नारे लगाए। इसके विरोधस्वरूप मैं इतिहास व राजनीति के परिवर्तनों के बारे में मनन करता हुआ अपने कार्यालय लौट आया।

इससे पूर्व सन् 1972 में संयुक्त राष्ट्र महासभा सत्र में पाकिस्तान के उकसाने और अपने अनुमानों के आधार पर चीन ने संयुक्त राष्ट्र में बँगलादेश के प्रवेश के विरोध में मत दिया। बँगलादेश को तभी प्रवेश मिला, जब पाकिस्तान के साथ उसके संपर्क स्थापित हुए। लेकिन कहानी यहीं समाप्त नहीं होती। भुट्टो की चालबाजियों से अनभिज्ञ बँगलादेशी चाहते थे कि वह सावर में शहीद स्मारक पर औपचारिक सैन्य समारोह में श्रद्धांजलि अर्पित करें। इसमें भुट्टो काफी हिचक रहे थे। समारोह शुक्रवार दोपहर को आयोजित होना था। अतः पहले भुट्टो ने यह कहकर देरी की कि एक समर्पित मुसलमान होने के नाते उन्हें शुक्रवार की नमाज पढ़नी है। इसलिए वह नियत समय पर नहीं पहुँच सकते। बहरहाल, वह बँगलादेश के आग्रह को अस्वीकार नहीं कर सके और वहाँ देर दोपहर में पहुँचे। वह उस अवसर के लिए उपयुक्त परिधान धारण करके नहीं गए थे। औपचारिक कपड़े पहने और गोल्फ कैप के साथ वहाँ पहुँचकर उन्होंने फूलमाला अर्पित की। उन्होंने कहा कि वह इसी शर्त पर वहाँ जाएँगे, कि सैन्य समारोह आयोजित नहीं किया जाएगा। सूचनाओं के अनुसार, वहाँ तब कोई सैन्य समारोह नहीं हुआ।

मुजीब की हत्या

भुट्टो के बँगलादेश दौरे के तीन परिणामों ने भारत-पाकिस्तान और भारत-बँगलादेश संबंधों को प्रभावित किया। उन्होंने मुजीब को उन बँगलादेशी अधिकारियों को वहाँ की सैन्य व प्रशासनिक सेवाओं में वापस लेने के लिए प्रेरित किया, जिन्होंने स्वतंत्रता आंदोलन का समर्थन नहीं किया था। उनमें से कुछ तब भी पाकिस्तान और अन्य स्थानों से लौट रहे थे। दूसरे, उन्होंने मुजीब को यह सलाह देकर बँगलादेशी शासन व्यवस्था की इसलामी प्रवृत्ति को पुनर्जीवित करने का प्रयास किया कि अब स्वतंत्र होने के कारण वह अपनी राजनीतिक स्थिति मजबूत करने व भारत के घने प्रभाव का मुकाबला करने के लिए अपने देश की इसलामी पहचान धीरे-धीरे पुनः स्थापित कर सकते हैं। तीसरे, उन्होंने मुजीब से कहा कि भारत के प्रभाव को संतुलित करने व बँगलादेश के विकल्पों की स्वतंत्रता प्राप्त करने के लिए पाकिस्तान के साथ अच्छे समीकरण प्रासंगिक व आवश्यक हैं। सन् 1974 से 1975 में अपनी हत्या तक मुजीब की कार्यपद्धति और नीतियाँ इस बात का संकेत देती हैं कि भुट्टो के शब्दों की अनदेखी नहीं की गई।

सन् 1974 व 1975 में भारत-पाक संबंधों पर नकारात्मक प्रभाव डालनेवाली दो घटनाएँ हुई थीं—18 मई, 1974 को पोखरण में भारत का सफल भूमिगत परमाणु परीक्षण और 15 अगस्त, 1975 को मुजीब की हत्या। पोखरण परीक्षण ने भुट्टो को भारत के खिलाफ पाकिस्तानी जनमत तैयार करने का मुद्दा प्रदान किया। इसने भुट्टो को अमेरिका व चीन के सहयोग से पाकिस्तान की सैन्य शक्ति बढ़ाने में मदद की, क्योंकि ये देश भारत के परमाणु-संपन्न होने की आशंकाओं के मद्देनजर पाकिस्तान की सहायता के लिए तैयार थे। उन्होंने संकल्प किया कि पाकिस्तानी एक परमाणु अस्त्र बनाएँगे, चाहे उन्हें घास खाकर क्यों न रहना पड़े। उसके बाद हुए सैन्य विद्रोहों और प्रतिरोधी विद्रोहों का अंत स्वतंत्रता संघर्ष में शामिल रहे समूचे बँगलादेशी नेतृत्व के खात्मे के साथ हुआ और इसने पाकिस्तान को बँगलादेश के साथ एक अंतर्संबंध स्थापित करने में मदद की। मुजीब की हत्या के छह वर्षों के अंदर बँगलादेश की सत्ता पाकिस्तान समर्थक और चरमवादी इसलामी प्रवृत्तियोंवाले लोगों के हाथ में चली गई। यह आलोचना नहीं, बल्कि बँगलादेश में राजनीतिक-रणनीतिक संदर्भ में आए परिवर्तनों का एक विवरण है।

सन् 1974 और 1977 के बीच की अवधि, जब भुट्टो के हाथों से सत्ता निकलने वाली थी, भारत-पाक संबंधों में एक संक्रमण की अवधि थी, जिसमें शत्रुता और तनाव में बढ़ोतरी हुई। युद्धबंदियों को रिहा करवाने और भारत के कब्जे

से अपनी भूमि छुड़ाने के उद्देश्य को प्राप्त करने के बाद भुट्टो शिमला समझौते में निहित कुछ प्रतिबद्धताओं से विचलित होने लगे थे। शिमला समझौते के केवल दो माह बाद 7 सितंबर, 1972 को नेशनल असेंबली में बोलते हुए शिक्षा मंत्री पीरजादा ने कहा, 'राष्ट्रपति ने स्पष्ट रूप से कहा था कि शिमला समझौते के अंदर संयुक्त राष्ट्र पर्यवेक्षकों की वापसी के बारे में पाकिस्तान कटिबद्ध नहीं था। संयुक्त राष्ट्र को अपने पर्यवेक्षक वापस बुलाने के लिए कहने का कोई इरादा सरकार का नहीं था।' (द *न्यू पाकिस्तान,* लेखक—सतीश कुमार, 1978, पृ.-243)

सन् 1972 के उत्तरार्द्ध से पाकिस्तानी मीडिया और मंत्रियों ने यह मत व्यक्त करना शुरू किया कि जम्मू एवं कश्मीर पर द्विपक्षीय वार्त्ता के लिए तैयार होने का अर्थ यह नहीं है कि पाकिस्तान ने इस मुद्दे को सुलझाने के लिए संयुक्त राष्ट्र सहित अन्य साधनों के विकल्प को बंद कर दिया है। बँगलादेश को मान्यता देने के भुट्टो के वादे से पीछे हटने के प्रयास के कारण अधिग्रहीत क्षेत्र से भारतीय सैनिकों की वापसी और युद्धबंदियों की रिहाई में देरी हुई। भारत और पाकिस्तानी बलों के बीच राजौरी सेक्टर में झड़पें हुईं और नियंत्रण रेखा स्थापित करने के बाद भी सैन्य तनाव जारी रहा।

सन् 1975 से भुट्टो घरेलू राजनीतिक विवादों में फँसते चले गए। उनकी निरंकुशता और महत्त्वाकांक्षाओं के कारण शासन व्यवस्था के पुनर्निर्माण के उनके प्रयास विफल हो गए। जितना अधिक वह घरेलू विरोध और संकट का सामना कर रहे थे, अपनी स्थिति मजबूत करने के लिए भारत से खतरों को रेखांकित करने पर वह उतना ही अधिक ध्यान दे रहे थे। सन् 1975 तक उन्होंने सन् 1971 के भारत-सोवियत संघ संधि, मार्च 1972 के शांति, मित्रता व सहयोग के भारत-बँगलादेश समझौते, मई 1974 के भारत के परमाणु परीक्षण और जम्मू एवं कश्मीर मुद्दे को सक्रिय रखने की प्रतिबद्धता के संदर्भ में भारत के खिलाफ पाकिस्तान के एक दृढ़ और विरोधी स्थिति की आवश्यकता पर बल दिया।

सन् 1974 और 1977 के बीच शिमला समझौते की अनुवर्ती गतिविधियों के रूप में विदेश सचिव स्तर की वार्त्ता हुई। उन्होंने अनुबंधों और ऊपरी शांति को बरकरार रखना सुनिश्चित किया, लेकिन सन् 1975 के अंत तक भुट्टो भारत-पाक संबंधों को सुधारने में रुचि खो चुके थे। हालाँकि उच्चायोग पुनः खोले गए और रेल व नागरिक वायु-संपर्क बहाल किया गया, परंतु राजनीतिक व आर्थिक संपर्क न्यूनतम स्तर पर रहा। सन् 1974 में हस्ताक्षरित की गई एक व्यापार संहिता ने व्यापारिक संबंधों की बहाली को प्रेरित किया। इस अवधि में इकलौती सकारात्मक

बात रही सन् 1974 में भारत, पाकिस्तान व बँगलादेश के बीच त्रिपक्षीय तथा द्विपक्षीय समझौते पर हस्ताक्षर, जिसमें युद्धबंदियों की स्वदेश वापसी, गैर बंगालियों का बँगलादेश से पाकिस्तान वापसी और युद्ध-अपराध मुकदमे न चलाने संबंधी समझौते किए गए। बाद में गैर बंगालियों की एक छोटी संख्या को ही पाकिस्तान में प्रवेश की स्वीकृति दी गई। यह मुद्दा अब भी बँगलादेश और पाकिस्तान के बीच एक महत्त्वपूर्ण समस्या है। द्विपक्षीय समझौतों के अनुसार, सिद्धांत में भारत और पाकिस्तान के बीच परिवहन सुविधाएँ बहाल की गईं, लेकिन पाकिस्तान की प्रतिबंधात्मक पासपोर्ट व वीजा प्रक्रियाओं के कारण यह सामान्य आपसी जनसंपर्क की बहाली को प्रोत्साहित नहीं कर पाया।

यदि भारत-पाक संबंधों की प्रवृत्ति के गुण-दोषों का आकलन किया जाए तो स्पष्ट होगा कि भारत के दृष्टिकोण से वर्तमान विवादों और शत्रुता की नींव उसी अवधि के दौरान रखी गई। शिमला वार्त्ता के दौरान किए गए अपने वादों के बावजूद भुट्टो ने जम्मू एवं कश्मीर पर पाकिस्तान के दावों को फिर से दृढ़ करते हुए संबंधों के सामान्यीकरण में इस मुख्य बाधा (जम्मू एवं कश्मीर के मुद्दे) को पुनर्जीवित किया। उन्होंने लरकाना तक डॉ. अब्दुल कादिर खान की गुप्त यात्रा के साथ पाकिस्तान को परमाणु अस्त्र से संपन्न राष्ट्र बनाने के उद्देश्य से परमाणु कार्यक्रम की शुरुआत की। ओ.आई.सी. को भारत के खिलाफ पाकिस्तान की नीतियों के एक साधन के रूप में प्रयुक्त करने की शुरुआत सन् 1974 के लाहौर शिखर सम्मेलन से हुई। हालाँकि लोग पाकिस्तानी शासन व्यवस्था के चरमपंथी इसलामीकरण के लिए सामान्यतः जिया-उल हक को दोषी ठहराते हैं, लेकिन यह प्रक्रिया भुट्टो ने अपने व्यक्तिगत जनवादी उद्देश्यों के कारण शुरू की, जिनका नकारात्मक प्रभाव भारत के साथ संबंधों पर पड़ा। भुट्टो ने ही मनोयोगपूर्वक व उद्देश्यपूर्वक पाकिस्तानी सैन्य बलों की शक्ति को पुनर्निर्मित किया और सन् 1971 के अपमान का बदला लेने के लिए प्रेरित किया।

सन् 1974 के अंत तक सत्ता में आने के ढाई वर्षों के अंदर भारत के प्रति भुट्टो के दृष्टिकोण में परिष्करण और तार्किकता गायब हो गई थी। दक्षिण एशिया में भारत की महत्त्वपूर्ण भूमिका को किसिंगर द्वारा स्वीकार किए जाने के बावजूद अमेरिका ने सन् 1975-76 तक आर्थिक संबंधों व सैन्य आपूर्तियों की बहाली द्वारा पाकिस्तान को भारत के खिलाफ राजनीतिक-सैन्य ताकत के रूप में उभरने के लिए प्रोत्साहित किया। तब भुट्टो अपनी पुरानी शत्रुतापूर्ण मानसिकता पर लौट सकते थे, क्योंकि उन्होंने सन् 1971 में पाकिस्तान की पराजय से हुई क्षतियों को राजनीतिक रूप से सुधार लिया था।

जिया का विद्रोह

सन् 1975 तक भारत-पाक संबंधों को सामान्य करने की क्षीण गति एक सुस्त प्रवृत्ति में बदल चुकी थी। भुट्टो दक्षिण एशिया में पाकिस्तान को सबसे महत्त्वपूर्ण शक्ति के रूप में विकसित करने की अपनी रणनीतिक दृष्टि पर लौट चुके थे। हालाँकि पूर्ण विकसित दूतावास संबंध बहाल किए जा चुके थे और व्यापार व सांस्कृतिक सहयोग पुनर्जीवित करने के लिए कुछ सीमित प्रयास किए जा रहे थे। भुट्टो इन प्रक्रियाओं में रुचि नहीं ले रहे थे। इंदिरा गांधी भी इनपर ध्यान नहीं दे रही थीं। सन् 1975 तक भुट्टो और इंदिरा गांधी—दोनों घरेलू राजनीतिक अशांति में उलझ गए थे। सन् 1975 में श्रीमती गांधी को आंतरिक आपात्काल की घोषणा करनी पड़ी और भुट्टो को चुनावों का सामना करना पड़ा, जिनमें उन्होंने एक विशाल चुनावी विजय प्राप्त करने के लिए अनावश्यक रूप से हेरा-फेरी का सहारा लिया। इस हेरा-फेरी में मतदान संबंधी अनियमितताएँ और हिंसा शामिल थी। उनके द्वारा उत्पन्न इस हिंसा ने आखिरकार उनके पतन को प्रेरित किया।

सन् 1977 में श्रीमती गांधी और भुट्टो के राजनीतिक भाग्य में एक आश्चर्यजनक समानता थी। श्रीमती गांधी मार्च 1977 के चुनावों में पराजित हुईं और लगभग तीन वर्षों के लिए सत्ता से बाहर हो गईं। भुट्टो की निरंकुशता और छल-कपट ने जिया-उल हक द्वारा एक सैन्य विद्रोह को जन्म दिया। सत्ता से बाहर किए जाने के तुरंत बाद भुट्टो को अपने एक राजनीतिक प्रतिद्वंद्वी की हत्या की साजिश व हत्या के लिए उकसाने के जुर्म में गिरफ्तार करके कैद कर लिया गया। उन्हें मौत की सजा दी गई। विभिन्न राष्ट्रों व सरकारों के प्रमुखों की अपीलों तथा अनुरोधों के बावजूद 1 अप्रैल, 1979 को भुट्टो को यह सजा दे दी गई। कई मामलों में उनकी फाँसी में एक ग्रीक त्रासदी की अनिवार्यता है, एक ऐश्वर्यपूर्ण जीवन को हिंसा द्वारा समाप्त कर दिया गया। संभवत: इसका कारण उनकी आत्म-विनाशक महत्त्वाकांक्षाएँ और निश्चिंतता थीं। यहाँ इस बात का उल्लेख करना आवश्यक है कि श्रीमती गांधी ने जनरल जिया से भुट्टो की फाँसी की सजा रोकने की अपील की थी। बाद में प्रधानमंत्री बने मोरारजी देसाई ने कई सुझावों के बावजूद ऐसी अपील करने से इनकार कर दिया।

सन्1977 से किसी स्पष्ट प्रारूप में भारत-पाक संबंधों के उभरने में लगभग डेढ़ वर्ष लग गए। पाकिस्तान के नए शासक जिया-उल हक ने ग्यारह वर्षों तक पाकिस्तान पर शासन किया। इस अवधि के दौरान उन्होंने भारत के तीन प्रधानमंत्रियों—मोरारजी देसाई, इंदिरा गांधी और राजीव गांधी के समकालीन काम किया। भारत-पाक संबंधों के इस दौर का विवरण अगले अध्याय में दिया

जाएगा, लेकिन पाकिस्तान की सरकार ने दिसंबर 1971 की सैन्य पराजय की त्रासदी के साथ कैसे सामंजस्य बिठाया, इसके बारे में एक पूरक विवरण देना यहाँ उचित होगा।

संघर्ष के प्रति जनसाधारण की प्रतिक्रिया का उल्लेख इस अध्याय में पहले ही किया जा चुका है, लेकिन पाकिस्तान द्वारा किए गए आलोचनात्मक आत्म-विश्लेषण के बारे में अधिक विस्तृत सूचना बाद में जनता की जानकारी में आई। जस्टिस अनवरुल हक हमूदुर रहमान द्वारा तैयार की गई आयोग रिपोर्ट 23 अक्तूबर, 1974 को भुट्टो सरकार को दी गई। इस रिपोर्ट को अट्ठाईस वर्षों तक गुप्त रखा गया। 23 अक्तूबर, 1974 को पाकिस्तानी समाचार पत्र 'जंग' में यह रिपोर्ट छप गई। दिसंबर 1971 में सत्ता ग्रहण करने के तुरंत बाद भुट्टो ने इस आयोग की स्थापना की थी और इसके प्रमुख पाकिस्तान के मुख्य न्यायाधीश हमूदुर रहमान (एक बंगाली, जो '71 के युद्ध के दौरान पाकिस्तान के प्रति वफादार रहे) थे। इस आयोग में पाकिस्तान के सर्वोच्च न्यायालय के जस्टिस एस. अनवरुल हक, सिंध व बलूचिस्तान के सर्वोच्च न्यायाधीश जस्टिस तुफैल अली अब्दुर रहमान और ले. जनरल (रिटायर्ड) अल्ताफ कादिर शामिल थे, जिन्हें उन परिस्थितियों की जाँच करने का कार्य सौंपा गया था, जिनमें पाकिस्तान के पूर्वी कमांड के कमांडर ने आत्मसमर्पण किया था और उनके कमांड के अंदर पाकिस्तान के सैन्य बलों के सदस्यों ने अपने हाथ खड़े कर दिए थे।

इस रिपोर्ट ने पाकिस्तान सरकार और सैन्य मुख्यालयों के इस दावे को अस्वीकृत कर दिया कि पाकिस्तान को वास्तव में पराजित नहीं किया गया था; कि पूर्वी सेना को धोखा दिया गया था। आयोग ने इसलामाबाद में पाकिस्तानी सैन्य बल उच्च कमांड और पाकिस्तानी सेना के पूर्वी कमांड के सभी वरिष्ठ अधिकारियों पर लोकतंत्र को तहस-नहस करने, संवैधानिक प्रक्रियाओं का उल्लंघन करने, नागरिक अवज्ञा करने व सैन्य विद्रोह को प्रेरित करने, नागरिकों के खिलाफ हिंसा का सहारा लेने और हत्याओं, बलात्कार, लूटपाट आदि को बढ़ावा देने का आरोप लगाया। आयोग की उक्त रिपोर्ट में इस बात को सच माना गया कि पाकिस्तान की सेना पराजित हुई थी और इस पराजय का कारण व्यावहारिकता की कमी, सेना के अधिकारियों में चारित्रिक कमी और पाकिस्तान की जनता के निर्णय को न मानने का सामूहिक और जानबूझकर लिया गया फैसला था। पश्चिमी पाकिस्तान के कई राजनीतिक दलों के नेताओं को भी इस मामले में सेना के अधिकारियों के साथ मिलकर षड्यंत्र रचने का दोषी रिपोर्ट में बताया गया। रिपोर्ट में यह माना गया कि न सिर्फ पूर्वी पाकिस्तान, बल्कि पश्चिमी पाकिस्तान की जनता भी पूरी तरह भुट्टो

के उस राजनीतिक कुचक्र के खिलाफ थी, जिसके द्वारा शेख मुजीबुर रहमान को प्रधानमंत्री बनने से रोका गया। जनता जनरल टिक्का खान और लेफ्टिनेंट जनरल राव फरमान अली द्वारा पूर्वी पाकिस्तान में निर्दोष लोगों पर ढाई गई क्रूरता के भी खिलाफ थी।

दिलचस्प तथ्य यह है कि भुट्टो और उनके उत्तराधिकारियों ने लगभग तीस वर्षों तक इस रिपोर्ट को सार्वजनिक नहीं होने दिया। इसके पीछे सेना के वरिष्ठ अधिकारियों की यह चिंता काम कर रही थी कि इसके सार्वजनिक होने से उनकी विश्वसनीयता और सम्मान को चोट पहुँचेगी। इतनी ही दिलचस्प बात यह भी है कि सत्ता में आने के बाद जहाँ भुट्टो ने याह्या खान और उस समय के ऑपरेशनल चीफ जनरल गुल हसन को राजनीतिक रूप से वनवास में भेज दिया, वहीं पूर्वी पाकिस्तान में हिंसा के दोषी जनरल टिक्का खान को चीफ ऑफ आर्मी स्टाफ और लेफ्टिनेंट जनरल राव फरमान अली को ताकतवर फौजी फाउंडेशन का अध्यक्ष बना दिया। ये दोनों अधिकारी बाद में भी, यहाँ तक कि जनरल जिया-उल हक के समय में भी सत्ता प्रतिष्ठान के महत्त्वपूर्ण हिस्सा बने रहे। इस किताब के लिखे जाने तक भी हमूदुर रहमान रिपोर्ट जनता के सामने सरकार द्वारा नहीं आई है। इसका जो थोड़ा-बहुत हिस्सा जनता के सामने आया भी है, वह खोजी पत्रकारिता के कारण ही आ पाया है।

निष्कर्षतः यह कहा जा सकता है कि यदि उपमहाद्वीप में शांति और स्थायित्व के प्रति भारत की गहरी चिंता, जो शिमला समझौते पर हस्ताक्षर के लिए राजी होते समय श्रीमती इंदिरा गांधी ने दिखाई थी, कहीं गुम हो गई थी तो किसी को भी इसपर आश्चर्य हो सकता है। तो क्या भारत को युद्धबंदियों को छोड़ने या पाकिस्तानी क्षेत्रों और जम्मू एवं कश्मीर के क्षेत्रों को खाली करने की प्रक्रिया धीमी कर देनी चाहिए थी? क्या इसे पाकिस्तान को जमीनी हकीकत समझाने पर जोर देने की बजाय जम्मू एवं कश्मीर के बारे में कोई अस्पष्ट समझौता कर लेना चाहिए था? निचोड़ के रूप में क्या भारत को युद्ध के बजाय कहीं कठिन मानी जानेवाली शांति प्रक्रिया में लगने की बजाय युद्ध में ही लगे रहना चाहिए था?

इस सारे घटनाक्रम का एक महत्त्वपूर्ण परिणाम मार्च 1972 में भुट्टो द्वारा पाकिस्तान के परमाणु कार्यक्रम की शुरुआत के रूप में निकला, जिसकी परिणति मई 1998 में चगाई हिल्स के परमाणु परीक्षणों में हुई। इस बारे में विस्तार से चर्चा भारत और पाकिस्तान के 'परमाणु हथियार कार्यक्रम' वाले अध्याय में की जाएगी।

□

: अध्याय 8 :

तख्तापलट से तख्तापलट तक

पाकिस्तान, 1972-1999

भारत और पाकिस्तान के बीच के बाईस वर्षों के जटिल संबंधों को संक्षेप में बयान करना आसान नहीं है। सन् 1972 से 1999 की अवधि के दौरान पाकिस्तान में जिया-उल-हक, बेनजीर भुट्टो, गुलाम मुस्तफा जतोई, नवाज शरीफ और मोइनुद्दीन कुरैशी की सरकारें रहीं, जिनमें से बेनजीर भुट्टो और नवाज शरीफ को दो-दो बार शासन करने का अधिकार जनता ने दिया। भारत में समानांतर रूप से सरकारें बदलती रहीं। जिया-उल-हक द्वारा जुल्फिकार अली भुट्टो को सैन्य तख्तापलट द्वारा हटा देने के कुछ ही महीने पहले भारत में मोरारजी देसाई मार्च 1977 में प्रधानमंत्री पद की शपथ ले चुके थे। देसाई सरकार के बाद थोड़ी अवधि तक चौधरी चरण सिंह और फिर श्रीमती इंदिरा गांधी, राजीव गांधी, वी.पी. सिंह, चंद्रशेखर, पी.वी. नरसिंह राव, एच.डी. देवगौड़ा, आई.के. गुजराल और अटल बिहारी वाजपेयी की सरकारें बनीं। याद रखने की बात यह है कि भारत-पाकिस्तान संबंध एक तरफ राजनीतिक अनिश्चितता और सरकारों के नेतृत्व में परिवर्तन से प्रभावित हो रहा था और दूसरी तरफ संबंध सामान्यीकरण और सक्रियता के एक छोटे अरसे के दौरान दुश्मनी की भावना पर विराम लग गया था, खासकर सन् 1988 में लोकतंत्र बहाल होने और बेनजीर भुट्टो के सत्ताशीन होने के बाद।

जिया ने पाकिस्तान पर लगातार ग्यारह वर्षों तक शासन किया और इस दौरान तीन भारतीय प्रधानमंत्रियों—मोरारजी देसाई, इंदिरा गांधी और राजीव गांधी का सामना किया (मैं यहाँ चरण सिंह के छह महीने के छोटे से कार्यकाल को शामिल नहीं कर रहा हूँ)। जिया के लंबे कार्यकाल ने उनकी भारत नीति में एक

निरंतरता ला दी। पंजाब में उनके द्वारा उभारी गई समस्या और जम्मू एवं कश्मीर में फैलाए गए तनाव के बावजूद उनके कार्यकाल में भारत-पाकिस्तान के संबंधों में एक निश्चित स्थिरता बनी रही, जो सन् 1969 में अयूब खान के और 1977 में भुट्टो के सत्ताच्युत होने के समय के तनाव और परिवर्तनशील भारत-पाक संबंधों के बिलकुल विपरीत था।

एक पंजाबी मुसलमान होने के बावजूद जिया पाकिस्तानी सेना में वर्चस्व रखनेवाले पश्चिमी पंजाब की केंद्रीय भूमि से नहीं आते थे। इसलिए पाकिस्तान की घरेलू राजनीति और भारत के प्रति अपनी नीति में उन्हें खुद को एक पश्चिमी पंजाबी मुसलमान से कहीं अधिक साबित करना था। आभिजात्य बख्तरबंद टुकड़ी से संबंधित होने और उच्च सैन्य प्रतिष्ठा न होने के कारण उन्हें अधिकारी संवर्ग और पाकिस्तानी सैन्य बलों के अन्य वर्गों में अपनी छवि मजबूत करने की अधिक चिंता थी। हालाँकि वह अयूब खान की सैन्य संस्कृति के अधिक प्रशंसक नहीं थे; उनका मत था कि राजनीतिक शक्ति का केंद्र सेना के हाथ में होना चाहिए, क्योंकि यह सैन्य बलों के हितों की रक्षा करता है। उनके अनुसार, पाकिस्तानी समाज में सैन्य बल ही वह एकमात्र संघटनात्मक सत्ता है, जो राष्ट्रीय एकता को मजबूत करने और विदेश संबंधों को स्थिर बनाने में सक्षम है। विदेशों में उनका प्रशिक्षण और विदेशों में सौंपे गए कार्यों ने उन्हें राजनीतिक महत्त्वाकांक्षी बनाया। इन कार्यों के दौरान उन्होंने अमेरिका और सऊदी अरब के सत्ता-केंद्रों से नजदीकी संपर्क विकसित किए, जिसने पाकिस्तान की राजनीति में सबसे महत्त्वपूर्ण भूमिका निभाई तथा विश्व के बारे में उनके ज्ञान, इसलामी देशों के साथ संबंधों और भारत व दक्षिण एशियाई राजनीति के प्रति उनके दृष्टिकोण को विकसित किया।

भुट्टो को सत्ताच्युत करने में जिया को सेना के अतिरिक्त उदारवादियों और लोकतंत्रवादियों, विपक्षी दलों और रूढ़िवादी इसलामिक तत्त्वों का समर्थन भी मिला। यह बात तब साबित हुई जब सन् 1977 में जुलाई से नवंबर के दौरान भुट्टो को बरखास्त करने, उनपर हत्या की साजिश रचने का आरोप लगाने, उन्हें गिरफ्तार करने, नुसरत भुट्टो द्वारा मार्शल लॉ लगाने के खिलाफ सुप्रीम कोर्ट में दायर की गई याचिका के रद्द होने, सेनाध्यक्ष द्वारा इस संबंध में लिये गए निर्णय को कोर्ट द्वारा स्वीकृति प्रदान करने आदि कदमों के दौरान विरोध केकाफी कम स्वर सामने आए। घरेलू मोरचे पर जिया ने फौज पर अपनी पकड़ मजबूत की और जनता को शांत करने के लिए एक तरफ कानून और राज्यादेशों के द्वारा इसलामीकरण को विस्तृत रूप दिया और दूसरी तरफ चुनाव के वादे करते रहे। उन्होंने माना कि

उनके अपने वजूद के लिए राजनीति से भुट्टो का निष्कासन अत्यावश्यक है। वे यह भी जानते थे कि आधुनिक और तर्कपूर्ण सोच रखनेवाली पार्टियाँ, जैसे—पाकिस्तान पीपुल्स पार्टी और अवामी पार्टी उनके लिए खतरा पैदा कर सकती हैं। इसलिए उन्होंने इसलामी सोच रखनेवाली पार्टियाँ, जैसे—जमायत-ए-इसलामी को शुरू करने के लिए पहल की। विदेश नीति के मोरचे पर अपने कार्यकाल के पूर्वार्द्ध में उन्होंने भारत के साथ एक नपा-तुला शत्रुतापूर्ण संबंध रखने का फैसला किया। अपनी इस नीति के महत्त्वपूर्ण सहयोगी तत्त्व के रूप में उन्होंने भारत के सभी दक्षिण एशियाई पड़ोसियों के साथ संबंध विकसित करने का फैसला किया।

सन् 1977 में भारत और पाकिस्तान—दोनों ही देशों के नए नेतृत्व ने यह साबित करने के लिए कि पूर्ववर्ती शासकों के मुकाबले उनके विचार और परिस्थितियाँ अलग हैं, आपसी संबंधों में बदलाव लाने का फैसला किया। दोनों ही देशों में राजनीतिक अशांति और जनता के असंतोष के बाद नई सरकारें आई थीं, लेकिन समानताएँ यहीं खत्म हो जाती हैं। मोरारजी देसाई, जो गांधीवादी विचारधारा को धार्मिक निष्ठा की हद तक माननेवाले थे, पाकिस्तान के साथ संबंध सामान्य बनाने के लिए प्रतिबद्ध थे। दूसरी ओर जिया-उल-हक संबंधों का पुनर्निर्माण इस ढंग से करना चाहते थे जिसके द्वारा सन् 1971 की हार के बाद बाध्यताओं के कारण पाकिस्तान को जो समझौते करने पड़े, उन्हें खत्म किया जा सके। वह पूर्वी पाकिस्तान की समस्या के बाद उत्पन्न हुए क्षेत्रीय असंतुलन को दूर करने के लिए पाकिस्तानी सेना को पुनर्जीवित और ताकतवर बनाने के पक्ष में थे। पाकिस्तानी सेना और वहाँ के धार्मिक प्रतिष्ठान यह राय भी रखते थे कि भारत की जनता सरकार अपनी पूर्ववर्ती कांग्रेसी सरकार से खुद को अलग दरशाने की स्वाभाविक इच्छा के कारण पाकिस्तानी चालों के समक्ष कमजोर पड़ जाएँगी। निश्चय ही पाकिस्तान देसाई सरकार से यह उम्मीद नहीं रखता था कि वह जम्मू एवं कश्मीर के मुद्दे पर भारत के रुख को पलट देगी, लेकिन जिया निश्चित ही यह उम्मीद कर रहे थे कि यह सरकार शिमला समझौते के बिंदुओं को क्रियान्वित करने के लिए हद से ज्यादा जोर नहीं डालेगी। इसीलिए उन्होंने द्विपक्षीय संबंधों में शिमला समझौते की प्रासंगिकता को नष्ट करना प्रारंभ कर दिया।

सन् 1978 से जुलाई 1979 की अवधि की विशेषता थी संबंधों में एक अति यथार्थवादी सक्रियता। अति यथार्थवादी इसलिए, क्योंकि जिया और जनता सरकार दोनों सार्वजनिक स्तर पर अपने अच्छे इरादों का प्रदर्शन कर रहे थे, जबकि वास्तविक राजनीति के संदर्भ में भारत या पाकिस्तान की चिंताओं या प्रवृत्तियों में कोई परिवर्तन

नहीं आया था। 1980 और 90 के दशक में यह दावा किया गया कि (भावी) भारतीय जनता पार्टी के मोरारजी देसाई सरकार का एक बड़ा घटक होने और उसके नेता अटल बिहारी वाजपेयी के विदेश मंत्री होने के बावजूद भारत-पाक संबंध सकारात्मक वातावरण के दौर से गुजर रहे थे, जो श्रीमती गांधी के वापस आने के साथ गायब हो गए। यह एक सतही दृष्टिकोण है। इस आकलन का एक विस्तार अगले अध्याय में दिया गया है।

आइए, पहले तथ्यों पर एक नजर डालें। वाजपेयीजी ने 6 फरवरी, 1978 को पाकिस्तान का दौरा कर इस प्रक्रिया की शुरुआत की। जिया के मुख्य मार्शल लॉ सलाहकार आमिर मुहम्मद फरवरी के अंत में भारत आए और मार्च तक ठहरे तथा कृषि मंत्री सुरजीत सिंह बरनाला के साथ विचार-विमर्श किया। तत्कालीन भारतीय सूचना एवं प्रसारण मंत्री लालकृष्ण आडवाणी ने नवंबर 1978 में पाकिस्तान का दौरा किया। सबसे महत्त्वपूर्ण मुलाकात प्रधानमंत्री मोरारजी देसाई और जिया के बीच नैरोबी में 31 अगस्त, 1978 को हुई। दोनों नेता वहाँ के राष्ट्रपति जोमो केनयाता के अंतिम संस्कार में शामिल होने के लिए पहुँचे थे। इन उच्च स्तरीय मुलाकातों के अलावा दोनों देशों ने सलाल डैम के निर्माण के लिए द्विपक्षीय समझौते पर हस्ताक्षर किए और पाकिस्तानी विदेश मामलों के सलाहकार आगा शाही इस उद्देश्य की पूर्ति के लिए भारत आए। वाणिज्य, रेल परिवहन और कृषि के क्षेत्र में आपसी सहयोग बढ़ाने के लिए आधिकारिक स्तर की कई बैठकें हुईं। एक दशक बाद हॉकी और क्रिकेट मैचों के द्वारा दोनों देशों के बीच सीधे खेल संबंध भी प्रारंभ किए गए। कराची में भारतीय महावाणिज्य दूतावास खोलने के लिए भी पाकिस्तान तैयार हो गया। इसके जवाब में भारत ने सन् 1978 में मुंबई में पाकिस्तानी वाणिज्य दूतावास खोलने की स्वीकृति प्रदान कर दी। मानवीय स्तर पर भी प्रयास किए गए। भारत ने गेहूँ के बीज पाकिस्तान भिजवाए और पाकिस्तान ने भारत के बाढ़-प्रभावित क्षेत्रों के लिए टेंट, दूध पाउडर, दवाइयाँ और कपड़े भिजवाए।

इन गतिविधियों को 'गैर सैन्य प्रकृति के विश्वास बहाल करनेवाले उपाय' कहा जा सकता है; लेकिन सबसे दिलचस्प बात यह है कि पाकिस्तानी पक्ष पूरे मनोयोग से विवादवाले सभी विषयों पर द्विपक्षीय बातचीत से कतरा रहा था। दोनों देशों के प्रतिनिधियों के अधिक दौरे और विविध विषयों पर विचार-विमर्श के बावजूद सलाल बाँध पर समझौते के अलावा कोई सार्थक कदम नहीं उठाया गया। पाकिस्तानी नेताओं द्वारा दिए गए बयान और विभिन्न घटनाओं ने द्विपक्षीय विवाद बरकरार रखने का संकेत दिया।

सन् 1978-80 की अवधि में पाकिस्तान ने पंजाब व अन्य स्थानों के उग्रवादी सिखों से संपर्क स्थापित किया, ताकि सिख अलगाववाद को बढ़ावा दिया जा सके। जिया ने पाकिस्तान आनेवाले सिख तीर्थयात्रियों को जान-बूझकर प्रोत्साहित किया। उन्होंने यह भी निर्देश दिए कि संबंधित वक्फ अधिकारियों और धार्मिक मामलों के मंत्रियों के अलावा पाकिस्तानी इंटेलिजेंस एजेंसियों व सैन्य बलों को सिख तीर्थयात्रियों से संपर्क बनाना चाहिए। इसका उद्देश्य हमारे सिख नागरिकों को प्रभावित करने और दीर्घकालीन विध्वंसक उद्देश्यों के लिए कार्यकर्ताओं की भरती करने की थी। भारत ने इसका एहसास '80 के दशक के पूर्वार्द्ध में ही किया, जब इसके हानिकारक परिणाम सामने आए।

मई 1978 में कुंजेरब दर्रे के दोनों ओर फैले हुए कराकोरम हाइवे को आम यातायात के लिए खोल दिया गया। अक्तूबर में जिया ने हाइवे का दौरा किया, जो उन क्षेत्रों से गुजरता है, जिनके बारे में भारत का दावा था कि वे जम्मू एवं कश्मीर के अंग हैं। जिया ने भारतीय राजदूत सहित पंद्रह अन्य महत्त्वपूर्ण देशों के राजदूतों को अपने साथ चलने के लिए आमंत्रित करके उस क्षेत्र में पाकिस्तानी शासन का अप्रत्यक्ष प्रदर्शन करने का मौका अपने हाथ से नहीं जाने दिया; हालाँकि भारतीय राजदूत ने उनके आमंत्रण को ठुकरा दिया था।

सन् 1978 के अंत तक भारत के प्रति पाकिस्तान का पारंपरिक रवैया फिर स्पष्ट हो गया। आगा शाही, जो वास्तविक अर्थों में जिया के विदेश मंत्री थे, ने 4 अक्तूबर, 1978 को संयुक्त राष्ट्र महासभा की बैठक में जम्मू एवं कश्मीर समस्या के त्वरित व सम्मानजनक हल की माँग की। इसी माह के अंत में जिया ने कहा कि दोनों देशों के बीच द्विपक्षीय संबंधों में और सुधार के लिए वीजा की व्यवस्था को खत्म कर देनी चाहिए, जबकि शाही ने कहा कि वीजा व्यवस्था को खत्म करने का कोई सवाल ही नहीं उठता। आडवाणी के पाकिस्तान दौरे के दरम्यान पाकिस्तानी सूचना व प्रसारण मंत्री ने अलीगढ़ में हो रही गड़बड़ियों पर चिंता जताई। पाकिस्तानी विदेश विभाग ने एक जोरदार प्रेस विज्ञप्ति जारी कर भारतीय संसद् में वाजपेयी द्वारा दिए गए उस बयान पर सवाल खड़े किए, जिसमें उन्होंने भारत में अल्पसंख्यकों की सुरक्षा के मुद्दे पर संयुक्त राष्ट्र आयोग के अधिकार-क्षेत्र को नामंजूर कर दिया था। इस आयोग द्वारा किए गए एक अध्ययन में जम्मू एवं कश्मीर को अल्पसंख्यकों को प्रभावित करनेवाली अनसुलझी समस्याओं में शामिल किया गया था। वाजपेयी ने स्वाभाविक रूप से इस अतिक्रमण पर प्रश्न उठाया था। वाजपेयी की आलोचना के लिए केवल एक बयान जारी करके संतुष्ट

न होते हुए पाकिस्तानी विदेश सचिव ने 7 दिसंबर को भारतीय राजदूत को बुलाकर विरोध जताया। जम्मू एवं कश्मीर मुद्दे पर पाकिस्तान के पक्ष और भारत में मुसलिम अल्पसंख्यकों के बारे में बोलने के पाकिस्तान के अधिकार पर जोर डालते हुए जिया ने भारत-पाक संपर्क के उन पहलुओं को विकसित करने का प्रयास किया, जो पाकिस्तान को लाभ पहुँचाते या उसके गुप्त उद्देश्यों को पूरा करते। जनवरी में पाकिस्तान ने सन् 1960 के सिंधु जल-संधि के तहत स्थायी सिंधु आयोग के गठन पर सहमति जताई। जिया ने टेक्सला के हेवी मैकेनिकल कॉम्प्लेक्स का प्रतिनिधित्व कर रहे चार सदस्यीय सार्वजनिक क्षेत्र प्रतिनिधिमंडल को भारत दौरे की अनुमति दी। यह याद रखने योग्य है कि यह कॉम्प्लेक्स वाह में पाकिस्तान की सैन्य औद्योगिक इकाइयों की एक सहयोगी संपदा है।

जनता पार्टी के अंतर्गत भारतीय विदेश मंत्रालय का विचार था कि पारदर्शिता से पाकिस्तान के शत्रुतापूर्ण उद्देश्यों को समाप्त किया जा सकता है। सन् 1978 के अंत और 1979 के पूर्वार्द्ध में पाकिस्तान को भारत से अनौपचारिक संकेत और अन्य माध्यमों से प्रत्यक्ष संकेत मिले कि यदि पाकिस्तान गुटनिरपेक्ष आंदोलन में सम्मिलित होना चाहे तो भारत को कोई आपत्ति नहीं होगी। किसी प्रकार की कार्यविधिक आपत्तियों से बचने के लिए पाकिस्तान ने 12 मार्च, 1979 को 'सेंटो' से अपने हटने की घोषणा कर दी। 'सीटो' पहले से ही निष्क्रिय था। विदेश सचिव शाह नवाज मई के अंत में भारत आए और भारतीय विदेश सचिव जगत मेहता से यह सामान्य आश्वासन लेकर गए कि भारत पाकिस्तान के गुटनिरपेक्ष आंदोलन में शामिल होने का विरोध नहीं करेगा। भारत का मानना था कि सकारात्मक दृष्टिकोण से संबंधों में फर्क पड़ेगा। यह धारणा गलत सिद्ध हुई और 6 सितंबर, 1979 को हवाना में गुटनिरपेक्ष आंदोलन में बोलते हुए जिया ने कहा कि संबंधित संयुक्त राष्ट्र प्रस्ताव और शिमला समझौते के जोश के अनुसार जम्मू एवं कश्मीर का समाधान पाकिस्तान चाहता है।

ऐसा नहीं है कि केवल जिया ने सन् 1978 के सकरात्मक रुझानों को धीरे-धीरे उलटना शुरू किया; बेनजीर भुट्टो, जो उस समय त्रिपक्ष में थीं, ने भी इसमें योगदान किया। 25 जून, 1979 को कराची में एक संवाददाता सम्मेलन में उन्होंने यह प्रश्न उठाया कि पाकिस्तान ने भारत के कई भागों में मुसलिम-विरोधी दंगों का विरोध क्यों नहीं किया? उन्होंने आरोप लगाया कि जब भारत में मुसलमानों का संहार किया जा रहा था तो जिया ने चुप्पी साध रखी थी। इससे एक कदम और आगे जाते हुए संयुक्त राष्ट्र महासभा और रंगभेद की समाप्ति के लिए बनाई गई

संयुक्त राष्ट्र समिति में आगा शाही ने जम्मू एवं कश्मीर पर पाकिस्तान के रवैये पर दृढ़ रहते हुए संयुक्त राष्ट्र से आग्रह किया कि वह भारत सरकार पर अल्पसंख्यक समुदायों, खासकर मुसलमानों, के शैक्षिक संस्थानों की स्वायत्तता सुरक्षित रखने के लिए कदम उठाए। स्पष्ट रूप से पाकिस्तान भारत के मुसलमान नागरिकों में विद्वेष की भावना जगाने के लिए इस स्वायत्तता का लाभ उठाना चाहता था। पाकिस्तानी समाज के बढ़ते संप्रदायीकरण व इसलामीकरण ने भारत के खिलाफ इन नीतियों को मजबूत किया। जिया ने इसलामी अध्ययन और पाकिस्तान की विचारधारा व द्विराष्ट्र के सिद्धांत आदि विषयों को शैक्षिक पाठ्य पुस्तकों में शामिल करवाने के अलावा फरवरी 1979 से उच्च न्यायालय स्तर के शरीअत अदालतों का एक अलग तंत्र स्थापित किया।

उस समय तक मोरारजी देसाई सरकार गिर चुकी थी और चरण सिंह की सरकार बन चुकी थी। नई सरकार भ्रमित और अयोग्य थी। भारतीय राजनीति के बारे में नकारात्मक आशावाद का रवैया बरकरार रखते हुए पाकिस्तान ने सन् 1980 में एक कमजोर भारत की आशा की। इसलिए सन् 1979 में पाकिस्तान ने कश्मीर पर अपना दाँव चलाना शुरू कर दिया। 15 नवंबर को पाक अधिकृत कश्मीर का दौरा करते हुए जिया ने कहा कि पाकिस्तान कश्मीरी लोगों के आत्मनिर्णय के अधिकार को समर्थन देना जारी रखेगा।

इसलिए पीछे की घटनाओं पर विचार करते हुए इस प्रश्न का उत्तर देना आवश्यक है कि क्या मोरारजी देसाई-चरण सिंह काल में वाकई संबंधों में सक्रियता आई? इस बात से इनकार नहीं किया जा सकता कि भारत ने संबंधों को सामान्य बनाने के लिए गंभीर प्रयास किए। उच्च स्तर के दौरे, आर्थिक और वाणिज्यिक संबंधों को सामान्य बनाने और आम संपर्क में सुधार लाने के सभी प्रयास भारत की ओर से किए गए। गुटनिरपेक्ष आंदोलन में शामिल होने की पाकिस्तान की इच्छा को समर्थन देना एकमात्र सकारात्मक प्रयास नहीं था। सन् 1978 और 1979 में ऐसे भी संकेत दिए गए कि यदि पाकिस्तान कॉमनवेल्थ में लौटना चाहे तो भारत उसके रास्ते में नहीं आएगा।

सिख मानसिकता

इन प्रयासों के प्रति पाकिस्तान की प्रतिक्रिया पूरी तरह नकारात्मक नहीं, चयनात्मक थी। कुछ खास आर्थिक और संरचनात्मक परियोजनाओं, जैसे—सलाल परियोजना पर पाकिस्तान की प्रतिक्रिया सकारात्मक थी। उसने लोगों के बीच

आपसी संपर्क को प्रोत्साहित किया, लेकिन इसके नकारात्मक उद्देश्य थे, जबकि भारत के मुसलमान नागरिकों को पारिवारिक या धार्मिक उद्देश्यों से पाकिस्तान आने की अधिक स्वतंत्रता दी गई, हिंदुओं को इतनी स्वतंत्रता नहीं दी गई। सबसे हानिकारक पक्ष था सिख लोगों और सिख मानसिकता को प्रोत्साहित करना।

सन् 1978-79 के दौरान पाकिस्तान में बड़ी संख्या में सिख यात्रियों का स्वागत किया गया। इन समूहों के नेताओं को सैन्य व धार्मिक नेतृत्व के उच्चतम स्तरों पर सम्मान दिया गया। यह भारत के लिए गौरव की बात और राष्ट्रीयता की भावना का प्रमाण है कि पाकिस्तान जानेवाले सिखों की एक बड़ी संख्या पाकिस्तान की चालों और गतिविधियों से विचलित नहीं हुई। हाँ, कुछ लोग उनके जाल में फँस गए; लेकिन महत्त्वपूर्ण यह है कि पाकिस्तान इस मामले में भारत में रहनेवाले सिखों की बजाय अमेरिका व कनाडा में रहनेवाले अनिवासी सिखों को प्रभावित करने में अधिक सफल हुआ। इसका प्रमाण यह है कि '80 के दशक में कड़े दौर से गुजरने के बावजूद आज पंजाब में स्थिति शांतिपूर्ण है। पाकिस्तान ने भारत की सद्भावना का लाभ उठाया। कुछ सीमा तक मैं इसे अपना भोलापन कहूँगा।

इस काल का मूल सबक यह है कि भारत के खिलाफ पाकिस्तान की नीतियों में एक स्थिरता थी। भुट्टो और जिया—दोनों क्रमशः सन् 1977 और 1978-79 में इस बात पर अड़े रहे कि कश्मीर मुद्दे को इतिहास की प्रक्रियाओं को पलटकर संयुक्त राष्ट्र के अधिकार-क्षेत्र की पुनः स्थापना के साथ सुलझाया जाना चाहिए। दोनों ने कहा कि भारत के साथ अयुद्ध संधि या किसी प्रकार की द्विपक्षीय व्यवस्था या रक्षा समझौता तभी किया जा सकता है, जब कश्मीर मुद्दे को पाकिस्तान की शर्तों पर सुलझाया जाए। भुट्टो ने शस्त्रीकरण के लक्ष्य के साथ पाकिस्तान के एक परमाणु शोध कार्यक्रम की शुरुआत करने के इरादों की घोषणा के साथ उपमहाद्वीप में हथियारों की दौड़ में एक ज्यामितीय आयाम जोड़ दिया। बेनजीर या नवाज शरीफ से बहुत पहले जिया ने भारत के परमाणु-शोध, परमाणु प्रौद्योगिकी और परमाणु अस्त्र कार्यक्रम को बाधित करने के लिए एक दक्षिण एशियाई क्षेत्रीय अप्रसार व्यवस्था का प्रस्ताव किया था।

वाणिज्यिक, आर्थिक और तकनीकी सहयोग के विस्तार के लिए सभी सुझावों के प्रति पाकिस्तान का नकारात्मक रवैया जारी रहा। पाकिस्तानी मीडिया में भारत-विरोधी प्रचार जारी रहा, जबकि शिमला समझौते में इससे दूर रहने के वादे किए गए थे। ऐतिहासिक दृष्टि से उस काल की तथाकथित सक्रियता एक छलावा थी। यह पाकिस्तान का एक सुनियोजित प्रयास था।

इस निष्कर्ष पर आते हुए देसाई सरकार में विदेश मंत्री रहे अटल बिहारी वाजपेयी की भूमिका के बारे में जनता की धारणा का स्मरण दिलाना प्रासंगिक होगा। वर्षों बाद भी पाकिस्तान सरकार और राजनीतिक रूप से जागरूक वर्गों द्वारा वाजपेयी को सबसे विवेकशील विदेश मंत्री के रूप में देखा जाता था। पश्चावलोकन से यह याद रखना चाहिए कि वाजपेयी ने ही पाकिस्तान और सबसे महत्त्वपूर्ण चीन से काफी दिनों के अंतराल पर उच्च स्तर की वार्त्ता की शुरुआत पुन: की। यह अलग बात है कि इन प्रयासों का कोई सार्थक परिणाम नहीं निकला।

मार्च 1980 और अगस्त 1988 के बीच जिया-उल-हक को दो प्रधानमंत्रियों-- इंदिरा गांधी और राजीव गांधी का सामना करना पड़ा। मैंने इस अध्याय के आरंभ में इस बात पर बल दिया है कि जिया का ग्यारह वर्षीय शासनकाल संबंधों में अपेक्षाकृत स्थिरता का काल था। मैंने 'अपेक्षाकृत' विशेषण का प्रयोग जानबूझकर किया है, क्योंकि सामान्य भारत-पाक संबंधों की इस अवधि पर भी विवादों की छाया थी। इस अवधि में भारत में सिख अलगाववाद को जिया का समर्थन पूरे जोरों पर था और केवल सैन्य कारवाई द्वारा ही इसे दबाया जा सकता था। जिया के कार्यकाल में सियाचीन में भारत और पाकिस्तानी सेनाओं के बीच तनाव चरम पर पहुँच गया था। ऑपरेशन ब्रासटेक्स के कारण भारत और पाकिस्तान एक बार फिर युद्ध के कगार पर पहुँच गए थे। सन् 1984 में श्रीमती गांधी और 1988 में जिया-उल-हक की हत्या के एक अर्थ में भारत और पाकिस्तान के संबंधों का यह दौर खत्म हो गया, क्योंकि इसके बाद के दशक में भारत ने उम्मीद और सकारात्मक पूर्व सोच के साथ एक लोकतांत्रिक पाकिस्तान का सामना किया। आइए, हम इस अवधि केकालक्रमानुसार विवरण और मूल्यांकन की ओर चलते हैं।

श्रीमती गांधी 1979 के अंत में उस समय सत्ता में वापस आईं, जब अफगानिस्तान में सन् 1979 में 27 से 29 दिसंबर के बीच सोवियत संघ के प्रत्यक्ष सैन्य हस्तक्षेप के कारण जिया एक जीतनेवाले रणनीतिक रास्ते पर चलना शुरू कर चुके थे। सन् 1971 की यादों के कारण जिया और श्रीमती गांधी के संबंध असामान्य थे। अफगानिस्तान की घटनाओं पर भारत की 'नपी-तुली और संतुलित' प्रतिक्रिया ने जिया सरकार को भारत की आलोचना करने का एक औजार थमा दिया। अफगान मामले में भारत की प्रतिक्रिया 'सौर' प्रस्ताव के कुछ सकारात्मक तत्त्वों और सत्ता से दाउद के बाहर होने के बाद पाकिस्तान और अन्य देशों से जो अराजक गतिविधियाँ झेलनी पड़ रही थीं, उनपर आधारित थी। दूसरा महत्त्वपूर्ण कारण सोवियत संघ के साथ भारत की निकटता भी थी।

श्रीमती गांधी जब सत्ता से बाहर थीं, तब भुट्टो की जान बचाने का संदेश उन्होंने जिया के पास भेजा था। इस संदेश से जिया को श्रीमती गांधी के नेतृत्ववाले भारत के प्रति अपना नजरिया तय करने में मदद मिली। जिया ने भारत के साथ दोमुँही नीति शुरू की। एक तरफ तो परंपरागत दुश्मनीवाला रवैया जारी रखा, दूसरी तरफ यह दरशाते रहे कि वह भारत के साथ शांति और सामान्य संबंध चाहते हैं। जब राजदूत के.एस. वाजपेयी ने पाकिस्तानी विदेश मंत्रालय से संपर्क कर अमेरिका द्वारा पाकिस्तान पर लगे हथियारों की बिक्री पर रोक को 1 जनवरी, 1980 से हटाने की घोषणा पर चिंता जताई तो पाकिस्तान की प्रतिक्रिया थी कि उसने बहुत पहले से ही भारत के साथ सेनाओं में कटौती के मामले पर बातचीत का प्रस्ताव दे रखा है। भारतीय चिंता पर अपनी इस प्रतिक्रिया को पाकिस्तान ने विस्तृत रूप से प्रकाशित करवाया। उसी महीने ओ.आई.सी. के विदेश मंत्रियों के एक सम्मेलन के उद्घाटन समारोह में जिया ने कश्मीर मामले का सोचा-विचारा उत्तेजनापूर्ण संदर्भ दिया।

अफगान मामले में भारत-पाकिस्तान के बीच बढ़ते तनाव के मद्देनजर एक ओर जहाँ भारत ने सोवियत संघ से और पाकिस्तान ने अमेरिका से हथियारों की खरीद शुरू कर दी, वहीं श्रीमती गांधी ने विदेश सचिव आर.डी. साठे को इसलामाबाद में प्रतिनियुक्त किया। साठे वहाँ जिया, आगा शाही, जनरल आरिफ और वित्त मंत्री से मिले। वह जिया के लिए श्रीमती गांधी का व्यक्तिगत संदेश भी लेकर गए थे। भारत का लक्ष्य अफगान मामले में पाकिस्तान की गलतफहमियों को दूर करना तो था ही, साथ-साथ यह बताना भी था कि सोवियत संघ से लिये जा रहे सैन्य सहयोग का मकसद भारतीय सेना की मारक क्षमता को बढ़ाना नहीं, बल्कि एक निर्धारित स्तर पर बनाए रखना है। साठे ने इस मौके का फायदा उठाते हुए अमेरिका द्वारा पाकिस्तान को कम कीमत पर तीन साल की अवधि में चार बिलियन डॉलर के हथियार देने के मुद्दे पर भारत की तरफ से गंभीर चिंता जताई। इस बातचीत के दौरान पाकिस्तान ने प्रत्येक देश द्वारा अपनी सुरक्षा जरूरतें पूरी करने के नैसर्गिक अधिकार का दार्शनिक सवाल उठाया। साठे ने माना कि सिद्धांत रूप में यह तर्क सही है, लेकिन हर देश की सुरक्षा नीति विधिसम्मत और लक्ष्य-आधारित जरूरतों पर टिकी होनी चाहिए तथा किसी भी देश के हथियारों पर खर्च और हथियारों की प्राप्ति के कारण उस क्षेत्र में तनाव नहीं पैदा होना चाहिए। पाकिस्तान ने यह कहते हुए साठे की प्रतिक्रिया को बहुत कम प्रचार दिया कि भारत ने पाकिस्तान की शस्त्र-खरीद नीति को विधिसम्मत करार दिया है। यह सारी बहस स्वाभाविक रूप से विफल रही।

खेल शुरू

साठे की यात्रा के बाद दो महत्त्वपूर्ण उच्च स्तरीय राजनीतिक बैठकें हुईं। श्रीमती गांधी ने सरदार स्वर्ण सिंह को विशेष दूत के रूप में पाकिस्तान भेजा। वहाँ उन्होंने 10 से 14 अप्रैल के बीच जिया और आगा शाही से भेंट की। श्रीमती गांधी 18 अप्रैल को सलिसबरी में जिया से मिलीं। श्रीमती गांधी के दो प्रयोजन थे। पहला प्रयोजन जिया की विदेश नीति और रणनीतिक उद्देश्यों के प्रारंभिक आकलन से संबंधित था और दूसरा जिया के जनसंपर्क अभियान का जवाब देने से संबंधित था, जिसके द्वारा वह खुद को शांतिपुरुष के रूप में प्रस्तुत करते थे। आर्थिक क्षेत्र में इस दरम्यान नाममात्र का सकारात्मक विकास हुआ। पाकिस्तान ने मार्च में भारत से तीन लाख टन लौह अयस्क खरीदने का फैसला किया। 21 मई को इस सौदे को अंतिम रूप दिया गया। जून में नागरिक उड्डयन अधिकारियों ने बातचीत शुरू की।

जिया ने महसूस किया कि द्विपक्षीय संबंधों को सामान्य दरशाने का जो दिखावा है, उसकी गति धीमी नहीं पड़नी चाहिए। इसीलिए उन्होंने आगा शाही को 15–17 जुलाई के बीच भारत दौरे पर भेजा। बातचीत एक बार फिर अफगानिस्तान और आपसी संबंधों के सामान्यीकरण पर ही केंद्रित रही। हालाँकि सारी बैठकें व्यावहारिक रूप में हुईं; आगा शाही बुद्धिजीवियों, प्रेस और जनता से बातचीत के दौरान अपनी भारत-विरोधी मानसिकता और पाकिस्तान की आधारभूत नकारात्मक प्रवृत्ति को अभिव्यक्त करने से खुद को रोक नहीं सके। उन्होंने कश्मीर और अफगानिस्तान पर भारत के रवैए तथा भारत की रक्षा नीतियों की आलोचना की। इसे भारत व पाकिस्तान और अंतरराष्ट्रीय मीडिया में व्यापक प्रचार मिला।

भारत को इसका माकूल जवाब देना था, भले ही आगा शाही का दौरा विफल माना जाए। मैं विदेश नीति पर भारत सरकार का आधिकारिक प्रवक्ता था, अतः मुझे प्रेस को एक आधिकारिक ब्रीफिंग देने का निर्देश दिया गया था। 17 जुलाई की सुबह सभी भारतीय समाचार-पत्रों में आगा शाही पर आलोचनात्मक टिप्पणियों के साथ मेरी ब्रीफिंग की चर्चा थी। उसी दिन आगा शाही को इसलामाबाद वापस जाना था, जबकि भारत-पाक संबंधों के एक नीरस ढर्रे पर जारी रहने के लिए आलोचना की गई। विदाई समारोह में आगा शाही ने सार्वजनिक तौर पर मुझे झिड़की दी। अपने विशेष वायुयान में जाने से पहले उन्होंने सबसे हाथ मिलाया। उन्होंने मुझे देखा, लेकिन मेरी ओर हाथ नहीं बढ़ाया। यह घटना एक अच्छे-खासे तमाशे में परिणत हो सकती थी, यदि हम प्रशासनिक अधिकारियों को हमारे

प्रोबेशन के दौरान शिष्टाचार का प्रशिक्षण नहीं दिया जाता, जैसे आपको किसी वरिष्ठ व्यक्ति के आगे अपना हाथ नहीं बढ़ाना चाहिए, जब तक वह पहले आपकी ओर हाथ न बढ़ाए। राजनयिक आचार-संहिता केवल औपचारिकता नहीं है, बल्कि व्यावहारिक बुद्धि और अपमान व विवादों के खिलाफ सुरक्षा है। पाकिस्तान के तत्कालीन राजदूत अब्दुल सत्तार, जो हमेशा की तरह तीक्ष्ण थे, ने हवाई अड्डे की घटना पर ध्यान दिया था। कुछ दिनों बाद भाई मोहन सिंह के निवास पर एक पार्टी में उन्होंने देखा कि मुझे महत्त्व दिया जा रहा है। भाई मोहन सिंह मोनाको के महावाणिज्य दूत हैं। सत्तार ने कहा कि भारतीय प्रेस में ब्रीफिंग देने से मेरा दूर रहना उचित होता। मेरी प्रतिक्रिया कुछ इस प्रकार थी, 'प्रिय ब्रूटस, दोष हमारे सितारों का नहीं है। हम तो तुच्छ व्यक्ति हैं।'

सन् 1981 तक भुट्टो को फाँसी हुए दो वर्ष हो गए थे। जिया चार माध्यमों से पाकिस्तान की सत्ता पर अपनी पकड़ मजबूत बना रहे थे। पहला—सैन्य बलों के साथ अपने संबंधों के विकास और सुप्रीम कमांडर का पद बरकरार रखना; दूसरा—धार्मिक नेताओं और इसलामपसंद दलों को महत्त्व देना; तीसरा—राजनीतिक, न्यायिक और शैक्षिक उपायों द्वारा इसलामीकरण में वृद्धि और चौथा—अफगानिस्तान में सोवियत मौजूदगी के बारे में इसलामी देशों की आशंकाओं का लाभ पूरी तरह उठाना। जिया ने इन्हीं तत्त्वों के आधार पर अपनी बिदेश और रक्षा नीतियाँ तैयार करके पाकिस्तान को खूब लाभ पहुँचाया। सन् 1981 के बाद से भारत के प्रति उनकी दोहरी नीति और ठोस हो गई। यह नीति थी भारत की एकता, प्रभाव व मजबूती को नष्ट करने के गुप्त प्रयासों को प्रोत्साहित करते हुए प्रकट में शांति के लिए प्रयास करना।

शांति का प्रयास बहुआयामी था। सन् 1981 से 1982 के बीच में भारत के सुझाव पर विचार करते हुए जिया ने उन नाविकों की अदला-बदली पर सहमति प्रकट की, जो मछली पकड़ने की प्रक्रिया के दौरान भटककर एक-दूसरे की सीमा वाले जल-क्षेत्र में प्रवेश कर गए थे और कब्जे में कर लिये गए थे। सन् 1981 में वह पहली बार भारत के गणतंत्र दिवस पर भारतीय राजदूत द्वारा पी.टी.वी. पर पाकिस्तानी जनता को संबोधित करने की बात पर सहमत हुए। उन्होंने भारतीय कलाकारों और नर्तकों के पाकिस्तान आने पर आपत्ति हटा ली। उस्ताद अमजद अली खान, उस्ताद असद अली खान और नर्तकी भारती शिवाजी ने पाकिस्तान में अपनी कला का प्रदर्शन किया। उन्होंने भारत व पाकिस्तान के बीच क्रिकेट और हॉकी में स्पोर्ट्स मीट पुनः शुरू करने को सहमति प्रदान की। राजदूत के. नटवर

सिंह के आग्रह पर वे अक्तूबर 1981 में नई दिल्ली के सेंट स्टीफेंस कॉलेज के छात्रों के एक समूह से मिले। उन्होंने भारतीय और पाकिस्तानी अधिकारियों के इस सुझाव का समर्थन किया कि दोनों देशों को एक-दूसरे के क्षेत्रों के व्यापार मेलों में शामिल होना चाहिए। सबसे महत्त्वपूर्ण यह है कि पाकिस्तानी विदेश मंत्रालय के प्रवक्ता ने 15 सितंबर को घोषणा की कि पाकिस्तान 'शिमला समझौते के अनुसार अनाक्रमण और सेना के इस्तेमाल से बचने की आपसी गारंटी के आदान-प्रदान के उद्‌देश्य से' भारत के साथ शीघ्र विचार-विमर्श के लिए तैयार है।

इन सबकी कुछ पृष्ठभूमि थी। इन मोरचों पर जिया एकपक्षीय प्रयास नहीं कर रहे थे। 10 जनवरी, 1981 को नटवर सिंह ने जिया को इंदिरा गांधी का एक पत्र सौंपा, जिसमें उन्होंने खासकर अफगानिस्तान की खराब स्थिति और उपमहाद्वीप के लोगों की उम्मीदों के संदर्भ में दोनों देशों के संबंधों को सामान्य बनाने और शांति व स्थिरता का वातावरण बनाने के लिए जोरदार आग्रह किया था।

सन् 1981 के पूर्वार्द्ध की सबसे महत्त्वपूर्ण घटना थी 8 और 11 जून के बीच पी.वी. नरसिंह राव का पाकिस्तान दौरा। वह उस समय विदेश मंत्री थे। वह वहाँ जिया, आगा शाही और बहुत से मंत्रियों व वरिष्ठ अधिकारियों से मिले। वे लाहौर व कराची भी गए और नागरिक समारोहों व पाकिस्तान इंस्टीट्यूट ऑफ इंटरनेशनल अफेयर्स को संबोधित किया। शत्रुता की भावनाओं के बावजूद राव का दौरा सकारात्मक रूप में देखा गया। इसने दोनों देशों के बीच उच्च स्तरीय राजनीतिक संपर्क बहाल किया। इसने तनावों को कुछ कम किया। दोनों पक्षों ने अफगानिस्तान और कश्मीर के विवादित विषयों पर विस्तृत विचार-विमर्श किया। वे जनता के बीच आपसी संपर्क को प्रोत्साहित करने के लिए भी तैयार हो गए। वास्तव में दोनों पक्ष एक-दूसरे के निवासियों के लिए संबंधित वीजा को तीन की बजाय चार शहरों में जाने के लिए वैध बनाने पर सहमत हो गए। भारत के व्यापार मेलों में शामिल होने के लिए पाकिस्तान का सहमत होना भी राव के विचार-विमर्श का ही परिणाम था। कराची में पाकिस्तान इंस्टीट्यूट ऑफ इंटरनेशनल अफेयर्स में राव का संबोधन केवल अपनी विषय-वस्तु के कारण ही नहीं, बल्कि इसलिए भी महत्त्वपूर्ण था कि एक भारतीय कैबिनेट मंत्री ने लगभग डेढ़ दशक के बाद पाकिस्तान के एक सार्वजनिक मंच को संबोधित किया था। सभी प्रकार की शत्रुता के परे जाने और आपसी लाभ के लिए एक स्थायी व व्यावहारिक संबंध स्थापित करने की राव की अपील ने उनके श्रोताओं पर अच्छा प्रभाव डाला।

राजनीतिक मोरचे पर पाकिस्तान ने कश्मीर मुद्‌दे पर अपना प्रोपेगेंडा और

वाक्पटुता जारी रखा। भारत की रक्षा-क्षमताओं और अफगानिस्तान की स्थिति पर दृष्टिकोण की लगातार आलोचना होती रही। 2 अक्तूबर, 1981 को संयुक्त राष्ट्र महासभा में अपने भाषण में आगा शाही ने कश्मीर को 'एकमात्र उल्लेखनीय विवाद' बताया, जिसे शिमला समझौते के जोश और संयुक्त राष्ट्र प्रस्ताव के आधार पर सुलझाया जाना चाहिए। शिमला समझौते में द्विपक्षीयकरण की शर्त को औपचारिक रूप से नष्ट करना शुरू कर दिया गया था। पाकिस्तानी इंटेलिजेंस ने पाकिस्तान में आए सिख तीर्थयात्रियों के साथ सिख समुदाय के कुछ समूहों का घुसपैठ भारतीय राज्य पंजाब में करवाया। 14 नवंबर, 1981 को पाकिस्तान ने अपने अनाक्रमण संधि के प्रस्ताव को औपचारिक रूप देते हुए उसे नटवर सिंह के द्वारा भारत सरकार तक पहुँचाया। भारत ने अतिरिक्त तत्त्वों के विवरण के साथ एक सात सूत्रीय सहायक टिप्पणी देते हुए अपनी प्रतिक्रिया व्यक्त की। यह 24 दिसंबर, 1981 को किया गया। पाकिस्तान सरकार की शंकाएँ व आशंकाएँ केवल बड़ी राजनीतिक गतिविधियों से ही नहीं, बल्कि मानवीय संबंधों के महत्त्वपूर्ण स्तरों पर भी प्रकट होती थीं। 6 दिसंबर, 1981 को नटवर सिंह ने पाकिस्तानी विदेश विभाग से अब्दुल गफ्फार खान के पुत्र वली खान से पेशावर के निकट चारसड्डा में दोपहर के भोजन पर मिलने की इजाजत माँगी। वली खान ने नटवर सिंह और मिशन के उपप्रमुख लांबा को सपत्नीक अपने गाँववाले घर पर आमंत्रित किया था। पाकिस्तान सरकार ने अनुमति देने से इनकार कर दिया।

सन् 1982 दोनों देशों के बीच आशावादी स्वर के साथ शुरू हुआ, जब राजदूत अब्दुल सत्तार ने अनाक्रमण और सेना का इस्तेमाल न करने संबंधी समझौते पर भारतीय सुझावों के जवाब में एक आठ सूत्रीय प्रतिक्रिया सौंपी। आगा शाही इस समझौते और बहुपक्षीय सहयोग पर एक संयुक्त आयोग की स्थापना पर विचार-विमर्श के लिए 29 जनवरी से 1 फरवरी तक भारत के दौरे पर आए। उनकी यात्रा के बीच में ही श्रीमती गांधी ने सुझाव दिया कि भारत व पाकिस्तान मित्रता व सहयोग की एक संधि पर हस्ताक्षर करें। आगा शाही की यात्रा के अंत में जारी किए गए एक संयुक्त प्रेस बयान में घोषित किया गया कि अनाक्रमण, मित्रता और सेना का इस्तेमाल न करने आदि विषयों पर दोनों देशों के प्रतिनिधिमंडलों की बैठक फरवरी 1982 तक इसलामाबाद में होगी।

आपसी संबंधों को सामान्य बनाने के प्रयासों का स्थायी दुर्भाग्य फिर से स्पष्ट हो गया। आगा शाही के दिल्ली दौरे के दो सप्ताह के अंदर जेनेवा में संयुक्त राष्ट्र मानवाधिकार आयोग में पाकिस्तानी प्रतिनिधिमंडल के प्रमुख आगा हिलाली ने

कश्मीर, अल्पसंख्यकों के साथ व्यवहार आदि मुद्दों पर भारत पर एक कटु प्रहार किया। इसके जवाब में भारतीय प्रतिनिधिमंडल के बी.आर.भगत ने उतना ही कड़ा प्रहार किया। 24 फरवरी तक संसदीय और सार्वजनिक दबाव में भारत सरकार ने इसलामाबाद में 1 से 4 मार्च के बीच होनेवाले प्रस्तावित विदेश सचिव स्तर की वार्त्ता को रद्द कर दिया।

पहले जम्मू एवं कश्मीर रियासत का हिस्सा रहे क्षेत्रों को एकीकृत करने की प्रक्रिया को जारी रखते हुए जिया ने गिलगित, हुंजा और स्कर्दू के प्रत्यक्ष पाकिस्तानी न्याय क्षेत्र में होने की पुष्टि की। उन्होंने 3 अप्रैल, 1982 को इन उत्तरी क्षेत्रों से तीन पर्यवेक्षक पाकिस्तानी केंद्रीय परिषद् में नियुक्त किए। हमारे प्रभारी राजदूत लांबा ने तुरंत इसपर विरोध जताया। दो दिन पहले जिया ने एक वरिष्ठ राजनीतिक स्तंभकार कुलदीप नैयर को दिए एक साक्षात्कार में कहा था कि गिलगित, हुंजा और स्कर्दू जम्मू एवं कश्मीर के विवादित क्षेत्र के अंग नहीं हैं। सन् 1981 के अंत तक सिख आतंकवाद के साथ पाकिस्तान की भागीदारी अधिक सक्रिय हो गई। 29 सितंबर, 1981 को अमृतसर-श्रीनगर विमान का अपहरण कर लिया गया। 4 अगस्त, 1982 को इसी रूट पर उड़ रहे इंडियन एयरलाइंस के एक विमान का अपहरण डाल खालसा कार्यकर्ताओं ने कर लिया; लेकिन आतंकवादियों के साथ अपने प्रत्यक्ष संबंध के प्रकट होने की आशंकाओं के कारण पाकिस्तान ने विमान को लाहौर से अमृतसर लौटने के लिए विवश कर दिया।

1 जून, 1982 को पाकिस्तान ने अनाक्रमण, सेना का इस्तेमाल न करने और अच्छे पड़ोसी संबंधों को प्रोत्साहन देने संबंधी एक समझौते का संशोधित प्रारूप नटवर सिंह को सौंपा, जो तब तक विदेश मंत्रालय में पाकिस्तान और पश्चिम एशिया व आनेवाले गुटनिरपेक्ष शिखर सम्मेलन के प्रभारी विशेष सचिव के रूप में कार्य करने के लिए दिल्ली लौट चुके थे। भारत ने 26 जून को एक संयुक्त आयोग की स्थापना के लिए एक समझौते का प्रारूप सौंपा। 11 अगस्त को तत्कालीन भारतीय विदेश सचिव एम.के. रसगोत्रा ने शांति, मित्रता और सहयोग की संधि का एक भारतीय प्रारूप सौंपा। 1 नवंबर को सुदूर पूर्व और दक्षिण-पूर्वी एशिया की यात्रा से लौटते हुए दिल्ली में श्रीमती गांधी से जिया मिले। यह उन दोनों के बीच पहली नियमित, औपचारिक और द्विपक्षीय बैठक थी। इस बैठक में दो फैसले लिये गए—संयुक्त आयोग की स्थापना और शांति, मित्रता, अनाक्रमण आदि पर समझौतों पर विचार-विमर्श जारी रखना। 2 नवंबर को भारत और पाकिस्तान ने एक-दूसरे के जेलों में बंद नागरिकों से संबंधित सूचना के आदान-प्रदान और

वाणिज्य दूत तक उनकी पहुँच उपलब्ध कराने पर सहमति प्रकट करते हुए एक राजनयिक आचार-संहिता पर हस्ताक्षर किए। वाणिज्य मंडल और शैक्षिक मंडल के प्रतिनिधियों के द्वारा आम जन-संपर्क में कुछ प्रगति हुई।

सन् 1982 में दो महत्त्वपूर्ण गतिविधियाँ हुईं। पाकिस्तान और चीन ने पाक अधिकृत कश्मीर और चीन के झिनजियांग प्रांत के बीच कुंजेरब दर्रा सीमा को खोलने के विषय में एक प्रोटोकॉल (आचार-संहिता) पर हस्ताक्षर किए। यह भारत के दृष्टिकोण से एक हानिकारक रणनीतिक प्रक्रिया थी। दूसरा था, नई दिल्ली में 22 से 24 दिसंबर तक शांति और मित्रता संधि प्रस्तावों पर नियाज नाइक और रसगोत्रा के बीच विदेश सचिव स्तर की वार्त्ता में भारत व पाकिस्तान के बीच मूलभूत मतभेदों का उभरना। इन मतभेदों की जड़ों में कई राजनीतिक व सुरक्षा संबंधी विचार निहित थे। पाकिस्तान इन प्रस्तावित समझौतों के अनुबंधों और प्रावधानों को विस्तार देने के लिए तैयार नहीं था। यह भारत की क्षेत्रीय अखंडता पर एक पारिभाषिक मतभेद था। पाकिस्तान अपने क्षेत्र में विदेशी सैन्य बेसों के निर्माण से दूर रहने का भी विरोधी था।

सन् 1977 से 1982 की अवधि की तुलना में सन् 1983 को अपेक्षाकृत निस्तब्धता की अवधि कहा जा सकता है। जिया मार्च में सातवें गुटनिरपेक्ष शिखर सम्मेलन में भाग लेने के लिए दिल्ली आए। यह संभवतः एकमात्र घटना थी, जहाँ प्रत्यक्ष तनाव था। जिया घरेलू राजनीतिक और विदेशी कूटनीतिक कारणों से सम्मेलन में अपने आम बयान में कश्मीर का उल्लेख करने से खुद को रोक नहीं सके। हालाँकि उस समय मैं अफगानिस्तान में भारत का राजदूत था, लेकिन विदेश कार्यालय में प्रवक्ता की मेरी पिछली भूमिका को देखते हुए सम्मेलन के मध्य में मुझे कुछ खास मुद्दों पर भारतीय प्रेस को ब्रीफ करने का दायित्व सौंपा गया। कश्मीर के संदर्भ में जिया के रवैये को देखते हुए श्रीमती गांधी ने खास तौर पर मुझे उनका उचित और दृढ़ जवाब देने का निर्देश दिया। जिया ने कश्मीर को एक लंबित समस्या बताया था, जिसका क्षेत्रीय शांति, स्थिरता आदि के लिए समाधान आवश्यक है। अपनी ब्रीफिंग में मैंने कहा कि हम जिया से सहमत हैं कि कश्मीर एक लंबित समस्या है, लेकिन यह समस्या हल हो सकती है, यदि पाकिस्तान पुरानी जम्मू एवं कश्मीर रियासत के अपने कब्जेवाले क्षेत्रों को खाली कर दे; क्योंकि जम्मू एवं कश्मीर ने उचित संसदीय प्रक्रिया और नियमों के अनुसार भारत में मिलना मंजूर किया था। मैंने यह ब्रीफिंग पूर्ण सत्र में जिया के बयान के समाप्त होने के तुरंत पहले शुरू की थी। उस बयान से पाकिस्तानी प्रतिनिधिमंडल ने प्रचार

पाने की जो उम्मीद की थी, वह इस मामले पर श्रीमती गांधी के तात्कालिक निर्देशों से निष्प्रभावी हो गया।

इन नकारात्मक घटनाओं के बावजूद संयुक्त आयोग की स्थापना पर भारत-पाक समझौता जिया और श्रीमती गांधी की उपस्थिति में 10 मार्च, 1983 को हस्ताक्षरित किया गया। दोनों देशों के वाणिज्य व उद्योग मंडल के प्रतिनिधियों ने फरवरी और अप्रैल के बीच एक-दूसरे के देशों का दौरा किया और व्यापार व औद्योगिक सहयोग स्थापित करने पर सहमति जताई। 4 जून को विदेश मंत्री नरसिंह राव भारत-पाकिस्तान संयुक्त आयोग की पहली बैठक की सहअध्यक्षता करने के लिए पाकिस्तान गए। राव और उनके प्रतिपक्षी के बीच विचार-विमर्श के दौरान फिर से अनाक्रमण, सेना का इस्तेमाल न करने और मित्रता संधि का विषय उठा तथा एकमात्र निर्णय यह लिया गया कि आगे भी विचार-विमर्श जारी रहेंगे।

सन् 1983 का उत्तरार्द्ध आरोपों-प्रत्यारोपों से भरपूर था। दोनों पक्षों ने केंद्र-विमुखी सेनाओं के प्रसार के लिए एक-दूसरे को दोषी ठहराया। पाकिस्तानी अधिकारियों ने भारत पर सिंधी अलगाववाद को प्रोत्साहित करने का आरोप लगाया। भारत ने पाकिस्तान पर सिख अलगाववाद को प्रोत्साहन देने और जम्मू एवं कश्मीर में असंतोष फैलाने का आरोप लगाया। 5 नवंबर को पाकिस्तानी मजलिस-ए-शूरा में इस विषय पर बोलते हुए विदेश मंत्री याकूब खान ने भारत पर आपत्तिजनक आरोप लगाए, जिसका विरोध भारत सरकार ने किया। परिवर्तन के लिए जितना अधिक प्रयास किया गया, स्थितियाँ जस-की-तस रहीं।

सन् 1984, जो श्रीमती गांधी के नेतृत्व का अंतिम वर्ष था, संदिग्धता और तनावों से परिपूर्ण था। संयुक्त आयोग और आर्थिक संबंधों, सूचना, शिक्षा, परिवहन, पर्यटन आदि पर उसके उप-आयोगों ने अनिश्चित गतिविधियाँ आरंभ कीं। कश्मीर पर जारी मतभेदों और सिख आतंकवादियों के साथ पाकिस्तान के बढ़ते संबंधों के बावजूद राजनेताओं, खासकर मुसलिम राजनीतिज्ञों और न्यायाधीशों, जिसमें सर्वोच्च न्यायालय के न्यायाधीश भी शामिल थे, के प्रतिनिधिमंडलों ने एक-दूसरे के देश का दौरा किया। भारत व पाकिस्तान के विदेश सचिव नियाज नाइक और रसगोत्रा मार्च के पहले सप्ताह में दिल्ली और उदयपुर में मिले। वे 19 और 25 मई, 1984 के बीच इसलामाबाद में भी मिले। कृषि मंत्री राव वीरेंद्र सिंह और सूचना मंत्री एच.के.एल. भगत क्रमश: अप्रैल और जुलाई में पाकिस्तान गए; लेकिन ध्यान देने योग्य बात यह है कि इन सभी दौरों का कोई दूरगामी प्रभाव नहीं पड़ा।

इसके विपरीत राजनीतिक गरमी बढ़ गई। जम्मू एवं कश्मीर लिबरेशन फ्रंट

द्वारा भारतीय कूटनीतिज्ञ आर.एच. म्हात्रे की हत्या के बाद कश्मीर के विद्रोही नेता मकबूल बट को मौत की सजा देने का भारत का फैसला, पाकिस्तान के परमाणु कार्यक्रम के बारे में भारत की जागरूकता और इस क्षेत्र में चीन द्वारा पाकिस्तान का सहयोग, सिख आतंकवादियों को पाकिस्तान का बढ़ता आर्थिक व भौतिक सहयोग और सिख उग्रवादियों द्वारा 5 जुलाई और 24 अगस्त, 1984 को इंडियन एयरलाइंस के विमानों का अपहरण करके पाकिस्तान ले जाना, ने आवेश को प्रज्वलित कर दिया। 19 जून, 1984 को इसलामाबाद की एक इफ्तार पार्टी में बोलते हुए जिया ने कहा कि भारत के आरोप आधारहीन और अत्यंत गैरजिम्मेदाराना हैं। उन्होंने अपने मिथ्या भाषण में भारतीय मुसलमानों के संबंध में अन्यायपूर्ण और घातक घोषणाएँ जोड़ीं। उन्होंने कहा, 'यहाँ तक कि जब भारत में मुसलमानों पर अत्याचार हो रहे थे, मैं चुप रहा। हालाँकि वह भारत का आंतरिक मामला था, लेकिन उनकी दुर्दशा से मेरा दिल जख्मी हो गया।' लंदन में एक स्वागत समारोह में पाकिस्तान के श्रम मंत्री गुलाम दस्तगीर खान ने ऐसे ही आरोप लगाए, 'श्रीमती गांधी ने पंजाब में हजारों सिखों और महाराष्ट्र में हजारों मुसलमानों का नरसंहार करवाया।'

पाकिस्तान ने ऑपरेशन ब्लू स्टार का पूरा फायदा अपने हित में उठाया। इस बारे में भरोसेमंद सूचना उपलब्ध है कि जिया ने सन् 1981 से सिख उग्रवादियों को प्रशिक्षण, हथियार और सैन्य संचालन संबंधी सुविधाएँ उपलब्ध कराने के लिए इंटर सर्विसेज इंटेलिजेंस (आई.एस.आई.) एजेंसी को अधिकृत किया था। इसके कारण पंजाब, दिल्ली, हरियाणा और राजस्थान के कुछ हिस्सों में आतंकवादी हिंसा की घटनाएँ बढ़ीं। इसका चरम बिंदु जून 1984 में ऑपरेशन ब्लू स्टार की त्रासदी और 31 अक्तूबर, 1984 को श्रीमती इंदिरा गांधी की हत्या के रूप में सामने आया। ऑपरेशन ब्लू स्टार के प्रति पाकिस्तानी प्रतिक्रिया का एक उदाहरण 26 जून को दिया गया रक्षा मंत्री मीर अली अहमद अलपुर का यह बयान है, 'भारतीय पंजाब में जो कुछ हुआ, वह जलियाँवाला बाग नरसंहार से कहीं अधिक है। स्वर्ण मंदिर में प्रार्थना करके श्रीमती गांधी अपने कपड़ों पर से उन हत्याओं के खून के दाग नहीं धो सकतीं। एक पवित्र स्थान को नष्ट करना सभ्य व्यवहार के विपरीत है।' सवाल यह उठता है कि क्या इसी कसौटी पर महमूद गजनवी से लेकर औरंगजेब तक मुसलिम शासकों, और यहाँ तक कि बाद के पाकिस्तानी शासकों को परखा जा सकता है?

बहरहाल, श्रीमती गांधी की हत्या पर संवेदना प्रकट करने में जिया काफी आगे थे। उन्होंने दाह-संस्कार में भी भाग लिया। वहीं नए प्रधानमंत्री राजीव गांधी

से पहली बार मिले। बाद में, दिसंबर में, जब चुनावों के बाद राजीव गांधी सत्ता में लौटे, जिया ने पारंपरिक बधाई संदेश भेजा। श्रीमती गांधी की हत्या से भारत-पाक संबंधों का एक अनिश्चित अध्याय समाप्त हो गया।

इसलाम का जनरल

एक लोकतांत्रिक सरकार का सत्तापलट करने के लिए शुरू में आलोचना झेलनेवाले जिया के शासन को बाद में स्वीकृति मिल गई। जिया के शासन को वैधता मिलने के प्रधान कारणों में अफगानिस्तान में सोवियत संघ का प्रत्यक्ष हस्तक्षेप और अमेरिकी नेतृत्ववाले पश्चिमी मोरचे में शामिल होने की उनकी (जिया की) इच्छा रही। अमेरिका और सऊदी अरब ने क्षेत्रीय और अंतरराष्ट्रीय स्तर पर जिया की स्थिति मजबूत करने में भी महत्त्वपूर्ण भूमिका निभाई। उन्हें सबसे पहले संकट की स्थिति का सामना सन् 1979 की ईरान की क्रांति पर प्रतिक्रिया देते समय करना पड़ा, और फिर इरान तथा ईराक में पाकिस्तानी हितों को ध्यान में रखते हुए संतुलन की स्थिति बनाने में भी उनके सामने मुश्किल आई। उन्होंने सामान्यत: पश्चिमी देशों द्वारा डिजाइन की गई विदेश नीति और रणनीतियों पर चलते हुए एक कुशल नट की तरह अच्छा प्रदर्शन किया।

इसके विपरीत भारत की अफगानिस्तान नीति ने इसके हितों की रक्षा तो की, लेकिन इसके साथ ही पश्चिमी देशों में इसके लिए समस्याएँ भी खड़ी कीं। ईरान की क्रांति पर इसकी प्रतिक्रिया पाकिस्तान के मुकाबले अधिक सकारात्मक और व्यावहारिक थी; लेकिन भारत ने इसके लाभों को तब गँवा दिया जब इसने ईरान-इराक युद्ध में तटस्थ और दोनों से बराबरी की दूरी बनाए रखी। भारत के लिए यह अनिर्णय की स्थिति थी, क्योंकि उसके संबंध दोनों ही देशों के साथ अच्छे थे और खासकर इराक के साथ उसके स्थायी दोस्ताना समीकरणों में आर्थिक हित भी जुड़े हुए थे। पश्चिमी एशिया मामले में भारत की प्रतिक्रिया ने ओ.आई.सी. के नीतिगत लक्ष्यों, खासकर इसके नकारात्मक पहलुओं, को सक्रिय करने की पाकिस्तान की क्षमता में इजाफा किया।

सन् 1969 से लेकर 1992 तक भारत यह दावा करने के बावजूद कि वह दुनिया का दूसरा सबसे अधिक मुसलिम आबादीवाला देश है, बहुपक्षीय इसलामिक मंचों और बैठकों में उपेक्षित-सा ही रहा। मैं नहीं समझता कि भारत इसलामी देशों से बातचीत के महत्त्व से अनजान था, लेकिन भारत-पाक के द्विपक्षीय संबंधों ने ओ.आई.सी. के चिंतन की प्रवृत्ति को प्रभावित किया। इसकी व्याख्या एक भूल के

रूप में की जा सकती है।

यह सैनिक और कूटनीतिक दृष्टि से सफलता की राह पर उन्मुख एक सशक्त पाकिस्तान था, जिसका सामना राजीव गांधी को करना था। वातावरण पिछले दशक की तुलना में काफी तनावपूर्ण था। इंदिरा गांधी की हत्या में पाकिस्तान का हाथ होने की संभावनाएँ जताई जा रही थीं, जो खालिस्तानी उग्रवादियों को मिल रहे पाकिस्तानी समर्थन को देखते हुए सच प्रतीत होती थीं। अफगानिस्तान के मामले में जिया उच्च नैतिक बल का दावा कर रहे थे। उन्होंने सन् 1984 की शुरुआत में सियाचिन पर कब्जा करने के लिए सैन्य अभियान प्रारंभ किया था। उन्हें श्रीमती गांधी और रक्षा मंत्री आर. वेंकटरमण द्वारा तुरंत निष्प्रभावी कर दिया गया। सियाचिन पर कब्जा करने की पाकिस्तानी इच्छा के पीछे दो मकसद थे। पहला—रणनीतिक दृष्टि से महत्त्वपूर्ण ऐसी चोटी पर कब्जा जमाकर अपना नियंत्रण कराकोरम रेंज के उत्तरी-पूर्वी भाग पर पूरी तरह स्थापित करना और दूसरा—कश्मीर मामले को राजनीतिक और रणनीतिक रूप से फिर से जीवित करने के लिए आधार तैयार करना। पाकिस्तान ने ऑपरेशन ब्लू स्टार के बाद जोरदार प्रोपेगंडा अभियान चलाकर उसका पूरा कूटनीतिक फायदा उठाया।

राजीव गांधी के प्रधानमंत्रित्व काल के प्रारंभिक दिनों में उनकी पाकिस्तान नीति को समग्र विदेश नीति के संदर्भ में देखा जाना चाहिए। उनकी जन-घोषणाएँ और संसद् में दिसंबर 1984 से मई 1985 के बीच दिए गए बयान से हमें इस बारे में संकेत मिलते हैं—समस्याओं को सुलझाने के लिए नए और मौलिक प्रयास करते समय भारत के महत्त्वपूर्ण हितों की सुरक्षा करनेवाली विदेश नीति में तारतम्यता सुनिश्चित करना। उन्होंने जोर देकर कहा, 'एक नई सरकार ने देश की बागडोर सँभाल ली है।' उन्होंने जनता को याद दिलाया कि 'देश के 60 फीसदी मतदाता चालीस वर्ष से कम उम्र के हैं।' उन्होंने इस बात पर बल दिया कि 'राष्ट्र निर्माण के लिए सबसे आवश्यक है शांति; शांति अपने पड़ोसियों के साथ और शांति पूरी दुनिया में।' इस लक्ष्य को हासिल करने के लिए 'हम अतीत के दलदल में नहीं फँसे रह सकते, सबको लचीला होना ही पड़ेगा।'

राजीव गांधी से जिया की पहली मुलाकात 4 नवंबर, 1984 को हुई, जब जिया श्रीमती गांधी के अंतिम संस्कार में भाग लेने आए थे। उन्होंने पाकिस्तानी मीडिया को बताया कि दोनों देशों के संबंधों को बेहतर बनाने की उनकी इच्छा पर भारत से उन्हें सकारात्मक प्रतिक्रिया मिली है। हालाँकि पाकिस्तान की पंजाब और जम्मू एवं कश्मीर से संबंधित नीति में बदलाव नहीं आया था, लेकिन फिर भी दोनों

देशों के संपर्कों में सामान्य सक्रियता आई। जिया ने भारत के गणतंत्र दिवस समारोह में शिरकत की। भारत के राजदूत के. डी. शर्मा को नेशनल डिफेंस कॉलेज में बोलने के लिए पाकिस्तानी सैन्य मुख्यालय से निमंत्रण आया। भारत के नए विदेश सचिव ने भी 1 फरवरी को पाकिस्तानी विदेश सचिव से द्विपक्षीय बातचीत की। 5 मार्च को जिया ने सन् 1981 में भारतीय विमान का अपहरण करनेवाले सिखों के खिलाफ ट्रायल शुरू करने की अनुमति दी। उन्होंने इसी प्रक्रिया को आगे बढ़ाते हुए 4 जुलाई, 1984 को भारतीय विमान का अपहरण कर लाहौर ले जाने के दोषियों के खिलाफ ट्रायल की भी अनुमति दी।

प्रतिकूल और हठी

राजीव और जिया के बीच सबसे महत्त्वपूर्ण बातचीत 13 मार्च, 1985 को मॉस्को में हुई, जहाँ दोनों ही देश चेर्नेनकोव के अंतिम संस्कार में भाग लेने पहुँचे थे। इसका परिमाण विदेश सचिव रोमेश भंडारी की पाकिस्तान यात्रा के रूप में सामने आया, जो 4 से 6 अप्रैल के बीच हुई; लेकिन जून और उसके बाद पाकिस्तान का दुश्मनीवाला स्थायी रवैया फिर सतह पर आ गया। पाकिस्तानी विदेश मंत्री याकूब खान ने एक आधिकारिक वक्तव्य के द्वारा सियाचिन ग्लेशियर पर भारत के दावे को नकारते हुए कहा कि 'यह पाकिस्तान का उत्तरी क्षेत्र का अंग है।' पाकिस्तान के विदेश राज्य मंत्री जाइन नूरानी ने नेशलन असेंबली में वक्तव्य देते हुए कहा कि 'राजीव गांधी पाकिस्तान के शांतिपूर्ण परमाणु कार्यक्रम के बारे में आधारहीन बयान दोहरा रहे हैं।' उन्होंने भारतीय मुसलमानों का रक्षक होने के पाकिस्तान के स्वघोषित दावे को भी एक बार फिर से दोहराया।

जहाँ तक सियाचिन के बारे में राजीव गांधी की प्रतिक्रिया का सवाल है, उन्होंने इस क्षेत्र में भारतीय सेना की स्थिति मजबूत करनेवाला बताया। भारतीय मुसलमानों के रक्षक होने के पाकिस्तानी दावे और पाकिस्तानी परमाणु कार्यक्रम के संदर्भ में उनकी प्रतिक्रिया नपी-तुली तथा दृढ़ थी। कुल मिलाकर उनकी कोशिश बातचीत को यथासंभव बढ़ावा देने की थी। जिया इसके प्रतिकूल नहीं थे। याकूब खान के नेतृत्व में चौदह सदस्यीय पाकिस्तानी प्रतिनिधिमंडल श्रीमती गांधी के समय स्थापित संयुक्त मंत्रिमंडलीय आयोग की दूसरी बैठक में भाग लेने भारत आया। सामान्य विवादों के स्थान पर न सिर्फ आपसी सहयोग के समझौतों पर, बल्कि अलग से कृषि क्षेत्र में सहयोग के समझौते पर भी हस्ताक्षर किए गए।

सन् 1985 में राजीव और जिया के बीच मॉस्को की मुलाकात के अतिरिक्त

तीन और मुलाकातें हुईं। 1 अक्तूबर को संयुक्त राष्ट्र महासभा के चालीसवें सत्र के अवसर पर न्यूयॉर्क में दूसरी मुलाकात 7 दिसंबर को ढाका में सार्क सम्मेलन के अवसर पर और तीसरी मुलाकात दिल्ली में हुई, जहाँ जिया बँगलादेश और श्रीलंका के अपने दौरे के बाद आए थे। इन बैठकों में दोनों नेता इस बात पर सहमत रहे कि आपसी दोस्ती बढ़ाने की दिशा में द्विपक्षीय समझौतों को अंतिम रूप देने के लिए विदेश सचिव स्तर की बातचीत जारी रहनी चाहिए। समझौते के मसौदों का आदान-प्रदान पहले से ही जारी था। ये सारे सकारात्मक कदम उठाए ही जा रहे थे कि एक बार फिर पाकिस्तान का व्यामोह सामने आ गया। याकूब खान ने 29 अक्तूबर को पाकिस्तानी सीनेट में बयान दिया कि यदि भारत ने क्हुटा परमाणु संयंत्र पर हमला किया तो उसका जवाब देने के सिवा और कोई चारा पाकिस्तान के सामने नहीं बचेगा। आश्चर्यजनक बात यह थी कि इस बयान को उत्तेजित करनेवाला कारण अब तक अस्पष्ट है। याकूब खान और जाइन नूरानी के बयानों में आपत्तिजनक तत्त्वों के बावजूद भारत-पाक संबंधों में एक प्रकार की सामान्य राहत दिखी। यह तब अभिव्यक्त हुआ जब पाकिस्तान के वित्त व योजना मंत्री मकबूल हक ने 14 से 16 नवंबर के बीच भारत आए एक उच्च स्तरीय प्रतिनिधिमंडल का नेतृत्व किया। उनके साथ आर्थिक मामलों के महासचिव एजाज नाइक और वाणिज्य सचिव मुख्तार मसूद थे।

अधिक मानवीय स्तर पर दिसंबर 1985 में कोलंबो में जिया के साथ एक व्यक्तिगत मुलाकात को याद करना प्रासंगिक होगा। कोलंबो में पाकिस्तानी राजदूत ने सार्क सम्मेलन के बाद श्रीलंका में जिया के आधिकारिक दौरे के दौरान उनके सम्मान में एक विशाल स्वागत समारोह आयोजित किया। जब भारत के उच्चायुक्त के रूप में मेरा परिचय कराया गया तो उन्होंने अपनी तेज स्मरणशक्ति का सुबूत दिया। उन्हें याद आया कि मैं क्रमशः सन् 1980 और 1981 में साठे और नरसिंह राव के साथ पाकिस्तान जानेवाले प्रतिनिधिमंडल के साथ था। विनोदपूर्ण स्वरों में उन्होंने कहा, 'श्री दीक्षित, मैं पड़ोसी देशों में भारत के राजदूतों से भ्रमित हो गया हूँ। इसलामाबाद में आपके नए राजदूत श्री एस.के. सिंह हैं। अभी-अभी मैं ढाका में आपके उच्चायुक्त श्री चड्ढा से मिलकर आया हूँ और यहाँ पर आप हैं। ऐसा क्यों है कि आप सभी का कद छोटा है ? क्या भारतीय राजदूतों के आकार के बारे में कोई निर्धारित नीति है ?' मैंने जवाब दिया, 'श्रीमान, आप जानते हैं कि भारत के एक बड़ा राष्ट्र होने की सामान्य शिकायत है। इसलिए मुझे लगता है कि भारत की क्षमताओं और शक्ति के बावजूद कम क्षमता प्रस्तुत करने के लिए श्री राजीव गांधी

ने मेरे जैसे छोटे कद के लोगों को भेजने का निर्णय किया है।' जिया ने कहा, 'ठीक है, ठीक है। यह एक उचित स्पष्टीकरण है।' नौवें दशक में मैं एक पाकिस्तानी राष्ट्रपति का एक भारतीय कूटनीतिज्ञ से इस प्रकार की परिहासपूर्ण बातचीत की कल्पना भी नहीं कर सकता था।

इस यात्रा के दौरान एक रोचक स्थिति तब उत्पन्न हुई, जब श्रीलंकाइयों ने जिया से अनुराधापुर में महाबोधि वृक्ष की पूजा के लिए चलने का आग्रह किया। उन्हें फूलों व धूप-सुगंध से भरी थाली लेकर पेड़ की ओर जाना था। श्रीलंकाई टी.वी. 'रूपवाहिनी' ने उन्हें थाली के साथ पेड़ की ओर चलते हुए दिखाया, लेकिन उसे पूजा के अंदाज में रखते हुए नहीं दिखाया। स्थानीय भारतीयों और श्रीलंकाइयों के बीच आश्चर्य का विषय यह था कि उन्हें ऐसा करते समय निजाम-ए-मुस्तफा के विपरीत लगभग बुतपरस्ती (मूर्तिपूजा) करनी पड़ी।

सन् 1985 के अंत में राजीव गांधी ने भारतीय राष्ट्रीय कांग्रेस के शताब्दी समारोहों में भाग लेने के लिए खान अब्दुल गफ्फार खान को आमंत्रित किया। जिया ने कोई आपत्ति नहीं की। इससे पूर्व नौवें दशक की शुरुआत में 'फ्रंटियर गांधी' को 'भारत रत्न' प्रदान करने पर उन्होंने नाराजगी जताई थी। सन् 1986 के उत्तरार्द्ध में खालिस्तानी अलगाववादियों को पाकिस्तान का समर्थन और भी स्पष्ट हो गया। पाकिस्तान ने अमेरिका और ब्रिटेन में रहनेवाले श्रद्धालु सिखों को बड़ी संख्या में वहाँ आने के लिए प्रोत्साहित किया। उसकी अवधि गुरु नानक के जन्मदिवस के आस-पास रखी गई। पाकिस्तानी इंटेलिजेंस एजेंसियों ने अनिवासी भारतीय सिखों और भारत के सिख जाटों के बीच संपर्क को भी प्रोत्साहित किया। इस संपर्क का एक हानिकारक प्रभाव यह हुआ कि पाकिस्तान के तीर्थस्थलों पर भारतीय सिख जाटों से संबंधित भारतीय कूटनीतिक संपर्क अधिकारियों पर अधिकांशत: विदेशी सिखों द्वारा आक्रमण किए गए। संबंधों को सामान्य बनाने की राजीव गांधी की सैद्धांतिक और अव्यावहारिक इच्छाओं के बावजूद इन तत्त्वों ने उन्हें अपनी पाकिस्तानी नीतियों में सतर्कता और वास्तविकता बरतने के लिए विवश कर दिया।

संबंधों की यह एकरूप रफ्तार, जिसमें कभी-कभी तेजी और धीमापन आता रहा, पूरे वर्ष (सन् 1986 के दौरान) चलती रही। यह वर्ष तत्कालीन वित्त मंत्री वी.पी. सिंह के पाकिस्तान दौरे से शुरू हुआ। बातचीत में द्विपक्षीय व्यापार को सामान्य बनाने पर ध्यान केंद्रित किया गया। सियाचिन ग्लेशियर पर भारत व पाकिस्तान के बीच सैन्य संघर्ष से संबंधित समस्याओं को सुलझाने के लिए राजीव और जिया

के बीच हुए समझौते से एक तार्किक दृष्टिकोण अभिव्यक्त होता है। सियाचिन पर पहले दौर की बातचीत भारतीय रक्षा सचिव एस.के. भटनागर और पाकिस्तानी रक्षा सचिव इजालल हैदर जैदी के बीच 10 से 12 जनवरी, 1986 के बीच रावलपिंडी में हुई। इसका कोई परिणाम नहीं निकला। इस बीच पाकिस्तान ने कश्मीर मुद्दे को उछालना जारी रखा। जिया ने 23 मार्च, 1985 को मुहम्मद खान जुनेजो को प्रधानमंत्री नियुक्त किया। बाद में वह मुसलिम लीग के अध्यक्ष भी चुने गए। यह इस संदर्भ में था कि भारत को पाकिस्तानी मुसलिम लीग काउंसिल द्वारा पास किया गया एक नोट मिला था, जिसमें कहा गया था कि भारत और पाकिस्तान के बीच रिश्ते सिर्फ तभी सुधर सकते हैं, जब कश्मीर समस्या का समाधान संयुक्त राष्ट्र प्रस्ताव के अनुरूप किया जाए। काउंसिल का यह प्रस्ताव 16 जनवरी को रोमेश भंडारी के दूसरे पाँच दिवसीय इसलामाबाद दौरे की समाप्ति के तुरंत बाद पारित और प्रकाशित किया गया।

भुट्टो काल के आखिरी हिस्से की तुलना में शिमला समझौते का उल्लंघन अधिक सूक्ष्म रूप से जारी रहा। शिक्षा, संस्कृति व खेल पर उप आयोगों की बैठकों, कृषि संबंधी शोध के क्षेत्र में विशेषज्ञ स्तर का आदान-प्रदान और दोहरे करारोपण व वीजा पद्धतियों के सरलीकरण संबंधी समझौतों पर हस्ताक्षर के साथ भारत-पाकिस्तान संबंधों में विरोधाभासी दोहरापन जारी रहा। राजीव गांधी 18 मार्च को स्टॉकहोम में प्रधानमंत्री ओल्फ पाम के अंतिम संस्कार में भाग लेते समय जुनेजो से मिले। वे विभिन्न मुद्दों पर द्विपक्षीय संपर्कों और नवंबर 1986 में बंगलौर में होनेवाले दूसरे सार्क शिखर सम्मेलन के लिए एक-दूसरे से संपर्क रखने के लिए सहमत हो गए।

सन् 1986 के पतझड़ तक संदेह के बीज दिखने लगे। सन् 1987 की शुरुआत तक यह काफी तेजी से ऊपर आ गए थे। यहाँ ऑपरेशन ब्रास ट्रैक का संदर्भ दिया जा रहा है, जो भारतीय सेना का सालाना सैन्य अभ्यास था और जिसमें तत्कालीन थलसेनाध्यक्ष जनरल के. सुंदरजी ने कुछ विशेष आयाम जोड़े थे। जनरल सुंदरजी ने भारतीय थलसेना को तार्किक, आधुनिक और विकसित बनाने के प्रयास किए थे। वह चाहते थे कि उनके प्रयासों के द्वारा भारतीय थलसेना की ज़ो क्षमता बढ़ी है, क्रियान्वयन के स्तर पर उसका पता नौसेना और वायुसेना के साथ संयुक्त अभ्यास करके लगाया जाए। इसी का परिणाम ऑपरेशन ब्रास ट्रैक के रूप में सामने आया था। यह उनके दृढ़ और आत्मविश्वास से पूर्ण विचार का स्पष्ट प्रकटीकरण था।

जिया जुलाई-अगस्त 1986 के दौरान घरेलू राजनीतिक दबावों से घिरे रहे। गुलाम मुस्तफा जतोई ने 'नेशनल पीपुल्स पार्टी' के नाम से नई पार्टी बनाई। 14 अगस्त को देश में लोकतंत्र बहाल करने के लिए नुसरत और बेनजीर भुट्टो ने मुसलिम लीग के अतिरिक्त अन्य सभी राजनीतिक दलों को साथ लेकर आंदोलन शुरू कर दिया। सियाचिन, जहाँ भारतीय सेना का कब्जा बना हुआ था, को लेकर जून में विदेश सचिव स्तर की दूसरी बातचीत परिणाम नहीं दे पाई थी। इसने जिया की प्रतिक्रियाओं पर प्रभाव डाला। हालाँकि साल के मध्य में दोनों देशों के बीच दूरसंचार, कृषि और रेलवे संपर्क आदि मामलों पर कुछ प्रगति हुई, मगर ये परंपरागत तनाव और संदेश के बीच धूमिल पड़ गए। राजीव और जुनेजो ने संबंधों की पूरी तरह स ीक्षा करने के लिए बंगलौर के सार्क सम्मेलन का इस्तेमाल किया। दोनों इस बात पर सहमत हुए कि लंबित राजनीतिक समझौतों और सीमा निगरानी से संबंधित समझौतों पर विदेश सचिव और गृह सचिव स्तर की बातचीत जारी रहनी चाहिए। ये बैठकें दिसंबर में हुईं, मगर एक बार फिर कोई परिणाम नहीं निकला। बंगलौर में राजीव और जुनेजो की बातचीत भारत द्वारा श्रीलंका की समस्या पर ज्यादा ध्यान देने के कारण धूमिल पड़ गई। भारत श्रीलंका की समस्या का राजनीतिक हल निकालने के लिए वहाँ के राष्ट्रपति जूलियस जयवर्धने और तमिल सैन्य नेतृत्व से बात कर रहा था। आश्चर्यजनक रूप से जुनेजो ने ऑपरेशन ब्रास ट्रैक का सवाल बंगलौर की बातचीत के दौरान महत्त्वपूर्ण तरीके से नहीं उठाया। शायद वह जिया और पाकिस्तानी सेना की ओर से आनेवाले खतरे के बारे में पहले से कुछ नहीं जानते थे।

जुनेजो की बरखास्तगी पाकिस्तानी राजनीति में एक मोड़ था। जिया और जुनेजो के बीच आपसी मोहभंग के दो कारण थे। पहला—राजनीतिक नेता के रूप में जुनेजो का आत्मविश्वास तेजी से बढ़ रहा था, जिससे जिया की सत्ता को चुनौती मिल सकती थी और दूसरा—विदेश और रक्षा नीति, खासकर अफगानिस्तान और ईरान-इराक के मामले में जुनेजो के मूल विचार जिया के विचार से नहीं मिलते थे। मुसलिम लीग का अध्यक्ष बनने के बाद से उन्होंने विदेश नीति के मामले में ज्यादा सक्रिय और हठी रवैया अपनाना शुरू कर दिया, जिसे जिया अपने कार्यक्षेत्र में हस्तक्षेप समझते थे। इस तरह की खबरें भी थीं कि जुनेजो मोहाजिर और सिंधी राजनेताओं के साथ समीकरण सुधार रहे थे, जिसका मकसद पाकिस्तानी संविधान के आठवें संशोधन को निरस्त करना था, जिसके द्वारा राष्ट्रपति को किसी निर्वाचित प्रधानमंत्री को बरखास्त करने का अधिकार मिला हुआ था। उनकी बरखास्तगी

जिया के इन इरादों की स्पष्ट अभिव्यक्ति थी कि लोकतंत्र की बहाली के तमाम दबावों और विरोध-प्रदर्शनों के बावजूद वह पाकिस्तान की सत्ता अपने हाथों में ही रखेंगे।

अमेरिकी कूटनीतिज्ञ और इतिहासकार हेनरी ब्रूक एडम्स का उपदेश कि 'असामान्य ऊर्जा से शक्ति का इस्तेमाल सबसे गंभीर तथ्य है' सन् 1986 के शीतकाल और सन् 1987 की शुरुआत के दौरान भारत-पाक संबंधों की वास्तविक स्थितियों पर लागू होती है। तब वर्ष के अंत में जनरल सुंदरजी की ऊर्जावान् मानसिकता पर आधारित ऑपरेशन ब्रास ट्रैक चरम बिंदु की ओर बढ़ रहा था। आक्रमण की आशंकाओं से ग्रस्त पाकिस्तान जिया के आदेशों और ले. जनरल हमीद गुल की सलाह से अपने शीतकालीन अभ्यासों के दौरान सीमा पर अग्रिम अवस्थाओं की ओर बढ़ रहा था। जब जनवरी में शीतकालीन अभ्यास के बाद भी पाकिस्तानी सेना अपनी अग्रिम पोजीशनों से नहीं हटी तो 23 जनवरी से भारतीय सेनाओं को सतर्क कर दिया गया। सामान्य सोच यह थी कि सेनाओं का यह आमना-सामना संघर्ष को जन्म दे सकत है। भारत ने तनाव कम करने के लिए कई कदम उठाए, जिनमें पाकिस्तान और अमेरिका सहित कई देशों से बातचीत भी शामिल है। घटनाएँ तीव्रता को कम करने की दिशा में नहीं बढ़ सकीं। जुनेजो ने 27 जनवरी को राजीव को टेलीफोन किया। राजीव गांधी ने यह आमंत्रण देने में देर नहीं की कि पाकिस्तान समस्या पर बातचीत के लिए उच्च स्तरीय प्रतिनिधियों को भेजे। सीमा पर बढ़े तनाव को कम करने के लिए बातचीत करने पाकिस्तान के विदेश सचिव अब्दुल सत्तार 30 जनवरी, 1987 को पाँच दिवसीय दौरे पर भारत आए। उनके शिष्टमंडल में पाकिस्तानी सेना और रक्षा मंत्रालय के तीन वरिष्ठ अधिकारी भी शामिल थे। सिद्धांत रूप में यह तय किया गया कि दोनों तरफ से जितनी जल्दी संभव हो सके, सेनाओं को धीरे-धीरे हटाया जाए, साथ ही एक और दौर की बातचीत भी होनी चाहिए। रावी-चिनाब सेक्टर में दोनों देशों द्वारा सेना हटाने का काम सन् 1987 में 11 से 19 फरवरी तक पूरा हो गया।

जिया ने पाकिस्तान की छवि सैन्य तनाव की बजाय शांति चाहनेवाले देश के रूप में बनाने का फैसला किया। राजीव गांधी भी संबंध सामान्य बनाने के इच्छुक थे। इसके मद्देनजर भारतीय क्रिकेट कंट्रोल बोर्ड ने जिया को भारत आकर भारत-पाकिस्तान क्रिकेट शृंखला देखने के लिए आमंत्रित किया। 21 से 23 फरवरी के बीच अड़सठ लोगों के दल के साथ जिया भारत आए। उनके दल में अधिकारियों के साथ जनता के बीच के कुछ महत्त्वपूर्ण लोग भी थे। हालाँकि भारतीय नेतृत्व से

उनकी बातचीत का कोई स्पष्ट नतीजा नहीं निकला, फिर भी उनकी यात्रा को एक महत्त्वपूर्ण पहल के रूप में प्रस्तुत किया गया। सीमा पर तनाव कम करने की दिशा में दूसरे दौर की बातचीत जिया के वापस जाने के चार दिन बाद 27 फरवरी से 7 मार्च के दौरान इसलामाबाद में हुई। विदेशी मामलों के सचिव अल्फ्रेड गोंजाल्वेज, अतिरिक्त सचिव (रक्षा) एन.एन. व्होरा और सैन्य काररवाइयों के महानिदेशालय के वरिष्ठ अधिकारी इसलामाबाद गए और अपने प्रतिपक्षियों से मिले, जिनका नेतृत्व अब्दुल सत्तार कर रहे थे। 30 जनवरी से 4 फरवरी के बीच हुए विचार-विमर्शों के दौरान तर्कसंगत दृष्टिकोण के विपरीत यह दूसरा दौर पाकिस्तान की ओर से कटुता और आक्रामकता से परिपूर्ण था। संभवतः फरवरी की शुरुआत में भारतीय सैनिकों की वापसी इसका कारण थी। गोंजाल्वेज ने तनाव घटाने की गति रोकने के बारे में पाकिस्तानी पक्ष को सचेत किया। इस अवस्था में वार्त्ता कमोबेश सफलतापूर्वक समाप्त हुई। सितंबर-अक्तूबर 1986 से बढ़ता तनाव शांत हुआ।

बहरहाल, भारत-पाकिस्तान की चिरस्थायी प्रवृत्ति को नकारा नहीं जा सकता। वरिष्ठ भारतीय पत्रकार कुलदीप नैयर फरवरी के अंत व मार्च की शुरुआत में पाकिस्तान के दौरे पर थे। उनके पाकिस्तानी मित्र और 'द एडीटर' के तत्कालीन संपादक मुशाहिद हुसैन ने नैयर और पाकिस्तान की गुप्त परमाणु परियोजनाओं के कर्ता-धर्ता डॉ. अब्दुल कादिर खान के बीच एक बैठक आयोजित करने का प्रस्ताव रखा। डॉ. खान ने नैयर के सामने यह स्वीकार किया कि अमेरिकी सेंट्रल इंटेलिजेंस एजेंसी का यह आकलन कि पाकिस्तान ने परमाणु अस्त्र क्षमता हासिल कर ली है, एक सच्चाई है। यह बात भारत सरकार के सामने सन् 1983-84 से ही स्पष्ट थी। लेकिन पाकिस्तानी मीडिया सहित भारतीय और विदेशी मीडिया में नैयर के साक्षात्कार के प्रकाशन ने इसे एक सनसनीखेज रहस्योद्घाटन बना दिया।

कुलदीप नैयर से बात करने में डॉ. अब्दुल कादिर खान के उद्देश्यों का विश्लेषण करते समय यह ध्यान में रखना चाहिए कि भारतीय नीतियों में मतभेद उत्पन्न करने और जहाँ संभव हो, भारत को डराने के लिए भारतीय पत्रकारों और राजनीतिक समीक्षकों का इस्तेमाल पाकिस्तानी सरकार का सुनियोजित जनसंपर्क प्रयास था। यह एक अलग बात है कि भारतीय पत्रकार, यहाँ तक कि जो लोग चुनौतीपूर्ण वास्तविकताओं के बावजूद भारत और पाकिस्तान के बीच शांति लाना चाहते हैं, ने पूरी तरह पाकिस्तानी उम्मीदों को पूरा नहीं किया। आपत्तियों और आलोचनाओं का खतरा उठाते हुए मैं यह उल्लेख करना चाहता हूँ कि पाकिस्तान ने ऐसे प्रयास वरिष्ठ और विचारवान् पत्रकार, जैसे—जॉर्ज वर्गीज, प्राण चोपड़ा,

दिलीप मुखर्जी, अजित भट्टाचार्य, भवानी सेनगुप्ता और राजिंदर सरीन के साथ किए; लेकिन कुल मिलाकर यह पाकिस्तानी प्रयास सफल नहीं रहा।

पाकिस्तानी परमाणु क्षमताओं के बारे में रहस्योद्घाटन पर प्रतिक्रिया व्यक्त करते हुए राजीव गांधी ने 3 मार्च को लोकसभा में कहा, 'हम पाकिस्तान के साथ संबंध सुधारने का प्रयास करते रहे हैं, लेकिन कुछ गंभीर समस्याएँ अब भी हैं। परमाणु अस्त्र कार्यक्रम के लिए चोरी-छिपे प्रयास किया जा रहा है। यह कार्यक्रम पिछले कई वर्षों से गति पकड़ रहा है। जिनके पास इस कार्यक्रम को समाप्त करने का दायित्व और क्षमता है, वे यह करने में विफल रहे हैं। इसकी बजाय उन्होंने पाकिस्तान को एक महत्त्वाकांक्षी अस्त्रीकरण कार्यक्रम शुरू करने में सहयोग दिया है। वर्तमान परिस्थिति प्रसार के खिलाफ कानूनी सुरक्षा के उपायों के अनुकूल नहीं है। यह बिलकुल असामान्य स्थिति है। भारत की प्रभुत्व संपन्नता और एकता की रक्षा के लिए इसके लोगों की दृढ़ता और क्षमता के बारे में कोई संदेह नहीं होना चाहिए।' इस बयान से यह स्पष्ट था कि भारत पाकिस्तान के परमाणु कार्यक्रम पर सन् 1975-76 से ही नजर रखे हुए था, जब भुट्टो ने भारत के पोखरण परमाणु परीक्षण पर प्रतिक्रिया व्यक्त करते हुए पाकिस्तान को परमाणु शक्ति-संपन्न बनाने की घोषणा की थी, 'चाहे पाकिस्तानियों को घास क्यों न खानी पड़े।' यह भी स्पष्ट था कि पाकिस्तान के परमाणु अस्त्र कार्यक्रम के लिए विशेषज्ञता और सहयोग उपलब्ध करानेवाले देशों के बारे में भारत जानता था।

इस बारे में सवाल उठते रहे हैं कि डॉ. खान ने पाकिस्तान की परमाणु सैन्य क्षमताओं के बारे में एक भारतीय पत्रकार को क्यों बताया? यह एक आवेगी उद्घाटन या आकस्मिक विवेकहीनता नहीं हो सकती थी। यह भी एक आश्चर्यजनक संयोग था कि मुशाहिद हुसैन, जो पाकिस्तानी सैन्य बल प्रतिष्ठान के नजदीकी रहे हैं, ने यह साक्षात्कार आयोजित किया। अब यह स्वीकार किया जाता है कि यह साक्षात्कार जिया की दबाव डालनेवाली कूटनीति की दिशा में एक प्रयास था। अफगानिस्तान की स्थिति के कारण वह काफी ऊँचे उड़ रहे थे। अपने रणनीतिक उद्देश्यों के लिए समर्थन देने में अमेरिका की रुचि को देखते हुए वह अपनी उभरती परमाणु अस्त्र क्षमता के बारे में अमेरिकी जनमत के किसी नकारात्मक विस्फोट के खिलाफ खुद को सुरक्षित महसूस करने लगे थे।

कुलदीप नैयर के साथ डॉ. खान के साक्षात्कार के एक या दो माह बाद पश्चिमी मीडिया में इस संबंध में खबरें थीं कि पाकिस्तान के पास चार से सात परमाणु उपकरण हो सकते हैं। कोलंबो में जहाँ मैं उच्चायुक्त था, इन खबरों को

देखने के बाद कोलंबो में पाकिस्तान के उच्चायुक्त ब्रिगेडियर तारिक से मैंने पूछताछ की। तारिक का जवाब संदिग्ध और अस्पष्ट था। उन्होंने कहा, 'श्री दीक्षित, आप इस बात से सहमत होंगे कि हम सभी को अपनी सुरक्षा व्यवस्था की आवश्यकताओं को पूरा करने के लिए प्रयास करना पड़ता है।' हॉलैंड, जर्मनी, अमेरिका और फ्रांस ने खान के परमाणु-प्रयासों में योगदान दिया। इस बात पर ध्यान दिया जाना चाहिए कि केवल सीनेटर लैरी प्रेसलर के प्रयास पर ही अमेरिकी सरकार की कार्यकारिणी शाखा अपनी अप्रसार और अस्त्र-नियंत्रण उद्देश्यों के अनुरूप पाकिस्तान के खिलाफ कोई उपयुक्त काररवाई करने पर विवश हुई। भारत की प्रतिक्रिया आतंकित नहीं थी। भारत ने पाकिस्तान और विश्व को यह संदेश दिया कि इस प्रकटीकरण से उसे कोई आश्चर्य नहीं हुआ है, वह इस बारे में जानता था। पक्षपातरहित अप्रसार और निरस्त्रीकरण के लिए अपने प्रयास जारी रखते हुए वह जानता है कि परमाणु प्रसार संधि के मुखर समर्थक पाकिस्तान की गुप्त परमाणु नीतियों में योगदान दे रहे हैं। भारत राजनीतिक व तकनीकी—दोनों स्तरों पर इस खतरे से निपटने की क्षमता रखता है।

श्रीलंका में भारतीय भागीदारी के प्रति भी पाकिस्तान की प्रतिक्रिया नकारात्मक और आलोचनात्मक थी। तमिलों से लड़ने में सहयोग के लिए अमेरिका व इजराइल से श्रीलंका के संपर्क तोड़ने के अलावा पाकिस्तान ने तमिलों के उद्देश्यों का समर्थन करते हुए भारत के प्रति अपनी आपत्तियाँ जाहिर कीं। श्रीलंका सरकार द्वारा भारत के खिलाफ लगाए गए आरोपों का समर्थन और प्रचार पाकिस्तान ने किया। सार्क बैठक के दौरान 7 नवंबर, 1987 को काठमांडू में राजीव गांधी और जुनेजो के बीच सामान्य द्विपक्षीय संपर्क हुआ, शांतिपूर्ण विचार-विमर्श हुआ और संबंधों को सामान्य बनाने के लिए प्रयास जारी रखने की आशा जताई गई। एक महत्त्वपूर्ण, लेकिन असंबद्ध घटना, जिसने इसलामी संस्कारों के संदर्भ में पाकिस्तान के नेतृत्व पर बेनजीर के दावे को अतिरिक्त वैधता दी, वह थी 18 दिसंबर को आसिफ जरदारी से उनका निकाह।

सन् 1988 में जनवरी के तीसरे सप्ताह में खान अब्दुल गफ्फार खान का देहांत हो गया। राजीव ने जिया को यह सूचित करके किंकर्तव्यविमूढ़ कर दिया कि वह भारतीय स्वतंत्रता संघर्ष के महान् नेता को अपनी अंतिम श्रद्धांजलि देने के लिए पेशावर जाएँगे। इसलामाबाद को छोड़कर राजीव गांधी का सीधे पेशावर जाना जिया को पसंद नहीं आया। भारतीय प्रधानमंत्री 20 जनवरी को एक उच्च स्तरीय प्रतिनिधिमंडल के साथ पेशावर पहुँचे, अंतिम संस्कार से पहले लगभग डेढ़

घंटे वहाँ बिताए और वापस आ गए। इस असामान्य व्यवहार के पीछे कुछ कारण थे। वह भारत के प्रति जिया की नीतियों के बारे में तिरस्कार और मोहभंग की भावना प्रकट करना चाहते थे। वह पाकिस्तान के लोगों को यह संदेश भी देना चाहते थे कि यह यात्रा गफ्फार खान को श्रद्धांजलि प्रकट करने के लिए और उपमहाद्वीप के एक धर्मनिरपेक्ष, राष्ट्रवादी नेता के रूप में उनके व्यक्तित्व को स्वीकार करने के लिए थी।

पाकिस्तान में लोकतंत्र की बहाली के लिए संगठित हो रहे आंदोलन से जूझते हुए अफगान स्थिति के बारे में रूस और अमेरिका से समझौता वार्त्ता के अंतिम दौर में जिया-उल-हक व्यस्त थे। मिखाइल गोर्बाच्योव के शासन के दौरान अमेरिकी-सोवियत भर्त्सना के कारण अफगान गतिविधियों में पाकिस्तान का बढ़ता प्रभाव भारत के लिए चिंता का कारण था, जबकि भारत अफगानिस्तान में सोवियत सैन्य उपस्थिति के बारे में शंकाग्रस्त था। वह अफगान समाज के आधुनिकीकरण और धर्मनिरपेक्षीकरण का समर्थक था। तेजी से बदलते परिदृश्य में भारत अलग-थलग पड़ सकता था।

नई दिल्ली में रूसी दूतावास और पाकिस्तानी उच्चायोग से अनौपचारिक विचार-विमर्श के बाद राजीव गांधी ने 25 फरवरी, 1988 को फोन पर जिया से बात की और अफगान की स्थिति पर विशेष फोकस के साथ एक द्विपक्षीय वार्त्ता के लिए उन्हें आमंत्रित किया। जिया ने राजीव गांधी को याद दिलाया कि वह दो बार भारत आ चुके हैं। इसलिए उन्होंने राजीव से पाकिस्तान आने या एक व्यक्तिगत दूत भेजने का आग्रह किया। फिर दोनों नेताओं ने निर्णय लिया कि दोनों देशों के विदेश सचिवों की बैठक होगी। अफगानिस्तान में भारत की किसी रुचि या भूमिका के बारे में जिया उत्साहित नहीं थे, इसलिए उन्होंने 1 मार्च को होनेवाली विदेश सचिवों की बैठक को स्थगित कर दिया। काफी टाल-मटोल के बाद यह बैठक 3 मई को हुई। वार्त्ता के दौरान पाकिस्तान ने अफगान मुद्दे के किसी स्थायी पक्ष पर विचार करने से इनकार कर दिया। भारतीय विदेश सचिव के.पी.एस. मेनन इस स्पष्ट निष्कर्ष के साथ लौट आए कि पाकिस्तान अफगान मुद्दे के समाधान में भारत की किसी भी प्रकार की भागीदारी से बचना चाहता है। सोवियत संघ के ब्रेझनेव-एंड्रोपोव शासन, जो अफगान स्थिति को स्थिर करने में भारत को एक महत्त्वपूर्ण संतुलनकारी तत्त्व मानते थे, के विपरीत गोर्बाच्योव ने अपने सैनिकों को अफगानिस्तान से हटाने की हड़बड़ी में इस पाकिस्तानी-सऊदी तर्क को स्वीकार कर लिया कि भारतीय भागीदारी अफगानिस्तान में इसलामी भावनाओं को चोट पहुँचाएगी।

रावलपिंडी के निकट ओझारी में हथियार डिपो में 10 अप्रैल, 1988 को भीषण विस्फोट हुआ, जिसमें करीब सौ लोगों की जानें गईं और करीब एक हजार लोग घायल हो गए थे। इस घटना ने पाकिस्तान की सामान्य राजनीतिक प्रक्रिया को थोड़ा अवरुद्ध कर दिया। इस बारे में बार-बार और ठोस संदेह जताया जा रहा था कि यह विस्फोट किसी दुर्घटना से नहीं बल्कि आई.एस.आई. द्वारा खुद कराया गया, ताकि अफगानिस्तान से सोवियत सेनाओं की वापसी के बाद हथियारों की गिनती को टाला जा सके और उन्हें अमेरिका को वापस न सौंपा जाए। एक और थ्योरी यह थी कि विस्फोट इसलिए कराया गया कि जम्मू एवं कश्मीर और पंजाब सहित अन्य जगहों पर आई.एस.आई. द्वारा जो ऑपरेशन चलाए जा रहे हैं, उनमें की जा रही हथियारों की सप्लाई को ढका जा सके।

भारत ने बादशाह खान को 'भारत रत्न' से सम्मानित किया। जिया ने इसके जवाब में भारत-पाक संबंध बेहतर बनाने की कोशिशों के कारण पाकिस्तान के सर्वोच्च नागरिक सम्मान 'निशान-ए-पाकिस्तान' भारत के पूर्व प्रधानमंत्री मोरारजी देसाई को देने की घोषणा की। जिया ने यह काम 17 अगस्त को बहावलपुर के निकट एक विमान-दुर्घटना में अपनी मौत से सिर्फ चार दिन पहले किया। जिया की मौत का परिणाम पाकिस्तान की सत्ता में तत्काल और महत्त्वपूर्ण बदलाव के रूप में निकाला। पहली बार एक मोहाजिर अधिकारी मिर्जा असलम बेग (मूलतः आजमगढ़, उत्तर प्रदेश के) पाकिस्तानी सेना का प्रमुख बना; गुलाम इसहाक खान राष्ट्रपति बने।

जिया की मौत के पीछे कई रहस्य छुपे हैं। इन्हें सामने लाने के लिए पाकिस्तानी अधिकारियों ने कई स्तरों पर जाँच करवाई। इनमें फेडरल इंटेलीजेंस ब्यूरो की जाँच, आई.एस.आई. की जाँच और उस कंपनी के तकनीकी विशेषज्ञों की जाँच भी शामिल है, जिसने वह विमान बनाया था। अमेरिकी फेडरल ब्यूरो ऑफ इनवेस्टीगेशन के अधिकारी भी इस जाँच में शामिल हुए। सामान्य नतीजा यह निकाला गया कि विमान के उड़ने से पहले आम की कुछ पेटियाँ विमान में रखी गई थीं। इन पेटियों से एक प्रकार की गैस निर्धारित समय पर निकली, जिसने विमान के पायलट, सह पायलट और इंजीनियर को निष्क्रिय कर दिया। जो भी हो, इस साजिश के सूत्रधारों केनाम आज तक सामने नहीं आ पाए। ऐसा संदेह व्यक्त किया गया कि जिया की सुन्नी-बहावी आधारित इसलामी नीतियों के विरोधी इसलामी गुटों ने इस षड्यंत्र की रचना की थी। कुछ अन्य लोगों का मानना था कि 'पाकिस्तान पीपुल्स पार्टी' से जुड़े पाकिस्तानी वायु सेना अथवा गुप्तचर एजेंसियों

के लोगों ने ही इसे अंजाम दिया। एक तीसरा विचार यह था कि ओझारी हथियार डिपो के मामले में जिया के सख्त रवैए से घबराकर आई.एस.आई. के ही किसी गुट ने उनका काम तमाम कर दिया। एक दूर की कौड़ी यह भी लाई गई कि पाकिस्तान में लोकतंत्र सदृश नेतृत्व लाने के उद्देश्य से अमेरिका ने ही जिया-विरोधी तत्त्वों को यह काम करने के लिए उकसाया। सच्चाई जो भी हो, मगर जिया की मौत पर रहस्य का परदा अभी भी पड़ा हुआ है।

जिया के कार्यकाल को दोनों देशों के बीच अपेक्षाकृत स्थिरता और बड़े पैमाने की किसी सैन्य कारवाई की गैरमौजूदगी के रूप में याद किया जा सकता है। यह दोनों देशों के नेताओं की बातचीत के स्तर पर भी कम अशांत था और इसका प्राथमिक कारण यह था कि इन नेताओं की घरेलू राजनीतिक चिंताएँ ज्यादा महत्त्वपूर्ण थीं। जिया को भुट्टो के बाद के दौर में अपनी वैधता साबित करनी थी। उन्हें घरेलू अशांति से जूझना था और अफगानिस्तान में अपने हितों की सुरक्षा के लिए अमेरिका व इसलामी देशों से संबंध विकसित करने थे। भारत को चार प्रधानमंत्रियों के तहत आपात्काल के बाद की त्रासदी, जनता पार्टी और चरण सिंह सरकारों द्वारा उत्पन्न अनिश्चितताओं और अलगाववादी हिंसा का सामना करना था। हम जिया की नीतियों के मुख्य बिंदुओं का परिणाम कैसे निकाल सकते हैं? उन्होंने भूतल परिवहन, नागरिक उड्डयन और डाक सेवाओं में बेहतर सहयोग को बढ़ावा दिया। साथ ही उन्होंने कृषि, वित्त और टैक्स के क्षेत्र में भी कुछ हद तक सहयोग को बढ़ावा दिया। उन्होंने विध्वंसक लक्ष्यों को ध्यान में रखकर जनता से जनता के संपर्क को समर्थन दिया, खासकर मुसलिम और सिखों के मामले में। वह इस लक्ष्य में सफल नहीं हुए। इसका श्रेय उन भारतीयों को है, जिन्हें जिया ने अपना लक्ष्य बनाया था। उन्होंने अफगानिस्तान संकट के नाम पर हासिल किए गए हथियारों को मुक्त हाथों से भारत-विरोधी तत्त्वों को सौंपा। पाकिस्तानी सेना के लिए बड़े पैमाने पर हथियारों का जखीरा जमा कर उन्होंने भारतीय उपमहाद्वीप में हथियारों की होड़ शुरू कर दी। उन्होंने पाकिस्तानी परमाणु हथियार कार्यक्रम को प्रेरित कर इस प्रक्रिया पर और बल दिया। सार्क के कई नेताओं ने व्यक्तिगत रूप से मुझे बताया है कि जिया से उनकी बातचीत के दौरान जिया उन्हें भारतीय खतरे के प्रति आगाह किया करते थे और यह भी कहा करते थे कि पाकिस्तान का परमाणु हथियार सिर्फ पाकिस्तान ही नहीं बल्कि भारत के सभी छोटे पड़ोसियों को भारत से बचाएगा। इसीलिए इन पड़ोसियों को पाकिस्तानी परमाणु अस्त्र नीति का समर्थन करना चाहिए।

बेनजीर भुट्टो का शासन-काल

बेनजीर भुट्टो के साथ बातचीत शुरू करने और इसमें पाकिस्तानी सेना तथा पाकिस्तानी सत्ता में जिया समर्थक तत्त्वों द्वारा बाधा डालने के प्रति पूरी तरह सतर्क राजीव गांधी ने इस बारे में गैर रूढ़िवादी तरीका अपनाया। जब यह तय हो गया कि बेनजीर पाकिस्तान की नई प्रधानमंत्री बनेंगी तो राजीव गांधी ने सबसे पहले कराची में भारत के पूर्व महावाणिज्य दूत आफताब सेठ को बेनजीर से मिलने ऑक्सफोर्ड विश्वविद्यालय भेजा। सेठ ने बेनजीर को पाकिस्तान की नई निर्वाचित लोकतांत्रिक सरकार के प्रति भारत के सकारात्मक रुख के बारे में आश्वस्त किया। इसके बाद राजीव ने दिसंबर 1988 के इसलामाबाद सार्क शिखर सम्मेलन के पूर्व अपने कार्यालय के एक संयुक्त सचिव, एक विदेश सेवा अधिकारी रोनेन सेन को बेनजीर और उनके सलाहकारों से मिलने के लिए भेजा। सेन का कार्य इस बात पर जोर देना था कि सार्क शिखर सम्मेलन में आने के साथ राजीव गांधी भारत-पाक संबंधों को एक नए व उपयोगी रूपरेखा में ढालने पर ध्यान केंद्रित करने के लिए उस अवसर का लाभ उठाने के इच्छुक हैं। बेनजीर ने इस संकेत का सकारात्मक जवाब देते हुए अपने विदेश सलाहकार इकबाल अखुंद और एक पाकिस्तानी पारसी विश्वासपात्र हैप्पी मिनवाला को राजीव गांधी के कार्यालय और अपने कार्यालय के बीच संपर्क-सूत्र के रूप में नियुक्त किया। हालाँकि उन्हें गुलाम इशहाक खान और सैन्य बलों की सलाह पर याकूब खान को विदेश मंत्री के रूप में बरकरार रखना पड़ा; लेकिन याकूब इन संपर्कों की प्रक्रिया का हिस्सा नहीं थे। यह याद रखना चाहिए कि ये संपर्क गोपनीय नहीं, बल्कि खुलेआम थे।

बेनजीर जब प्रधानमंत्री बनीं, उसके तुरंत बाद राजीव गांधी इसलामाबाद से सार्क सम्मेलन में भाग लेकर लौटे। वे दिसंबर 1988 और दिसंबर 1989 के बीच एक वर्ष तक एक-दूसरे के साथ संपर्क में रहे। राजीव पाकिस्तान में द्विपक्षीय संबंधों के लिए एक सकारात्मक वातावरण बनाकर शंकाओं की परंपरा व अतीत की शत्रुता को दूर करना चाहते थे; लेकिन यह दृष्टिकोण रूमानी नहीं था, यह वास्तविकता से परिपूर्ण था। सन् 1988 के अंत में उनकी अपनी घोषणाएँ उनकी नीतियों को स्पष्ट करती हैं। 29 दिसंबर को इसलामाबाद में चौथे सार्क शिखर सम्मेलन के उद्घाटन सत्र में बोलते हुए उन्होंने कहा, 'मोहतरमा प्रधानमंत्रीजी, मैं यहाँ आकर काफी खुश हूँ कि पाकिस्तान के लोगों ने आपको निर्वाचित किया है, ताकि आप इस महान् राष्ट्र को लोकतंत्र में निहित प्रगति और समृद्धि की ओर ले जा सकें। मैं पाकिस्तान के लोगों को भारत में उनके भाई-बहनों की ओर से

शुभकामनाएँ देता हूँ। हम भारत और पाकिस्तान के बीच मित्रता व सहयोग की उम्मीद से खुश हैं।...पाकिस्तान में लोकतांत्रिक चुनावों द्वारा आपके उल्लेखनीय नेतृत्व में एक नई सरकार का प्रतिष्ठापन हुआ है, जिसने उपमहाद्वीप में हमारे बीच मित्रता और सहयोग की एक नई शुरुआत की आशाओं को जगाया है।' यह भारत-पाकिस्तान संबंधों के प्रति उनके दृष्टिकोण का मानक पक्ष था।

31 दिसंबर, 1988 को पाकिस्तान से लौटने पर दिल्ली हवाई अड्डे पर एक तात्कालिक संवाददाता सम्मेलन में उनसे पूछा गया, 'क्या आप पाकिस्तान के प्रधानमंत्री को यह विश्वास दिलाने में सफल रहे कि सैन्य परमाणु कार्यक्रम और आतंकवादियों को समर्थन देने की नीतियों को बंद किया जाना चाहिए?' उनका जवाब था, 'प्रधानमंत्री बेनजीर भुट्टो से मेरी काफी उपयोगी बातचीत हुई। हमने बड़ी समस्याओं, कठिन क्षेत्रों और कम कठिन क्षेत्रों, जहाँ काम करना अधिक आसान है, पर प्रकाश डाला। मुझे लगा कि दोनों पक्षों में स्थिति को सामान्य बनाने के लिए कोशिश करने और चीजों को सही पटरी पर लाने की इच्छा है। मैं यह भी विश्वासपूर्वक कह सकता हूँ कि पीपुल्स पार्टी की नीतियों के शुरुआती नीतियों से बेहतर होने की उम्मीद की जा सकती है—खासकर अधिक कठिन क्षेत्रों में।' एक और प्रश्न पूछा गया, 'आपने कहा है कि आप इस बारे में आश्वस्त हैं कि पी.पी.पी. की नीतियाँ भविष्य में पहले की नीतियों से अलग होंगी। बहरहाल, आप पी.पी.पी. और बेनजीर के पिता की नीतियों से परिचित हैं। आपने उनमें क्या नई चीज देखी कि आपको यह विश्वास है कि उनकी भावी नीतियाँ भारत व पाकिस्तान के बीच संबंधों को बेहतर बनाएँगी?' प्रधानमंत्री का जवाब था, 'ये शब्द आपके हैं, मेरे नहीं।'

यह भारत-पाकिस्तान संबंधों के स्थायी विरोधाभासों में से एक है कि राजनीतिक वास्तविकताओं से परिचित होने के बावजूद दोनों में से किसी देश में कोई सत्ता-परिवर्तन, कुछ आशावाद और सकारात्मक उम्मीदें उत्पन्न करता है। भारत-पाकिस्तान के संबंधों को देखते हुए राजीव गांधी और बेनजीर के बारे में जनमत अधिक आशावादी था। सीमा के दोनों ओर ये आकलन किए गए कि युवा होने के नाते विभाजन के मनोवैज्ञानिक, भावनात्मक व राजनीतिक त्रासदी से न गुजरने के कारण वे अतीत की कड़वाहटों को मिटाने के प्रति अधिक इच्छुक होंगे। दोनों में से किसी ने पिछले भारत-पाक युद्धों में प्रत्यक्ष भूमिका नहीं निभाई थी। इसलिए उम्मीद थी कि उनसे संबंधित मनोग्रंथि और पूर्वाग्रह उन्हें प्रभावित नहीं करेंगे। यह जटिल विश्लेषण भी किया गया कि शिमला समझौता करनेवाले व्यक्ति की पुत्री होने के

नाते बेनजीर उसके उद्देश्यों को पूरा करने के प्रति अधिक प्रतिबद्धता दिखाएँगी। जुल्फिकार को फाँसी न दिए जाने के कार्य की श्रीमती गांधी की अपील और लोकतंत्र की बहाली के लिए आंदोलन को सामान्य समर्थन दिए जाने ने भी उम्मीदों को जगाया। कराची में भारत के तत्कालीन महावाणिज्य दूत मणिशंकर अय्यर और आफ़ताब सेठ जिया-उल-हक की अनिच्छा के बावजूद तब बेनजीर के संपर्क में थे, जब वह विपक्ष में थीं। अपनी चुनावी विजय के बाद बेनजीर की घोषणाओं ने भी भारत के प्रति एक तार्किक और व्यावहारिक दृष्टिकोण को प्रतिबिंबित किया।

अफगानिस्तान पर जेनेवा समझौते और सोवियत टुकड़ियों की वापसी के लिए समय-सीमा को अंतिम रूप देने के कारण अमेरिका भी दक्षिण एशिया में स्थिति को स्थिर करने के प्रति इच्छुक था, खासकर परमाणु अस्त्रों और परमाणु तकनीक प्रसार संबंधी अपनी चिंताओं के संदर्भ में वह ऐसा चाहता था। अमेरिका का दृष्टिकोण था कि भारत और पाकिस्तान के बीच एक शांतिपूर्ण संबंध की क्रमिक स्थापना परमाणु अस्त्रीकरण के प्रति दोनों देशों के झुकाव को कम करेगा। भारत की ओर से राजीव गांधी ने जिया के देहांत और बेनजीर के सत्ता प्राप्त करने के अंतराल में भी पाकिस्तान के साथ संपर्क की सामान्य गति को बरकरार रखा था।

अपनी इसलामाबाद यात्रा के दौरान राजीव ने बेनजीर से तीन बैठकें कीं। तीन द्विपक्षीय समझौतों पर हस्ताक्षर भी किए गए। पहला एक-दूसरे के परमाणु संस्थानों पर हमले को प्रतिबंधित करने के संबंध में था और दूसरा सांस्कृतिक सहयोग पर। तीसरा समझौता अंतरराष्ट्रीय नागरिक उड्डयन लेन-देन से होनेवाली आय पर दोहरे कराधान को टालने के बारे में था। दोनों नेता व्यापार, नागरिक उड्डयन, रेलवे, पर्यटन और सीमा निगरानी तथा प्रबंधन से संबंधित मसलों पर बैठकों के बारे में भी सहमत हुए। सर क्रीक क्षेत्र में सीमा-रेखा के रेखांकन द्वारा सियाचिन मसला सुलझाने और तुलबुल परियोजना के लिए बातचीत जारी रखने पर भी दोनों नेता सहमत हो गए। इसके साथ ही यह फैसला भी किया गया कि द्विपक्षीय सहयोग के लिए मंत्रिमंडलीय आयोग को भी फिर से जिंदा किया जाए।

फरवरी के अंत और मार्च के शुरू में राजीवजी ने मुझे बुलाकर अपनी इसलामाबाद यात्रा में दोनों देशों के रिश्तों को सुधारने के लिए तय किए एजेंडे के अनुरूप मनोयोगपूर्वक कदम उठाने के लिए कहा। उन्होंने मुझे यह भी बताया कि बेनजीर से अपनी बातचीत के दौरान उन्होंने कश्मीर और पंजाब के उग्रवादियों को पाकिस्तान द्वारा दी जा रही मदद की बात भी उठाई थी, जिसपर बेनजीर ने कहा कि पाकिस्तान पंजाब में ऐसी किसी काररवाई में शामिल नहीं है। बेनजीर ने कहा

कि अगर ऐसा कुछ है भी तो वह उसे सुधारने के लिए कदम उठाएँगी। जहाँ तक कश्मीर का सवाल है, बेनजीर ने आश्वस्त किया कि वह इस समस्या को शिमला समझौते के तहत सुलझाना चाहती हैं; लेकिन इस बारे में कोई विस्तृत बहस नहीं हुई। राजीव गांधी खासतौर से दक्षिण एशिया में परमाणु हथियारों की होड़ रोकने के पक्ष में थे। 16 अप्रैल को पाकिस्तान में उच्चायुक्त पद का कार्यभार मेरे द्वारा ग्रहण करने से पहले दोनों देशों के बीच अप्रत्याशित संपर्क बन चुके थे। सन् 1989 में जनवरी से अप्रैल के बीच व्यापारिक रिश्तों को मजबूत बनाने के लिए भारत से उच्च स्तरीय प्रतिनिधिमंडल पाकिस्तान के दौरे पर गए। मई और जून के बीच नागरिक उड्डयन, रेलवे, परिवहन और पर्यटन से संबंधित बातचीत के लिए प्रतिनिधिमंडलों ने दोनों देशों में दौरे किए। नागरिक उड्डयन और रेल परिवहन पर बात करने के लिए भारतीय प्रतिनिधिमंडल ने मई में इसलामाबाद और कराची का दौरा किया। पाकिस्तान के पर्यटन मंत्री यूसुफ रजा जिलानी, भारतीय और पाकिस्तानी टूर ऑपरेटर्स के एक कॉन्फ्रेंस में हिस्सा लेने के लिए एक प्रतिनिधिमंडल लेकर भारत आए। इन तीनों ही दौरों का परिणाम दोनों देशों के बीच वायु यातायात में वृद्धि और रेलवे द्वारा दोनों देशों के नागरिकों को सातों दिन एक-दूसरे के देश में जाने का मौका मिलने के रूप में सामने आया।

गृह सचिव स्तर की तीसरे दौर की बातचीत इसलामाबाद में सन् 1889 में 21 से 24 मई तक हुई और सियाचिन पर पाँचवें दौर की बातचीत रक्षा सचिवों के बीच 14 से 17 जून तक हुई। दोनों देशों के गृह सचिवों—जे.ए. कल्याणकृष्णन और एस.के. महमूद ने सीमा सुरक्षा बलों द्वारा सीमा पर अवैध गतिविधियों की निगरानी और घुसपैठ रोकने के लिए पेट्रोलिंग की संभावनाओं पर विचार-विमर्श किया। इस मसले पर पाकिस्तान का एक दिलचस्प सूक्ष्म अर्थभेद यह था कि दोनों देशों के सुरक्षा बल समानांतर पेट्रोलिंग करेंगे; जबकि भारतीय सलाह संयुक्त पेट्रोलिंग की थी। वे वीजा नियमों में ढील देने के लिए भी तैयार हो गए। इस बात पर सहमति हुई कि भारतीय और पाकिस्तानी एक-दूसरे के देश में जिन जगहों पर जाना चाहते हैं, ऐसे जगहों की संख्या बढ़ाई जाए, कि वीजा देने से पहले पुलिस सत्यापन की जरूरतों में कुछ हद तक छूट दी जाए, कि वीजा का आवर्तन बढ़ाया जाए, कि दोनों देशों में पहुँचने के बाद पुलिस स्टेशनों में इसकी जानकारी देने के काम को आसान बनाया जाए।

रक्षा सचिव नरेश चंद्रा और इजलाल हैदर जैदी के बीच सियाचिन पर हुई बातचीत यों तो बिना किसी परिणाम के समाप्त हो गई, फिर भी इस मामले में कुछ

विकास हुआ। पहली बार दोनों पक्षों के सैन्य बल कमांडरों ने उन बिंदुओं को निर्धारित करने का प्रयास आरंभ किया, जिनपर भारतीय व पाकिस्तानी टुकड़ियों को लौटना था। इन विचार-विमर्शों में उस तरीके पर भी ध्यान केंद्रित किया गया, जिससे क्षेत्र को युद्ध या किसी भावी सैन्य गतिविधि से मुक्त रखा जा सके। सर क्रीक क्षेत्र में सीमा के रेखांकन पर विचार-विमर्श में सूचनाओं व मानचित्र संबंधी आँकड़ों पर विस्तृत चर्चा की गई। भारत और पाकिस्तान—दोनों ने यह स्वीकार किया कि भूमि पर सीमा का रेखांकन खुद में उतना जटिल नहीं है, लेकिन रेखांकन करने के तरीके का प्रभाव अरब सागर तक फैली हुई समुद्री सीमा के निर्धारण पर पड़ सकता है। इस संदर्भ में पाकिस्तानी महत्त्वाकांक्षाओं और दावों के कारण समस्याएँ उत्पन्न हुईं। अत: इन विचार-विमर्शों का कोई स्थायी हल नहीं निकला। सियाचिन पर रक्षा सचिव स्तर की वार्त्ता के पाँचवें दौर के अनुवर्ती के रूप में भारत और पाकिस्तान के सैन्य कमांडर 10 और 11 जुलाई को दो दिनों के लिए दिल्ली में मिले। पाकिस्तान के संयुक्त स्टाफ मुख्यालयों के महानिदेशक ले. जनरल इम्तियाज वहराइच भारत आए। भारतीय प्रतिनिधिमंडल का नेतृत्व सैन्य ऑपरेशंस के महानिदेशक ले. जनरल वी.के. सिंह कर रहे थे। उन बिंदुओं पर अस्थायी समझौता हुआ, जिनपर पाकिस्तानी व भारतीय टुकड़ियों को सियाचिन ग्लेशियर पर अपनी वर्तमान पोजीशनों से पीछे हटना था। वार्त्ता के अंत में दोनों सरकारें इस बात पर सहमत हुईं कि सैन्य कमांडर अगस्त में फिर से इसलामाबाद में मिलेंगे।

तीस वर्षों के अंतराल के बाद 16 व 17 जुलाई को भारतीय प्रधानमंत्री का द्विपक्षीय पाकिस्तान दौरा संपन्न हुआ। राजीव गांधी, सोनिया गांधी, विदेश मंत्री नरसिंह राव, विदेश राज्य मंत्री नटवर सिंह और कई वरिष्ठ अधिकारियों के साथ एक अति व्यस्त कार्यक्रम के लिए पाकिस्तान पहुँचे। विचार-विमर्श, खासकर दोनों प्रधानमंत्रियों के बीच सीधी बातचीत को प्रत्यक्ष, व्यक्तिगत संपर्कों की शुरुआत माना जा रहा था, जिसपर दिसंबर 1988 में राजीव गांधी के सार्क दौरे के समय सहमति हुई थी। बहरहाल, इस दौरे का निष्कर्ष आशानुरूप नहीं रहा। बेनजीर ने कश्मीर मुद्दे पर अधिक ध्यान केंद्रित किया और आशा की कि राजीव गांधी कश्मीर पर भारत के दृढ़ रवैऐ से कुछ हटने का संकेत देंगे, ताकि वह सैन्य और इसलामी संगठनों में अपनी विश्वसनीयता बढ़ा सकें, जो उनपर भारत के प्रति नरम रुख रखने का आरोप लगा रहे थे। राजीव ने उन्हें उन वार्त्ताओं की याद दिलाई जिनके कारण शिमला समझौते पर हस्ताक्षर हुए थे और कहा कि भारत से एकपक्षीय रियायत की माँग की बजाय एक व्यावहारिक और वस्तुपरक दृष्टिकोण रखने की

आवश्यकता है। बेनजीर इस गलत उम्मीद में थीं कि विभाजन संबंधी घटनाओं से असंबद्ध होने और पाकिस्तान से संबंध सुधारने की दिली इच्छा के कारण राजीव गांधी कश्मीर मुद्दे पर समझौता करने के लिए तैयार हो जाएँगे। उन्होंने अपने ऊपर से कट्टर इसलामी तत्त्वों और पाकिस्तानी सेना के बाज जैसे अधिकारियों का दबाव हटाने के लिए इस उम्मीद के पूरा होने को अनिवार्य माना। राजीव गांधी ने 17 जुलाई को दिल्ली के लिए रवाना होने से पहले उनके साथ एक संयुक्त संवाददाता सम्मेलन को संबोधित किया। दोनों नेता इस सम्मेलन में देर से पहुँचे, क्योंकि बेनजीर कश्मीर पर अपने दृष्टिकोण से राजीव गांधी को सहमत कराने के लिए उनके साथ एक बार और बात करना चाहती थीं। यह बातचीत पत्रकार सम्मेलन कक्ष के बगलवाले एक कमरे में हुई। बातचीत अनिर्णीत साबित हुई, लेकिन राजीव गांधी भारतीय हितों के प्रति दृढ़ बने रहे और अपना यह पक्ष उन्होंने पत्रकार सम्मेलन में भी पूरी स्पष्टता से सामने रखा।

राजीव की यात्रा के बाद बेनजीर ने रक्षात्मक रवैया अपना लिया। उन्होंने पुरानी पाकिस्तानी नीतियों की तरफ लौटना शुरू कर दिया। विदेश मंत्री याकूब खान जुलाई के अंत में दिल्ली दौरे पर आए तथा भारत और श्रीलंका के बीच शांति सेना को लेकर चल रहे विवाद में मध्यस्थता की पेशकश की। श्रीलंका ने सन् 1989 में सार्क सम्मेलन के आयोजन से तब तक के लिए इनकार कर दिया, जब तक भारतीय शांति सेना वहाँ से हटा नहीं ली जाती। खान ने प्रस्ताव किया कि भारत और श्रीलंका द्विपक्षीय बातचीत के लिए इसलामाबाद का इस्तेमाल कर सकते हैं, यह सुझाव पूरी तरह राजनीति से प्रेरित था। भारत ने पूरी नम्रता से खान के प्रस्ताव को यह कहते हुए ठुकरा दिया कि हालाँकि उनका प्रस्ताव प्रभावशाली है, लेकिन यह भारत के अनुकूल नहीं है।

अगस्त में भारत और पाकिस्तानी सेना के कमांडरों के बीच सियाचिन के मसले पर निर्धारित बातचीत इसलामाबाद में हुई, जबकि आपसी सैन्य वापसी और टुकड़ियों की पुनः नियुक्ति की व्यवस्था के तकनीकी व क्रियात्मक पक्षों को कमोबेश अंतिम रूप दिया जा रहा था, पाकिस्तानी प्रतिनिधिमंडल ने दो नए बिंदुओं का समावेश किया, जिसका संकेत वे पिछली वार्त्ताओं के दौरान दे रहे थे। पहला, इस बात पर सहमत होते हुए कि टुकड़ियाँ आपसी सहमतिवाले बिंदुओं पर पुनः नियुक्त की जाएँगी, उन्होंने मानचित्र में उस बिंदु को प्रमाणित करने से इनकार कर दिया, जहाँ से उनके सैनिक पीछे हटेंगे। उन्होंने उन चौकियों का विवरण भी घोषित करने से इनकार कर दिया, जहाँ से उनकी टुकड़ियाँ वापस आएँगी। दूसरा,

सैनिकों की वापसी तभी होगी, जब भारत इस बात पर सहमत होगा कि नियंत्रण रेखा या प्रत्येक देश का विधिक्षेत्र निर्धारित करनेवाली काल्पनिक रेखा, उत्तरी ग्रिड रिफरेंस बिंदु अर्थात ग्रिड रिफरेंस बिंदु एनजे-9842 से कराकोरम चोटियों के उत्तर-पूर्व की ओर बनाई जाएगी। उद्देश्य स्पष्ट था। वे न केवल यह चाहते थे कि भारत अपने रणनीतिक रूप से सुरक्षित क्षेत्रों को खाली कर दे, बल्कि कराकोरम शृंखला से दक्षिण और दक्षिण-पश्चिम की ओर कई हजार स्क्वायर मील भारतीय क्षेत्र पर भी दावा रखना चाहते थे, ताकि उस क्षेत्र पर भविष्य में कानूनी दावा किया जा सके। इस प्रकार एक गतिरोध उत्पन्न हो गया।

इसी बीच, लोकतंत्र की बहाली के आंदोलन के बेनजीर के कुछ पुराने सहयोगी विपक्ष में चले गए। वह घरेलू राजनीतिक दबाव में थीं, जिसकी अभिव्यक्ति 31 अक्तूबर,1989 को उनके खिलाफ लाए गए अविश्वास प्रस्ताव में हुई। वह बारह मतों की मामूली बढ़त से उसमें बच गईं और उन्हें इसलामी जम्हूरी इत्तेहाद (आई.जे.आई.) के तीन सदस्यों को अपने कैबिनेट में स्थान देना पड़ा, जिन्होंने उनके पक्ष में मतदान किया था। पतझड़ के उत्तरार्द्ध में राजीव गांधी भारत में आम चुनावों की तैयारी में पूरी तरह व्यस्त थे। पाकिस्तान में विपक्षी राजनीति और भारत में चुनावी नीतियों ने द्विपक्षीय संबंधों को प्रभावित किया।

सन् 1990 की शुरुआत तक राजीव गांधी सत्ता से बाहर हो चुके थे। वी.पी. सिंह के नेतृत्व में जनता दल के नए रूप ने सत्ता सँभाली, जिसमें आई.के. गुजराल विदेश मंत्री थे। सन् 1989 के अंत से कश्मीर में हिंसक और उपद्रवी गतिविधियों के कारण भारत-पाक संबंधों में रुकावट आ गई थी। एक नई शुरुआत की क्षीण उम्मीदें दिसंबर 1989 में पूरी तरह समाप्त हो गईं।

यह निष्कर्ष कैसे निकला? इसका संक्षिप्त उत्तर बेनजीर की आशाओं और राजीव के उन विधेयों, जिनपर उनकी नीतियाँ आधारित थीं, के बीच विरोधाभास हो सकता है। बेनजीर की आशाएँ भारतीय नेताओं के साथ उनके पिता की बातचीत की स्मृति से उपजी थीं। उन्हें लगता था कि भारत एक अधिक उदार तरीके से उनसे पेश आएगा, क्योंकि उनके पिता शिमला समझौते के एक हस्ताक्षरकर्ता थे, जिस समझौते ने दोनों देशों के बीच लगभग दो दशकों तक एक युद्धरहित संबंध का आधार तैयार किया था। बहरहाल, उन्होंने इस तथ्य को अनदेखा कर दिया कि समझौते पर हस्ताक्षर के चंद महीनों के अंदर ही उनके पिता अनिवार्य द्विपक्षीय सिद्धांतों से पीछे हटने लगे थे। उन्होंने यह भी सोचा कि भारत कश्मीर, सियाचिन आदि महत्त्वपूर्ण मुद्दों पर समझौता करने का इच्छुक होगा।

जिन विधेयों पर राजीव ने अपनी नीतियों को निर्धारित किया था, वे बिलकुल विपरीत थीं। उनकी मूल प्रत्याशा यह थी कि यदि उन्होंने सकारात्मक और स्थायी सहयोग का हाथ बढ़ाया तो इससे आपसी विश्वास का वातावरण तैयार होगा जिससे आखिरकार असाध्य समस्याओं का व्यावहारिक समाधान संभव हो पाएगा। वह पाकिस्तान की चिंताओं को दूर करने के लिए शांति, मित्रता और सहयोग की एक संधि करना चाहते थे। एक-दूसरे की परमाणु सुविधाओं पर आक्रमण न करने संबंधी उनकी सलाह एक द्विपक्षीय समझौते में परिणत हो गई। यह उपमहाद्वीप में परमाणु अप्रसार का वातावरण बनाने की दिशा में एक कदम था। वह भारत-पाकिस्तान सीमा पर सुरक्षा वातावरण के निरीक्षण और स्थिरता के लिए नियमों की समीक्षा करके उन्हें तर्कसम्मत बनाना चाहते थे।

सन् 1990-91 में रॉबर्ट गेट्स, जे.बार्थोलम्यु आदि अमेरिकी अधिकारियों के भारत दौरे से काफी पहले राजीव ने आपसी वायु-क्षेत्र अतिक्रमणों से बचाव के लिए पाकिस्तान के साथ एक समझौते के मेमोरंडम पर हस्ताक्षर का प्रस्ताव रखा था। वह द्विपक्षीय व्यापार के स्थायी विस्तार और एक-दूसरे को मोस्ट फेवर्ड नेशन (एम.एफ.एन.) स्टेटस प्रदान करने के इच्छुक थे। भारत ऐसा 'जनरल एग्रीमेंट ऑन टैरिफ्स एंड ट्रेड' (गैट) के प्रति अपने दायित्व के कारण कर रहा था। राजीव दोनों देशों के पक्षपातरहित और स्वतंत्र व्यापार नियमों के अंगीकरण के दृढ़ समर्थक थे। इस प्रयास का कुछ प्रभाव पड़ा, क्योंकि सन् 1988-89 में पाकिस्तान ने भारत से स्वीकृत आयात की सूची लगभग चार सौ वस्तुओं से बढ़ाकर सात सौ से कुछ अधिक कर दी। राजीव ने संयुक्त आर्थिक और तकनीकी उद्यमों को सहयोग का प्रस्ताव दिया। वह पर्यटन, संस्कृति, विज्ञान और प्रौद्योगिकी के क्षेत्र में सहयोग के इच्छुक थे और उदारवादी यात्रा-व्यवस्थाओं के साथ आम जन-संपर्क को बढ़ाने के प्रति भी उत्सुक थे।

जब मैंने इसलामाबाद में प्रभार लेने से पहले राजीव गांधी से संपर्क किया तो उन्होंने विशाल स्तरीय नीतिगत दृष्टिकोण स्पष्ट किया। उन्होंने कहा कि उन्होंने जिया और कुछ हद तक बेनजीर को जो सुझाव दिए, वे विश्वास बढ़ानेवाले और खतरा कम करनेवाले तरीके थे। अपने द्विपक्षीय दौरे पर पाकिस्तान जाने से पाँच माह पहले उन्होंने मुझे बताया कि उनके सुझावों के प्रति पाकिस्तानी प्रतिक्रिया संशयपूर्ण और असंतोषजनक रही है। वह इस बारे में भी स्पष्ट थे कि भारत द्वारा अपने हितों, कश्मीर व सियाचिन, अप्रसार और अस्त्र नियंत्रण पर कोई समझौता करने तथा उपमहाद्वीप में सैन्य संतुलन बनाने का प्रश्न ही नहीं उठता।

इस प्रकार, बेनजीर और राजीव के बीच आपसी निराशा अवश्यंभावी थी। यदि राजीव गांधी सत्ता में बने रहते और बेनजीर को हानिकारक घरेलू चुनौतियों का सामना न करना पड़ता तो संभवत: वे समस्याओं को सुलझाने की दिशा में एक छोटी शुरुआत कर सकते थे।

उपर्युक्त आशावादी आकलन तथ्यों या कारणों पर आधारित नहीं है, बल्कि अगस्त 1989 से दिसंबर 1989 के बीच राजीव गांधी और बेनजीर से मेरी बातचीत के आधार पर उनकी मनोवृत्ति के बारे में मैंने जो महसूस किया, उसपर आधारित है। राजीव गांधी सन् 1989 के शीतकाल में सत्ता से बाहर हो गए। उनके स्थान पर वी.पी. सिंह आए और आई.के. गुजराल विदेश मंत्री बने। आतंकवादियों द्वारा मुफ्ती मुहम्मद सईद की पुत्री रूबिया सईद के तथाकथित अपहरण और उसे छुड़ाने के लिए वी.पी. सिंह सरकार का आतंकवादियों की माँगों के आगे झुक जाना एक महत्त्वपूर्ण मोड़ था। भारत सरकार और जम्मू एवं कश्मीर सरकार के आतंकवादियों के सामने झुकने के कार्य ने उन्हें इस बारे में आश्वस्त कर दिया कि वह भारत के खिलाफ अपना हिंसक अलगाववादी आंदोलन फिर से शुरू कर सकते हैं। पाकिस्तान सरकार, खासकर उसका सैन्य प्रतिष्ठान और इंटर सर्विसेज इंटेलिजेंस इस निष्कर्ष पर पहुँचे कि भारत सरकार एक कमजोर और मिला-जुला गठजोड़ होने के नाते बढ़ती आतंकवादी गतिविधियों या गुप्त हस्तक्षेप के खिलाफ कोई प्रभावी कदम उठाने में समर्थ नहीं होगी। दिसंबर 1989 तक पाकिस्तानी हिंसा की गतिविधियों में इजाफा हुआ। परिणामस्वरूप भारत और पाकिस्तान के बीच लगातार तनाव से द्विपक्षीय वार्त्ता और राजीव काल के दौरान हुए विभिन्न समझौतों का कार्यान्वयन अधर में रह गया।

नवंबर 1989 से जून 1991 के बीच के समय पर जम्मू एवं कश्मीर में बढ़ती उग्रवादी हिंसा और अंतरराष्ट्रीय सीमा पर दोनों देशों के बीच बढ़ते तनाव की छाया साफ नजर आती है। अक्तूबर 1990 तक सत्ता में रहने के बाद बेनजीर भ्रष्टाचार के आरोपों के कारण प्रधानमंत्री पद से बरखास्त कर दी गईं और नवाज शरीफ ने एक चुनावी विजय के बाद सत्ता सँभाल ली। इस दौरान भारत भी दो प्रधानमंत्रियों से रू-बरू हुआ—पहले वी.पी. सिंह और फिर चंद्रशेखर।

जम्मू एवं कश्मीर में आतंकवाद का जोर बढ़ने के बावजूद भारतीय विदेश मंत्री गुजराल ने सोचा कि भारत-पाकिस्तान संबंधों को सही ट्रैक पर लाने के लिए कोशिशें जारी रहनी चाहिए। भारत के साथ संबंध जारी रखने के पीछे बेनजीर का अपना अलग मकसद था। इसीलिए मकसद में भिन्नता होते हुए भी अगस्त-

सितंबर 1989 से दोनों देश संबंधों को पुनः स्थापित करने के बारे में एक जैसे विचार व्यक्त करने लगे थे। बेनजीर ने अपने विशेष दूत के रूप में अब्दुल सत्तार को जनवरी की शुरुआत में दिल्ली भेजा। सत्तार ने सन् 1978 से 1982 के बीच दिल्ली में पाकिस्तानी उच्चायुक्त के रूप में काम किया था। उनके दौरे का प्राथमिक लक्ष्य भारत की नई वी.पी. सिंह सरकार के संवेदनशीलता का आकलन करना, जबकि घोषित लक्ष्य नई सरकार के साथ संपर्क स्थापित करना था। सत्तार ने पाकिस्तान लौटकर बेनजीर को भारत की नई गठबंधन सरकार की कमजोरियों और उसके प्रधानमंत्री और विदेश मंत्री के पाकिस्तान के प्रति परस्पर विरोधी रवैए के बारे में बताया। पाकिस्तान के प्रति वी.पी. सिंह का रवैया सावधानी एवं तनाव भरा था, जबकि विदेश मंत्री गुजराल की इच्छा पाकिस्तान के साथ संपर्क स्थापित करने की थी। बेनजीर ने भारत के प्रति जवाबदेही भरे रवैए के प्रदर्शन का फैसला किया और इसके लिए विदेश मंत्री लेफ्टिनेंट जनरल साहबजादा याकूब खान को 21 से 23 जनवरी, 1990 के बीच भारत भेजा। याकूब खान के दौरे का एक अन्य मकसद जम्मू एवं कश्मीर के मुद्दे पर भारत पर दबाव डालना, यहाँ तक कि धमकाना भी था। उनके उच्चारण में काफी सख्ती और फटकार रहती थी। उन्होंने इस बात पर काफी जोर दिया कि राजीव गांधी द्वारा जम्मू एवं कश्मीर मामले में बेनजीर के सुझावों पर प्रतिक्रिया नहीं देने से बेनजीर काफी नाराज हैं। उन्होंने गुजराल को चेतावनी दी कि यदि इस मामले में समय रहते कदम नहीं उठाए गए तो उपमहाद्वीप पर युद्ध के बादल फिर मँडरा सकते हैं। याकूब खान के संदेश से गुजराल थोड़ा बेचैन हो गए।

प्रधानमंत्री वी.पी. सिंह के साथ काफी गहन विमर्श करने के बाद उन्होंने याकूब खान को काफी सख्त जवाब देने का फैसला किया। पाकिस्तानी उच्चायुक्त बाबर ने याकूब खान के सम्मान में एक रात्रिभोज का आयोजन किया था, जहाँ गुजराल पहुँचे। उन्होंने मुझसे पाकिस्तानी उच्चायुक्त को यह संदेश देने के लिए कहा कि वह रात्रिभोज के बाद याकूब खान से उच्चायुक्त के आवास पर ही अकेले में बात करना चाहते हैं। वह बैठक हुई और उसमें मैं भी मौजूद था। गुजराल ने खान से कहा कि बातचीत के दौरान उन्होंने (खान ने) जिस तरह की चेतावनी और आरोप लगानेवाली टिप्पणियाँ की हैं, वे पूरी तरह अस्वीकार्य हैं और इनके कारण भारत सरकार में नाराजगी और चिंता पैदा हो रही है। गुजराल ने कहा कि पाकिस्तान का इस प्रकार का रवैया सिर्फ भारत की दृढ़ एवं निर्णायक प्रतिक्रिया को ही प्रेरित करेगा।

अति साहसिकता

याकूब की सारी कसरत निरर्थक थी। परिस्थिति को और भी संवेदनशील बनानेवाली बात यह थी कि बेनजीर जम्मू एवं कश्मीर पर एक उच्च सैन्य और आक्रामक मुद्रा अपनाने का प्रयास कर रही थीं। पाकिस्तान सरकार के सहयोग से एकता सप्ताह, रैलियाँ और हड़ताल प्रायोजित व आयोजित किए गए। कई इसलाम-पसंद दलों और समूहों ने घोषणा की कि पाकिस्तानी नागरिकों का समूह जम्मू एवं कश्मीर और उत्तरी पंजाब के भागों में प्रवेश करेगा। पाकिस्तान सरकार को ऐसी दुस्साहसी गतिविधियों के खिलाफ चेतावनी देने के निर्देश मुझे दिए गए। मैंने पाकिस्तान के विदेश सचिव तनवीर अहमद खान के साथ अमेरिकी राजदूत रॉबर्ट ओकले को कहा कि नियंत्रण रेखा और अंतरराष्ट्रीय सीमा का नागरिक उल्लंघन और जन-उन्माद का परिणाम भारतीय सेनाओं की निर्णायक प्रतिक्रिया हो सकती है। इस संदेश से प्रत्यक्ष रूप में कोई प्रभाव नहीं पड़ा। दो-तीन हजार लोगों का एक समूह पाक अधिकृत कश्मीर के चाकोठी से नियंत्रण रेखा पार करके भारतीय क्षेत्र में आ गया। ऐसा ही एक प्रयास सियालकोट के उत्तर-पूर्व की ओर लगभग आठ सौ नागरिकों के एक समूह द्वारा किया गया। पहले भारतीय सुरक्षा बलों ने सार्वजनिक घोषणा द्वारा पाकिस्तानी नागरिकों को वापस जाने के लिए कहा, लेकिन पाकिस्तानी जन-समूह इतनी विद्रोही मानसिकता से परिपूर्ण था कि उन्होंने सीमा पर फसलों और लकड़ी के उन खूँटों और खंभों को जलाना शुरू कर दिया, जिनपर भारतीय निरीक्षण चौकियाँ बनी हुई थीं। जब मामला इस हद तक पहुँच गया, तब भारतीय सुरक्षा बलों ने जनसमूह पर फायरिंग की, जिसके परिणामस्वरूप छह या सात पाकिस्तानी नागरिकों की मौत हो गई। इसके बाद नागरिकों द्वारा सीमा पार करने या उपद्रव मचाने का कोई और प्रयास नहीं किया गया। पाकिस्तान फिर से उग्रवादियों और भाड़े के आतंकवादियों को घुसपैठ कराने की ओर उन्मुख हो गया। पाकिस्तानी दुष्प्रचार और अंतरराष्ट्रीय कूटनीतिक प्रयासों ने इन तनावपूर्ण घटनाओं का लाभ उठाते हुए फिर से कश्मीर मुद्दे को उछालना शुरू कर दिया। भारत सरकार और कश्मीर में सुरक्षा बलों पर प्रत्यक्ष प्रहार किए गए।

अप्रैल, 1990 तक प्रधानमंत्री वी.पी. सिंह इस निष्कर्ष पर पहुँचे कि निर्णायक जवाबी उपाय करने के भारत के इरादों के बारे में पाकिस्तान तक एक सार्वजनिक संदेश पहुँचाया जाना चाहिए। 10 अप्रैल को भारतीय संसद् में भाषण देते हुए उन्होंने घोषणा की कि भारत पाकिस्तानी हिंसा और हस्तक्षेप के खिलाफ व्यापक और निर्णायक कदम उठाएगा। इसके बाद उन्होंने राजस्थान के गंगानगर सीमा पर

भारतीय सुरक्षा बलों को संबोधित करते हुए कहा कि भारत पाकिस्तान के खिलाफ सैन्य काररवाई शुरू करने की प्रक्रिया में है। सिंह के बयानों ने पाकिस्तान सरकार में कुछ चिंता उत्पन्न की। इन मामलों को स्पष्ट करने के लिए मुझे पाकिस्तानी विदेश विभाग में बुलाया गया। मैंने वहाँ कहा कि यदि पाकिस्तानी कारस्तानियाँ और आक्रामक हस्तक्षेप जारी रहा तो पाकिस्तान को भारत की ओर से सैन्य प्रतिक्रिया का सामना करने के लिए तैयार रहना चाहिए। मैंने ऐसा ही संदेश अमेरिकी राजदूत ओकले तक भी पहुँचाया। मई 1990 के पूर्वार्द्ध के दौरान किसी समय ओकले ने मुझे एक आवश्यक बैठक के लिए अपने कार्यालय में बुलाया। उन्होंने अमेरिकी उपग्रह के बिंब चित्रण द्वारा लिये गए कुछ चित्र प्रस्तुत किए और कहा कि वे चित्र राजस्थान-सिंध सीमा और राजस्थान के उत्तरी किनारे पर भारतीय बख्तरबंद यानों की स्थापना का है, जिसे पाकिस्तानी पंजाब के दक्षिणी भागों के लिए खतरे के रूप में देखा जा सकता है। वह यह जानना चाहते थे कि क्या जम्मू एवं कश्मीर में पाकिस्तानी हिंसा और दबाव को कम करने के लिए भारत पाकिस्तान के खिलाफ कोई काररवाई करने की सोच रहा है ? मैंने उनसे कहा कि मेरे पास ऐसी कोई सूचना नहीं है और मैं भारत सरकार से पूछकर उन्हें जवाब दूँगा। लेकिन इसलामाबाद में इस संबंध में खतरा महसूस किया जाने लगा था। उच्चायोग में कुछ अधिकारियों ने मुझे बताया कि इसलामाबाद के पास काहुटा परमाणु संयंत्र से उपकरणों से भरे हुए भारी ट्रकों की आवाजाही हो रही है। सूचना देनेवाले का अनुमान था कि वह परमाणु उपकरण और चीन से आयातित मिसाइलों के अवयव थे। ओकले ने मुझे बताया कि पाकिस्तान को भारत की ओर से सैन्य आक्रमण की आशंका है। मैंने ओकले से अपनी बातचीत के छत्तीस घंटों के अंदर कैबिनेट सचिव नरेश चंद्रा से सूचना और निर्देश प्राप्त किए कि पाकिस्तान के खिलाफ, खासकर सिंध या पाकिस्तानी पंजाब में, कोई सैन्य काररवाई करने की भारत की कोई योजना या इरादा नहीं है। यह संदेश भी देने के लिए मुझे कहा गया कि भारत जम्मू एवं कश्मीर में पाकिस्तानी हिंसा की गतिविधियों को मुँहतोड़ जवाब अवश्य देगा। मैंने राजदूत ओकले से पाकिस्तानी सैन्य उच्च कमांड और इंटर सर्विसेज इंटेलिजेंस निदेशालय को यह बताने का विशेष अनुरोध किया कि वे अपनी दुस्साहसी गतिविधियों से बाज आएँ। ओकले ने न केवल पाकिस्तान सरकार के सभी उच्च स्तरों तक यह संदेश पहुँचाया, बल्कि उनके संदेशों का परिणाम सन् 1990 के ग्रीष्मकाल में पाकिस्तान व भारत के प्रति गेट्स कूटनीतिक मिशन के रूप में सामने आया।

इन्हीं घटनाओं के कारण सन् 1990 में भारत-पाक युद्ध के बारे में गलत

पूर्वानुमान लगाए गए, जिसमें कुछ हद तक परमाणु संघर्ष की संभावना भी जताई गई। बाद में दो अमेरिकी लेखकों की पुस्तक 'क्रिटिकल मास' में उल्लिखित खतरों या अति साहसिकता का वास्तव में कोई अस्तित्व नहीं था। अमेरिका के उप राष्ट्रीय सुरक्षा सलाहकार रॉबर्ट गेट्स ने पाकिस्तान और भारत का दौरा करके यूरोप में बेनजीर से मुलाकात की। उन्होंने इस अमेरिकी दृष्टिकोण को प्रस्तुत किया कि अमेरिका यह सुनिश्चित करना चाहता है कि जम्मू एवं कश्मीर में अत्यधिक तनावों के मद्देनजर स्थिति नियंत्रण से बाहर न हो जाए। गेट्स को भारत व पाकिस्तान के परमाणु कार्यक्रमों के संबंध में उन्हें स्पष्ट चेतावनीसूचक झिड़की भी देनी थी। गेट्स मिशन से जम्मू एवं कश्मीर में पाकिस्तान प्रायोजित अलगाववाद में कोई कमी नहीं आई। बहरहाल, उन्हें एक ठोस परिणाम प्राप्त हुआ। उन्होंने पाकिस्तानियों से सन् 1989 में राजीव गांधी द्वारा प्रस्तावित विश्वास बढ़ानेवाले उपायों के आधार पर भारत से बातचीत करने को कहा। उन्होंने यह सुझाव भारत सरकार की ऐसी बातचीत के प्रति इच्छा को देखते हुए रखा। इसके परिणामस्वरूप 17 जुलाई, 1990 को विदेश सचिव स्तर की बातचीत का एक नया दौर शुरू हुआ, जब विदेश सचिव मुचकुंद दुबे इसलामाबाद पहुँचे। दुबे और उनके पाकिस्तानी प्रतिपक्षी तनवीर अहमद खान और शहरयार खान के बीच जुलाई 1990 और अक्तूबर 1991 के बीच बातचीत के चार दौर हुए। इन विचार-विमर्शों का नतीजा कश्मीर मुद्दे पर किसी व्यावहारिक समाधान की ओर किसी पहल के रूप में नहीं निकला; लेकिन वे कई राजनीतिक और विश्वास निर्माता उपायों को लागू करने में उपयोगी सिद्ध हुए। इसमें दोनों पक्षों द्वारा सैन्य अभ्यासों की अग्रिम सूचना देना, वायु सेना विमानों की उड़ानों और उनकी नौसेनाओं की गश्त को सीमित रखना, एक-दूसरे के परमाणु प्रतिष्ठानों पर आक्रमण न करने के संबंध में भारत-पाक समझौते को लागू करने के लिए प्रक्रियात्मक औपचारिकताएँ पूरी करना इत्यादि शामिल था।

सन् 1990 में भारत-पाकिस्तान संबंधों में एक विरोधाभासी परिस्थिति उत्पन्न हुई। दोनों देशों की सरकारें गठबंधन सरकारें होने के कारण कमजोर थीं। पाकिस्तान द्वारा जम्मू एवं कश्मीर में तनावपूर्ण स्थिति बरकरार रखा गया था। जनता दल सरकार राजीव की विदेश और रक्षा नीतियों का निष्पक्ष आकलन करने की बजाय उन्हें गलत साबित करने के लिए तत्पर थी। पाकिस्तान द्वारा भारत के साथ व्यावहारिक समीकरण स्थापित करके उन्हें निष्प्रभावी बनाया जा सकता था। यदि पाकिस्तान कश्मीर में हिंसा से खुद को दूर रखने की आवश्यकता को स्वीकार करता और

द्विपक्षीय संबंधों के अधिक विशाल और अधिक महत्त्वपूर्ण पक्षों पर ध्यान केंद्रित करने पर सहमत होता तो यह दोनों देशों के लिए लाभदायक हो सकता था; लेकिन पाकिस्तान द्वारा कश्मीर संबंधी पूर्ववर्ती धार्मिक-सांप्रदायिक बाध्यताओं से खुद को निकालने की विफलता लगभग अनिवार्य हो गई है। राजीव गांधी द्वारा भारत-पाकिस्तान संबंधों में सुधार के लिए किए गए सकारात्मक प्रयास जनता दल सरकार के काल के दौरान धीमे पड़ गए।

नवंबर 1990 तक पाकिस्तान में नवाज शरीफ़ ने सत्ता सँभाली और भारत में जनता दल सरकार की एकता के अभाव में चंद्रशेखर प्रधानमंत्री बने। नवंबर 1990 और मई 1991 के बीच चंद्रशेखर के छोटे से शासन-काल के दौरान भारत-पाक संबंध दो घटनाओं को छोड़कर अपने सामान्य नकारात्मक स्वरूप में जारी रहे। चंद्रशेखर और नवाज शरीफ 21 और 23 नवंबर, 1990 को सार्क सम्मेलन के दौरान माले में मिले, जिसके दौरान उन्होंने विदेश सचिवों के कार्यालयों और सैन्य अभियानों के निदेशकों के बीच हॉटलाइन शुरू करने का निर्णय लिया। यह अलग बात है कि सैन्य अभियानों के महानिदेशकों के बीच हॉटलाइन वार्त्ता रुटीन रही, जबकि प्रधानमंत्रियों के बीच हॉटलाइन का शायद ही इस्तेमाल होता है। इसी प्रकार दोनों विदेश सचिवों के बीच हॉटलाइन भी सन् 1992 के अंत से सन् 1993 के उत्तरार्द्ध को छोड़कर निष्प्रभावी ही रही है। दूसरी घटना 21 मई, 1991 को राजीव गांधी की दु:खद हत्या का एक परिणाम थी। मुझे 21 मई को लगभग मध्य रात्रि को इस बात की सूचना मिली। मैंने तुरंत पाकिस्तान के राष्ट्रपति गुलाम इसहाक खान और नवाज शरीफ को यह सूचना दी। इसहाक खान शोक-पुस्तिका पर हस्ताक्षर करने के लिए भारत के उच्चायोग आए। नवाज शरीफ ने राजीव गांधी के अंतिम संस्कार में पाकिस्तानी प्रतिनिधिमंडल का नेतृत्व करने का निर्णय लिया।

24 मई, 1991 को नवाज शरीफ ने मुझे एक बैठक के लिए बुलाया और अनुरोध किया कि वह शिष्टाचार वार्त्ता के अलावा प्रधानमंत्री चंद्रशेखर के साथ अलग से एक बैठक करना चाहते हैं। चंद्रशेखर इसके लिए तैयार हो गए। उन्होंने 25 मई को नवाज शरीफ और उनके प्रतिनिधिमंडल को दोपहर के भोजन का निमंत्रण दिया, क्योंकि उनमें से अधिकतर दिल्ली से जा रहे थे। यह भोज 7, रेसकोर्स रोड में हुआ, जिसमें केवल पाकिस्तानी प्रतिनिधिमंडल के सदस्य और विदेश मंत्रालय के वरिष्ठ अधिकारी उपस्थित थे। शुरुआती औपचारिकताओं के बाद नवाज शरीफ ने सुझाव दिया कि वह चंद्रशेखर के साथ एक अलग और निजी विचार-विमर्श चाहते हैं।

भोज सामान्य रूप से चलता रहा। नवाज शरीफ और उनका प्रतिनिधिमंडल हवाई अड्डे के लिए रवाना हो गया। लगभग तीन बजे उन्हें विदा कर दिया गया। पाकिस्तानी प्रतिनिधिमंडल के प्रस्थान के बाद चंद्रशेखर ने मुझे एक बैठक के लिए बुलाया और मैं शाम को उनसे मिला। उन्होंने 27 मई को सुबह सवा ग्यारह बजे भारत-पाकिस्तान संबंधों की समीक्षा के लिए विदेश रक्षा और गृह मंत्रालयों के वरिष्ठ अधिकारियों की एक बैठक बुलाई। इस बैठक में अंतिम निष्कर्ष यह रहा कि कश्मीर में पाकिस्तान की भारत-विरोधी गतिविधियाँ जारी रहेंगी, भले ही नवाज शरीफ इन गतिविधियों के समर्थक न हों। प्रधानमंत्री ने मुझे 28 मई को 7, रेसकोर्स रोड में फिर से उनसे मिलने को कहा। उन्होंने दो दिन पहले दोपहर भोज पर उनसे अकेले में मिलने की नवाज शरीफ की इच्छा का मुख्य उद्देश्य बताया। भारत-पाक संबंधों को सुधारने की अत्यंत आवश्यकता पर बल देने के बाद नवाज शरीफ ने चंद्रशेखर से कहा कि संबंधों के सामान्यीकरण के मार्ग में एकमात्र बाधा कश्मीर मुद्दा है और इसका एकमात्र व्यावहारिक समाधान यह होगा कि भारत और पाकिस्तान—दोनों पुराने जम्मू एवं कश्मीर रियासत के पूरे भाग पर अपने पूर्ण अधिकार के दावे को छोड़ दें। उसके बाद उन्होंने प्रधानमंत्री चंद्रशेखर से कहा कि उनकी सरकार गंभीरता से घाटी में जनमत-संग्रह कराने के बारे में सोचे या अंत में भारत लद्दाख और जम्मू को रख ले, जबकि पाकिस्तान पाक-अधिकृत कश्मीर पर अपना कब्जा बरकरार रखेगा और घाटी का विलय पाकिस्तान में कर दिया जाए। चंद्रशेखर ने मुझसे कहा कि उन्होंने नवाज शरीफ को अव्यावहारिक व काल्पनिक प्रस्ताव न रखने को कहा।

इन दो घटनाओं ने साबित किया कि चंद्रशेखर की इस प्रतिक्रिया से नवाज शरीफ अपनी विरोधी मुद्रा में वापस लौट गए। पहला, 6 जून को रावलपिंडी में नेशनल डिफेंस कॉलेज में भाषण देते हुए उन्होंने उपमहाद्वीपीय अप्रसार के लिए कुछ नए आयामों के साथ एक प्रस्ताव का सुझाव सामने रखा। उन्होंने सुझाव दिया कि भारत और पाकिस्तान जन-विनाश के सभी हथियारों को समाप्त करने के लिए एक औपचारिक समझौते पर हस्ताक्षर करें। इस समझौते का जिम्मा अमेरिका, चीन और सोवियत संघ लें। उन्होंने यह भी सुझाव रखा कि ऐसे समझौते को अंतिम रूप देने और इसकी सुरक्षा के लिए भारत, पाकिस्तान तथा अमेरिका, चीन व सोवियत संघ के प्रतिनिधियों का एक पंचशक्ति सम्मेलन आयोजित किया जाए। उन्होंने इस सुझाव को दक्षिण एशिया में परमाणु-अप्रसार का लक्ष्य प्राप्त करने की दिशा में एक व्यावहारिक कदम के रूप में प्रस्तुत किया।

दूसरे, उन्होंने प्रस्ताव किया कि 'भारत के कब्जेवाले कश्मीर' में मानवाधिकारों के लगातार उल्लंघन पर विचार-विमर्श करने के लिए पाकिस्तान सरकार के सहयोग से इसलामाबाद में एक अंतरराष्ट्रीय सम्मेलन आयोजित किया जाए। अमेरिका ने उनके प्रस्तावों का सामान्यत: समर्थन किया, जबकि चीन और रूस ने अपनी सलाह रखी। इन दोनों ने केवल इन प्रस्तावों पर भारत की प्रतिक्रिया के बारे में जाँच की। भारत ने इन प्रस्तावों को इस आधार पर अस्वीकृत कर दिया कि केवल भारतीय उपमहाद्वीप पर केंद्रित इस विखंडित दृष्टिकोण से दक्षिण एशिया में परमाणु अप्रसार का लक्ष्य पूरी तरह प्राप्त करना संभव नहीं है।

अफवाहें और वाक्पटुता

जून 1991 में पी.वी. नरसिंह राव भारत के प्रधानमंत्री बने। विदेश मंत्री के रूप में वह दिसंबर 1988 और जुलाई 1989 में बेनजीर से मिले थे। अक्तूबर 1991 और मई 1993 के बीच नवाज शरीफ से राव की बातचीत कई बार हुई। अक्तूबर 1991 में वे कॉमनवेल्थ सम्मेलन के दौरान हरारे में मिले, फिर सार्क शिखर सम्मेलन के दौरान नवंबर 1991 में कोलंबो में मिले और फिर रियो डि जिनेरियो, दावोस, जकार्ता और ढाका में विभिन्न सम्मेलनों के दौरान मिले और फिर वे अप्रैल 1993 में सार्क सम्मेलन के दौरान मिले।

अक्तूबर 1991 का वह दिन मुझे सही-सही याद नहीं आता, जब मैं इसलामाबाद के एक दूतावास के स्वागत कक्ष में तब विपक्ष में रहीं बेनजीर से मिला था। जब मैंने उनका अभिवादन किया तो उन्होंने टिप्पणी की, 'श्री दीक्षित, मैं कुछ अच्छी खबरें सुन रही हूँ। मुझे लगता है कि आप भारत के अगले विदेश सचिव बनने जा रहे हैं। मुझे खुशी है कि पाकिस्तान में रह चुका और पाकिस्तान को जाननेवाला एक शख्स विदेश विभाग में वापस जा रहा है। वर्तमान कठिनाइयों के बावजूद मैं आशा करती हूँ कि विदेश मंत्रालय में आपके काल के दौरान हम अपने संबंधों को सुधारने में सक्षम होंगे।' मैंने जवाब दिया कि मेरे दिल्ली वापस जाने के बारे में जो अफवाहें उन्होंने सुनी हैं, वे पूरी तरह आधारहीन नहीं हैं, लेकिन अभी इस निर्णय को आधिकारिक रूप नहीं दिया गया है।

दिल्ली में मेरे कार्यभार सँभालने से तुरंत पहले पाकिस्तान में प्रचलित रुझानों और घटनाओं का एक संक्षिप्त विवरण देना प्रासंगिक होगा। अक्तूबर 1990 में बेनजीर चुनाव हार गईं और नवाज शरीफ प्रधानमंत्री बने। हालाँकि पाकिस्तानी नीतियों में कोई परिवर्तन नहीं हुआ, शरीफ ने सन् 1990 के उत्तरार्द्ध और 1991 के

दौरान भारत-विरोधी वक्तव्यों का स्वर कुछ मंद किया। मेरे दिल्ली लौटने की तैयारी तक नवाज शरीफ नवंबर 1990 में मालदीव सार्क सम्मेलन के दौरान प्रधानमंत्री चंद्रशेखर से और अक्तूबर 1991 में हरारे सम्मेलन में प्रधानमंत्री राव से भी मिल चुके थे। विदेश सचिव स्तर की वार्त्ता योजनानुसार जारी थी। पाँचवाँ दौर 30 सितंबर और 1 अक्तूबर, 1991 को इसलामाबाद में हुआ। इन वार्त्ताओं के दौरान विदेश सचिव मुचकुंद दुबे और पाकिस्तानी विदेश सचिव शहरयार खान तुलबुल नौवहन परियोजना पर विशेषज्ञ स्तर की बैठक, सर क्रीक में सीमा की हदबंदी और रासायनिक व जैविक हथियारों से दूर रहने के संबंध में भारत व पाकिस्तान के निर्णय की घोषणा को अंतिम रूप देने के लिए सहमत हुए। इस बात पर सहमति हुई कि वार्त्ता का छठा दौर सन् 1992 के शुरू में दिल्ली में होगा।

शहरयान खान 18 और 20 अगस्त, 1991 के बीच पाकिस्तानी प्रधानमंत्री के विशेष दूत बनकर दिल्ली आए थे। वह राव को संबोधित किया गया नवाज शरीफ का एक संदेश लाए थे, जिसमें उन्होंने राव को उद्देश्यपूर्ण तरीके से संबंधों के सामान्यीकरण के प्रति पाकिस्तान की इच्छा के बारे में आश्वस्त किया था। जब शहरयान खान प्रधानमंत्री से मिले तो उन्होंने रक्षा मंत्री से मिलने की इच्छा जताई। इसकी अनुमति प्रदान की गई। वह विदेश सचिव दुबे से भी मिले। एक प्रकार से शहरयार खान का दौरा उनके पूर्ववर्ती अब्दुल सत्तार के दौरे का दोहराव था, जो सत्तार ने वी.पी. सिंह सरकार के शासनकाल के दौरान 7 और 11 जनवरी, 1990 के बीच किया था। सत्तार की तरह शहरयार खान का उद्देश्य भारत के रुख और पाकिस्तान के संबंध में राव की नई सरकार की संभावित नीतियों का आकलन करना था। खान के दौरे का सबसे महत्त्वपूर्ण पक्ष वह मौखिक आश्वासन था, जो उन्होंने प्रधानमंत्री राव और रक्षा मंत्री शरद पवार को दिया कि पाकिस्तान जम्मू एवं कश्मीर में पाकिस्तानी क्षेत्र से होनेवाली अराजक गतिविधियाँ रोकने के लिए कदम उठाएगा। इन शब्दों का इस्तेमाल किया गया—'भारत जमीनी वास्तविकताओं में एक गुणात्मक परिवर्तन देखेगा।' उन्होंने घोषणा की कि इस संदर्भ में दोनों देशों को कश्मीर मुद्दे सहित सभी मुद्दे पर बातचीत करनी चाहिए, ताकि भारत-पाक संबंधों को सामान्य बनाया जा सके।

इसी पृष्ठभूमि में दोनों देशों के बीच विदेश सचिव स्तर की बातचीत का पाँचवाँ दौर अक्तूबर 1991 में हुआ। विशेषज्ञ स्तर की बैठकों के बारे में दुबे और खान द्वारा लिये गए फैसले एक तय समय-सीमा में लागू किए गए। तुलबुल नेवीगेशन प्रोजेक्ट के बारे में सातवें दौर की बातचीत 12 से 15 अक्तूबर के बीच

हुई। सर क्रीक क्षेत्र में सीमा-रेखा तय करने और समुद्री सीमा को स्पष्ट रूप से तय करने के लिए 25 से 28 अक्तूबर के बीच बैठक हुई। बातचीत की इस पूरी प्रक्रिया को अयोध्या में चल रहे तनाव और कुछ भारतीय राजनीतिक दलों द्वारा बाबरी मसजिद गिराने के प्रयासों ने प्रभावित किया। 2 नवंबर को पाकिस्तानी विदेश विभाग के एक प्रवक्ता ने बयान दिया कि 'पाकिस्तानी सरकार और जनता को बाबरी मसजिद को दूषित करने और नुकसान पहुँचाए जाने से काफी आघात लगा है और वह काफी व्यथित महसूस कर रही है।' 12 नवंबर को मेरे विदाई समारोह में राष्ट्रपति गुलाम इसहाक खान ने बार-बार भारत के साथ न्याय और संप्रभुता पर आधारित शांतिपूर्ण संबंध स्थापित करने की पाकिस्तानी इच्छा को दोहराया। अगले दिन जब मैं प्रधानमंत्री नवाज शरीफ से मिला तो द्विपक्षीय संबंधों को क्षेत्रीय रूप देने की कोशिश करते हुए उन्होंने कहा कि 'सार्क को क्षेत्र में शांति और विकास को बढ़ावा देने के लिए और महत्त्वपूर्ण भूमिका निभानी चाहिए।'

1 दिसंबर को जब मैंने भारतीय विदेश सचिव का कार्यभार सँभाला, तब पाकिस्तान में नकारात्मक जमीनी वास्तविकताओं के सकारात्मक घरेलू राजनीतिक विचार-विमर्श से टकराने के कारण एक प्रतिकूल माहौल बन गया था। 12 दिसंबर को जम्मू एवं कश्मीर लिबरेशन फ्रंट के मुखिया अमानुल्लाह खान ने यह घोषणा करके कार्य में और भी बाधा खड़ी कर दी कि उनके लोग 11 फरवरी, 1992 को पाकिस्तानी कब्जेवाले कश्मीर की तरफ से नियंत्रण रेखा पार करके कश्मीर में घुसेंगे। भारत सरकार ने पाकिस्तान में प्रभारी राजदूत भद्र कुमार को पाकिस्तानी अधिकारियों को यह संदेश देने का निर्देश दिया कि 'भारत इस घोषणा से पैदा होने वाले किसी भी तनाव के लिए उन्हें (पाकिस्तान को) जिम्मेदार मानेगा। पाकिस्तान को चाहिए कि नियंत्रण रेखा से होनेवाले इस घोषित घुसपैठ को रोके'। दिसंबर के अंत में हरारे में भारतीय प्रधानमंत्री पी.वी. नरसिंह राव से हुई अपनी बातचीत के बाद नवाज शरीफ ने हिंदुस्तान टाइम्स के संपादक एच.के. दुआ को दिए गए एक साक्षात्कार में कहा कि भारत और पाकिस्तान को कश्मीर पर बातचीत का स्तर बढ़ाना चाहिए। शरीफ ने सुझाव दिया कि दोनों देशों को कश्मीर सहित अन्य द्विपक्षीय मुद्दों पर राजनीतिक बातचीत शुरू करनी चाहिए।

मेरे विदेश सचिव बनने के बाद अधिकारी स्तर की जो पहली काररवाई थी, वह दोनों देशों के परमाणु प्रतिष्ठानों और परमाणु सुविधाओं की सूची का आदान-प्रदान थी, जो कि दोनों देशों द्वारा एक-दूसरे के परमाणु प्रतिष्ठानों पर हमला न करने के समझौते की एक शर्त थी। इस कदम के बारे में दोनों देशों के विशेषज्ञों की

अपनी-अपनी राय थी। प्रधानमंत्री राव ने फैसला किया था कि हमें अपने वादों का पालन करना चाहिए। मेरी राय में यह एक सही फैसला था। हमने सूचियों का आदान-प्रदान 1 जनवरी, 1992 को किया। अगले जिस फैसले से मैं जुड़ा हुआ था, वह पाकिस्तान में भारतीय उच्चायोग में मेरे उत्तराधिकारी के चयन के बारे में था। प्रधानमंत्री ने मुझसे तीन या चार नामों की सूची देने के लिए कहा, क्योंकि प्रधानमंत्री ने सिद्धांत रूप में यह फैसला किया था कि इस पद पर किसी विदेश सेवा संवर्ग के अधिकारी को बिठाया जाए; क्योंकि किसी राजनेता या मीडियाकर्मी को बिठाने से वह पद का फायदा उठाकर अपनी छवि सुधारने का प्रयास करता, जबकि विदेश सेवा के अधिकारी के साथ इस प्रकार का कोई लालच नहीं होगा और वह ज्यादा व्यावहारिक रूप से काम कर सकेगा।

मैंने चार ऐसे अधिकारियों की सूची बनाई, जो पाकिस्तान स्थित उच्चायोग या फिर दिल्ली में ही पाकिस्तान से संबंधित मामलों में काम कर चुके थे। काराकस के जी-15 सम्मेलन से लौटते हुए प्रधानमंत्री ने मुझे बताया कि उन्होंने एस.के. लांबा को चुना है, जो पाकिस्तान, ईरान और अफगानिस्तान के प्रभारी संयुक्त सचिव और पाकिस्तान में भारतीय मिशन के उप मुखिया रह चुके हैं। लांबा के साथ एक अतिरिक्त फायदा यह था कि पाकिस्तानी प्रतिष्ठान में उनके काफी बड़ी संख्या में संपर्क थे। उनका परिवार मूलत: पेशावर का था और वह धाराप्रवाह पंजाबी बोलते थे। इसके अतिरिक्त लांबा मेरे साथ प्रथम सचिव (राजनीतिक) के रूप में बँगलादेश में सन् 1972 से 1974 के दौरान काम कर चुके थे। जब मैंने उन्हें इसलामाबाद भेजने के प्रधानमंत्री के फैसले के बारे में सूचित किया तो वह तुरंत तैयार हो गए और सान फ्रांसिस्को में महावाणिज्य दूत का अपना काम तुरंत छोड़ दिया, जबकि अभी उनका कार्यकाल पूरा भी नहीं हुआ था। उन्होंने पाकिस्तान में अपना काम 23 जनवरी, 1992 को सँभाला। लांबा ने बाद में बॉन एवं मॉस्को में भारतीय राजदूत के रूप में भी काम किया और सन् 2001 में अपनी सेवा से अवकाश ग्रहण किया।

नवाज शरीफ द्वारा सकारात्मक संकेत देने के बावजूद शहरयार खान द्वारा अगस्त 1991 में जमीनी हालात बदलने के वादे का पालन पाकिस्तान ने नहीं किया। पाकिस्तानी सरकार ने 5 जनवरी, 1992 को भारत के खिलाफ एक देशव्यापी विरोध-प्रदर्शन का आयोजन किया। कई रैलियाँ निकाली गईं और उस दिन को 'कश्मीरियों के आत्मनिर्णय अधिकार दिवस' के रूप में मनाया गया। कुछ दिनों के बाद हमें एक संदेश मिला कि प्रधानमंत्री नवाज शरीफ 30 जनवरी से 3 फरवरी के

बीच अंतरराष्ट्रीय आर्थिक सम्मेलन में भाग लेने स्विट्जरलैंड के दावोस जा रहे हैं, जिसमें भारतीय प्रधानमंत्री राव भी भाग लेने जा रहे हैं। पाकिस्तान ने सुझाव दिया कि दोनों प्रधानमंत्रियों को वहाँ बातचीत करनी चाहिए। यह बैठक 2 फरवरी को हुई। जब नवाज शरीफ ने लगातार भारत के साथ शांतिपूर्ण और सामान्य संबंध बनाने की इच्छा जताई, तब श्री राव ने यह तथ्य उठाया कि हरारे में हुई उनकी बातचीत और शहरयार खान द्वारा दिए गए संदेश के बाद भी जम्मू एवं कश्मीर के मुद्दे को लेकर भारत के प्रति पाकिस्तानी रवैए में कोई बदलाव नहीं आया है। राव ने जानना चाहा कि जमीनी वास्तविकता से तेजी से मुँह मोड़कर नवाज शरीफ किस प्रकार अपने राजनीतिक आश्वासनों की विश्वसनीयता बनाए रख सकेंगे? इसके जवाब में शरीफ ने एक बार फिर पाकिस्तान का वही पुराना पैंतरा अपनाया कि वह आमना-सामनावाली गतिविधियों को रोकने की पूरी कोशिश कर रहे हैं, मगर पाकिस्तानी जनता की राय और सरकार में उनको प्रतिबिंबित करनेवाले तत्त्वों पर नियंत्रण करने में उन्हें समय लगेगा। उन्होंने एक बार फिर यह बात दुहराई कि संबंधों को सामान्य बनाने के लिए उच्च स्तर पर राजनीतिक और आधिकारिक बातचीत जारी रहनी चाहिए। राव ने संकेत दिया कि हालाँकि उन्हें इस प्रक्रिया को जारी रखने में कोई एतराज नहीं है; परंतु दोनों देशों के बीच संबंधों में सुधार पाकिस्तान के रवैए में बदलाव पर ही निर्भर है।

पाकिस्तानी नेता अपने सभी राजनीतिक बंधनों के बावजूद भारत-विरोधी विचारों के कैदी हैं, यह बात तब साबित हो गई, जब प्रधानमंत्री पी.वी. नरसिंह राव से मुलाकात के तीन दिनों के बाद ही नवाज शरीफ ने पूरे पाकिस्तान में 'कश्मीर के प्रति एकजुटता दिखाने के लिए' हड़ताल का आह्वान किया। पाकिस्तानी सरकार के पूरे समर्थनवाली यह हड़ताल 5 फरवरी को हुई। इसके अगले ही दिन पाकिस्तान की नेशनल एसेंबली ने एक प्रस्ताव पारित किया, जिसमें कश्मीर के मसले पर भारतीय रवैए की आलोचना की गई और एक बार फिर कश्मीरी अलगाववादियों के प्रति पूरा समर्थन व्यक्त किया गया। भारत के विरुद्ध गतिविधियाँ यहीं समाप्त नहीं हुईं। जे.के.एल.एफ. के कार्यकर्ताओं ने 11 और 12 फरवरी को नियंत्रण रेखा पार करने की कोशिश की, जिसमें चौदह लोग मारे गए और एक सौ पंद्रह घायल हुए। नवाज शरीफ ने कश्मीर मुद्दे पर भारत के रुख के खिलाफ अंतरराष्ट्रीय समुदाय को अपने पक्ष में करने के लिए छह मंत्रियों की टीम को अलग-अगल देशों के दौरे पर भेजा। जिन देशों में पाकिस्तान ने लॉबिंग करने की कोशिश की। वे हैं सऊदी अरब, मोरक्को, सेनेगल, केपवर्डे, नाइजीरिया, ब्राजील,

इक्वाडोर, वेनेजुएला, मलेशिया, इंडोनेशिया, मिस्र और चीन। दिसंबर 1991 से जनवरी-फरवरी 1992 के दौरान मेरी एक तल्लीनता पाकिस्तान के इन कदमों की काट तैयार करने में भी रही।

सन् 1987 में जब क्रिकेट कूटनीति के संदर्भ में जिया ने जयपुर की यात्रा की थी, तब से ही यह खेल दोनों देशों के संबंधों को सकारात्मक रुख लाने में उत्प्रेरक का काम करने लगा था। राष्ट्रपति के.आर. नारायणन ने 25 मार्च, 1992 को पाकिस्तानी टीम द्वारा विश्व कप खिताब जीतने के बाद पाकिस्तानी राष्ट्रपति गुलाम इसहाक खान को बधाई संदेश भेजा। यह सब सोचकर मुझे आश्चर्य होता है कि क्या दोनों देशों के राष्ट्र प्रमुखों के बीच इस प्रकार के संदेशों का आदान-प्रदान लाभदायक होता है? मेरे विचार में, यह दोनों देशों की जनता में विसंगतियों के बारे में अविश्वास बढ़ाने का काम करता है।

मार्च से अगस्त 1992 के बीच का समय दोनों देशों के बीच विशेष तनाव का समय रहा, जिसका कारण हिंसा की अनेक घटनाएँ रहीं, जिसने दोनों देशों के कूटनीतिज्ञों पर भी असर डाला। जे.के.एल.एफ. कार्यकर्त्ताओं ने 30 मार्च, 1992 को एक बार फिर नियंत्रण रेखा पार करने की कोशिश की, मगर इस बार पाकिस्तानी अधिकारियों ने ही उन्हें रोक दिया। भारत को एक बार फिर पाकिस्तान द्वारा पैदा की गई उत्तेजक घटना का गवाह बनना पड़ा। पाकिस्तान ने जामा मसजिद के शाही इमाम अब्दुल्ला बुखारी को पाकिस्तान दौरे पर आमंत्रित किया। वह पाकिस्तान में एक पखवारे—5 से 20 मई—तक रहे और इस दौरान उनको एक 'गंभीर नेता और भारत में अल्पसंख्यकों के रक्षक' के रूप में विशिष्ट महत्त्व दिया गया। पाकिस्तानी प्रधानमंत्री नवाज शरीफ ने खुद दो बार उनसे मुलाकात की।

1 अप्रैल, 1992 को भारतीय एजेंसियों ने पाकिस्तानी उच्चायोग के एक अधिकारी अरशद अली को जासूसी के आरोप में एक भारतीय अधिकारी के साथ पकड़ा। इसके पहले सीमा सुरक्षा बल ने मार्च महीने में पाकिस्तानी सेना के चार आदमियों को भारतीय क्षेत्र का अतिक्रमण करते हुए पकड़ा था। भारत ने इन्हें तकरीबन दो महीने तक हिरासत में रखा और अंततः 13 मई को इन्हें पाकिस्तान को वापस कर दिया गया। मैंने महसूस किया था कि इन सैन्यकर्मियों की पृष्ठभूमि की जाँच और अभियान की जानकारी लेने के बाद भारत को उन्हें शीघ्र वापस भेज देना चाहिए था, लेकिन गृह मंत्रालय और रक्षा मंत्रालय द्वारा अलग निर्णय लिया गया। अरशद अली को निर्वासित करने और पाकिस्तानी सैन्यकर्मी को रोके रखने का परिणाम यह हुआ कि इसलामाबाद में भारतीय मिशन के एक वरिष्ठ अधिकारी

वाणिज्य दूत राजेश मित्तल को पाकिस्तानी इंटेलिजेंस एजेंसियों द्वारा 24 मई को उनके घर के ठीक बाहर अपहृत कर लिया गया। उन्हें एक पूछताछ केंद्र में ले जाया गया और लगभग सात घंटों तक उनपर पूछताछ के हिंसक तरीके आजमाए गए, जिसमें पीटना और बिजली के झटके देना भी शामिल था। उच्चायुक्त एस.के. लांबा के जोरदार प्रतिरोध के बाद उन्हें रिहा किया गया। हालाँकि उन्हें अवांछित व्यक्ति घोषित करके अड़तालीस घंटों के अंदर परिवार सहित पाकिस्तान छोड़कर चले जाने के लिए कहा गया। पाकिस्तान ने उन्हें इसलामाबाद से सुरक्षित लाहौर पहुँचने की गारंटी नहीं दी और न ही यह आश्वासन दिया कि उन्हें व उनके परिवार को लाहौर से दिल्ली तक आवश्यक चिकित्सा अधिकारी की देखरेख में सामान्य इंडियन एयरलाइंस व्यावसायिक विमान से जाने की अनुमति दी जाएगी। इस संदर्भ में इसलामाबाद अधिकारियों से लांबा का अनुरोध और नई दिल्ली में पाकिस्तानी उच्चायोग से संपर्क का कोई परिणाम नहीं निकला। रिहा होने के बाद मित्तल शारीरिक रूप से अत्यंत कमजोर थे। वास्तव में उन्हें स्ट्रेचर पर ले जाने की आवश्यकता पड़ी। मैंने संदेश भेजा कि भारत उन्हें व उनके परिवार को लाने के लिए वायु सेना का एक विमान भेजेगा। पाकिस्तानी अधिकारियों ने इस अनुरोध को भी यह कहकर अस्वीकृत कर दिया कि वे अपने देश में वायु सेना के विमान को उतरने की इजाजत नहीं देंगे। आखिरकार विदेश सचिव शहरयान खान से बातचीत के बाद सीमा सुरक्षा बल का एक विमान भेजा गया।

मित्तल को लाने के लिए नई दिल्ली के पालम हवाई अड्डे पर मैं व्यक्तिगत रूप से पहुँचा। मैं उन्हें देखकर भौंचक्का रह गया। तीस-पैंतीस साल का एक मध्यम कद और मजबूत शरीरवाला अधिकारी टूट सा चुका था। उनका चेहरा, हाथ व पैर सूजे और पिटाई से नीले व काले पड़े हुए थे। उनकी आँखें केवल आधी खुल रही थीं। उनकी पत्नी कुछ बोल नहीं पा रही थीं। भावनाओं में बहते हुए उन्होंने केवल इतना कहा कि वह इस बात के लिए आभारी हैं कि उनके पति जीवित हैं और वह अपने बच्चों के साथ सुरक्षित वापस आ गई हैं। मुझे बाद में पता चला कि अधिकारी को पूछताछ के दौरान हिंसा का शिकार बनाए जाने के साथ ही पाकिस्तानी इंटेलिजेंस अधिकारियों ने उन्हें गंदी गालियाँ भी दीं और उनपर हिंदू-विरोधी टिप्पणियाँ कीं।

मित्तल को एक लंबी चिकित्सा और सुधार-प्रक्रिया से गुजरना पड़ा। इसके प्रतिक्रियास्वरूप हमने दिल्ली से दो पाकिस्तानी वाणिज्य दूतों—एस.एफ.एम. एंद्राबी और जफरुल हुसैन को बरखास्त कर दिया। इन सज्जनों को निलंबित करने का

एक मजेदार अंत हुआ। जब उन्हें दिल्ली हवाई अड्डे पर पाकिस्तानी विमान तक सुरक्षित पहुँचा दिया गया, तब वे सामान्य शारीरिक स्थिति में विमान में प्रवेश कर गए। अगले दिन पाकिस्तानी मीडिया ने खबरें दीं कि विभिन्न स्थानों पर पट्टियाँ बँधी हुई हालत में उन्हें पाकिस्तान में उतारा गया और उन्होंने दावा किया उनके साथ शारीरिक हिंसा की घटनाएँ हुई हैं। दिल्ली और लाहौर/इसलामाबाद के बीच उड़ान के मध्य में ही ये सब व्यवस्थाएँ की गई होंगी, ताकि मित्तल की घटना के प्रति भारतीय रोष का मुकाबला किया जा सके।

पाकिस्तानी उच्चायोग और विदेश विभाग में औपचारिक विरोध दर्ज कराने के अलावा भारत ने पाकिस्तान को सुझाव दिया कि जब भी विदेश सचिव स्तर की बातचीत का अगला दौर हो, एजेंडा में एक-दूसरे के कूटनीतिज्ञों के साथ व्यवहार संबंधी एक आचार-संहिता पर समझौते का एक अतिरिक्त विषय शामिल किया जाना चाहिए। शहरयान खान इस बात पर सहमत हो गए। राव से नवाज शरीफ की चौथी मुलाकात 14 जून, 1992 को रियो डि जिनेरियो में पृथ्वी सम्मेलन के दौरान हुई। भारत-पाकिस्तान संबंधों की ठोस वास्तविकताओं को देखते हुए राव इस मुलाकात के लिए अधिक उत्सुक नहीं थे। बहरहाल, हमने उन्हें नवाज शरीफ से मिलने के लिए राजी किया, मूल रूप से यह सुनिश्चित करने के लिए कि पाकिस्तान इस इनकार का, प्रचार और प्रोपेगेंडा उद्देश्यों के लिए लाभ न उठाए। रियो में इस बैठक के दौरान विदेश सचिव स्तर की वार्त्ता का छठा दौर नई दिल्ली में मध्य अगस्त में कराने का फैसला लिया गया।

शहरयान खान 16 अगस्त को दिल्ली पहुँचे। हमने 19 अगस्त की दोपहर तक तीन दिनों के विचार-विमर्श में भाग लिया। औपचारिक विचार-विमर्श शुरू होने के पहले शहरयान खान के साथ मेरी निजी बैठक में उन्होंने कहा कि वह पहले कश्मीर मुद्दे पर पाकिस्तानी दृष्टिकोण बताएँगे। मैंने जवाब दिया कि जब हममें से प्रत्येक को अपने-अपने तथ्य-निरूपण से जुड़ा रहना होगा, एक-एक करके सभी पक्षों पर मत रखकर समय व्यर्थ करने की बजाय मैं सकारात्मक पक्षों पर अपना ध्यान केंद्रित करना चाहता हूँ, जिसपर हम कुछ लाभ उठा सकें। सहज बुद्धि और व्यावसायिक दृष्टिकोण होने के कारण शहरयान खान इस बात पर सहमत हो गए कि कश्मीर पर अपने-अपने बयान देने के बाद हम अधिक स्थायी मुद्दों पर बात करेंगे, जिसपर कुछ उपयोगी कार्य किया जा सकता हो। शहरयान खान ने कश्मीर पर एक दृढ़, लेकिन अविवादास्पद बयान दिया। उनके एक पूर्ववर्ती तनवीर अहमद खान जिन अपशब्दों और लंबे-चौड़े भाषण के तरीके का सहारा

लेते थे, वह पूर्ण रूप से अनुपस्थित था। उन्हें सुनने के बाद मुझे लगा कि कश्मीर मुद्दे को हल करने के बारे में भारतीय और पाकिस्तानी विचारों में स्पष्ट मूलभूत विभिन्नताएँ हैं। मैंने उनसे कहा कि भारत का अपनी एकता और क्षेत्रीय अखंडता से किसी प्रकार का समझौता करने का प्रश्न ही नहीं उठता। मैंने उन्हें सुझाव दिया कि इस मुद्दे पर उद्देश्यहीन बहस जारी रखने की बजाय हमें एजेंडा के अन्य विषयों की ओर मुड़ना चाहिए। ऐसा ही हुआ। वार्त्ता का यह छठा दौर आपसी विश्वास बढ़ानेवाले उपायों के संदर्भ में अपेक्षाकृत अधिक उपयोगी रहा। इसके परिणामस्वरूप भारत और पाकिस्तान ने सैन्य वायुयानों द्वारा वायु क्षेत्र का उल्लंघन रोकने और सैन्य अभ्यासों, युद्धाभ्यासों व टुकड़ियों की गतिविधियों की अग्रिम सूचना देने के समझौते पर अभिपुष्टि के माध्यमों का आदान-प्रदान किया। रासायनिक हथियारों के इस्तेमाल पर पूर्ण रोक संबंधी एक संयुक्त घोषणा-पत्र और भारत व पाकिस्तान द्वारा कूटनीतिक व वाणिज्य दूत कर्मियों से व्यवहार के लिए आचार-संहिता के समझौते पर भी हस्ताक्षर किए गए। इन समझौतों के लिए प्रारंभिक कार्य दुबे और शहरयार खान के बीच 1 अक्तूबर, 1991 को इसलामाबाद में हुई पाँचवें दौर की वार्त्ता के दौरान कर लिया गया था। छठे दौर की वार्त्ता के दौरान लिया गया एक और महत्त्वपूर्ण निर्णय था सियाचिन में स्थिति सामान्य करने के लिए रक्षा मंत्रालय व सैन्य बल स्तर पर वार्त्ता बहाल करना।

शहरयार खान राव से भी मिले और उन्हें नवाज शरीफ का एक पत्र सौंपा, जिसमें शरीफ ने सन् 1972 के शिमला समझौते के अनुच्छेद 6 के तहत कश्मीर पर द्विपक्षीय समझौता वार्त्ता का प्रस्ताव रखा था। यह अनुच्छेद, जो आखिरी समझौते की धारा थी, का अनुबंध था कि दोनों राष्ट्र प्रमुख आपसी सहमति से अन्य मुद्दों पर वार्त्ता के साथ जम्मू एवं कश्मीर पर एक अंतिम समाधान ढूँढ़ने के लिए भविष्य में फिर मिलेंगे। विश्वास बढ़ानेवाले उपायों के एक प्रयास के रूप में मैंने भारत के चीफ ऑफ आर्मी स्टाफ की ओर से उनके पाकिस्तानी प्रतिपक्षी को भारत आने का औपचारिक निमंत्रण सौंपा। पाकिस्तानी अधिकारियों ने इस निमंत्रण को केवल सिद्धांत रूप में स्वीकार किया, हालाँकि कुछ अस्थायी तिथियाँ निर्धारित की गईं। यह दौरा कभी नहीं हुआ।

राव ने 29 अगस्त को नवाज शरीफ के पत्र का जवाब दिया। इसके मुख्य बिंदु यह थे कि भारत शिमला समझौते के तहत कश्मीर से संबंधित मुद्दों पर विचार-विमर्श का इच्छुक है, लेकिन ऐसी वार्त्ता समझौते के केवल एक अनुच्छेद की विखंडित रूपरेखा में नहीं हो सकती। राव ने कहा कि यह वार्त्ता तभी हो

सकती है, जब पाकिस्तान द्विपक्षीय संबंधों को सुधारने और भारत-पाकिस्तान के बीच संपर्क में सामान्यता लाने की अपनी शर्त पूरी करे। नवाज शरीफ का संदेश स्पष्ट रूप से प्रचार उद्देश्यों से भेजा गया था। भारत की प्रतिक्रिया आवश्यक रूप से स्पष्ट और दृढ़ होनी थी, चाहे पाकिस्तान उसे यह कहकर भारत की निंदा करने के लिए इस्तेमाल करे कि उसने कश्मीर पर वार्त्ता के सुझावों को अस्वीकार कर दिया है।

गुटनिरपेक्ष देशों का जकार्ता सम्मेलन सितंबर 1992 में होना था। हमें एक बार फिर यह संदेश मिला कि इस अवसर को राव और शरीफ के बीच एक बैठक आयोजित करने के लिए इस्तेमाल किया जा सकता है। दोनों प्रधानमंत्रियों के बीच यह पाँचवीं बैठक 3 सितंबर को हुई। दोनों ने एकत्र भारतीय और पाकिस्तानी मीडिया को बताया कि ऐसे संपर्कों से स्थिति को शांत करने और तनाव को कम करने में मदद मिलती है। प्रधानमंत्री राव ने बाद में स्वीकार किया कि उनके दृष्टिकोण में नवाज शरीफ के साथ ये बैठकें मात्र औपचारिकता थीं।

अधोमुखी प्रवृत्ति

सन् 1992 के अंतिम चौथाई भाग और सन् 1993 के पहले चौथाई भाग में ऐसी घटनाएँ हुईं, जिन्होंने भारत-पाकिस्तान संबंधों में अधोमुखी प्रवृत्ति की ओर संकेत किया। साउथ ब्लॉक में मेरे कार्यकाल के दौरान विदेशी संबंधों को कश्मीर मुद्दे ने जिस प्रकार प्रभावित किया, उसका उल्लेख अलग से किया जाएगा। इस समय कश्मीर संबंधी पाकिस्तानी मुद्रा और नीतियों में बदलावों का जिक्र करना उचित होगा। सन् 1992 के मध्य तक पाकिस्तान 'आत्मनिर्णय के सिद्धांत' के आधार पर भारत से कश्मीर के विलगाव के समर्थन से पीछे हट गया। अधिकांश विश्व सोवियत संघ और यूगोस्लाविया के विघटन के नकारात्मक पक्षों को देखते हुए आत्मनिर्णय संबंधी तर्कों को समर्थन देने का इच्छुक नहीं था, जो बहुल समाजों या बहुभाषीय, बहुजातीय व बहुधार्मिक राष्ट्रों की एकता को प्रभावित कर सकता था। यह देखते हुए कि कश्मीर के बारे में उसका दावा सकारात्मक नतीजे नहीं उत्पन्न कर पा रहा है, पाकिस्तान ने अपना रुख बदलते हुए कश्मीर पर अपने पक्ष को न्यायोचित ठहराने के लिए नए राजनीतिक तर्कों का सहारा लिया। उसने 'मानवाधिकार के उल्लंघन' को प्रचारित किया और आरोप लगाया कि भारतीय सुरक्षा बल जम्मू एवं कश्मीर में भारत-विरोधी जन-आंदोलनों के खिलाफ बल-प्रयोग कर रहे हैं।

अब किसी भी मामले में 'मानवाधिकार' एक प्रचलित विषय हो गया है, जिसे पूर्व अमेरिकी राष्ट्रपति जॉर्ज बुश द्वारा कल्पित नई विश्व-व्यवस्था के एक अंग के रूप में विभिन्न देश बार-बार दोहराते रहते हैं। पाकिस्तान ने भी इस विषय को सुविधाजनक और प्रभावी कूटनीतिक तथा प्रचारक युक्ति पाया। पाकिस्तान द्वारा इस्तेमाल किया गया दूसरा तर्क परमाणु अस्त्र प्रसार के संबंध में पश्चिमी आशंकाओं पर आधारित था। पाकिस्तान ने दूसरे देशों को यह कहना शुरू किया कि यदि भारत ने कश्मीर को पाकिस्तान का हिस्सा नहीं बनने दिया तो भारत और पाकिस्तान के बीच एक खुला युद्ध होने की संभावना उत्पन्न हो सकती है, जो परमाणु विनाश का कारण बन सकता है। इस प्रकार, पाकिस्तान ने इस बात पर बल दिया कि एक लंबे समय से खिंच रहे मुद्दे के समाधान और मानवाधिकार के हित में तथा परमाणु संघर्ष टालने के लिए पाकिस्तान को कश्मीर मिलना चाहिए।

भारत ने पाकिस्तानी चाल, जिसे अमेरिका और कुछ पश्चिमी देशों का समर्थन हासिल था, की काट करने के लिए महत्त्वपूर्ण शक्तियों को यह सामान्य सा आश्वासन दिया कि पाकिस्तान के साथ युद्ध करने की भारत की कोई इच्छा नहीं है और अगर युद्ध हुआ भी तो वह परमाणु हथियारों का पहले इस्तेमाल नहीं करेगा। भारत ने यह बिंदु भी सामने रखा कि पाकिस्तान प्रत्यक्ष या परोक्ष रूप से 1985-86 से ही यह संकेत देता आ रहा है कि उसके पास परमाणु हथियार है, जबकि भारत ने कभी ऐसा दावा नहीं किया है। जहाँ तक मानवाधिकार-हनन के पाकिस्तानी आरोप का सवाल है, इसके जवाब में यह तय किया गया कि इस मुद्दे पर पूरी तरह पारदर्शी रवैया अपनाया जाए और निष्पक्ष विदेशी पर्यवेक्षकों को जम्मू एवं कश्मीर में आने के लिए आमंत्रित किया जाए। इसके साथ ही संयुक्त राष्ट्र को न्यूयॉर्क में मानवाधिकार आयोग को जेनेवा में और ओ.आई.सी. सचिवालय को सऊदी अरब में यह संदेश भेजा कि जम्मू एवं कश्मीर मसले पर भारत के खिलाफ किसी प्रकार का प्रस्ताव पारित करना अंतरराष्ट्रीय स्तर पर एक बेकार कोशिश होगी। अपनी क्षेत्रीय अखंडता के मुद्दे पर भारत किसी प्रकार के दबाव में नहीं आएगा। भारत ने पाकिस्तान के इस खेल के बारे में अपने इस नजरिए से संयुक्त राष्ट्र के सभी सदस्य देशों को अलग-अलग बात करके अवगत कराया कि पाकिस्तान किसी भी तरीके से कश्मीर मुद्दे का अंतरराष्ट्रीयकरण करना चाहता है। इसका परिणाम यह हुआ कि सन् 1992-93 के दौरान पाकिस्तान की पूरी कोशिशों और ओ.आई.सी. द्वारा पारित किए गए कुछ प्रस्तावों के बावजूद कश्मीर के मुद्दे पर अंतरराष्ट्रीय स्तर पर भारत की स्थिति मजबूत बनी रही। वास्तव में चीन, जापान,

जर्मनी, ब्रिटेन, यहाँ तक कि ईरान ने भी इस मामले में भारत के पक्ष को समझा और पाकिस्तान की गतिविधियों को शांत किया।

6 दिसंबर, 1992 को अयोध्या में बाबरी ढाँचे को गिराए जाने की घटना ने आग में घी डालने का काम किया। पाकिस्तान ने इस सामाजिक-राजनीतिक त्रासदी से पूरा फायदा उठाने की कोशिश की। नवाज शरीफ ने आघात और दुःख की गहरी भावना का प्रदर्शन किया। पूरे पाकिस्तान में हड़तालों और प्रदर्शनों का दौर शुरू हो गया। लाहौर में भीड़ द्वारा 7 दिसंबर को इंडियन एयरलाइंस के कार्यालय को आग के हवाले कर दिया गया। इसलामाबाद और कराची में भारतीय अधिकारियों तथा कर्मचारियों के घरों पर पत्थर फेंके गए। 7 और 8 दिसंबर को भीड़ द्वारा कई मंदिर, चर्च और गुरुद्वारों को तबाह कर दिया गया। कराची में भारतीय महा वाणिज्यदूत राजीव डोगरा के घर पर लूटपाट और आगजनी इस सारे सिलसिले का चरम बिंदु था और इसमें सरकार की मिलीभगत भी थी। चूँकि उस समय मैं सार्क सम्मेलन की तैयारी के सिलसिले में ढाका में था, इसलिए मैंने अपने वरिष्ठ सहयोगी सचिव के. श्रीनिवासन से कहा कि वह पाकिस्तानी उच्चायुक्त को बुलाकर इस बात पर कड़ी आपत्ति जताएँ कि पाकिस्तान भारत की आंतरिक घटनाओं पर इस तरह की अराजक प्रतिक्रिया व्यक्त कर रहा है।

श्रीनिवासन और संयुक्त सचिव भद्र कुमार ने खोखर तथा उनके सहयोगियों के साथ दिल्ली में अनेक अधिक बैठकें कीं। भारत ने माँग की कि पाकिस्तान स्थित भारतीय उच्चायोग में हुई तोड़-फोड़ और कर्मचारियों के साथ हुई हिंसा के प्रति खेद प्रकट करने और मुआवजा देने की दिशा में पाकिस्तान तत्काल उचित कदम का प्रदर्शन करे। इस स्थिति ने नवाज शरीफ को असमंजस में डाल दिया। एक तरफ तो वह पाकिस्तान में जारी धार्मिक उन्माद के लिए जवाबदेह थे, दूसरी तरफ भारतीय उच्चायोग में तोड़-फोड़ और हिंसा तथा गैर मुसलिम धार्मिक स्थलों के नष्ट होने के कारण अंतरराष्ट्रीय स्तर पर पाकिस्तान की खराब हुई छवि को ठीक करने की जवाबदेही भी उनपर थी। उनकी सरकार ने भारत के खिलाफ आलोचनात्मक बयान देना, नेशनल एसेंबली में इस आशय के प्रस्ताव पारित करना, हड़ताल और प्रदर्शन करना तथा अल्पसंख्यकों के साथ बुरा बरताव करने का आरोप भारत पर लगाना जारी रखा। इसके साथ ही शरीफ ने घोषणा की कि गैर मुसलिमों के धार्मिक स्थलों की मरम्मत सरकारी खर्चे से की जाएगी और भारत सरकार की जितनी संपत्ति का नुकसान हुआ है, उसकी भरपाई कर दी जाएगी। 31 जनवरी, 1994 को मेरे अवकाश ग्रहण करने तक मेरी जानकारी में इनमें से किसी

घोषणा पर अमल नहीं किया गया।

बाबरी मसजिद गिरने के दो बुरे प्रभाव तत्काल नजर आए। पहला सार्क सम्मेलन अपने निर्धारित समय दिसंबर 1992 में नहीं हुआ और दूसरा, विदेश सचिव स्तर की बातचीत, जिसपर मैं और शहरयार खान सहमत हुए थे और जो कि फरवरी 1993 में होनेवाली थी, अनिश्चित काल के लिए टल गई।

इससे पहले सियाचिन मसले पर रक्षा सचिव स्तर की छठे दौर की बातचीत 2 से 5 नवंबर, 1992 को हुई। भारतीय रक्षा सचिव एन.एन. वोहरा और पाकिस्तानी रक्षा सचिव सैयद सलीम अब्बास ज़ालानी भारतीय और पाकिस्तानी सेनाओं के नए सिरे से तैनाती के समझौते के करीब पहुँच गए थे। मैं यह उम्मीद कर रहा था कि इससे रणनीतिक रूप से निरर्थक और बेहद खर्चीले संघर्ष की समाप्ति हो जाएगी। तीन तथ्यों ने इस समझौते को भारत और पाकिस्तान की सरकारों की मंजूरी मिलने से रोका। पहला, पाकिस्तान इस पूर्व शर्त को बार-बार दोहराता रहा कि भारत ग्रिड रिफरेंस प्वाइंट एनजे-9842 से उत्तर-पूर्व की ओर काल्पनिक रूप से फैली हुई नियंत्रण रेखा को स्वीकार करने पर सहमत हो जाए। दूसरा, पाकिस्तान एक संयुक्त मानचित्र-विषयक दस्तावेज को अंतिम रूप देने के प्रति अपनी शर्तें रखता रहा, जो उन अवस्थाओं को रेखांकित करता, जहाँ से दोनों देशों को अपने सैनिक हटाने थे। तीसरा, उस समय जम्मू एवं कश्मीर में पाकिस्तान द्वारा प्रायोजित हिंसा के बढ़ते स्तर और पाकिस्तान द्वारा भारत के खिलाफ शत्रुतापूर्ण कूटनीतिक और प्रचार-गतिविधियों को देखते हुए भारत सरकार समझौते को स्वीकृति देने के बारे में राजनीतिक स्तर पर शंका में थी। यह महसूस किया जा रहा था कि भारतीय जनमत और संसद् उस समय सियाचिन के संबंध में किसी गतिविधि को समर्थन नहीं देगी।

आधिकारिक स्तर पर हम महसूस कर रहे थे कि यदि यह मामला था तो हमें नवंबर 1992 में पाकिस्तान के साथ विस्तृत विचार-विमर्श में नहीं पड़ना चाहिए था। हालाँकि यह प्रयास निष्फल रहा, लेकिन पश्चावलोकन से मुझे लगता है कि दोनों देशों के रक्षा सचिवों के बीच इन वार्त्ताओं ने सैनिकों की वापसी की प्रक्रिया और भू-राजनीतिक परिस्थितियों में मदद की। यह समझौता अब भी सियाचिन समस्या के भावी समाधान के लिए आधार बन सकता है।

शत्रुता के इन काले बादलों के बीच क्षीण आशा की चमक थी। दोनों देशों के विदेश राज्य मंत्री (पाकिस्तान के एम.एच. कंजू और भारत के एडुएरो फलेरो) सार्क और संयुक्त राष्ट्र सम्मेलनों में ढाका में और फिर न्यूयॉर्क में एक-दूसरे से

मिले। सितंबर 1992 में पाकिस्तान में आई विनाशकारी बाढ़ के पीड़ितों के लिए भारत ने राहत-सामग्री भेजी। पाकिस्तान ने इन आपूर्तियों को स्वीकार कर लिया। बहरहाल, सन् 1992 एक नकारात्मक मुद्रा में समाप्त हुआ, जब पाकिस्तान सरकार ने भारत को सख्ती से कराची में उसके महावाणिज्य दूतावास के कर्मियों की संख्या कम करके चौंसठ से बीस करने को कहा, जिससे भारत और पाकिस्तान—दोनों के आम नागरिकों के लिए कठिनाई बढ़ गई, जो एक-दूसरे के देशों में जाना सरल बनाने के लिए वाणिज्य दूत सेवाओं पर निर्भर थे।

भारत बाबरी ढाँचे के विध्वंस (6 दिसंबर, 1992) के शुरुआती झटकों से उबरा नहीं था, जब 12 मार्च, 1993 को बम-विस्फोटों की एक शृंखला ने बंबई को थर्रा दिया। नवाज शरीफ ने बंबई विस्फोटों के संबंध में प्रधानमंत्री राव को सहानुभूति संदेश भेजने की औपचारिकता पूरी की। 17 मार्च तक की शुरुआती जाँच से पता चला कि इन विस्फोटों की योजना पाकिस्तान की गुप्तचर एजेंसी आई.एस.आई. की थी, जिसने दाऊद इब्राहीम, मेमन परिवार और उनके आपराधिक सहयोगियों को इसके लिए इस्तेमाल किया, ताकि अयोध्या की घटनाओं से उत्पन्न सांप्रदायिक तनाव और भी बढ़ जाए। इन बम-विस्फोटों के पीछे एक और हानिकारक उद्देश्य था। बंबई में ये विस्फोट करने का एक कारण था कि वह भारत में आर्थिक गतिविधियों का सबसे बड़ा केंद्र था। ये बम भारतीय बजट पेश करने के सामान्य समय के आस-पास फटे। इनका मकसद था अंतरराष्ट्रीय समुदाय को यह संदेश देना कि भारत हिंसा के जोखिमवाला देश है। पाकिस्तान आशा कर रहा था कि इस रणनीति से भारत में तकनीकी हस्तांतरण और विदेशी निवेश घट जाएगा।

जहाँ तक मुझे याद आता है, 17 या 18 मार्च को मैंने पाकिस्तानी विदेश सचिव शहरयार खान से हॉटलाइन पर बात की थी और उन्हें इस बात की अग्रिम जानकारी दी कि इन बम-विस्फोटों में पाकिस्तान का हाथ होने के प्राथमिक सबूत मिले हैं। जैसी उम्मीद थी, यद्यपि खान ने कहा कि यह आरोप पाकिस्तान को स्वीकार्य नहीं है और अगर इस बारे में कोई वास्तविक सबूत हैं, तो उन्हें पाकिस्तान के सामने लाया जाना चाहिए। महाराष्ट्र सरकार और केंद्रीय एजेंसियों से इस संबंध में सभी सबूत हासिल करके हमने सारी सूचना, दस्तावेजी सबूतों के साथ, 23 मार्च को पाकिस्तानी उच्चायुक्त रियाज खोखर के पास भिजवा दी। इस सबूत में स्थायी तथ्य यह था कि बम विस्फोटों के लिए जवाबदेह मेमन परिवार के छह सदस्यों के 17 मार्च को दिल्ली के रास्ते कराची पहुँचने के पुख्ता सबूत थे। भारत सरकार ने माँग की कि इन लोगों को ढूँढ़कर इन्हें भारत प्रत्यर्पित किया जाए।

पाकिस्तान का जवाब औपचारिक था। उसने पहले तो कहा कि वह उन्हें ढूँढ़ने की कोशिश कर रहा है, फिर उसने उनके बारे में और जानकारी माँगी तथा अंत में कह दिया कि उनका पता नहीं चल रहा है।

तनाव के बढ़ते स्तरों के बावजूद प्रधानमंत्री राव इस बात पर सहमत हो गए कि जब तक वातावरण में सुधार न हो तब तक जब भी संभव हो, पाकिस्तान के साथ औपचारिक द्विपक्षीय संपर्क से कुछ कम स्तर पर नियमित संपर्क स्थापित किए जा सकते हैं। इस दृष्टिकोण का समर्थन करते हुए उपराष्ट्रपति के.आर. नारायणन ने सन् 1993 में कोलंबो में प्रेमदासा के अंतिम संस्कार के समय पाकिस्तान के कामचलाऊ प्रधानमंत्री मजारी से विचार-विमर्श किया। स्थायी संयुक्त सिंधु जल आयोग की बैठक दिल्ली में हुई। अप्रैल 1993 में विलंबित सार्क सम्मेलन के दौरान ढाका में नवाज शरीफ और नरसिंह राव के बीच छठी बैठक हुई। राव एक बार फिर इस कृत्रिम प्रयास के लिए बिलकुल भी इच्छुक नहीं थे। मेरे प्रतिपक्षी शहरयान खान ने भी अपने प्रधानमंत्री से कुछ इसी प्रकार की प्रतिक्रिया, हालाँकि दूसरे कारणों से, का सामना किया। नवाज शरीफ भारत के प्रधानमंत्री के साथ बैठक के बारे में पाकिस्तान में घरेलू प्रतिक्रिया के प्रति चिंतित थे। बहरहाल, हम दोनों ने यह महसूस किया कि ऐसी बैठक का भले ही कोई परिणाम न निकले, लेकिन कम-से-कम इससे अगस्त 1992 से बंद गंभीर वार्त्ता बहाल करने का उद्देश्य तो पूरा होगा। दोनों प्रधानमंत्री सार्क सम्मेलन के अंतिम सत्र के अंत में लगभग बीस मिनटों के लिए मिले। यह केवल दोनों प्रधानमंत्रियों के बीच निजी बैठक थी। ढाका से वापस लौटते समय विमान में प्रधानमंत्री राव ने मुझे बताया कि नवाज शरीफ ने विदेश सचिव स्तर की वार्त्ता बहाल करने की इच्छा का संकेत दिया है और मैं उसे आगे बढ़ाऊँ।

बाद में दिल्ली में एक समीक्षा बैठक में प्रधानमंत्री ने भारत-पाकिस्तान संबंधों का अपना मूल आकलन प्रस्तुत किया। राव निकट भविष्य में किसी महत्त्वपूर्ण सकारात्मक गतिविधि की उम्मीद नहीं कर रहे थे; लेकिन उनका मानना था कि पाकिस्तान की विध्वंसक और शत्रुतापूर्ण गतिविधियों की संभावना के प्रति जागरूक रहते हुए वार्त्ता जारी रखने में कोई नुकसान नहीं है। उन्होंने मुझसे कहा कि जब भी विदेश सचिव स्तर की वार्त्ता का अगला दौर हो, मैं एक मूल बात दिमाग में रखूँ कि यद्यपि भारत पाकिस्तानी आक्रामकता का सामना करने की क्षमता रखता है, यह फैसला पाकिस्तान को करना है कि वह शत्रुतापूर्ण दृष्टिकोण और विध्वंसक नीतियों पर आधारित द्विपक्षीय संबंधों में इस प्रवृत्ति को जारी रखना चाहता है या

नहीं। इसी पृष्ठभूमि में शहरयान खान और मैंने अक्तूबर 1992 में साइप्रस में होनेवाली द्विपक्षीय बैठक की संभावनाओं के बारे में संदेशों का आदान-प्रदान किया। हम इस बात पर भी सहमत हुए कि संभवतः हम विदेश सचिव स्तर की वार्त्ता के अगले दौर के लिए नई तिथियाँ निर्धारित कर सकते हैं। इन संदेशों के बारे में प्रधानमंत्री को बताने पर उन्होंने इन दोनों गतिविधियों के लिए अपनी सहमति व्यक्त की।

अप्रैल 1993 से पाकिस्तान में अंदरूनी स्थितियाँ परिवर्तित होने लगीं। 18 अप्रैल को राष्ट्रपति गुलाम इसहाक खान ने नेशनल असेंबली भंग करके नवाज शरीफ को बरखास्त कर दिया। उस समय नवाज शरीफ ढाका से सार्क सम्मेलन में भाग लेकर लौटे थे। नवाज शरीफ ने संवैधानिक आधार पर इस फैसले के खिलाफ पाकिस्तानी सर्वोच्च न्यायालय में एक याचिका दायर की। अदालत ने शरीफ की याचिका स्वीकार की और 26 मई को उन्हें सत्ता में बहाल कर दिया। शरीफ ने अगले ही दिन पाकिस्तान नेशनल असेंबली में विश्वास मत भी प्राप्त किया। बहरहाल कुछ ही समय बाद वह पुनः सत्ता से बाहर हो गए। सितंबर-अक्तूबर 1993 में चुनाव हुए और बेनजीर भुट्टो उसमें विजयी हुईं। सन् 1993 में नवाज शरीफ के बाहर होने और बेनजीर की वापसी के बीच की अवधि अपेक्षाकृत शांत थी, जिसमें भारत में पाकिस्तान के पूर्व उच्चायुक्त मोइन कुरैशी कार्यवाहक प्रधानमंत्री थे और पूर्व विदेश सचिव अब्दुल सत्तार उस अंतरिम सरकार में विदेश मंत्री थे।

18 से 21 अक्तूबर, 1993 के बीच साइप्रस में कॉमनवेल्थ सम्मेलन के दौरान शहरयान खान के साथ मेरी तीन बैठकें हुईं। ये वार्त्ताएँ जम्मू एवं कश्मीर की राजधानी श्रीनगर के बाहरी क्षेत्र में हजरतबल दरगाह में आतंकवादियों की घुसपैठ की पृष्ठभूमि में हुई। बहरहाल, शहरयार खान और मैं जनवरी 1994 में विदेश सचिव स्तर की बातचीत बहाल करने के लिए अस्थायी रूप से सहमत हुए, जिसकी तिथियाँ बाद में निर्धारित होनी थीं। इस बीच बेनजीर ने सत्ता में आने के लगभग एक सप्ताह बाद ही साइप्रस में कॉमनवेल्थ सम्मेलन में भाग लेने का निर्णय किया। उन्होंने अपने नीतिगत बयान में कश्मीर और भारत को आलोचनात्मक रूप में पेश किया, हालाँकि वह सामान्य से कम उत्साही थीं। संभवतः इसका कारण यह था कि वह राष्ट्र और सरकारों के प्रमुखों की सभा को संबोधित कर रही थीं। प्रधानमंत्री राव ने अपने वित्त मंत्री मनमोहन सिंह को इस सम्मेलन में भेजने का निर्णय लिया था, क्योंकि भारत में राज्य स्तर के चुनाव होने थे। ऐसा इस कारण भी हुआ कि विदेश मंत्री दिनेश सिंह वहाँ जाने के इच्छुक नहीं थे।

एक व्यक्तिगत स्पर्श

सम्मेलन में हुई दो घटनाएँ मुझे याद आती हैं। बेनजीर इस सम्मेलन में सिर्फ डेढ़ दिनों के लिए आई थीं। सम्मेलन की बैठक में अपना नीतिगत बयान समाप्त करने के बाद जब वह भारतीय प्रतिनिधिमंडल के पास से गुजर रही थीं, तब मैंने खड़े होकर उनका अभिवादन किया। उन्होंने टिप्पणी की कि अब जबकि वह प्रधानमंत्री हैं, अतः वह भारत-पाकिस्तान संबंधों में नकारात्मक प्रवृत्ति को विपरीत दिशा में मोड़ने की आशा करती हैं। उन्होंने मुझसे कहा कि शहरयान खान और मैं जल्दी ही अगली विदेश सचिव स्तर की वार्त्ता के लिए तिथियाँ निर्धारित कर लें।

दूसरी घटना पाफोस में हुई, जहाँ विभिन्न सरकारों के प्रमुख एकत्र हुए थे। शहरयान खान और मैं सम्मेलन कक्ष के ठीक बाहर एक रेस्तराँ में बैठकर बात कर रहे थे। हम एक-दूसरे को लगभग चार वर्षों से जानते थे और मैं हमेशा से उन्हें एक शालीन और भद्र व्यक्ति के रूप में जानता था। द्विपक्षीय मुद्दों पर हमारी औपचारिक मुद्रा जो भी रही हो, व्यक्तिगत स्तर पर हमारा संपर्क कभी भी उस अप्रासंगिक नकारात्मक नाटकीयता से परिपूर्ण नहीं रहा, जो सामान्यतः भारतीय और पाकिस्तानी कूटनीतिज्ञों की प्रवृत्तियों और वार्त्तालाप में झलकती थी। जब कि हम मित्रतापूर्ण तरीके से हँसी-मजाक कर रहे थे, श्रीलंकाई प्रधानमंत्री रानिल विक्रमसिंघे सम्मेलन कक्ष से बाहर आए। वह हमारी मेज पर कुछ रुके और टिप्पणी की, 'आप दोनों को एक-दूसरे के साथ बात करते देखकर कौन विश्वास करेगा कि अधिकतर समय भारत और पाकिस्तान एक-दूसरे का गला पकड़ने में लगे रहते हैं।' यह कहकर वह आगे बढ़ गए और हम दोनों इस विरोधाभास पर मनन करने के लिए मजबूर हो गए, जो उन्होंने महसूस किया था। दिल्ली लौटने के बाद शहरयार खान और मैंने अगली विदेश सचिव स्तर की वार्त्ता के बारे में टेलीफोन और कूटनीतिक माध्यमों के द्वारा बात की। एक संयुक्त घोषणा की गई कि यह वार्त्ता इसलामाबाद में 1 से 3 जनवरी, 1994 के बीच होगी। उस समय तक हजरतबल दरगाह संकट संवेदनशील स्तर पर पहुँच चुका था। वार्त्ता की तिथियों की घोषणा के बाद भी हजरतबल घटना के कारण शहरयार खान को और मुझे इसके आयोजित होने पर संदेह था। हजरतबल मसजिद में आतंकवादियों के एक समूह ने आश्रय ले रखा था और भारतीय सेना वहाँ घेरेबंदी करने के लिए विवश थी। यह 17 अक्तूबर से 16 नवंबर, 1993 तक चला, जिसके बाद आतंकवादियों ने आत्मसमर्पण कर दिया। हिंसा की कोई घटना नहीं हुई।

बहरहाल, सद्भावना बरकरार रही। मैं 1 जनवरी, 1994 को वार्त्ता के लिए

इसलामाबाद पहुँचा। तब बेनजीर भुट्टो कराची में थीं। पाकिस्तानी मीडिया ने तुरंत यह नतीजा निकाल लिया कि वार्त्ता के दौरान इसलामाबाद में उनका न होना भारत को एक दृढ़ संकेत है कि पाकिस्तान किसी भी मूल मुद्दे पर समझौता करने का इच्छुक नहीं है। उनका अनुमान गलत सिद्ध हुआ। प्रधानमंत्री बेनजीर ने मिलने के लिए कराची में मुझे बुलाया और एक विशेष विमान उपलब्ध कराया।

1 जनवरी को दोनों शिष्टमंडलों के बीच विचार-विमर्श औपचारिक थे। मैंने 1993 में बेनजीर के सत्ता-ग्रहण करने के बाद राव के बधाई संदेश की विषय-वस्तु की याद दिलाई, जिसमें उन्होंने यह संकेत दिया था कि भारत शिमला समझौते की रूपरेखा में जम्मू एवं कश्मीर से संबंधित सभी मुद्दों पर बातचीत के लिए तैयार है। इस दृष्टिकोण का स्वागत करते हुए शहरयार खान ने कहा कि पाकिस्तान कश्मीरियों के आत्मनिर्णय के अधिकार का दृढ़ समर्थक है और कश्मीर पर किसी भी बातचीत में इस तथ्य पर ध्यान दिया जाना चाहिए। मैंने जवाब दिया कि यह एक जटिल मामला है और इसपर धैर्यपूर्वक बात करने की आवश्यकता है। उसके बाद हमने अन्य मुद्दों, जैसे—सियाचिन, सर क्रीक, समुद्री सीमा-निर्धारण और आर्थिक सहयोग पर भारत-पाक संयुक्त आयोग की बैठक बहाल करने आदि पर बात की। शहरयार खान इस बात पर बल देते रहे कि इन मामलों पर प्रगति तभी हो सकती है, जब कश्मीर मामले में कुछ प्रगति हो। मैंने उस बैठक के बाद शाम को शहरयार खान से एक निजी बातचीत के दौरान कहा कि मैं भारत और पाकिस्तान के बीच संबंधों को सामान्य बनाने के प्रस्तावोंवाले छह दस्तावेज लाया हूँ और मुझे वे कागजात पाकिस्तानी अधिकारियों को सौंपने हैं। उन्होंने मुझसे कहा कि वह इन प्रस्तावों पर बेनजीर से मिलने के बाद प्रतिक्रिया देंगे।

मैं 2 जनवरी को ढाई बजे अपराह्न में बेनजीर के कराची स्थित आधिकारिक निवास पर मिला। हमने एक घंटे बातचीत की, जिसमें शहरयार खान भी उपस्थित थे। बेनजीर ने भारत-पाकिस्तान संबंधों को सामान्य बनाने की आवश्यकता पर बल दिया। उन्होंने प्रधानमंत्री राव के इस संदेश का स्वागत किया कि भारत कश्मीर से संबंधित मुद्दों पर बातचीत के लिए तैयार है। उन्होंने एक अत्यंत भावनात्मक और विवेकशील टिप्पणी की। उन्होंने कहा, 'श्री दीक्षित, भारतीयों और पाकिस्तानियों की दो पीढ़ियाँ कश्मीर मुद्दे से प्रभावित रही हैं। इस दुःखद परिस्थिति को जारी नहीं रहने देना चाहिए। हमें इस समस्या को सुलझाना चाहिए और लाभदायक सहयोग व संबंधों में सामान्यता के लिए प्रयास करना चाहिए।' उन्होंने शहरयार खान और मुझे अपने प्रयासों को गंभीरता से जारी रखने के लिए

कहा। उस समय मैं बैठक से बाहर आ गया। शहरयार खान अपनी प्रधानमंत्री के आगामी निर्देशों के लिए वहीं रहे।

बाद में कराची से इसलामाबाद लौट़ने के दौरान लगभग ढाई घंटे की हवाई यात्रा के दौरान शहरयार खान ने बताया कि वह उन विश्वास निर्माता उपायों और अन्य प्रस्तावों के बारे में जानना चाहते हैं, जो मैं लाया हूँ। उन्होंने मुझे यह भी बताया कि चाहे बेनजीर ने मुझसे जो भी कहा हो, वह पाकिस्तान की घरेलू राजनीति में बचाव की स्थिति में हैं, क्योंकि उनपर विदेश सचिव स्तर की वार्त्ता की अनुमति देकर भारत के खिलाफ नरम रुख अपनाने का आरोप लगाया जा रहा है, खासकर जब भारतीय सुरक्षा बल हजरतबल दरगाह को घेरे हुए हैं और कश्मीरी आतंकवादियों के खिलाफ विस्तृत कारर‌वाइयों में व्यस्त हैं।

मेरा जवाब था कि विदेश सचिव स्तर की वार्त्ता जारी रखने के लिए भारत की आंतरिक गतिविधियों के संदर्भ में पूर्व शर्त रखना एक व्यावहारिक दृष्टिकोण नहीं होगा। फिर मैं उन्हें अपने प्रस्तावों का सामान्य विवरण देने के लिए सहमत हो गया। 2 जनवरी, 1994 की शाम को एक औपचारिक रात्रिभोज हुआ, जिसके बाद मैंने शहरयार खान से कहा कि भारतीय प्रस्तावों के बारे में मैं एक निजी बैठक में उन्हें बताना चाहता हूँ। मैंने उनसे कहा कि मैं नहीं चाहता कि पाकिस्तानी इंटेलिजेंस एजेंसियाँ हमारे वार्त्तालाप को रिकॉर्ड करें, इसलिए मैं उनसे होटल के पूल के किनारे के बगीचे में नाश्ते पर मिलना चाहता हूँ। शहरयार खान सहमत हो गए और हम 3 जनवरी की सुबह को इस स्थान पर मिले। मैंने उन विश्वास-निर्माता उपायों के बारे में उन्हें बताया, जो मेरे दिमाग में थे। खान की प्रतिक्रिया आश्चर्यजनक थी। उन्होंने स्वीकार किया कि उन्होंने सामान्यतः उन प्रस्तावों को औपचारिक रूप से सौंपने के लिए कहा था, लेकिन उन्हें उस समय भारत सरकार से किसी प्रकार का प्रस्ताव न लेने के निर्देश दिए गए हैं। उन्होंने जोड़ा कि इन प्रस्तावों पर विचार करने से पहले भारत को तीन पूर्व शर्तों को मानना होगा। पहला, वह हजरतबल दरगाह के चारों ओर से सुरक्षा बलों को हटा ले, जहाँ आतंकवादियों ने शरण ली थी; दूसरा, वह कश्मीर में अपने सुरक्षा बल का आकार कम करे और तीसरा, वह कश्मीर की भावी स्थिति पर पाकिस्तानी चिंताओं और कश्मीरी मुसलमानों के मत को ध्यान में रखते हुए समझौते की पद्धतियों पर बातचीत के लिए सहमत हो। मैंने जवाब दिया कि ये तीनों पूर्व शर्तें अव्यावहारिक हैं, लेकिन उन्हें भारत सरकार तक पहुँचाने का वादा भी मैंने किया। मैंने इस बात पर भी जोर दिया कि शांति को लक्ष्य करके की गई वार्त्ता में कोई पूर्व शर्त नहीं होनी चाहिए। खान ने कहा कि वह उनको मिले

निर्देशों का पालन कर रहे हैं। और फिर यह मामला यहीं समाप्त हो गया।

शहरयार खान के साथ सुबह की बैठक के बाद मैं पाकिस्तान के विदेश मंत्री सरदार आसिफ अली से मिला। यह एक बुरा अनुभव था। बातचीत करने की बजाय अली इस तरह बोले जैसे वह पाकिस्तान की एक सार्वजनिक सभा को संबोधित कर रहे हों। उन्होंने भारत के खिलाफ वही घिसे-पिटे आरोप और आलोचनाएँ दोहराईं। मुझे भी उसी प्रकार जवाब देना पड़ा। दिन के अंत में मैं इस निष्कर्ष पर पहुँचा कि भारत के प्रति पाकिस्तानी नीतियों में परिवर्तन की कोई संभावना नहीं है। 3 जनवरी को देर दोपहर शहरयार खान और मैंने इसलामाबाद हवाई अड्डे पर एक संयुक्त संवाददाता सम्मेलन को संबोधित किया। हममें से कोई भी उस गतिरोध के बारे में मीडिया को बताना नहीं चाहता था, जिसपर हम पहुँचे थे, इसलिए हम दोनों ने पूछे गए प्रश्नों के जवाब में सकारात्मक रुझानों की बात की। पाकिस्तानी संवाददाता आक्रामक और आलोचनात्मक थे। एक संवाददाता ने सम्मेलन के अंत में मुझसे पूछा कि भारत द्वारा मानवाधिकार उल्लंघन पर पाकिस्तानी प्रस्ताव पर भारत की क्या प्रतिक्रिया होगी, जिसके फरवरी 1994 में जेनेवा में होनेवाली अगली मानवाधिकार आयोग की बैठक में पारित किए जाने की पूरी संभावना है? मैंने जवाब दिया, 'संयुक्त राष्ट्र के विभिन्न मंचों पर चाहे कितने प्रस्ताव पारित किए जाएँ, वे भारत की क्षेत्रीय एकता को तोड़ने या भारत से जम्मू एवं कश्मीर को अलग करने में सफल नहीं होंगे।'

इसके तुरंत बाद मैं विशेष विमान से दिल्ली रवाना हो गया। जब मैं दिल्ली पहुँचा तो मेरे कार्यालय के प्रभावी उप सचिव अतुल खरे ने मुझे इसलामाबाद डेटलाइन की एक खबर दिखाई। इस खबर से मुझे पता चला कि इसलामाबाद हवाई अड्डे से मेरे विमान के उड़ान भरने के बाद भी संवाददाता सम्मेलन जारी था। शहरयार खान ने बयान दिया था कि जब तक भारत कश्मीर पर बातचीत के लिए तैयार नहीं होता और हजरतबल दरगाह से अपने सैनिक नहीं हटाता, विदेश सचिव स्तर की किसी आगामी वार्त्ता का प्रश्न ही नहीं उठता। होटल से मेरे निकलने से तुरंत पहले शहरयार खान के साथ निजी वार्त्ता के दौरान मुझे इस प्रवृत्ति के कुछ संकेत मिले थे। मैंने खान से पूछा था कि विदेश सचिव स्तर की अगली वार्त्ता कब होगी? मुझे यह जानने की आवश्यकता थी, ताकि हम दौरे के अंत में जारी किए जानेवाले संयुक्त बयान में तिथियों का उल्लेख कर सकें। वार्त्ता के अगले दौर स्थगित करने के जो निर्देश उन्हें दिए गए उसके अनुसार हमें आखिर में प्रेस बयान के अंतिम अनुच्छेद में एक गैर प्रतिबद्ध वाक्य जोड़ना पड़ा, 'दोनों पक्ष विदेश सचिव

या अन्य स्तरों पर आगामी वार्त्ता के संबंध में एक-दूसरे से संपर्क करेंगे।'

उसके बाद पाकिस्तान ने एक चतुर कूटनीतिक और प्रचार के उपाय का सहारा लिया। पाकिस्तान सरकार ने 18 जनवरी को विश्वास-निर्माता उपायों के लिए दो प्रस्ताव भेजे। पहले प्रस्ताव में संयुक्त राष्ट्र की रूपरेखा के तहत जम्मू एवं कश्मीर में जनमत-संग्रह कराने के लिए विस्तृत पद्धतियों का सुझाव दिया गया था, जिसे भारत ने बार-बार अप्रासंगिक बताया था। दूसरे प्रस्ताव में जम्मू एवं कश्मीर विवाद और अन्य मुद्दों के शांतिपूर्ण समाधान के लिए उपयुक्त वातावरण बनाने के लिए आवश्यक उपायों का विवरण था। दूसरे प्रस्ताव में भारत के खिलाफ आरोपों के दोहराव के अलावा उन पूर्व शर्तों का उल्लेख था, जिनका जिक्र शहरयार खान ने 3 जनवरी की सुबह मुझसे किया था। दोनों स्पष्ट रूप से अव्यावहारिक प्रस्ताव थे, जिसका राजनीतिक वास्तविकताओं से कोई वास्ता नहीं था।

विदेश सचिव के रूप में पाकिस्तान से संबंधित मेरा अंतिम कार्य था 24 जनवरी को उन छह दस्तावेजों को इसलामाबाद भेजना, जिनमें संबंधों के सामान्यीकरण के लिए भारत के प्रस्ताव थे। पहला प्रस्ताव था—जम्मू एवं कश्मीर में नियंत्रण रेखा के पास शांति और स्थिरता बरकरार रखने के लिए एक समझौते पर हस्ताक्षर करना; दूसरा था—सियाचिन क्षेत्र से अपने सैनिकों को हटाने संबंधी समझौते पर हस्ताक्षर करना; तीसरा था—सर क्रीक पर सीमा का निर्धारण और दोनों देशों के बीच समुद्री सीमा के निर्धारण पर एक समझौता करना; चौथा था—तुलबुल नौवहन परियोजना पर समझौते को आखिरी रूप देना; पाँचवाँ था—आपसी सहयोग के लिए भारत-पाकिस्तान संयुक्त आयोग की गतिविधियों को बहाल करना। जिसमें एक विस्तृत क्षेत्र के मामलों पर विचार किया जाए और अंतिम प्रस्ताव में सुरक्षा और निरस्त्रीकरण से संबंधित आपसी विश्वास निर्माता उपायों की स्थापना का उल्लेख था।

छठे प्रस्ताव में एक महत्त्वपूर्ण तत्त्व था। भारत ने सुझाव दिया कि एक-दूसरे के परमाणु प्रतिष्ठानों पर आक्रमण न करने संबंधी भारत-पाक समझौते को विस्तृत करके उसमें जनसंख्या केंद्र और आर्थिक केंद्रों को भी सम्मिलित किया जाए। भारत ने एक ऐसे समझौते का भी सुझाव दिया, जिसमें दोनों देश एक-दूसरे के खिलाफ अपनी परमाणु क्षमताओं को पहले इस्तेमाल न करने या इस्तेमाल करने की धमकी न देने का वचन देंगे।

भारत और पाकिस्तान ने एक-दूसरे के प्रस्तावों को नामंजूर कर दिया। मामला फिर वहीं-का-वहीं रह गया।

अंत में

भारत के खिलाफ पाकिस्तानी नीतियों में सामान्य रुझानों, जिन्हें मैंने अपने विदेश सचिव काल में महसूस किया, पर प्रकाश डालना इस भाग का उपयुक्त समापन होगा। पहला, राजीव गांधी को कश्मीर पर भारत की मुद्रा से पीछे हटने के लिए विवश न कर पाने के बाद बेनजीर पुराने शत्रुतापूर्ण रवैए पर लौट गईं, पाकिस्तान की सत्ता संरचना में अपनी कमजोर स्थिति को देखते हुए वह ऐसा करने से खुद को रोक नहीं सकती थीं; दूसरा, वह और नवाज शरीफ—दोनों ने यह सही महसूस किया कि अमेरिका कश्मीर मुद्दे पर पाकिस्तान के समर्थन में अपना झुकाव जारी रखेगा; तीसरा, जम्मू एवं कश्मीर में उपद्रवों की बहाली ने पाकिस्तान को इसे अपनी विदेश नीति में एक मुद्दे के रूप में पुनः शामिल करने का अवसर प्रदान किया; चौथा, पाकिस्तान ने कश्मीर मुद्दे की व्याख्या के लिए तीन-मार्गी नीति अपनाई। इस नीति के जरिए पाकिस्तानियों ने ये आशाएँ कीं—

1. भारत के विखंडन को लक्ष्य करके एक छाया युद्ध शुरू करना। यदि पाकिस्तान को इसमें सफलता मिली तो इससे भारत कमजोर होगा और पाकिस्तानी जनता तक यह संदेश जाएगा कि बँगलादेश के विलगाव और सन् 1971 में पाकिस्तान की सैन्य पराजय का बदला ले लिया गया है।

2. 'इसलाम खतरे में है' और 'भारत द्वारा मुसलमानों पर अत्याचार किए जा रहे हैं' इन सिद्धांतों के आधार पर इसलामी देशों को कश्मीर मुद्दे पर भारत के खिलाफ एकजुट करना।

3. पाकिस्तानी राजनीतिक और क्षेत्रीय उद्देश्यों के समर्थन में अंतरराष्ट्रीय जनमत एकजुट करना। इसके लिए आत्मनिर्णय, मानवाधिकारों के उल्लंघन और परमाणु युद्ध की संभावना के तर्कों का इस्तेमाल किया जाए।

भारत के विखंडन की पाकिस्तानी नीतियाँ सिर्फ कश्मीर मुद्दे पर केंद्रित नहीं थीं। पाकिस्तानी इंटेलिजेंस एजेंसियाँ भारत में, पंजाब से लेकर केंद्रीय दक्षिण एशिया के द्वारा उत्तर-पूर्वी राज्यों तक जातीय, धार्मिक और भाषायी अलगाववादी प्रवृत्तियों को प्रोत्साहित करने में सक्रिय रही हैं। अब तक पाकिस्तान भारतीय शासन-व्यवस्था, भारतीय जनमत और भारतीय संस्थानों के लचीलेपन के कारण अपने प्रयासों में सफल नहीं हो पाया है। बहरहाल, निकट भविष्य में पाकिस्तान के इन प्रयासों से पीछे हटने की कोई संभावना नहीं है। बेनजीर भुट्टो और नवाज शरीफ के बीच एकमात्र उल्लेखनीय अंतर मुझे यह लगा कि बेनजीर में उनके पिता का सनकीपन और आक्रामकता थी। वह अंतरराष्ट्रीय व घरेलू राजनीतिक दबावों

व जनमत के प्रति अधिक संवेदनशील और कमजोर भी थीं। इसके विपरीत, नवाज शरीफ व्यावहारिक, अधिक सतर्क और अपेक्षाकृत धैर्यवान् थे।

विदेश विभाग में अपने कार्यकाल के दौरान मैंने एक और बात महसूस की कि इसके विरोध में सभी दावों के बावजूद पाकिस्तानी सैन्य बल और इसलामी दल पाकिस्तान में सत्ता-संरचना के केंद्र रहे। इसका स्पष्ट उदाहरण है पाकिस्तानी घरेलू और विदेश नीति पर इसलामी धार्मिक नेताओं का प्रभाव और इंटर सर्विसेज इंटेलिजेंस एजेंसी की स्वायत्त शक्ति।

पाकिस्तान एक नकारात्मक तत्त्व है, जो भारत की क्षेत्रीय नीतियों और दक्षिण एशियाई क्षेत्रीय सहयोग को विपरीत रूप से प्रभावित करता है। यह एक सच्चाई है जिससे मुँह नहीं मोड़ा जा सकता। इसी संदर्भ में, अपने कार्यकाल के अंत में, मैं और अधिक आश्वस्त होता जा रहा था कि भारत को परमाणु शक्ति प्राप्त करने के बारे में अपनी झिझक छोड़ देनी चाहिए। बहरहाल, मैं इस बारे में सजग था कि मैं इस पक्ष के तकनीकी और आर्थिक परिणामों का आकलन करने के पूर्ण योग्य नहीं हूँ। पाकिस्तान में मेरे कार्यकाल के आखिरी किसी समय में एक वरिष्ठ पाकिस्तानी हितचिंतक स्वर्गीय मजहर अली खान, जो जवाहरलाल नेहरू के भी मित्र थे, ने मुझे सन् 1991 के मध्य में बताया कि विभाजन के कारण उत्पन्न शंकाएँ और गलतफहमियाँ तभी दूर की जा सकती हैं, जब दोनों देशों के लोग अपनी सरकारों की किसी बंदिश के बिना एक-दूसरे से मिलने में सफल होंगे। उन्होंने आगे कहा कि ये सरकारें इन बंदिशों को अपने निजी हितों की सुरक्षा के लिए बरकरार रखती हैं। अपने व्यावसायिक अनुभव की सीमाएँ मुझे उस उच्च नैतिक स्तर पर पहुँचने से रोकती हैं, जहाँ से वह बोल रहे थे।

मैं दो टिप्पणियाँ जोड़ना चाहता हूँ, जो मुझे प्रासंगिक लगती हैं।

जैसा पहले उल्लेख किया जा चुका है—अक्तूबर 1993 में आतंकवादियों ने हजरतबल दरगाह में घुसपैठ कर ली थी। इसके परिणामस्वरूप भारतीय सुरक्षा बलों ने दरगाह के चारों ओर के क्षेत्र की घेराबंदी कर ली। इस घटना के एक दिन बाद चीफ ऑफ आर्मी स्टाफ जनरल विपिन जोशी ने फोन करके मुझसे पूछा कि यदि सैनिक बलपूर्वक दरगाह में घुसें, तो अंतरराष्ट्रीय समुदाय की क्या प्रतिक्रिया हो सकती है? उन्होंने कहा कि 'हजरतबल के आस-पास क्रियात्मक स्तर पर मेरे कमांडरों का कहना है कि वे केवल दो घंटे में दरगाह खाली करवा सकते हैं।' बहरहाल, जनरल जोशी का मानना था कि आतंकवादियों को बाहर निकालने के ऑपरेशन से संबंधित निर्णय लेने में घरेलू और अंतरराष्ट्रीय स्तर पर विशाल राजनीतिक

विचार-विमर्श शामिल होगा। जनरल जोशी अपनी सोच में बिलकुल सही और विचारपूर्ण थे। मैंने सुझाव दिया कि गृह मंत्री और प्रधानमंत्री के आदेशों के अनुसार मेरा मत यह है कि जून 1984 के ऑपरेशन ब्लू स्टार का दोहराव नहीं होना चाहिए, जिसके परिणामस्वरूप अमृतसर के स्वर्ण मंदिर में लोगों के हताहत होने के अलावा पवित्र सिख धर्मस्थान को क्षति पहुँची थी। मैंने कहा कि हालाँकि मैं सही ठोस स्थिति के बारे में नहीं जानता, और न ही मैं आवश्यक सैन्य कारवाइयों के तकनीकी और सैन्य संचालन संबंधी पक्षों को पूरी तरह समझता हूँ, मेरी सलाह है कि हजरतबल दरगाह की घेरेबंदी जारी रखी जाए और धीरे-धीरे आतंकवादियों को बाहर निकाला जाए। जनरल जोशी मुझसे पूरी तरह सहमत थे। आखिरकार उन्होंने स्थिति से निपटने के लिए इसी दृष्टिकोण को अपनाने का निर्णय लिया।

बहरहाल, जम्मू एवं कश्मीर अधिकारियों और कांग्रेस व नेशनल असेंबली के कुछ राजनेताओं ने प्रस्तावित कारवाई के कुछ खास पक्षों के संबंध में हमारे फैसले को निरस्त कर दिया। उदाहरण के लिए, हमने सुझाव दिया था कि सभी प्रकार की खाद्य-आपूर्ति रोक दी जाए और केवल पानी अंदर पहुँचाने की अनुमति दी जाए। ये दोनों सुझाव नामंजूर कर दिए गए। इसके विपरीत आतंकवादियों को बिरयानी सहित खाद्य सामग्री की प्रचुर मात्रा उपलब्ध कराई गई। ऐसे प्रयास ने भारतीय सुरक्षा बलों का मनोबल कम कर दिया, जिनकी मूल रणनीति को पराजित हो गई। इस प्रयास की काफी आलोचना शेष भारत की जनता के बीच भी हुई। गृह सचिव नरेन व्होरा भी जनरल जोशी और मेरे दृष्टिकोण से सहमत थे।

भारत-पाक संबंधों का एक दूसरा पक्ष, जिसपर मुझे लगातार नजर रखनी पड़ी और रक्षा मंत्रालय व राष्ट्रीय सुरक्षा पर सचिवों के शिखर आयोग को खबर देनी पड़ी, वह पाकिस्तान की रक्षा-आपूर्तियों के स्त्रोतों की आक्रामक विविधता से संबद्ध था। प्रेसलर संशोधन के कारण अमेरिका ने पाकिस्तान को 3.2 बिलियन डॉलर की सैन्य सहायता रोक ली। इस संशोधन में यह शर्त थी कि पाकिस्तान को सैन्य सहायता तभी जारी की जाएगी जब अमेरिकी राष्ट्रपति स्पष्ट रूप से प्रमाणित करेंगे कि वह देश खुद को परमाणु हथियारों से लैस नहीं कर रहा है। सन् 1990 के बाद न तो बिल क्लिंटन (कार्यालय में अपने पहले दो वर्षों के दौरान) और न ही उनके पूर्ववर्ती जॉर्ज बुश (सीनियर) पाकिस्तान को ऐसा प्रमाणपत्र देने में सफल रहे। इसके परिणामस्वरूप परिष्कृत सैन्य उपकरणों, साथ ही उन्नत लड़ाकू विमानों और लंबी दूरी की तोपों की आपूर्ति रोक दी गई। साथ ही, अमेरिका ने विभिन्न लड़ाकू जहाजों को भी वापस बुलाने का निर्णय लिया, जो पाकिस्तानी

नौसेना को लीज पर दिए गए थे। ऐसी गतिविधियों ने पाकिस्तान को आक्रामक खरीदारी करने पर विवश किया। इसलामाबाद ने परमाणु उपकरण प्राप्त करने के लिए दिसंबर 1991 में सोवियत संघ के विघटन का पूरा लाभ उठाने की सोची। पाकिस्तानी रक्षा और सैन्य प्रतिनिधिमंडल सन् 1991 के अंत से 1994 के अंत तक कई बार विभिन्न पूर्वी यूरोपीय देशों, खासकर पोलैंड और चेक रिपब्लिक, यूक्रेन और रोमानिया, साथ ही रूसी फेडरेशन का दौरा किया; ताकि विमान, टैंक, बख्तरबंद यानों, तोपों और अन्य खतरनाक हथियारों की खरीद का सौदा किया जा सके। पूर्वी यूरोप के देशों में विदेशी विनिमय और आर्थिक स्रोतों की अत्यंत आवश्यकता को देखते हुए वह पूरा क्षेत्र खासकर सैन्य उपकरणों का एक बाजार बन गया। पाकिस्तान ने पनडुब्बियों, छोटी तोपों, कम दूरी की मिसाइलों आदि के लिए पश्चिमी यूरोपीय देशों, जैसे—फ्रांस, जर्मनी और अमेरिका के साथ उत्तरी यूरोप के देशों से भी संपर्क साधा। इन बेचैन करनेवाली गतिविधियों के मद्देनजर भारतीय दूतावासों को पाकिस्तानी कारवाइयों पर नजर रखने और नई दिल्ली को इस बारे में नियमित सूचना देने के लिए कहा गया, यदि पाकिस्तान इन देशों से हथियारों का नियमित ग्राहक बन जाए।

पाकिस्तान की शस्त्र आयात नीतियों को बाद में राष्ट्रपति क्लिंटन और सीनेटर हैंक ब्राउन ने खूब मदद पहुँचाई, जब उन्होंने प्रेसलर संशोधन के अनुबंधों में परिवर्तन करके पाकिस्तान को सैन्य आपूर्ति बहाल करने का प्रयास किया। विभाग में अपने कार्यकाल के दौरान मेरा यह मानना था (जो अब भी है) कि भारत को हथियारों की आपूर्ति के मामले में अमेरिका के खिलाफ या उन्हें प्राप्त करने के लिए पाकिस्तान के खिलाफ भावनात्मक भर्त्सनाओं में उलझने की कोई आवश्यकता नहीं थी। भारत को यह स्पष्ट रूप से समझ लेना चाहिए कि इन मामलों पर दोनों देशों द्वारा अपनी राष्ट्रीय व रणनीतिक हितों के संदर्भ में निर्णय लिया जाता है। अमेरिका की ओर भारत की प्रतिक्रिया व्यावहारिक और उपयुक्त होनी चाहिए और संघर्षात्मक आलोचना व चीखने-चिल्लाने से दूर रहना चाहिए। इसकी बजाय भारत को चाहिए कि पाकिस्तानी गतिविधियों का सामना करने के लिए हथियारों और सैन्य प्रौद्योगिकी के संदर्भ में अपनी रक्षा-क्षमताओं को उन्नत बनाने और बढ़ाने की ओर ध्यान केंद्रित करे।

यह रुख प्रधानमंत्री राव ने अपनाया था, हालाँकि राजनेताओं का मानना था कि यह रूखा और तार्किक दृष्टिकोण पर्याप्त नहीं है। कुछ हद तक भावोद्गार से बचना नहीं चाहिए। सत्ताधारी दल के ऐसा न करने, शिकायत न करने या सार्वजनिक

बयान न देने के कारण विपक्ष सरकार की आलोचना के साथ-साथ उसे विचलित करने का भी प्रयास करता है। मैं महसूस करता हूँ कि सरकार और सत्ताधारी दल को अपनी नीतियों के औचित्य के बारे में जनता को सूचित करना चाहिए। इसके बाद विपक्ष को निंदा करने या नीतियों में दोष ढूँढ़ने का सीमित मौका ही मिलेगा।

सन् 1996 से 2000 के बीच भारत-पाकिस्तान संबंधों को किसी प्रभावशाली या संरचनात्मक वर्णन की आवश्यकता नहीं है। भारत तब राजनीतिक संक्रमण काल से गुजर रहा था, जब इस अवधि के दौरान तीन प्रधानमंत्रियों ने सत्ता सँभाली, जबकि पाकिस्तान में लोकतांत्रिक तरीके से निर्वाचित सरकार को एक सैन्य तख्तापलट द्वारा हटा दिया गया। नरसिंह राव के प्रस्थान के बाद वाजपेयी, देवगौड़ा, गुजराल और फिर वाजपेयी की सरकार बनी। इस अवधि के दौरान भारत में तीन बार आम चुनाव हुए। नवाज शरीफ सन् 1996 के चुनावों में बेनजीर भुट्टो और मोइन कुरैशी सरकार को पीछे छोड़कर सत्ता में लौटे। वह लगभग तीन वर्षों तक—तब तक सत्ता में रहे जब तक 12 अक्तूबर, 1999 को जनरल परवेज मुशर्रफ ने 'पाकिस्तान सरकार के प्रमुख कार्यकारी अधिकारी' का खिताब ग्रहण कर उन्हें पदच्युत नहीं कर दिया।

इस अवधि के दौरान भारत-पाकिस्तान संबंध और आम जनसंपर्क विरोधाभासी विशेषताओं से परिपूर्ण रहा है। गतिरोध तब उत्पन्न हुआ जब सन् 1994 में बेनजीर सरकार मुख्य रूप से दो कारणों से विजयी हुई। नवाज शरीफ ने अपने सन् 1996 के चुनावी घोषणापत्र में भारत के साथ सामान्य संबंधों की बहाली और बातचीत द्वारा कश्मीर मुद्दे के समाधान को महत्त्वपूर्ण स्थान दिया था। इसलामपसंद दलों द्वारा उनकी भारत के प्रति प्रस्तावित नीतियों के घोषित विरोध के बावजूद वे महत्त्वपूर्ण बहुमत से निर्वाचित हुए। संयोगवश देवगौड़ा मंत्रिमंडल में आई.के. गुजराल विदेश मंत्री बने और बाद में सन् 1997 में प्रधानमंत्री बने। भारत के साथ अच्छे संबंध रखने की नवाज शरीफ की व्यावहारिक प्रवृत्ति और क्षेत्रीय शांति व स्थिरता के लिए अनिवार्य मानते हुए पाकिस्तान के साथ संबंधों को सामान्य बनाने की गुजराल की तीव्र इच्छा अल्पकाल तक भारत-पाक संबंधों के लिए लाभदायक सिद्ध हुई। गुजराल संयुक्त राष्ट्र, कोलंबो में सार्क सम्मेलन और एडिनबर्ग में कॉमनवेल्थ सम्मेलन के दौरान नवाज शरीफ से मिले।

सन् 1996 के अंत से द्विपक्षीय वार्त्ता बहाल की गई, हालाँकि भारत और पाकिस्तान—दोनों की ओर से अप्रासंगिक विवादों और वर्जनाओं का सिलसिला जारी रहा। भारत एक विस्तृत विचार-विमर्श चाहता था, जिसके कारण इसने

पाकिस्तान सरकार को सभी उल्लेखनीय विषयों पर कार्यकारी समूहों की बैठकों का सुझाव दिया। ये विषय थे—कश्मीर, सियाचिन, सर क्रीक सीमा का निर्धारण, वुलार बैरेज (तुलबुल हाइडल परियोजना) से संबंधित मुद्दे, परिवहन सुविधाओं का सरलीकरण, सांस्कृतिक सहयोग को पुनर्जीवित करना, आर्थिक सहयोग और व्यापार संबंधों की बहाली और समुद्री सीमा का सीमांकन। भारतीय मीडिया ने कहा कि ये नौ मुद्दे पारिभाषिक थे और पहली बार एक पूर्ण एजेंडा तैयार किया गया। यह दावा पूरी तरह गलत था। ये नौ मुद्दे सन् 1983 से भारत-पाक एजेंडा पर थे। जब राजीव गांधी सन् 1988 के अंत में बेनजीर से मिले तो इन मुद्दों को विशिष्टतापूर्वक सूचीबद्ध किया गया। इस सुझाव को बहुत प्रचारित किया गया कि पहली बार अलग-अलग कार्यकारी समूह इनमें से हर विषय से अलग-अलग निपटेंगे। यह फिर से कम स्मरणशक्ति का प्रमाण था, क्योंकि इनमें से हर विषय से निपटने के लिए स्वतंत्र आधिकारिक स्तर के कार्यकारी समूहों की बैठक सन् 1988 और सन् 1994 के बीच इसलामाबाद एवं नई दिल्ली में हुई थी।

संस्थागत और राजनीतिक स्मरणशक्ति के इस सुविचारित इनकार को एक ओर रखते हुए इस बहाल वार्त्ता की विषय-वस्तु से जिस तरीके से पेश किया गया, यह अप्रासंगिकताओं का प्रभाव छोड़ता है। पाकिस्तान ने जोर दिया कि कश्मीर का मुद्दा एक स्वतंत्र कार्यकारी समूह का विषय होना चाहिए, जिसका नेतृत्व दोनों देशों के विदेश सचिव करेंगे। उसने सुझाव दिया कि राजनीतिक और सुरक्षा मुद्दों पर अलग से विचार-विमर्श होना चाहिए। पाकिस्तान ने माँग की कि कश्मीर मुद्दे पर पहले और उसकी प्रगति को देखते हुए अन्य मुद्दों पर बाद में विचार-विमर्श किया जाए। भारत ने कश्मीर पर अलग से विचार करने के प्रस्ताव का विरोध किया।

परिणाम यह रहा कि सन् 1996 से 1998 के अंत तक (लगभग ढाई वर्षों तक) विदेश सचिवों के बीच बहाल वार्त्ता में सभी द्विपक्षीय विचार-विमर्श एजेंडा से संबंधित विवादों में फँसकर रह गए। भारतीय विदेश सचिव सलमान हैदर और के.वी. रघुनाथ जिन्होंने इन वार्त्ताओं का बोझ उठाया, कश्मीर पर अलग से चर्चा न करने की भारतीय राजनीतिक नेतृत्व की नीतियों और पाकिस्तानी विदेश सचिव शमशाद अहमद खान के अड़ियल रवैए का शिकार बन गए। 'गुजराल डॉक्ट्रिन' में दो सालों के अंतर के बाद बातचीत फिर शुरू करते समय जिस सद्गुण का दावा किया गया था, वह सन् 1996 से 1998 के बीच हुई निरर्थक बातचीत में छिन्न-भिन्न हो गया। फिर भी इसे याद रखना जरूरी है कि गुजराल और नवाज शरीफ के

बीच घनिष्ठ व्यक्तिगत संबंध थे और दोनों ही आपसी संबंधों को पटरी पर लाने की सामान्य इच्छा रखते थे। एक गठबंधन सरकार का हिस्सा होने के कारण गुजराल की अपनी सीमाएँ थीं, जबकि नवाज शरीफ के हाथ वहाँ की इसलामपसंद पार्टियों, सेना और यहाँ तक कि विदेश मंत्रालय के कुछ तत्त्वों ने भी बाँध रखे थे।

इस बिंदु को साबित करने लिए एक घटना का जिक्र उचित होगा। भारत के एक बड़े औद्योगिक समूह 'अंबानी' ने पाकिस्तान में प्राकृतिक गैस के उत्पादन में दिलचस्पी दिखाई, साथ ही गैस को भारत लाने के लिए पाकिस्तान से भारत तक पाइपलाइन बिछाने की बात भी थी और अगर संभव हो तो उसे गुजरात परियोजना से जोड़ने का विचार भी किया गया। गैस को तुर्कमेनिस्तान से लाने का विचार था। उन्होंने इस संबंध में पाकिस्तान के औद्योगिक घरानों और पाकिस्तानी सरकार से इस बारे में प्रारंभिक बातचीत की। भारत सरकार पाकिस्तान से प्राकृतिक गैस खरीदने की इच्छा रखती थी। इस संबंध में नवाज शरीफ का रुख सकारात्मक था। सन् 1997 में एडिनबर्ग में राष्ट्रमंडल के सदस्य देशों के शासनाध्यक्षों के सम्मेलन के दौरान जब गुजराल और नवाज शरीफ के बीच द्विपक्षीय बातचीत हुई, तब गुजराल ने इस पाइपलाइन परियोजना का मुद्दा उठाया। नवाज शरीफ कुछ प्रारंभिक रिमार्क देने की प्रक्रिया में थे और सकारात्मक रुख दिखा ही रहे थे कि पाकिस्तान के विदेश सचिव शमशाद अहमद खान ने अपने ही प्रधानमंत्री के बोलने के बीच में हस्तक्षेप किया और कहा कि जब तक कश्मीर-समस्या का संतोषजनक समाधान नहीं निकल जाता तब तक इस प्रकार की कोई परियोजना शुरू नहीं हो सकती और पाकिस्तानी जनता इस पूर्व शर्त के पूरा होने तक इस प्रकार के किसी भी सहयोग के खिलाफ है। आश्चर्यजनक रूप से बातचीत अप्रत्याशित समापन की ओर बढ़ गई। शरीफ ने अपने विदेश सचिव से प्रधानमंत्री की बात के बीच इस ढंग से हस्तक्षेप के बारे में कोई सवाल नहीं पूछा।

प्रधानमंत्री देवगौड़ा ने इस सारी प्रक्रिया में सक्रिय रूप से कोई भागीदारी नहीं दिखाई। पहले विदेश मंत्री और फिर प्रधानमंत्री के रूप में गुजराल ही इस विदेश नीति के आरंभकर्ता और लागूकर्ता रहे। जब यह सारी राजनीतिक कवायद चल रही थी, उस समय भी कश्मीर में हिंसा का दौर जारी था। पाकिस्तान ने संयुक्त राष्ट्र और संयुक्त राष्ट्र मानवाधिकार आयोग के सामने कश्मीर मुद्दे को उठाना जारी रखा था। विश्व व्यापार संगठन की शर्तों के बावजूद पाकिस्तान भारत के साथ व्यापारिक संबंध सामान्य बनाने से इनकार करता रहा और सार्क के अंतर्गत चलनेवाली परियोजनाओं में भी रोड़े अटकाता रहा। गुजराल डॉक्ट्रिन की

सकारात्मक प्रेरणाओं के बावजूद संबंधों में एक प्रकार की सुस्ती आ गई थी। इसका कारण डॉक्ट्रिन का जमीनी वास्तविकताओं से कटा होना था।

हालिया इतिहास

अटल बिहारी वाजपेयी ने मार्च 1998 में सत्ता सँभाली। भाजपा नेतृत्ववाली गठबंधन सरकार के सत्ता सँभालने के आठ सप्ताह के अंदर 11 और 13 मई को भारत ने शक्ति श्रृंखला का अपना परमाणु परीक्षण किया। एक पखवारे के अंदर 27 मई को चगाई की पहाड़ियों में पाकिस्तान ने भी परमाणु परीक्षण करके इसका जवाब दिया। वाजपेयी द्वारा संसद् में यह बयान देने के बावजूद कि भारत अब और परीक्षण नहीं करेगा और वह इसका पहले इस्तेमाल नहीं करने के सिद्धांत के प्रति गंभीर है, अंतरराष्ट्रीय समुदाय ने इन परीक्षणों की कड़ी आलोचना की। परमाणु परीक्षणों के तुरंत बाद गृह मंत्री लालकृष्ण आडवाणी और तत्कालीन संसदीय कार्यमंत्री मदनलाल खुराना द्वारा दिए गए कुछ बयानों के कारण भारत सरकार ने खुद को एक परेशानी की स्थिति में घिरा हुआ पाया। आडवाणी ने पाकिस्तान को चेतावनी देते हुए कहा कि बढ़ी हुई सैन्य शक्ति के मद्देनजर भारत जम्मू एवं कश्मीर में पाकिस्तानी आतंकवादी घुसपैठ के खिलाफ आगे बढ़कर कदम उठा सकता है। खुराना ने पाकिस्तान को चुनौती दी कि वह जब और जहाँ चाहे वहाँ भारत का सामना कर ले, 'पाकिस्तान को सबक सिखा दिया जाएगा'। परमाणु परीक्षणों और मिसाइल क्षमता से प्राप्त आत्मविश्वास के कारण पाकिस्तानी सत्ता प्रतिष्ठान का जवाब भी उतना ही आक्रामक और असमझौतावादी था।

परमाणु हथियार हासिल करने का सबसे महत्त्वपूर्ण परिणाम यह हुआ कि भारत और पाकिस्तान—दोनों पर ही कश्मीर सहित परमाणु संघर्ष टालने के लिए द्विपक्षीय बातचीत शीघ्र शुरू करने के लिए बहुआयामी और सीधा दबाव पड़ने लगा। अमेरिका इस अभियान का नेतृत्व कर रहा था और चारों अन्य घोषित परमाणु शक्तियाँ—फ्रांस, रूस, चीन और ब्रिटेन उसका समर्थन कर रही थीं। उतना ही महत्त्वपूर्ण यह भी है कि दोनों ही देशों में राजनीतिक बातचीत शुरू करने के पक्ष में जनमत तैयार होने लगा था। इस तथ्य को अभिव्यक्ति प्रधानमंत्री वाजपेयी द्वारा की गई इस घोषणा कि वह नवाज शरीफ से मिलना चाहते हैं, और शरीफ द्वारा इंडियन एक्सप्रेस के संपादक शेखर गुप्ता को दिए गए साक्षात्कार से मिली। साक्षात्कार में शरीफ ने दो बिंदुओं पर जोर दिया—पहला, वह अभी भी अपने उस चुनावी वायदे के प्रति गंभीर हैं, जिसमें उन्होंने भारत और पाकिस्तान के बीच

सामान्य संबंध बनाने की बात कही थी। दूसरा, उन्होंने वाजपेयी को बातचीत के लिए पाकिस्तान आमंत्रित किया। संक्षेप में—अगस्त 1998 से जनवरी 1999 के बीच अधिकारी स्तर की द्विपक्षीय वार्त्ताओं की बयार चल पड़ी। वाजपेयी ने नवाज शरीफ का आमंत्रण कबूल कर लिया। 22 फरवरी, 1999 को उनका लाहौर जाना तय हुआ। राजीव गांधी द्वारा जुलाई 1989 में की गई इसलामाबाद यात्रा के तकरीबन दस वर्ष बाद कोई भारतीय प्रधानमंत्री पाकिस्तान की यात्रा पर जा रहा था। वाजपेयी ने अपनी यात्रा को नाटकीय रूप देने के लिए अमृतसर से वाघा-अटारी सीमा तक बस में जाने का फैसला किया। यह नई दिल्ली से लाहौर के बीच सीधी बस सेवा के उद्घाटन का अवसर भी था।

भारत और पाकिस्तान के बीच जनमत विपरीत था। भारतीय मीडिया जहाँ इस कदम को 'भारत-पाक संबंधों में एक नए दौर की संज्ञा' दे रहा था और 'सहयोग तथा सौहार्द का नया अध्याय' बता रहा था, वहीं पाकिस्तानी जनमत कम उत्साहपूर्ण था। यह विपरीत लक्षण वाजपेयी की यात्रा के दौरान वहाँ केवातावरण में भी झलक रहा था। प्रिंट और इलेक्ट्रॉनिक मीडिया द्वारा इस दौरे को दी गई जबरदस्त पब्लिसिटी से अलग वाजपेयी अपने साथ भारतीय समाज के विभिन्न क्षेत्रों की प्रसिद्ध हस्तियों को अपने साथ ले गए थे। इनमें राजनेता, पूर्व नौकरशाह, पत्रकार, नामी कलाकार, सिने अभिनेता, साहित्यकार इत्यादि थे। अमृतसर से लेकर वाघा सीमा तक दोनों ओर का रास्ता सजा हुआ था, लोग जमा थे और नाच-गा रहे थे। ऐसा लगता था जैसे एक उत्सव का माहौल हो; लेकिन यह सारा उत्साह शीघ्र ही ठंडा पड़ गया, क्योंकि यात्रा की शुरुआत में 22 फरवरी को ही पाकिस्तान समर्थित आतंकवादियों ने जम्मू एवं कश्मीर के राजौरी में कई निर्दोष नागरिकों की हत्या कर दी। इसके बावजूद वाजपेयी लाहौर गए। सीमा की दूसरी तरफ का वातावरण थोड़ा बदला हुआ था। नवाज शरीफ ने जब वाजपेयी की अगवानी की, तब उनके विदेश मंत्री तो उनके साथ थे, लेकिन जनता की उपस्थिति नहीं थी। वाजपेयी जब गार्ड ऑफ ऑनर का निरीक्षण कर रहे थे, तब वहाँ सेना के किसी अंग के प्रमुख भी उपस्थित नहीं थे। स्वागत ठीक-ठाक था, मगर अनमने से दिख रहे नवाज शरीफ के कारण वह थोड़ा मंद हो गया था।

दोनों प्रधानमंत्री एक हेलीकॉप्टर में बैठकर लाहौर की ओर रवाना हो गए। उनकी बातचीत का परिणाम दो दस्तावेजों के रूप में निकला। पहला लाहौर घोषणा-पत्र और दूसरा रणनीतिक परमाणु नियंत्रण पर आपसी सहमति-पत्र। घोषणा-पत्र अपने विषयवस्तु के हिसाब से सामान्य ही था, जिसमें दोनों प्रधानमंत्रियों ने आपसी

संबंध सुधारने के लिए सार्थक बातचीत की प्रक्रिया जारी रखने के लिए अपनी प्रतिबद्धता जताई थी। रणनीतिक परमाणु नियंत्रण पर आपसी सहमति-पत्र ही ज्यादा महत्त्वपूर्ण था। इस सहमति-पत्र में परमाणु नियंत्रण, दुर्घटनावश परमाणु टकराव टालने और परमाणु युद्ध टालने के लिए आपसी विश्वास बढ़ाने के लिए विशेषज्ञों का एक वर्किंग ग्रुप बनाने की बात कही गई थी। इस ग्रुप ने सन् 1999 के मार्च-अप्रैल से अपना काम करना शुरू कर दिया था। लाहौर में वाजपेयी का स्वागत वाघा सीमा पर के स्वागत से बढ़िया था। यहाँ पर तीनों सेनाओं के चीफ भी मौजूद थे, लेकिन जनता यहाँ भी गायब थी। इसके बाद गवर्नर हाउस में दिए गए रिसेप्शन में अधिकारियों की अच्छी-खासी संख्या जमा हुई। वाजपेयी लाहौर में अपनी बेहतरीन क्षमता में थे। रिसेप्शन में दिए गए भाषण में उन्होंने शांति, स्थिरता और उपमहाद्वीप के लोगों का आर्थिक कल्याण सुनिश्चित करने के लिए पाकिस्तान के साथ मित्रवत् और सहयोगी संबंध रखने की भारत की गंभीर और गहन इच्छा जताई। नवाज शरीफ की प्रतिक्रिया भी उतनी ही सकारात्मक थी। वाजपेयी का 'मीनार-ए-पाकिस्तान', जो पाकिस्तान के निर्माण की याद में बनाया गया है, जाने का फैसला इस यात्रा की एक मुख्य विशेषता थी। कोई भी भारतीय नेता इस स्मारक को देखने नहीं गया था, लेकिन वाजपेयी ने इस यात्रा के द्वारा पाकिस्तान की संप्रभुता, अखंडता और स्थायित्व के प्रति भारत की प्रतिबद्धता के राजनीतिक संकेत की पुष्टि की। उन्होंने यह भी जाहिर कर दिया कि उनकी यात्रा से इस तरह के सभी संदेह खत्म हो जाने चाहिए कि भारत बँटवारे को स्वीकार नहीं कर पाया है और अभी भी पाकिस्तान को अपने में मिलाना चाहता है।

वाजपेयी 23 फरवरी को इस उम्मीद के साथ वापस लौट आए कि उन्होंने भारत-पाकिस्तान संबंधों में आए गतिरोध को समाप्त कर दिया है, लेकिन वह इस बारे में सावधान थे कि संभावनाएँ अनिश्चित हैं। जब वह अमृतसर में बस में सवार हो रहे थे, तभी उन्हें राजौरी में हुए नरसंहार की खबर मिली थी और एक पत्रकार ने उनसे शुरू होनेवाली उनकी यात्रा के बारे में पूछा था। वाजपेयी की प्रतिक्रिया थी कि वह 'मिश्रित भावनाओं' और 'अनिश्चित पूर्वानुमानों' के साथ लाहौर जा रहे हैं। बाद के सप्ताहों ने साबित किया कि अपनी सावधान मुद्रा में वाजपेयी कितने सही थे। यहाँ तक कि उनकी यात्रा और उसके तुरंत बाद लाहौर में जो घटनाएँ हुईं, उन्होंने आनेवाली घटनाओं के बारे में संकेत दिया। लाहौर में उनकी यात्रा के खिलाफ जन-प्रदर्शन हो रहे थे। उन्हें पुलिस काररवाई के द्वारा नियंत्रित किया गया। इसलामपसंद पार्टियों के धार्मिक नेताओं ने उनकी मीनार-ए-पाकिस्तान

यात्रा के बाद वहाँ के फर्श की पूरी तरह धुलाई की, क्योंकि उनकी राय में दुश्मन देश के एक काफिर प्रधानमंत्री के कदम पड़ने से वह जगह अपवित्र हो गई थी। यात्रा के दौरान जिन समझौतों पर पहुँचा गया था उनके बारे में बाद में कोई कदम नहीं उठाया जा सका, क्योंकि वाजपेयी सरकार विपक्षी दलों द्वारा लाए गए अविश्वास प्रस्ताव की चुनौती में घिर गई थी और अंततः मार्च 1999 में वह पराजित हो गई। उसी तरह नवाज शरीफ भी भ्रष्टाचार के आरोपों में और सैन्य प्रमुखों के साथ विवादों में घिर गए। इसीलिए इतने महत्त्वपूर्ण दौरे के परिणामों पर अभी भी प्रश्नचिह्न लगा हुआ है।

वाजपेयी की लाहौर पहल के तकरीबन ढाई महीने बाद ही इस दौरे की प्रासंगिकता पर करगिल संघर्ष के कारण प्रश्नचिह्न लग गया। पचास दिन चले इस संघर्ष ने भारत-पाकिस्तान के संबंधों को पूरी तरह चीथड़े-चीथड़े कर दिया, जैसा इस पुस्तक के प्रारंभ में भी बताया गया है। इस संघर्ष में पाकिस्तान की राजनीतिक, सैन्य और रणनीतिक विफलता ने पाकिस्तान में आंतरिक फूट डालनेवाला दबाव पैदा कर दिया, जिसका चरमबिंदु निर्वाचित सरकार और सैन्य आलाकमान के बीच अनबन के रूप में सामने आया। इसके कारण नवाज शरीफ ने सेना प्रमुख जनरल परवेज मुशर्रफ को उस समय बरखास्त करने का प्रयास किया, जब वह कोलंबो की यात्रा पर थे। इससे पहले शरीफ ने आर्मी चीफ जहाँगीर करामत को इस्तीफा देने के लिए विवश कर दिया था और नौसेना प्रमुख को भी हटा दिया था; लेकिन मुशर्रफ को बरखास्त करते समय वह गलत और अति आत्मविश्वास के शिकार बन गए। कराची में मुशर्रफ का उतरना और उनके उतरने के साथ ही इसलामाबाद में सैन्य तख्ता पलट का नाटक जनता की जानकारी में है और उनको दोहराना आवश्यक नहीं है। मुशर्रफ ने 12 अक्तूबर, 1999 को पाकिस्तान के कार्यकारी प्रमुख का प्रभार ग्रहण किया। कुछ ही दिनों के अंदर उन्होंने फरवरी में लाहौर वार्त्ता के दौरान शरीफ और वाजपेयी द्वारा लिये गए सभी निर्णयों को रद्द कर दिया। भारत पाकिस्तान में फिर से सैन्य तानाशाही के पुनर्जीवित होने के विरुद्ध था। पाकिस्तान में पिछले दो वर्षों में मुशर्रफ के शासन के दौरान भारत-पाक संबंधों में एक अधोमुखी झुकाव आया है। सन् 1971 के दौरान पूर्वी पाकिस्तान के संकट के अलावा भारत-पाक संबंध इतने खराब कभी नहीं थे, जितने इस पुस्तक को लिखते समय हैं। पिछले छह माह में घटित घटनाओं का विवरण और भारत-पाकिस्तान संबंधों के भविष्य के बारे में अंतिम अध्याय में उल्लेख किया जाएगा, जो एक प्रकार से इस पुस्तक का उपसंहार होगा।

सन् 1990 का दशक सकारात्मक उम्मीदों के साथ शुरू हुआ। नई शताब्दी के पहले वर्ष में, हिंसा और शत्रुतापूर्ण वातावरण में वे उम्मीदें धुँधली पड़ गई हैं; लेकिन यदि इस विशाल कैनवास पर कुछ सकारात्मक विवरणों का जिक्र न किया जाए तो यह लापरवाही होगी। सन् 1977 स मइ 1999 तक की अवधि में क्षीण और तनावपूर्ण परिस्थितियों में आम जनसंपर्क बरकरार रहा। भारत और पाकिस्तान ने एक-दूसरे के साथ क्रिकेट मैच खेले, जिनमें से कुछ के दौरान भारतीय दर्शकों ने पाकिस्तानी प्रदर्शन की प्रशंसा उत्साह से की। पाकिस्तानी कलाकारों गुलाम अली, नुसरत फतेह अली, इकबाल बानो, रेशमा आदि का भारतीय शहरों में बार-बार उत्साह और प्रशंसापूर्वक स्वागत किया गया। पाकिस्तान के एक एटॉर्नी जनरल की पुत्री जेबा बख्तियार ने रणधीर कपूर की फिल्म 'हिना' में अभिनय किया। दिलीप कुमार और सायरा बानो का पाकिस्तान में गर्मजोशी से स्वागत किया गया। दिलीप कुमार को उच्च नागरिक सम्मान 'निशान-ए-पाकिस्तान' से विभूषित किया गया।

मुझे याद आता है कि जब मैं इसलामाबाद में उच्चायुक्त था तो रणधीर कपूर और ऋषि कपूर अपनी फिल्म 'हिना' के संबंध में वहाँ आए थे। उन्होंने पेशावर में अपने पुश्तैनी मकान में जाने की इच्छा प्रकट की और पाकिस्तानी अधिकारियों ने इसकी तुरंत इसकी अनुमति दे दी। जब उन्होंने अपने पुश्तैनी मकानवाली गली में प्रवेश किया तो उनपर गुलाब की पँखुड़ियों की बरसात की गई और लाहौर में भी उनका उतना ही भव्य स्वागत किया गया। शत्रुघ्न सिन्हा भी पाकिस्तान में इस तरह का स्वागत पानेवाले कलाकार थे। भारती शिवाजी, किरण सहगल आदि कलाकारों ने आठवें दशक के अंत और नौवें दशक की शुरुआत में पाकिस्तान का दौरा किया तब उत्साहित दर्शकों द्वारा उनका स्वागत किया गया। भारतीय और पाकिस्तानी लेखकों और कवियों ने एक-दूसरे के देशों की यात्रा की। मुझे याद है कि सन् 1979 में सांस्कृतिक संबंधों के लिए भारतीय परिषद् के सचिव के रूप में मैंने फैज अहमद फैज का स्वागत किया था और वाजपेयी उस कार्यक्रम की अध्यक्षता कर रहे थे, जिसमें फैज को सम्मानित किया गया था। भारतीय दिलों को जीतनेवाले एक अन्य शायर हैं अहमद फराज, जो पाकिस्तानी अधिकारियों की आपत्ति के बावजूद दिल्ली आते रहे हैं। मानवाधिकार कार्यकर्ता अस्मा जहाँगीर और पत्रकार मेरियाना बाबर भारत आती रहती हैं और उनके भारतीय प्रतिपक्षियों द्वारा उनका काफी आदर किया जाता है। इसी साँस में मैं यह भी उल्लेख करना चाहता हूँ कि सन् 1989 में इसलामाबाद इंटरनेशनल वूमेंस क्लब ने भारत में अपना एक प्रतिनिधिमंडल भेजा था। उन्होंने सिर्फ दिल्ली और जयपुर की ही नहीं बल्कि

श्रीनगर की भी यात्रा की, जहाँ तत्कालीन राज्यपाल जनरल (रिटायर्ड) के.वी. कृष्णराव ने व्यक्तिगत रूप से उनका स्वागत किया और गुलमर्ग में उनके स्वागत में एक समारोह आयोजित किया।

प्रमुख बात यह है कि भारत-पाकिस्तान संबंधों में अड़ियलपन और त्रासदियों के बावजूद सीमा के दोनों ओर आम समाज के कुछ भागों में विवेकशीलता और सहज बुद्धि विद्यमान हैं, जो भविष्य के बारे में कुछ आशाएँ जगाती हैं।

□

: अध्याय 9 :

कश्मीर : विवाद की असाध्य जड़

इस पुस्तक के दूसरे अध्याय में सन् 1999 के ग्रीष्मकाल में पचास दिनों तक चले भारत-पाक युद्ध का विवरण था। यह युद्ध निश्चित रूप से कश्मीर मुद्दे पर भारत और पाकिस्तान के बीच लंबे समय से चले आ रहे विवाद का एक परिणाम था। इस विवाद से जुड़े मुद्दों पर इस पुस्तक के पहले के अन्य अध्यायों में प्रकाश डाला गया है, खासकर सन् 1965 तक की अवधि, और फिर सन् 1971 में भारत-पाक युद्ध के तुरंत बाद के वातावरण का जिक्र करते हुए। यहाँ मेरा उद्देश्य कश्मीर से जुड़ी समस्याओं का कुछ स्वतंत्र संदर्भ में विश्लेषण करना और पिछली अवधियों में कुछ प्रस्तावित समाधान के आसारों का वर्णन करना है। तथ्य यह है कि भारत को अब भी जम्मू एवं कश्मीर के भारतीय नागरिकों की उम्मीदों को ध्यान में रखते हुए एक समाधान ढूँढ़कर कश्मीर में वर्तमान संकट को सुलझाना है। दूसरे चरण में, भारत और पाकिस्तान को इस संकट, जो जम्मू एवं कश्मीर को लेकर पाकिस्तान के दृष्टिकोणों और दावों में निहित है, पर एक समझौता करना होगा। समस्याओं का विश्लेषण करते समय कुछ महत्त्वपूर्ण ऐतिहासिक वास्तविकताओं और तथ्यों को ध्यान में रखना होगा, जैसे—

1. यह याद रखना चाहिए कि जम्मू एवं कश्मीर की रियासत, जो अब भारत और पाकिस्तान के बीच बँटी हुई है, उन्नीसवीं सदी के मध्य में ब्रिटिश अधिकारियों के सहयोग से डोगरा शासन की एक कृत्रिम रचना थी।
2. जम्मू एवं कश्मीर का समाज बहुजातीय, बहुभाषीय और बहुधार्मिक है। यह इसलामी पहचानवाला समजातीय क्षेत्र नहीं है, जैसा कि पाकिस्तान

का दावा है।

3. यदि हम इतिहास पर नजर डालें तो शुरुआती हिंदू और बौद्ध शासनकालों के दौरान जम्मू एवं कश्मीर भारतीय राज-व्यवस्था और साम्राज्य का एक अभिन्न अंग था। सबसे हालिया मुगलकाल में जम्मू एवं कश्मीर का पश्चिमी भाग, जो अब पाकिस्तान के न्यायक्षेत्र में है, अधिकतर अफगान राजाओं और अप्रत्यक्ष रूप से पर्सियन साम्राज्य के प्रतिनिधियों द्वारा नियंत्रित था। जम्मू एवं कश्मीर के पूर्वी हिस्से, जो अब भारत के साथ हैं, मुगलों के अधीन थे।
4. विभाजन के समय जम्मू एवं कश्मीर के हिंदू डोगरा राजा हरिसिंह का शुरुआती लक्ष्य कश्मीर को एक स्वतंत्र राज्य बनाना था। जम्मू एवं कश्मीर के लोगों ने इसका विरोध किया। नेशनल कॉन्फ्रेंस के शेख अब्दुल्ला और मुसलिम लीग के नेताओं ने भी इसका विरोध किया।
5. सन् 1947 में ब्रिटिश संसद् में पारित इंडिपेंडेंट एक्ट के प्रावधानों के तहत हरिसिंह भारत में शामिल हुए। वह पाकिस्तान द्वारा रियासत में कबाइली और सैन्य आक्रमण के कारण दबाव में थे। उन्हें भारतीय सैन्य सुरक्षा की जरूरत थी।
6. यह तर्क कि भारत में जम्मू एवं कश्मीर का विलय एक निराशाजन्य निर्णय था, निष्प्रभावी हो गया; क्योंकि जम्मू एवं कश्मीर के लोगों के प्रतिनिधि राजनीतिक संगठन नेशनल कॉन्फ्रेंस ने शेख अब्दुल्ला के नेतृत्व में भारत में जम्मू एवं कश्मीर के विलय का समर्थन किया।
7. भारतीय नेताओं ने ब्रिटिश सरकार और पाकिस्तान के संस्थापक जिन्ना— दोनों को यह सुझाव दिया था कि भारतीय रियासतों को अपने नागरिकों की इच्छा के अनुसार अपना भविष्य तय करना चाहिए, न कि उनके राजसी और सामंती शासकों की आवश्यकताओं और प्रवृत्तियों के अनुसार। ब्रिटिश अधिकारियों और जिन्ना— दोनों ने इस सुझाव को मानने से इनकार कर दिया। उन्होंने जोर दिया कि इन रियासतों के राजा ही यह तय करेंगे कि उनका भविष्य किसके साथ होगा। जिन्ना को उम्मीद थी कि भोपाल, हैदराबाद और जूनागढ़ रियासतों के शासक पाकिस्तान में शामिल होना पसंद करेंगे।

   जिन्ना ने यह भी उम्मीद की थी कि कश्मीर रियासत, खासकर घाटी में मुसलिम बहुल जनसंख्या के कारण, महाराजा हरिसिंह के खिलाफ

एकजुट हो जाएगी और कश्मीर एक स्वतंत्र सत्ता के रूप में उभरेगी या पाकिस्तान में शामिल हो जाएगी। जब जिन्ना की उम्मीदें सच नहीं हुईं तो पाकिस्तान ने अक्तूबर 1947 में कबाइली आक्रमण का सहारा लिया।

8. सन् 1948 में यह सोचकर भारत संयुक्त राष्ट्र में गया कि पाकिस्तान के द्वारा कब्जे में कर ली गई जमीन को खाली करवाने में अंतरराष्ट्रीय समुदाय मदद करेगा और कश्मीर के महाराजा के भारत में शामिल होने के वैधानिक निर्णय को उलटने की कोशिश से उसे बाज आने को कहेगा। भारत ने कुछ विशिष्ट अवस्थाओं में जनमत-संग्रह कराने की सहमति दी, जिसमें सबसे महत्त्वपूर्ण था कि पाकिस्तान अपने सभी सैनिक हटा लेगा और जम्मू एवं कश्मीर की रियासत के पूरे क्षेत्र को खाली कर देगा। पाकिस्तान ने ऐसा करने से इनकार कर दिया और अब भी इनकार करता है। इस पृष्ठभूमि के विपरीत भारत ने जम्मू एवं कश्मीर में लोकतांत्रिक प्रक्रियाएँ शुरू कीं और उसी समय इस विवाद के समाधान के लिए संयुक्त राष्ट्र या किसी अन्य बाहरी पक्ष की भूमिका को अस्वीकृत कर दिया। भारत ने पाकिस्तान द्वारा कश्मीर मुद्दे को 'विभाजन का अपूर्ण कार्य' कहकर पेश किए जाने पर बार-बार आपत्ति जताई है।

विध्वंसक कारवाइयों और अंतरराष्ट्रीय दबाव द्वारा कश्मीर को प्राप्त करने में सफल न रहने पर पाकिस्तान ने इस उद्देश्य को भारत के साथ तीन युद्ध करके सैन्य उपायों द्वारा प्राप्त करने का प्रयास किया। पाकिस्तान इस दुस्साहसिक प्रयास में अब तक विफल रहा है। पाकिस्तान इस बात पर जोर देता रहा है कि कश्मीर वह केंद्रीय मुद्दा है, जो संबंधों के सामान्यीकरण में अवरोध है। भारत के लिए भी यह केंद्रीय मुद्दा है, क्योंकि भारत अपने क्षेत्र के किसी भी भाग और अपने किसी भी नागरिक को धार्मिक संबद्धता के आधार पर भारतीय गणतंत्र से अलग होने की अनुमति नहीं दे सकता। ऐसी कोई घटना उन मूल तत्त्वों को नुकसान पहुँचाएगी, जिनपर स्वतंत्र भारत अस्तित्व में आया था। वे तत्त्व थे बहुलवादी, बहुधार्मिक और बहुभाषीय राष्ट्रीय पहचान।

सन् 1989 के अंत से पाकिस्तान समर्थित हिंसा के साथ आतंकवाद और अलगाववाद में गुणात्मक वृद्धि सन् 1991 के दौरान अपने चरम पर थी। विदेश मंत्रालय को मूल रूप से जम्मू एवं कश्मीर से संबंधित समस्याओं के संबंध में तीन कार्य निपटाने थे। पहला था, इस मुद्दे का क्रियात्मक या संस्थागत अंतरराष्ट्रीयकरण

रोकना। इसके कारण कश्मीर भारत से अलग हो सकता था। दूसरा कार्य था कश्मीर पर भारत के पक्ष को अंतरराष्ट्रीय समुदाय और अंतरराष्ट्रीय मंच (जैसे—संयुक्त राष्ट्र) के सामने द्विपक्षीय स्तर पर प्रस्तुत करना। तीसरा कार्य था, गृह मंत्री और जम्मू एवं कश्मीर सरकार के साथ संपर्क में रहना, ताकि वे अंतरराष्ट्रीय प्रवृत्तियों और प्रतिक्रियाओं से अवगत रहें और प्रामाणिक सूचनाओं द्वारा अंतरराष्ट्रीय स्तर पर भारतीय पक्ष पर जोर डाला जा सके।

सन् 1991 से सन् 1999 की अवधि के दौरान अंतरराष्ट्रीय समुदाय की प्रवृत्ति को इस प्रकार देखा जा सकता है—

1. जम्मू एवं कश्मीर पर भारत के भौगोलिक दावों की ऐतिहासिक और कानूनी वैधता को नजरअंदाज करते हुए अधिकांश विश्व ने इस राज्य को भारत और पाकिस्तान के बीच एक विवादित क्षेत्र माना है।
2. अंतरराष्ट्रीय समुदाय की रुचि भारत के मामले के औचित्य या जम्मू एवं कश्मीर के नागरिकों के कल्याण में बिलकुल भी नहीं थी। उसकी मुख्य चिंता यह थी कि जम्मू एवं कश्मीर पर भारत और पाकिस्तान का टकराव एक सैन्य संघर्ष और परमाणु विनाश में न बदले।
3. जब अधिकांश देशों (इसलामी देशों—सऊदी अरब और तुर्की को छोड़कर) ने जम्मू एवं कश्मीर में पाकिस्तान के हस्तक्षेप और अलगाववादी संगठनों को सहयोग देने की बात स्वीकार की, उन्होंने भारत के इस दृष्टिकोण को स्वीकार नहीं किया कि यह समस्या अलगाववादी शक्तियों व भाड़े के आतंकवादियों को पाकिस्तान के राजनीतिक सहयोग के कारण ही उत्पन्न हुई है। उनके मत में घाटी में जनसंख्या के एक भाग के अलगाव और सामाजिक व आर्थिक कुंठा के कारण भी कश्मीर में आंदोलन स्फुरित हुआ। विश्व के बाकी देशों का यह मानना था कि सशस्त्र राजनीतिक उपद्रव को बल-प्रयोग द्वारा दबाने की स्थिति में भारतीय सुरक्षा बलों द्वारा मानवाधिकार का किसी प्रकार का उल्लंघन अनिवार्य और अपरिहार्य हो जाता है।
4. अमेरिका और अन्य पश्चिमी देश इसके लिए उत्सुक थे कि भारत और पाकिस्तान कश्मीर समस्या को सुलझाने के लिए आपस में बातचीत करें। तो यदि भारत और पाकिस्तान कोई व्यावहारिक सुझाव स्वीकार करने की इच्छा रखते हों, वे इसके लिए यथासंभव उपायों द्वारा सहयोग और मध्यस्थता उपलब्ध कराने के लिए तैयार थे। मई 1998 में भारतीय

और पाकिस्तानी परमाणु परीक्षणों के बाद इन नीतियों में गुणात्मक परिवर्तन आया। ये देश अब कश्मीर मुद्दे के शीघ्र समाधान के प्रति अधिक उत्सुक हैं। वे भारत को अधिक समझौतापरक अवस्था में आने के लिए विवश करना चाहते हैं, जो भारत नहीं कर सकता।

मुसलिम देश कश्मीर मुद्दे पर टाल-मटोल करने और भारत के साथ द्विपक्षीय स्तर पर एक निष्पक्ष मुद्रा अपनाने के दौरान जम्मू एवं कश्मीर पर पाकिस्तान की नीतियों के समर्थक रहे हैं। इस समर्थन की अभिव्यक्ति ऑर्गेनाइजेशन ऑफ इसलामिक कंट्रीज के प्रस्तावों, न्यूयॉर्क व जेनेवा में संयुक्त राष्ट्र विचार-विमर्शों और संयुक्त राष्ट्र मानवाधिकार आयोग की बैठकों में स्पष्ट रूप से होती है। सन् 1992 के अंत तक भारत को अफगानिस्तान, खाड़ी देशों और अफ्रीका के भाड़े के आतंकवादियों से भी जूझना पड़ा, जो जम्मू एवं कश्मीर में आतंकवादी व अलगाववादी तत्त्वों का सहयोग कर रहे थे।

सन् 1991 से कश्मीर मुद्दे पर पाकिस्तानी नीतियों में एक दिलचस्प बदलाव आया। यह महसूस करते हुए कि जातीय-धार्मिक आधार पर कश्मीर को भारत से अलग करने की रणनीति अंतरराष्ट्रीय समुदाय में स्वीकार नहीं की जाएगी, पाकिस्तान ने आत्मनिर्णय के सिद्धांतों के आधार पर जम्मू एवं कश्मीर को भारत से अलग करने की वकालत की। ऐसा अलगाव राज्य में मानवाधिकार के उल्लंघन के एक सुधार के रूप में प्रस्तावित किया गया। पाकिस्तान ने दावा किया कि राज्य का भारत में विलय अप्रामाणिक उपायों द्वारा किया गया है, जिसने उन राजनीतिक व वैधानिक निर्णयों के प्रावधानों का उल्लंघन किया, जिसके अनुसार भारत के विभाजन के समय लोगों के निर्णय को महत्त्व दिया जाना था।

अक्तूबर 1947 में भारत में जम्मू एवं कश्मीर के विलय के कानूनी आधार पर प्रश्नचिह्न लगाती हुई एलिस्टर लैंब की पुस्तक 'कश्मीर : ए डिसप्यूटेड लीगेसी' (ऑक्सफोर्ड यूनिवर्सिटी प्रेस, कराची, 1993) और तत्कालीन अमेरिकी सहायक विदेश मंत्री रॉबिन राफेल के बयानों ने पाकिस्तान के पक्ष का समर्थन किया। पूर्वगामी तर्कों के साथ पाकिस्तान ने अंतरराष्ट्रीय आशंकाओं को बढ़ावा देना शुरू किया कि यदि भारत ने कश्मीर-मुद्दे पर समझौता नहीं किया तो दोनों देशों के बीच परमाणु युद्ध होने की संभावना प्रबल है। दुर्भाग्यपूर्ण स्थिति यह थी कि अमेरिका ने न केवल पाकिस्तान के दृष्टिकोण का समर्थन किया बल्कि परमाणु अप्रसार और मिसाइल विकास पर वाशिंगटन के एजेंडा के अनुसार चलने के लिए भारत पर दबाव डालना शुरू किया।

भारतीय राजनीतिक नेतृत्व इस बात को स्वीकार करने में झिझक रहा था कि कश्मीर में अशांति का कारण पूरी तरह पाकिस्तानी गतिविधियाँ नहीं, बल्कि जम्मू एवं कश्मीर की जनसंख्या के कुछ भागों को अलग-थलग करना भी है। भारतीय जनमत या भारतीय संसद् में इसपर कोई आम सहमति नहीं थी कि इन कठिन स्थितियों से कैसे निपटा जाए। इस बात पर आम राय थी (और है) कि किसी भी स्थिति में जम्मू एवं कश्मीर को भारत से अलग होने की अनुमति नहीं दी जानी चाहिए; लेकिन ऐसा कोई एकजुट या दृढ़ दृष्टिकोण नहीं था कि राज्य के लोगों की उम्मीदों को कैसे पूरा किया जाए, उनकी अलगाव की भावना को कैसे शांत किया जाए। प्रधानमंत्री के रूप में नरसिंह राव के कार्यकाल के दौरान गृह मंत्री एस.बी.चव्हाण और आंतरिक सुरक्षा के राज्य मंत्री राजेश पायलट ने कई उद्देश्यों के लिए कार्य किया। जम्मू एवं कश्मीर सरकार और राज्य प्रशासन, सुरक्षा बल कमांड या गृह मंत्रालय विदेश मंत्रालय के साथ समन्वित होकर काम नहीं कर रहा था; जबकि हर कोई राजनीतिक प्रक्रिया को बहाल करने की बात करता था और यह स्वीकार करता था कि जम्मू एवं कश्मीर में संवेदनशील स्थिति को केवल बल-प्रयोग द्वारा ठीक नहीं किया जा सकता, किसी संरचनात्मक नीति का निर्माण नहीं किया गया। संसद् और जनमत—दोनों इस समस्या को राष्ट्रीय स्तर पर निपटाने के संबंध में भिन्न-भिन्न मत रखते थे। एक विचारधारा यह थी कि भारतीय संविधान के अनुच्छेद 370 को निरस्त कर दिया जाए, जिसके अनुसार कश्मीर को कुछ विशेषाधिकार मिले हुए हैं और घाटी की जनसंख्या के संयोजन को परिवर्तित किया जाए। एक अन्य विचारधारा के लोग जम्मू एवं कश्मीर के लिए और अधिक स्वायत्तता चाहते थे।

एक विचित्र स्थिति

पाकिस्तान के अलावा अन्य देशों ने भी कश्मीर समस्या के प्रति नई दिल्ली के दृष्टिकोण की अस्पष्टता और सीमाओं का पूरा लाभ उठाया और विशेषकर बाहरी सहयोग तथा मध्यस्थता स्वीकार करने के लिए मानवाधिकार को लेकर दबाव डाले। जम्मू एवं कश्मीर में अलगाववादी व आतंकवादी तत्त्वों को पाकिस्तानी सहयोग समाप्त करने के लिए उपायों को लेकर भी भिन्न-भिन्न मत थे। कुछ राजनेता, प्रशासनिक अधिकारी और बुद्धिजीवी एक सुरक्षात्मक और क्रियात्मक भूमिका की वकालत कर रहे थे। बहरहाल, कुछ आक्रामक मानसिकतावाले लोग युद्ध को पाक अधिकृत कश्मीर तक ले जाना चाहते थे और यदि आवश्यकता पड़े

तो आंतकवादी शिविरों को नष्ट करने के लिए पाकिस्तानी क्षेत्र पर भी आक्रमण करने से उन्हें कोई परहेज नहीं था। विदेश मंत्रालय भारत की कश्मीर नीति से संबंधित स्थायी उत्तरदायित्वों की बजाय कृत्रिम प्रयासों में अधिक रुचि रखता था। जैसा पहले उल्लेख किया जा चुका है, नई दिल्ली के प्रमुख उद्देश्यों में से एक था भारत के प्रति आलोचनात्मक रुखवाले या विवाद में किसी तीसरे पक्ष का हस्तक्षेप उपलब्ध कराने संबंधी किसी प्रस्ताव को अंतरराष्ट्रीय मंच पर पारित होने से रोकना। विदेश मंत्रालय का एक अन्य उद्देश्य पाकिस्तानी प्रचार का प्रतिरोध करना था। उसे विभिन्न सरकारों को भारत के पक्ष की वैधता के बारे में विश्वास दिलाना और जातीय-धार्मिक विखंडन के खतरों के बारे में उन्हें सूचित करना था, जो कश्मीर के अलग होने की स्थिति में दक्षिण एशिया के राष्ट्रों को प्रभावित कर सकते थे। कश्मीर मुद्दे का एक पक्ष था उच्चतम स्तरों पर निरंतरता में पूरे संकट से जूझने के लिए किसी संरचनात्मक संस्थागत प्रक्रिया का अभाव। प्रधानमंत्री और गृह मंत्री द्वारा समय-समय पर बैठकें आयोजित की जाती रहीं। जम्मू एवं कश्मीर सरकार व उसके सलाहकारों और केंद्रीय सरकार के अधिकारियों के बीच भी बैठकें आयोजित हुईं। ये बैठकें मात्र घटना-प्रधान और अनियमित थीं। सचिवों की एक उच्च समिति की साप्ताहिक बैठक कैबिनेट सचिव आयोजित करते थे, जिसके सदस्य गृह सचिव, विदेश सचिव और इंटेलिजेंस संगठनों के प्रमुख थे। इन बैठकों में विशिष्ट घटनाओं या प्रसंगों और उनके अनुरूप सुधारों पर भी चर्चा होती थी। कश्मीर में आंतरिक स्थिति को सुलझाने या पाकिस्तानी चुनौती का सामना करने के लिए कोई रणनीतिक योजना या नीति नहीं थी। नरेश चंद्र के कैबिनेट सचिव काल (1989-1992) के दौरान दीर्घकालीन योजनाओं और सुनियोजित नीति-निर्माण की दिशा में कुछ प्रयास किए गए; लेकिन उनके दो उत्तराधिकारियों—एस. राजगोपाल और जफर सैफुल्ला इन्हें जारी नहीं रख पाए। स्थिति तब और खराब हो गई, जब राज्यपाल कृष्णराव ने प्रक्रियात्मक या प्रोटोकॉल आधारों पर गृह सचिव या कैबिनेट सचिव व कभी-कभी सैन्य व इंटेलिजेंस प्रमुखों से पारस्परिक संपर्क रखने से इनकार कर दिया। यह एक विचित्र स्थिति थी। फिर भी, विदेश मंत्रालय ने अपने अधिकारों के सीमित क्षेत्र के अंदर निम्नलिखित कदम उठाए।

विदेश में कूटनीतिक मिशनों को ब्रीफिंग का अंतराल, विषय-वस्तु और रेंज बढ़ाने के अलावा उसने जेनेवा और न्यूयॉर्क में संयुक्त राष्ट्र में भारत के स्थायी मिशनों को मजबूत किया, ताकि जम्मू एवं कश्मीर पर बहसों में वृद्धि का सफलतापूर्वक मुकाबला किया जा सके। इंटेलिजेंस ब्यूरो और गृह मंत्रालय ने

ब्रीफिंग के लिए विशेष सामग्री तैयार की, जिसमें प्रचार उद्देश्यों के लिए दृश्य-श्रव्य प्रस्तुति भी शामिल की गई। विदेश, गृह और रक्षा मंत्रालयों की संयुक्त सिफारिश से प्रधानमंत्री ने विदेशी राजनीतिक शख्सियतों और एजेंसियों को उच्चतम स्तरों तक जम्मू एवं कश्मीर आने की अनुमति दी, ताकि वे वहाँ की वास्तविक स्थिति से अवगत हो सकें। नई दिल्ली में निवासी राजदूतों, विभिन्न देशों के संसदीय प्रतिनिधिमंडलों और विधिवेत्ताओं के अंतरराष्ट्रीय आयोग को इस बात के लिए अनुमति दी गई। गृह मंत्रालय ने उन्हें पाकिस्तान-प्रायोजित आतंकवादी गतिविधियों और उनपर नजर रखने व मानवाधिकारों की सुरक्षा के लिए भारत सरकार द्वारा उठाए गए कदमों से संबंधित विस्तृत आँकड़े और प्रमाण उपलब्ध कराए। ऐसे आँकड़े और प्रमाण पाकिस्तान के साथ-साथ महत्त्वपूर्ण देशों की सरकारों के पास भेजे गए। इस प्रयास ने काफी हद तक भारत के खिलाफ पाकिस्तानी कूटनीतिक और प्रचार प्रयासों को निष्प्रभावी करने में मदद की। सऊदी अरब में ऑर्गेनाइजेशन ऑफ इसलामिक कंट्रीज के सचिवालय के साथ संपर्क पुनः शुरू करने संबंधी एक सजग निर्णय लिया गया, ताकि उनके अधिकारियों को जम्मू एवं कश्मीर की गतिविधियों के बारे में सूचित किया जा सके। साथ ही, नई दिल्ली में मुसलिम देशों के मिशन प्रमुखों के साथ निरंतर विचार-विमर्श और ब्रीफिंग का प्रारूप तय किया गया।

प्रचार और पारदर्शिता के लिए विदेश मंत्रालय के प्रयासों का विरोध जम्मू एवं कश्मीर सरकार, गृह मंत्रालय के क्रियात्मक स्तरों और सुरक्षा बलों द्वारा किया गया। इन सभी ने यह महसूस किया कि उदारवाद की दिशा में ऐसे प्रयासों का न केवल अलगाववादी शक्तियों द्वारा लाभ उठाया जाएगा, बल्कि भारत की छवि बचाव की मुद्रावाली बन जाएगी। बहरहाल, कुल मिलाकर हमारा खुलापन आगे चलकर हमारे लिए लाभदायक सिद्ध हुआ। फिर भी, विदेश मंत्रालय को अपने प्रयासों के कुछ हानिकारक परिणामों का सामना करना पड़ा। इस बात की प्रबल संभावना थी कि पाकिस्तान जम्मू एवं कश्मीर पर संयुक्त राष्ट्र के न्यायक्षेत्र को पुनः सक्रिय करने संबंधी प्रस्ताव को प्रायोजित करेगा। यह प्रस्ताव सन् 1993 के संयुक्त राष्ट्र महासभा सत्र के दौरान पारित किया जाएगा। विदेश मंत्री दिनेश सिंह ने अपनी कमजोरियों के बावजूद इस पाकिस्तानी प्रयास के खिलाफ अन्य विदेश मंत्रियों का समर्थन जुटाने के लिए विशेष प्रयास किया। मैं भी महासभा सत्र में भाग लेने के लिए गया था, जिसके दौरान मैंने इसलामी देशों, यूरोपीय समुदाय और सुरक्षा परिषद् के पाँच स्थायी सदस्यों के स्थायी प्रतिनिधियों से अलग-अलग व

संयुक्त बैठकें आयोजित कीं। मैंने चीन और ईरान के स्थायी प्रतिनिधियों के साथ भी अलग से विचार-विमर्श किया। ये दो देश मानवाधिकार संबंधी संवेदनशील प्रस्तावों से खुद ही खतरा महसूस कर रहे थे। मैंने उन्हें आश्वस्त किया कि यदि वे पाकिस्तान पर भारत के खिलाफ प्रस्ताव दाखिल करने के लिए दबाव डालें तो हम उन्हें समर्थन देंगे। इन प्रयासों का परिणाम यह हुआ कि प्रस्ताव पारित करने का पाकिस्तान का प्रयास निष्फल हो गया। फिर भी, दो कारणों से कश्मीर में अपना प्रभाव बनाए रखने में संयुक्त राष्ट्र सफल हो गया। पहला, संयुक्त राष्ट्र के महासचिव बुतरस घाली ने हमारी आपत्तियों के बावजूद महासभा में अपनी रिपोर्ट में जम्मू एवं कश्मीर की स्थिति का विशेष संदर्भ दिया। दूसरे, अमेरिकी राष्ट्रपति बिल क्लिंटन ने इस प्रक्रिया में अपना योगदान देते हुए कश्मीर को दक्षिण एशिया की एक मुख्य समस्या बताया, जिसपर अंतरराष्ट्रीय स्तर पर ध्यान दिए जाने की आवश्यकता है। क्लिंटन द्वारा एक ही साँस में बोसनिया और सोमालिया के साथ कश्मीर का जिक्र किए जाने के कारण मामला और जटिल बन गया। इस संदर्भ से विदेश मंत्रालय और भारतीय प्रेस यह अनुमान लगाने के लिए विवश हो गया कि रॉबिन राफेल ने अपनी सामान्य तिकड़मों का इस्तेमाल करके क्लिंटन के भाषण में जम्मू एवं कश्मीर का जिक्र डाल दिया है। एक अन्य अस्थायी समस्या, जिसका सामना हमें करना पड़ा, वह थी सन् 1993 के अक्तूबर के तीसरे सप्ताह में विदेश मंत्री दिनेश सिंह द्वारा बुतरस घाली को किया गया फोन। फोन पर बातचीत के दौरान घाली ने कहा कि वह कश्मीर मुद्दे को सुलझाने में भारत और पाकिस्तान का सहयोग करने के इच्छुक हैं। उन्होंने आगे यह भी कहा कि उनके सहयोग को सुरक्षा परिषद् या संयुक्त राष्ट्र द्वारा अतिक्रमण के रूप में नहीं देखा जाना चाहिए। हमेशा से विनम्र और शिष्ट दिनेश सिंह ने महासचिव को धन्यवाद देते हुए और उनके नेक इरादों का स्वागत करते हुए कुछ सामान्य टिप्पणियाँ कीं। इन टिप्पणियों को महासचिव के कर्मियों ने भारत सरकार की ओर से यह संकेत मान लिया कि घाली कश्मीर मुद्दे में एक मध्यस्थ की भूमिका निभा सकते हैं।

जब मेरे वरिष्ठ अधिकारियों ने दिनेश सिंह को इसके बारे में बताया तो उन्होंने तुरंत स्थिति को सुधारने की इच्छा प्रकट की। इसलिए उसी दोपहर महासचिव को एक संदेश भेजा गया, जिसमें स्पष्ट किया गया कि दिनेश सिंह की टिप्पणियों का गलत अर्थ नहीं निकाला जाना चाहिए। इस संदेश ने कुछ भ्रम उत्पन्न किए, जिसे हमने (जहाँ तक मुझे याद है) प्रधानमंत्री और महासचिव के बीच एक टेलीफोन वार्त्ता द्वारा सुलझाया, जिसमें राव ने घाली से स्पष्ट कहा कि उनकी

सद्भावना और भारत व पाकिस्तान के बीच संबंधों को सामान्य बनाने की इच्छा की हम प्रशंसा करते हैं, लेकिन भारत कश्मीर में उनकी या संयुक्त राष्ट्र की कोई मध्यस्थ या न्यायाधिकार संबंधी भूमिका नहीं देखता।

उसी समय भारतीय मानवाधिकार आयोग की स्थापना और विएना में जून 1993 में मानवाधिकार पर होनेवाले संयुक्त राष्ट्र सम्मेलन के लिए मानवाधिकार संबंधी प्रश्नों की प्रभावी संरचना तैयार करने के लिए कुछ महत्त्वपूर्ण कदम उठाए गए। हमने जम्मू एवं कश्मीर पर भारतीय की नीतियों और मतों को प्रस्तुत करने के लिए एक विशेष पब्लिसिटी सेल भी स्थापित किया।

कुछ संदर्भों में विदेश मंत्रालय द्वारा जम्मू एवं कश्मीर के बाहरी आयामों पर अनावश्यक ध्यान दिया गया और ऊर्जा खर्च की गई। कभी-कभी मुझे लगा कि भारत को जम्मू एवं कश्मीर में आंतरिक संकट प्रबंधन पर अधिक ध्यान देना चाहिए और फिर समस्या के राजनीतिक समाधान की ओर बढ़ना चाहिए। मैंने यह भी महसूस किया कि यदि पाकिस्तान और अन्य देशों को भारत स्पष्ट रूप से बता दे कि वह इस मुद्दे पर उनके प्रचार, कूटनीतिक दबावों और चापलूसी के प्रति प्रतिक्रिया व्यक्त करने की जरूरत नहीं समझता तो इसमें कोई नुकसान नहीं है।

सन् 1989-91 से कश्मीर में पुनः सक्रिय अशांति से जूझने के मेरे अनुभव के आधार पर मुझे लगता है कि भारत को इस समस्या से निपटने के लिए तुरंत तीन कदम उठाने चाहिए। पहला, भारत को जम्मू एवं कश्मीर पर अपना न्यायक्षेत्र बरकरार रखना चाहिए और वहाँ कानून-व्यवस्था का आवश्यक स्तर सुनिश्चित करना चाहिए, ताकि वहाँ के नागरिक आतंकवादियों और अलगाववादियों के आतंक के खिलाफ खुद को सुरक्षित महसूस कर सकें; दूसरा, भारत को कश्मीर के लोगों की उम्मीदों के अनुरूप लोकतंत्र की बहाली और स्वायत्त राजनीतिक व्यवस्था लागू करने के लिए नवीन राजनीतिक प्रयास करना चाहिए और तीसरा, भारत को यथासंभव उपायों द्वारा पाकिस्तान-प्रायोजित आतंकवाद व हिंसा को विकसित होने से पहले ही कुचल देना चाहिए, लेकिन इसके लिए पाकिस्तान से खुले सैन्य संघर्ष में उलझने से बचना चाहिए; परंतु यदि पाकिस्तान भारतीय सुरक्षा के संदर्भ में धैर्य की सीमा पार कर जाता है तो निर्णायक काररवाई करने से झिझकना नहीं चाहिए।

सन् 1989-90 में, जब से कश्मीर में स्थिति अशांत हुई है, इस समस्या को सुलझाने के लिए कई प्रस्ताव रखे गए। उनमें से कुछ का जिक्र करना प्रासंगिक होगा—

1. जम्मू एवं कश्मीर में वर्तमान नियंत्रण रेखा को भारत और पाकिस्तान के

बीच अंतरराष्ट्रीय सीमा स्वीकार कर ली जाए। इस प्रकार स्थिति स्थिर हो जाएगी और बाद में पाक-अधिकृत कश्मीर व भारतीय जम्मू एवं कश्मीर में रह रहे कश्मीरियों को आपसी संपर्क बहाल रखने की अनुमति दी जाए। इसी प्रस्ताव को सन् 1972 में शिमला समझौते के दौरान जुल्फिकार अली भुट्टो ने पूरा करने का आश्वासन दिया था।

2. संयुक्त राष्ट्र प्रस्तावों को पुनः सक्रिय किया जाएगा और उसके अनुसार जनमत-संग्रह कराया जाएगा।
3. भारत और पाकिस्तान के बीच कश्मीर पर एक नई गतिरोध-व्यवस्था पर कार्य किया जाए और उस राज्य के क्षेत्र को संयुक्त राष्ट्र के ट्रस्टीशिप के अंतर्गत रखा जाए, जिसके कुछ वर्षों बाद वहाँ के लोगों का मत जानने के लिए एक जनमत-संग्रह कराया जाए। जम्मू एवं कश्मीर लिबरेशन फ्रंट के नेतृत्व के एक गुट ने सन् 1992 में यह प्रस्ताव रखा। उसके अनुसार भारतीय जम्मू एवं कश्मीर और पाक-अधिकृत कश्मीर में अलग-अलग जनमत-संग्रह कराया जाए। दोनों के परिणामों के आधार पर समाधान निकाला जाए।
4. भारत और पाकिस्तान—दोनों जम्मू एवं कश्मीर पर अपने दावे और न्यायक्षेत्र से पीछे हट जाएँ और उसे एक स्वतंत्र राज्य रहने दें।
5. कश्मीर घाटी का विलय पाकिस्तान में कर दिया जाए, जबकि भारत को लद्दाख, जम्मू और अन्य क्षेत्रों पर अधिकार बरकरार रखने की अनुमति दी जाए।

इनमें से केवल पहला प्रस्ताव ठोस वास्तविकताओं पर आधारित है और भारत व पाकिस्तान—दोनों की क्षेत्रीय अखंडता की सुरक्षा सुनिश्चित करता है, बाकी सभी प्रस्ताव किसी एक या दूसरे तत्त्व के आधार पर अव्यावहारिक हैं।

जम्मू एवं कश्मीर और उसके पड़ोसी राज्यों के प्रति विशिष्ट रणनीतिक वातावरण में पिछले तीन दशकों के दौरान, खासकर भारत और पाकिस्तान के खुले परमाणु अस्त्र कार्यक्रमों के बाद काफी बदलाव आए हैं। अफगानिस्तान में एक अनिश्चित स्थिति है, जबकि पाकिस्तान के साथ सन् 1963 के सीमा समझौतों के तहत चीन के पास जम्मू एवं कश्मीर क्षेत्र के बड़े हिस्से हैं। जहाँ तक क्षेत्रीय नियंत्रण का प्रश्न है, पाकिस्तान और चीन—दोनों जम्मू एवं कश्मीर के उत्तरी और उत्तर-पश्चिमी ओर सुरक्षित दिशा में स्थित हैं। भारत की नीतियों को प्रभावित करनेवाले इन तत्त्वों के अलावा पहले को छोड़कर उपर्युक्त अन्य प्रस्तावों के

विषय में कुछ अन्य अधिक प्रासंगिक प्रश्न उठते हैं। क्या भारत और पाकिस्तान जम्मू एवं कश्मीर को एक स्वतंत्र राज्य के रूप में स्वीकार कर सकते हैं? क्या भारत लद्दाख, जम्मू एवं पंजाब पर प्रभावी विधिक्षेत्र और नियंत्रण स्थापित कर सकता है, यदि घाटी और मुसलिम बहुल क्षेत्र पाकिस्तान में शामिल हो जाएँ या स्वतंत्र रहें। यदि पहले प्रस्ताव को छोड़कर अन्य किसी भी प्रस्ताव को लागू किया जाए तो क्या भारत जनसंख्या संबंधी, जातीय और धार्मिक संदर्भ में अपनी अखंड एकता सुनिश्चित कर सकता है?

तत्काल समाधानों का सुझाव देना जल्दबाजी होगी, क्योंकि इनमें बहुत से अविचारणीय तथ्य हैं; लेकिन कुछ चीजें बिलकुल स्पष्ट हैं। पहला, जम्मू एवं कश्मीर से संबंधित समस्या को केवल बलपूर्वक या सैन्य उपायों से नहीं सुलझाया जा सकता; दूसरा, भारत को खुद को आईने में देखना होगा और रणनीतिक व सुरक्षा की दृष्टि से अत्यंत महत्त्वपूर्ण क्षेत्र में रह रहे अपने नागरिकों के एक भाग की कुंठा व अलगाव को पहचानना होगा। लोकतांत्रिक सिद्धांतों के आधार पर सकारात्मक प्रतिक्रिया और राजनीतिक उपायों द्वारा उनकी कुंठा को दूर करने का प्रयास करना होगा। ऐसा सिर्फ सभी संभव उपायों द्वारा लोकतांत्रिक सिद्धांतों व राजनीतिक वार्त्ता को पुनर्जीवित करके ही किया जा सकता है।

तर्क और समाधान

इस तथ्य को देखते हुए कि बातचीत द्वारा ही कोई समाधान निकाला जा सकता है, यदि कश्मीर-समस्या का एक स्थायी समाधान ढूँढ़ना हो तो जम्मू एवं कश्मीर पर पाकिस्तान के पक्ष के औचित्य पर ध्यान देना उचित होगा। पाकिस्तान ने यह ऐतिहासिक तर्क दिया है कि जम्मू एवं कश्मीर लगभग पिछले एक हजार वर्षों से किसी साम्राज्य या राजशाही के तहत भारतीय शासन-व्यवस्था का अभिन्न अंग नहीं रहा है। यह ऐतिहासिक रूप से सही दावा नहीं है, क्योंकि जम्मू एवं कश्मीर गुप्त साम्राज्य और मौर्य साम्राज्य तथा मुगल शासन का भी अंग रहा है। दूसरा, अधिक हालिया समय में जम्मू एवं कश्मीर अफगान साम्राज्य और पंजाब राजशाही, जो अब पाकिस्तान में है, के अधीन रहा है। तीसरा, जम्मू एवं कश्मीर एक मुसलिम बहुल राज्य है। इसलिए द्विराष्ट्र के सिद्धांत के अनुसार उसे पाकिस्तान का अंग बनना चाहिए। अगला तर्क यह है कि चूँकि यह विभाजन के समय नहीं हो पाया, इसलिए जम्मू एवं कश्मीर को पाकिस्तान में शामिल करना विभाजन का एक अपूर्ण कार्य है। एक अतिरिक्त तर्क, जिसे औपचारिक रूप से अभिव्यक्त नहीं

किया गया, लेकिन यह पाकिस्तान के तर्क का एक अभिन्न अंग है कि पूर्वी पाकिस्तान के अलगाव और बँगलादेश के स्वतंत्र देश के रूप में उभरने में भारतीय सेना के सहयोग का बदला लिया जाना है। और यह क्षतिपूर्ति तभी की जा सकती है, जब कश्मीर को भारतीय गणतंत्र से अलग करके पाकिस्तान में मिला लिया जाए।

पाकिस्तान की यह भू-आर्थिक चिंता भी रही है कि पाकिस्तान में बहनेवाली लगभग सभी सभी नदियों का उद्‌गम स्रोत जम्मू एवं कश्मीर में है। इसलिए पाकिस्तान को यह चिंता है कि यदि जम्मू एवं कश्मीर भारत के ही अधीन रहा तो भारत पाकिस्तान की जल-आपूर्ति रोककर उसे आश्रित बना सकता है। वास्तव में तथ्य यह है कि पाकिस्तान के साथ चार युद्ध होने के बाद भी भारत ने कभी भी ऐसा कदम उठाने के बारे में नहीं सोचा। सिंधु जल के बँटवारे के बारे में जिस संधि पर हस्ताक्षर हुए थे वह इन युद्ध के दिनों में भी कार्यान्वित रहा है। इस वास्तविकता को अनदेखा करते हुए पाकिस्तानी राजनेता अकसर यह आशंका दोहराते रहते हैं।

कश्मीर मुद्‌दे का समाधान ढूँढ़ने के लिए भारत की मूल प्रवृत्ति तीन संदर्भ बिंदुओं पर आधारित रही है। पहला, पूर्व जम्मू एवं कश्मीर रियासत, जो अब भारतीय केंद्र का अंग है, के क्षेत्र का कोई अलगाव नहीं होगा और समाधान भारतीय संविधान की रूपरेखा के तहत होना चाहिए; दूसरा समाधान जम्मू एवं कश्मीर के लोगों की चिंताओं और उम्मीदों के प्रति सहानुभूतिपूर्ण रवैया रखते हुए होना चाहिए; तीसरा समाधान ठोस जमीनी वास्तविकताओं और जम्मू एवं कश्मीर में नियंत्रण रेखा के दोनों ओर भारत व पाकिस्तान के न्यायक्षेत्र पर आधारित होना चाहिए।

मैंने जुलाई 1972 में शिमला वार्त्ता के दौरान जुल्फिकार अली भुट्टो और इंदिरा गांधी के बीच हुए समझौते का उल्लेख किया था कि जब एक बार युद्ध विराम रेखा नियंत्रण रेखा में परिवर्तित हो जाएगी तो नियंत्रण रेखा को अंतरराष्ट्रीय सीमा के रूप में बदल दिया जाएगा, जिसमें पाकिस्तान अपने कब्जेवाले क्षेत्र को रखेगा और भारत सन् 1947 से अपने अधीन क्षेत्रों पर अपना अधिकार बरकरार रखेगा।

शिमला समझौते में भाग लेनेवालों ने बाद के वर्षों में यह प्रमाणित किया है कि ऐसा एक समझौता किया गया था और भुट्टो ने श्रीमती गांधी से विनती की कि उनके राजनीतिक अस्तित्व और पाकिस्तान में लोकतंत्र की रक्षा के लिए उनके वादे को औपचारिक शिमला समझौते का हिस्सा न बनाया जाए। श्रीमती गांधी और उनके सलाहकारों ने इस अनुरोध को स्वीकार करने की गलती की। दिलचस्प यह

है कि जिया-उल-हक् ने सांकेतिक रूप में इस व्यवस्था को स्वीकार किया और राजनीतिक रूप से नियंत्रण रेखा की वैधता पर कभी प्रश्न नहीं उठाया। यह अलग बात है कि समय-समय पर उन्होंने सैन्य उपायों द्वारा इसे परिवर्तित करने का प्रयास किया। इसका सबसे स्पष्ट उदाहरण है, उनके द्वारा सियाचिन ग्लेशियर क्षेत्र को कब्जे में लेने की कोशिश करना। इस प्रयास के बारे में भारत को अग्रिम सूचना मिल जाने और सन् 1984 में क्षेत्र में सुरक्षात्मक कदम उठाने के कारण वह सफल नहीं हो पाए।

सबसे उल्लेखनीय है, सितंबर 1988 में पाकिस्तान में लोकतंत्र की बहाली के बाद नियंत्रण रेखा को अंतरराष्ट्रीय रेखा में बदलने संबंधी इंदिरा गांधी-जुल्फिकार अली भुट्टो समझौते के आधार पर कश्मीर समस्या का हल ढूँढ़ने के लिए भारत सरकार द्वारा किए गए अप्रचारित कूटनीतिक प्रयास। वी.पी. सिंह सरकार द्वारा प्रधानमंत्री बेनजीर भुट्टो के साथ बातचीत के दौरान इस प्रस्ताव को पुनः सक्रिय करने के लिए तत्कालीन विदेश सचिव मुचकुंद दुबे को अधिकृत किया गया। सन् 1990 में इसलामाबाद में बेनजीर से मिलने पर दुबे ने इंदिरा गांधी से किए उनके पिता के वादे की याद दिलाते हुए बेनजीर के सामने यह सुझाव रखा। बेनजीर की प्रतिक्रिया थी कि वह भी शिमला में अपने पिता के साथ थीं और उनके पिता ने उनसे नियंत्रण रेखा पर किसी भी वादे के बारे में कोई जिक्र नहीं किया। उन्होंने कहा कि यदि ऐसा वादा किया भी गया था तो सन् 1972 से झेलम और गंगा में बहुत पानी बह चुका है। परिस्थितियाँ बदल चुकी हैं। भारत और पाकिस्तान को वहाँ की संवेदनशील स्थिति के संदर्भ में नए सिरे से कश्मीर समस्या के समाधान पर विचार-विमर्श करना चाहिए। वह सन् 1989 के अंत से जम्मू एवं कश्मीर में सक्रिय सशस्त्र अलगाववादी आंदोलन की बात कर रही थीं।

नवंबर 1991 में विदेश सचिव के रूप में मेरी नियुक्ति की घोषणा के बाद मुझे पाकिस्तानी प्रधानमंत्री नवाज शरीफ के सामने इस प्रस्ताव को दोहराना था। अपने नए पद को ग्रहण करने के लिए नई दिल्ली रवाना होने से तुरंत पहले मैंने शरीफ के साथ अपनी बैठक में नियंत्रण रेखा के आधार पर कश्मीर समस्या के हल की संभावनाओं पर बात की। शरीफ की स्पष्टवादी प्रतिक्रिया यह थी कि पाकिस्तान मुसलिम लीग के एक नेता के रूप में वह लगभग दो दशक पहले जुल्फिकार अली भुट्टो द्वारा किए गए एक वादे की आनुमानिक खबरों का अनुसरण नहीं कर सकते। उन्होंने जोर देकर कहा कि न तो सरकार और न ही पाकिस्तान की जनता नियंत्रण रेखा के आधार पर कोई समाधान स्वीकार कर सकती है।

शिमला में सन् 1972 में भुट्टो द्वारा अपनाई गई इस मुद्रा से पीछे हटने का मूलभूत कारण पाकिस्तान सरकार का यह आकलन था कि सन् 1989 से कश्मीर को भारतीय गणतंत्र से अलग करने के लिए अनुकूल स्थितियाँ तैयार हो चुकी हैं और भारत के पास जम्मू एवं कश्मीर को अपना अभिन्न अंग बनाए रखने के लिए राजनीतिक इच्छाशक्ति या दम-खम का अभाव है। सन् 1999 की गरमियों में करगिल में नियंत्रण रेखा के पार से पाकिस्तान द्वारा सैन्य आक्रामकता इस बात की क्रियात्मक अभिव्यक्ति थी। यह याद दिलाना उचित होगा कि करगिल संघर्ष के दौरान पाकिस्तान ने नियंत्रण रेखा की वैधता और पवित्रता पर प्रश्न उठाया। नवाज शरीफ, उनके विदेश मंत्री सरताज अजीज और जनरल परवेज मुशर्रफ ने दावा किया कि पाकिस्तान ने नियंत्रण रेखा का उल्लंघन नहीं किया है; क्योंकि उनके अनुसार, उसका कभी भी स्पष्ट रूप से सीमांकन नहीं किया गया था। उन्होंने इस तर्क का भी सहारा लिया कि नियंत्रण रेखा पर होनेवाली लघुस्तरीय सैन्य झड़पों और सियाचीन चोटियों पर भारतीय बलों के कब्जे ने नियंत्रण रेखा को परिवर्तित किया है और उसकी कोई वैधता नहीं है। पाकिस्तान ने यह भी कहा कि जब भारत और पाकिस्तान के बीच एक अंतरराष्ट्रीय सीमा है, उसे भी पूरी तरह स्पष्ट नहीं किया गया है। सन् 1999 और 2001 के बीच पाकिस्तानी प्रवक्ता ने दावा किया कि दोनों देशों के बीच एक कार्यवाहक सीमा थी, जो अंतरराष्ट्रीय सीमा के औपचारिक मानचित्र संबंधी रेखांकन से भिन्न है। इसका उद्देश्य नियंत्रण के दक्षिण से भारत में घुसपैठ को न्यायोचित ठहराना था, ताकि जम्मू एवं कश्मीर में काररवाई शुरू करने के लिए क्षेत्र में रणनीतिक क्षेत्रीय लाभ उठाया जा सके।

पाकिस्तान एक समानांतर नीति में जम्मू एवं कश्मीर में भारत के खिलाफ सैन्य अभियान आयोजित करता रहा है; जबकि उसी समय वह नियंत्रण रेखा की पवित्रता को नष्ट करने और भारत व पाकिस्तान के बीच अंतरराष्ट्रीय सीमा के उत्तरी खंड को नष्ट करने के लक्ष्य से नीतिगत बयान जारी करता रहा है।

इसके विपरीत, भारत शिमला समझौते में तय क्षेत्रीय व्यवस्थाओं और वरिष्ठ सैन्य कमांडरों के बीच समझौता वार्त्ताओं के प्रति प्रतिबद्ध रहा है। करगिल युद्ध की उत्तेजक काररवाई के बावजूद अपने पक्ष पर भारत स्थिर रहा। इसका उल्लेख आवश्यक है कि जून 1999 के तीसरे सप्ताह तक भारत सरकार की नीति निर्माता शक्तियों के भागों ने जम्मू एवं कश्मीर के करगिल में पाकिस्तान के आक्रमण को निष्प्रभावी करने के लिए नियंत्रण रेखा पार करने के विकल्प पर भी विचार किया। तत्कालीन चीफ ऑफ आर्मी स्टाफ जनरल वेद प्रकाश मलिक ने जनवरी 2002 में

सार्वजनिक रूप से इसकी पुष्टि की कि भारतीय सैन्य मुख्यालयों के क्रियात्मक योजनाकारों ने करगिल आक्रमण में व्यस्त पाकिस्तानी सेना के आपूर्ति केंद्रों और आपूर्ति मार्गों को नष्ट करने के लिए नियंत्रण रेखा पार करने की योजनाएँ तैयार की थीं।

राष्ट्रीय सुरक्षा सलाहकार बोर्ड, जिसका मैं सन् 1999 में सदस्य था, के एक उप-समूह ने सिफारिश की कि भारत को नियंत्रण रेखा के पार वायु-आक्रमण और सैन्य कारवाई शुरू करने के बारे में विचार करना चाहिए। एन.एस.ए.बी. का यह छोटा उप-समूह 7 जून, 1999 को प्रधानमंत्री वाजपेयी के निर्देशों पर बनाया गया था। इसमें एयर चीफ मार्शल (रिटायर्ड) एस.के. मेहरा और के. सुब्रह्मण्यम सहित सात सदस्य थे। हमने संयुक्त रूप से यह महसूस किया कि नियंत्रण रेखा के पार आक्रमण करके ही युद्ध को तत्काल समाप्त किया जा सकता है। यह परामर्श राष्ट्रीय सुरक्षा परिषद् को प्रेषित कर दिया गया। बहरहाल, उसे एक 'रिजर्व विकल्प' के रूप में रखा गया और लागू नहीं किया गया; क्योंकि जुलाई के प्रथम सप्ताह तक यह अनावश्यक हो गया। जहाँ तक मुझे याद आता है, हमने यह सुझाव जून 1999 के तीसरे सप्ताह में भारत सरकार को दिया था।

12 जनवरी, 2002 को जनरल मुशर्रफ ने अपने बयानों में इस बात पर जोर दिया कि पाकिस्तान सरकार नियंत्रण रेखा पर आधारित कश्मीर पर किसी समाधान को स्वीकार नहीं करेगी। राजनीतिक वास्तविकता यह है कि पाकिस्तान पिछले पचास वर्षों में विकसित ठोस वास्तविकताओं पर आधारित कश्मीर समस्या के किसी व्यावहारिक समाधान का इच्छुक नहीं है। इसी संदर्भ में कश्मीर में विभिन्न राजनीतिक समूहों के साथ भारत सरकार के प्रयासों को याद किया जाना चाहिए और उनका आकलन करना चाहिए।

निकट अतीत में भारत सरकार और जम्मू एवं कश्मीर के विभिन्न उग्रवादी समूहों के बीच वार्त्ता के संबंध में गतिविधियाँ होती रही हैं। मीडिया के कुछ गुटों ने अपनी समझदारी में इन प्रयासों को जम्मू एवं कश्मीर में लंबे समय से वांछित शांति को प्राप्त करने की कोशिश माना है। इसमें कोई संदेह नहीं कि वहाँ शांति अत्यंत आवश्यक और अनिवार्य है; लेकिन मैं सरकारी प्रतिनिधियों और उग्रवादी समूहों के बीच संपर्क को शांति की दिशा में शुरुआत नहीं मानता। तथ्यात्मक रूप से देखें तो ऐसी बातचीत को इस उम्मीद से शुरू करने का प्रयास किया गया कि इससे ऐसी व्यवस्थाएँ की जा सकती हैं, जो शांति स्थापित करने में मदद करें। जम्मू एवं कश्मीर से संबंधित विकसित हो रही स्थिति का आकलन तीन आयामों

में किया जाना चाहिए—पहला, वार्त्ता के लिए तैयार होने को प्रेरित करनेवाली तथ्यात्मक पृष्ठभूमि और तत्त्व; दूसरा, वार्त्ता के लिए इस प्रयास के उद्देश्य और परिस्थितियाँ; तीसरा, सभी संबंधित पक्षों के मानक उद्देश्यों और राजनीतिक संभावनाओं के संदर्भ में इस आसन्न वार्त्ता के आसार। इस संदर्भ में हिजबुल मुजाहिदीन द्वारा युद्ध विराम की घोषणा को प्रेरित करनेवाली घटनाओं और कार्रवाइयों का विवरण देना आवश्यक है। सन् 2000 की शुरुआत में भारत सरकार ने जम्मू एवं कश्मीर में सभी दलों और जन-प्रतिनिधियों के भागों से एक उपयोगी वार्त्ता के पुनरारंभ का निर्णय किया। वसंत के अंत और गरमियों में हुर्रियत कॉन्फ्रेंस के वरिष्ठ नेताओं को जेलों से रिहा करके कश्मीर वापस भेज दिया गया। इस बीच हुर्रियत को केंद्रीय सरकार के प्रस्ताव के आसार ने मुख्यमंत्री फारुख अब्दुल्ला और उनकी पार्टी में चिंता उत्पन्न की। इसका परिणाम यह हुआ कि राज्य विधानसभा ने स्वायत्तता समिति की रिपोर्ट का समर्थन करते हुए एक प्रस्ताव पारित किया।

इसके समानांतर, केंद्रीय सरकार ने ऑल पार्टी हुर्रियत कॉन्फ्रेंस के नेताओं से संपर्क साधने का प्रयास जारी रखा। 'ऑब्जर्वर' समूह के आर.के. मिश्रा, पूर्व विदेश सचिव एम.के.रसगोत्रा और रिसर्च एंड एनालिसिस विंग के प्रमुख ए.एस.डुलाट को इन संपर्कों के लिए नियुक्त किया गया। पाकिस्तान के साथ भी संपर्कों को सक्रिय किया गया। पत्रकारों और महिलाओं के दो प्रतिनिधिमंडलों ने क्रमशः जुलाई 2000 और जनवरी/फरवरी 2001 में नई दिल्ली और इसलामाबाद का दौरा किया। अमेरिका आधारित कुछ कश्मीरी कार्यकर्ताओं ने भी कुछ हिस्सेदारी की। कश्मीर अमेरिकन काउंसिल के फारुख काठवारी, गुलाम नबी फई, वर्ल्ड कश्मीर फ्रीडम मूवमेंट के मुहम्मद अयूब ठाकुर, कश्मीर केनेडियन काउंसिल के मुश्ताक जिलानी और न्यूयॉर्क के एक बैंककर्मी मंसूर एजाज कश्मीरी उग्रवादियों के साथ संपर्क के माध्यम थे। इन प्रयासों को अमेरिकी विदेश विभाग और दक्षिण एशियाई मामलों में विशेषज्ञता प्राप्त कर रहे अमेरिकी नीति निर्धारकों ने समर्थन दिया। प्रधानमंत्री के मुख्य सचिव ब्रजेश मिश्र ने हाल ही में कहा कि रसगोत्रा को गैर आधिकारिक माध्यमों द्वारा पाकिस्तानी प्रतिष्ठान से संपर्क स्थापित करने के लिए अधिकृत किया गया था। चार विदेश सेवा अधिकारियों के साथ रसगोत्रा अगस्त 2000 के प्रथम सप्ताह में इसलामाबाद पहुँचे। प्रतिनिधिमंडल के अन्य सदस्य थे—पूर्व विदेश सचिव सलमान हैदर और पूर्व उच्चायुक्त मनोरमा भल्ला, एलन नजरेथ और सी.वी.रंगनाथन। इन वार्त्ताओं का पहला परिणाम था हिजबुल मुजाहिदीन द्वारा बिना किसी पूर्व शर्त के भारत सरकार से बातचीत करने की इच्छा जताते हुए तीन माह के युद्ध विराम की

घोषणा, जबकि हिंजबुल मुजाहिदीन के स्थानीय नेता अब्दुल मजीद डार ने यह प्रस्ताव रखा, पाकिस्तान में स्थित संगठन के सर्वोच्च परिषद् ने इसपर शुरुआती विरोध जताया। उसके बाद वह अनिच्छा से अन्वेषणात्मक वार्त्ता के लिए सहमत हो गया। लश्कर-ए-तोयबा, हरकत-उल-अंसार आदि अन्य पाकिस्तान-आधारित उग्रवादी समूहों ने हिजबुल के प्रयास को धोखेबाजी की संज्ञा दी।

लश्कर-ए-तोयबा के प्रमुख मुहम्मद सईद ने 31 जुलाई, 2000 को कहा कि जब तक कश्मीर पाकिस्तान का हिस्सा नहीं बन जाता, भारत के खिलाफ जेहाद जारी रहेगा। यह नीति जल्दी ही कारवाई में परिवर्तित कर दी गई, जब लश्कर ने बाँदीपुरा सैन्य बेस पर आक्रमण करके छह सैनिकों को मार डाला। भारतीय सेना द्वारा हिजबुल मुजाहिदीन के खिलाफ कारवाई स्थगित करने के बावजूद श्रीनगर में हिंसा जारी रही। हिजबुल ने भारत सरकार के साथ वार्त्ता की पद्धतियों पर विचार-विमर्श करने के लिए चार सदस्यीय एक प्रतिनिधिमंडल नियुक्त किया। इसमें गुलाम अली (कश्मीरी अमेरिकन काउंसिल के नेता), मुश्ताक जिलानी (विश्व कश्मीर फ्रीडम मूवमेंट) और मुहम्मद अली साकिब (ओवरसीज कश्मीरी सिटिजंस कमेटी के सदस्य) शामिल थे। हिजबुल ने संकेत दिया कि वह वार्त्ता करनेवाली टीम में अपने वरिष्ठ कैडर से अतिरिक्त सदस्यों को नामांकित करेगी। भारत सरकार ने प्रतिक्रियास्वरूप हिजबुल को गृह सचिव कमल पांडे के नेतृत्व में भारतीय टीम से बातचीत करने के लिए आमंत्रित किया।

इस बीच वार्त्ता का संकेत देने के लिए विभिन्न अनौपचारिक संपर्क जारी रहे। दोनों पक्षों की ओर से सार्वजनिक घोषणाएँ भ्रामक और विरोधाभासी थीं।

लेकिन किसी अन्य बात से अधिक इन प्रयासों को प्रेरित करनेवाले उद्देश्यों और आवेगों के बारे में जानना आवश्यक है। कश्मीर में सामान्य स्थिति बहाल करने के लिए निश्चित रूप से भारत और पाकिस्तान पर आपस में और उग्रवादियों से बातचीत करने के लिए अमेरिका का परोक्ष दबाव पड़ता रहा है। मध्य सितंबर 2000 में राष्ट्रपति क्लिंटन के साथ द्विपक्षीय वार्त्ता के लिए प्रधानमंत्री वाजपेयी के दौरे के बाद से अमेरिकी प्रतिष्ठान कोई स्पष्ट प्रक्रिया उभरते देखना चाहता था। कश्मीर से संबंधित मुद्दों में व्यक्तिगत रुचि लेने की क्लिटन की प्रवृत्ति को अमेरिका की दक्षिण एशिया नीतियों की विश्वसनीयता के लिए कुछ लाभदायक गतिविधियों के रूप में लिया जा सकता है। पाकिस्तान ने सीमा पर आतंकवाद को रोकने के संबंध में कोई वादा किए बिना वार्त्ता को समर्थन देने की सहमति दी। पाकिस्तान ने यह महसूस किया कि वार्त्ता को समर्थन देकर अमेरिका को यह

बताया जा सकता है कि उसने उग्रवादियों को युद्ध विराम घोषित करने के लिए विवश किया है। पाकिस्तान यही दावा सितंबर 2000 में संयुक्त राष्ट्र महासभा और संयुक्त राष्ट्र सुरक्षा परिषद् में करना चाहता था, जब वाजपेयी न्यूयॉर्क में थे। यदि भारत वार्त्ता को शुरू करने से इनकार करता तो उसे गैरजिम्मेदार के रूप में प्रस्तुत किया जाता और यदि भारत वार्त्ता में शामिल होता और उसका परिणाम गतिरोध में होता तो भारत पर अड़ियल होने का आरोप लगाया जा सकता था।

राजनीतिक वार्त्ता की विभिन्न श्रेणियों के बारे में काफी अनिश्चितता रही है। युद्ध विराम घोषित करके वापस लिये जाते हैं और शर्तें रखी जाती हैं, फिर उनसे इनकार किया जाता है और फिर दोनों पक्षों द्वारा उन्हें दोहराया जाता है। भारतीय प्रतिनिधिमंडल ने हिजबुल और हुर्रियत से बात की और आर.के. मिश्रा व एम.के. रसगोत्रा द्वारा गुप्त वार्त्ताएँ की गईं। सन् 2000 के अगस्त के तीसरे सप्ताह में हुर्रियत नेता नई दिल्ली आए और पाकिस्तानी उच्चायुक्त व अमेरिकी दूतावास के अधिकारियों के साथ बैठकें कीं। अब्दुल मजीद डार ने दावा किया कि वार्त्ता केवल विलंबित हुई है, पटरी से उतरी नहीं है और दो या तीन माह में वह शुरू की जाएगी, जबकि उनके प्रमुख सलाहुद्दीन ने दावा किया कि वार्त्ता भंग हो चुकी है। लश्कर-ए-तोयबा और अन्य संगठनों ने घोषणा की कि युद्ध विराम घोषित करके तथा भारत की काफिर सरकार से बातचीत करके जेहाद के प्रति विश्वासघात की अनुमति नहीं दी जाएगी।

प्राथमिकता के आधार पर भारत के उद्देश्य हैं—(1) सभी प्रकार की हिंसा और आतंकवादी गतिविधियों की समाप्ति, (2) यह सुनिश्चित करना कि भारत का अभिन्न अंग जम्मू एवं कश्मीर भारतीय गणतंत्र से अलग न हो, (3) यह सुनिश्चित करना कि जम्मू एवं कश्मीर के लोगों का प्रतिनिधित्व कर रहे विभिन्न विपक्षी गुटों से बातचीत के आधार पर किया गया कोई भी समझौता राज्य में भारत की रणनीतिक स्थिति को कमजोर न करे, (4) यह सुनिश्चित करना कि कोई भी क्षेत्र पाकिस्तान के हिस्से में न चला जाए, (5) इस प्रकार के समझौते किए जाएँ, जो भारत के अन्य भागों में केंद्र-विमुखी शक्तियों को निष्प्रभावी बनाने में योगदान दें।

विपक्षी और अलगाववादी शक्तियों के उद्देश्य पूरी तरह स्पष्ट नहीं हैं। उन्हें प्रेरित करनेवाले कई उद्देश्य हैं। पहला और सबसे महत्त्वपूर्ण, ये समूह कश्मीर में विस्तृत और बड़े स्तर पर भारतीय सेना व सुरक्षा बलों की उपस्थिति को कम करना चाहते हैं। उनमें से कुछ इन बलों की पूरी तरह वापसी चाहते थे। जम्मू एवं कश्मीर के लोगों का एक हिस्सा उस तरह की स्वायत्तता चाहता था, जो राज्य को

सन् 1948 और 1953 के बीच प्राप्त थी। लोगों का एक अन्य भाग जम्मू एवं कश्मीर को एक स्वतंत्र राजनीतिक सत्ता बनाना चाहता था, जिसे अंतरराष्ट्रीय समुदाय और खासकर भारत व पाकिस्तान से सुरक्षा की गारंटी प्राप्त हो। एक तीसरा गुट राज्य को पाकिस्तान में शामिल करना चाहता था और लद्दाख व जम्मू से संबंध रखनेवाला एक चौथा समूह चाहता था कि राज्य भारतीय गणतंत्र का अभिन्न अंग बना रहे।

पाकिस्तान के उद्देश्य स्पष्ट हैं—(1) वह जम्मू एवं कश्मीर के अधिग्रहण को विभाजन का अपूर्ण कार्य मानता है, (2) कश्मीर के प्रति उसका दावा द्विराष्ट्र के सिद्धांत में निहित है, (3) वह इंडियन इंडिपेंडेंट एक्ट के प्रावधानों और विलय के माध्यमों को अनुपयुक्त ठहराना चाहता है, जिसके द्वारा जम्मू एवं कश्मीर के महाराजा ने राज्य को भारत में शामिल करने का निर्णय किया था, (4) वह जम्मू एवं कश्मीर को भारत का अंग बनाने के शेख अब्दुल्ला के फैसले पर भी प्रश्न उठाता है, (5) उसका मानना है कि सीमा-पार आतंकवाद और हिंसक हस्तक्षेप, जिसमें भाड़े के आतंकबादी और गैर कश्मीरी लड़ाके भेजना शामिल है, के द्वारा जम्मू एवं कश्मीर में संघर्ष की स्थिति उत्पन्न करके उपर्युक्त उद्देश्यों को प्राप्त किया जा सकता है।

इन वार्त्ताओं के प्रति विभिन्न पक्षों के दृष्टिकोण में व्याप्त विरोधाभास पर भी ध्यान देना जरूरी है, जबकि भारत और जम्मू एवं कश्मीर के लोगों का एक भाग इस बारे में आश्वस्त है कि कश्मीर विवाद का स्थायी हल केवल राजनीतिक माध्यमों और बातचीत द्वारा ही निकाला जा सकता है। विपक्षी उग्रवादी समूह, खासकर पाकिस्तान आधारित संगठन इस पर दृढ़ हैं कि उनका जेहाद जारी रहेगा। वे भारत को निरंतर संघर्ष की प्रक्रिया द्वारा पराजित करेंगे या भारत पर पाकिस्तान की प्रत्यक्ष सैन्य विजय द्वारा समस्या का समाधान हो सकता है। पाकिस्तान की सरकारों का यह मत रहा है और अब भी है कि गुप्त सैन्य अभियान और अंतरराष्ट्रीय दबाव, हस्तक्षेप या मध्यस्थता के मिश्रण से ही पाकिस्तानी उद्देश्यों की प्राप्ति हो सकती है। इसके लिए भारत व पाकिस्तान की परमाणु क्षमताओं के संदर्भ में जम्मू एवं कश्मीर में हिंसा का स्तर बढ़ाकर अंतरराष्ट्रीय हस्तक्षेप को बुलावा दिया जा सकता है।

ये मूलभूत वास्तविकताएँ हैं, जिनके संदर्भ में भारत को जम्मू एवं कश्मीर और पाकिस्तान के प्रति अपनी नीतियों को निर्धारित करना है। हाल में घटी घटनाओं का विश्लेषण करते हुए भविष्य के लिए सबक ले लेना चाहिए। हिजबुल मुजाहिदीन

ने एकपक्षीय युद्ध विराम के निर्णय की घोषणा की और आई.एस.आई. तथा पाकिस्तान की सैन्य सरकार द्वारा दी गई स्वीकृति के आधार पर भारत से बातचीत करने की इच्छा जताई। इस प्रयास के कारण थे—पहला, यह आशंका कि कुछ खास हुर्रियत नेताओं के साथ भारत की बातचीत और जम्मू एवं कश्मीर को अधिक शक्तियाँ सौंपने पर जम्मू एवं कश्मीर में पाकिस्तान समर्थित राजनीतिक और सैन्य तत्त्व अलग-थलग पड़ जाते; दूसरा, संभवतः हिजबुल भारतीय सुरक्षा बलों और जम्मू एवं कश्मीर में राजनीतिक गतिविधियों के दबाव का मुकाबला करने के लिए सैन्य अभियान के बीच खुद को पुनर्गठित करने और मजबूत बनाने के लिए कुछ अवकाश चाहता था। जब बातचीत शुरू हो गई तो पाकिस्तान में हिजबुल के मुख्यालयों और आई.एस.आई. को यह खतरा महसूस हुआ कि इस बातचीत से कोई हल निकलने पर पाकिस्तान की दीर्घकालीन योजनाएँ खतरे में पड़ जाएँगी। इसलिए वार्त्ता शुरू होने के बाद बातचीत में पाकिस्तान की उपस्थिति की माँग की गई और इसके लिए भारत को बहुत कम समय—एक प्रकार से अल्टीमेटम दिया गया कि वह ढाई दिनों के अंदर 8 अगस्त, 2000 तक जवाब दे।

हालाँकि अलगाववादियों के साथ बातचीत शुरू करने का यह प्रयास विफल रहा, हुर्रियत और हिजबुल—दोनों की ओर से यह सुझाव दिया गया कि यह बातचीत फिर शुरू की जा सकती है। यहाँ तक कि एक ऐसा प्रस्ताव किया गया कि शुरुआती दौर में वार्त्ता में पाकिस्तान का शामिल होना जरूरी नहीं है।

अधिकतम मूलभूत स्तर पर जम्मू एवं कश्मीर का मुद्दा अब भारत और पाकिस्तान दोनों के लिए एक कानूनी या क्षेत्रीय विवाद नहीं रह गया है। यह मुद्दा अब उनकी राष्ट्रीय पहचानों के सैद्धांतिक आधार का प्रश्न बन गया है। पाकिस्तान के लिए कश्मीर को प्राप्त करना द्विराष्ट्र सिद्धांत को पुनः प्रमाणित करना होगा। भारत के लिए मुसलिम बहुल क्षेत्र के आधार पर जम्मू एवं कश्मीर के किसी भाग का अलग होना उसकी धर्मनिरपेक्ष, बहुलवादी राष्ट्रीय पहचान का खंडन होगा। इसलिए भारत द्वारा भारत के अभिन्न अंग जम्मू एवं कश्मीर के किसी भाग को अलग होने की अनुमति देने का प्रश्न ही नहीं उठता।

कश्मीर से संबंधित जटिल मुद्दों पर अर्थपूर्ण राजनीतिक वार्त्ता आयोजित करना एक बहुत ही कठिन और असाध्य प्रयास है। फारुख अब्दुल्ला सरकार भारत सरकार की अलगाववादी गुटों के प्रतिनिधियों से बात करने की इच्छा से खुश नहीं है। ऑल पार्टीज हुर्रियत कॉन्फ्रेंस के घटक समूहों में संभावित समाधान के बारे में आंतरिक मतभेद हैं। यासीन मलिक के नेतृत्व में जे.के.एल.एफ. कश्मीर

के लिए एक स्वतंत्र प्रभुत्व-संपन्न राज्य चाहता है। अन्य संगठन कश्मीर को पाकिस्तान का हिस्सा बनाना चाहते हैं। हुर्रियत के सभी गुट भारत सरकार के साथ वार्त्ता में एक पक्ष के रूप में शामिल होने के लिए पाकिस्तान के पास गए और वे भारतीय संविधान की रूपरेखा में किसी समाधान या अधिक स्वायत्तता को अस्वीकार करते हैं। ऑल पार्टी हुर्रियत कॉन्फ्रेंस के प्रमुख नेता अब भी किसी नई व्यवस्था के तहत भारतीय गणतंत्र में जम्मू एवं कश्मीर के एकीकरण को मजबूती देने के बिलकुल खिलाफ हैं। डॉ. फारुख अब्दुल्ला के नेतृत्व में नेशनल कॉन्फ्रेंस केवल वित्त, विदेश और संचार के मामलों में भारत की प्रभुसत्ता स्वीकार करते हुए सन् 1953 से पहलेवाली कश्मीर की वैधानिक स्थिति चाहते हैं। भारत के दोनों बड़े राजनीतिक दल—कांग्रेस और भारतीय जनता पार्टी—1953-पूर्व स्थिति की बहाली के खिलाफ हैं। वे उसे कश्मीर के भारत से अलग होने की दिशा में पहला कदम मानते हैं। वे वार्त्ता में पाकिस्तान को शामिल करके उसे त्रिपक्षीय बनाने के भी खिलाफ हैं।

इन विरोधाभासी स्थितियों में जम्मू और लद्दाख के लोगों की गंभीर शंकाएँ और भी इजाफा करती हैं, जो कश्मीर घाटी के कट्टरपंथी इसलामी अलगाववादी समूहों की माँगों पर आधारित किसी नई व्यवस्था के प्रति आशंकित हैं। यह भी जरूर याद रखा जाना चाहिए कि कश्मीर की जनसंख्या के विभिन्न जातीय, धार्मिक और भाषायी मतों के लोगों की उम्मीदों के प्रति सहानुभूति रखने के अलावा किसी भी राजनीतिक समाधान में भारतीय संविधान में संशोधन भी शामिल होगा। ऐसा केवल आम राष्ट्रीय सहमति से ही किया जा सकता है। भारत का अधिकांश जनमत भाषा, धर्म या किसी प्रकार की राष्ट्रपरक व्याख्या, जिसके कारण भारत का विभाजन हुआ, के आधार पर भारत के किसी भाग के पूर्ण या आंशिक अलगाव को स्वीकार करने के पक्ष में नहीं है। करगिल में पाकिस्तानी आक्रमण और दिसंबर 1999 में इंडियन एयरलाइंस के विमान के अपहरण के बाद भारत में कश्मीर पर किसी भी वार्त्ता में पाकिस्तान को एक पक्ष के रूप में शामिल किए जाने के प्रति गंभीर विरोध है। यह भी धारणा है कि कश्मीर मुद्दा अब घाटी के सांप्रदायिक जनसंख्या विज्ञान में निहित कोई क्षेत्रीय विवाद नहीं रहा है। भारत से कश्मीर का कोई राजनीतिक, सामाजिक या क्षेत्रीय विलगाव भारत की राजनीतिक और क्षेत्रीय एकता पर नकारात्मक प्रभाव डाल सकता है। अंतरराष्ट्रीय प्रतिक्रियाएँ भी महत्त्वपूर्ण हैं, जबकि अधिकांश विश्व पाकिस्तान की अलगाववादी नीति के खिलाफ है। उनका मत यह है कि कश्मीर भारत और पाकिस्तान के बीच एक

विवाद है, जो क्षेत्रीय स्थिरता और सुरक्षा के लिए एक खतरा है, और कश्मीर के लोगों की इच्छाओं पर भी ध्यान दिया जाना चाहिए।

भारत की प्रवृत्ति जम्मू एवं कश्मींर के लिए अर्थपूर्ण स्वायत्तता की दिशा में प्रयास की होनी चाहिए, जिसमें राज्य के लोगों को भारतीय लोकतांत्रिक प्रक्रिया की मुख्य धारा में लाना शामिल होगा, नियंत्रण रेखा को धीरे-धीरे भारत और पाकिस्तान के बीच एक स्थायी सीमा के रूप में परिणत करने का प्रयास होना चाहिए। इस उद्देश्य को राजनीतिक बातचीत के द्वारा प्राप्त करने का प्रयास शुरू किया जाना चाहिए, चाहे यह प्रयास कितना ही लंबा हो।

□

: अध्याय 10 :

भारत और पाकिस्तान : परमाणु शक्ति-संपन्न राष्ट्र

भारत और पाकिस्तान के परमाणु अस्त्र कार्यक्रमों के इतिहास पर पर्याप्त पाठ्य सामग्री उपलब्ध है। अप्रसार मुद्दों पर भारत की नीतियों, खासकर अंतिम दशक के दौरान उसकी नीतियों, को कुल मिलाकर इस प्रकार देखा जा सकता है—

1. पक्षपातरहित अप्रसार, अस्त्र-नियंत्रण और निरस्त्रीकरण के लिए व्यवस्थाएँ लाने में किसी भी ईमानदार प्रयास में शामिल होना चाहता है।
2. चाहे अमेरिका या अन्य देश कोई भी आश्वासन और सुरक्षा गारंटी दें, किसी अंतरिम पक्षपाती पद्धति, जैसे—कॉम्प्रिहेंसिव टेस्ट बैन ट्रीटी (सी.टी.बी.टी.) में शामिल होने का इच्छुक नहीं है।
3. दक्षिण एशियाई परमाणु अस्त्र-मुक्त क्षेत्र और इस सीमित उद्देश्य के लक्ष्य से आयोजित किसी भी सम्मेलन के पक्ष में नहीं है।
4. एक विस्तृत एशियाई सम्मेलन में भाग लेने का इच्छुक है, जिसमें पूरे एशियाई क्षेत्र और आस-पास के क्षेत्रों को परमाणु-मुक्त क्षेत्र बनाने की संभावनाओं पर विचार-विमर्श करने के लिए बड़ी संख्या में भागीदार मौजूद हों, जिसमें क्षेत्र के सभी देशों के साथ-साथ क्षेत्र की सुरक्षा को प्रभावित करने की परमाणु क्षमतावाले सभी देश आपसी और समान बाध्यता का आश्वासन देंगे।
5. संकेत दिया कि संदर्भ-बिंदुओं, उद्देश्यों और सम्मेलन (यदि हो) के हिस्सेदारों से संबंधित विवरण सावधानीपूर्वक तैयार किए जाएँ और वह विस्तृत हो। भारत किसी ऐसे सम्मेलन में तभी भाग लेगा, जब इस बारे

में अग्रिम आश्वासन दिया जाएगा कि प्रस्तावित एशियाई सम्मेलन एक निश्चित समय-सीमा के अंदर अप्रसार व निरस्त्रीकरण पर एक विश्व स्तरीय सम्मेलन की ओर एक अंतरिम कदम होगा।

6. सभी वार्त्तालापियों को स्पष्ट संकेत दिया कि भारत अपनी सुरक्षा, आवश्यकताओं पर निर्भर विभिन्न प्रकार के मिसाइल विकसित और नियुक्त करेगा तथा वह किसी भी क्षेत्र से एकपक्षीय या आदेशात्मक शर्तों और अनुशासनात्मक उपायों को स्वीकार नहीं करेगा।

7. जब अमेरिका ने परमाणु परीक्षण पर अपनी मुद्रा परिवर्तित की और इस प्रकार बातचीत की शुरुआत को संभव बनाया तो हमने कॉम्प्रिहेंसिव टेस्ट बैन ट्रीटी पर काम करने की सहमति दी—यदि वह सार्वभौम, विस्तृत और पक्षपातरहित हो। पाकिस्तान के साथ एकपक्षीय या द्विपक्षीय रूप से विखंडनीय सामग्री के निर्माण पर नियंत्रण के लिए अमेरिका के प्रस्ताव के संदर्भ में भारत इस मुद्दे को संयुक्त राष्ट्र महासभा में और फिर निरस्त्रीकरण पर सम्मेलन में उठाने में सफल रहा, जहाँ वह सन् 1994 से गतिरोधित है।

भारत ने द्विपक्षीय वार्त्ताओं के दौरान अमेरिका और अन्य देशों को यह संदेश दिया कि अप्रसार संधि का विस्तार विश्व व्यापी परमाणु गतिविधियों में परिवर्तित वास्तविकताओं पर निर्भर करेगा और इस संधि की समीक्षा व विस्तार गंभीर अंतरराष्ट्रीय आम सहमति के आधार पर ही किया जाएगा।

इस अध्याय का उद्देश्य भारत के एक परमाणु शक्ति-संपन्न राष्ट्र बनने की तात्कालिक पृष्ठभूमि का वर्णन संक्षेप में करना और इसके बाद पाकिस्तान के दावों की जाँच करना है। भारत द्वारा परमाणु परीक्षण करने और खुद को एक आधिकारिक परमाणु शक्ति-संपन्न राष्ट्र घोषित करने के निम्नलिखित कारण हैं—

पहला और सबसे महत्त्वपूर्ण, नौवें दशक के अंत से निरंतर खराब होते सुरक्षा वातावरण के मद्देनजर, विभिन्न भारतीय सरकारों ने परमाणु क्षमता प्राप्त करने का निर्णय लिया। दूसरा, बढ़ती प्रतिबंधात्मक और पक्षपातपूर्ण अंतरराष्ट्रीय पद्धतियाँ न केवल भारत को अंतरिक्ष और परमाणु प्रौद्योगिकी के क्षेत्र में अपनी क्षमता को पहचानने में बाधा उत्पन्न करतीं, बल्कि उसपर पूर्ण रोक लगा देतीं। इसने भारत को परमाणु विकल्प का सहारा लेने के लिए प्रेरित किया। तीसरा, भारत एक नई अंतरराष्ट्रीय रणनीतिक और तक़नीकी व्यवस्था में खुद को ढालने के विरुद्ध था, जिसमें पाँच परमाणु अस्त्र-संपन्न देश लंबी अवधि तक एक प्रभावी तत्त्व बने

रहते। चौथा, स्वतंत्रता के बाद एक से अधिक बार अपनी क्षेत्रीय अखंडता को खतरा पहुँचाने के प्रयासों को देखते हुए भारत को एक दीर्घ स्थायी और परिष्कृत रक्षा क्षमता की आवश्यकता थी। पाँचवाँ, भारत ने इसपर ध्यान दिया कि जब परमाणु क्षमता वाले अन्य राष्ट्रों पर प्रतिबंधात्मक दबाव पड़ता था तो ये राष्ट्र या तो खुद परमाणु शक्ति-संपन्न बनकर इन दबावों पर काबू पाते थे (जैसे—फ्रांस और चीन) या अंतरराष्ट्रीय दबाव के आगे झुककर अपनी परमाणु क्षमता को दबते या समाप्त होते देखते थे (जैसे—अर्जेंटीना, दक्षिण अफ्रीका और ब्राजील)। भारत ने पहला विकल्प चुना।

भारत के खिलाफ लगाया गया पहला आरोप यह है कि इन परीक्षणों को करके वह परमाणु अस्त्र और मिसाइल क्षमता हासिल न करने की अपनी प्रतिबद्धता से पीछे हट गया है। यह सच नहीं है। नई दिल्ली ने भारत के परमाणु कार्यक्रमों के प्रारंभ के समय परमाणु शक्ति-संपन्न देशों की पक्षपातपूर्ण प्रवृत्ति पर ध्यान दिया था। सन् 1957 में इंटरनेशनल एटॉमिक एनर्जी एजेंसी (आई.ए.ई.ए.) की स्थापना संबंधी कानून के राजनीतिक और तकनीकी तत्त्वों ने उसकी संभावित पक्षपातपूर्ण प्रवृत्ति का स्पष्ट संकेत दिया। भारत ने अपनी आशंकाओं को स्पष्ट रूप से अभिव्यक्त किया। सन् 1963 में अमेरिका के परमाणु अस्त्र कार्यक्रम में भाग न लेने की वचनबद्धता के बावजूद सन् 1964 में चीनी परमाणु अस्त्र कार्यक्रम को देखते हुए उसने अपनी परमाणु क्षमता के विकास का फैसला किया। सन् 1964 में भारत द्वारा एक प्लूटोनियम-प्रोसेसिंग प्लांट की स्थापना इस इरादे की एक अभिपुष्टि थी। सन् 1967-68 में परमाणु अप्रसार संधि पर हस्ताक्षर करने से इनकार और 18 मई, 1974 को पोखरण में एक शांतिपूर्ण परमाणु परीक्षण इस बात के स्पष्ट संकेत थे कि भारत परमाणु शक्ति-क्षमता प्राप्त करने की दिशा में बढ़ रहा है और इस विकल्प को खुला रखेगा।

पोखरण में प्रथम परमाणु परीक्षण के प्रति अमेरिका के नेतृत्व में परमाणु शक्ति-संपन्न देशों की प्रतिक्रिया ने एक प्रतिबंधात्मक अप्रसार नीति के बारे में भारत की शंका को और बढ़ा दिया। सुरक्षात्मक प्रतिक्रियाओं पर बहुपक्षीय तकनीकी विचार-विमर्श और परमाणु अस्त्र-संपन्न राष्ट्रों की तकनीकी नीतियों के हस्तांतरण ने 'अप्रसार' की परिभाषा ही बदल दी। शुरुआत में उसका लक्ष्य मुख्यत: केवल अधिग्रहण और परमाणु अस्त्रों का प्रसार रोकना था। इस परिभाषा को विस्तृत करके सभी संबंधित तकनीकों को भी इसके घेरे में ले लिया गया। इसी प्रकार, सुरक्षा प्रक्रिया का उद्देश्य बदलकर शांतिपूर्ण उद्देश्यों के लिए इस्तेमाल की जा

रही परमाणु और अंतरिक्ष प्रौद्योगिकियों पर नजर रखना और उन्हें निर्देशित करना कर दिया गया। यह प्रवृत्ति आई.ए.ई.ए. के पूर्ण स्तरीय सुरक्षा उपायों में भी विद्यमान थी, जिसका विरोध भारत ने बार-बार किया। पूर्ण स्तरीय सुरक्षा उपाय भी पक्षपातपूर्ण थे, क्योंकि वे परमाणु-संपन्न देशों की सुविधाओं और प्रयोगशालाओं पर लागू नहीं होते थे।

यदि सन् 1978 के अमेरिका के न्यूक्लीयर रेगुलेटरी एक्ट के प्रावधानों को याद करें तो उसका प्राथमिक लक्ष्य भारत की परमाणु, तकनीकी एवं रक्षा-क्षमताओं को नियंत्रित और नष्ट करना था। क्षेत्रीय और उपक्षेत्रीय परमाणुरहित मंडलों पर समझौतों का परमाणु आत्मनिर्भर क्षमताओंवाले देशों—ब्राजील और अर्जेंटीना पर कितना हानिकारक प्रभाव हुआ, यह भी भारतीय रक्षा योजनाकारों ने देखा। भारत इस बारे में आश्वस्त था कि क्षेत्रीय और उपक्षेत्रीय परमाणुरहित मंडल अप्रसार के संदर्भ में अनुपयुक्त थे। परमाणु अस्त्रों की विश्व स्तरीय पहुँच है और अधिकांश क्षेत्रों में कम-से-कम एक परमाणु अस्त्र-संपन्न राष्ट्र जरूर है। भारत ने इस बात पर भी ध्यान दिया कि अप्रसार संधि को निर्देशित करनेवाले पक्षपातपूर्ण तत्त्व सभी अंतरराष्ट्रीय पद्धतियों के मार्गप्रदर्शक सिद्धांत हैं, चाहे वह मिसाइल कंट्रोल टेक्नोलॉजी रिजाइम हो, कॉम्प्रिहेंसिव टेस्ट बैन ट्रीटी हो या प्रस्तावित फिसाइल मैटीरियल कट-ऑफ ट्रीटी।

अंतिम दशक की शुरुआत से भारत के लिए एक स्पष्ट राजनीतिक संदेश था। दक्षिण अफ्रीका में कालों के बहुमतवाली सरकार बनते ही उसपर परमाणु शक्ति विकल्प को पूरी तरह छोड़ देने के लिए दबाव डाला गया। इसी प्रकार का दबाव यूक्रेन पर भी डाला गया। शीत युद्ध की समाप्ति और अमेरिका-सोवियत संघ संघर्ष समाप्त होने के बाद भी अप्रसार मुद्दों पर परमाणु शक्ति-संपन्न देशों के रुख में कोई फर्क नहीं आया। उनका अपरिवर्तनशील और खुद को लाभ पहुँचानेवाला दृष्टिकोण शीत युद्ध के बाद आयोजित अप्रसार संबंधी सभी सम्मेलनों में अभिव्यक्त हुआ। अतः भारत एक व्यावहारिक हालाँकि अनुशासित मुद्रा अपनाना चाहता था। इसी उद्देश्य को मई 1998 में पूरा करने का प्रयास किया गया।

इन रुझानों को याद करने का उद्देश्य इस तथ्य पर जोर देना है कि भारत की परमाणु नीतियाँ एक झटके में नहीं विकसित हुईं। वह अंतरराष्ट्रीय अप्रसार प्रवृत्तियों, जिन्हें भारत अपने दीर्घकालीन सुरक्षा-हितों के लिए एक खतरा मानता था, के प्रति धीमी और नपी-तुली प्रतिक्रिया थी। इन्हीं सभी बातों की वजह से भारत को अपना प्रक्षेपास्त्र विकास कार्यक्रम भी शुरू करना पड़ा, जिसे सन् 1984 से 1989 के दौरान

राजीव गांधी ने बढ़ावा दिया और जो आज भी जारी है।

यह पारंपरिक सोच कि पाकिस्तान का गुप्त परमाणु और प्रक्षेपास्त्र कार्यक्रम सन् 1974 में भारत द्वारा किए गए परमाणु परीक्षण के बाद शुरू किए गया, तकनीकी रूप से गलत है। स्टीव वाइजमैन और हर्बर्ट क्रोज्नी ने अपनी पुस्तक 'इसलामिक बॉम्ब' (विजन बुक्स, दिल्ली, सन् 1981) में लिखा है कि जुल्फिकार अली भुट्टो छठे दशक के मध्य में, जब वह अयूब खान के मंत्रिमंडल में मंत्री बने थे, पाकिस्तान द्वारा परमाणु बम बनाने के हिमायती थे। सन् 1971 में भारत के हाथों पाकिस्तान की हार ने भुट्टो की सोच को और मजबूत किया। सन् 1974 में भारत द्वारा पोखरण में परमाणु परीक्षण करने से दो साल पहले ही भुट्टो ने यह फैसला ले लिया था कि पाकिस्तान के पास परमाणु क्षमता होनी चाहिए। उनका यह स्पष्ट मानना था कि गैरपारंपरिक हथियारों में पाकिस्तान के पास ऐसी श्रेष्ठता होनी चाहिए, जिससे कि भारत पारंपरिक युद्ध में भी पाकिस्तान को हराने में संभव नहीं हो सके। सन् 1972 से ही पाकिस्तान अपनी परमाणु और प्रक्षेपास्त्र क्षमता को बढ़ा रहा है। सन् 1987 तक उसके कब्जे में सीमित मात्रा में परमाणु उपकरण थे। सन् 1987 और 1988 के दौरान चीनी मदद से पाकिस्तान ने अपने सैन्य मिसाइल हथियारों को बेहतर बनाना शुरू किया। यह स्थिति सन् 1996 और 1997 में तब चरम पर पहुँच गई, जब वरिष्ठ पाकिस्तानी नेता और सैन्य अधिकारी यह दावा करने लगे कि पाकिस्तान भारत के खिलाफ परमाणु हथियारों और मिसाइलों की क्षमता हासिल करने की स्थिति में है। अप्रैल 1998 में इंटरमीडिएट रेंज बैलेस्टिक मिसाइल (आई.आर.बी.एम.), 'गोरी' के परीक्षण और पाकिस्तानी परमाणु कार्यक्रम के जनक डॉ. अब्दुल कादिर खान द्वारा किया गया यह दावा कि पाकिस्तान के पास एक प्रभावशाली सैन्य आयुधागार है, को भारत द्वारा नजरअंदाज नहीं किया जा सकता है। पाकिस्तान की क्षमताओं के बारे में भारतीय और विदेशी विशेषज्ञों के संदेह जो भी हों, लेकिन नीचे दिए गए तथ्यों पर गौर किया जाना चाहिए।

पाकिस्तान के पास चौदह परमाणु प्रयोगशालाएँ और प्रतिष्ठान हैं। ये चगाई हिल्स, कुंडियान, चेशमा, लक्की, इसाखेल, वाह, गोलरा शरीफ, रावलपिंडी, सिहाला, कहुटा, खुशाब, लाहौर, मुलतान और देहरा गाजी खान में स्थित हैं। इन जगहों पर जो सुविधाएँ उपलब्ध हैं, उनमें ट्राइटियम और यूरेनियम संवर्द्धन संयंत्र, खनन सुविधाएँ, यूरेनियम हेक्साफ्लोराइड परिवर्तन के लिए एक प्रयोगशाला, हथियार-निर्माण केंद्र, ईंधन-निर्माण केंद्र, परमाणु परीक्षण सुविधा, भारी जल निर्माण सुविधा, प्लूटोनियम पुनःसंशोधन सुविधा, परमाणु रिएक्टर और पूर्णतः सुसज्जित शोध एवं

विकास क्षमता शामिल हैं।

हम चीन के परमाणु संयंत्रों के बारे में इस तरह के विस्तार में नहीं जाएँगे, जिसने सन् 1964 में परमाणु विस्फोट किया और परमाणु हथियार रखनेवाले देशों के क्लब का सदस्य बन गया। पिछले कई सालों में अमेरिका ने 1032, रूस ने 715, फ्रांस ने 210, ब्रिटेन ने 45 और चीन ने भी 45 परीक्षण किए हैं। चीन और फ्रांस ने अपने अधिकांश परीक्षण सन् 1996 में तब किए जब व्यापक परीक्षण प्रतिबंध संधि (सी.टी.बी.टी.) को अंतिम रूप दिया गया था। मई 1998 तक अमेरिका के पास घोषित रूप से 12,070 परमाणु हथियार थे, जबकि रूस के पास 22,500, फ्रांस के पास 500, चीन के पास 450 और ब्रिटेन के पास 380 परमाणु हथियार थे। यहाँ तक कि यदि स्ट्रैटेजिक आर्म्स लिबरेशन ट्रीटी (एस.ए.एल.टी.) और स्ट्रैटजिक आर्म्स रिडक्शन ट्रीटी (START) लागू हो जाए तब भी अमेरिका अपने पास सन् 2007 तक 10,000 परमाणु हथियार सुरक्षित रखेगा, जिनमें 3,500 रणनीतिक, 1,000 तकनीकी और 5,500 परमाणु मुखास्त्र होंगे, जबकि रूस के पास 11,000 हथियार होंगे, जिसमें 3,500 रणनीतिक, 2,500 तकनीकी और 5,000 परमाणु मुखास्त्र होंगे। फ्रांस, इंग्लैंड और चीन के परमाणु हथियारों में इस दौरान संख्या के लिहाज से कोई कटौती नहीं होगी। इक्कीसवीं सदी के पहले दशक में अंतरराष्ट्रीय स्तर पर परमाणु हथियारों की इस स्थिति को देखते हुए भारत की सुरक्षा-चिंताओं को वास्तविक कहा जा सकता है।

भारत द्वारा परमाणु क्षमता हासिल करना राष्ट्रीय हितों की दृष्टि से तो तार्किक है ही, अंतरराष्ट्रीय उदाहरणों के कारण भी सही है। इंग्लैंड और फ्रांस को परमाणु हथियारों की क्षमता हासिल करने की कोई आवश्यकता नहीं है। उन्हें अमेरिका और नाटो द्वारा परमाणु सुरक्षा की गारंटी मिली हुई है। इजराइल भी अघोषित परमाणु शक्ति-संपन्न है, जबकि उसे भी अमेरिका से परमाणु सुरक्षा की गारंटी हासिल है। अमेरिका की शह पर इंग्लैंड, फ्रांस और इजराइल परमाणु शक्ति-संपन्न बने हुए हैं। चीन द्वारा परमाणु हथियार हासिल करने के पीछे यह तर्क था कि शीत युद्ध को देखते हुए अपने आत्मविश्वास के लिए यह आवश्यक था। उत्तरी और दक्षिणी कोरिया ने कमोबेश चीन के पास हथियार होने के तर्क के आधार पर ही परमाणु क्षमता हासिल की। दक्षिण अफ्रीका के परमाणु कार्यक्रम को नेल्सन मंडेला के सत्ता में आने के समय तक समर्थन मिलता रहा। उसके बाद काले लोगों के बहुमतवाले लोकतंत्र पर गोरी रंगभेदी प्रिटोरियाई सरकार की तरह भरोसा नहीं किया जा सकता था। कोई भी इसे नहीं भूल सकता कि दक्षिण अफ्रीका

को अपना परमाणु कार्यक्रम छोड़ने के लिए न सिर्फ इसलिए मनाया गया, क्योंकि काले लोगों से शासित दक्षिण अफ्रीका एक विश्वस्त सहयोगी नहीं हो सकता था, बल्कि इसलिए भी कि इतने जटिल और परिष्कृत तकनीक को दक्षिण अफ्रीका में अफ्रीकियों के हाथों में नहीं दिया जा सकता था।

मैं 'दुष्ट देशों' और 'गैरजिम्मेदार देशों' के सिद्धांत के बारे में बात करना चाहता हूँ। यह आजकल परमाणु-अप्रसार और नियंत्रण से संबंधित बहसों के शब्दकोश में शामिल हो गया है। इन सिद्धांतों को मूलतः औद्योगिक रूप से विकसित देशों ने अमेरिका के नेतृत्व में सामने लाया है। लीबिया, इराक, ईरान, उत्तरी कोरिया और कुछ मायनों में सीरिया को ऐसे देशों में शामिल किया जाता है। वर्तमान समय में भारत और पाकिस्तान इन देशों के समूह में शामिल होने के सबसे योग्य उम्मीदवार माने जा रहे हैं।

भारी विनाशवाले हथियारों के गैरजिम्मेदाराना इस्तेमाल के लिए निम्नलिखित कसौटी तय की गई है—1. यदि भारी विनाश के किसी हथियार को ऐसे देश के खिलाफ इस्तेमाल किया जाता है, जिनके पास यह हथियार नहीं है। 2. यदि भारी विनाश के हथियार रखनेवाला कोई देश बिना उकसावे के या बिना किसी सैन्य आवश्यकता के इनका इस्तेमाल करता है। 3. यदि कोई देश अपनी सुरक्षा न कर सकनेवाली नागरिक आबादी पर इसका इस्तेमाल करता है।

यदि कोई देश ऊपर दी गई तीनों कसौटियों पर खरा उतरता है तो वह 'गैरजिम्मेदार राष्ट्र' की श्रेणी में गिना जाएगा। यह स्पष्ट होना चाहिए कि कोई भी सद्दाम हुसैन या कर्नल गद्दाफ़ी की रोमांचकारी और हिंसा फैलानेवाली नीतियों के पक्ष में नहीं है; लेकिन अभी तक घटित सिर्फ एक मामले को ऊपर वर्णित सभी कसौटियों पर कसें तो वह पूरी तरह बिना किसी संदेह के खरा उतरता है। वह है अमेरिका द्वारा अगस्त 1945 में हिरोशिमा और नागासाकी पर हमला। दरअसल दूसरे देशों पर अँगुली उठाने से पहले परमाणु शक्ति-संपन्न देशों को कभी-कभी खुद को भी आईने में देख लेना चाहिए।

परमाणु शक्ति के रूप में भारत की स्थिति

मुझे फिर से मुख्य कहानी पर आने दीजिए। भारतीय जनता पार्टी के नेतृत्ववाली सरकार ने 11 और 13 मई, 1998 को पाँच परमाणु विस्फोट करने का राजनीतिक रूप से प्रचंड और नाटकीय कदम उठाया। इन परीक्षणों में एक 45 किलो टन का थर्मोन्यूक्लियर टेस्ट और दो सबकिलो टन के टेस्ट शामिल थे। भारत ने खुलेआम

अपनी परमाणु क्षमता का दावा किया और खुद को परमाणु अस्त्र-संपन्न देश घोषित किया। यहाँ यह उद्धृत किया जा सकता है कि सन् 1995 में प्रधानमंत्री नरसिंह राव परमाणु-परीक्षण के काफी करीब पहुँच गए थे, मगर कई तरह के बाहरी और घरेलू दबावों ने उन्हें ऐसा नहीं करने दिया।

सन् 1994 की गरमियों से लेकर सन् 1997 के अंत तक भारत द्वारा भेदभावपूर्ण बताने के बावजूद सी.टी.बी.टी. को अंतिम रूप दे दिया गया। भारत द्वारा थर्मोन्यूक्लियर और न्यूक्लियर परीक्षणों के निम्न परिणाम हुए—पहला, इसने भारत के परमाणु हथियार-संपन्न देश होने की पुष्टि कर दी; दूसरा, इसने उच्च ऊर्जा भौतिकी और परमाणविक अभियांत्रिकी में भारतीय तकनीकी सुविधा के परिष्कृत स्तर और भविष्य में कंप्यूटर सिम्यूलेशन और सबक्रिटिकल टेस्ट की क्षमताओं की पुष्टि कर दी; तीसरा, भारत ने क्षेत्रीय और अंतरराष्ट्रीय स्तर पर संतुलन कारक की रणनीतिक स्थिति हासिल कर ली और चौथा, पाँचों घोषित परमाणु शक्तियों के दुराग्रहों के बावजूद भविष्य में परमाणु हथियारों पर नियंत्रण की किसी भी कोशिश में भेदभाववाले प्रतिबंधों में बदलाव करना ही होगा।

भारत द्वारा किए गए उग्र राजनीतिक और रणनीतिक पहल पर अंतरराष्ट्रीय प्रतिक्रिया मिली-जुली रही। अधिकतर प्रतिक्रियाएँ नकारात्मक ही थीं। नई दिल्ली की सबसे पहली और महत्त्वपूर्ण चिंता दुनिया को यह समझाने की थी कि भारत द्वारा सार्वजनिक रूप से अपनी परमाणु हथियार-क्षमता की घोषणा और इसका परीक्षण सिर्फ भारत की सुरक्षा-चिंताओं से जुड़ा हुआ है और भारत अपनी इस क्षमता का प्रबंधन पूरी जवाबदेही एवं संयम से करेगा और इस कारण शांति तथा स्थिरता के लिए कोई खतरा पैदा नहीं होगा।

भारत की सुरक्षा क्षमताओं के मद्देनजर सरकार द्वारा परमाणु शक्ति हासिल करने के फैसले के संबंध में कई सवाल उठाए गए। ये सभी जवाब माँगते थे। पहला सवाल था कि भारत ने परमाणु शक्ति के संबंध में अपनी संदिग्धता का त्याग करके परीक्षण क्यों किया? इसका जवाब सीधे भारत के सुरक्षा वातावरण से जुड़ा हुआ है, जो पश्चिम में डिएगो गार्सिया से लेकर पाकिस्तान तक और खाड़ी से लेकर हरमोज जलडमरूमध्य तक फैला हुआ है। इस पूरे क्षेत्र में कई देश हैं, जो परमाणु क्षमता-संपन्न हैं। उनमें पाकिस्तान भी एक है। जो कई बार भारत पर परमाणु मिसाइल हमले की धमकी दे चुका है। परमाणु हथियारवाले देशों—चीन और अमेरिका—से पाकिस्तान की निकटता को भारत नजरअंदाज नहीं कर सकता। दूसरे, भारत के लिए परीक्षण इसलिए भी आवश्यक थे कि यह अपनी क्षमताओं के

बारे में निश्चित हो सके, भारत की जनता को इन क्षमताओं के बारे में जागरूक कर सके और आत्मविश्वास का भाव अभिव्यक्त किया जा सके। दूसरा प्रश्न इन परीक्षणों के समय के बारे में किया जाता है। भारत ने सन् 1998 में ये परीक्षण करने का फैसला क्यों किया? इसके दो कारण थे—पहला, ये परीक्षण तकनीकी और क्रियात्मक कारणों से जरूरी थे, क्योंकि इसका उद्देश्य था महत्त्वपूर्ण खतरों के खिलाफ रोकथाम की क्षमता अर्जित करना। भारत इस प्रक्रिया में पहले ही देर कर चुका था, जिसकी वजह से उसकी सुरक्षा प्रभावित हुई थी। दूसरे, और अधिक देर करने का अर्थ था—दंडात्मक और पक्षपातपूर्ण प्रतिबंधों से जकड़े जाना, जो सन् 1999 के अंत तक सी.टी.बी.टी. के तहत क्रियान्वित हो जाता और निरस्त्रीकरण सम्मेलन में फिसिल मैटीरियल कट-ऑफ ट्रीटी पर वार्त्ता इस स्थिति को और भी गंभीर बना सकती थी। तीसरा प्रश्न एक अल्पमत और गठबंधन सरकार द्वारा इतना महत्त्वपूर्ण निर्णय लिये जाने के विषय में पूछा जाता है। संसद् में सीटों की संख्या और संबंधित आँकड़ों के संदर्भ में वाजपेयी सरकार भले ही अल्पमत सरकार रही हो, लेकिन सन् 1996 और 1998 के मतदान के नमूने के संदर्भ में इसपर बहुत कम संदेह है कि भाजपा की विदेश नीति व सुरक्षा नीति निर्धारण को भारतीय जनता का सामान्य समर्थन हासिल था और पूर्ववर्ती देवगौड़ा व गुजराल सरकारों के विपरीत वाजपेयी सरकार का नेतृत्व लोकसभा का सबसे बड़ा दल कर रहा था। जनमत के संदर्भ में देखें तो परमाणु परीक्षणों को जनता का सामान्य समर्थन मिला। चौथी आलोचना यह की जाती है कि सरकार ने यह निर्णय लेने से पहले विभिन्न दलों से परामर्श नहीं किया। ऐसे संवेदनशील निर्णय सार्वजनिक बहसों या राजनीतिक परामर्शों के बाद नहीं लिये जाते। श्रीमती गांधी ने भी सन् 1974 के परमाणु परीक्षण से पहले राजनीतिक दलों का परामर्श नहीं लिया था। जहाँ तक मुझे याद है, दूसरे विश्व युद्ध के तुरंत बाद पाँच परमाणु शक्तियों ने ऐसे निर्णय परामर्शों और पारदर्शिता के बाद नहीं लिये थे। राजनीतिक और तकनीकी गोपनीयता की आवश्यकताएँ ऐसे परामर्शों को असंभव बना देती हैं। सबसे महत्त्वपूर्ण बात यह है कि भारत पिछले छब्बीस वर्षों से परमाणु अस्त्रों के मुद्दों पर लंबे, विस्तृत और स्पष्ट विचार-विमर्शों में व्यस्त रहा है। भारतीय रुख के विकास के प्रत्येक दौर में पिछली गतिविधियों पर एक आम राष्ट्रीय सहमति थी। इस आलोचना का गंभीर सिद्धांतों की बजाय दलीय राजनीतिक से अधिक लेना-देना है।

एक अतिरिक्त प्रश्न, जिसका उत्तर दिया जाना आवश्यक है, यह है कि क्या परमाणु परीक्षणों के बाद अनिवार्य रूप से लगनेवाले प्रतिबंध भारत के आर्थिक

आधुनिकीकरण और विकास को प्रभावित करेंगे? समझदार सरकारी हलकों और रणनीतिक व आर्थिक विशेषज्ञों का आकलन यह था कि ये प्रतिबंध अल्पकाल तक भारत के लिए समस्याएँ उत्पन्न करेंगे, लेकिन भारत के मूल प्राकृतिक व मानवीय संसाधन और भारतीय अर्थव्यवस्था में निहित शक्ति इन प्रतिबंधों के दबावों का मुकाबला करने में समर्थ होगी, बशर्ते भारत तीन आवश्यकताओं को पूरा करे। ये हैं—राजनीतिक रूप से स्थिर और एकीकृत रहना, सभी महत्त्वपूर्ण विश्व शक्तियों को आश्वस्त करने के लिए उनके साथ उपयोगी बातचीत करना और आर्थिक उदारवाद व सुधार को जारी रखना। एक कल्पना यह थी कि चीन के संबंध में रक्षा मंत्री जॉर्ज फर्नांडीस का आलोचनात्मक बयान परमाणु परीक्षणों की तैयारी में था। जहाँ तक मेरा मानना है, इन दोनों में कोई संबंध नहीं था।

इन परीक्षणों की बाहरी आलोचना पर भारतीय प्रतिक्रिया क्या थी? न्यूजीलैंड और ऑस्ट्रेलिया द्वारा इन परीक्षणों के विरोध में अपने उच्चायुक्तों को भारत से वापस बुला लेना एक प्रकार का पाखंड था, क्योंकि इन दोनों ही देशों ने उन घोषित परमाणु शक्ति-संपन्न देशों के साथ अपने सामान्य संबंध जारी रखे थे, जिन्होंने हाल ही में कई परमाणु परीक्षण किए थे और जिनकी परमाणु क्षमता इन दोनों देशों को परमाणु सुरक्षा छतरी मुहैया कराती है। जापान द्वारा भारत की आलोचना समझ में आनेवाली है, क्योंकि यह अकेला देश है, जिसने परमाणु विभीषिका झेली है। फिर भी इसके द्वारा भारत की इतनी कड़ी आलोचना करना और अन्य परमाणु शक्ति-संपन्न देशों के साथ निकट संबंध बनाए रखने से एक विरोधाभास पैदा होता है। अमेरिका और अन्य यूरोपीय देशों की प्रतिक्रिया उम्मीद के अनुरूप ही थी।

भारत ने सन् 1963 में अमेरिका से मिले इस सुझाव को अस्वीकार कर दिया था कि उसे चीन के संभावित परमाणु परीक्षणों की काट करने के लिए अपना परमाणु हथियार विकसित करना चाहिए। एक और महत्त्वपूर्ण बात ध्यान देने की है—सन् 1967 में, यानी चीन द्वारा परमाणु परीक्षण के तीन साल बाद और सन् 1965 के भारत-पाक युद्ध के दो साल बाद भारत ने चीन को छोड़कर सभी परमाणु शक्तियों के पास इस बात के लिए कोशिश की थी कि किसी भी प्रकार के परमाणु आक्रमण की स्थिति में ये देश भारत को परमाणु सुरक्षा की गारंटी दे दें; लेकिन परमाणु शक्तियों की प्रतिक्रिया नकारात्मक थी। इस स्थिति ने इस बात को पुष्ट किया कि राष्ट्रीय सुरक्षा के लिए आत्मनिर्भरता के अलावा और कोई विकल्प नहीं है।

सन् 1998 में परमाणु परीक्षण करने का फैसला भारतीय नेताओं द्वारा स्वतंत्रता-

प्राप्ति के समय लिये गए कुछ नीतिगत फैसलों के बाद संभवत: सबसे महत्त्वपूर्ण फैसला था। भारतीय जन-मन का कुछ भाग हमारी परमाणु नीतियों के बारे में बिलकुल अच्छी तरह जानता है। यह अपनी बात रखने में पूरी तरह स्पष्ट भी था। गैरजरूरी और शेखीबाजी से भरे टी.वी. कार्यक्रमों में प्रतिक्रिया अलग-अलग थी, जहाँ कुछ 'विश्लेषक' यह दावा कर रहे थे कि इन परमाणु परीक्षणों से ऐसे संकेत मिल रहे हैं कि भारत ने परमाणु क्षमता में चीन को पीछे छोड़ दिया है (पूरी तरह बेतुका और हास्यास्पद दावा) तो परमाणु अप्रसार के कुछ प्रचंड समर्थक इन परीक्षणों को सस्ती राजनीतिक लोकप्रियता हासिल करने का जरिया बता रहे थे। राजनीतिक और मीडिया जगत् में कुछ ऐसे तत्त्व थे, जिन्हें इन परीक्षणों के औचित्य पर उचित संदेह था। लोकतंत्र में सामान्य रूप से उभरनेवाले विरोधी विचारों का सम्मान करते हुए यह याद दिलाना आवश्यक है कि जनमत सर्वेक्षणों द्वारा यह बात सामने आई कि 87 से 89 फीसदी भारतीयों ने इन परमाणु परीक्षणों का स्वागत किया था। इन परीक्षणों से पूरे देश में आत्मविश्वास और राष्ट्रीय गौरव की भावना भर गई थी।

आखिर भारत ने परमाणु शक्ति-संपन्न बनने के प्रचंड और अंतरराष्ट्रीय रूप से अलोकप्रिय फैसले से क्या हासिल किया? दरअसल अपनी क्षेत्रीय अखंडता बनाए रखने की दृढ़ इच्छाशक्ति की आखिरी परीक्षा इस बात में होती है कि एक देश और उसकी जनता में अपने हितों की रक्षा के लिए एक सुनसान रास्ते पर अकेले चलने की क्षमता है या नहीं? पोखरण परीक्षणों ने भारत की इस क्षमता को पुष्ट कर दिया है। दूसरी बात, विशेषज्ञों और सत्ता के स्तंभों को छोड़कर भारत की आम जनता में अपने देश की वैज्ञानिक और तकनीकी क्षमता को लेकर कुछ संशय था। इन परीक्षणों ने भारत की क्षमताओं और योग्यताओं के बारे में जनता की इस तरह की शंकाओं का समाधान काफी हद तक कर दिया है। तीसरे, इन परीक्षणों ने भारत की विदेश और रक्षा नीतियों में एक प्रकार के विश्वास और निर्णय क्षमता का समावेश कर दिया है। इस कदम से भारत को एक सकारात्मक मनोवैज्ञानिक और भावनात्मक झटका लगा। इसकी गणना नहीं की जा सकती है। चौथे, भारत ने अंतरराष्ट्रीय समुदाय को यह स्पष्ट और असंदिग्ध संदेश दे दिया कि यह एक परमाणु शक्ति-संपन्न देश है और इसने स्वदेशी तकनीक के बल पर यह क्षमता संतोषजनक स्तर तक प्राप्त कर ली है। यह एक जमीनी वास्तविकता है, जिसपर दुनिया को विचार करना होगा, भले ही 1 जनवरी, 1968 से पहले परमाणु क्षमता हासिल न करने के कारण भारत की परमाणु क्षमता की कानूनी स्थिति जो भी हो।

पाँचवाँ, इस उपलब्धि ने दुनिया और जनता को यह स्पष्ट संदेश दिया है कि उत्तेजना और प्रतिबंधों के बावजूद संयम और अनुशासन तकनीकी अक्षमताओं का परिणाम नहीं है। छठा, भारत ने हमारे आस-पास के रणनीतिक व सुरक्षा वातावरण के प्रति एक विश्वसनीय प्रतिक्रिया की नींव रखी। सातवाँ, इसने राजनीतिक रूप में परमाणु अस्त्र-संपन्न देशों के बीच रणनीतिक संतुलन को गंभीर रूप से परिवर्तित कर दिया। इसने एशियाई शक्तियों के संबंधों में भी रणनीतिक समीकरणों को बदला। आठवाँ, यह तकनीकी बदलाव, शांतिपूर्ण उद्देश्यों और आर्थिक विकास के लिए मददगार सिद्ध होगा। और अंत में, किसी नई विश्व व्यवस्था में भारत एक उल्लेखनीय शक्ति होगा, जिसकी उपेक्षा नहीं की जा सकेगी।

परमाणु शक्ति के रूप में पाकिस्तान की स्थिति

अब हमें 28 और 30 मई, 1998 के बीच पाकिस्तान के खुले परमाणु अस्त्रीकरण की ओर अपना ध्यान मोड़ना चाहिए। औपचारिक रूप से परमाणु शक्ति बनने का जवाब पाकिस्तान ने जिस गति से दिया या महत्त्वपूर्ण लोगों, जैसे गौहर अयूब खान (तत्कालीन पाकिस्तानी विदेश मंत्री) और प्रमुख वैज्ञानिक डॉ. अब्दुल कादिर खान ने पाकिस्तान की उत्तम मिसाइलों और परमाणु अस्त्र क्षमताओं के बारे में दिए गए राजनीतिक व तकनीकी वक्तव्यों से भारत को कोई आश्चर्य नहीं हुआ। जब वाजपेयी सरकार ने परमाणु परीक्षण कराने का निर्णय लिया था, तभी इस संभावना पर विचार कर लिया गया था। यह बहस कि पाकिस्तान ने वास्तव में सात परमाणु परीक्षण किए या केवल तीन या चार सफल रहे या क्या पाकिस्तान के अन्य दावे सही हैं, प्रासंगिक नहीं है। मूल तथ्य यह है कि पाकिस्तान भारत के साथ रणनीतिक सैन्य और राजनीतिक बराबरी का दावा करता है।

भारत की विदेश नीति और भावी संभावनाओं पर पड़ा इन गतिविधियों का प्रभाव महत्त्वपूर्ण है। एक परमाणु शक्ति के रूप में पाकिस्तान के उभरने की प्रक्रिया की पृष्ठभूमि के बारे में कुछ तथ्य प्रासंगिक हैं।

यह सर्वविदित तथ्य है कि पाकिस्तान सातवें दशक के मध्य से ही परमाणु महत्त्वाकांक्षाओं से ग्रस्त है। सन् 1971 के युद्ध में पराजित होने के तीन सप्ताह के अंदर जनवरी 1972 तक उसने परमाणु अस्त्र प्राप्त करने का निर्णय ले लिया था। याह्या खाँ के उत्तराधिकारी जुल्फिकार अली भुट्टो के दिमाग में यह स्पष्ट था कि यदि पाकिस्तान को भारत की श्रेष्ठ पारंपरिक तकनीकों और सैन्य क्षमताओं की बराबरी करनी है तो परमाणु अस्त्र और संबंधित डिलीवरी सिस्टम्स को प्राप्त करना

अनिवार्य है। भुट्टो ने जनवरी 1972 में पाकिस्तानी वैज्ञानिकों की एक बैठक मुलतान में बुलाई और पाकिस्तान को एक परमाणु शक्ति बनाने की इच्छा प्रकट की। उन्होंने वैज्ञानिकों से आग्रह किया कि यदि संभव हो तो तीन वर्षों में इस लक्ष्य को पूरा करने में मदद करें। गुप्त तरीके से पाकिस्तान द्वारा परमाणु शक्ति के रूप में उभरने के बारे में बहुत सी प्रकाशित सामग्री उपलब्ध है। उसे फ्रांस, ब्रिटेन, अमेरिका, हॉलैंड, जर्मनी, इटली और उत्तरी यूरोप के देशों द्वारा अप्रत्यक्ष रूप से और सबसे ऊपर चीन द्वारा सामग्री, प्रौद्योगिकी, मानचित्रों, डिजाइनों और परिष्कृत उपकरणों के रूप में सहयोग प्राप्त हुआ। चीन उसकी सैन्य मिसाइल क्षमताओं को विकसित करने में भी सक्रिय रूप से मदद करता रहा है। पाकिस्तानी वायु सेना में शामिल अमेरिकी और फ्रेंच विमानों को परमाणु मुखास्त्र ढोने और आपूर्ति करने के लिए विशेष रूप से प्रशिक्षित किया गया। कैलिफोर्निया के मोंटेरी इंस्टीट्यूट ऑफ इंटरनेशनल स्टडीज में सेंटर फॉर नॉन प्रॉलिफरेशन स्टडीज द्वारा यत्नपूर्वक व्यवस्थित किए गए रिकॉर्ड इस बात का संकेत देते हैं कि पाकिस्तान सन् 1977 से आवश्यक सामग्री जुटाने के बाद परमाणु शक्ति बनने के प्रयासों में पूरी तेजी से लग गया। सन् 1972 और 1974 के बीच में पाकिस्तान ने लीबिया, सऊदी अरब और कुछ हद तक इराक से अपने परमाणु अस्त्र कार्यक्रम के लिए धन देने का आग्रह किया। सन् 1986 तक परमाणु अस्त्र बनाने और उन्हें जोड़ने के लिए कच्चा माल बनाने की क्षमता पाकिस्तान अर्जित कर चुका था।

आखिरकार चीन उसके प्रमुख आपूर्तिकर्ता के रूप में उभरा। नौवें और अंतिम दशक के तकनीकी दस्तावेजों और रिपोर्टों से यह पता चलता है कि परमाणु प्रौद्योगिकी क्षमताएँ विकसित करने में चीन ने पाकिस्तान की मदद की। चीन ने पाकिस्तान के हाथों असुरक्षित परमाणु सुविधाओं के लिए विशेष औद्योगिक भट्ठियाँ और उच्च तकनीक के नैदानिक उपकरण बेचे। इस उपकरण के लिए चीन का न्यूक्लीयर एनर्जी इंडस्ट्रियल कॉरपोरेशन प्रमुख स्रोत था। परमाणु बम के निर्माण के लिए चीन ने ही डिजाइन और रिंग मैग्नेट की आपूर्ति की। चीन की उच्च तापमानवाली भट्ठी ने ही पाकिस्तानी मिसाइल के तिकोने अग्रभाग, जो मुखास्त्र को ले जाता है, के ट्राइटियम साँचे के निर्माण को आसान बनाया। परमाणु बम के लिए जरूरी जिरकोनियम और क्रिटोन इलेक्ट्रिक ट्रिगर का स्रोत अमेरिका बना। जर्मनी और उत्तरी यूरोपीय देशों ने इलेक्ट्रॉनिक पुरजों और ट्राइटियम की शुद्धता तथा उत्पादन सुविधाओं की आपूर्ति की। चीन ने पाकिस्तान को सन् 1983 में 25 किलोटन के परमाणु बम की डिजाइन और उच्च परिष्कृत यूरेनियम की आपूर्ति की थी।

एक पाकिस्तानी परमाणु उपकरण का परीक्षण कथित रूप से सन् 1987 में ही चीन के झिनियांग के लोप नोर परीक्षण-स्थल पर हुआ था। सन् 1992 में अब्दुल कादिर खान और पाकिस्तानी विदेश सचिव शहरयार खान ने इस बात की पुष्टि की थी कि पाकिस्तान के पास परमाणु हथियार हैं। सन् 1995-96 में पाकिस्तानी राजनीतिज्ञ बाकायदा भारत को धमकाने लगे थे कि यदि उसने जम्मू एवं कश्मीर में घुसपैठ के पाकिस्तानी प्रयासों के खिलाफ निर्णायक सैन्य कारखाई करने का प्रयास किया तो उसके खिलाफ परमाणु हथियारों का इस्तेमाल किया जाएगा। पाकिस्तान के परमाणु कार्यक्रम के कुछ पहलू बिलकुल स्पष्ट हैं। पहला, पाकिस्तान का प्राथमिक लक्ष्य परमाणु ऊर्जा का नियंत्रण सिर्फ सैन्य और हथियार के उद्देश्य से करना था। दूसरा, इस कार्यक्रम पर सामान्य नियंत्रण पाकिस्तान के सैन्य प्रतिष्ठानों का ही रहा। तीसरा, पाकिस्तान का परमाणु कार्यक्रम अधिकतर गुप्त रूप से चलाया गया अभियान था, जिसकी अनदेखी अफगानिस्तान में सोवियत हस्तक्षेप के दौरान अमेरिका ने की।

पाकिस्तान ने परमाणु शक्ति-संपन्न देशों को यह आश्वासन देते हुए उनकी चिरौरी की कि अगर भारत ने भविष्य में किसी भी भेदभावपूर्ण अप्रसार संधि पर हस्ताक्षर कर दिए तो वह भी बिना शर्त उस संधि पर हस्ताक्षर कर देगा। कुछ अर्थों में भारत को इस बात से राहत मिलनी चाहिए कि पाकिस्तान ने अपना परमाणु परीक्षण किया और खुद को एक परमाणु शक्ति-संपन्न देश घोषित कर दिया। इस तरह के कदम ने पाकिस्तान की परमाणु क्षमताओं और उसके इरादों के संबंध में एक प्रकार की पारदर्शिता ला दी है। इसके कारण एक-दूसरे के परमाणु कार्यक्रमों के बारे में मनोग्रंथियों, संदेहों और अनिश्चितताओं को भी दूर कर दिया है। नाभिकीय हथियारों और मिसाइल क्षमताओं में एक निश्चित बराबरी से इनके इस्तेमाल पर आपसी रोकथाम हो सकेगी। यह दोनों देशों की सरकारों को द्विपक्षीय विवादों को सुलझाने के लिए ज्यादा तार्किक स्थिति में बातचीत करने के लिए भी प्रेरित करेगा।

पाकिस्तान की परमाणु हथियार क्षमताओं में निहित खतरे से सावधान रहते हुए भारत को दक्षिण एशिया में सुरक्षा का स्थायी वातावरण बनाने के लिए पाकिस्तान से लगातार बातचीत जारी रखनी चाहिए। हमें विश्वसनीय, आपसी और समान सुरक्षा सुनिश्चित करने का प्रयास करना चाहिए। मेरे खयाल से—भारत और पाकिस्तान—दोनों को परमाणु हथियारों का पहले इस्तेमाल नहीं करने के बारे में गंभीरता से विचार-विमर्श करके इस बारे में समझौते पर हस्ताक्षर करना चाहिए। जिस तरीके से भारत और पाकिस्तान इस चुनौती से निबटेंगे, वह उन इरादों पर

निर्भर करेगा, जिनसे प्रेरित होकर उन्होंने परमाणु हथियार हासिल करने का फैसला किया था। आखिरकार वह इसपर निर्भर करेगा कि वह ऐसी विशाल सैन्य क्षमताओं को किस हद तक परिपक्व व अनुशासित तरीके से अपनी शत्रुता को सुलझाने के लिए इस्तेमाल करते हैं।

इस बिंदु पर परमाणु परीक्षणों पर भारत व पाकिस्तान में जनमत का संदर्भ देना उचित होगा, जबकि दोनों देशों में अधिकतर जनता ने परमाणु शक्ति बनने के निर्णय का समर्थन किया। इन प्रक्रियाओं के प्रति भारतीय और पाकिस्तानी जनता की प्रतिक्रिया में एक अंतर था। पाकिस्तान की तुलना में भारत में इस विषय पर अधिक विरोध और आलोचना हुई। भारत में बुद्धिजीवियों और शिक्षकों के एक बड़े वर्ग ने भारत को परमाणु शक्ति बनाने के औचित्य पर वाजपेयी सरकार से सवाल किए। नैतिक आधार पर यह प्रश्न उठाने से लेकर आर्थिक, रणनीतिक, रक्षा और राजनीतिक मुद्दों को लेकर भी आपत्तियाँ की गईं; जबकि जन-समर्थन इस निर्णय के साथ था। यह समझ लेना चाहिए कि राजनीतिक प्रभाववाले वर्ग में अब भी कोई राष्ट्रीय आम सहमति नहीं है।

इसके विपरीत, पाकिस्तानी जन-प्रतिक्रिया में अधिक समानता थी। उनकी प्रतिक्रिया यह थी कि पाकिस्तान द्वारा यह क्षमता हासिल करना केवल ऐच्छिक नहीं था, लेकिन भारत से दिख रहे खतरों के मद्देनजर अनिवार्य था। यह भावना भी कहीं-न-कहीं विद्यमान थी कि पाकिस्तान की उपलब्धि राष्ट्रीय सीमाओं के पार है, कि पाकिस्तान ने इसलामी देशों को गौरव महसूस कराया है और पाकिस्तान एक बड़ी इसलामी शक्ति के रूप में उभरा है।

सन् 2000 की शुरुआत से पिछले दो वर्षों की रिपोर्टों के अनुसार, यह अनुमान लगाया गया है कि हालाँकि पाकिस्तान के पास कम मुखास्त्र (वारहेड) हो सकते हैं, किंतु उसके पास लड़ाकू विमानों और मिसाइलों के संदर्भ में अधिक प्रभावी और क्रियात्मक डिलीवरी सिस्टम है। आनुमानिक आकलन यह है कि पाकिस्तान ने अपने एफ-16 और मिराज लड़ाकू विमानों को परमाणु मुखास्त्र ढोने की क्षमता दी है। ऐसा विश्वास किया जाता है कि भारत अपने मिसाइलों की विभिन्न श्रेणियों को अब भी विकसित और परफेक्ट बना रहा है, जबकि पाकिस्तान ने चीन द्वारा आपूर्तित एम-11 मिसाइलों और उत्तरी कोरिया द्वारा आपूर्तित नोडोंग मिसाइलों का परीक्षण कर लिया है। यह खबर भी है कि पाकिस्तान ने अपनी परमाणु अस्त्र-प्रणाली और संबंधित व्यवस्थाओं के प्रबंधन के लिए अपने कमांड एंड कंट्रोल सिस्टम को अंतिम रूप दे दिया है। इनमें से अधिकतर सूचनाएँ पश्चिमी शैक्षिक और

विशेषज्ञ स्रोतों से प्राप्त हुई हैं, जबकि भारत के पास अधिक परमाणु मुखास्त्र हैं और उससे भी अधिक उत्पादन की क्षमता है। यह विश्वास किया जाता है कि भारत ने अब तक अपने परमाणु अस्त्रों और मिसाइल क्षमताओं के प्रबंधन के लिए कमांड एंड कंट्रोल सिस्टम तय नहीं किया है। न तो भारत सरकार और न ही पाकिस्तान सरकार ने इन आनुमानिक आकलनों पर कोई निश्चयात्मक सूचना दी है।

पाकिस्तान के परमाणु अस्त्र कार्यक्रमों के औचित्य के संबंध में यह तर्क बार-बार दोहराया जाता है कि पाकिस्तान सैन्य मामलों में भारत से मात्रात्मक और तकनीकी रूप से हमेशा कमजोर रहा है। भारत का जवाबी तर्क यह है कि रक्षा उत्तरदायित्वों और सैन्य बलों के आकार, खासकर बाहरी आक्रमण से क्षेत्रीय सुरक्षा के संदर्भ में पाकिस्तान का यह तर्क उपयुक्त नहीं है। इस प्रकार, दोनों देशों के बीच पारंपरिक सैन्य-संतुलन के संदर्भ में वास्तविक स्थिति का जिक्र करना प्रासंगिक होगा, जिसमें न केवल नियमित सेनाएँ, बल्कि सहायक सैन्य बल और उपकरण शामिल होंगे। इस तुलनात्मक आकलन के दौरान क्षेत्रीय तत्त्व का ध्यान रखना आवश्यक है।

पाकिस्तान के साथ भारत की लगभग 2000 किलोमीटर की सीमा है (नियंत्रण रेखा को लेकर)। उसकी एक अन्य 3500-3800 किलोमीटर की सीमा उत्तर-पश्चिम में लद्दाख से लेकर पूर्व में अरुणाचल प्रदेश तक फैली हुई है। इसके अतिरिक्त, उसकी म्याँमार और दक्षिण-पश्चिमी चीन के साथ 1600 किलोमीटर की सीमा है। इनके अलावा, बँगलादेश के साथ और पश्चिम बंगाल से कैंबे की खाड़ी तक फैली हुई तटरेखा है। भारत की नियमित थल सेना 13,03,000 की संख्या में है और 5,35,000 रिजर्व में हैं। भारत के पास 3,414 युद्धक टैंक हैं (जिनमें से लगभग 1100 इस्तेमाल के लिए तैयार नहीं हैं)। इसके पास लगभग 4,500 तोपखाने, लगभग 2,400 एयर डिफेंस गन और जमीन से वायु में मार करनेवाली लगभग 1,800 विभिन्न श्रेणियों की मिसाइलें हैं। भारतीय नौसेना का आकार लगभग 53,000 है, जिसमें 5,000 नौसैनिक उड्डयनकर्मी और 1,000 जलयान हैं। इसके पास 16 पनडुब्बियाँ हैं, जिसमें से अधिकतर पूर्व सोवियत संघ से ली गई हैं। इसके पास 26 युद्धपोत हैं, जिनमें आठ डिस्ट्रॉयर, 12 फ्रिगेट और 5 कॉरवेट हैं। इसके पास 38 कॉरवेट तटरक्षक सेवाओं में हैं। नौसेना विभिन्न प्रकार के पारंपरिक अस्त्रों और मिसाइलों से लैस है। नौसैनिक उड्डयन विंग के पास सी हैरियर और चेतक हेलीकॉप्टर हैं और 37 लड़ाकू विमान हैं। भारतीय वायु सेना के पास 1,50,000 कर्मियों का समूह है। इसके पास 774 लड़ाकू विमान और 34 बड़े

आकार के सशस्त्र हेलीकॉप्टर हैं। भारत के सहायक सैन्य बलों में नेशनल सिक्यूरिटी गार्ड (एन.एस.जी.), स्पेशल फ्रंटियर फोर्स, राष्ट्रीय राइफल्स, डिफेंस सिक्यूरिटी कॉर्प, भारत-तिब्बत सीमा पुलिस, असम राइफल्स, रेलवे सुरक्षा बल, केंद्रीय औद्योगिक सुरक्षा बल, केंद्रीय रिजर्व पुलिस फोर्स (सी.आर.पी.एफ.), होम गार्ड, स्टेट आर्म्ड पुलिस, सिविल डिफेंस कॉर्प और तटरक्षक बल शामिल हैं। इन 14 सहायक सैन्य बलों की कुल ताकत लगभग 10,66,000 की है।

इसकी तुलना में पाकिस्तानी सैन्य बलों की कुल ताकत 12,25,000 है। थल सेना में 5,50,000 कर्मी हैं, 2,885 युद्धक टैंक हैं, 1,467 तोपखाने, 2,000 से कुछ अर्' िक एयर डिफेंस गन और जमीन से वायु में मार करनेवाली लगभग 400 मिसाइलें हैं जिनमें स्टिंगर, एम-11 और एम-9 मिसाइलें शामिल हैं। पाकिस्तानी नौसेना में 22,000 कर्मी हैं, 11 पनडुब्बियाँ और 8 युद्धपोत हैं, जिनमें अधिकतर फ्रिगेट हैं। उसके पास 9 तटीय पेट्रोल सीक्राफ्ट और एक एयरविंग है, जिसमें 40 विमान हैं। पाकिस्तानी मेरीन फोर्स में 12,000 कर्मी हैं। पाकिस्तानी वायु सेना में 40,000 कर्मी, 353 मुख्य लड़ाकू विमान और बमवर्षक हैं। पाकिस्तानी नौसेना एक्सोसेट मिसाइल और जमीन से हवा में मार करनेवाली मिसाइलों से लैस है। वायुसेना एक्सोसेट, हारपून, स्पैरो, साइडविंडर और मैजिक मिसाइलों से सुसज्जित है। पाकिस्तान के पास छह सैन्य सहायक कैडर हैं, जिनमें कुल 2,88,000 कर्मी हैं। ये कैडर हैं—नेशनल गार्ड, फ्रंटियर कॉर्प, पाकिस्तानी रेंजर, नॉर्दर्न लाइट इन्फेंटरी, मेरीटाइम सिक्यूरिटी एजेंसी और कोस्टगार्ड (तटरक्षक)।

हालाँकि पाकिस्तान क्षेत्रफल में भारत का एक-तिहाई है और उसे भारत की अपेक्षा एक-छठे भाग में सीमाओं की रक्षा करनी पड़ती है। उसके सैन्य बल, सैन्य सहायक बल और उपकरण भारत के सैन्य बल का लगभग 60 प्रतिशत है। पाकिस्तान के साथ की सीमाओं के अलावा भी भारत की रक्षा-जिम्मेदारियों को देखते हुए सबसे आशावादी व्याख्या यह होगी कि एक-दूसरे से भिड़ंत की आशंकावाले क्षेत्रों में भारत और पाकिस्तान अपनी पारंपरिक सैन्य शक्ति के संदर्भ में बराबरी पर हैं। इसलिए पाकिस्तान का परमाणु अस्त्र कार्यक्रम और परमाणु व मिसाइल अस्त्रों के क्षेत्र में चीन के साथ उसका महत्त्वपूर्ण रक्षा सहयोग एक स्पष्ट खतरा है। हम इस निष्कर्ष पर आने से खुद को नहीं रोक सकते कि पाकिस्तान को सैन्य ताकत बढ़ाने में चीन द्वारा दिया गया सहयोग भारत को दबाव में रखने का एक सुनियोजित कदम है। इस प्रकार, भारत का परमाणु और मिसाइल अस्त्र कार्यक्रम रक्षा तैयारी में एक अग्रिम उपाय के रूप में अपरिहार्य और समझदारी भरा कदम कहा जा सकता है।

भारत और पाकिस्तान की परमाणु अस्त्र क्षमताएँ क्या हैं ? परमाणु परीक्षणों के बाद इंटरनेशनल इंस्टीट्यूट ऑफ स्ट्रेटजिक स्टडीज और अमेरिकी नेचुरल रिसोर्सेज डिफेंस काउंसिल ने अनुमान लगाया है कि भारत के पास परिष्कृत प्लूटोनियम का भंडार 330 और 400 किलोग्राम है, जिसमें तीस प्रतिशत की कमी या वृद्धि हो सकती है, जो सन् 2005 तक 65 से 100 परमाणु मुखास्त्र बनाने के लिए पर्याप्त हैं। अमेरिकी एजेंसियों ने यह भी स्वीकार किया है कि भारत के पास इस प्रकार के दो थर्मोन्यूक्लीयर (ताप नाभिकीय) अस्त्र बनाने, विस्तार करने और डिलीवर करने की क्षमता है। अमेरिका की कांग्रेसनल रिसर्च सर्विस ने भारत की परमाणु क्षमताओं को अधिक उन्नत बताते हुए 390 से 470 मुखास्त्र का बताया है। जहाँ तक डिलीवरी सिस्टम का सवाल है, भारत के पास रूस के लड़ाकू बमवर्षक विमानों की अधिक परिष्कृत श्रेणियाँ और फ्रांस का मिराज है। भारत ने मध्यम दूरी की 'पृथ्वी' और 'अग्नि' मिसाइलों का भी परीक्षण किया है। भारत के पास समुद्री प्लेटफॉर्म से परमाणु अस्त्र प्रक्षेपण की भी कुछ शुरुआती क्षमताएँ हैं, जैसे— 'दिल्ली' डिस्ट्रॉयर या रूस मूल की पन डुब्बियाँ। पाकिस्तान के बारे में उपर्युक्त स्रोतों का आकलन है कि उसके परमाणु अस्त्र और मिसाइलें चीन तथा उत्तरी कोरिया द्वारा आपूर्तित हैं। अतः उसकी परमाणु अस्त्र क्षमताएँ हमसे अधिक प्रमाणित और विश्वसनीय होंगी।

डॉ. अब्दुल कादिर खान ने सन् 1998 के मई के अंत में चगाई पहाड़ियों पर हुए पाकिस्तान के परमाणु परीक्षणों के बारे में प्रमाणित किया कि ये परमाणु परीक्षण यूरेनियम 235 का इस्तेमाल करते हुए बूस्टेड फिशन उपकरणों पर आधारित थे। उन्होंने दावा किया कि पाकिस्तान के पास परमाणु अस्त्र बनाने के लिए फिसिल सामग्री का पर्याप्त भंडार है, जैसे इसलामाबाद के निकट कटुआ में स्थित प्लांट में उत्पादित उच्च संवर्धित यूरेनियम। सन् 1999 में पाकिस्तान के संग्रह को 450 से 600 किलोग्राम के बीच बताया गया था, जो 20 से 30 परमाणु मुखास्त्र बनाने के लिए पर्याप्त है। दीर्घकालीन अनुमान लगाते हुए अमेरिकी विशेषज्ञों ने बताया कि वर्ष 2020 तक पाकिस्तान लगभग 100 परमाणु मुखास्त्र बनाने में सक्षम है। एफ-16 विमानों से मुखास्त्रों को डिलीवर करने के अलावा पाकिस्तान के पास गोरी और एम-11 मिसाइलों का पर्याप्त भंडार है। टेक्टिकल परमाणु अस्त्रों को डिलीवर करने के लिए हत्फ 1 और हत्फ 2 मिसाइलें हैं।

भारत के परमाणु अस्त्र कार्यक्रम के पीछे विद्यमान सामान्य तर्क को प्रधानमंत्री वाजपेयी ने परमाणु परीक्षण के पंद्रह दिनों बाद (27 मई, 1998) को संसद् में दिए

अपने बयान में स्पष्ट किया। इस बयान के प्रासंगिक अंशों को विस्तार में उद्धृत करना उचित होगा, क्योंकि इससे भारतीय नीतियों की स्पष्ट व्याख्या होती है—

'अस्सी और नब्बे के दशकों में परमाणु व मिसाइल प्रसार के परिणामस्वरूप हमारे सुरक्षा वातावरण में क्रमशः ह्रास हुआ है। हमारे पड़ोस में परमाणु अस्त्र विकसित हुए हैं और अधिक परिष्कृत डिलीवरी सिस्टम सामने आए हैं। इसके साथ भारत बाहरी समर्थित आतंकवाद, उग्रवाद और गुप्त युद्ध का शिकार रहा है।

'विश्व स्तर पर परमाणु अस्त्र-संपन्न राष्ट्रों की ओर से परमाणु अस्त्र-मुक्त विश्व के लिए कोई निर्णायक या अपरिवर्तनीय प्रयास नहीं हो रहा है। इसकी बजाय हमने देखा है कि परमाणु अप्रसार संधि को अनिश्चित रूप से और बिना शर्त विस्तृत किया जा रहा है, ताकि परमाणु अस्त्रों का अस्तित्व पाँच देशों के हाथों में स्थायी रूप से रहे। ऐसी परिस्थितियों में सरकार को एक कठिन निर्णय लेना था। जिस कसौटी ने हमें सही चयन करने में मदद की, वह थी राष्ट्रीय सुरक्षा। ये परीक्षण नीतियों को क्रियान्वित करने का क्रम हैं, जिन्होंने इस देश को आत्मनिर्भरता और विचार व कार्यों की स्वतंत्रता के रास्ते पर ला दिया है।

'भारत अब एक परमाणु शक्ति-संपन्न राष्ट्र है। यह एक ऐसी वास्तविकता है, जिससे इनकार नहीं किया जा सकता। यह हमें दूसरों द्वारा प्रदान नहीं किया गया है। यह हमारे वैज्ञानिकों और इंजीनियरों द्वारा देश को दी गई भेंट है। यह मानव जाति के छठे भाग का अधिकार था। हमारी बढ़ी हुई क्षमता ने हमारे उत्तरदायित्व की भावना को बढ़ा दिया है। हम इन अस्त्रों को आक्रमण या किसी देश के खिलाफ खतरा उत्पन्न करने के लिए इस्तेमाल नहीं करना चाहते हैं। ये अस्त्र आत्मसुरक्षा के लिए हैं और यह सुनिश्चित करने के लिए हैं कि भारत परमाणु खतरों या आक्रमण के निशाने पर नहीं है। हम अस्त्रों की दौड़ में शामिल होने के इच्छुक नहीं हैं।

'हम अतीत में कई प्रयास कर चुके हैं। हमें दुःख है कि इन प्रस्तावों को अन्य परमाणु शक्तियों से सकारात्मक प्रतिक्रिया नहीं मिली। वास्तव में यदि उनकी प्रतिक्रियाएँ सकारात्मक होतीं तो हमें अपने इस परीक्षण कार्यक्रम की आवश्यकता नहीं पड़ती। हम परमाणु अस्त्र सम्मेलन के लिए एक खुली वार्त्ता के सबसे अधिक समर्थक रहे हैं और आगे भी रहेंगे, ताकि इस चुनौती को उसी तरीके से सुलझाया जा सके, जिससे हमने जन-संहार के दो अन्य खतरनाक हथियारों के संकट को जैविक अस्त्र सम्मेलन और रासायनिक अस्त्र सम्मेलन के जरिए निपटाया था।

'पारंपरिक रूप से भारत एक बहिर्मुखी देश रहा है। बहुपक्षीयता के प्रति

हमारी प्रतिबद्धता संयुक्त राष्ट्र जैसे संगठनों में हमारी सक्रिय भागीदारी में प्रतिबिंबित होती है। यह सक्रियता जारी रहेगी। पिछले वर्षों में आर्थिक उदारवाद की नीतियों ने हमारे क्षेत्रीय और विश्व स्तरीय संपर्कों को बढ़ाया है। मेरी सरकार इन संबंधों को गहरा और मजबूत करना चाहती है।

'हमारी परमाणु नीति संयम और खुलेपन पर आधारित है। हमने सन् 1974 में या अब सन् 1998 में किसी भी अंतरराष्ट्रीय समझौते का उल्लंघन नहीं किया है। सन् 1974 में अपनी क्षमता के प्रदर्शन के बाद चौबीस वर्षों तक रखा गया संयम अपने आप में एक इकलौता उदाहरण है। यह अनिर्णय या संदेह पर आधारित नहीं है। हाल में भारत द्वारा किए गए परीक्षणों ने संदेहों को दूर कर दिया है। यह हमारी राष्ट्रीय सुरक्षा के संदर्भ में न्यूनतम आवश्यकता थी।

'सरकार पहले ही यह घोषणा कर चुकी है कि भारत अब एक स्वैच्छिक निलंबन का पालन करेगा और भूमिगत परमाणु परीक्षण विस्फोट नहीं करेगा। हमने इस घोषणा के कानूनी औपचारिकीकरण के प्रति भी इच्छा प्रकट की है।

'निस्संदेह सदन भारत के लोगों और विश्व के विभिन्न भागों से मिलनेवाली विभिन्न प्रतिक्रियाओं से अवगत है।

'हमारे नागरिकों का जोरदार समर्थन हमारी शक्ति का स्रोत है। यह न केवल हमें यह बताता है कि हमारा निर्णय सही है, बल्कि यह भी कि हमारा देश एक केंद्रित नेतृत्व चाहता है, जो उनकी सुरक्षा की आवश्यकताओं को पूरा करे। उनकी इच्छा पूरी करना मैं अपना पवित्र कर्तव्य मानता हूँ। विदेशों में रह रहे भारतीयों के जोरदार समर्थन ने भी हमें अभिभूत कर दिया है। उन्होंने एक स्वर में हमारी गतिविधि का समर्थन किया है। भारत के लोगों और विदेशों में रह रहे भारतीयों के प्रति मैं अत्यंत आभारी हूँ। हम आनेवाले कठिन समय में भारत के नागरिकों और अनिवासी भारतीयों के सहयोग की आशा करते हैं।

'अपनी स्वतंत्रता के पचासवें वर्ष में हम अपने इतिहास के एक निश्चित पल में खड़े हैं। सरकार के निर्णय का औचित्य उन्हीं नीतिगत सिद्धांतों पर आधारित है, जो हमें पाँच दशकों तक निर्देशित करते रहे हैं। ये नीतियाँ एक अंतर्निहित राष्ट्रीय समर्थन के कारण सफलतापूर्वक बरकरार रखी गईं। इस सहमति को बरकरार रखना महत्त्वपूर्ण है, क्योंकि हम नई सहस्राब्दी में प्रवेश करने जा रहे हैं। आज अपने बयान में और संसद् के सामने रखे गए कागजात में मैंने सरकार के निर्णय के पीछे स्थित तर्क को स्पष्ट किया है और अपने भावी रुख की रूपरेखा बताई है। हमारा वर्तमान निर्णय और भावी कारवाइयाँ एक प्राचीन सभ्यता की संवेदनशीलताओं

और दायित्वों के प्रति प्रतिबद्धता और उत्तरदायित्व व संयम की भावना को प्रतिबिंबित करना जारी रखेगी; एक ऐसा संयम, जो अपने कार्य से आश्वस्त होने के कारण उत्पन्न हुआ हो, न कि संदेहों और आशंकाओं से। विजय की खुशी मनाने से दूर रहते हुए हमें अपने समान उद्देश्य की ओर मिलकर कार्य करना है, कि जैसे-जैसे हम एक नई सहस्राब्दी की ओर बढ़ें, भारत अंतरराष्ट्रीय समुदाय में अपनी सही जगह प्राप्त कर ले।'

इस प्रकार, अंतरिक्ष की तरह भारत का परमाणु अस्त्र कार्यक्रम चार तत्त्वों की प्रतिक्रिया थी। पहला, पश्चिमी एशियाई, मध्य एशियाई और दक्षिण एशियाई क्षेत्र में परमाणु हथियारों की उपस्थिति के कारण सुरक्षा वातावरण का खराब होना। दूसरा, पाकिस्तान और चीन के बढ़ते परमाणु और मिसाइल अस्त्र कार्यक्रम, सुरक्षा तथा रणनीतिक मामलों में भारत के लिए खतरे का संकेत दे रहे थे। तीसरा, इस बात के स्पष्ट संकेत थे कि वर्तमान परमाणु शक्तियाँ अपने परमाणु हथियार नष्ट करने का कोई इरादा नहीं रखतीं। और चौथा, इन परमाणु शक्ति-संपन्न राष्ट्रों द्वारा न केवल अप्रसार बल्कि विकासशील देशों द्वारा परिष्कृत तकनीकों के विकास और हस्तांतरण को रोकने के लक्ष्य को लेकर प्रतिबंधात्मक पद्धतियाँ थोपने का प्रयास किया जा रहा था। मिसाइल नियंत्रण तकनीक पद्धति, परमाणु सामग्री और संबंधित तकनीकों के हस्तांतरण के अनुबंध, लंदन और ऑस्ट्रेलियाई क्लब, सी.टी.बी.टी. को तय करने के तरीके और अप्रसार संधि के संदिग्ध विस्तार ने इस बात को प्रमाणित किया। एक अन्य चिंता, जिसने भारत को परमाणु अस्त्र कार्यक्रम के प्रति प्रेरित किया, वह था पाकिस्तान की परमाणु क्षमता के बारे में जागरूकता।

भारत का परमाणु सिद्धांत उपर्युक्त वर्णित प्रधानमंत्री के संसदीय बयान और अभी जिक्र किए गए तत्त्वों में निहित है। यह सिद्धांत का प्रारूप राष्ट्रीय सुरक्षा सलाहकार बोर्ड की एक उपसमिति द्वारा तैयार किया गया था, जिसमें रणनीतिक विशेषज्ञ के. सुब्रह्मण्यम, पूर्व विदेश सचिव एम.के. रसगोत्रा, एटॉमिक एनर्जी कमीशन के पूर्व अध्यक्ष राजा रमन्ना, रक्षा विशेषज्ञ और सेंटर फॉर पालिसी रिसर्च में प्रोफेसर भरत कर्नाड और पूर्व चीफ ऑफ आर्मी स्टाफ जनरल एस.एफ. रोड्रिग्स शामिल थे। इस प्रारूप पर पूर्ण राष्ट्रीय सुरक्षा सलाहकार बोर्ड में विचार-विमर्श हुआ और अगस्त-सितंबर 1999 तक भारत सरकार को सौंप दिया गया। सिद्धांत के मूलभूत तत्त्व हैं—पहला, भारत आक्रमण या किसी अन्य देश के लिए खतरा उत्पन्न करने के लिए परमाणु हथियारों का इस्तेमाल नहीं करेगा। दूसरा, भारत के परमाणु कार्यक्रम का उद्देश्य पाकिस्तान, चीन या किसी अन्य देश के साथ हथियारों

की दौड़ में शामिल होना नहीं है। तीसरा, भारत द्वारा परमाणु हथियारों और मिसाइल क्षमता का अधिग्रहण, आत्मसुरक्षा के उद्देश्य से और यह सुनिश्चित करने के लिए किया गया है कि भारत किसी परमाणु खतरे या किसी अन्य देश की परमाणु क्षमताओं पर आधारित राजनीतिक-रणनीतिक दबाव का शिकार न बने। चौथा, जन-विनाश के सभी अस्त्रों की समाप्ति के लक्ष्य के प्रति भारत की प्रतिबद्धता के अनुरूप भारत आगे सभी श्रेणी के परमाणु परीक्षण करने को एकपक्षीय रूप से निलंबित रखेगा। पाँचवाँ, भारत पाकिस्तान या किसी अन्य परमाणु राष्ट्र के खिलाफ परमाणु अस्त्र पहले इस्तेमाल न करने की नीति पर अडिग रहेगा। इतना ही नहीं, भारत किसी ऐसे राष्ट्र के खिलाफ परमाणु अस्त्रों का प्रयोग नहीं करेगा जिसके पास परमाणु शक्ति न हो या वह किसी अन्य देश की परमाणु सुरक्षा छतरी के नीचे न हो। छठा, भारत के परमाणु कार्यक्रम का उद्देश्य बाहरी परमाणु खतरों के खिलाफ एक न्यूनतम, विश्वसनीय और प्रभावी निरोधक क्षमता का निर्माण करना और उसे बरकरार रखना है। सातवाँ, आत्मसुरक्षा में परमाणु विकल्प का इस्तेमाल करने का अधिकार पूरी तरह जनता के प्रति सरकार के जवाबदेह हिस्से यानी भारत के निर्वाचित प्रधानमंत्री के हाथ में होगा, जो भारतीय संसद् के प्रति उत्तरदायी हैं। और आठवाँ, जब एक बार सिविलियन ऑथोरिटी द्वारा संपूर्ण रणनीतिक निर्णय ले लिया जाएगा तो ऑपरेशनल कमांड और कंट्रोल सिस्टम सैन्य बलों को सौंपा जाएगा, जो संबंधित वैज्ञानिक व तकनीकी कर्मियों से परामर्श के बाद इस विकल्प का प्रयोग करेंगे।

जबकि परमाणु सिद्धांत संबंधी दस्तावेज राष्ट्रीय सुरक्षा सलाहकार बोर्ड द्वारा सरकार को सौंप दिए गए, उसे अब भी सिफारिशी दस्तावेज कहा जाता है। इस अध्याय को लिखे जाने तक इस सिद्धांत को तय करने के लिए इसपर कैबिनेट और संसद् में बहस होना बाकी है। फिर भी, इस बात का अनुमान लगाया जा सकता है कि सिद्धांत के उपर्युक्त तत्त्व परिवर्तित नहीं होंगे और उसे मामूली सुधारों के बाद स्वीकार कर लिया जाएगा। उक्त सिद्धांत यह भी कहता है कि यदि किसी देश द्वारा परमाणु आक्रमण किया जाए तो भारत का रुख और प्रयास दूसरे आक्रमण द्वारा उसका बदला लेना होगा, जो दंडात्मक होगा और जिसका परमाणु शत्रु को क्षति पहुँचाना होगा।

न केवल पाकिस्तान, बल्कि कई महत्त्वपूर्ण शक्तियों ने परमाणु अस्त्र प्रणाली और मिसाइलों की उस गुणवत्ता और मात्रा के बारे में उत्सुकता दिखाई है, जो न्यूनतम विश्वसनीय और प्रभावी निरोधक होंगे। भारत की प्रतिक्रिया यह रही है कि

प्रभावी न्यूनतम रोकथाम एक निश्चित नियम नहीं हो सकता। निरोधक क्षमताओं की गुणवत्ता और मात्रा संभावित खतरे, शक्तिशाली शत्रुओं की परमाणु स्थिति और प्रतिक्रियास्वरूप दूसरे आक्रमण के विस्तार की आवश्यकता के अनुसार परिवर्तित होगी। यह पुरानी परमाणु शक्तियों के परमाणु सिद्धांतों की तुलना में तार्किक है।

मैं उस लोकवादी भावनोन्माद का भी जिक्र करना चाहता हूँ जो सन् 1998 के पोखरण परमाणु परीक्षणों के बाद देखने को मिला। वह अति राष्ट्रवादी और अतार्किक था। मैं इस बात का गवाह हूँ, क्योंकि जिस दिन दूसरा शक्ति परीक्षण हुआ, अर्थात् 13 मई 1998 को, मैं पोखरण के निकट जोधपुर में एक सेमिनार में भाग ले रहा था। भारतीय जनता पार्टी, राष्ट्रीय स्वयंसेवक संघ व विश्व हिंदू परिषद् के कैडरों ने पोखरण पहुँचकर विस्फोट स्थल की धूल और मलबा पवित्र कलशों में एकत्र करके उसे भारत के विभिन्न भागों में ले जाने की योजना बनाई थी। केवल प्रधानमंत्री वाजपेयी के संयम और तार्किकता के कारण ही यह बेवकूफाना प्रयास रुक पाया। प्रधानमंत्री ने कुछ समय तक परमाणु परीक्षणों के स्थान तक लोगों को जाने की अनुमति देने से मना करके व्यक्तिगत रूप से हस्तक्षेप किया।

मैं पहले ही जिक्र कर चुका हूँ कि भारत के परमाणु कार्यक्रम को सामान्य जन का समर्थन प्राप्त था, लेकिन इसे अबाधित राष्ट्रीय सहमति नहीं कहा जा सकता। कुछ प्रभावशाली भारतीय बुद्धिजीवी, शिक्षाविद् और पत्रकार उक्त परमाणु परीक्षणों के निर्णय की आलोचना कर रहे थे। उनका तर्क यह था कि यह काफी खर्चीली प्रक्रिया है और भारत इसे वहन नहीं कर सकता। दूसरे, यह परीक्षण करके भारत ने पाकिस्तान को भी परीक्षण करने के लिए मजबूर कर दिया है और इससे दक्षिण एशिया में हथियारों की घातक होड़ शुरू हो जाएगी। उनका कहना था कि इन परीक्षणों से भारत निरस्त्रीकरण, अप्रसार जैसे मुद्दों पर अपने पक्ष पर टिके रहने का नैतिक बल खो देगा। यह भी कि निरस्त्रीकरण और शांति आदि मुद्दों पर भारत नेहरू कालीन नीतियों से दूर जा रहा है और इस तरह के हथियार रखने से उसके लिए भय का वातावरण घटने की बजाय और बढ़ेगा ही। साथ ही यह तर्क भी दिया गया कि इस प्रकार की कोई घटना या आवश्यकता नहीं आन पड़ी थी, जिसके कारण भारत को अचानक यह परीक्षण करके खुद को परमाणु शक्ति-संपन्न घोषित करना पड़े। इन सभी आलोचनाओं के जवाब इस अध्याय की शुरुआत में दिए गए हैं, जिसमें भारत के परमाणु कार्यक्रम के इतिहास और विकास की चर्चा की गई। उन्हें यहाँ दोहराने की कोई आवश्यकता नहीं है।

भारत के परमाणु परीक्षणों पर पाकिस्तान का जवाब नीति और रवैए के संदर्भ

में संदिग्ध था। सबसे पहले पाकिस्तानी प्रधानमंत्री नवाज शरीफ का यह बयान आया कि इन परीक्षणों ने पाकिस्तान को भी परमाणु परीक्षण करने के लिए बाध्य कर दिया है। पाकिस्तान को इन परीक्षणों के कारण दक्षिण एशिया क्षेत्र में रणनीतिक संतुलन में हुए मूलभूत बदलाव के मद्देनजर अपना जवाब देना है। इसलिए पाकिस्तान ने राष्ट्रीय सुरक्षा हितों के मद्देनजर किसी भी प्रकार के आक्रमण को रोकने केलिए, चाहे वह नाभिकीय हो या फिर पारंपरिक, परमाणु हथियार और इसे छोड़ने की प्रणाली हासिल करने का फैसला किया है।

उनके इस बयान के आखिरी हिस्से ने पाकिस्तान के परमाणु सिद्धांत के सबसे महत्त्वपूर्ण तथ्य को उजागर कर दिया है। इस हिस्से में जो तथ्य सामने आया है, वह यह है कि पाकिस्तान किसी पारंपरिक सैन्य हमले को रोकने के लिए भी परमाणु हथियारों का उपयोग कर सकता है। हालाँकि जिस प्रकार भारत ने अपने परमाणु सिद्धांत की घोषणा की है उस तरह पाकिस्तान ने अपने किसी परमाणु सिद्धांत की आधिकारिक घोषणा नहीं की है, मगर फिर भी उसके सिद्धांत की कुछ मुख्य बातों की व्याख्या निम्नलिखित रूप से व्याख्या की जा सकती है—

पहला, पाकिस्तान किसी पारंपरिक युद्ध में हार की संभावना को देखते हुए भी अपने परमाणु हथियारों का इस्तेमाल कर सकता है। पाकिस्तान भारत द्वारा उत्पन्न परमाणु खतरे की सीमा में बँधे बगैर परमाणु हथियारों के पहले इस्तेमाल का उपाय अपना सकता है। जेनेवा में जुलाई 1998 में निरस्त्रीकरण के मुद्दे पर चल रहे संयुक्त राष्ट्र सम्मेलन के दौरान पाकिस्तान के राजदूत ने इस सिद्धांत को और विस्तार देते हुए कहा कि 'पाकिस्तान द्वारा यह हथियार हासिल कर लेने के बाद आपसी प्रतिरोध की पूरी स्थिति सिर्फ भारत और पाकिस्तान के बीच ही बनी है। उन्होंने यह भी कहा कि पाकिस्तान इस स्थिति को भविष्य में भी इसी प्रकार बनाए रखना चाहता है। प्रतिरोध की यह स्थिति इसी स्तर पर बरकरार रहेगी या नहीं, यह भारत द्वारा अपने कदम को और आगे बढ़ाने के निर्णय पर टिका है। हालाँकिउसकी दिलचस्पी परमाणु प्रतिरोध को सबसे संभव निचले स्तर पर बनाए रखने की है। फिर भी विखंडनीय पदार्थों, बैलेस्टिक मिसाइलों आदि क्षेत्रों में पाकिस्तान की रणनीतिक कमजोरियों से उबरने के लिए विचार-विमर्श जारी रहेगा।'

पाकिस्तान की सरकार ने अपने आधिकारिक बयान में इस बात की वकालत की कि सुरक्षा परिषद् के स्थायी सदस्यों और औद्योगिक रूप से विकसित ग्रुप-8 के सदस्य देशों को भारत पर इस बात के लिए दबाव डालना चाहिए कि वह परमाणु हथियार की डिलीवरी प्रणाली की तैनाती न करे। हालाँकि खुद पाकिस्तान

ने इस तरह का कोई वादा नहीं किया है कि वह इस प्रणाली की तैनाती नहीं करेगा। भारत और पाकिस्तान के बीच परंपरागत सैन्य क्षमता में भारी असंतुलन और इसमें भारत की बढ़त को देखते हुए पाकिस्तान के परमाणु सिद्धांत का अगला बिंदु यह है कि वह परमाणु हथियारों के पहले इस्तेमाल का अधिकार सुरक्षित रखे। पाकिस्तान ने यह घोषणा की है कि अपने नाभिकीय हथियार क्षमता के प्रबंधन के लिए उसने कमांड एंड कंट्रोल सिस्टम को लागू किया है। यह कमांड एंड कंट्रोल सिस्टम और इसे दागने का अंतिम अधिकार मिलिट्री हाईकमान के पास है, जो इस अधिकार का उपयोग प्रधानमंत्री के साथ विचार-विमर्श करके करेगा। वर्तमान में नागरिक प्राधिकारियों से विचार-विमर्श की यह व्यवस्था बेकार है, क्योंकि पाकिस्तान में जनरल परवेज मुशर्रफ के नेतृत्व में सैन्य तानाशाही है।

पाकिस्तान ने अभी तक ऐसा कोई आश्वासन भी नहीं दिया है कि वह भविष्य में और परमाणु परीक्षण नहीं करेगा। उसका कहना यह है कि वह इस प्रकार के किसी भी समझौते का पालन तभी करेगा, जब भारत पहले उसका अनुपालन करे। पाकिस्तान के परमाणु सिद्धांत मई से जुलाई 1999 के करगिल संघर्ष के दौरान उच्च राजनीतिक स्तर पर उजागर हुए। प्रधानमंत्री नवाज शरीफ ने प्रारंभ में बयान दिया कि पाकिस्तान भारत द्वारा पैदा किए गए किसी भी नाभिकीय खतरे का जवाब देने के लिए पूरी तरह तैयार है। पाकिस्तानी विदेश मंत्री सरताज अजीज और विदेश सचिव शमशाद अहमद खान इससे एक कदम और आगे बढ़ गए और कहा कि पाकिस्तान अपनी क्षेत्रीय अखंडता बनाए रखने के लिए अपने अस्त्रागार में मौजूद किसी भी हथियार का प्रयोग करने से नहीं हिचकेगा। भारत ने करगिल संघर्ष के दौरान इसकी व्याख्या परोक्ष परमाणु धमकी के तौर पर की। भारत में उस समय अनुमानित आकलन यह था कि अपनी भू-रणनीतिक गहराइयों में कमी और भारतीय सेना, खासकर वायु सेना, की पहुँच को देखते हुए पारंपरिक युद्ध में भारत से हार को टालने के लिए पाकिस्तानी नेता पहले ही अपनी परमाणु क्षमता का इस्तेमाल कर सकते हैं। दोनों देशों के परमाणु सिद्धांतों की सन्निकटता को देखते हुए विदेशी विशेषज्ञ यह कह रहे हैं कि पाकिस्तान और भारत के बीच विवाद बढ़ने की स्थिति में अपनी परमाणु क्षमताओं के इस्तेमाल को लेकर गलतफहमी पैदा हो सकती है और इससे काफी बड़ी जोखिम की स्थिति उत्पन्न हो सकती है। पाकिस्तान का दावा है कि सैन्य-असंतुलन को देखते हुए न्यूनतम प्रतिरोध बनाए रखने में उसकी दिलचस्पी है और वह गंभीर खतरे की स्थिति में परमाणु बम का जल्दी इस्तेमाल करने के भी पक्ष में है।

दूसरी ओर भारतीय अधिकारी शायद इस बात में यकीन कर रहे हैं कि भारत के परमाणु बदले को ध्यान में रखते हुए पाकिस्तान इसके पहले इस्तेमाल में संयम बरतेगा। इसका परिणाम खतरनाक निहितार्थोंवाली एक अत्यंत अनिश्चित स्थिति के रूप में सामने आ सकता है। पाकिस्तान द्वारा बात-बात पर परमाणु अस्त्र-प्रयोग की धमकी देना समझ में आता है, क्योंकि परमाणु अस्त्रों पर कंट्रोल और कमांड का अंतिम अधिकार संयुक्त स्टाफ मुख्यालयों के पास होगा, जिसमें उसके साथ एक सैन्य सचिवालय शामिल होगा। इनमें से कोई किसी निर्वाचित संस्था के प्रति उत्तरदायी नहीं है।

इस प्रकार भारत और पाकिस्तान—दोनों अपने परमाणु और मिसाइल अस्त्र कार्यक्रमों की शाखाओं के प्रबंधन में एक अस्थिर परिस्थिति का सामना कर रहे हैं। परिस्थिति की गंभीरता के प्रति जागरूकता ने ही श्री अटल बिहारी वाजपेयी को 22 फरवरी, 1999 को लाहौर की यात्रा करने के लिए प्रेरित किया। नवाज शरीफ के साथ वाजपेयी की बातचीत के एजेंडा का सबसे महत्त्वपूर्ण मुद्दा था परमाणु संघर्ष टालने के लिए पाकिस्तान के साथ कोई समझौता करना। एजेंडा पर इस मुद्दे पर बात करने की तैयारी इस यात्रा के लगभग तीन माह पहले की गई थी। इसका परिणाम यह हुआ कि लाहौर बैठक के दौरान भारत और पाकिस्तान के बीच एक आपसी सहमति-पत्र पर हस्ताक्षर किए गए, जिसमें दोनों सरकारों के संबंधित विभागों के तकनीकी विशेषज्ञों और अधिकारियों का एक संयुक्त कार्य समूह गठित करने की बात थी, जो दोनों देशों की परमाणु क्षमता के संदर्भ में रणनीतिक संयम बरकरार रखने के लिए बातचीत करके एक समझौते का मसौदा तय करेगा। इस मेमोरंडम का स्पष्ट उद्देश्य परमाणु संघर्ष रोकना और सबसे महत्त्वपूर्ण, दोनों देशों के बीच आकस्मिक परमाणु युद्ध को टालना था। दोनों देशों के बीच सन् 1989 और 1994 के बीच तय हुए विश्वास बढ़ानेवाले उपायों पर भी यह सहमति-पत्र आधारित था। ये थे कि दोनों में से कोई देश एक-दूसरे के परमाणु प्रतिष्ठानों पर आक्रमण नहीं करेगा। सन् 1994 में भारत द्वारा दिया गया यह सुझाव कि इस अनाक्रमण प्रावधान को विस्तृत करके जनसंख्या केंद्रों और बड़े आर्थिक केंद्रों को भी इसमें शामिल किया जाए, पाकिस्तान द्वारा अस्वीकार कर दिया गया।

दूसरे, कोई देश एक-दूसरे के वायु क्षेत्र में अतिक्रमण नहीं करेगा। दोनों देश एक-दूसरे को सैन्य अभ्यासों और गतिविधियों की पूर्व सूचना देने पर सहमत हो गए। इस बात पर भी सहमति हुई कि दोनों देशों द्वारा अंतरराष्ट्रीय सीमा से एक निश्चित दूरी पर सैन्य अभ्यास किए जाएँगे। भारत और पाकिस्तान ने रासायनिक

हथियारों की पूर्ण रोक पर भी एक द्विपक्षीय समझौते पर हस्ताक्षर किए, जो सन् 1997 के रासायनिक हथियारों पर संयुक्त राष्ट्र सम्मेलन के भी पहले किया गया। इनके अलावा, सैन्य बल मुख्यालयों, विदेश सचिवों के कार्यालयों और दोनों प्रधानमंत्रियों के बीच टेलीफोन हॉटलाइन स्थापित करने के लिए भी प्रावधान बनाए गए। अनुभव बताते हैं कि विश्वास बढ़ानेवाले उपाय एक सीमा तक अपने लक्ष्य प्राप्त करने में सफल रहे, टेलीफोन हॉटलाइन दोनों देशों के सैन्य महानिदेशकों के बीच प्रत्येक गुरुवार को साप्ताहिक नियमित वार्त्ता के अलावा सन् 1994 के बाद अधिक इस्तेमाल नहीं किए गए। करगिल युद्ध के दौरान कोई भी हॉटलाइन इस्तेमाल नहीं किया गया, केवल जून के अंत में इसका प्रयोग तब हुआ जब भारतीय सैन्य अभियान सफल हुआ और अपने सैनिक हटाने के लिए अमेरिका का दबाव पाकिस्तान पर पड़ा।

करगिल संघर्ष के कारण रणनीतिक संयम पर आपसी सहमति-पत्र कागजों पर ही रहा। स्थितियाँ तब और खराब हो गईं जब जनरल परवेज मुशर्रफ ने सत्ता में आने के बाद लाहौर-प्रक्रिया और संबंधित समझौतों को 'ढोंग' कहा। इसके परिणामस्वरूप परमाणु संघर्ष मुद्दे पर एक गतिरोध बना रहा है। हालाँकि यह स्थिति सरकारी स्तर पर है, दोनों देशों के जागरूक लोगों ने गैरसरकारी माध्यमों के जरिए खतरनाक स्थिति में सुधार के लिए विचार-विमर्श शुरू किया है। पाकिस्तान और भारत के गैरसरकारी नीति-निर्धारक परमाणु संघर्ष की आशंका टालने, विश्वास बढ़ानेवाले उपाय बनाने और दोनों देशों के बीच रणनीतिक स्थिरता का वातावरण तैयार करने के लिए सन् 2000 से गंभीर विचार-विमर्श कर रहे हैं। भारत के दिल्ली पॉलिसी ग्रुप, सेंटर फॉर पॉलिसी रिसर्च, सेंटर फॉर पीस एंड कॉनफ्लिक्ट रिजॉल्यूशन और पाकिस्तान के इंस्टीट्यूट ऑफ स्ट्रेटजिक स्टडीज व सेंटर फॉर डिफेंस एंड स्ट्रेटजिक स्टडीज आपसी बातचीत में संलग्न रहे हैं।

यह इतिहास की विडंबना है कि दोनों देशों के अपनी स्वतंत्रता-प्राप्ति की पचासवीं वर्षगाँठ पूरा करने के एक वर्ष के अंदर उन्होंने खुले तौर पर परमाणु शक्ति बनने की प्रक्रिया पूरी कर ली। उन्होंने विशाल विध्वंसक शक्ति प्राप्त करके उसके परिणामों को सँभालने की चुनौती को अपने ऊपर लेते हुए इक्कीसवीं सदी में प्रवेश किया है। भारत और पाकिस्तान की भावी पीढ़ियाँ अपने द्वारा चुने गए विकल्पों के आधार पर वर्तमान नेताओं की परख करेंगी। उम्मीद की जानी चाहिए कि समझदारी और सहज बुद्धि विद्यमान रहेगी।

□

: अध्याय 11 :

पश्चावलोकन और संभावनाएँ

भारतीय इतिहासकारों के कुछ खास समूहों का यह मत है कि सोलहवीं से बीसवीं शताब्दी में घटी तीन घटनाएँ यदि न होतीं तो भारतीय उपमहाद्वीप का बँटवारा इसलाम और हिंदुत्व के आधार पर न होता। पहली घटना थी—औरंगजेब द्वारा सन् 1658 में सामूगढ़ के युद्ध में अपने ही भाई दाराशिकोह को पराजित करना। दूसरी घटना थी—जून 1761 में पानीपत के युद्ध में अहमदशाह अब्दाली द्वारा संयुक्त मराठा और मुगल शक्तियों को पराजित करना। तीसरी घटना थी—मोतीलाल नेहरू के सुझाव पर जवाहरलाल नेहरू को मात्र चालीस वर्ष की आयु में कांग्रेस का अध्यक्ष बनाने के लिए सहमत होना, जिससे मुहम्मद अली जिन्ना राष्ट्रीय राजनीति में अलग-थलग पड़ गए।

अपने शाहजादा होने के घमंड और बुरे जनसंपर्क के बावजूद दाराशिकोह सम्राट् अकबर की तरह बादशाह होते, जिसने सहनशीलता, आपसी समायोजन और हिंदू व मुसलमान में पक्षपात न करते हुए भारतीय साम्राज्य पर शासन किया। औरंगजेब की विजय और रूढ़िवादी इसलाम के प्रति गहरे जुड़ाव ने उसके विषयों को धर्म के आधार पर विभाजित किया, जबकि उसके प्रशासन और सैन्य व्यवस्था में बहुत से हिंदू थे। अब्दाली ने मराठों की राजनीतिक और सैन्य शक्ति को नष्ट कर दिया। द्विराष्ट्र के सिद्धांत की धारणा की ओर मुड़ने से पहले जिन्ना 'हिंदू-मुसलिम एकता के प्रतीक' माने जाते थे और भारतीय राष्ट्रीय कांग्रेस के एक सक्रिय सदस्य थे। कांग्रेस के नेतृत्व से उन्हें वंचित किए जाने और हिंदू दार्शनिक विचारों पर आधारित गांधीजी के व्यक्तिगत करिश्मे ने जिन्ना को भारतीय उपमहाद्वीप में एक अलग मुसलिम राष्ट्र का समर्थन करने के लिए प्रेरित किया। यह कहा जाता है कि

भारत और पाकिस्तान के बीच शत्रुतापूर्ण संबंध विभाजन के बहुत पहले से विद्यमान हैं। ब्रिटिश साम्राज्य ने भारत के हिंदुओं और मुसलमानों के बीच सामाजिक-सांस्कृतिक विभाजन को राजनीतिक अभिव्यक्ति द्वारा प्रोत्साहित और विकसित करना लाभदायक और आवश्यक समझा। सन् 1909 से 1935 के बीच अंग्रेजों के संवैधानिक संशोधनों में कर्जन द्वारा बंगाल प्रांत को सांप्रदायिक जनसंख्या विज्ञान के अनुसार विभाजित करना और ब्रिटिश सरकार द्वारा आरक्षित सीट, कम्यूनल अवार्ड और हिंदुओं व मुसलमानों के लिए अलग निर्वाचक बनाने के निर्णय ने न केवल विभाजन बल्कि दोनों संप्रदायों के बीच राजनीतिक शत्रुता के बीज अंकुरित किए। यह एक दिलचस्प टिप्पणी है कि कर्जन द्वारा मुसलिम और हिंदू बहुलता के आधार पर बंगाल को दो प्रांतों में विभाजित करने के तुरंत बाद ऑल इंडिया मुसलिम लीग की स्थापना हुई। मुसलिम लीग की स्थापना खोजा मुसलिम इसमाइली संप्रदाय के धार्मिक व सामाजिक-राजनीतिक नेता आगा खान सुलतान मुहम्मद शाह ने की। 31 दिसंबर, 1906 को ब्रिटिश सरकार के सक्रिय प्रोत्साहन के साथ उन्होंने नवाब विकारुल मुल्क के साथ मिलकर लीग की स्थापना की। शुरुआती घोषणा-पत्र के अनुसार, लीग के मुख्य उद्देश्य भारतीय मुसलमानों के सामाजिक-राजनीतिक और आर्थिक हितों की रक्षा के लिए ब्रिटिश सरकार के प्रति वफादार रहना और अन्य संप्रदायों के खिलाफ शत्रुता की भावना को रोकना था। तीसरे दशक के अंत तक मुसलिम लीग मुसलमानों की इन उम्मीदों की अभिव्यक्ति कर रही थी—भारत में ब्रिटिश सरकार के प्रति मुसलमानों का समर्थन, विधायिकाओं और ब्रिटिश सरकार की कार्यकारी शाखाओं (केंद्र व प्रांतों में) में मुसलमानों के लिए अलग प्रतिनिधित्व और यह आग्रह कि भारत सरकार की संपूर्ण प्रशासनिक संरचना व सैन्य बलों में मुसलमानों का अलग प्रतिनिधित्व हो। सन् 1932-33 में कैंब्रिज में एक युवा भारतीय मुसलमान विद्यार्थी चौधरी रहमत अली ने मुसलमानों के लिए एक अलग राष्ट्र की आवश्यकता पर अपना पेपर लिखा, जो काफी चर्चित हुआ। चौथे दशक के मध्य तक महत्त्वपूर्ण मुसलमान विद्वान्, शायर और साहित्यकार अलामा ईकबाल ने भारत की नीतियों के अंदर एक मुसलिम भारत के निर्माण का समर्थन किया।

सन् 1929 और 1930 में कांग्रेस पर महात्मा गांधी और दो नेहरुओं (मोतीलाल और जवाहरलाल) के प्रभुत्व और उसके परिणामस्वरूप जिन्ना के एक राष्ट्रीय नेता बनने की संभावनाओं के नष्ट होने के कारण मुहम्मद अली जिन्ना का कांग्रेस से मोहभंग हो गया। अलामा इकबाल ने उन्हें मुसलिम संप्रदाय का नेतृत्व करने के लिए प्रोत्साहित किया, क्योंकि तब तक इकबाल का कांग्रेस से मोहभंग हो चुका

था। भारत और लंदन के ब्रिटिश अधिकारियों ने उपमहाद्वीप में जन समाज के सांप्रदायिक बँटवारे की उनकी इच्छा को प्रोत्साहित किया। मुसलिम लीग के प्रतिनिधियों को एक अलग सत्ता के रूप में सन् 1929 और 1931 में भारतीय संवैधानिक समीक्षा के लिए आयोजित गोलमेज सम्मेलन में भाग लेने के लिए आमंत्रित किया गया।

जिन्ना ने मुसलिम लीग के राजनीतिक मंच में नए तत्त्वों को शामिल किया।

पहला और सबसे महत्त्वपूर्ण दावा उन्होंने किया कि उन्हें और मुसलिम लीग को भारत में मुसलिम संप्रदाय का एकमात्र प्रतिनिधि के रूप में स्वीकार किया जाए। दूसरे, उन्होंने यह भी दावा किया कि भारत के मुसलिम राष्ट्र में मुसलमानों की बहुलतावाले प्रांत (हालाँकि बहुलता नाम मात्र की थी) और पूरा असम व बंगाल शामिल होना चाहिए। तीसरा, उन्होंने जान-बूझकर भारतीय राष्ट्रीय कांग्रेस को 'एक हिंदू दल' के रूप में प्रस्तुत किया। यहाँ तक कि उन्होंने मुसलमान शख्सियतों—खान अब्दुल गफ्फार खान, डॉ. एम.ए. अंसारी, हकीम अजमल खान और मौलाना अबुल कलाम आजाद को 'हिंदुओं की कठपुतलियाँ' कहा। बहरहाल, मुसलिम लीग के उपर्युक्त तर्क पंजाब, उत्तर-पश्चिमी सीमा प्रांत, सिंध और यहाँ तक कि उत्तर प्रदेश तथा असम के मुसलमानों में उत्साह जगाने में विफल रहे। फिर भी, जिन्ना सन् 1937 और 1940 के बीच मुसलिम लीग को मुसलमानों की एक जन पार्टी बनाने में सफल हो गए। द्वितीय विश्व युद्ध की शुरुआत में जर्मनी के खिलाफ ब्रिटेन को उनका स्पष्ट और बिना शर्त समर्थन भारतीय राष्ट्रीय कांग्रेस के शर्त सहित समर्थन के बिलकुल विपरीत था। भारतीय राष्ट्रीय कांग्रेस द्वारा रखी गई शर्त थी कि द्वितीय विश्व युद्ध में भारतीय भागीदारी संबंधी फैसले भारतीय राजनीतिक प्रतिनिधियों से परामर्श करके लिये जाएँ और दूसरा, इसके बदले में ब्रिटेन इस बात का अग्रिम वचन दे कि वह भारत को स्वशासी राष्ट्र और फिर स्वतंत्रता प्रदान करेगा।

विंस्टन चर्चिल की सरकार कांग्रेस की समझौतावादी युक्तियों की तुलना में मुसलिम लीग के रवैए से प्रसन्न हुई। ब्रिटेन ने यह भी महसूस किया कि भारत पर अपनी पकड़ बरकरार रखने के लिए ब्रिटिश साम्राज्य के तहत दो अलग-अलग क्षेत्रीय सत्ताओं की स्थापना आवश्यक है, जिसमें एक मुसलमान राष्ट्र होगा और दूसरा हिंदू राष्ट्र। भारत के मुसलमान उन्हें भारत पर शासन जारी रखने में मदद देंगे। मार्च 1940 में मुसलिम लीग के लाहौर सत्र में पारित किए गए पाकिस्तान प्रस्ताव को ब्रिटिश सरकार का सक्रिय समर्थन प्राप्त था। इस प्रस्ताव ने द्विराष्ट्र का

सिद्धांत प्रस्तुत किया और इस बात पर बल दिया कि मुसलमान एक अलग राष्ट्र चाहते हैं और जिन क्षेत्रों में मुसलमानों की संख्या अधिक है, उन्हें स्वायत्त और प्रभुत्व-संपन्न होना चाहिए। यह प्रस्ताव पूर्ण स्वतंत्रता की माँग नहीं करता था; लेकिन उपमहाद्वीप पर ब्रिटिश नियंत्रण जारी रखने का समर्थन करता था, जिसमें मुसलिम लीग और उसकी इच्छित क्षेत्रीय पहचान को भारतीय राष्ट्रीय कांग्रेस की राजनीतिक आकांक्षाओं की बराबरी में देखा जाए। ब्रिटेन में चर्चिल की कंजरवेटिव सरकार की पराजय के बाद क्लीमेंट एटली की लेबर सरकार ने भारत पर से अपना नियंत्रण त्यागने का निर्णय किया। वास्तव में, सन् 1942 से ही ब्रिटिश सरकार भारत को अधिक स्वशासन देने की प्रक्रिया शुरू कर चुकी थी, जैसा क्रिप्स मिशन द्वारा रखे गए प्रस्तावों से पता चलता है। सर स्टेफोर्ड क्रिप्स ने भारत की एक केंद्रीय सरकार को स्वशासी स्टेटस देते हुए विस्तृत शक्ति देने का सुझाव दिया था, जिसमें मुसलमानों के लिए एक अलग व्यवस्था हो। महात्मा गांधी ने क्रिप्स प्रस्तावों को 'एक डूबते बैंक का बाद की तारीखवाला चेक' कहा। जिन्ना और मुसलिम लीग ने अपने अभियान को मजबूत बनाने और ब्रिटेन से अपनी माँगें मनवाने के लिए इसका पूरा लाभ उठाया।

सन् 1945 तक ब्रिटिश सरकार को यह महसूस हो चुका था कि वह भारतीय साम्राज्य पर अपना नियंत्रण जारी नहीं रख पाएगी। भारतीयों में स्वतंत्रता के लिए दृढ़ माँगें जोर पकड़ने लगी थीं। ब्रिटिश भारतीय सैन्य बलों के भारतीय सैन्य-कर्मी लगातार ब्रिटिश सरकार से विरक्त होते जा रहे थे। उनकी वफादारी पर विश्वास नहीं किया जा सकता था। भारत के नागरिक प्रशासन में मौजूद भारतीय भी भारतीय स्वतंत्रता आंदोलन, खासकर सन् 1942 के भारत छोड़ो आंदोलन, से काफी प्रभावित थे। द्वितीय विश्व युद्ध के दौरान अंतरराष्ट्रीय जनमत और सहयोगी राष्ट्रों, खासकर अमेरिका की घोषित नीतियों ने औपनिवेशिक जनता के आत्मनिर्णय और स्वतंत्रता दिए जाने के प्रति अपना समर्थन व्यक्त किया। ब्रिटेन भारतीय साम्राज्य पर केवल असहनीय आर्थिक मूल्य पर ही नियंत्रण बनाए रख सकता था। इसलिए सन् 1945 के अंत तक इंग्लैंड की लेबर सरकार ने भारत से अपना शासन हटाने और 1948 की गरमियों तक स्वशासी स्थिति प्रदान करने का निर्णय लिया।

जब क्रिप्स मिशन और लॉर्ड पेथिक लॉरेंस के नेतृत्व में ब्रिटेन कैबिनेट मिशन, भारतीय राजनीतिक दलों को हलके महासंघीय व्यवस्थाओं के तहत भारतीय स्वशासन को स्वीकार करने के लिए विवश करने में विफल हो गया तो ब्रिटेन ने मुहम्मद अली जिन्ना द्वारा प्रस्तुत द्विराष्ट्र के सिद्धांत को स्वीकार करते हुए हिंदू और

मुसलमान धार्मिक पहचान के आधार पर भारत को विभाजित करने का फैसला लिया। यहाँ विभाजन का कारण बननेवाली वार्त्ताओं और समझौतों को दोहराने की आवश्यकता नहीं है। बहरहाल ब्रिटिश भू-रणनीतिक उद्देश्यों के एक पक्ष को जानना आवश्यक है, जिसके बारे में अधिक लोग नहीं जानते।

ब्रिटिश अधिकारियों का लक्ष्य था नवनिर्मित पाकिस्तान को दक्षिण एशियाई क्षेत्र का सबसे समरूप, संघटनात्मक और मजबूत राष्ट्र बनाना। उनका अनुमान था कि पाकिस्तानी मुसलिम राष्ट्र के निर्माण में 'इसलाम' सबसे मजबूत तत्त्व होगा। उनका यह भी मानना था कि भारत के मुसलमानों को एक अलग राष्ट्र प्रदान करने से पाकिस्तान ब्रिटेन का एक विश्वस्त राजनीतिक और रणनीतिक सहयोगी होगा। इसके विपरीत भारत का नया स्वशासी राष्ट्र केंद्र-विमुखी लक्षणोंवाला एक भू-राजनीतिक सत्ता होगा। यह पूर्व ब्रिटिश भारतीय क्षेत्रों को मिलाकर बनना था, जिनमें विभाजित प्रांत बंगाल और पंजाब भी शामिल थे। लगभग 560 पुरानी रियासतों को पूर्ण स्वतंत्र स्थिति में लौटना था, जो अठारहवीं और उन्नीसवीं सदी में उनके पास थी। ब्रिटिश सरकार के साथ उनकी संधि की बाध्यताएँ समाप्त हो जानी थीं। इन रियासतों को विकल्प चुनने की पूर्ण स्वतंत्रता दी गई कि वे स्वतंत्र रहना चाहते हैं या भारत अथवा पाकिस्तान में शामिल होना चाहते हैं। ब्रिटिश उम्मीदें यह थीं कि खासकर बड़ी रियासतों, जैसे—जम्मू एवं कश्मीर, हैदराबाद, ग्वालियर, बड़ौदा, भोपाल, त्रावणकोर और आज के राजस्थान की रियासतों के राजा-महाराजा और नवाब स्वतंत्र रहना पसंद करेंगे। इसके परिणामस्वरूप क्षेत्रीय विखंडित भारत का उदय होगा, जिसमें बीच-बीच में बड़ी रियासतों के विशाल क्षेत्र होंगे। यह आशा की गई कि ये रियासतें ब्रिटिश सरकार के साथ विशेष संबंध रखना चाहेंगी। इसलिए ब्रिटिश साम्राज्यवाद समाप्त होने के बाद भी उपमहाद्वीप का बड़ा हिस्सा ब्रिटिश राजनीतिक और रणनीतिक प्रभाव के अंदर रहेगा। यह महत्त्वपूर्ण है कि इंडिया इंडिपेंडेंस एक्ट के अनुसार, रियासतों के शासकों को अपनी भावी स्थिति चुनने का अधिकार दिया गया, न कि लोगों को, जिनके कांग्रेस नीत स्वतंत्रता आंदोलन से मजबूत संपर्क थे।

भारत की ब्रिटिश सरकार के विदेश और राजनीतिक विभाग, जो वाइसराय के प्रत्यक्ष प्रभार के अंदर कार्य करते थे, भारतीय राजाओं को स्वतंत्र रहने के लिए प्रोत्साहित करने में जुटे थे। उन्होंने यहाँ तक प्रयास किया कि मुसलिम शासक अपने क्षेत्रों को पाकिस्तान में शामिल कर लें। इस उद्देश्य के लिए पूर्व विदेश सचिव सर ओलफ केरोए और उनके ब्रिटिश उत्तराधिकारियों के निर्देशों के तहत सन्

1948 तक विभिन्न स्थानीय राज्यों में वार्त्ताएँ आयोजित की गईं, जब तक के.पी.एस. मेनन (सीनियर) ने भारत के विदेश सचिव के रूप में प्रभार नहीं ले लिया। ब्रिटिश सरकार और उसके अधिकारियों द्वारा ऐसे प्रयास किए जाने के प्रमाण कश्मीर और त्रावणकोर के महाराजाओं, हैदराबाद के निजाम, जूनागढ़ के नवाब और यहाँ तक कि भोपाल के नवाब के शुरुआती नीति-निर्धारणों में मिलते हैं। भारत के प्रथम उप प्रधानमंत्री वल्लभभाई पटेल की राजनीतिक दूरदर्शिता और उद्देश्यों के संदर्भ में दृढ़ता का सही आकलन ब्रिटिश योजनाकार नहीं कर पाए। पटेल भारत के नए स्वशासन में अधिकतम भारतीय रियासतों का विलय सुनिश्चित करके भारतीय एकता के निर्माता बन गए। हैदराबाद और जूनागढ़ के अलावा सरदार पटेल को इन विलयों को सुनिश्चित करने के लिए बल-प्रयोग नहीं करना पड़ा। भारत सरकार के संबंधित ब्रिटिश अधिकारियों और मुसलिम लीग के नेताओं, जैसे—लियाकत अली खान, गजनफर अली खान, मुमताज दौलताना और सरदार अब्दुर रब निश्तार के बीच नजदीकी और निरंतर संपर्क के कारण मुसलिम लीग को इन युक्तियों की गुप्त जानकारी थी। उपमहाद्वीप में भारत के मुकाबले पाकिस्तान को मजबूत और एकीकृत देश बनाने के लिए सभी प्रकार की योजनाओं के बावजूद पाकिस्तान को कुंठाओं और निराशाओं से जूझना पड़ा। मुसलिम लीग नेतृत्व को पाकिस्तान के भाग के रूप में पूरा पंजाब, पूरा बंगाल और पूरा असम नहीं मिल पाया।

उपमहाद्वीप में मुसलमानों के राष्ट्र के रूप में निर्मित होने के बावजूद पंजाब और उत्तर-पश्चिमी सीमा प्रांत के मुसलिम बहुल प्रांत पाकिस्तान के निर्माण के पक्ष में नहीं थे। इन दो प्रांतों के तत्कालीन प्रधानमंत्री उत्तर-पश्चिमी सीमा प्रांत के डॉ. खान साहिब और पंजाब में तिवाना के सरदार सिकंदर हयात तथा खिज्र हयात खान ने पाकिस्तान के निर्माण का विरोध किया। सबसे महत्त्वपूर्ण यह है कि ब्रिटिश भारतीय प्रांतों के उत्तर, मध्य व दक्षिण भारत के अधिकतर मुसलमान पाकिस्तान नहीं गए। इसलिए तब जिन्ना बिलकुल सही थे, जब उन्होंने कहा कि उन्हें 'कीड़े द्वारा खाया गया और खंडित पाकिस्तान' प्राप्त हुआ है।

परिणाम यह रहा कि बीसवीं सदी के अंत तक भारत में पाकिस्तान से अधिक मुसलमान थे। पाकिस्तानी नेतृत्व और नीति-निर्धारक समूहों में विभाजन के समय और उसके बाद पाकिस्तान में जम्मू-कश्मीर और हैदराबाद के शामिल न होने के बारे में बहुत कड़वाहट थी। पाकिस्तानी नेता वित्तीय और भौतिक संपत्ति तथा ब्रिटिश भारतीय सैन्य बलों की संपत्ति के बँटवारे को लेकर भी नाखुश थे, जो क्षेत्रीय आकार और नई सत्ताओं की जनसंख्या पर आधारित थे। पाकिस्तानी नेता

समानता चाहते थे, जो न तो व्यावहारिक थी और न ही तार्किक। एक और निराशा थी कि भारत को ब्रिटिश भारत का उत्तराधिकारी घोषित किया गया, जबकि पाकिस्तान को नवनिर्मित स्वतंत्र देश के रूप में मान्यता दी गई। कुछ पाकिस्तानी विद्वानों और शिक्षाविदों ने यह असामान्य तर्क दिया कि भारत को नहीं बल्कि पाकिस्तान को उत्तराधिकारी देश घोषित करना चाहिए, क्योंकि जब ईस्ट इंडिया कंपनी व फिर ब्रिटिश सरकार ने भारत का शासन अपने हाथ में लिया तब भारत मुसलिम शासन के अधीन था।

पाकिस्तानी नेतृत्व विभाजन के भू-भौतिकी व्यवस्थाओं के बारे में भी असंतुष्ट था। असम न मिलने से पाकिस्तान को उसके तेल और महत्त्वपूर्ण प्राकृतिक गैस संसाधन नहीं मिल पाए। बंगाल के विभाजन में भारत को कलकत्ता का बंदरगाह मिल गया और बंगाल की अर्थव्यवस्था के औद्योगिक क्षेत्र का भी बड़ा हिस्सा मिल गया, जिसमें जूट, लोहा, स्टील और कोयले का उत्पादन शामिल था। इसके अलावा पाकिस्तान को असम व उत्तर बंगाल के चाय बागानों से भी हाथ धोना पड़ा। पाकिस्तान को पश्चिमी क्षेत्र में भी इसी प्रकार की निराशा का सामना करना पड़ा। रेडक्लिफ अवार्ड में गुरदासपुर और उसके आस-पास के क्षेत्र भारत को मिल गए, जिससे दक्षिण की ओर से जम्मू एवं कश्मीर तक पाकिस्तान की पहुँच समाप्त हो गई। महाराजा हरिसिंह द्वारा भारत में जम्मू-कश्मीर के विलय के निर्णय का परिणाम यह हुआ कि पंजाब में बहनेवाली नदियों की मुख्य धाराएँ भारत सरकार के नियंत्रण में चली गईं। इसका विस्तृत परिणाम यह हुआ कि पाकिस्तान एक प्रकार के क्षेत्रीय असंतोष और उसका समाज व नेतृत्व, पहचान के संकट और आर्थिक व सैन्य असुरक्षा से ग्रस्त हो गया। इस असुरक्षा का एक और पहलू यह पाकिस्तानी दृष्टिकोण था कि लॉर्ड माउंटबेटन तथा भारतीय राष्ट्रीय कांग्रेस के षड्यंत्रों ने पाकिस्तान को भारत की संपूर्ण मुसलिम जनसंख्या को अपने अंदर सम्मिलित करने से रोका। यह कड़वाहट अब भी पाकिस्तान की सत्ता-संरचना में विद्यमान है।

जम्मू एवं कश्मीर, हैदराबाद एवं जूनागढ़ को मिलाने में भारत की मजबूत काररवाई ने इस कड़वाहट को और भी बढ़ा दिया तथा सबसे महत्त्वपूर्ण एक गंभीर आशंका उत्पन्न कर दी कि भारत पाकिस्तानियों के शब्दों में 'अखंड भारत' की योजनानुसार पाकिस्तान को तोड़कर या उसे फिर से भारत में मिलाकर विभाजन को रद्द करने का प्रयास करेगा। बँगलादेश की आजादी में भारत की भूमिका ने इस पाकिस्तानी डर को और भी मजबूत किया है। यदि ऐसा है तो पाकिस्तान सन् 1948

और 1965 में भारत के खिलाफ सैन्य संघर्ष में क्यों उलझा ? इसका उत्तर मुसलिम श्रेष्ठता की कृत्रिम रूप से सहेजी गई यादों और विभाजन की अनुचित व्यवस्था को सुधारने की अचेतन इच्छा में निहित है। सन् 1971 के युद्ध ने भारत के साथ बराबरी करने के लिए सैन्य दुस्साहस के प्रति पाकिस्तानी झुकाव को मंद कर दिया, लेकिन उसकी सत्ता-संरचना में अब भी वही मानसिकता विद्यमान है। इस मानसिकता का एक प्रमाण सितंबर 1965 में जम्मू एवं कश्मीर में सैन्य आक्रमण शुरू करने से पहले फील्ड मार्शल अयूब खान का यह आकलन है कि हिंदू भारत में पाकिस्तानी सेना द्वारा कुछ प्रबल आक्रमणों का सामना करने का दम या दृढ़ता नहीं है।

पाकिस्तानी मानसिकता में एक खास ईर्ष्या का तत्त्व भी है, जिसे पाकिस्तानी स्वीकार नहीं करेंगे, लेकिन यह सच है। दोनों देशों ने एक ही समय में स्वतंत्रता हासिल की; लेकिन जब भारत अपनी तमाम विविधताओं, तनावों और समस्याओं के बावजूद अपने लोकतांत्रिक व प्रशासनिक संगठनों को क्रमशः मजबूत करने में सफल रहा है, पाकिस्तान में लगातार बदलती राजनीतिक व्यवस्थाओं और राजनीतिक संस्थाओं में कोई संगति या स्थिरता नहीं रही है। केंद्रीय शक्ति सैन्य बलों के हाथ में ही है। यह बात पाकिस्तान को परेशान करती है, जब वे अपनी तुलना भारतीयों से करते हैं। अपनी स्थिति को एक व्यावहारिक दृष्टि से देखने और उसके बारे में तार्किक होने की बजाय वे अपने भटकाव को न्यायसंगत ठहराने का प्रयास करते हैं। वे इस बात का भी दावा करते हैं कि लोकतंत्र के संदर्भ में भारत से अलग होना पाकिस्तानी पहचान की सुरक्षा के लिए आवश्यक है। यह 17 जून, 1994 को नई दिल्ली में पाकिस्तान के तत्कालीन उच्चायुक्त रियाज खोखर द्वारा दिए गए एक भाषण में अप्रत्यक्ष, लेकिन गंभीर रूप से अभिव्यक्त होता है। वह मणिशंकर अय्यर की पुस्तक 'पाकिस्तान पेपर्स' को रिलीज करने के लिए आयोजित एक समारोह में मुख्य वक्ताओं में से एक थे। खोखर की शुरुआती टिप्पणी थी, 'पाकिस्तान भारत या भारतीय राजनीतिक प्रयोग को अपने लिए एक उपयुक्त आदर्श नहीं मानता।' इस एक वाक्य में उन्होंने सबकुछ कह दिया।

इन सभी प्रवृत्तियों का कुल परिणाम पाकिस्तान की एक अटल और जारी नीति है कि भारतीयों और पाकिस्तानियों के बीच सामान्य तथा सरल जनसंपर्क स्थापित न हो सके। यदि ऐसा हो जाए तो भारतीय इरादों के बारे में कई भ्रांतियाँ दूर हो जाएँगी, लेकिन यह पाकिस्तान की सत्ता-संरचना के हित में नहीं होगा। जनवरी 1995 में कराची में भारतीय महावाणिज्य दूतावास को बंद करना इसी मनोवृत्ति का एक और स्पष्टीकरण था।

भारतीय मनोग्रंथियाँ

भारतीय मानसिकता की अपनी मनोग्रंथियाँ हैं, जबकि भारत की ओर पाकिस्तान के नीति-निर्धारक समूहों की प्रवृत्तियों और प्रतिक्रियाओं में एक सामान्य समरूपता है, ऐसा सीमा के इस पार नहीं है। यह धारणा कि भारत की जनता ने विभाजन को स्वीकार नहीं किया है और पाकिस्तान को भारत में फिर से मिलाने की भावनाएँ विद्यमान हैं, बिलकुल गलत है। वे आशा करते हैं कि जिन मुसलमानों ने भारतीय (हिंदू नहीं) राजनीतिक पहचान से अलग होने का निर्णय लिया और अब पाकिस्तान में हैं, भारत की समस्याओं को नहीं बढ़ाते। वास्तव में हिंदू चरमपंथियों का यह मानना है कि भारत में बाकी बचे मुसलमान भी पाकिस्तान में चले जाएँ। यह एक ऐसी संभावना है, जिसका स्वागत पाकिस्तान नहीं करेगा। वह तो बँगलादेश में अपने मोहाजिर नागरिकों को भी घर लौटने की अनुमति नहीं दे रहा है। बहुत से मुसलमानों ने भारत में रहना पसंद किया और अब वे संख्या में बढ़कर भारतीय शासन व्यवस्था के अखंड भाग बन गए हैं। यह भारतीय मानसिकता में विवेकशीलता उत्पन्न करते हैं; लेकिन यह प्रवृत्ति उस समय नष्ट हो जाती है, जब पाकिस्तान भड़कानेवाली घोषणाएँ और काररवाइयाँ करता है।

भारत की विशाल मुसलिम नागरिकता भारतीय मानसिकता में निहित एक कारक है। मुसलमान नागरिक, जो अपनी इच्छा से पाकिस्तान नहीं गए या जो आर्थिक व सामाजिक-सांस्कृतिक बाध्यताओं के कारण नहीं जा पाए, विभाजन के बारे में खुश नहीं थे। बहरहाल, जब यह सच्चाई बन गई तब उनकी प्रवृत्ति और मानसिकता ने मौलाना आजाद की इस भविष्यवाणी की पुष्टि की कि सांप्रदायिक आधार पर उपमहाद्वीप का विभाजन भारत के मुसलिम समुदाय को सामाजिक-राजनीतिक सीजोफ्रेनिया का शिकार बना देगा। पाकिस्तान ने शासन व्यवस्था में मतभेद उत्पन्न करने के लिए सुरक्षा करनेवाले की भूमिका में खुद को प्रस्तुत करके भारत में मौजूद विशाल मुसलिम समुदाय का लाभ उठाया है। धर्मनिरपेक्षता के प्रति भारत की गंभीर और गहरी प्रतिबद्धता के बावजूद इस बात से इनकार नहीं किया जा सकता कि भारतीय मुसलमान अधिक आर्थिक दबावों और सामाजिक-राजनीतिक सीमाओं से बँधे हुए हैं। परिणामस्वरूप भारतीय मुसलिम नेतृत्व के कुछ भाग पाकिस्तान की अतिक्रमणात्मक नीतियों के प्रभाव का इस्तेमाल करने के खिलाफ नहीं हैं।

मेरे कुछ भारतीय व विदेशी मुसलमान मित्रों ने मुझे बताया कि इस देश के मुसलमानों में एक अव्यक्त, लेकिन अचेतन भावना है कि पाकिस्तान का इसलामी

देश होना उनमें कुछ सुरक्षा की भावना उत्पन्न करता है। यह धारणा भड़काऊ है, लेकिन फिर भी सच हो सकती है। यह इस तथ्य से प्रकट होता है कि सन् 1948, 1965 या 1971 में भारतीय मुसलमानों की सामान्य प्रतिक्रिया एक प्रकार की आशंका थी, न कि पाकिस्तानी सैन्य दुस्साहस और उसके परिणामस्वरूप दृढ़ भारतीय प्रतिक्रिया की वास्तविकता को स्वीकार करना। उनके देशप्रेम पर कोई संदेह नहीं है, केवल उनकी मानसिकता, जिसमें उपमहाद्वीप में पाकिस्तान की भूमिका को लेकर एक खास धारणा है। मैं यह भी उल्लेख करना चाहता हूँ कि बँगलादेश की आजादी के समय उनमें खास उत्साह नहीं था। जब मैं यह कह रहा हूँ तो मैं सामान्य रूप में मुसलिम प्रतिक्रियाओं और प्रवृत्तियों की बात कर रहा हूँ। वर्णक्रम के परे हमारी राष्ट्रीय राजनीति में सक्रिय मुसलमान नेता भारत में राजनीति की मुख्यधारा के अंग रहे हैं। समस्या हमेशा यह रही है कि वे मुसलिम जनता में जाने और उन्हें भारतीय राष्ट्र के समर्थक सिद्धांतों के प्रति उनकी गंभीर प्रासंगिकता के बारे में शिक्षित करने में असमर्थ रहे हैं।

चूँकि कश्मीर पर धार्मिक तर्कों के आधार पर दावे को अंतरराष्ट्रीय समुदाय में स्वीकार नहीं किया गया, अपने भरोसेमंद मंच पर पाकिस्तान के तर्क 'मुसलमान और इसलाम खतरे में है' से लेकर आत्मनिर्णय के सिद्धांत और आखिरकार मानवाधिकार के समर्थन के रूप में अभिव्यक्त होते हैं। वह इससे भी आगे जाकर राजनीतिक व सामाजिक-नैतिक तर्कों की देहरी पार करते हुए विश्व के सामने परमाणु युद्ध की संभावनाओं का खतरा प्रस्तुत करता है, यदि भारत ने उसके दावों को स्वीकार नहीं किया। बाद में भले ही आधिकारिक स्रोतों से इस बात से इनकार किया गया हो; जनवरी 1994 में पाकिस्तान के विदेश मंत्री आसिफ अली द्वारा ताशकंद में इस संभावना की कल्पना और 24 अगस्त, 1994 को नीला बट में नवाज शरीफ द्वारा भारत को कश्मीर पर परमाणु युद्ध का खतरा दिखाना सन् 1990 से विश्व के विभिन्न देशों में इस प्रकार की सुनियोजित फुसफुसाहट का चरम बिंदु था। एक स्थायी बौद्धिक और सैद्धांतिक धारणा यह भी रही है कि एक सफल, बहुलवादी, बहुधार्मिक, लोकतांत्रिक और एकीकृत भारत उस तर्क के खिलाफ एक स्थायी प्रश्न चिह्न है, जिसपर पाकिस्तान का निर्माण किया गया था। इस तथ्य के बावजूद कि सामान्यत: पाकिस्तानी तार्किक और यथार्थवादी हैं, विभाजन के बाद पाकिस्तानियों की दो पीढ़ियों की वयस्कता भी इसे परिवर्तित नहीं कर पाई है।

पाकिस्तानी समाज के नीति-निर्धारक और जनमत-निर्धारक भागों का यह आकलन और निर्धारण है कि इसलामी समुदाय का पाकिस्तानी नेतृत्व केवल

भारतीय सामाजिक-राजनीतिक प्रयोग के विफल होने पर ही चुनौतीमुक्त हो सकता है। भारत में अल्पसंख्यकों की स्थिति पर पाकिस्तानी सोच-विचार, भारत में मुसलिम धर्मस्थानों को नुकसान पहुँचाए जाने के प्रति उनकी चिंता, जबकि पिछले चालीस वर्षों में पाकिस्तान में ही ऐसी कई संरचनाओं को नुकसान पहुँचाया गया है और मुसलिम धार्मिक पहचान के प्रिज्म द्वारा मानवाधिकार नियमों को लागू करने की माँग—केवल इस आधारभूत अभिरुचि के कई पक्ष हैं।

सन् 1965 से, 1971 से और भी अधिक, पाकिस्तान के रक्षा रणनीतिककारों तथा सैन्य प्रतिष्ठान ने खुद को कष्ट पहुँचानेवाली स्वयं निर्धारित धारणा विकसित की है कि उसकी मार्शल परंपरा और सैन्य विश्वसनीयता भारत के साथ एक और युद्ध (हालाँकि एक सीमित अवधि के लिए) के बाद ही पुनः प्राप्त की जा सकती है, जिसका परिणाम भारत पर एक निर्णायक सैन्य विजय हो। कश्मीर इस उद्देश्य के लिए प्रेरणा और अवसर प्रदान करता है। इसे पुष्ट करने के लिए अपनी कार्यावधि के दौरान जनरल मिर्जा असलम बेग द्वारा उच्चारित सैन्य सिद्धांतों पर नजर डालना पर्याप्त है। उन्होंने 'आक्रामक सुरक्षा' आदि का समर्थन किया। यह विचार-प्रक्रिया पाकिस्तान में बुद्धिजीवियों और नीति-निर्धारकों के विचारों को दरशाती है। सातवें और आठवें दशकों के आधिकारिक ज्ञापनों तथा नीतिगत दस्तावेजों में यह स्पष्ट संकेत है कि भारत की एकता और क्षेत्रीय अखंडता को कमजोर करने के लिए उसपर सामान्य द्विपक्षीय व अंतरराष्ट्रीय राजनीतिक दबाव, और जहाँ आवश्यकता हो, सैन्य दबाव डाला जाना चाहिए। इन पाकिस्तानी उद्देश्यों को प्रमाणित करने के लिए केवल स्टेनले वॉलपर्ट द्वारा लिखित जुल्फिकार अली भुट्टो की जीवनी के संबंधित अंश पढ़ना और जिया के शासनकाल के दौरान भारतीय पंजाब और जम्मू एवं कश्मीर संबंधी नीतियों के बारे में जानना पर्याप्त है।

पश्चिमी पाकिस्तान से पूर्वी पाकिस्तान के अलग होने और स्वतंत्र बँगलादेश के रूप में उभरने से पाकिस्तान की विचारधारा और उसकी राष्ट्रीय पहचान को क्षति पहुँची। जातीयता और भाषा के आधार पर बँगलादेश का अलग होने का दावा द्विराष्ट्र के सिद्धांत की एक निर्णायक अस्वीकृति थी। पाकिस्तानी शासन-व्यवस्था पर केंद्र-विमुखी दबावों के कारण स्थिति और भी खराब हो गई। वस्तुपरक सच्चाई यह है कि पाकिस्तान भारत की तरह एक बहुभाषीय, बहुजातीय और यहाँ तक कि बहुधार्मिक राष्ट्र है। पाकिस्तान के लोग सिंध, पंजाब, उत्तर-पश्चिमी सीमा प्रांत और बलूचिस्तान के विभिन्न जातीय समूहों में विभाजित हैं। दक्षिणी पंजाब के लोग उत्तरी पंजाब से अलग पहचान का दावा करते हैं, क्योंकि उनकी अपनी भाषा

(सरायकी) है, जिसके पंजाबी से अलग होने का दावा वे करते हैं। यह ध्यान में रखने योग्य है कि सिंधी, पंजाबी, बलूची, पश्तो और उत्तर प्रदेश व बिहार से गए मुसलमानों द्वारा बोली जा रही हिंदुस्तानी या उर्दू अलग-अलग भाषाएँ हैं, जिनसे इन पाकिस्तानी प्रांतों के लोग जुड़े हुए हैं। पाकिस्तानी समाज में शिया-सुन्नी विभाजन तनाव का एक सतत कारक रहा है। इसके अलावा भुट्टो के समय से ही पाकिस्तानी अधिकारियों द्वारा अहमदिया और इसमाइली जैसे छोटे सप्रदायों का उत्पीड़न होता रहा है। इसलामी राष्ट्रवाद के अपने मानक सिद्धांत और विभिन्न भाषायी, जातीय और धार्मिक तत्त्वोंवाले अपने बहुलवादी समाज के बीच विरोधाभास को संगत करने की चुनौती से पाकिस्तानी सत्ता-संरचना जूझ रही है। मुख्य बात यह है कि वह इन विरोधाभासों को स्वीकार करने और उन्हें तार्किक राजनीतिक उपायों से सुलझाने से इनकार करता है। वह इसलाम में निहित पाकिस्तान की विचारधारा को दोहराना जारी रखे हुए है। व्यापक राजनीतिक वास्तविकताओं को स्वीकार करने से इनकार करने के परिणामस्वरूप नीति-निर्धारक समूह इस धारणा को विकसित कर रहा है कि पाकिस्तान की इसलामी राष्ट्रीय पहचान हिंदू भारत से शत्रुतापूर्ण संबंध रखने पर ही सुरक्षित रह सकती है। इस प्रतिक्रिया का एक आयाम, जैसा कि पहले जिक्र किया जा चुका है, भारत को क्षेत्रीय और राजनीतिक रूप से विखंडित करने की आकांक्षा है। दूसरा आयाम यह भावना रही है कि पूर्वी पाकिस्तान के टूटने और बँगलादेश के आविर्भाव का बदला जम्मू एवं कश्मीर, पंजाब और भारत के पूर्वी प्रांतों को भारतीय गणतंत्र से अलग करके लिया जा सकता है।

यह उल्लेख करना आवश्यक है कि काकुल में पाकिस्तानी नेशनल मिलिटरी एकेडमी के प्रशिक्षणरत सैन्य अधिकारियों को प्रशिक्षण के बाद वफादारी की शपथ लेते समय दो उद्देश्यों के प्रति अपनी प्रतिबद्धता प्रकट करनी पड़ती है—पहला, पाकिस्तान की विचारधारा को बरकरार रखना और दूसरा, सन् 1971 की सैन्य पराजय का बदला लेना। पाकिस्तानी राजनीति की ये विशेषताएँ आम जनता की जानकारी में नहीं हैं, लेकिन ये निश्चित रूप से विद्यमान हैं। पाकिस्तान में भारत के राजदूत और उच्चायुक्त के रूप में अपनी कार्यावधि के दौरान वरिष्ठ राजनीतिक, प्रशासनिक और सैन्य शख्सियतों ने मुझसे कहा कि यदि पाकिस्तान अपनी इसलामी पहचान पर अडिग न रहा तो भारत के विभाजन का औचित्य अस्वीकार कर दिया जाएगा। पाकिस्तान के अस्तित्व का कारण ही अवैध हो जाएगा। मुझे यह भी बताया गया कि पाकिस्तानी सैन्य बलों और राजनीतिक हलकों

में यह गहरी समाई हुई इच्छा है कि सन् 1971 की सैन्य पराजय के अपमान का बदला लिया जाए, जिसमें भारत ने लगभग तिरानबे हजार सैनिक युद्धबंदी बनाए थे, जिन्हें रिहा करवाने के लिए भुट्टो को निवेदन करना पड़ा था।

पारस्परिक अतिशयोक्ति

पाकिस्तानी मानसिकता को प्रभावित करनेवाले कारकों का जिक्र करने के बाद यह आवश्यक है कि सिक्के के दूसरे पहलू, अर्थात् पाकिस्तान के प्रति भारतीय मनोवृत्ति की विशेषता रही मनोग्रंथियों और पूर्वाग्रहों को भी जाना जाए। भारत में विभिन्न सरकारों और जनसमुदाय ने विभाजन के साथ समझौता कर लिया है; उपमहाद्वीप के विभाजन को पूर्वस्थिति में लाने की कोई इच्छा वे नहीं रखते। फिर भी, भावनात्मक और बौद्धिक स्तर पर भारत के लोग अब भी इसलाम में निहित द्विराष्ट्र के सिद्धांत के विरोधी हैं। भारत में मुसलिम नवाबों और शासकोंवाले राज्यों के विलय के प्रति पाकिस्तान के विक्षोभ और उसका जम्मू एवं कश्मीर पर क्षेत्रीय दावा जारी रखना भारत में एक खतरे के रूप में देखा जाता है कि पाकिस्तान का दीर्घकालीन राजनीतिक और रणनीतिक उद्देश्य बाहरी तनाव उत्पन्न करके और भारतीय समाज के घरेलू अराजक तत्त्वों को प्रोत्साहन देकर भारतीय गणतंत्र का क्षेत्रीय विखंडन करना है। पाकिस्तान का अकसर किया जानेवाला यह दावा कि वह भारत के अल्पसंख्यक मुसलिम समुदाय के अधिकारों और सुरक्षा का रक्षक है, भारत के लोगों को और क्रोध दिलाता है। इस संबंध में भारतीय जनमत को यह बात अधिक चिंता में डालती है कि भारत के कुछ खास मुसलिम राजनीतिक समूह पाकिस्तान की इस भूमिका को स्वीकार करते हैं। पश्चिमी पाकिस्तान में हिंदू अल्पसंख्यकों का संहार और निर्वासन इस क्षोभ को और बढ़ाते हैं। इसके बाद यहाँ चरमपंथी हिंदू समूह हैं, जो अखंड भारत की बात करते हैं, जिसके लिए विभाजन को रद्द करना और उपमहाद्वीप का एकीकरण आवश्यक है। कुछ रूढ़िवादिता से कुछ गुट इसकी भी वकालत करते हैं कि चूँकि पाकिस्तान को उपमहाद्वीप में मुसलमानों के राष्ट्र के रूप में निर्मित किया गया था, भारत में रहनेवाले मुसलमान भी वहाँ चले जाएँ। यह बात दीगर है कि भारत के अधिकतर लोग इस प्रवृत्ति का समर्थन नहीं करते।

पाकिस्तान द्वारा धर्मनिरपेक्षता के प्रति भारत की प्रतिबद्धता की विश्वसनीयता पर सवाल उठाना और खिल्ली उड़ाते हुए भारतीय लोकतंत्र के आलोचनात्मक मूल्यांकन से स्थितियाँ बदतर होती हैं। ऐसे उत्तेजक कार्य किस प्रकार किए जाते हैं,

इसके ढेरों उदाहरण हैं। पूर्व विदेश मंत्री और पाकिस्तानी नेशनल असेंबली के स्पीकर गौहर अयूब खान, जो फील्ड मार्शल अयूब खान के पुत्र हैं, ने सन् 1993 में नई दिल्ली में एक संवाददाता सम्मेलन में दावा किया कि उपमहाद्वीप में शांति और स्थिरता तभी आ सकती है, जब भारत छोटे-छोटे राज्यों में बँट जाए। उन्होंने यह भी कहा कि 'भारतीय एकता' एक कृत्रिम धारणा है और भारत निश्चित रूप से केंद्र-विमुखी जातीय और भाषायी शक्तियों के दबाव में टूट जाएगा। मुझे सन् 1990 के अंत या 1991 की शुरुआत में एक बातचीत की याद आती है, जब मैं इसलामाबाद में भारतीय उच्चायुक्त के रूप में उनसे मिला था। बातचीत के दौरान उन्होंने उपमहाद्वीप के इतिहास के बारे में एक धार्मिक विश्लेषण करते हुए मुझे बताया कि उपमहाद्वीप में हिंदू-मुसलिम संबंधों के न्यूनतम समाधान के रूप में भारत का विभाजन अनिवार्य था। उन्होंने कहा कि मुसलमानों ने भारत पर लगभग एक हजार वर्षों तक शासन किया है। वे एकीकृत भारत में अल्पसंख्यक के रूप में नहीं रह सकते, जहाँ उनके पास सर्वोच्च शक्ति न हो। मुसलमान एक प्राकृतिक शासक हैं। उन्होंने यह भी कहा कि इस विभाजन ने न केवल मुसलमानों और हिंदुओं के धार्मिक मतों को भौगोलिक रूप से अनुकूल किया है, बल्कि इसने हिंदू और मुसलमान जनसंख्या की मूल भिन्नता को भी पुष्ट किया है। उनके अनुसार, मुसलमान धार्मिक रूप से प्रतिबद्ध, युद्धप्रिय और आक्रामक हैं और वे कोमलता तथा समझौते को पसंद नहीं करते; जबकि हिंदू इसके बिलकुल विपरीत, नम्र, तिकड़मबाज और चतुर हैं। इसके बाद वह अतिशयोक्ति पर उतर आए और मुझे बताया कि पेड़-पौधों तथा जीव-जंतुओं का भी विभाजन से ताल्लुक है। एक ओर जहाँ पूर्वी पाकिस्तान में बाघ, जंगली सुअर, तेंदुए, साँड़ इत्यादि पाए जाते हैं वहीं भारत में नील गाय, भैंसे, हिरण, चिंकारे इत्यादि पाए जाते हैं, जिनमें से अधिकतर शाकाहारी होते हैं। वह इस बहस के उच्च बिंदु पर तब आए जब उन्होंने कश्मीर का संदर्भ दिया। उन्होंने कहा कि कश्मीर को अंतत: पाकिस्तान का हिस्सा होना है और यह अपरिहार्य है। उन्होंने मुझसे कहा कि भारतीयों को मोमिनों की जेहाद की प्रतिबद्धता की क्षमता को समझना चाहिए। यह प्रतिबद्धता उन्हें हर हाल में जीत की स्थिति में रखती है। यदि वे जेहाद के रास्ते पर चलते हुए अपनी जान गँवाते हैं तो उन्हें 'शहीद' का दरजा मिलता है और 'जन्नत' नसीब होता है। इसके विपरीत यदि वह जेहाद में विजयी होते हैं तो 'गाजी' (धार्मिक विजेता) कहलाते हैं। इसके बाद उन्होंने मुझसे पूछा कि 'मेरे इस विश्लेषण पर आपकी प्रतिक्रिया क्या है ?' मैंने उन्हें दो हिस्सों में उत्तर दिया। मैंने कहा कि 'जहाँ तक भारत और पाकिस्तान में

रहनेवाले जानवरों के बारे में मैंने गौर किया है तो उन्होंने अपने रहने का क्षेत्र अपनी प्रकृति के हिसाब से चुना है। पाकिस्तान जहाँ हिंसा और आक्रामक मांसाहारियों का देश है, वहीं भारत सौम्य और कुलीन प्रजातियों की भूमि है; हालाँकि इन प्रजातियों में से कुछ शारीरिक बल में किसी से कम नहीं हैं।' मैंने कहा कि मुसलमानों की राजनीतिक-सैन्य वरीयता का उनका सिद्धांत वास्तव में इतिहास और भारतीय उपमहाद्वीप के नागरिक समाज के सामाजिक-सांस्कृतिक अवयवों के पुनः उद्धरण पर टिका है। इसके साथ ही मैंने जोड़ा कि यदि उनके विश्लेषण के अनुसार जेहादी हमेशा जीत की स्थिति में होते हैं तो मेरी यह अनवरत प्रार्थना है कि उन सभी को शहीद का दरजा नसीब हो, ताकि हिंसा समाप्त हो सके। उन्होंने मुझसे कहा कि किसी कूटनीतिक के प्रतिक्रिया व्यक्त करने का यह तरीका नहीं होना चाहिए। उन्होंने कहा कि अपने जवाब में मैं अशिष्ट था। मैंने कहा कि यह ऐसा समय है, जब स्थिति की वास्तविकता या फिर उनके द्वारा प्रस्तुत किए गए असाधारण विश्लेषण से कोई कूटनीतिज्ञ भी उत्तेजित हो सकता है। (मैं यहाँ कोष्ठक में यह बात कहना चाहता हूँ कि दिल्ली में गौहर अयूब खान की प्रेस कॉन्फ्रेंस तब हुई जब वह अंतरसंसदीय संघ की बैठक में भाग लेने पाकिस्तानी संसदीय शिष्टमंडल का नेतृत्व करते हुए यहाँ आए थे। ऐसे दृष्टिकोणों के प्रति भारतीय प्रतिक्रिया की प्रवृत्ति के बारे में अधिक अनुमान लगाने की आवश्यकता नहीं है।)

भारत में कुछ ऐसे भी राजनीतिक और रणनीतिक विचारक हैं, जो यह मानते हैं कि भारत को पाकिस्तान-अधिकृत कश्मीर में सैन्य कारवाई करके वहाँ से पाकिस्तानी सेना को बाहर निकाल देना चाहिए। इस विचारधारा का कहना है कि कश्मीर समस्या का स्थायी समाधान यही है कि 'आजाद कश्मीर' को भारतीय गणतंत्र के एक अंग के रूप में जम्मू एवं कश्मीर में मिला दिया जाए। इसी विचारधारा की सोच है कि भारतीय उपमहाद्वीप में स्थायी शांति तभी आ सकती है, जब पाकिस्तान को तीन या चार हिस्सों में बाँट दिया जाए—गौहर अयूब के विखंडन के सपने के ठीक विपरीत।

एक-दूसरे के विपरीत यह कैनवास पूरी तसवीर सामने नहीं लाता। यदि हमें इन बातों को संतुलित करना है तो भारत और पाकिस्तान की जनता के बीच सकारात्मक संबंध होना चाहिए। वे मुसलमान, जो उत्तर प्रदेश, बिहार, राजस्थान, हैदराबाद और तमिलनाडु से पाकिस्तान जाकर बसे हैं, बड़ी संख्या में अपने रिश्तेदारों को भारत में छोड़ गए हैं। वास्तविक झगड़ों के कुछ समय को छोड़ दिया जाए तो छह से दस लाख पाकिस्तानी और भारतीय एक-दूसरे के देशों में

अपने रिश्तेदारों से मिलने के लिए नियमित यात्रा करते हैं। पाकिस्तान की मोहाजिर जनता और भारतीय मुसलिमों के बीच पारिवारिक तथा वैवाहिक संबंध का स्थापित होना जारी है। संस्कृति और मनोरंजन के क्षेत्र में दोनों देशों की आपसी समझ और आकर्षण एक जैसे हैं। समय-समय पर लगाए जानेवाले प्रतिबंधों के बावजूद भारतीय फिल्में और भारतीय फिल्मी संगीत पाकिस्तान में बहुत लोकप्रिय हैं। इसी तरह पाकिस्तान के कलाकारों को भारत में काफी पसंद किया जाता है। भारतीय श्रोताओं के बीच मेहँदी हसन, इकबाल बानो, गुलाम अली, नुसरत फतेह अली आदि काफी लोकप्रिय नाम हैं। रणधीर कपूर और ऋषि कपूर अंतिम दशक के शुरू में 'हिना' फिल्म बना रहे थे, जिसकी हीरोइन पाकिस्तानी अभिनेत्री जेबा बख्तियार थीं। वे इस फिल्म की कुछ शूटिंग इसलामाबाद की फैसल मसजिद के बाहर करना चाहते थे। धार्मिक अधिकारियों को इसपर कुछ प्रारंभिक आपत्ति थी। जब इन अधिकारियों की मुलाकात कपूर बंधुओं से हुई तो अनुमति मिल गई। कपूर बंधुओं का स्वागत लाहौर में भी हुआ। मैं जब इसलामाबाद में था तो मुझे शत्रुघ्न सिन्हा और दिलीप कुमार तथा सायरा बानो को वहाँ रिसीव करने का मौका मिला था। इन कलाकारों का स्वागत पाकिस्तान के हर वर्ग ने खुले दिल से किया था। इसी तरह का गर्मजोशी से स्वागत दोनों देशों के कवियों, शायरों, लेखकों, वरिष्ठ पत्रकारों और बुद्धिजीवियों का भी दोनों देशों में होता है। पाकिस्तानी अखबार 'द डॉन' से जुड़े हारून भारत आ चुके हैं, डॉ. असमाँ जहाँगीर दिल्ली में कई सम्मेलनों में हिस्सा ले चुकी हैं। इसी प्रकार 'इंडियन एक्सप्रेस' के संपादक शेखर गुप्ता और किसी समय 'हिंदुस्तान टाइम्स' से जुड़े भारत भूषण भी पाकिस्तान जा चुके हैं। कैफी आजमी, अली सरदार जाफरी और अमृता प्रीतम को पाकिस्तानी लोग काफी पसंद करते हैं; जबकि भारतीयों में फैज की लोकप्रियता का अंदाजा नहीं लगाया जा सकता। फैज के सम्मान में 1978-79 में तत्कालीन विदेश मंत्री अटल बिहारी वाजपेयी ने काफी बड़े पैमाने पर और रंगारंग समारोह आयोजित करने के लिए मुझसे कहा था। उस समय मैं इंडियन कौंसिल ऑफ कल्चरल रिलेशन का महानिदेशक था।

मुझे अभी भी याद है कि भारत और पाकिस्तान के विदेश सचिव स्तर की पाँचवें दौर की बातचीत अक्तूबर 1991 में किस स्थिति में समाप्त हुई थी। आधिकारिक स्तर की बातचीत, जिसमें कि सुझावों में सामान्य मतभेद थे, के बाद पाकिस्तानी विदेश सचिव शहरयार खान ने भारतीय विदेश सचिव मुचकुंद दुबे से पूछा कि वह अंतिम सत्र खत्म होने के बाद शाम का समय कैसे गुजारना चाहेंगे?

दुबे ने कहा कि वह शाम में सीमित मेहमानों के साथ डिनर लेते हुए उर्दू गजलें सुनना चाहेंगे—संभव हो तो इकबाल बानो की गाई हुई। शहरयार खान द्वारा आयोजित उस शाम के जादू में आधिकारिक बहसों की सारी कटुता दूर चली गई। डिनर के बाद तीन घंटे (तकरीबन आधी रात) तक चले गायन समारोह में इकबाल बानो हम सभी को हमारे कदमों से दूर बहा ले गईं। सांस्कृतिक और भाषायी साहचर्य, जिसने इकबाल बानो और उनकी जादुई आवाज में मूर्त रूप लिया था, ने भारत-पाक संबंधों की स्थायी राजनीतिक वास्तविकताओं को परे कर दिया था।

सुरक्षा मामले

हालाँकि भारत में प्रकाशित होनेवाली पुस्तकों और साहित्य के वितरण पाकिस्तान में करने पर सामान्य प्रतिबंध लगा हुआ है, फिर भी भारत में प्रकाशित तकनीकी, विज्ञान और प्रौद्योगिकी से संबंधित काफी पुस्तकें वहाँ बाजार में अपनी जगह बना लेती हैं और वहाँ के स्कॉलरों एवं विद्यार्थियों द्वारा हाथोहाथ ली जाती हैं। इससे साबित होता है कि विचार और बौद्धिक आवेग को राष्ट्रों की सीमा में नहीं बाँधा जा सकता। न ही मानवीय दिलचस्पी और जिज्ञासा इस प्रकार के किसी प्रतिबंध का विषय हो सकता है। एक महत्त्वपूर्ण उदाहरण इसलामाबाद विमेंस इंटरनेशनल क्लब का है, जिसकी मेंबर्स सन् 1989 में राजीव गांधी के इसलामाबाद दौरे के तुरंत बाद दिल्ली, राजस्थान और जम्मू एवं कश्मीर के दौरे पर आने के लिए मेरी सहायता चाहती थीं। क्लब की अध्यक्ष इराकी राजदूत की पत्नी थीं। क्लब के सदस्यों में पाकिस्तानी महिलाओं की अच्छी-खासी संख्या थी। मैंने इस मामले को दिल्ली भेजा और वहाँ से मुझे तुरंत सकारात्मक जवाब मिला। दौरे के एक सप्ताह पहले क्लब की एक उपाध्यक्ष, जो एक पाकिस्तानी महिला थीं, मुझसे मिलने आईं और कुछ सवाल किए—क्या पाकिस्तानी महिलाएँ भारत में यात्रा के दौरान सुरक्षित रहेंगी? क्या अपनी सुरक्षा के लिए उन्हें परदा करना पड़ेगा? क्या उन्हें सचमुच जम्मू एवं कश्मीर का दौरा करने की इजाजत दी जाएगी? मैंने उनसे कहा कि मेरे पास उनके पूर्व निर्धारित कार्यक्रम के अनुसार कहीं भी जाने के लिए अनुमति है।

क्लब की बारह से पंद्रह महिलाओं का एक दल भारत के दौरे पर आया। उन्होंने दिल्ली और जयपुर का दौरा किया; मगर उन्हें चरम सकारात्मक अनुभव तब हुआ जब वे जम्मू एवं कश्मीर के दौरे पर गईं। जम्मू एवं कश्मीर के तत्कालीन राज्यपाल जनरल के.वी. कृष्णाराव ने न सिर्फ उन्हें व्यक्तिगत रूप से रिसीव किया

बल्कि यह भी सुनिश्चित किया कि वे राज्य के सभी पर्यटक स्थलों पर घूमें। इसके अलावा गुलमर्ग में उनके लिए व्यक्तिगत रूप से भोज का आयोजन भी किया। दौरे से लौटने के बाद यह दल मुझसे मिलने आया और न सिर्फ दौरे के इंतजामों से अपनी पूरी संतुष्टि व्यक्त की, बल्कि यह भी कहा कि पाकिस्तानियों के प्रति भारतीय लोगों के व्यवहार के बारे में उनकी आशंकाएँ पूरी तरह गलत थीं। वे भारतीय महिलाओं को अपनी जिंदगी जीने में मिली आजादी को देखकर और अपने प्रति आम भारतीयों में किसी प्रकार की दुश्मनी की भावना को नहीं पाकर आश्चर्यचकित थीं।

भारत-पाकिस्तान के रिश्तों के मध्य इन गैर राजनीतिक बातों के विस्तार में जाने का मकसद यह बताना है कि किसी हद तक मूलभूत मानवीय स्तर पर भारत और पाकिस्तान की जनता के बीच एक-दूसरे के प्रति कोई दुश्मनी नहीं है। जो भी दुश्मनी है, वह राजनीतिक स्तर पर है और यह दोनों देशों की आम जनता की जिंदगी और उसके रवैए को स्पर्श नहीं करती है। जब जनता से जनता के संपर्क के बीच राजनीतिक अवयव मौजूद होते हैं, सिर्फ तभी दुश्मनी सतह पर आ जाती है। इसका एक सही उदाहरण राज्यसभा सदस्य और वरिष्ठ पत्रकार कुलदीप नैयर के सन् 1997 और 1998 में पाकिस्तान तथा भारत के स्वतंत्रता दिवसों 14 और 15 अगस्त को वाघा-अटारी सीमा पर जाने पर दिखा। श्री नैयर पाँच सौ लोगों के एक दल का नेतृत्व कर रहे थे, जो स्वतंत्रता दिवसों के अवसर पर सीमा पर मोमबत्तियाँ जलाने गया था और उन्होंने अपने पाकिस्तानी मित्रों को भी सीमा की दूसरी ओर मोमबत्तियाँ जलाने के लिए आमंत्रित किया था। यह एक अप्रतिदानवाला अनुभव साबित हुआ, क्योंकि सीमा की दूसरी तरफ कोई नहीं आया। इसका कारण यह बताया गया कि पाकिस्तान की सरकार ने सीमा की उस तरफ इस तरह की किसी कवायद को मंजूरी नहीं दी। यह स्वाभाविक है कि पाकिस्तानी अधिकारी यह समझे थे कि नैयर के इस कदम के पीछे छुपा हुआ राजनीतिक मकसद है, क्योंकि अगर पाकिस्तानी लोग उनकी बात मानकर सीमा पर पहुँच जाते तो यह बात साबित होती कि पाकिस्तान की जनता अपनी सरकार द्वारा भारत के प्रति दुश्मनी का रवैया अपनाने के खिलाफ है।

मैंने इस पुस्तक के शुरुआती अध्यायों में संबंधों को सामान्य बनाने में प्रधानमंत्री वाजपेयी के महत्त्वपूर्ण और गैररूढ़िवादी प्रयास की पृष्ठभूमि, वाघा-अटारी सीमा तक सड़क यात्रा और फिर फरवरी 1999 में लाहौर यात्रा का जिक्र किया है। यह यात्रा दरअसल तत्कालीन प्रधानमंत्री नवाज शरीफ द्वारा 'इंडियन एक्सप्रेस' के प्रमुख

संपादक शेखर गुप्ता को दिए गए एक साक्षात्कार से उत्पन्न था। नवाज शरीफ ने आपसी सुविधा के अनुकूल स्थान व समय पर वाजपेयी से मिलने की इच्छा प्रकट की। वाजपेयी की प्रतिक्रिया त्वरित थी। उन्होंने नवाज शरीफ के आमंत्रण का जवाब देने के लिए दिल्ली-लाहौर बस सेवा के उद्घाटन का लाभ उठाने का निर्णय लिया। उनके निर्णय को प्रेरित करनेवाले तत्त्व थे—पहला और सबसे महत्त्वपूर्ण, चुनाव-प्रचार के दौरान नवाज शरीफ द्वारा भारत से मित्रवत् संबंध बहाल करने की इच्छा से संबंधित वादे, जिसने उन्हें पाकिस्तान की सत्ता में ला दिया। दूसरा, नवाज शरीफ ने वाजपेयी के पूर्ववर्ती भारतीय नेताओं से अपनी वार्त्ताओं में रचनात्मक और तार्किक होने का संकेत दिया था। साथ ही पाकिस्तान में लोकतंत्र की बहाली के बाद वह वहाँ के ऐसे प्रधानमंत्री थे, जिनके अपने भारतीय प्रतिपक्षियों से अधिकतम संपर्क थे। उन्होंने चंद्रशेखर, नरसिंहराव और गुजराल से निरंतर संपर्क बनाए रखा था। हालाँकि उनकी सार्वजनिक घोषणाएँ भारत के साथ संबंधों को सामान्य बनाने के प्रति सकारात्मक थे, जमीनी वास्तविकताएँ, खासकर जम्मू एवं कश्मीर में, किसी महत्त्वपूर्ण परिवर्तन की ओर संकेत नहीं कर रही थीं। फिर भी वाजपेयी ने महसूस किया कि नवाज शरीफ के आमंत्रण के प्रति सकारात्मक रुख और लाहौर में एक बैठक उचित राजनीतिक वातावरण बनाने में एक काल्पनिक तथा रचनात्मक कदम होगा; क्योंकि उनका यह भी मत था कि भारत व पाकिस्तान के परमाणु कार्यक्रमों ने उपमहाद्वीप में एक अधिक संवेदनशील रणनीतिक व सुरक्षा वातावरण बना दिया है। उम्मीद यह थी कि इस कार्यक्रम के परिणामस्वरूप पाकिस्तान अधिक आत्मविश्वास और एक परमाणु संघर्ष के खतरों के प्रति अधिक जागरूकता के साथ भारत के साथ उपयोगी बातचीत में संलग्न होना चाहेगा।

वाजपेयी के लाहौर-प्रयास के उद्देश्यों को यदि एक साथ देखें तो पहले उन्होंने भारत और पाकिस्तान को, विशेष तौर पर उनके परमाणु कार्यक्रमों के संवेदनशील प्रभावों पर ध्यान केंद्रित करने की इच्छा प्रकट की, साथ ही वह भारत-पाकिस्तान संबंधों को विपरीत दिशा में प्रभावित कर रहे मुद्दों पर भी बातचीत को पुनर्जीवित करना चाहते थे। साथ ही वह चाहते थे कि भारत व पाकिस्तान अपने परमाणु कार्यक्रमों और मिसाइल क्षमताओं के हानिकारक प्रभावों पर विशेष रूप से ध्यान दें और परमाणु खतरे को कम करने तथा किसी आकस्मिक परमाणु संघर्ष की संभावना खत्म करने के लिए किसी सहमति तक पहुँचें। मनोवैज्ञानिक स्तर पर वाजपेयी को मोरारजी देसाई सरकार (1977-1979) में अपने विदेश मंत्रित्व काल के रूप में अपने दो वर्ष के कार्यकाल का स्मरण था, जब

पाकिस्तान की सरकार और जनता द्वारा उन्हें एक रचनात्मक और सकारात्मक राजनीतिक शख्सियत बताया गया था। उनका पूर्वानुमान था कि उनकी यात्रा के प्रति सरकारी और आम प्रतिक्रिया उसी विश्वास और सकारात्मक भावनाओं से संबद्ध होगी, बावजूद इसके कि उनका संपर्क उस दल से था, जिसे पाकिस्तान 'हिंदू दल' के रूप में देखता है। उनकी यात्रा के परिणामस्वरूप द्विपक्षीय संबंधों को प्रभावित करनेवाले सभी मुद्दों पर एक द्विपक्षीय वार्त्ता बहाल हुई और परमाणु खतरे को कम करने तथा आकस्मिक परमाणु संघर्ष रोकने के लिए आपसी विश्वास बहाल करनेवाले उपायों पर बहस के लिए विशेषज्ञों का एक संयुक्त कार्य दल गठित करने के संबंध में एक सहमति-पत्र तैयार किया गया।

दोनों देशों में इस यात्रा से उत्पन्न वातावरण और जनता की भावनाओं का वर्णन मैं पहले ही कर चुका हूँ। इस प्रयास के तीन माह के अंदर ही करगिल में पाकिस्तानी घुसपैठ और उसके फलस्वरूप युद्ध शुरू होने के कारण यह प्रयास निष्फल हो गया। राजनीतिक रूप से इस युद्ध का निष्कर्ष था पाकिस्तानी चीफ ऑफ आर्मी स्टाफ जनरल परवेज मुशर्रफ द्वारा आयोजित तख्तापलट करना और नवाज शरीफ सरकार को बरखास्त करके राष्ट्र-प्रमुख का प्रभार लेना। मुशर्रफ के सत्ता में आने के प्रति भारतीय प्रतिक्रिया नकारात्मक थी, क्योंकि इससे पाकिस्तान में लोकतांत्रिक व्यवस्था का अंत हो गया था। इससे भी महत्त्वपूर्ण यह है कि भारत के लोग जनरल परवेज मुशर्रफ को ही करगिल में लाहौर प्रक्रिया के विश्वासघात का मुख्य निर्माता मानते थे। मुशर्रफ सरकार ने पाकिस्तान की नई व्यवस्था के प्रति भारत के आलोचनात्मक व नकारात्मक बोध को मजबूत करने के लिए अतिरिक्त कारण उपलब्ध कराए। उन्होंने कहा कि वह लाहौर घोषणा और लाहौर सहमति-पत्र के विषय-वस्तु की फिर से जाँच करेंगे, ताकि यह पता चल सके कि क्या उनमें कोई उपयोगी उद्देश्य है? साथ ही सार्वजनिक घोषणाओं में उन्होंने बार-बार यह कहा कि वह जम्मू एवं कश्मीर में उग्रवादी अलगाववादी आंदोलन को सहयोग देना जारी रखेंगे और यदि कश्मीर समस्या हल हो भी गई तो भी भारत-पाकिस्तान के बीच शत्रुतापूर्ण संबंध बने रहेंगे, क्योंकि पाकिस्तान में भारत के प्रति गंभीर शंकाएँ और अविश्वास है।

इन प्रवृत्तियों के प्रति भारतीय प्रतिक्रिया भी उतनी ही दृढ़ थी। उसने पाकिस्तान में लोकतंत्र को विनष्ट करनेवाले मुशर्रफ से कोई भी बातचीत करने से इनकार कर दिया। नीतिगत घोषणाएँ की गईं कि जब तक मुशर्रफ सरकार सीमा पर आतंकवाद को समर्थन देना बंद नहीं करती और जम्मू एवं कश्मीर में सामान्य स्थिति बनाने के

लिए प्रयास नहीं करती तब तक भारत पाकिस्तान से कोई बातचीत नहीं करेगा। भारत ने सन् 1999 के उत्तरार्द्ध से सार्क बैठकों में शामिल होने से इनकार कर दिया और संकेत दिया कि वह मुशर्रफ से संपर्क रखने का इच्छुक नहीं है। भारत ने गुटनिरपेक्ष आंदोलन, कॉमनवेल्थ सम्मेलनों और संयुक्त राष्ट्र में मुशर्रफ सरकार को अलग-थलग करने के लिए एक अभियान भी शुरू किया। इसके साथ महत्त्वपूर्ण शक्तियों की राजधानियों में मुशर्रफ सरकार की वैधता पर सवाल उठाते हुए भारत द्वारा कूटनीतिक अभियान भी जारी किया गया। सन् 2000 के मध्य तक आपसी शत्रुता अत्यंत उच्च स्तर पर पहुँच गई।

हालाँकि मुशर्रफ के सत्ता-ग्रहण करने के शुरुआती महीनों में भारत द्वारा इन प्रयासों से मुशर्रफ को सुरक्षात्मक रुख में आ जाना था, लेकिन वह और उनकी सरकार इस अलगाव से उबर गए। इसका पहला कारण यह है कि मुशर्रफ सरकार को पाकिस्तान की जनता का अबाधित और व्यापक समर्थन हासिल था, जो सन् 1988 से सत्ता में रही निर्वाचित सरकारों की अक्षमता और भ्रष्टाचार से असंतुष्ट थे। दूसरे, मुशर्रफ ने पश्चिमी यूरोप के महत्त्वपूर्ण देशों और इसलामी राष्ट्रों में व्यापक कूटनीतिक व राजनीतिक अभियान चलाया। उनकी घरेलू स्वीकार्यता और लोकतंत्र बहाल करने के संबंध में उनकी घोषणाओं के परिणामस्वरूप अंतरराष्ट्रीय समुदाय में उनसे बात करने के प्रति एक आम सहमति बनी। इसके अलावा, खासकर अमेरिका और सामान्य तौर पर अंतरराष्ट्रीय समुदाय को दिए इस संकेत ने उनके पक्ष में वातावरण बनाया कि यदि भारत अप्रसार अनुबंधों को स्वीकार कर लेता है तो पाकिस्तान को भी उन्हें स्वीकार करने में कोई आपत्ति नहीं होगी। हालाँकि उनके शासन के प्रति एक बढ़ती स्वीकार्यता थी, उनके द्वारा एक लोकतांत्रिक सरकार को बरखास्त करना और सीमा पार आतंकवाद में पाकिस्तान का हाथ, खासकर अफगानिस्तान में तालिबान के साथ उसके संबंध ने उनकी नीतियों के बारे में आशंकाएँ उत्पन्न कीं, जिसके कारण उनपर आतंकवाद, धार्मिक कट्टरवाद (जेहाद) और सीमा पार आतंकवादी गतिविधियों से संबंधित मुद्दों को लेकर दबाव पड़ा।

तत्कालीन अमेरिकी राष्ट्रपति बिल क्लिंटन ने जिस तरीके से उपमहाद्वीप का दौरा किया, उससे दबाव की पुष्टि हुई, जिसका महत्त्वपूर्ण प्रभाव पाकिस्तानी नीतियों पर पड़ा। मार्च 2000 में क्लिंटन ने भारत, बँगलादेश और पाकिस्तान की यात्रा की। उन्होंने भारत में पाँच दिन, बँगलादेश में लगभग पाँच घंटे और पाकिस्तान में लगभग चार घंटे बिताए। इसलामाबाद में क्लिंटन के हाव-भाव व सार्वजनिक

घोषणाएँ सख्त और आदेशात्मक थे। उन्होंने उपमहाद्वीपीय शांति और सामान्यीकरण के लिए चार सूत्रीय फॉर्मूला सुझाया। वे थे—जम्मू-कश्मीर में नियंत्रण रेखा का सम्मान, संयम और इस रेखा पर हिंसा की समाप्ति, बातचीत की बहाली और परमाणु व मिसाइल क्षमता में निहित सैन्य व्यवस्था पर संयम। उन्होंने जम्मू एवं कश्मीर पर एक स्पष्ट संदेश देते हुए कहा कि अमेरिका हिंसा द्वारा सीमाओं और क्षेत्रीय व्यवस्थाओं को परिवर्तित करने के प्रयासों का समर्थन नहीं करेगा।

यह भी याद रखना चाहिए कि क्लिंटन की पाकिस्तान यात्रा से पहले अमेरिकी सेंट्रल कमांड के कमांडर-इन-चीफ और रूसी फेडरेशन के उप राष्ट्रीय सुरक्षा सलाहकारों ने पाकिस्तान का दौरा किया था, जिसमें उन्होंने परवेज मुशर्रफ को आग्रहपूर्ण चेतावनी भरे संदेश दिए थे। ओसामा बिन लादेन के साथ पाकिस्तानी संबंध और अमेरिका व पश्चिमी लोकतंत्रों के खिलाफ उसकी आतंकवादी कारrवाइयाँ अमेरिकी प्रवृत्तियों और नीतियों को प्रभावित करनेवाले महत्त्वपूर्ण तत्त्व थे। इन घटनाओं द्वारा उत्पन्न दबाव का अच्छा प्रभाव पाकिस्तानी सत्ता-संरचना पर पड़ा। दिसंबर 1999-जनवरी 2000 में भारतीय विमान के अपहरणकर्ताओं के साथ पाकिस्तान का नरमी भरा व्यवहार और कश्मीर में आतंकवादी हिंसा को समर्थन देने के प्रति उसका आग्रह भी महत्त्वपूर्ण शक्तियों की आलोचना का शिकार बना। इसके परिणामस्वरूप पाकिस्तान की भारत संबंधी नीतियों में कुछ व्यावहारिकता आई; लेकिन भारत-पाक संबंधों को प्रभावित करनेवाले संवेदनशील मुद्दों पर उसकी मूल धारणा वही रही। पाकिस्तान के विदेश मंत्री अब्दुल सत्तार और जनरल परवेज मुशर्रफ सन् 2000 के मध्य से भारत से राजनीतिक वार्त्ता बहाल करने की इच्छा के बारे में खुद बात करने लगे। मुशर्रफ ने भारतीय नेताओं के साथ किसी भी समय और किसी भी स्थान पर बातचीत करने की इच्छा जताई।

इस बात के भी संकेत मिले कि पाकिस्तान लाहौर प्रक्रिया को बहाल करने का भी इच्छुक है। पिछली मुद्रा कि लाहौर में नवाज शरीफ द्वारा लिये गए निर्णयों का कोई औचित्य नहीं है, बदलने लगी। इसके समानांतर पाकिस्तानी अधिकारियों ने भारत और पाकिस्तान के बीच गैरसरकारी संपर्कों की एक श्रृंखला को समर्थन दिया, जिसके प्रति भारत की प्रतिक्रिया सकारात्मक रही। इसलामाबाद पॉलिसी रिसर्च इंस्टीट्यूट, कायदे आजम विश्वविद्यालय और इंस्टीट्यूट ऑफ स्ट्रेटजिक स्टडीज ऑफ पाकिस्तान को उनके भारतीय प्रतिपक्षियों, जैसे—दिल्ली पॉलिसी ग्रुप, सेंटर फॉर पॉलिसी रिसर्च और डेमोक्रेटिक मूवमेंट फॉर इंडो-पाकिस्तान रिलेशंस से संपर्क स्थापित करने की अनुमति दी गई। द्विपक्षीय गैरसरकारी संपर्कों,

जैसे—बलूसा और नीमराना प्रक्रिया के तत्त्वावधान में वार्त्ता बहाल की गई। दोनों ही देशों के पूर्व कूटनीतिज्ञ एवं सैन्य व्यक्तित्व एक-दूसरे के यहाँ दौरे पर गए और बातचीत पुन: बहाल करने तथा दोनों सरकारों के बीच आए गतिरोध को तोड़ने की संभावनाओं को ढूँढ़ने की कोशिश की। इसी पृष्ठभूमि में जम्मू एवं कश्मीर के सबसे बड़े आतंकवादी संगठन हिजबुल मुजाहिदीन ने जुलाई 2000 में एकतरफा युद्धविराम की घोषणा की और भारत सरकार के नुमाइंदों के साथ बातचीत शुरू करने की इच्छा जताई। भारत की प्रतिक्रिया इसपर सकारात्मक रही थी। हिजबुल द्वारा युद्धविराम की घोषणा क्यों की गई, यह बात अभी तक स्पष्ट नहीं हो पाई है और इससे संबंधित कई सवाल अभी भी अनुत्तरित हैं।

उस समय इस घोषणा के कारणों के जो अनुमान लगाए गए थे, उनसे संबंधित बिंदु आगे दिए जा रहे हैं—क्योंकि हिजबुल के पाकिस्तान आधारित विदेशी गुटों, जो कश्मीर में सक्रिय थे, के साथ गंभीर मतभेद पैदा हो गए थे और दुश्मनी बढ़ रही थी; क्योंकि घाटी की जनता हिंसात्मक काररवाइयों से थक चुकी थी और उग्रवादियों को ज्यादा समर्थन नहीं दे रही थी; क्योंकि पाकिस्तान ने इस कदम को सीमित मात्रा में समर्थन दिया था, ताकि अंतरराष्ट्रीय समुदाय को दिखा सके कि वह बातचीत शुरू करना चाहता है और हिजबुल से शुरू करके इसे भारत और पाकिस्तान की सरकारों के स्तर पर ले जाना चाहता है। यह पहल निष्फल साबित हुई, क्योंकि हिजबुल के पाकिस्तानी मुख्यालय के प्रमुख सलाहुद्दीन ने हिजबुल के घाटी के नेताओं द्वारा शुरू इस युद्धविराम को समर्थन देने से इनकार कर दिया। पाकिस्तान इस माँग पर अड़ा रहा कि हिजबुल और भारतीय प्रतिनिधियों के बीच की इस बातचीत में उसे भी शामिल किया जाए। इस संबंध में भारत की सरकार को सिर्फ तीन दिन का अल्टीमेटम दिया गया, जिसकी अवधि 8 जुलाई, 2000 की शाम में खत्म हो रही थी, जबकि एकतरफा युद्धविराम वापस ले लिया गया। हालाँकि भारत ने गृह सचिव कमल पांडे की अध्यक्षता में अपना एक प्रतिनिधिमंडल श्रीनगर भेजा, मगर बातचीत नहीं शुरू हो सकी।

इस विफल प्रयास की पृष्ठभूमि और गति को याद करना आवश्यक है। जैसा पहले कहा जा चुका है, जून और जुलाई में उग्रवादी हिंसा में बढ़ोतरी होने के बावजूद भारत सरकार की तरफ से, और कुछ उग्रवादी समूहों की तरफ से, बातचीत की शुरुआत के लिए गतिविधियों में तेजी आई हुई थी। सब सहमत थे कि शांति की दिशा में यह प्रयास एक इच्छित उद्‌देश्य था, लेकिन उस समय उठाए गए कदमों को 'शांति की दिशा में प्रयास' कहना गलत होगा। ये सभी कदम सिर्फ उस व्यवस्था

तक पहुँचने के लिए बातचीत की दिशा में थे, जो अंततः शांति तक पहुँचती। भारत सरकार ने सन् 2000 की शुरुआत में जम्मू एवं कश्मीर के सभी राजनीतिक दलों और जनमत के एक हिस्से से अर्थपूर्ण बातचीत पुनः बहाल करने का फैसला किया। गरमियों की समाप्ति तक हुर्रियत के सभी वरिष्ठ नेता जेलों से रिहा कर दिए गए। इस बीच नई दिल्ली द्वारा हुर्रियत को एक प्रस्ताव दिए जाने के आसार देखकर मुख्यमंत्री फारूख अब्दुल्ला और उनकी पार्टी के लोगों में चिंता फैल गई। इसी चिंता की वजह से राज्य विधानसभा में जम्मू एवं कश्मीर की स्वायत्तता का प्रस्ताव पेश किया गया।

संपर्क के माध्यम

साथ-ही-साथ, सरकार ने ऑल पार्टी हुर्रियत कॉन्फ्रेंस के नेताओं के साथ पिछले दरवाजे से संपर्क बढ़ाना शुरू किया। ऑब्जर्वर समूह के आर.के. मिश्रा, पूर्व विदेश सचिव एम.के. रसगोत्रा और रॉ के प्रमुख को भी इस काम पर लगाया गया। पाकिस्तान के साथ 'ट्रैक-II' कूटनीति के तहत संपर्क बढ़ाया जा रहा था। अमेरिका में रहनेवाले कश्मीरी कार्यकर्ता, जैसे—कश्मीरी अमेरिकन काउंसिल के फारूख कठवारी, गुलाम नबी फई, वर्ल्ड कश्मीर फ्रीडम मूवमेंट के मुहम्मद अयूब ठाकुर, कश्मीरी कैनेडियन काउंसिल के मुश्ताक जिलानी और न्यूयॉर्क के एक बैंककर्मी मंसूर एजाज कश्मीरी उग्रवादियों के साथ संपर्क के माध्यम थे। उनके प्रयासों को विदेश मंत्रालय का समर्थन प्राप्त था। पूर्व कूटनीतिज्ञ रसगोत्रा को भी अनाधिकारिक रूप से पाकिस्तानी प्रतिष्ठान के साथ संपर्क बनाने के लिए अधिकृत किया गया।

इन प्रयासों का परिणाम यह हुआ कि हिजबुल मुजाहिदीन ने तीन माह के युद्धविराम की घोषणा की और बिना किसी पूर्व शर्त के भारत सरकार से बातचीत करने की इच्छा प्रकट की, जबकि संगठन के स्थानीय नेता अब्दुल मजीद डार ने यह प्रस्ताव रखा। उसकी सर्वोच्च परिषद् ने हिचकिचाहट के साथ बातचीत शुरू करने की सहमति दी। पाकिस्तान-आधारित उग्रवादी समूहों, जैसे—लश्कर-ए-तोयबा, जैश-ए-मुहम्मद और हरकत-उल-मुजाहिदीन ने हिजबुल के कार्यकलाप को 'विश्वासघात' की संज्ञा दी। लश्कर-ए-तोयबा के प्रमुख मुहम्मद सईद ने 31 जुलाई, 2000 को कहा कि भारत के खिलाफ जेहाद तब तक जारी रहेगा जब तक कश्मीर पाकिस्तान में शामिल नहीं हो जाता।

संभावनाओं का आकलन करने से पहले इन हालिया प्रयासों के पीछे स्थित

उद्देश्यों और आवेगों के बारे में जानना आवश्यक है। भारत और पाकिस्तान—दोनों पर एक-दूसरे से और उग्रवादियों से बातचीत करने के लिए परदे के पीछे से अमेरिका का दबाव पड़ रहा था। अमेरिका चाहता था कि सितंबर के मध्य में राष्ट्रपति क्लिंटन से द्विपक्षीय वार्त्ता के लिए वाजपेयी की यात्रा से पहले कोई स्पष्ट प्रक्रिया शुरू हो जाए। पाकिस्तान ने वार्त्ता में सहयोग देने की सहमति दी, लेकिन ऐसा कोई वादा नहीं किया कि वह आतंकवादी गुटों को समर्थन देना बंद करेगा। वार्त्ता के लिए पाकिस्तान का तैयार होना उसे अमेरिका के सामने यह दावा करने में मदद देता कि उसने उग्रवादियों को युद्धविराम के लिए विवश किया। यही दावा वह संयुक्त राष्ट्र महासभा और संयुक्त राष्ट्र सुरक्षा परिषद् के सामने भी कर सकता था। यदि भारत वार्त्ता करने से इनकार करता तो उसे अविवेकशील के रूप में प्रस्तुत किया जाता। यदि वार्त्ता किसी गतिरोध में समाप्त होती तो भारत पर अड़ियलपन का आरोप लगाया जाता। अन्य बड़ी विश्व शक्तियाँ, मुख्य रूप से भारत और पाकिस्तान के बीच परमाणु संघर्ष की संभावना टालने के लिए, वार्त्ता का समर्थन कर रही थीं। सुरक्षा परिषद् के पाँच स्थायी सदस्यों में से कोई भी जम्मू एवं कश्मीर को भारत के अभिन्न अंग के रूप में नहीं देखता था। इसलिए अंतरराष्ट्रीय समुदाय का झुकाव एक उपमहाद्वीपीय परमाणु संघर्ष टालने के लिए जम्मू एवं कश्मीर पर एक क्षेत्रीय व्यवस्था की ओर था।

यह जानना महत्त्वपूर्ण है कि यह प्रस्ताव हिजबुल की ओर से आया, जो विभिन्न उग्रवादी समूहों में सबसे स्वदेशी है। अन्य संगठनों, जिनमें बड़ी संख्या में भाड़े के विदेशी आतंकवादी शामिल हैं, ने कोई युद्धविराम प्रस्ताव नहीं रखा। इस प्रकार पाकिस्तान और हिजबुल सहित ये संगठन फिर से हिंसा के विकल्प की ओर लौट सकते थे, यदि उन्हें लगता कि वार्त्ता उनके हितों के अनुसार नहीं हो रही है। यह भी एक महत्त्वपूर्ण तथ्य है कि वार्त्ता के लिए उग्रवादियों के प्रतिनिधिमंडल में अमेरिका में रह रहे लोग थे। हिजबुल इस बात पर भी बल दे रहा था कि इस बातचीत को त्रिपक्षीय होना चाहिए, जिसमें पाकिस्तान की उपस्थिति भी आवश्यक है।

वार्त्ता की संभावनाओं का आकलन करना इस पृष्ठभूमि के खिलाफ है। पहला, वार्त्ता के प्रति भारत के आधारभूत दृष्टिकोण में स्पष्टता का अभाव था। इस बात की आशा ही की जा सकती थी कि वह एक नपा-तुला रुख था, जबकि सरकार ने इस बात का संकेत दिया था कि वह कोई अपरिवर्तनीय पूर्व शर्त नहीं रखेगी। राष्ट्रीय सुरक्षा सलाहकार ब्रजेश मिश्र ने कहा कि वार्त्ता के परिणामस्वरूप

निकलनेवाला कोई भी समाधान संविधान की सीमा के अंदर होना चाहिए। कांग्रेस ने इस विषय पर कोई स्पष्ट नीतिगत घोषणा नहीं की थी।

इस बीच, हिजबुल और हुर्रियत नेता भारतीय संविधान के अंदर किसी समाधान से स्पष्ट इनकार कर चुके थे। यदि कश्मीर मुद्दे पर उग्रवादी प्रतिनिधिमंडल के संभावित रुख का अनुमान लगाना होता तो उसमें ये विकल्प शामिल होते—जनमत संग्रह, संयुक्त राष्ट्र के पर्यवेक्षण में अंतरिम स्थिति या भारतीय न्यायक्षेत्र में स्थित जम्मू एवं कश्मीर को तीन शाखाओं में बाँटना। यह भी सुझाव दिया जा सकता था कि नियंत्रण रेखा को तब तक पूरी तरह से पुनर्व्यवस्थित किया जाए जब तक कोई नई व्यवस्था स्थापित न हो।

इस वार्त्ता में शामिल होते समय भारत को एक जटिल और गंभीर संकटपूर्ण स्थिति का सामना करना पड़ा। एक पाकिस्तानी प्रतिनिधिमंडल के सामने त्रिपक्षीय रूपरेखा की वार्त्ता में शामिल होने का अर्थ था कि उसने समस्या को सुलझाने में पाकिस्तान की आधिकारिक स्थिति को औपचारिक रूप से स्वीकार कर लिया है। यदि क्षेत्र की स्वायत्तता के लिए व्यावहारिक प्रस्ताव उग्रवादियों द्वारा अस्वीकार कर दिए जाते और वे क्षेत्रीय व्यवस्थाओं के लिए आग्रह करते तो यह राज्य पर भारत के औपचारिक न्यायक्षेत्र को नष्ट कर देता और यह भारत से घाटी के अलगाव और पाकिस्तान में जुड़ने की दिशा में पहला कदम होता। साथ ही, लद्दाख और जम्मू में अपना न्यायक्षेत्र तथा रणनीतिक नियंत्रण बरकरार रखने की भारत की क्षमता पर भी हानिकारक प्रभाव पड़ता। भारत से घाटी या जम्मू एवं कश्मीर का किसी प्रकार का अलगाव जम्मू और भारतीय पंजाब के भागों की अर्थव्यवस्था और जल-संसाधन प्रबंधन को प्रभावित करता। ऐसा अलगाव पाकिस्तान के द्विराष्ट्र के सिद्धांत को प्रोत्साहित करने के अलावा भारत के अन्य भागों में अलगाववादी प्रवृत्तियों को प्रोत्साहित करता।

अमेरिका और संपूर्ण अंतरराष्ट्रीय समुदाय ने बातचीत बहाल करने के अस्थायी प्रयासों का स्वागत किया। मध्य जुलाई तक इस प्रयास की विफलता ने न केवल निराशा का वातावरण उत्पन्न किया, बल्कि पाकिस्तान व पाकिस्तान आधारित उग्रवादी व आतंकवादी गुटों की आलोचना भी हुई। अमेरिका के नेतृत्व में सुरक्षा परिषद् के स्थायी सदस्यों ने इस प्रयास की विफलता पर खेद व्यक्त करते हुए पाकिस्तान को संदेश भेजा और सलाह दी कि पाकिस्तान बातचीत के बीच में न आए और न ही वह अपनी भागीदारी के साथ त्रिपक्षीय वार्त्ता के लिए आग्रह करे।

पाकिस्तान में एक बड़ी घरेलू राजनीतिक गतिविधि के बारे में जानना जरूरी है, क्योंकि उसने पाकिस्तानी सर्वोच्च न्यायालय द्वारा मुशर्रफ-शासन के संवैधानिक रूप से कल्पित अवधि से अधिक समय तक जारी रहने की ओर संकेत किया। पाकिस्तानी सर्वोच्च न्यायालय की शर्तों के अनुसार, कार्यकारी प्रमुख के रूप में मुशर्रफ का कार्यकाल सन् 2001 में समाप्त होना था। दिसंबर 2000 तक मुशर्रफ ने सार्वजनिक घोषणाओं और राजनीतिक निर्णयों द्वारा एक लंबी अवधि तक सत्ता में बने रहने की ओर अपने झुकाव का संकेत दिया। मुशर्रफ ने पूर्व प्रधानमंत्री नवाज शरीफ पर देशद्रोह, हत्या का षड्यंत्र रचने, भ्रष्टाचार, सैन्य बलों में अलगाव उत्पन्न करने आदि कई गंभीर आरोप लगाकर ट्रायल पर रखा था। नवाज शरीफ को एक के बाद दूसरे अपराध में दोषी सिद्ध करने की प्रक्रिया चल रही थी और उम्रकैद, यहाँ तक कि मौत की सजा, दिए जाने की भी संभावना थी। अमेरिका और महत्त्वपूर्ण इसलामी देशों द्वारा मुशर्रफ पर दबाव पड़ रहा था कि नवाज शरीफ के खिलाफ ऐसी सख्त काररवाई न की जाए। उनकी घरेलू कठिनाइयों और बाहरी दबावों ने उन्हें इन दबावों के प्रति संवेदनशील बना दिया। उन्होंने नवाज शरीफ को सऊदी अरब में एक लंबे निर्वासन पर भेजने का निर्णय लिया और पूर्व प्रधानमंत्री के प्रस्थान के बारे में सऊदी अरब के शासक प्रिंस अब्दुल्ला से खुद बात की। शरीफ ने दिसंबर के अंत तक पाकिस्तान छोड़ दिया।

यह पहली बार नहीं था कि एक सैन्य तख्तापलट के नेता ने राजनेताओं को पाकिस्तान से निर्वासित किया हो। अयूब खान ने सन् 1958-59 में खुद किए गए तख्तापलट के प्रमुख सहयोगी मेजर जनरल इसकंदर मिर्जा को निर्वासित करके इंग्लैंड भेज दिया। उन्होंने मुहम्मद अली और नजीमुद्दीन पर भी पाकिस्तान छोड़ने के लिए काफी दबाव डाला। यह एक अनिवार्य उपाय है, जिसका प्रयोग सैन्य शासक करते हैं, कि अपनी विश्वसनीयता की स्थापना के लिए वे अपने महत्त्वपूर्ण राजनीतिक विरोधियों को निर्वासित या समाप्त करके परिदृश्य से उनका प्रस्थान सुनिश्चित करने का प्रयास करते हैं। यही जुल्फिकार अली भुट्टो के मामले में भी हुआ। हालाँकि नवाज शरीफ का यह मामला अपने आप में इकलौता है कि आम चुनाव द्वारा निर्वाचित एक प्रधानमंत्री को उसके कार्यकाल के दौरान सत्ताच्युत करके निर्वासित कर दिया गया।

पाकिस्तान के राजनीतिक परिदृश्य से नवाज शरीफ के प्रस्थान का विश्लेषण करने के पूर्व इसकी पृष्ठभूमि का उल्लेख भी आवश्यक है। इस बात से इनकार नहीं किया जा सकता कि नवाज शरीफ आम जन-समर्थन के बल पर सत्ता में आए

थे। पाकिस्तान के लोगों द्वारा उनमें दिखाए गए विश्वास को धोखा देने की उनकी प्रवृत्ति, उनकी बढ़ती तानाशाही और अनियंत्रित भ्रष्टाचार में अभिव्यक्त होती थी। साथ ही चीफ ऑफ आर्मी स्टाफ मुशर्रफ को बरखास्त करने के उनके निर्णय से उनकी राजनीतिक अकुशलता का पता चलता है। यह पाकिस्तानी राजनीति की गंभीर वास्तविकता को समझने से इनकार करने का असाधारण उदाहरण था। वह वास्तविकता थी पाकिस्तानी सैन्य बलों का एक संस्थागत सत्ता के रूप में पाकिस्तान की सत्ता-संरचना पर प्रभाव। इस तथ्य का भी विश्लेषण करना आवश्यक है कि मुशर्रफ ने उन्हें निर्वासित क्यों किया। शरीफ और उनके परिजन, साथ ही उनका साथ देनेवाले बहुत से अधिकारियों को भ्रष्टाचार, देशद्रोह, हत्या का प्रयास, पाकिस्तानी सैन्य बलों के अनुशासन को भंग करने आदि का आरोप लगाकर ट्रायल पर रखा गया। शरीफ को लंबे कारावास या मौत की सजा भी दी जा सकती थी। मुशर्रफ ने संभवतः महसूस किया कि सन् 1999 और 2000 का पाकिस्तान सन् 1977 से '79 तक के पाकिस्तान से भिन्न है, जब जनरल जिया-उल-हक ने एक प्रधानमंत्री को फाँसी दे दी थी। अमेरिका और खाड़ी के प्रभावशाली देशों, जिनपर पाकिस्तान निर्भर है, की ओर से भी अंतरराष्ट्रीय दबाव पड़ रहा था। अपनी कमियों के बावजूद नवाज शरीफ के अच्छे संबंध अमेरिका और खाड़ी व पश्चिम एशिया के देशों से थे। जनरल मुशर्रफ खुद को एक सख्त सैन्य शख्सियत के रूप में नहीं प्रस्तुत करना चाहते थे। उनका लक्ष्य था खुद को एक उत्प्रेरक शख्सियत के रूप में पेश करना, जो सन् 1988 से अक्तूबर 1999 तक पाकिस्तान की लोकतांत्रिक सरकारों के भ्रष्टाचार और अक्षमता के बाद पाकिस्तान में ईमानदार लोकतंत्र लाने के इच्छुक हैं।

अक्तूबर 1999 और सन् 2000 के अंत के बीच पाकिस्तान में इतिहास दोहराया गया। जैसा सन् 1977 में जिया के सत्ता ग्रहण करने के बाद हुआ था, मुशर्रफ के तख्तापलट के बाद, सभी पाकिस्तानी राजनीतिक दल फिर से अव्यवस्थित हो गए; लेकिन सन् 2000 के उत्तरार्द्ध तक सभी राजनीतिक दलों ने जनरल परवेज मुशर्रफ के सैन्य शासन के विरुद्ध एक संयुक्त मोर्चा बना लिया। इस प्रक्रिया का चरम बिंदु था पाकिस्तान मुसलिम लीग के नवाज शरीफ और पीपुल्स पार्टी ऑफ पाकिस्तान का सैन्य सरकार के खिलाफ अभियान शुरू करने के लिए एकजुट होने पर सहमत होना। मुशर्रफ और उनके सहयोगियों की यह उम्मीद कि बेनजीर भुट्टो के निर्वासित होने और नवाज शरीफ की गिरफ्तारी तथा कैद के बाद पाकिस्तान मुसलिम लीग में विभाजन होने के कारण पाकिस्तान के राजनीतिक दल यहाँ की

राजनीति में एक सक्रिय तत्त्व नहीं रह जाएँगे, गलत सिद्ध हुई।

इससे पहले पाकिस्तानी सर्वोच्च न्यायालय ने यह फैसला दिया कि वर्तमान सैन्य सरकार सन् 2002 के मध्य तक अपना कार्यकाल समाप्त कर ले। इस फैसले को जनरल मुशर्रफ ने स्वीकार कर लिया। इस प्रकार अब उनके पास दो विकल्प थे—या तो स्वैच्छिक रूप से सत्ता छोड़कर आनेवाले वर्षों में पाकिस्तान की राजनीतिक पार्टियों को चुनाव लड़ने दें या अपनी सत्ता बरकरार रखने के लिए लोकतांत्रिक रूपरेखा के अंदर न्यायपालिका और जनता को स्वीकार्य व्यवस्थाओं को शुरू करें। उन्होंने दूसरा विकल्प चुना। राजनेताओं के प्रति व्यापक जन-असंतोष के बावजूद बेनजीर भुट्टो और नवाज शरीफ—दोनों की एक खास स्थिति और करिश्मा पाकिस्तानी जनता में है, जिसे मुशर्रफ समाप्त नहीं कर सकते, न ही वह उन्हें पाकिस्तानी राजनीति में सक्रिय रहने की अनुमति दे सकते हैं। मुशर्रफ द्वारा भ्रष्टाचार का आरोप लगाकर गिरफ्तार किए जाने के भय से बेनजीर पाकिस्तान से बाहर हैं। जनरल परवेज मुशर्रफ द्वारा चुना गया व्यावहारिक समाधान यह था कि नवाज शरीफ को भी निर्वासित कर दिया जाए और उनकी आर्थिक संपत्ति व संबंधित क्षमताओं को नष्ट कर दिया जाए, ताकि वह पाकिस्तानी राजनीति को प्रभावित न कर सकें। पाकिस्तान के बड़े राजनीतिक दलों के नेताओं को निर्वासित रखना घरेलू व अंतरराष्ट्रीय रूप में अधिक स्वीकार्य एक नई व्यवस्था के तहत सत्ता में बने रहने की तैयारी है। मुशर्रफ ने दिसंबर 2000 के उत्तरार्द्ध में एक रेडियो व टेलीविजन उद्घोषणा द्वारा खुद ही इस संबंध में संकेत दिए। उनके भाषण में कुछ दिलचस्प बिंदु थे—पहला यह कि वह 'ईश्वरीय सहयोग' के बिना नवाज शरीफ की भ्रष्ट सरकार को उखाड़ फेंकने और सत्ता प्राप्त करने में सफल नहीं होते, जो उनके अनुसार, अल्लाह ताला की इच्छानुसार पाकिस्तान का कल्याण सुनिश्चित करने के लिए उन्हें कुछ खास गंभीर जिम्मेदारियाँ सौंपे जाने से संबंधित है। फिर जनरल मुशर्रफ ने दावा किया कि वह एक भगोड़ा नहीं हैं और जब तक वे इन जिम्मेदारियों को पूरा नहीं कर लेते तब तक सत्ता नहीं छोड़ेंगे। दूसरा यह कि वह पाकिस्तान में लोकतंत्र बहाल करना चाहते हैं। उन्होंने पाकिस्तान की जनता से आग्रह किया कि वह पारंपरिक दलीय राजनीति में एक प्रयास के रूप में लोकतंत्र को न ले। उन्होंने लोगों से कहा कि गुणी और ईमानदार उम्मीदवारों को आगे लाएँ, जो जनसेवा के प्रति समर्पित हों, न कि पाकिस्तान की भ्रष्ट दलीय प्रणाली पर निर्भर करें। तीसरे, उन्होंने घोषणा की कि वह लोकतंत्र की दिशा में पहले कदम के रूप में स्थानीय स्वशासी अंगों और पंचायतों के चुनाव करवाएँगे।

लाभकारी बदलाव

बेनजीर भुट्टो लंदन और दुबई में रहती हैं। निकट भविष्य में बेनजीर का पाकिस्तान लौटने की संभावना नगण्य है। नवाज शरीफ को दस वर्षों के लिए निर्वासित किया गया है और इक्कीस वर्षों तक राजनीति एवं जनकार्यों के लिए प्रतिबंधित किया गया है। हालाँकि कुछ पाकिस्तानी विश्लेषकों का मानना है कि बेनजीर भुट्टो तथा नवाज शरीफ—दोनों पाकिस्तानी राजनीतिक प्रक्रियाओं को प्रभावित करना जारी रखेंगे और उन्हें एक दशक से अधिक समय तक देश से बाहर नहीं रखा जा सकता। इस बारे में अपुष्ट सूचनाएँ हैं कि मुशर्रफ सरकार ने खाड़ी की सरकारों से आग्रह किया है कि वे इन राजनेताओं को पाकिस्तान न लौटने दें, ताकि वह सत्ता में अपना कार्यकाल बढ़ा सकें।

अनुमान यह है कि जनरल परवेज मुशर्रफ पंचायत चुनावों के बाद जिला स्तरों से प्रांतीय स्तरों तक चलते हुए अपनी सरकार को एक नागरिक सरकार बनाने का प्रयास करेंगे। इस प्रयास से सातवें दशक में जनरल अयूब खान का कथित 'आधारभूत लोकतंत्र' का प्रयोग याद आता है। पाकिस्तान से इस संबंध में भी खबरें हैं कि जनरल मुर्शरफ आम चुनाव आयोजित करने से पहले किसी नागरिक प्रधानमंत्री को नियुक्त करेंगे। इस संबंध में भंग नेशनल असेंबली के स्पीकर इलाही बख्श सूमरो और पाकिस्तान पीपुल्स पार्टी के उपाध्यक्ष अमीन फहीम के नाम का जिक्र किया जा रहा है। इस बीच, कोई पाकिस्तानी राजनीतिक दल यह नहीं चाहता कि जनरल परवेज मुशर्रफ द्वारा भंग नेशनल और प्रांतीय असेंबलियाँ बहाल की जाएँ। इस बात के संकेत हैं कि जनरल परवेज मुशर्रफ सन् 2002 के मध्य तक अपनी सरकार को एक लाभदायक, लेकिन आंशिक नागरिक पहचान देने की प्रक्रिया पूरी करेंगे। उस समय तक वह एक राजनीतिक प्लेटफॉर्म का निर्माण करके उसका नेतृत्व ग्रहण कर सकते हैं। निकट भविष्य में जनरल मुशर्रफ या पाक्स्तिानी सैन्य बलों द्वारा सत्ता छोड़ने की कोई संभावना नहीं है।

इसी के साथ यह स्पष्ट हो जाता है कि भारत के लिए इस आधार पर मुशर्रफ से बात करने से इनकार करना अव्यावहारिक होगा, जो उनके सत्ता ग्रहण करने के तरीकों से संबंधित हमारे तर्कों पर आधारित है। व्यावहारिकता की यह माँग है कि भारत को कम-से-कम आगामी तीन से पाँच वर्षों के दौरान उनसे संपर्क रखना होगा। भारत इसी प्रकार भारत-पाक संबंधों के वर्तमान कठिन दौर से निकल सकता है।

नवंबर 2000 से भारत द्वारा संबंधों को फिर से पटरी पर लाने के लिए

उद्देश्यपूर्ण प्रयास किए गए, हालाँकि आसार अब तक अस्थायी और अनिश्चित ही हैं। प्रधानमंत्री वाजपेयी ने रमजान (नवंबर 2000) के दौरान उग्रवादी गुटों के खिलाफ काररवाइयों में एकपक्षीय युद्धविराम की घोषणा की। यह प्रयास इस आकलन पर आधारित था कि जम्मू एवं कश्मीर के लोग हिंसा से थक चुके थे।

दूसरे—जुलाई 2000 से इस बात के स्पष्ट संकेत थे कि स्वदेशी अलगाववादी गुट और विपक्षी दल इस बात पर सहमत हो रहे हैं कि हिंसक आंदोलन से इच्छित परिणाम नहीं मिल सकता और एक राजनीतिक वार्त्ता अधिक व्यावहारिक कदम होगी। रमजान के पूरे माह के दौरान सैन्य और सुरक्षा काररवाइयों के एकपक्षीय विराम ने संभवतः भावनात्मक और मनोवैज्ञानिक स्तर पर जम्मू एवं कश्मीर की मुसलिम जनसंख्या को सही स्थान पर स्पर्श किया है। प्रधानमंत्री का आकलन सही निकला। हिजबुल मुजाहिदीन की कश्मीर आधारित इकाइयों ने इस निर्णय का स्वागत किया। लोगों की सामान्य प्रतिक्रिया राहत और संतोष की थी। अंतरराष्ट्रीय समुदाय ने इस निर्णय का स्वागत किया, क्योंकि भारत सरकार ने यह भी कहा कि जब तक युद्धविराम जारी रहेगा तब तक सरकार सभी कश्मीरी गुटों से वार्त्ता बहाल करने की इच्छुक होगी। उसने यह भी संकेत दिया कि यदि ऑल पार्टी हुर्रियत कॉन्फ्रेंस और अन्य उग्रवादी समूह अपने प्रतिनिधियों को पाकिस्तान भेजना चाहें तो उसे कोई आपत्ति नहीं होगी। इस प्रकार वे दल अपने मुख्यालयों से संपर्क करके उन्हें युद्धविराम का पालन करने और वार्त्ता के लिए सहमत कर सकें।

पाकिस्तान सरकार ने युद्धविराम का स्वागत नहीं किया, लेकिन इस घोषणा को वार्त्ता की ओर एक अंतरिम कदम के रूप में स्वीकार किया। युद्ध के प्रति एक विशिष्ट प्रतिक्रिया में पाकिस्तान ने 2 दिसंबर को घोषणा की कि नियंत्रण रेखा से अपनी कुछ सेनाएँ हटाने के अलावा वह नियंत्रण रेखा पर अधिकतम संयम रखेगा। यह याद रखा जाना चाहिए कि यहाँ उल्लिखित नवंबर में वाजपेयी का फैसला जुलाई 2000 में इसी प्रकार के एक प्रयास की विफलता के बावजूद लिया गया था। तब पाकिस्तान ने यह आग्रह किया था कि वह हिजबुल मुजाहिदीन और अन्य के साथ प्रस्तावित वार्त्ता में शामिल होगा और इस आग्रह को पाकिस्तान स्थित हिजबुल के मुख्यालय और अन्य विदेशी भाड़े के आतंकवादी गुटों, जैसे—लश्कर-ए-तोयबा और जैश-ए-मुहम्मद द्वारा समर्थन दिया गया था। इसलामाबाद आधारित इन उग्रवादी गुटों ने पाकिस्तान के रुख का समर्थन करने के अलावा उस समय घोषित युद्धविराम को अस्वीकार कर दिया था। इस प्रकार, कई तरह से वाजपेयी, खासकर अपनी कश्मीर और पाकिस्तान नीतियों के दो तत्त्वों पर बल देने के लिए

एक गैर रूढ़िवादी प्रयास कर रहे थे। पहला—भारतीय नीतियों में जम्मू-कश्मीर के लोगों के कल्याण और शांति की स्थापना एक प्राथमिक कारक है और दूसरा—पाकिस्तान व उस देश के उग्रवादी गुटों द्वारा नकारात्मक संकेत दिए जाने के बावजूद भारत पाकिस्तान से संबंधों को सामान्य बनाने का इच्छुक है।

सन् 2000 में जुलाई और नवंबर के बीच की अवधि नागरिकों और सैन्य प्रतिष्ठानों के खिलाफ उच्च हिंसा से परिपूर्ण रही। अत: उस समय भारत पर युद्धविराम घोषित करने की कोई अनिवार्यता नहीं थी। नवंबर की युद्धविराम-घोषणा केवल रमजान के महीने तक प्रभावी थी। इस प्रयास को विफल करने के इच्छुक अलगाववादी और आतंकवादी तत्त्वों ने उसी महीने के दौरान हिंसा का सहारा लेना जारी रखा। जम्मू-कश्मीर में सैन्य चौकियों और प्रतिष्ठानों पर आक्रमण किए गए। जम्मू-कश्मीर के नागरिकों, जिन्होंने युद्धविराम का स्वागत किया था, को भी इस प्रकार की हिंसा का शिकार बनाया गया। पाकिस्तान आधारित उग्रवादी कैडरों ने अपनी काररवाइयों को विस्तृत करते हुए दिल्ली में लाल किले को निशाना बनाया और किले के अंदर सैन्यकर्मियों को मार डाला। लश्कर ने सार्वजनिक रूप से भारत के प्रधानमंत्री को मारने और नई दिल्ली में प्रधानमंत्री कार्यालय व केंद्रीय सरकार के अन्य कार्यालयों पर आक्रमण करने का अपना इरादा घोषित किया।

इन घटनाओं के समानांतर नवंबर और दिसंबर में ऑल पार्टी हुर्रियत कॉन्फ्रेंस ने भारत सरकार के साथ बातचीत करने की अपनी इच्छा प्रकट की। इसी प्रकार जम्मू एवं कश्मीर में हिजबुल मुजाहिदीन के नेताओं ने भी इस प्रकार की इच्छा प्रकट की। बहरहाल, हुर्रियत नेताओं ने यह शर्त रखी कि वे अपने सहयोगियों के साथ बातचीत करने के लिए पाकिस्तान जाना चाहते हैं और पाकिस्तान सरकार ने अंतरराष्ट्रीय समुदाय की प्रतिक्रिया तथा जम्मू-कश्मीर के लोगों के रुख को देखते हुए इस बात पर सहमति प्रकट की कि वह 'शुरुआती दौर में' भारत और कश्मीरी गुटों के बीच वार्त्ता में शामिल न होने के लिए तैयार है और वह इस बातचीत को वार्त्ता में अपनी भागीदारी के लिए उचित माहौल तैयार करने देगा। पाकिस्तान ने जोर दिया कि वह इस मामले में लचीला रुख अपना रहा है; लेकिन कश्मीर समस्या का कोई स्थायी समाधान भारत, कश्मीरी गुटों और पाकिस्तान के बीच त्रिपक्षीय वार्त्ता के बिना नहीं निकल सकता। जम्मू-कश्मीर और भारत के अन्य भागों में पाकिस्तान आधारित उग्रवादी गुटों द्वारा जारी हिंसा ने प्रधानमंत्री वाजपेयी पर युद्धविराम को रमजान के महीने से आगे न बढ़ाने का दबाव डाला। वाजपेयी पर यह

दबाव अपनी पार्टी की ओर से भी पड़ा। फिर भी वह अपने पक्ष पर दृढ़ रहे और युद्धविराम को दो बार बढ़ाया—एक बार दिसंबर में और फिर जनवरी के अंत में। युद्धविराम मई 2001 तक जारी रहा।

इस बीच इसलामाबाद आधारित अलगाववादी समूहों ने युद्धविराम का विरोध जारी रखा और इस बात पर बल दिया कि वे अपना धर्मयुद्ध 'जेहाद' जारी रखेंगे। उन्होंने यहाँ तक कहा कि कश्मीर की समस्याएँ बातचीत से नहीं, केवल जेहाद से सुलझाई जा सकती हैं। दिसंबर 2000 और जनवरी 2001 के महीनों में हुर्रियत और अन्य कश्मीरी उग्रवादी गुटों में काफी भ्रम तथा विरोधाभास देखने को मिला। फारूख अब्दुल्ला के नेतृत्व में राज्य सरकार अलग-थलग पड़ने के बारे में चिंतित थी। उनकी यह चिंता तब और बढ़ गई जब हुर्रियत ने राज्य सरकार द्वारा पंचायत चुनाव आयोजित करने पर आपत्ति जताई। ये चुनाव काफी सफलतापूर्वक हुए और लोगों में उसकी विश्वसनीयता बढ़ी। इस उभरती राजनीतिक प्रक्रिया पर प्रभाव डालनेवाले विभिन्न तत्त्वों पर टिप्पणियाँ करते हुए जनवरी 2001 के मध्य तक इन प्रवृत्तियों का एक विश्लेषण मैंने किया। मैंने 12 से 16 जनवरी तक पाकिस्तान का दौरा किया। उस समय मैंने जो भी महसूस किया, वह इस विश्लेषण में सम्मिलत है।

विश्लेषण

20 नवंबर, 2000 को प्रधानमंत्री वाजपेयी द्वारा रमजान के महीने के लिए एकपक्षीय युद्धविराम की घोषणा के बाद से जम्मू एवं कश्मीर से संबंधित सभी मुद्दों का समाधान बातचीत द्वारा निकालने की दिशा में वार्त्ताओं, बयानों और प्रयासों में तेजी आई। इस संबंध में आशा है कि इन प्रयासों से उद्देश्यपूर्ण और महत्त्वपूर्ण वार्त्ताओं के द्वारा सभी पक्षों को स्वीकार्य समाधान ढूँढ़ने में मदद मिलेगी। इन उम्मीदों का पूरा होना मुख्यत: जमीनी वास्तविकताओं पर निर्भर करता है। इन प्रयासों की संभावनाओं का तीन आयामों में आकलन किया जाना चाहिए। पहला, हुर्रियत, हिजबुल और अन्य कश्मीरी गुटों के बीच बातचीत की प्रक्रिया का तरीका; दूसरा, हुर्रियत और अन्य विरोधी गुटों का पाकिस्तान सरकार और जेहादी संगठनों से बातचीत से उत्पन्न स्थिति; और तीसरा, प्रत्यक्ष वार्त्ता के लिए सहमत होने के बाद भारत और पाकिस्तान के बीच कश्मीर पर सीधी बातचीत।

इन आयामों में कश्मीर पर वर्तमान प्रयासों की संभावनाओं का विश्लेषण करने से पहले यह एक सूक्ति संबंधी वाक्य है कि सभी संबंधित पक्षों को यह

एहसास होना चाहिए कि स्थायी समाधान एक वास्तविक और व्यावहारिक दृष्टिकोण पर आधारित बातचीत द्वारा ही प्राप्त किया जा सकता है, न कि भारत और पाकिस्तान की मनोवैज्ञानिक व राजनीतिक मनोग्रंथियों या पूर्वाग्रहों में निहित अतिवादी मुद्रा द्वारा। तो फिर वाजपेयी के युद्धविराम की घोषणा के बाद से जमीनी वास्तविकताएँ क्या हैं ?

भारतीय सुरक्षा बल भड़काऊ हिंसा के बावजूद युद्धविराम को बरकरार रखे हुए थे। पाकिस्तान ने नियंत्रण रेखा पर रणनीतिक संयम रखने का अपना इरादा घोषित करते हुए इसका जवाब दिया। परिणामस्वरूप नियंत्रण रेखा पर गोलाबारी और झड़पें कम हो गईं। यह ध्यान में रखना चाहिए कि पाकिस्तान का रणनीतिक संयम जम्मू-कश्मीर में शीतकाल की शुरुआत का भी परिणाम था। भारत सरकार ने वार्त्ता को सरल बनाने और प्रोत्साहित करने के लिए युद्धविराम को रमजान के महीने के आगे बढ़ा दिया। ए.एस. डुलाट, जो हाल में भारत के इंटेलिजेंस संगठन 'रॉ' के प्रमुख थे, को कश्मीरी विरोधी गुटों से बातचीत करने के लिए प्रधानमंत्री कार्यालय में विशेष कार्याधिकारी के रूप में नियुक्त किया गया। डुलाट एक ऐसे अधिकारी हैं जो काफी लंबे समय से कश्मीर मामलों से जुड़े रहे हैं और उनके पास आवश्यक अनुभव व संपर्क भी हैं। भारत सरकार ने हुर्रियत नेताओं के पाकिस्तान जाने पर कोई आपत्ति नहीं की। कश्मीर में विद्रोही गुटों को संकेत दिया गया कि 15 जनवरी या उसके आस-पास भारत सरकार उनसे पुनः बातचीत शुरू करने की इच्छुक है। जे.के.एल.एफ. के एक संस्थापक सदस्य हाशिम कुरैशी, जो सन् 1971 में एक विमान के अपहरण में भी शामिल रहा था, को जम्मू एवं कश्मीर व पाक-अधिकृत कश्मीर—दोनों के विद्रोही तत्त्वों के एक अतिरिक्त संपर्क-माध्यम के रूप में भारत वापस लाया गया, जबकि जम्मू एवं कश्मीर में स्थित हिजबुल मुजाहिदीन वार्त्ता में शामिल होने का इच्छुक रहा है, पाकिस्तान आधारित लश्कर-ए-तोयबा तथा अन्य उग्रवादी संगठनों ने युद्धविराम का सम्मान नहीं किया और अपनी हिंसा को न केवल जम्मू-कश्मीर बल्कि दिल्ली के लाल किले (जहाँ वे सफल रहे) और हैदराबाद व कर्नाटक, जहाँ उनकी हिंसक योजनाएँ विफल कर दी गईं, में जारी रखा। जहाँ तक जम्मू-कश्मीर की राजनीतिक पार्टियों और समूहों का प्रश्न है, हुर्रियत में पाकिस्तान समर्थन तत्त्वों और अन्य जो कश्मीर समस्या का समाधान पाकिस्तानी योजनाओं के बाहर चाहते हैं, में मतभेद उभरे। पाकिस्तान समर्थक नेता सैयद अली खान जिलानी का अब्दुल गनी लोन से मतभेद जनवरी 2001 के प्रथम सप्ताह में सार्वजनिक हो गए। डॉ. फारूख अब्दुल्ला के

नेतृत्व में नेशनल कॉन्फ्रेंस ने जम्मू एवं कश्मीर में पंचायत चुनाव कराने की प्रक्रिया शुरू की, ताकि जम्मू एवं कश्मीर में प्रभावी लोकतांत्रिक ताकत के रूप में उनकी पार्टी की विश्वसनीयता और राजनीतिक प्रभाव सिद्ध हो सके।

पाकिस्तान युक्तिपूर्वक (हालाँकि मौलिक रूप से नहीं) जुलाई 2000 के अपने उस रुख से पीछे हट गया है कि वह भारत और जम्मू एवं कश्मीर के विद्रोही गुटों के बीच होनेवाली किसी भी बातचीत में शुरुआती चरण से ही शामिल होगा। पाकिस्तानी विदेश मंत्री ने घोषणा की कि पाकिस्तान आरंभिक स्तर पर बातचीत में शामिल होने का आग्रह नहीं करेगा, लेकिन बाद के दौर में त्रिपक्षीय प्रक्रिया में शामिल होगा। भारत में जनमत इन प्रयासों के बारे में विभाजित है। उसका एक हिस्सा हिंसा के जारी रहने के कारण वार्त्ता के खिलाफ है, जबकि दूसरा हिस्सा इस आशा में इन प्रयासों का समर्थन कर रहा है कि इनका परिणाम एक शांतिपूर्ण समाधान के रूप में हो सकता है।

इस प्रकार, जमीनी वास्तविकताओं के संदर्भ में भारत सरकार द्वारा लिया गया यह निर्णय अब भी राजनीतिक अनिश्चितता और भ्रम की स्थिति में है। जहाँ तक वार्त्ता के आसारों पर प्रभाव डालनेवाले पहले आयाम, यानी भारत सरकार और कश्मीरी गुटों के बीच बातचीत का सवाल है, भारत के सामने दो समस्याएँ हैं—पहला, यह निर्धारित करना कि कौन सा गुट वास्तव में कश्मीर के लोगों की उम्मीदों का प्रतिनिधित्व करता है। इनमें से कुछ गुटों के नेताओं पर पाकिस्तान का प्रभाव देखते हुए यह पता लगाना बहुत ही मुश्किल है। इन वार्त्ताओं में सरकार अन्य गुटों द्वारा नेशनल कॉन्फ्रेंस का अलगाव या उसे अलग-थलग करने की अनुमति नहीं दे सकती। दूसरे, हालाँकि भारत इस बात पर सहमत है कि इसके अलावा वार्त्ता की कोई पूर्व शर्त नहीं होगी कि वार्त्ता के दौरान सभी कश्मीरी गुट हिंसा का सहारा नहीं लेंगे, लेकिन विद्रोही गुटों के उद्‌देश्यों में कोई स्पष्टता या एकता नहीं है। कश्मीरी गुटों के साथ भारत की बातचीत को पाकिस्तान आधारित उग्रवादियों और भाड़े के आतंकवादियों द्वारा बाधा पहुँचाए जाने का प्रयास जारी रहेगा। दूसरी ओर, भारत अपने इस उद्‌देश्य के बारे में दृढ़ है कि गणतंत्र से जम्मू-कश्मीर का कोई क्षेत्रीय अलगाव नहीं होगा। भारत अन्य राजनीतिक समझौतों पर बात करने के लिए राजी है।

जहाँ तक हुर्रियत और पाकिस्तानी अधिकारियों के बीच बातचीत से संबंधित दूसरे आयाम का प्रश्न है, यह पूर्वानुमान लगाना उचित होगा कि पाकिस्तान भारत से जम्मू एवं कश्मीर को अलग करने के संबंध में बात करने के लिए हुर्रियत को

प्रोत्साहित करेगा, जबकि वह यह सुझाव भी देगा कि हुर्रियत शुरुआती दौर में जम्मू एवं कश्मीर को पाकिस्तान का अंग बनाने का समर्थन न करे। यह दूसरा सुझाव स्पष्ट रूप से यथापूर्व स्थिति को बदलने की चाल होगी, जिसका आखिरी उद्देश्य पाकिस्तान के साथ जम्मू एवं कश्मीर के संपर्कों को खोजना होगा, जबकि विद्रोही गुटों के अंदर उन तत्त्वों को संतुष्ट करना होगा, जो जम्मू-कश्मीर को पाकिस्तान का भाग नहीं बनाना चाहते। पाकिस्तान हुर्रियत को यह भी सुझाव दे सकता है कि वह भारत के साथ अपनी बातचीत में कश्मीर की भावी स्थिति तय करने के लिए विदेशी सत्ताओं के तत्त्वावधान में एक जनमत-संग्रह के लिए सुझाव को पुनः सक्रिय करें। पाकिस्तानी अधिकारी इंटर सर्विसेज इंटेलिजेंस को हिंसा और लश्कर-ए-तोयबा आदि संगठनों के द्वारा भारत पर दबाव बनाए रखने के लिए प्रेरित करेंगे। कश्मीर पर भारत-पाकिस्तान वार्त्ता का तीसरा आयाम भारत और पाकिस्तान के मूल उद्देश्यों में भिन्नता का शिकार है। भारत अपनी क्षेत्रीय एकता और अखंडता से कोई भी समझौता किए बिना कश्मीर से संबंधित मुद्दों पर जमीनी वास्तविकताओं के आधार पर समाधान चाहता है। पाकिस्तान का उद्देश्य इसके बिलकुल विपरीत है। वह ऐसा समाधान चाहता है, जो 'विभाजन के अपूर्ण कार्य' को पूरा करे। भारत का मत यह है कि कश्मीरी विद्रोही गुटों के साथ बातचीत समस्याओं का एक अलग खंड है, जो जम्मू एवं कश्मीर के लोगों की आकांक्षाओं से संबंधित है, जबकि पाकिस्तान के साथ बातचीत समस्याओं की एक अलग श्रेणी पर होगी, जो पिछले पचास और खासकर हाल के दस वर्षों में पाकिस्तान की कश्मीर नीतियों में निहित है। भारत की प्रवृत्ति इन समस्याओं पर अलग-अलग खंडों में बात करने की है; लेकिन पाकिस्तान किसी त्रिपक्षीय रूपरेखा के तहत बातचीत का एक अभिन्न हिस्सा होना चाहता है। हालाँकि योजनापूर्ण उद्देश्यों से पाकिस्तान बाद के दौर में बातचीत में शामिल होने के लिए सहमत हो गया।

उपर्युक्त वर्णित संकटपूर्ण परिस्थितियों और स्थितियों को देखते हुए यह स्पष्ट है कि किसी तत्काल परिणाम की आशा नहीं करनी चाहिए। वाजपेयी के प्रयासों के कारण ये वार्त्ताएँ विचाराधीन हैं, लेकिन ये काफी लंबे समय तक घिसट सकती हैं। सवाल यह है कि जम्मू-कश्मीर में आंतरिक स्थिति को प्रभावित करनेवाली राजनीतिक अनिश्चितताओं और विरोधाभासों तथा पाकिस्तान के उद्देश्यों को देखते हुए भारत इन वार्त्ताओं का प्रबंधन किस प्रकार कर पाएगा। भारत की ओर से एक संभावित दृष्टिकोण बातचीत में बाधा पहुँचानेवाले तत्त्वों का पूर्वानुमान लगाते हुए वार्त्ता को बरकरार रखने का होगा। दूसरा, वार्त्ता में बाधा पहुँचाने का

प्रयास करनेवाले तत्त्वों के खिलाफ केंद्रित तरीके से रक्षात्मक काररवाई के रूप में निर्णायक प्रतिक्रिया आवश्यक होगी। यह एक उच्च स्तर का कुशल प्रयास होना चाहिए, ताकि वार्त्ता में बाधा न पहुँच सके। तीसरा, भारत को महत्त्वपूर्ण शक्तियों और अंतरराष्ट्रीय समुदाय को द्विपक्षीय रूप से और बहुपक्षीय मंचों के द्वारा यह संदेश देना चाहिए कि कश्मीर मुद्दे का एक स्थायी समाधान जम्मू-कश्मीर की जमीनी हकीकतों के आधार पर ही हो सकता है। विशिष्ट रूप से कहें, तो समाधान कुछ बदलावों के साथ नियंत्रण रेखा के आधार पर होना चाहिए। उसे जम्मू-कश्मीर की राजनीतिक व्यवस्थाओं और वहाँ की जनता की उम्मीदों के प्रति जवाबदेह होना चाहिए। इन सबका परिणाम लगभग एक वर्ष में एक उच्च स्तरीय राजनीतिक बैठक में हो सकता है। ऐसा नपा-तुला दृष्टिकोण व्यावहारिक होगा; हालाँकि उसके सफल होने की कोई गारंटी नहीं है। यह भी स्वीकार किया जाना चाहिए कि यह प्रक्रिया धीमी होगी। भारत को किसी बाहरी दबाव में आकर झुकना नहीं चाहिए या जल्दबाजी नहीं मचानी चाहिए। यदि यह प्रयास विफल रहे तो जम्मू-कश्मीर में अपने महत्त्वपूर्ण हित सुरक्षित करने में दृढ़ रहने का दम-खम हममें होना चाहिए।

मेरी पाकिस्तान यात्रा के अनुभव

परमाणु खतरे को कम करने के विषय पर इसलामाबाद पॉलिसी रिसर्च इंस्टीट्यूट और दिल्ली पॉलिसी ग्रुप के बीच एक सम्मेलन में भाग लेने के लिए 12 से 16 जनवरी, 2001 तक मैं पाकिस्तान की यात्रा पर था। यह एक गैरसरकारी प्रयास था, हालाँकि दोनों पक्षों की ओर से सम्मेलन में भाग लेनेवाले पूर्व कूटनीतिज्ञ, सरकारी और सैन्य अधिकारी थे। हमें इसलामाबाद के कायदे आजम विश्वविद्यालय के डिपार्टमेंट ऑफ डिफेंस स्टडीज, इंस्टीट्यूट ऑफ स्ट्रेटजिक स्टडीज ऑफ पाकिस्तान और फॉरेन सर्विस एकेडमी ऑफ पाकिस्तान में भी भाषण देने के लिए आमंत्रित किया गया। हमारे समूह का नेतृत्व चीन, अमेरिका और पाकिस्तान में भारत के पूर्व राजदूत के.एस. वाजपेयी कर रहे थे। प्रतिनिधिमंडल के दूसरे सदस्यों में मेरे अलावा लेफ्टिनेंट जनरल राघवन, रियर एडमिरल (अवकाश-प्राप्त) के. राजा मेनन, एयर चीफ मार्शल एस.के. मेहरा और जवाहरलाल नेहरू विश्वविद्यालय के निरस्त्रीकरण के प्रोफेसर मतीन जुबेरी शामिल थे।

पाकिस्तान में हमारा मुख्य ध्यान भारत-पाकिस्तान के बीच नाभिकीय संघर्ष के खतरे को कम करने के बारे में इसलामाबाद पॉलिसी रिसर्च इंस्टीट्यूट के साथ

विचारों का आदान-प्रदान करना था। पाकिस्तानी सरकार और सेना द्वारा समर्थित यह इंस्टीट्यूट उनका थिंक टैंक था। दूसरी संस्थाओं में आयोजित व्याख्यानों और बहसों में भी चिंता के खास मुद्दों पर ध्यान केंद्रित किया गया। हमारे प्रतिनिधिमंडल ने कायदे आजम विश्वविद्यालय में अफगानिस्तान की घटनाओं के बारे में इंस्टीट्यूट ऑफ स्ट्रेटजिक स्टडीज ऑफ पाकिस्तान में सीमा पार और अंतरराष्ट्रीय आतंकवाद की स्थिति के बारे में और फॉरेन सर्विस एकेडमी ऑफ पाकिस्तान में भारत तथा पाकिस्तान के निर्माण के क्रियाकलापों के तुलनात्मक अनुभवों के बारे में बहसों में हिस्सा लिया।

यह यात्रा मेरे लिए खास दिलचस्पी का कारण थी, क्योंकि मैं पूरे सात साल बाद पाकिस्तान जा रहा था। मेरा आखिरी दौरा जनवरी 1994 में विदेश सचिव के रूप में बेनजीर भुट्टो के आखिरी कार्यकाल के दौरान हुआ था। मैं यह जानने के लिए बेचैन था कि क्या भारत के बारे में पाकिस्तानी सोच और विचारों में कोई बदलाव आया है? वहाँ बदलाव और रूपांतरण थे, मगर मैं वहाँ से चिंतित और परिष्कृत होकर लौटा। मैं यह कहना चाहता हूँ कि अपने दौरे के बाद मैंने पाकिस्तान के बारे में जो निष्कर्ष निकाले, वह पाकिस्तानी समाज और जनता के हर हिस्से पर पूरी तरह लागू होना जरूरी नहीं है। मैंने जो निष्कर्ष निकाले, वे पाकिस्तानी सरकार, वहाँ के शिक्षित समुदाय और विचारकों के उन हिस्सों की बातों पर आधारित हैं जिनसे मैं मिला।

पाकिस्तान में सम्मेलनों और सेमिनारों में भाग लेने के अलावा दिल्ली पॉलिसी ग्रुप के हमारे प्रतिनिधिमंडल का स्वागत पाकिस्तानी विदेश मंत्री अब्दुल सत्तार और विदेश सचिव इनामुल हक ने भी किया। उनके साथ हमने 13 जनवरी को तकरीबन तीन घंटे गुजारे। इस मीटिंग से पहले पाकिस्तानी विदेश मंत्रालय के बहुपक्षीय मामलों के प्रभारी अतिरिक्त सचिव रियाज हुसैन ने हमें एक घंटे तक संबोधित किया था। हुसैन द्वारा हमें संबोधित करने के पीछे यह तर्क था कि वह पाकिस्तानी विदेश मंत्रालय में अप्रसार से संबंधित मामलों के भी प्रभारी थे।

इसलामाबाद पॉलिसी रिसर्च इंस्टीट्यूट के साथ नाभिकीय खतरे को कम करने के बारे में तकनीकी विचार-विमर्श करने के लिए दिल्ली पॉलिसी ग्रुप का स्वागत करते हुए हुसैन ने इस बात पर बल दिया कि आपसी परमाणु नियंत्रण की कोशिशों का रास्ता भारत-पाकिस्तान के बीच तनाव के मूल कारण (कश्मीर विवाद) को खत्म करने से ही निकल सकता है। उन्होंने कहा कि क्षेत्रीय सुरक्षा को खतरा पहुँचानेवाले मुद्दे के रूप में नाभिकीय खतरे को कम करने पर अलग से

विचार नहीं किया जा सकता। उन्होंने कहा कि जब तक कश्मीर मुद्दे का समाधान कश्मीर के आत्मनिर्णय के आधार पर नहीं हो जाता है तब तक नाभिकीय विश्वास बहाली के उपायों पर सहमत होने के लिए पाकिस्तान में आपसी विश्वास का वातावरण नहीं बन पाएगा। जब भारतीय पक्ष ने इस बात को रेखांकित किया कि परमाणु युद्ध का खतरा कश्मीर मामले से कहीं ज्यादा गंभीर है, तब हुसैन ने हिंदी में एक उपमा का प्रयोग किया। उन्होंने कहा कि भारत और पाकिस्तान—दोनों जानते हैं कि आपसी शांति के कुएँ का पानी गंदा और जहरीला हो गया है। गंदे पानी को केवल निकाल देने से ही कुआँ साफ नहीं हो जाएगा, क्योंकि पानी के गंदे और जहरीले होने का कारण कुएँ में एक कुत्ते का मरा होना है—और यह मरा हुआ कुत्ता कश्मीर समस्या है। जब तक हम इस मरे हुए कुत्ते को बाहर नहीं निकालते तब तक हम साफ पानी की उम्मीद नहीं कर सकते।

इस बेतुकी उपमा पर भारतीय पक्ष यह कहते हुए प्रतिक्रिया दे सकता था कि पाकिस्तान ने इस कुत्ते को तब मारकर कुएँ में डाल दिया था और पानी को जहरीला बना दिया था जब सन् 1948 में उसने कश्मीर में घुसपैठ की थी; लेकिन हमने ऐसी प्रतिक्रिया नहीं दी, क्योंकि बहस का कोई परिणाम नहीं निकलनेवाला था। इस ब्रीफिंग में एक महत्त्वपूर्ण राजनीतिक तत्त्व यह था कि पाकिस्तान परमाणु खतरे को कम करने को सीधे-सीधे कश्मीर मामले से जोड़ रहा था और इससे यह बात स्पष्ट हो गई कि पाकिस्तानी परमाणु हथियार कार्यक्रम का एक लक्ष्य कश्मीर नीति को आगे बढ़ाने में औजार के तौर पर इस्तेमाल करना भी था। इसलामाबाद पॉलिसी रिसर्च इंस्टीट्यूट के साथ नाभिकीय मसले पर पूरे दिन की तकनीकी बहस के दौरान दोनों पक्षों के विचारों में विरोधाभास दिखा। भारतीय पक्ष ने परमाणु खतरे को कम करने के बारे में तीन पहलुओं से संबंधित तैयार किए हुए लिखित परचे प्रस्तुत किए। पहला परचा राजनीतिक और रणनीतिक संदर्भ में था, जिसमें सन् 1989 से विश्वास बढ़ानेवाले उपाय विकसित हुए थे। दूसरा परचा संभावित तकनीकी प्रस्तावों और उपायों पर था, जिन्हें परमाणु संघर्ष या आकस्मिक परमाणु युद्ध टालने के लिए दोनों पक्षों द्वारा अपनाया जा सकता था। तीसरा परचा इस बात पर था कि क्या भारतीय परमाणु सिद्धांत और पाकिस्तानी परमाणु सिद्धांत के बीच विरोधाभासों को संगत किया जा सकता है; क्योंकि पाकिस्तान का सिद्धांत पहला आक्रमण करने का था, जबकि भारतीय सिद्धांत परमाणु अस्त्र का पहले इस्तेमाल न करने पर टिका था। भारतीय परचे और भारतीय प्रस्तुति ने अपना ध्यान इस विशिष्ट मुद्दे पर एकाग्र रखा, जिसके लिए यह सम्मेलन आयोजित किया गया था। इसके विपरीत

पाकिस्तानी प्रतिनिधिमंडल ने कोई लिखित परचा पेश नहीं किया। इस बात का उल्लेख करना उचित होगा कि भारतीय प्रतिनिधिमंडल की तरह पाकिस्तानी प्रतिनिधिमंडल में भी पूर्व विदेश सचिव, सेवानिवृत्त सैन्य अधिकारी और शिक्षाविद् शामिल थे; जबकि भारतीय रुख तकनीकी और मुद्दे पर केंद्रित था, पाकिस्तानी प्रस्तुति में विशाल राजनीतिक दृष्टिकोण शामिल था। यह दिलचस्प था कि इन तीन बौद्धिक विचार-विमर्शों में पाकिस्तानी पक्ष ने विदेश विभाग की ब्रीफिंग में प्रस्तुत प्रवृत्तियों को ही प्रतिबिंबित किया। उन्होंने इस बात पर अधिक जोर दिया कि परमाणु खतरे को कम करने का मुद्दा पाकिस्तानी रूपरेखा के अंदर कश्मीर समस्या के समाधान पर निर्भर है और तात्त्विक रूप से उसी से जुड़ा हुआ है।

तकनीकी पक्षों पर भी बात करते हुए पाकिस्तानी प्रतिनिधिमंडल ने जोर दिया कि परमाणु अस्त्र का इस्तेमाल पहले न करने का भारत का सिद्धांत और पहले आक्रमण के विकल्प से दूर रहने का कोई अर्थ नहीं है, क्योंकि पाकिस्तान का पहला आक्रमण दूसरे आक्रमण के लिए भारत की क्षमताओं को पूर्ण रूप से नष्ट कर सकता है। वैकल्पिक रूप से भारत का यह सिद्धांत एक जनसंपर्क प्रयास है और युद्ध की स्थिति में यदि भारत पहले आक्रमण करे तो उसे रोकने के लिए क्या उपाय है? पाकिस्तानियों ने यह परिचित तर्क सामने रखा कि उनका परमाणु कार्यक्रम भारत के परमाणु अस्त्रों और मिसाइल क्षमताओं की प्रतिक्रिया थी और वह कश्मीर विवाद के संबंध में पाकिस्तान की सुरक्षा सुनिश्चित करने के लिए आवश्यक उपाय था। पाकिस्तानी पक्ष भारत द्वारा प्रस्तुत किए गए परमाणु खतरे को कम करने के विश्वास-वर्द्धक उपायों की तकनीकी उपयुक्तता को जाँचने का इच्छुक नहीं था।

अन्य शैक्षिक संस्थाओं में हुई बैठकें और भी स्पष्ट थीं। अफगानिस्तान की गतिविधियों और भारतीय उपमहाद्वीप व मध्य एशिया पर उनके प्रभाव पर विचार-विमर्श में पाकिस्तानी शिक्षाविदों ने जोर देकर तालिबान की नीतियों और उद्देश्यों को न्यायोचित ठहराया। तालिबान द्वारा जम्मू-कश्मीर और मध्य एशियाई गणतंत्रों में सीमा पर आतंकवाद में अपने आतंकवादी भेजने या उनका समर्थन करने संबंधी भारत की आशंकाओं को इस दावे के साथ अस्वीकृत कर दिया गया कि तालिबान ऐसी गतिविधियों में शामिल नहीं हैं। यह एक स्पष्ट इनकार था। जहाँ तक तालिबान की कट्टरपंथी घरेलू नीतियों—मानवाधिकारों के उल्लंघन, खासकर महिलाओं के साथ अत्याचार का प्रश्न था—पाकिस्तान का मत यह था कि बाहरी आलोचना, गलत सूचनाओं और जान-बूझकर गलत प्रस्तुतीकरण पर आधारित था।

ऐसे मत उन पाकिस्तानी शिक्षाविदों द्वारा व्यक्त किए गए, जो विदेशी विश्वविद्यालयों और मीडिया के संपर्क में थे। इस बात ने उनकी विचार प्रक्रियाओं को प्रभावित करने वाली रूढ़िवादिता की प्रबलता के बारे में हमें आश्चर्यचकित किया।

इंस्टीट्यूट ऑफ स्ट्रेटजिक स्टडीज में विचार-विमर्श का मुख्य विषय था—क्षेत्रीय शांति पर धार्मिक कट्टरवाद और सीमा पार आतंकवाद का प्रभाव। इस मुद्दे पर एक निष्पक्ष और वस्तुपरक विचार-विमर्श की बजाय पाकिस्तानी शिक्षाविदों ने यह बहस शुरू की कि पूरा विश्व और खासकर भारत, जान-बूझकर जेहाद के पूरी तरह आध्यात्मिक और धार्मिक मुद्दे को पाकिस्तान को बदनाम करने के लिए इस्तेमाल कर रहा है। यह बहस इस दावे के साथ और भी विस्तृत की गई कि अमेरिका के नेतृत्व में अंतरराष्ट्रीय समुदाय और पश्चिमी देशों का विश्व में पैन-इसलामिक मूवमेंट और इसलामी धार्मिक पुनरुत्थान, जो विभिन्न देशों में तालिबान के जेहादी अभियानों की सफलता और जम्मू एवं कश्मीर में संघर्ष के जारी रहने में अभिव्यक्त होता है, के प्रति विरोध सुविचारित है। भारत का यह कहना कि धार्मिक जेहाद उग्रवादी अलगाववादी आतंकवाद व हिंसा से अलग है, को पूरी तरह अस्वीकृत कर दिया गया। जब ये विचार-विमर्श भारत-पाक संबंधों के उतार-चढ़ाव से गुजरने लगे तो इंस्टीट्यूट के निदेशक ने सन् 1999 में पाकिस्तान की करगिल घुसपैठ को यह कहते हुए उचित ठहराया कि भारत को इस घुसपैठ के संदर्भात्मक रूप का मूल्यांकन करना चाहिए, क्योंकि करगिल में पाकिस्तानी काररवाई सन् 1984 में भारत द्वारा सियाचिन में नियंत्रण रेखा का उल्लंघन करने का बदला था। एक अतिरिक्त बिंदु यह जोड़ा गया कि पाकिस्तान को केवल अमेरिका के दबाव के कारण करगिल से अपने सैनिक हटाने पड़े।

फॉरेन सर्विस एकेडमी में हुए अनुभव का अपेक्षाकृत विश्लेषण उल्लेखनीय है, क्योंकि पाकिस्तानी सहभागियों ने अल्पसंख्यकों के साथ व्यवहार, जाति व्यवस्था, राजनीतिक दलों का बिखराव, हिंदू धार्मिक कट्टरवाद का उदय आदि के संदर्भ में भारतीय समाज के विरोधाभासों का उल्लेख करते हुए भारतीय लोकतंत्र और धर्मनिरपेक्षता की विश्वसनीयता पर सवाल उठाया। इसके विपरीत, विदेश मंत्री अब्दुल सत्तार और उनके सहयोगियों के साथ विचार-विमर्श भारतीय प्रतिनिधिमंडल के लिए अपेक्षाकृत राहत भरा रहा। सत्तार ने भारत से वार्त्ता बहाल करने की पाकिस्तान की इच्छा की पुष्टि की। कुछ विशिष्ट प्रश्नों के जवाब में उन्होंने कहा कि पाकिस्तान लाहौर प्रक्रिया को पुनः सक्रिय करने का इच्छुक है और वह लाहौर में लिये गए निर्णयों के प्रति प्रतिबद्ध है। लेकिन उसके बाद उन्होंने भारत और

पाकिस्तान के बीच हुए पिछले सभी समझौतों, जैसे संयुक्त राष्ट्र प्रस्तावों और शिमला समझौते, के बारे में भी वही सब कहकर अपनी टिप्पणियों के सकारात्मक प्रभाव को समाप्त कर दिया। यहाँ यह उल्लेखनीय है कि हमने पाकिस्तान के सरकारी प्रतिनिधियों को वहाँ के गैरसरकारी वक्ताओं से अधिक तार्किक और व्यावहारिक पाया।

कुल मिलाकर अपने अनुभवों को निम्नलिखित प्रकार से एकजुट किया जा सकता है। पाकिस्तानी पक्ष में लोकतंत्र बहाल करने के प्रति कोई गंभीर चिंता नहीं थी। उनमें जनरल मुशर्रफ के शासन की स्वीकार्यता दिख रही थी। इन हलकों में यह व्यापक विश्वास देखने को मिला कि भारत कश्मीर में थक रहा है और लंबे समय तक कश्मीर पर अपनी पकड़ बरकरार नहीं रख पाएगा। इसलिए राजनीतिक और सैन्य दबाव बनाए रखना चाहिए; जबकि परमाणु संघर्ष के खतरों के बारे में जागरूकता देखने को मिली। इसी के समानांतर यह भावना भी थी कि इस प्रकार के संघर्ष का खतरा कश्मीर मुद्दे को लेकर भारत पर एक अतिरिक्त दबाव बना सकता है, जबकि पाकिस्तान को अमेरिका नीत पश्चिमी लोकतंत्रों में सीमा पार आतंकवाद के बारे में चिंताओं पर सहमति व्यक्त करनी पड़ी, भारत के प्रति ऐसी प्रतिक्रियाओं की कोई आवश्यकता नहीं महसूस की गई। युद्धविराम और शांति के लिए वाजपेयी सरकार का प्रयास एक अंतरिम दौर था, जिसमें पाकिस्तान जम्मू एवं कश्मीर में अपने उद्देश्यों के संबंध में तैयारी कर सकता था।

यह स्वीकार करने में कोई हर्ज नहीं है कि ये अनुभव पूरे पाकिस्तानी समाज के मतों को प्रतिबिंबित नहीं करते, लेकिन निश्चित रूप से वे नीति-निर्धारक वर्ग के एक प्रभावी भाग का प्रतिनिधित्व करते हैं।

इस बीच, युद्धविराम हो या न हो, जम्मू एवं कश्मीर में पाकिस्तान आधारित आतंकवादी गुटों द्वारा छिटपुट हिंसा जारी रही। जनरल मुशर्रफ ने भारत के प्रति अपनी नीतियों के बारे में सावधानीपूर्वक सुविचारित घोषणाएँ कीं। उन्होंने 26 जनवरी, 2001 को भुज (गुजरात) में आए भूकंप के तुरंत बाद राहत सहयोग की पेशकश की। भारत ने इस पेशकश को स्वीकार कर लिया। पाकिस्तानी एयरवेज विमान टेंट, दवाएँ और कंबल लेकर सीधे अहमदाबाद आए। मुशर्रफ ने 2 फरवरी को प्रधानमंत्री वाजपेयी से बात करके अपनी सहानुभूति और भूकंप-पीड़ितों के लिए चिंता प्रकट की। वाजपेयी ने उन्हें धन्यवाद दिया। यह बातचीत संक्षिप्त थी और इसमें वार्त्ता की बहाली के बारे में विस्तृत राजनीतिक मुद्दों पर बात नहीं हुई। बहरहाल, सीमा के दोनों ओर की मीडिया ने इस बातचीत के भारत और पाकिस्तान

के बीच 'गतिरोध की समाप्ति' और 'स्थितियों के सामान्य होने' संबंधी अर्थ लगाए, जो दोनों सरकारों के बीच बातचीत को बहाल होने का कारण बन सकती है।

पाकिस्तान के 'कश्मीर एकता दिवस' की पूर्व संध्या पर 4 फरवरी को जनरल मुशर्रफ द्वारा मुजफ्फराबाद में दिए गए बयान ने इस आशावाद को धूमिल कर दिया। मुशर्रफ ने कहा कि सरकार और पाकिस्तान की जनता कश्मीरी लोगों के उद्देश्य और भारत से जम्मू-कश्मीर के अलगाव का समर्थन करना जारी रखेगी। इसके लिए अच्छे शब्दों यानी 'कश्मीरी लोगों के आत्मनिर्णय के अधिकार का समर्थन' का प्रयोग किया गया। बहरहाल, भारत सरकार ने इस बयान को स्वाभाविक रूप से लिया। भारत सरकार का आंतरिक और समझदारीपूर्ण आकलन यह था कि पिछले चार दशकों से प्रति वर्ष 5 फरवरी को इस मुद्दे को उछालने की पाकिस्तान की लंबी परंपरा के मद्देनजर मुशर्रफ 4 और 5 फरवरी को ऐसा बयान देना टाल नहीं सकते। अधिक महत्त्वपूर्ण यह था कि मुशर्रफ अपनी सार्वजनिक घोषणाओं में भारत सरकार के अंदर मतभेद उत्पन्न करने का प्रयास करते थे। उन्होंने 6 फरवरी, 2001 को कहा कि वाजपेयी उच्च राजनीतिक स्तरों पर बातचीत पुनः शुरू करने के इच्छुक हैं, लेकिन वे आक्रामक राजनीतिक सहयोगियों से घिरे हुए हैं, जो उन्हें इस दिशा में प्रयास करने की स्वतंत्रता नहीं देना चाहते। उन्होंने वाजपेयी से इन तत्त्वों से छुटकारा पाने और इसलामाबाद में एक उच्च स्तरीय विचार-विमर्श के लिए आने का आग्रह किया। सभी स्तरों पर भारत ने इसे मनोवैज्ञानिक और प्रोपेगेंडा युद्धनीति का एक सरल प्रयास माना।

इन उतार-चढ़ावों के बावजूद अप्रत्यक्ष माध्यमों और 'ट्रैक-II' द्वारा संपर्क हर दूसरे दिन जारी रहे। नीमराना समूह फरवरी के दूसरे सप्ताह में इसलामाबाद में मिला। कूटनीतिज्ञों, शिक्षाविदों और सेवानिवृत्त सैन्य अधिकारियों का बालूसा समूह भी फरवरी में दिल्ली में मिला, जिसमें अमेरिकी शिक्षाविद् और राष्ट्रीय सुरक्षा विशेषज्ञ शीरीन ताहिर खान ने एक सक्रिय भूमिका निभाई। जम्मू-कश्मीर के मुख्यमंत्री फारूख अब्दुल्ला ने स्थानीय स्वशासी संस्थाओं के लिए पंचायत चुनावों को देखते हुए जम्मू-कश्मीर में लोकतांत्रिक प्रक्रियाओं की मजबूती का दावा किया। उन्होंने इस बात पर भी जोर दिया कि उग्रवादी गुटों और ऑल इंडिया हुर्रियत कॉन्फ्रेंस के साथ बातचीत करने के उत्साह में भारत सरकार उनकी पार्टी 'नेशनल कॉन्फ्रेंस और उनके नेतृत्व को अनदेखा न करे, जो भारत और भारतीय संविधान की रूपरेखा के अंदर कश्मीर समस्या के समाधान के प्रति प्रतिबद्ध है। यह भारत के हितों के संदर्भ में एक उचित और तार्किक दलील थी। भारतीय

युद्धविराम प्रयास धीमी प्रगति कर रहा था। कश्मीर मुद्दे पर भारत और पाकिस्तान के आधारभूत रुख में किसी परिवर्तन का कोई संकेत नहीं था।

हुर्रियत के साथ संभावित बातचीत राजनीतिक और मीडिया के ध्यान का केंद्र था। सवाल यह था कि क्या जम्मू-कश्मीर के लोगों का प्रतिनिधित्व करनेवाले इकलौते या सबसे बड़े गुट के रूप में हुर्रियत के साथ बातचीत करना उचित है? इस प्रश्न का वस्तुनिष्ठ उत्तर नकारात्मक होगा। लद्दाख या जम्मू से हुर्रियत का कोई प्रतिनिधि नहीं था। उसमें उन उग्रवादी गुटों का भी कोई प्रतिनिधि नहीं था, जो उसका हिस्सा नहीं हैं। हिजबुल और पाकिस्तान आधारित उग्रवादी गुट इस बात पर दृढ़ थे कि उनकी अलग पहचान है। साथ ही, मुख्यमंत्री फारूख अब्दुल्ला को भारत उपेक्षित या अलग-थलग नहीं कर सकता था। जम्मू-कश्मीर के नागरिकों का इकलौता प्रतिनिधि होने का हिजबुल या अन्य हिंसक गुटों का दावा सही नहीं है और राजनीतिक रूप से स्वीकार्य नहीं है, न होना चाहिए। दूसरा सवाल यह है कि क्या कश्मीरी या अन्य गुटों में इस बारे में कोई स्पष्ट मत है कि कश्मीर समस्या का समाधान क्या होना चाहिए। यहाँ भी जवाब 'ना' में हैं।

कुछ कश्मीरी गुटों और भाड़े के विदेशी आतंकवादियों का संपर्क उन लोगों से है, जो जम्मू-कश्मीर को पाकिस्तान का अभिन्न अंग बनाना चाहते हैं। कुछ अन्य भी हैं, जो इसे एक स्वतंत्र राज्य बनाना चाहते हैं। लद्दाख और जम्मू के लोग राज्य को भारत का अंग बनाए रखने के पक्ष में हैं। फारूख अब्दुल्ला के नेतृत्व में नेशनल कॉन्फ्रेंस राज्य को भारत का अंग बनाए रखने के प्रति प्रतिबद्ध है; लेकिन वे गुणात्मक रूप से अधिक राजनीतिक, प्रशासनिक और वित्तीय स्वायत्तता चाहते हैं। फारूख अब्दुल्ला जम्मू-कश्मीर मुद्दे के क्षेत्रीय आयामों को नियंत्रण रेखा के आधार पर सुलझाना चाहते हैं। इसके बाद कुछ अन्य यह चाहते हैं कि लद्दाख और जम्मू भारत का अंग बने रहें तथा कश्मीर घाटी को पाकिस्तान में शामिल किया जाए या उसे अंतरराष्ट्रीय सुरक्षा व निगरानी में एक प्रकार के स्वायत्त क्षेत्र का दरजा दिया जाए।

कश्मीर मुद्दे का एक और आयाम है लगभग ढाई लाख कश्मीरी हिंदुओं की संकटपूर्ण स्थिति, जिन्हें आतंकवादी हिंसा के कारण जम्मू-कश्मीर से भागने पर विवश कर दिया गया। बातचीत के दौरान किसी भी समाधान में उनका घर लौटना और उनकी संपत्ति की बहाली एक आवश्यक तत्त्व होना चाहिए। इस मुद्दे का कुछ विस्तार आवश्यक है। पिछले दशक के दौरान पाकिस्तान आधारित आतंकवादी गुट एक प्रकार का जातीय और धार्मिक सफाया कर रहे हैं, जिसमें उनका लक्ष्य है

अधिक-से-अधिक हिंदुओं को वहाँ से निकालना। सिखों के खिलाफ हिंसा का भी यही उद्देश्य है, अधिक-से-अधिक सिखों को जम्मू-कश्मीर छोड़ने पर विवश करना। लद्दाख और करगिल क्षेत्र में बौद्धों के खिलाफ हिंसा भी इसी प्रयास का एक हिस्सा है। जम्मू के बदलते जनसंख्या विज्ञान के बारे में हालिया सूचनाएँ भी चिंता का विषय हैं। पिछले पाँच वर्षों में जम्मू की जनसंख्या तिगुनी हो गई है और यहाँ बड़ी संख्या में आकर बसनेवाले लोग मुसलमान हैं। इस प्रकार यह स्पष्ट है कि पाकिस्तान और पाकिस्तान-समर्थित उग्रवादी गुट व्यवस्थित तरीके से जम्मू-कश्मीर के सांप्रदायिक और धार्मिक जनसंख्या विज्ञान को बदलने का प्रयास कर रहे हैं, ताकि राज्य में विशाल मुसलिम बहुमत सुनिश्चित हो सके। कश्मीरी गुटों और आखिरकार पाकिस्तान के साथ बातचीत में भारत की विषय-वस्तु में इसे एक संवेदनशील मुद्दे के रूप में शामिल किया जाना चाहिए। गैरमुसलमानों को भगाने की प्रक्रिया समाप्त होनी चाहिए।

एक पल के लिए इस बात की कल्पना करें कि यदि जम्मू-कश्मीर भारत से अलग हो जाए और अंतरिम अंतरराष्ट्रीय सुरक्षा और भारत व पाकिस्तान द्वारा हस्तक्षेप न करने के वादे के साथ उसे एक स्वतंत्र अस्तित्व मिल जाए तो क्या हो सकता है? इसलामी उग्रवादी गुटों के प्रभुत्व में नई पद्धति के अंदर वहाँ की जनसंख्या को प्रतिकूल स्थितियों से गुजरना पड़ेगा। कश्मीर चारों ओर भूमि से घिरा हुआ एक भूभाग है, जो समुद्र तक पहुँच के लिए भारत या पाकिस्तान पर निर्भर है। भारत में इस नई सत्ता के प्रति कड़वाहट होगी। इसलिए वह उसकी मदद के लिए इच्छुक नहीं होगा। ऐसे जम्मू-कश्मीर की पाकिस्तान पर निर्भरता अनिवार्य होगी। यह निर्भरता पहले आर्थिक व राजनीतिक प्रभाव के रूप में परिणत होगी और फिर उग्रवादी गुटों के माध्यम से थोड़ी ही अवधि में पाकिस्तान में एकीकरण के रूप में सामने आएगी। भारतीय गणतंत्र से उसके अलगाव का भारतीय समाज और सांप्रदायिक ताल-मेल पर बुरा प्रभाव पड़ेगा, क्योंकि इससे भारत की सैद्धांतिक और राजनीतिक एकता नष्ट होगी। यदि कश्मीर एक स्वतंत्र सत्ता या राज्य बन जाता है तो पाकिस्तान दो उद्देश्य प्राप्त करने में सफल रहेगा—पहला, जम्मू एवं कश्मीर को पाकिस्तान में मिलाने की प्रक्रिया शुरू हो जाएगी और दूसरा, पाकिस्तानी सत्ता-संरचना की बँगलादेश के अलगाव का बदला लेने की लंबी इच्छा पूरी होगी।

एक और सवाल पूछा जा सकता है—क्या भारत से जम्मू एवं कश्मीर का अलगाव भारत और पाकिस्तान के बीच सामान्य संबंध स्थापित करने में मदद करेगा? यहाँ भी हम अलग-अलग विचारधाराओं के पाकिस्तानी रणनीतिक चिंतकों

के बौद्धिक और सैद्धांतिक निर्धारणों को आधार बनाते हैं। उनका एक बड़ा भाग, जिनके साथ मैंने व्यक्तिगत रूप से संपर्क किया, यह मत व्यक्त करता है कि जब तक भारत दक्षिण एशिया में विशालतम शासन-व्यवस्था बना रहेगा तब तक तनाव अनिवार्य हैं और बने रहेंगे। उनका कहना है कि भारतीय गणतंत्र क्षेत्रीय रूप से बहुत विस्तृत है और इसमें बिलकुल भिन्न जाति, भाषाओं के लोग रहते हैं। इसलिए भारत को छोटे राज्यों में विभाजित हो जाना चाहिए, जिससे भारत के छोटे पड़ोसियों के दृष्टिकोण में दक्षिण एशिया में संतुलन स्थापित हो सके। यह पाकिस्तान की सत्ता-संरचना के कुछ वर्गों के अनुसार भारतीय गणतंत्र में इच्छित केंद्र-विमुखी आवेग उत्पन्न करने की दिशा में पहला कदम है।

यहाँ विश्लेषित किए गए तत्त्व और रुझान पाकिस्तान और अलगाववादी गुटों की घोषित मुद्रा से परे जाते हैं। उनका भारत की एकता, स्थिरता और क्षेत्रीय अखंडता पर दीर्घकालीन तथा खतरनाक प्रभाव पड़ सकता है। कश्मीर पर भारत की समझौतावादी मुद्रा इन तत्त्वों के गहन विश्लेषण के बाद तय होनी चाहिए। यह एक नए युद्धविराम या बातचीत बहाल करने का प्रश्न नहीं है। भारत को बातचीत शुरू करने से पहले वार्त्ता के अंतरिम और आखिरी उद्देश्यों के बारे में स्पष्ट होना चाहिए।

कश्मीर समस्या के समाधान, जो फिलहाल एक दूरस्थ संभावना लगती है, को प्रभावित करनेवाली गहन जटिलताओं पर चिंतन-मनन करने के बाद यह कहा जा सकता है कि इस जटिलता में योगदान करनेवाला एक तत्त्व है इसलाम और जेहाद की व्याख्या, जिसे पाकिस्तान ने राष्ट्रीय सशक्तीकरण और कुछ खास विदेशी तथा रणनीतिक नीतियों को लागू करने के लिए माध्यम बनाया है। पाकिस्तान के संस्थापक जिन्ना ने पाकिस्तान की एक धर्म-शासित इसलामी राष्ट्र के रूप में कल्पना नहीं की थी। उन्होंने पाकिस्तान के नए राष्ट्र में विद्यमान बहुलताओं को पहचाना था। उनका उद्देश्य एक आधुनिक लोकतंत्र की स्थापना करना था, जिसमें मुसलमानों का बहुमत हो। उन्होंने यह पूर्वानुमान नहीं लगाया था कि जातीय और भाषायी विविधताओं में निहित आंतरिक विरोधाभास इस नए राष्ट्र को प्रभावित कर सकते हैं। पूर्वी पाकिस्तान पश्चिमी पाकिस्तान के सामाजिक-जातीय संस्कारों से सामंजस्य नहीं बिठा पा रहा था। पश्चिमी पाकिस्तान के राजनीतिक व आर्थिक भेदभाव ने इस अलगाव को और बढ़ाया, जिसके कारण आखिरकार पूर्वी पाकिस्तान टूटकर नए स्वतंत्र राष्ट्र बँगलादेश के रूप में उभरा। इस प्रकार उसने द्विराष्ट्र के सिद्धांत को चुनौती दी, जिस आधार पर पाकिस्तान का निर्माण किया गया था।

स्वतंत्र बँगलादेश के आविर्भाव ने यह पुष्टि की कि केवल धर्म किसी राष्ट्रीय पहचान का आधार नहीं हो सकता। वास्तव में बँगलादेश की स्थापना ने न केवल द्विराष्ट्र के सिद्धांत के प्रति अस्वीकृति दिखाई, बल्कि पिछले इतिहास के संदर्भ में एक पहेली भी खड़ी कर दी। यदि पूर्वी पाकिस्तानी या बँगलादेशी पूर्ण रूप से बंगाली जातीय या भाषायी पहचान के प्रति प्रतिबद्ध थे तो उनका झुकाव भारत के पश्चिम बंगाल के साथ फिर से जुड़ने के प्रति होना चाहिए था। निश्चित रूप से मामला यह नहीं था। वह न केवल एक स्वतंत्र बंगाली राष्ट्र, बल्कि एक बंगाली मुसलिम राष्ट्र के रूप में उभरना चाहते थे। इसमें उन्होंने ब्रिटिश वायसराय लॉर्ड जॉर्ज कर्जन (1988-1905) को सही सिद्ध किया। सन् 1905 में बंगाल को मुसलिम व हिंदू बहुलता के आधार पर दो प्रांतों में विभाजित करने के उनके निर्णय को एक मुसलिम राष्ट्र के रूप में बँगलादेश के उद्भव ने प्रमाणित किया। इसलिए द्विराष्ट्र के सिद्धांत के गलत सिद्ध होने के दावे से उत्तेजित होने की आवश्यकता नहीं है।

बँगलादेश के अलगाव ने पाकिस्तान में आवेग उत्पन्न किया, जिसके परिणामस्वरूप पाकिस्तान के इसलामीकरण की गति में तेजी आई। यह याद रखना आवश्यक है कि भुट्टो ने पाकिस्तान को एक इसलामी गणतंत्र घोषित किया था। उन्होंने दावा किया कि बँगलादेश का विघटन हिंदू-प्रेरित इसलाम-विरोधी षड्यंत्रों का परिणाम था। उन्होंने यह भी तर्क दिया कि पाकिस्तान के शेष भाग, यानी पश्चिमी पाकिस्तान को प्रभावित करनेवाली बहुलताओं के मद्देनजर राष्ट्र-निर्माण के एक आधारभूत तत्त्व के रूप में इसलाम पर अधिक जोर डाला जाना चाहिए, ताकि सन् 1971-72 में पाकिस्तान के विघटन की त्रासदी दोबारा न हो। भारत की तरह पाकिस्तान भी एक बहुभाषीय, बहुजातीय राष्ट्र है; हालाँकि विस्तृत परिभाषा के अनुसार उसे 'बहुधार्मिक' नहीं कहा जा सकता। अधिकतर पाकिस्तानी इसलाम के अनुयायी हैं; हालाँकि शियाओं, सुन्नियों और अन्य उपसंप्रदायों में मतभेद हैं। राष्ट्र को मजबूती देने के एक राजनीतिक माध्यम के रूप में इसलाम को विकसित करना आठवें दशक की शुरुआत से ही पाकिस्तान की नीति रही है। इस प्रवृत्ति ने खुद को शासन-व्यवस्था की प्रक्रियाओं में परिवर्तित कर लिया, जिसके कारण शरीअत का इस्तेमाल बढ़ा और स्कूली स्तर से लेकर विश्वविद्यालय स्तर तक, यहाँ तक कि राष्ट्रीय सैन्य और प्रशासनिक संस्थानों के पाठ्यक्रम में भी, इसलाम के अध्ययन को शामिल किया गया।

भारत में धर्मनिरपेक्ष और पक्षपातरहित संवैधानिक व राजनीतिक व्यवस्था के

तहत रह रही विशाल मुसलिम जनसंख्या की उपस्थिति पाकिस्तान की राष्ट्रीय पहचान के लिए एक बड़ी चुनौती बन गई। पाकिस्तानी राष्ट्र को मजबूत करने के लिए न केवल रूढ़िवादी इसलामी मान्यताओं को पुष्ट करना और बढ़ाना आवश्यक हो गया, बल्कि भारत में मुसलिम नागरिकों की स्थिति के संदर्भ में भारत के धर्मनिरपेक्ष लोकतंत्र पर भी प्रश्नचिह्न लगाना पाकिस्तान के लिए जरूरी हो गया। पाकिस्तानी सत्ता-संरचना इस निष्कर्ष पर पहुँची कि इन मामलों में भारत की विश्वसनीयता को चुनौती देने का एक तरीका हिंदू बहुमत और भारत सरकार को पक्षपातपूर्ण तथा मुसलमानों के खिलाफ दमनकारी के रूप में प्रस्तुत करना है। यह माना गया कि यदि पाकिस्तान अपनी आंतरिक विभिन्नता पर काबू पाते हुए अपना अस्तित्व बचाना चाहता है तो भारत के साथ शत्रुतापूर्ण संबंध आवश्यक हैं। यह भ्रांति अहमदिया (कादियानी) और इसमाइली समुदाय के कुछ उपसंप्रदायों को जाति से बहिष्कृत करने में भी अभिव्यक्त होती है। कश्मीर में रहनेवाले मुसलमानों का विरोध उनके लिए भारत के खिलाफ नीतियों को लागू करने का माध्यम बन गया। इस प्रवृत्ति का एक और पक्ष पाकिस्तानी नेताओं द्वारा अकसर दोहराया गया यह आकलन है कि भारतीय गणतंत्र एक कृत्रिम सत्ता है, जो भौगोलिक रूप से अत्यंत विशाल और सामाजिक, जातीय, भाषायी और धार्मिक आधार पर बहुत विविधतापूर्ण है।

दूसरे शब्दों में, अव्यक्त लक्ष्य और आशा यह है कि ऐसी स्थिति में पाकिस्तान दक्षिण एशिया के सबसे मजबूत और शक्तिशाली राजनीतिक सत्ता के रूप में उभरेगा। इसलिए उनके अनुसार इसलामी समरूपता को मजबूत और विकसित करना आंतरिक एकता और क्षेत्रीय आधिपत्य के उद्देश्यों को प्राप्त करने का सबसे प्रभावी उपाय है। पाकिस्तान में अधिकतर जनता इसलाम के प्रति गंभीर और भावनात्मक रूप से समर्पित है। उनके लिए यह एक आध्यात्मिक शक्ति, सामाजिक सुधारक और एकजुट करनेवाली ताकत है। बहरहाल, पाकिस्तानी समाज में सत्ता-संरचना के निहित स्वार्थों ने इस प्रक्रिया को दूषित कर दिया है। इसलाम की अधिक कट्टरवादी, आक्रामक और असहिष्णु व्याख्या वह आधार है जिसपर पाकिस्तानी राष्ट्र को मजबूत किया जाना है और जिसपर इस सत्ता-संरचना का अस्तित्व आधारित है। चूँकि पाकिस्तान में शहरी मध्य वर्ग अधिक नहीं है और अधिकतर पाकिस्तानी ग्रामीण व अशिक्षित हैं, शासक तंत्र के प्रभाव में रहनेवाले स्थानीय धार्मिक नेता जनमत पर एक उल्लेखनीय प्रभाव डालते हैं। लोकतंत्र का अभाव सामंती लोगों का प्रभुत्व और प्रशासनिक व सैन्य अधिकारी, मिलकर

पाकिस्तान को धार्मिक कट्टरवाद, असहनशीलता और भारत के खिलाफ शत्रुता के मार्ग पर धकेलते हैं। जैसा इस अध्याय में पहले भी जिक्र किया जा चुका है, यह प्रवृत्ति मेरी हालिया पाकिस्तान यात्रा के दौरान स्पष्ट रूप से नजर आई।

पाकिस्तान धार्मिक कट्टरवाद और सीमा पार आतंकवाद संबंधी अंतरराष्ट्रीय धारणाओं को स्वीकार करने से इनकार करता है। वह विभिन्न आतंकवादी गुटों की गतिविधियों को 'जेहाद' की संज्ञा देता है, जो उनकी इसलामी धर्मग्रंथों की व्याख्या के अनुसार, आंतरिक व बाहरी रूप से धार्मिक आत्मनिर्भरता के लिए संघर्ष जारी रखना है। उनके अनुसार, जेहाद एक आध्यात्मिक और धार्मिक विषय है और उसका उद्देश्य 'उम्माह' अर्थात् विश्व के मुसलमानों की रक्षा के लिए प्रयास करना है। पाकिस्तानियों के लिए 'जेहाद' मुसलमानों के खिलाफ किसी प्रकार के अत्याचार व अन्याय के विरुद्ध एक संघर्ष है। इसे आतंकवाद के साथ नहीं जोड़ा जाना चाहिए। पाकिस्तानी नीति-निर्धारक इस बहस को आगे बढ़ाते हुए कहते हैं कि भारत और पश्चिमी लोकतंत्र धार्मिक कट्टरवाद और अंतरराष्ट्रीय आतंकवाद का हौवा बना रहे हैं, क्योंकि वे पश्चिम में उत्तर अफ्रीका से लेकर पूर्व में फिलीपींस तक पैन इसलामी मूवमेंट के पुनः सक्रिय होने के विरोधी हैं। पाकिस्तानी लोग अकसर सैमुअल हटिंगटन के शोध का उद्धरण देते हैं, जिसमें इसलाम के खिलाफ गैरमुसलिम राष्ट्रों के एकत्र होने के कारण सभ्यताओं के टकराव का जिक्र किया गया है। हालाँकि पाकिस्तानी बुद्धिजीवियों और विश्लेषकों का एक छोटा हिस्सा ऐसे कट्टरवाद को पाकिस्तान की एकता व स्थिरता के प्रति खतरे के रूप देखता है, लेकिन उनका मत कोई मायने नहीं रखता।

इस सिद्धांत के स्रोतों और उसे उस देश में कैसे विकसित किया गया, इसका वर्णन करना उचित होगा। इस बात पर ध्यान देना चाहिए कि लगभग साठ प्रतिशत पाकिस्तानी अशिक्षित हैं। ग्रामीण पाकिस्तान का अधिकतर हिस्सा स्कूली स्तर पर आधुनिक शैक्षिक सुविधाओं से वंचित है। इसके विपरीत इसलामी धार्मिक स्कूल (मदरसा) पूरे देश में ग्रामीण स्तर तक फैले हुए हैं। ये धार्मिक स्कूल न केवल मुफ्त शिक्षा, बल्कि मुफ्त भोजन, कपड़े और आश्रय भी उपलब्ध कराते हैं। जनरल जिया ने अपने ग्यारह वर्षों के कार्यकाल के दौरान मुसलिम धार्मिक दलों, जैसे—जमायत-ए-इसलामी और उसके उपसमूहों का समर्थन पाने के लिए ऐसे मदरसों की स्थापना और विस्तार को प्रोत्साहित किया। ऐसे संस्थानों को प्रोत्साहित करने का उनका एक और उद्देश्य अफगानिस्तान में सोवियत सैनिकों से लड़ने के लिए कैडरों की भरती करना था। इन संस्थानों को आर्थिक सहायता देश द्वारा एकत्र किए

गए धार्मिक कर 'जकात' से प्राप्त होती थी; लेकिन नौवें दशक के मध्य से इनमें से अधिकतर मदरसों को वित्तीय सहायता, खाड़ी के देशों जैसे सऊदी अरब, कुछ हद तक ईरान और इसलामी निजी व सरकारी सहायता प्राप्त गैरसरकारी संगठनों से प्राप्त होने लगी। इन मदरसों में धार्मिक और आध्यात्मिक शिक्षा दी जाती है और उनमें से कई हिंसक जेहाद का उपदेश देते हैं। पाकिस्तान के इन मदरसों के मौलवी और शिक्षक जेहाद को काफिरों के खिलाफ हिंसक युद्ध का दरजा देते हैं, जिसमें वे इसलाम की धारणा के वास्तविक अर्थ (अपने शुद्धीकरण के लिए संघर्ष) को पूरी तरह अनदेखा कर देते हैं।

हारवर्ड यूनिवर्सिटी के केनेडी स्कूल ऑफ गवर्नमेंट के अमेरिकी विद्वान् जेसिका स्टर्न ने 'फॉरेन अफेयर्स' के नवंबर-दिसंबर 2000 के अंक में प्रकाशित एक लेख में लिखा है कि पाकिस्तान में लगभग पैंतालीस हजार मदरसे हैं, जिनमें से केवल चार हजार सरकार द्वारा पंजीकृत हैं। पाकिस्तान के आंतरिक मामलों के मंत्री मोइनुद्दीन हैदर ने स्वीकार किया है कि 'पाकिस्तान के लिए इसलामी शिक्षा सही नहीं है। कुछ लोग धार्मिक प्रशिक्षण की आड़ में संप्रदायवादी हिंसा को हवा दे रहे हैं।' हैदर की प्रतिक्रिया पश्चिमी लोकतंत्रों के इस बढ़ते दबाव का परिणाम थी कि पाकिस्तान इन धार्मिक संस्थाओं की गतिविधियों को नियंत्रित करे। इसके विपरीत इन मदरसों के पीठासीन प्रमुख लोग, जैसे—दारुल-उलूम के चांसलर हकलानी कहते हैं कि इन मदरसों के खिलाफ कोई कारवाई इन धार्मिक स्कूलों की निष्ठा को नष्ट करना होगा। इस आंदोलन में शामिल एक अन्य प्रमुख शख्सियत मुजीबुर रहमान इंकलाबी ने दावा किया कि इन्हें बंद करना या नियंत्रित करना इसलाम के विरुद्ध है। मदरसों के विद्यार्थी भारत के खिलाफ सक्रिय उग्रवादी आतंकवादी गुटों, जैसे—लश्कर-ए-तोयबा, अहले हदीथ, करकज-ए-दवा और वल-इरशाद में शामिल होते हैं। जैसा पहले बताया जा चुका है, वित्तीय मदद आई.एस.आई. और सऊदी अरब व लीबिया आदि देशों से प्राप्त होती है। इस बात पर भी ध्यान देना चाहिए कि पाकिस्तान में जेहादी केवल पाकिस्तानी नहीं, बल्कि सऊदी अरब, मिस्र, लीबिया, सूडान और अल्जीरिया के भाड़े के आतंकवादी हैं। इन कैडरों का यह विश्वास और नीति-निर्धारण भी बहुत महत्त्वपूर्ण है कि यदि भारत पाकिस्तान को कश्मीर दे दे तो भी जेहाद जारी रहेगा। पाकिस्तान से मिलनेवाली खबरें यह संकेत करती हैं कि अब पाकिस्तानी मदरसे यमन, म्याँमार, बँगलादेश, अफगानिस्तान, मंगोलिया, कुवैत, चेचेन्या, यहाँ तक कि नेपाल के मुसलिम युवाओं को जेहाद का प्रशिक्षण दे रहे हैं। केंद्रीय एशियाई गणतंत्रों, जैसे—

उज्बेकिस्तान, ताजिकिस्तान और तुर्की आदि देशों से भी जेहादियों की भरती की जा रही है।

निश्चित रूप से भारत की चिंता जम्मू-कश्मीर में इन हिंसक आतंकवादी कैडरों के निरंतर घुसपैठ के विषय में है, जिनमें से अधिकतर स्वयंसेवक हैं, जो किसी प्रकार के भारत-पाक शांति प्रयासों को सफल नहीं होने देना चाहते हैं। जेहाद की आड़ में आतंकवाद एक अच्छा व्यवसाय है। सामान्य आकलन है कि एक औसत जेहादी दस हजार से पंद्रह हजार रुपए प्रति माह कमा लेता है (जो एक कॉलेज या स्कूल से शिक्षित पाकिस्तानी की आय का तीन या चार गुना है)।

भारत इन जेहादी समूहों के दबाव का मुकाबला कर सकता है, हालाँकि पाकिस्तान उन्हें समर्थन देना जारी रखेगा, क्योंकि उनकी योजना और रणनीतिक सिद्धांत यह है कि जम्मू एवं कश्मीर में भारत के खिलाफ एक कम लागत के युद्ध को जारी रखने से जम्मू-कश्मीर को प्राप्त करने का पाकिस्तानी उद्देश्य पूरा हो सकता है, चाहे इसमें कुछ अधिक समय लगे; जबकि भारत के लिए ऐसी स्थिति आर्थिक और मानव संसाधन—दोनों रूपों में महँगी पड़ सकती है। कुछ हद तक पाकिस्तान सरकार इन आतंकवादी गुटों की गतिविधियों को पूरी तरह नियंत्रित करने की स्थिति में नहीं होगी। फिर भी, मूल तथ्य यह है कि यदि पाकिस्तान इन्हें क्षेत्रीय शरण और सैन्य सहयोग देना बंद कर दे तो ये गुट अधिक समय तक सक्रिय रहने में सफल नहीं हो पाएँगे।

इसके अलावा पाकिस्तान सरकार इस उलझन में है कि यदि वह इन आतंकवादी गुटों पर प्रभावी तरीके से शिकंजा कसती है तो वह सरकार के खिलाफ ही हिंसक काररवाइयाँ शुरू कर देंगे। सरकार को इन गुटों के विरोध के अलावा धार्मिक पार्टियों से भी निपटना होगा, जिन्हें ग्रामीण जनसंख्या में समर्थन प्राप्त है। उनके खिलाफ निर्णायक काररवाई एक आंतरिक संकट को उत्पन्न कर सकती है, जिसका उद्गम दुर्भाग्यवश आठवें दशक के अंत से पाकिस्तान सरकार की नीतियों में ही निहित है। भारत को यह तथ्य अपने दिमाग में रखना होगा कि पाकिस्तान की जेहादी नीतियाँ विशिष्ट रूप से कश्मीर के लिए नहीं हैं। अधिकतम आधारभूत स्तर पर वे भारत की क्षेत्रीय एकता और अखंडता के लिए खतरा हैं—एक ऐसा खतरा, जो निकट भविष्य में बना रहेगा।

उपर्युक्त आकलन पूरी तरह से अनुमानित नहीं है। जनरल मुशर्रफ ने 23 जून, 2000 को पाकिस्तान इंस्टीट्यूट ऑफ इंटरनेशनल अफेयर्स में भाषण देते हुए एक प्रकार से इसकी पुष्टि की है। उन्होंने कहा कि निकट भविष्य में पाकिस्तान को दो

मोरचों से खतरा है—पहला, पाकिस्तान की राजनीतिक स्थिरता और क्षेत्रीय अखंडता के संदर्भ में भारत से और दूसरा, अफगानिस्तान संकट के प्रभाव और अफगानिस्तान में ईरानी नीतियों से। उनके भाषण में निम्नलिखित मुद्दे शामिल थे—

1. पाकिस्तान ने ईरान से अच्छे संबंध बनाए हैं और आगे भी बनाए रखेगा। वह एक मित्र पड़ोसी के नाते अफगानिस्तान में स्थिरता सुनिश्चित करेगा, जहाँ रूस का हस्तक्षेप न हो। पख्तूनों की किसी भी मित्रवत् सरकार का स्वागत किया जाएगा; क्योंकि उत्तर-पश्चिमी सीमा प्रांत और बलूचिस्तान में काफी संख्या में पख्तून हैं, जिनमें निराशा की भावना को समाप्त करना जरूरी है। निश्चित रूप से तालिबान की पराजय ने इस गणना को नुकसान पहुँचाया है।
2. आपसी परमाणु प्रतिरोध भारत से किसी युद्ध की संभावना को समाप्त करता है। लेकिन असावधान होने या रक्षा बल में कटौती करने का कोई प्रश्न नहीं उठता, जैसा कि कुछ लोगों, जिनमें सैन्यकर्मी भी शामिल हैं, का मानना है। मुशर्रफ भारत से असली खतरा देखते हैं, क्योंकि वह पाकिस्तान को 'दबाने' की इच्छा रखता है और कश्मीर पर उसका रुख यही स्पष्ट करता है। इसलिए पाकिस्तान को कूटनीति द्वारा भारत को व्यस्त रखना चाहिए। कम दबाववाले संघर्षों से भी इनकार नहीं किया जा सकता। कश्मीर में 'स्वतंत्रता सेनानियों' का सहयोग विस्तृत किया जाएगा। यदि उपयुक्त लगे तो कश्मीर के पाकिस्तान में विलय के इरादे को छोड़ा जा सकता है। उसकी स्वतंत्रता को समर्थन दिया जाएगा; लेकिन यदि उसके लिए स्थानीय समर्थन नहीं जुटाया जा सकता तो उसे भी स्थगित किया जा सकता है। पाकिस्तान की सुरक्षा सुनिश्चित करने और भारत की योजनाओं को विफल करके एक क्षेत्रीय शक्ति बनने तथा अमेरिका के सहयोग से अंतरराष्ट्रीय शक्ति बनने के लिए अन्य उपाय अपनाए जाएँगे। चीन भी ऐसी किसी योजना का विरोध करेगा, क्योंकि वह एक 'द्वितीय ध्रुव' के रूप में उभरना चाहता है।
3. पाकिस्तान एक इसलामी ब्लॉक के नेता के रूप में उभरना चाहता है, जिसमें अफगानिस्तान, मध्य एशियाई देश (सीएएस) और ईरान शामिल होंगे। उसे खाड़ी के देशों और तुर्की से बाहरी समर्थन हासिल होगा। वह इस दरजे का दावा इस तथ्य के कारण करता है कि गैस के इस युग में, भारत, दक्षिण-पूर्व एशिया और सुदूर पूर्व में तेल व गैस आपूर्ति पाकिस्तान से होकर जाएगी। यही स्थिति ब्लॉक के देशों के व्यापार की होगी। इस क्षेत्र के भौगोलिक-आर्थिक केंद्र के रूप में उसे नेता बनाया जाना चाहिए।

4. चूँकि पाकिस्तान इस लक्ष्य के प्रति रूस के विरोध के बारे में सजग है, वह तुर्की को एक सहयोगी के रूप में शामिल कर रहा है। तुर्की नाटो का सदस्य है और संभवत: मध्य एशियाई क्षेत्र में आर्थिक इस्तेमाल के लिए कुछ स्थान की तलाश में है।
5. मुशर्रफ ने अस्पष्ट रूप से आतंकवाद और नशीले पदार्थों के अवैध व्यापार की निंदा की। उन्होंने ऐसा निश्चित रूप से अमेरिका और रूस को खुश करने के लिए कहा। वह सीएएस में अमेरिका के हितों को तब तक स्वीकार करेगा जब तक कि इस इसलामी गुट के उसके अपने नेतृत्व को नुकसान न पहुँचे।
6. चीन का सहयोग पाकिस्तान की विदेश नीति का एक आवश्यक तत्त्व है। उसकी रक्षा उत्पादकता और उन्हें उन्नत बनाना चीन पर निर्भर है। (इसे केवल रक्षा नहीं कहा जा सकता)
7. पाकिस्तान की रणनीतिक रक्षा में अगला महत्त्वपूर्ण तत्त्व है आर्थिक विकास पर राष्ट्रीय रणनीति। दोनों साथ-साथ चलते हैं। पाकिस्तान में किसी को इस बात में संदेह नहीं है कि उसकी अर्थव्यवस्था दयनीय स्थिति में है। इसका तात्पर्य यह है कि जब तक गैस और अन्य व्यापार इस इसलामी ब्लॉक में चालू नहीं होते तब तक वह भारत की तुलना में दृढ़ रवैया नहीं अपना सकता।
8. पाकिस्तान को सभी इसलामी देशों के साथ गहरे संबंध स्थापित करके अपनी इसलामी पहचान को संरक्षित रखना है। पाकिस्तान ने कुछ आश्चर्यजनक रूप से चेचेन्या, अजरबैजान और यहाँ तक कि दूरस्थ बोस्निया पर अपनी चिंता व्यक्त की है; लेकिन फिलीस्तीन या इराक के प्रति कुछ विशेष नहीं कहा।
9. यह आश्चर्यजनक था कि मुशर्रफ ने कश्मीर को अपनी विदेश नीति में आखिरी (यह भी नहीं कि 'आखिरी लेकिन सबसे कम नहीं') स्थान पर रखा। वे इसे सिद्धांतों का मामला मानते हैं, जो पाकिस्तान को उसके निर्माण के समय से ही परेशान कर रहा है। वे उस बिंदु को न तो स्पष्ट करते हैं और न ही प्राथमिकता देते हैं। वह कश्मीर को प्राप्त करने के लिए युद्ध करने के भी इच्छुक नहीं हैं। उसे एक सीधी जिम्मेदारी के रूप में लेने की बजाय वह चाहते हैं कि कश्मीरी अपना 'स्वतंत्रता संघर्ष' तेज करें। वे कहते हैं कि कुछ मुजाहिदीन संगठन आतंकवादी हैं और इसलिए पाकिस्तानी सहयोग के लायक नहीं हैं।

10. वह व्याख्या करते हैं कि पाकिस्तान को अपने इसलामी ब्लॉक नेतृत्व एजेंडा का अनुसरण करने के लिए 'आंतरिक शक्ति' की आवश्यकता है। इसे वे (पहले) आर्थिक और सैन्य शक्ति का संयोजन मानते हैं। इसलिए पाकिस्तान के राष्ट्रीय हितों की सुरक्षा और विकास का उत्तरदायित्व केवल जनरलों पर नहीं है, न ही मुल्लाओं का है।

इन बिंदुओं पर टिप्पणी करते हुए रॉ (RAW) के पूर्व प्रमुख आनंद वर्मा ने जनरल मुशर्रफ की विदेश नीति और रणनीतिक उद्‌देश्यों के बारे में यह आकलन दिया। उनके मुख्य उद्‌देश्य निम्नलिखित हो सकते हैं—

1. रूस के विरोध के बावजूद चीन के समर्थन से अपने इसलामी गुट का नेतृत्व, अमेरिका से किसी प्रत्यक्ष प्रतिरोध को टाला जाए। यह कश्मीर को लेकर देश की राजनीतिक मनोग्रंथि को पुनर्निर्धारित करने का मुशर्रफ का नारा है, चाहे वह इसे प्रत्यक्ष रूप से न कहें।
2. भारत को कमजोर करना और सार्क देशों के साथ उसके संबंधों को खराब करना। चीन को भी ऐसा ही करने की सलाह देना, ताकि भारत दक्षिण एशिया की प्रमुख शक्ति के रूप में न उभर सके।
3. आतंकवाद और नशीले पदार्थों के व्यापार के संबंध में अमेरिका को नाराज न करना, जबकि चीन से नजदीकी संबंध बनाए रखना और उसे द्वितीय ध्रुव के रूप में समर्थन देना।
4. कट्टरवादियों को पाकिस्तान के पूर्ण इसलामीकरण और कश्मीर के अधिग्रहण से बड़ा उद्‌देश्य देना। इस प्रकार इसलामी जनरलों और मुल्लाओं को कमजोर करना और यहाँ तक कि मुजाहिदीनों को भी राष्ट्र की आज्ञा का उल्लंघन न करने की चेतावनी देना। न तो जनरलों और न ही मुल्लाओं को पाकिस्तान में भारत से आमने-सामने संघर्ष में उलझने के विचारों का सर्वसम्मति से समर्थन करना चाहिए।
5. भारत के साथ व्यापार और गैस का निर्यात व संचारण, पाकिस्तान की अर्थव्यवस्था के लिए, और इसलिए उसकी विदेश नीति—अर्थात् उसकी सैन्य शक्ति और इसलामी ब्लॉक के नेतृत्व के लिए—महत्त्वपूर्ण है।

हमें इस अध्याय को दोनों देशों के बीच क्षेत्रीय और राजनीतिक विवादों के परे, भारत और पाकिस्तान की शत्रुतापूर्ण प्रवृत्तियों के कारणों का मनन करते हुए समाप्त करना होगा; क्योंकि ये विवाद केवल गहरे कारकों के लक्षण और अभिव्यक्ति हैं।

भारत-पाक संबंधों को समय-समय पर प्रभावित करनेवाली जटिलताओं को समझने के लिए कुछ कारकों का वर्णन और विश्लेषण आवश्यक है। द्विपक्षीय संबंधों में विवादों और विरोधाभासों के परे ऐसे कारक हैं—इस बात को (जनवरी 1997 में) पूर्व पाकिस्तानी विदेश मंत्री साहिबजादा याकूब खान द्वारा ईमानदारी से स्वीकार किया गया था। तब राजीव गांधी फाउंडेशन ने नई दिल्ली में भारत-पाक संबंधों पर एक सेमिनार का आयोजन किया था। उसमें दोनों देशों के वरिष्ठ राजनीतिक शख्सियतों, नौकरशाहों, पत्रकारों और शिक्षाविदों ने भाग लिया था। जैसा कि ऐसे सेमिनारों के दौरान होता है, अंतिम सत्र में सेमिनार के दौरान निकले निष्कर्षों या सारांश पर चर्चा होनी थी। दस्तावेज का मसौदा नम्रता और आशावाद के शब्दों में लिखा गया था। भारत और पाकिस्तान के बीच शांति व सहयोग की आवश्यकताओं पर जोर देते हुए कई लोगों का भाषण सुनने के बाद साहिबजादा याकूब खान हस्तक्षेप करके बहस को वास्तविकता की ओर ले आए। उन्होंने कहा कि उन्हें सेमिनार के आखिरी बयान में मौजूद आशावाद और सिद्धांतों के स्पष्टीकरण से कोई आपत्ति नहीं है; लेकिन वह सेमिनार के श्रोताओं को याद दिलाना चाहते हैं कि भारत-पाक सामान्यता और सहयोग सेमिनारों और सद्भावना भरी उक्तियों से नहीं आनेवाली। उन्होंने कहा कि 'भारत और पाकिस्तान के बीच नफरत की एक आधारभूत रेखा है, जो शक, अविश्वास और शत्रुता उत्पन्न करती है।' उन्होंने अंत में कहा कि जब तक इस नफरत और अविश्वास के कारणों को दूर नहीं किया जाएगा, सेमिनारों और सकारात्मक निष्कर्षों की केवल सीमित और कृत्रिम प्रासंगिकता होगी।

साहिबजादा याकूब खान ने जो कहा, वह अरुचिकर था और सद्भावना के बनाए गए वातावरण में एक कर्कश टिप्पणी थी, लेकिन उनकी बात तथ्यात्मक रूप से सही थी। भारतीय जनमत के कुछ ऐसे भाग हैं, जो पाकिस्तान के खिलाफ गंभीर रूप से शत्रुतापूर्ण दृष्टिकोण रखते हैं। इसी प्रकार, पाकिस्तानियों की मानसिकता में ऐसी ही भावनाएँ व्याप्त हैं।

दोनों देशों में जनमत के ऐसे भाग भी हैं, जो ऐसी प्रवृत्तियों और प्रभावों से दूर जाने और सहयोगपूर्ण संबंध विकसित करने की आवश्यकता को स्वीकार करते हैं, लेकिन नीति-निर्धारण के संदर्भ में उनका पर्याप्त प्रभाव नहीं है। दोनों देशों की सरकारें खुद नीतिगत मुद्राओं और प्रवृत्तियों की कैद में हैं, जो उन्होंने जनमत में निर्मित की है। इस प्रकार, वे एक निश्चित सीमा से बाहर दिलेर और नवप्रवर्तक नहीं हो सकते। भारत और पाकिस्तान दो प्रकार से अपनी अप्रिय स्थिति पर काबू

पाने में सफल हो सकते हैं—पहला, दोनों बातचीत की बहाली की आवश्यकता को स्वीकार करें—एक ऐसी आवश्यकता, जिसे उनकी परमाणु क्षमताओं के मद्देनजर महत्त्वपूर्ण शक्तियों का सक्रिय समर्थन प्राप्त है। दूसरे, भूमंडलीकरण का आर्थिक सिद्धांत और सूचना-क्रांति का तकनीकी सिद्धांत आखिरकार संस्थापित नीतियों और प्रवृत्तियों के अवरोधकों को तोड़ डालेंगे, जो लगातार अप्रासंगिक होते जाएँगे। इसके लिए धैर्य रखना जरूरी है। अरस्तू ने लगभग दो हजार वर्ष पहले कहा था, 'चीजों के बारे में निराश होना बुद्धिमानी नहीं है।' भारत और पाकिस्तान को इस सलाह पर गौर करना चाहिए।

इसमें एक चेतावनी जोड़ी जा सकती है। जबकि चीजों के बारे में निराश होना बुद्धिमानी नहीं है, निराशा की प्रवृत्तियों से बचा नहीं जा सकता। कुछ लोग मानते हैं कि पाकिस्तान एक विफल राष्ट्र है। यह किसी भी प्रकार से उपयुक्त नहीं है। पाकिस्तान में क्षेत्रीय संगति है, उसके लोग अपनी जातीय और भाषायी विविधताओं व विरोधाभासों के बावजूद इसलाम में निहित विश्वास पर एकजुट हैं। देश की आर्थिक दिक्कतों के बावजूद वह अपने लिए पर्याप्त खाद्यान्न उत्पन्न कर लेता है और वहाँ भूमि व लोगों का अनुपात ठीक-ठाक है। राष्ट्रीय पहचान और अस्तित्व के इन कारकों के बावजूद पाकिस्तानी सत्ता-संरचना और बौद्धिक वर्ग में इस पहचान के बारे में चिंता व्याप्त है। यह चिंता भारतीय प्रभुत्व के बारे में गलत धारणाओं में निहित है।

भारत के प्रथम प्रधानमंत्री जवाहरलाल नेहरू द्वारा की गई एक टिप्पणी को याद करते हुए इस अध्याय को मैं समाप्त करूँगा। उन्होंने यह टिप्पणी मेरे बैच (सन् 1958) के विदेश सेवा अधिकारियों के सामने पाकिस्तानी और चीनी प्रवृत्तियों के बारे में हमारे सवालों की प्रतिक्रिया में भारत की भावी सुरक्षा के बारे में अनुमान लगाते हुए की थी। उन्होंने कहा कि भारत के सामने कई विदेशी खतरे हो सकते हैं; लेकिन अपने अस्तित्व के शुरुआती दशकों में भारत के सामने सबसे गंभीर खतरा उपमहाद्वीप की कट्टरपंथी सांप्रदायिक और धार्मिक शक्तियों की ओर से होगा, जिनके कारण भारत का विभाजन हुआ। पाकिस्तान ऐसी शक्तियों को प्रोत्साहित कर सकता है।

नेहरू उभरती वास्तविकताओं के बारे में दूरदर्शी थे। भारत को पाकिस्तान के साथ शांति और संघर्ष—दोनों स्थितियों में इस चुनौती से निपटना होगा।

□

: अध्याय 12 :

आगरा शिखर वार्त्ता और उसके बाद

15 और 16 जुलाई को आगरा में आयोजित वाजपेयी–मुशर्रफ शिखर वार्त्ता ऊँची आशाओं के साथ देखा जा रहा था; लेकिन वह केवल बातचीत की बहाली सुनिश्चित कर पाया, जो ढाई वर्षों से अधिक समय बाद शुरू हुई।

प्रक्रिया, परिणाम और प्रभाव का विश्लेषण करने से पहले पृष्ठभूमि, उद्देश्य और दृष्टिकोण, जिन्होंने भारत और पाकिस्तान को इस वार्त्ता की दिशा में प्रेरित किया, का उल्लेख करना आवश्यक है।

मुझे भारत सरकार में उच्चतम राजनीतिक स्तरों के लोगों से इस बारे में बात करने का मौका मिला कि वाजपेयी ने किन कारणों से जनरल मुशर्रफ को भारत आने का निमंत्रण दिया। मेरी तीव्र जिज्ञासा इस बात से प्रेरित हुई थी कि यह आमंत्रण भारत सरकार के अक्तूबर 1999 की इस नीतिगत घोषणा के बिलकुल उलट था, जिसमें कहा गया था कि भारत पाकिस्तान की ऐसी किसी भी सैन्य सरकार से कोई समझौता नहीं करेगा, जो एक निर्वाचित लोकतांत्रिक प्रधानमंत्री का असंवैधानिक तरीके से तख्तापलट करके सत्ता में आई हो। भारत लगातार जनरल मुशर्रफ के इस प्रस्ताव को ठुकराता रहा था कि द्विपक्षीय बातचीत 'किसी भी स्तर पर, किसी भी समय और किसी भी जगह' हो। फिर क्यों नीति में ऐसा त्वरित बदलाव हुआ, जिसका परिणाम 24 मई, 2001 के उस आमंत्रण के रूप में सामने आया, जिसमें मुशर्रफ को बातचीत के लिए भारत बुलाया गया।

मेरी जानकारी यह थी कि प्रधानमंत्री वाजपेयी मुशर्रफ के साथ भारत में द्विपक्षीय बातचीत के लिए उत्सुक नहीं थे। वह चाहते थे कि पाकिस्तान से संपर्क पुनः बहाल करने के लिए सार्क सम्मेलन और संयुक्त राष्ट्र महासभा के सत्र का

इस्तेमाल किया जाए, जो कि क्रमश: दिसंबर और सितंबर में होने वाले थे। ये गृहमंत्री लालकृष्ण आडवाणी और मंत्रिमंडल के अन्य वरिष्ठ सहयोगी थे, जिन्होंने वाजपेयी को सुझाव दिया था कि सन् 1999 में करगिल संघर्ष के बाद से ठप पड़े द्विपक्षीय संबंधों की पुन: बहाली के लिए उन्हें कोई दृढ़ और नाटकीय कदम उठाना चाहिए। वाजपेयी ने इस सुझाव को स्वीकार कर लिया, खासकर आडवाणी द्वारा दिए गए सुझाव को। भाजपा के कुछ वरिष्ठ नेताओं ने संकेत दिया कि मुशर्रफ को आमंत्रित करने के फैसले को अप्रैल 2001 में आडवाणी के घर में उस दोपहर भोज के दौरान अंतिम रूप दिया गया, जिसमें वाजपेयी अचानक व्यक्तिगत रूप से शामिल हुए थे। इस आमंत्रण के अन्य कारण जम्मू एवं कश्मीर की राजनीतिक घटनाओं में भी अंतर्निहित थे। जम्मू एवं कश्मीर में जुलाई 2000 से शुरू हुआ और मई 2001 तक जारी रहा एकतरफा युद्धविराम कानून और व्यवस्था की स्थिति को सुधारने में नाकाम साबित हुआ था। पाकिस्तानी घुसपैठ और उग्रवादी हिंसा जारी थी, हालाँकि नियंत्रण रेखा पर जुलाई 2001 तक तनाव में कुछ कमी हुई थी।

युद्धविराम का परिणाम भारत सरकार के प्रतिनिधियों और जम्मू एवं कश्मीर के पृथक्तावादी गुटों या वहाँ के अन्य विपक्षी राजनीतिक दलों से सार्थक बातचीत के रूप में नहीं निकला था। हुर्रियत लगातार यह माँग कर रही थी कि भारत सरकार से बातचीत शुरू करने से पहले उसे पाकिस्तान से बात करने की इजाजत दी जाए, जिसे भारत द्वारा ठुकराया जा रहा था, क्योंकि ऐसी किसी भी बातचीत को मंजूरी देने का मतलब पाकिस्तान के उस दावे को वैधानिकता देना होता कि कश्मीर के राजनीतिक भविष्य और क्षेत्रीय स्वरूप पर किसी भी बातचीत में उसे भी शामिल किया जाए।

व्यक्तिगत रूप से मैं इस संबंध में अलग विचार रखता हूँ। भारत सरकार को हुर्रियत नेताओं के पाकिस्तान जाकर बातचीत करने के मुद्दे को इतना महत्त्व नहीं देना चाहिए था। इन नेताओं को पाकिस्तान जाने की इजाजत उसे दे देनी चाहिए थी, क्योंकि इससे भारत को विश्व समुदाय के सामने यह साबित करने का मौका मिल जाता कि हुर्रियत सहित कोई भी अन्य पृथक्तावादी गुट कश्मीर की जनता का प्रतिनिधित्व नहीं करते हैं, बल्कि ये सभी भारत की क्षेत्रीय अखंडता को नष्ट करने की पाकिस्तानी नीति के पुरजे मात्र हैं।

इसीलिए कोई भी गंभीर बातचीत नहीं हो सकी। योजना आयोग के उपाध्यक्ष और पूर्व रक्षा मंत्री कृष्णचंद पंत को अलगाववादी गुटों और कश्मीर के अन्य राजनीतिक दलों के साथ बातचीत करने के लिए भारत सरकार द्वारा विशेष सरकारी

प्रतिनिधि नियुक्त करने की पहल भी विफल साबित हुई। इसीलिए सरकार ने तय किया कि हुर्रियत और उसके सहयोगियों को यह फैसला करने के लिए समय दिया जाए कि वे क्या चाहते हैं और साथ-ही-साथ मुशर्रफ सरकार की ओर भी कदम बढ़ाया जाए। इसके पीछे यह उम्मीद काम कर रही थी कि मुशर्रफ-वाजपेयी वार्त्ता के द्वारा पाकिस्तान से बातचीत की पुन: बहाली होने से पृथक्‍तावादी गुटों पर भारत सरकार से बात करने के लिए समानांतर दबाव पड़ेगा। साथ ही, विश्व की बड़ी शक्तियों द्वारा कश्मीर समस्या और नाभिकीय खतरे को कम करने के लिए पाकिस्तान से बातचीत करने के लिए दिए जा रहे सुझावों और दबावों का जवाब भी भारत देना चाहता था।

24 मई को वाजपेयी द्वारा भेजे गए निमंत्रण को मुशर्रफ ने 27 मई को स्वीकार कर लिया। वार्त्ता के लिए मध्य जुलाई का समय, अंतत: 14 से 16 जुलाई के बीच, तय किया गया। वार्त्ता से ठीक पहले पाकिस्तान का रवैया और उसकी नीतियाँ क्या थीं, उसका एक संदर्भित विश्लेषण करना उपयुक्त होगा।

पहली और महत्त्वपूर्ण बात, पाकिस्तान द्वारा भारत के आमंत्रण पर प्रतिक्रिया व्यक्त करने के बाद भारतीय मीडिया में इस संबंध में जो कल्पनाएँ और दावे किए गए, वे पूरी तरह तर्कसंगत नहीं थे। इन खबरों में यह कहा गया कि मुशर्रफ ने भारत का आमंत्रण इसलिए स्वीकार कर लिया, क्योंकि पाकिस्तान राजनीतिक रूप से अस्थिर है, आर्थिक रूप से दिवालिएपन की कगार पर खड़ा है। दूसरे, सत्ता में दो साल पूरे कर लेने के बाद मुशर्रफ की स्वाभाविक दिलचस्पी कश्मीर मुद्दे के व्यावहारिक समाधान और भारत के साथ सामान्य संबंध बनाने में है। इस दूसरे दावे के पीछे यह विचार काम कर रहा था कि मुशर्रफ सोचते हैं कि यदि वह कश्मीर मुद्दे पर भारत के साथ ऐसा समझौता करने में कामयाब हो जाते हैं, जो पाकिस्तान को भी स्वीकार्य हो, तो उनकी विश्वसनीयता भी बढ़ जाएगी।

हालाँकि यह ठीक है कि पाकिस्तान कुछ आर्थिक कठिनाइयों में था, लेकिन यह ऐसा विवश कर देनेवाला तथ्य नहीं था कि मुशर्रफ को प्रस्तावित वार्त्ता में भाग लेने के लिए मजबूर कर देता। माना कि पाकिस्तान का सकल घरेलू उत्पाद 1996 में 62.2 बिलियन डॉलर से गिरकर सन् 2000 में सिर्फ50 बिलियन डॉलर रह गया था, यह भी माना कि पाकिस्तान के बजट का 74 प्रतिशत हिस्सा कर्ज चुकाने और रक्षा-खर्च में खप जाता था, यह भी सही है कि पाकिस्तान का औद्योगिक उत्पादन और निर्यात काफी गिर गया था और विदेशी मुद्रा भंडार अपने सबसे निचले स्तर (1.5 बिलियन डॉलर) पर पहुँच गया था; लेकिन यह तथ्य अपनी जगह कायम है

कि सन् 2000 तक पाकिस्तान ने सालाना विकास दर 4 प्रतिशत बनाए रखी थी। वह खाद्यान्न के क्षेत्र में सामान्यत: आत्मनिर्भर था और खाड़ी के देशों, खासकर सऊदी अरब, से अपने इसलामी संबंधों के कारण उसे लगातार बिजली की आपूर्ति भी मिल रही थी। सबसे मूल तथ्य यह था कि किसी भी आर्थिक संकट की घड़ी में इंग्लैंड और अन्य पश्चिमी लोकतंत्र पाकिस्तान को आर्थिक विखंडन से रोकने के लिए अपना पूरा जोर लगा देंगे। शिखर वार्त्ता से दस माह पहले मुशर्रफ द्वारा राष्ट्रपति पद पर कब्जा जमाने से यह स्पष्ट हो गया था कि उन्हें पाकिस्तान की सभी महत्त्वपूर्ण एजेंसियों और पाकिस्तानी जनमत का समर्थन हासिल कर लेने का पूरा भरोसा था। अन्यथा वह कभी भी खुद को राष्ट्रपति के पद तक उठाने का फैसला नहीं करते। जनमत और इसलामी पार्टियों ने उनके भारत दौरे को सहमति दे दी थी, जो 24 जून को मुशर्रफ और इन पार्टियों तथा जनता के लोगों की बैठक में स्पष्ट हो गया था। मुशर्रफ ने इन लोगों से कहा कि उनका मकसद भारत को पाकिस्तानी इच्छा के अनुसार कश्मीर समस्या के समाधान के लिए विवश करना है। उन्होंने भारत को भी यह संकेत दे दिया कि उनकी आकांक्षाएँ क्या हैं।

वार्त्ता से पहले पाकिस्तान की सरकार और जनता की प्रतिक्रिया पर बात करने से पहले यह उद्धृत करना उचित होगा कि भारत द्वारा की गई इस पहल ने उसकी इस इच्छा को संकेत दिया था कि वह भारत-पाक संबंधों को फिर से पटरी पर लाना चाहता है और संबंध सामान्य तथा सहयोगपूर्ण बनाना चाहता है। 1 से 12 जुलाई तक भारत ने एकतरफा पहलों की पूरी श्रृंखला की घोषणा की। इसने पाकिस्तानी छात्रों को भारत आकर विज्ञान और तकनीक सहित अपनी पसंद के किसी भी विषय को पढ़ने के लिए बीस छात्रवृत्तियों का प्रस्ताव किया। इसने सन् 1989 में जनता के आपसी संपर्क के लिए किए गए सांस्कृतिक समझौते की धाराओं को लागू करने का प्रस्ताव किया। भारत ने घोषणा की वह भटककर भारतीय जल क्षेत्र में आए पाकिस्तानी मछुआरों को गिरफ्तार नहीं करेगा। भारत ने इस तरह गिरफ्तार किए गए कुछ पाकिस्तानी मछुआरों को रिहा करने की घोषणा भी की। भारत ने सार्वजनिक रूप से यह घोषणा भी कि वह कुछ वर्षों पहले पाकिस्तान को दिए गए मोस्ट फेवर्ड नेशन के ढाँचे के तहत द्विपक्षीय व्यापार को बढ़ाने की योजना बना रहा है, बशर्ते पाकिस्तान भी आदान-प्रदान का यही संकेत दिखाए। भारत ने घोषणा की कि वह पाकिस्तानी नागरिकों के लिए वीजा नियमों में ढील देगा और उन्हें न सिर्फ अंतरराष्ट्रीय सीमा, बल्कि नियंत्रण रेखा तक जाने की इजाजत देगा। भारत सरकार ने यह घोषणा भी की कि वह जम्मू एवं कश्मीर में

नियंत्रण रेखा के पास और राजस्थान तथा पंजाब में अंतरराष्ट्रीय सीमा के पास कुछ निश्चित जगहों पर वीजा कार्यालय खोलेगी, ताकि जो पाकिस्तानी नागरिक भारत घूमना चाहते हैं या पाक अधिकृत कश्मीर के जो लोग जम्मू एवं कश्मीर का दौरा करना चाहते हैं, उन्हें वीजा लेने के लिए इसलामाबाद के चक्कर न लगाने पड़ें। भारत ने यह पहल विपरीत सुरक्षा चिंताओं के बावजूद की।

प्रधानमंत्री ने सैन्य काररवाइयों के महानिदेशक को इसलामाबाद जाकर अपने पाकिस्तानी प्रतिपक्षियों से आपसी सैन्य विश्वासवर्द्धक उपायों पर चर्चा करने के लिए कहा, जिसमें भारत व पाकिस्तान के परमाणु कार्यक्रमों का भी उल्लेख था। भारत ने दोनों देशों के बीच तय हुए समझौतों, जैसे—सियाचिन, वुलार बैराज की पूर्णता, सर क्रीक में सीमा का रेखांकन आदि पर आगे कार्य करने की इच्छा का भी संकेत दिया। इन एकपक्षीय इरादों को घोषित करने में भारत का उद्देश्य दो संदेश देना था—पहला, भारत अपने आंतरिक आयामों में कश्मीर मुद्दे का समाधान बातचीत द्वारा ढूँढ़ने के बारे में गंभीर है। इसकी वजह से भारत ने एकपक्षीय युद्धविराम घोषित किया, सभी कश्मीरी गुटों के साथ बातचीत करने की इच्छा जताई और इन वार्त्ताओं को आयोजित करने के लिए के.सी.पंत को सरकार का विशेष प्रतिनिधि नियुक्त किया। दूसरा, पाकिस्तान के संबंध में एकपक्षीय प्रयासों का उद्देश्य इस प्रक्रिया को जारी रखना था और यह संदेश देना था कि भारत कश्मीर और अन्य मुद्दों पर एक तार्किक विचार-विमर्श के लिए उचित वातावरण बनाने के लिए सभी जरूरी प्रयास करना चाहता है।

इन प्रयासों के प्रति पाकिस्तानी प्रतिक्रिया नकारात्मक थी। पहला और सबसे महत्त्वपूर्ण, उपर्युक्त वर्णित एकपक्षीय प्रयासों के प्रति कोई सकारात्मक प्रतिक्रिया नहीं हुई। वास्तव में, पाकिस्तानी विदेश मंत्रालय ने प्रतिक्रिया व्यक्त करते हुए कहा कि ये संकेत आगरा शिखर वार्त्ता में कश्मीर मुद्दे से ध्यान हटाने के लिए भारत द्वारा किए गए सुनियोजित प्रयास हैं। मुशर्रफ ने भी अपने साक्षात्कारों में इस बात को बार-बार दोहराया कि वह आगरा शिखर वार्त्ता में केवल कश्मीर मुद्दे पर चर्चा करने और पाकिस्तान के लक्ष्यों की रूपरेखा में कोई समाधान खोजने के लिए आ रहे हैं। आगे उन्होंने घोषणा की कि जम्मू एवं कश्मीर की वैधानिक स्थिति बदलना 'विभाजन का अपूर्ण भाग' है। उन्होंने कहा कि भारत-पाकिस्तान संबंधों को प्रभावित करनेवाले अन्य मुद्दों पर चर्चा तभी होगी, जब कश्मीर मुद्दे पर पाकिस्तान के दृष्टिकोण से समाधान प्राप्त कर लिया जाएगा, हालाँकि उन्हें प्रधानमंत्री वाजपेयी के साथ उन मुद्दों पर बात करने में कोई आपत्ति नहीं है। उन्होंने सबसे

महत्त्वपूर्ण बात यह कही कि उनका उद्देश्य एक निश्चित समय सीमा के अंदर कश्मीर समस्या का समाधान प्राप्त करने के लिए भारत से आग्रह करना है। यह भारत के लिए एक अल्टीमेटम की तरह प्रतीत होता है। जब वरिष्ठ भारतीय पत्रकारों द्वारा मुशर्रफ से यह पूछा गया कि कश्मीर समस्या के लिए कौन सा समाधान उनके दिमाग में है, तो उन्होंने कहा कि एकमात्र स्वीकार्य समाधान सन् 1947-48 के संयुक्त राष्ट्र प्रस्तावों के आधार पर जम्मू एवं कश्मीर में जनमत-संग्रह कराना है। उन्होंने हुर्रियत को एक औपचारिक संदेश भी दिया कि पाकिस्तान जम्मू एवं कश्मीर के लोगों को आत्मनिर्णय का अधिकार दिलाने के उनके संघर्ष को कूटनीतिक, नैतिक और राजनीतिक समर्थन देता रहेगा। दूसरे शब्दों में कहें तो पाकिस्तान कश्मीर के पृथक्तावादी आंदोलन को भाड़े के सैनिकों की तैनाती, सीमा पार आतंकवाद को सहयोग और जम्मू एवं कश्मीर को अस्थिर करके अपना समर्थन देता रहेगा।

पाकिस्तान के वाणिज्य मंत्री रजाक दाऊद ने जून 2001 में भारत के एक व्यापारिक प्रतिनिधिमंडल से कहा कि वह भारत-पाकिस्तान के बीच आर्थिक सहयोग को और बढ़ाना चाहते हैं, लेकिन जुलाई के दूसरे सप्ताह में उन्होंने कहा कि जब तक कश्मीर का मसला नहीं सुलझ जाता तब तक भारत-पाक आर्थिक सहयोग बढ़ाने या भारत को 'मोस्ट फेवर्ड नेशन' का दरजा देने का सवाल ही पैदा नहीं होता। इस दौरान पाकिस्तानी मीडिया सरकार द्वारा उपलब्ध इस प्रकार के सुझावों को छाप रहा था—'प्रधानमंत्री वाजपेयी सियाचिन से सेना हटाने के लिए राजी हो सकते हैं, वह जम्मू-कश्मीर में भारतीय सेना की संख्या में कटौती के लिए राजी हो सकते हैं, भारत वार्त्ता के अंत तक कश्मीर घाटी पर अपना नियंत्रण छोड़कर उसे स्वायत्तता दे सकता है, जबकि लद्दाख और जम्मू पर अपना कब्जा बनाए रखे।' सबसे अद्भुत जो राय व्यक्त की गई वह यह थी कि 'भारत एक साहसपूर्ण कदम उठाकर पंद्रह वर्षों के लिए संयुक्त राष्ट्र के पर्यवेक्षकों जैसे किसी समूह की निगरानी व्यवस्था में जम्मू एवं कश्मीर को अर्द्ध स्वतंत्रता दे सकता है और इसके बाद राज्य के भविष्य का फैसला करने के लिए भारत और पाकिस्तान वहाँ जनमत-संग्रह के लिए राजी हो जाएँ।'

यह दबाव की रणनीति और विश्व को यह बताने की चाल थी कि कश्मीर मसले को सुलझाने के लिए पाकिस्तान के पास कई सुझाव हैं, मगर भारत इनपर सकारात्मक प्रतिक्रिया व्यक्त नहीं कर रहा है। इन अव्यावहारिक सुझावों को अस्वीकृत करके भारत ने बिलकुल उचित फैसला किया था। मुशर्रफ की तरफ से

इस तरह का कोई संकेत नहीं मिला कि भारत और पाकिस्तान के परमाणु हथियार-संपन्न होने का कोई संज्ञान उन्होंने लिया है और नाभिकीय खतरे को कम करने के लिए बातचीत की जरूरत है। इन सबके अलावा उन्होंने उस मूल पाकिस्तानी प्रतिनिधिमंडल का संयोजन ही बदल दिया, जो सम्मेलन में भाग लेने के लिए आ रहा था। वह विदेश मंत्री अब्दुल सत्तार, वित्त मंत्री शौकत हयात और वाणिज्य मंत्री रजाक दाऊद को लाना चाहते थे; लेकिन संयोजित प्रतिनिधिमंडल में केवल सत्तार थे, जिन्हें भारत के खिलाफ नकारात्मक दृष्टिकोण के लिए जाना जाता है। वित्त मंत्री और वाणिज्य मंत्री नहीं आए—यह इस बात का स्पष्ट संकेत था कि सम्मेलन में सिर्फ कश्मीर पर चर्चा करने की संकुचित मानसिकता के साथ मुशर्रफ आए थे। वे दोनों देशों के बीच विस्तृत सहयोग की संभावनाओं पर उपयोगी विचार-विमर्श के लिए भी तैयार नहीं थे, जो एक सकारात्मक वातावरण और सामान्य आपसी विश्वास निर्मित कर सकता था।

राष्ट्रपति मुशर्रफ और पाकिस्तान सरकार की घोषणाओं तथा प्रवृत्तियों का भी विश्लेषण करना आवश्यक है, खासकर 24 मई, 2001 को प्रधानमंत्री वाजपेयी का निमंत्रण मिलने के बाद के उनके रुख को जानना जरूरी है। वास्तव में, बार-बार दोहराई गई मुशर्रफ की घोषणाओं को भी कुछ पीछे जाकर यह याद करना जरूरी है कि वह वाजपेयी से किसी भी समय, किसी भी तिथि और किसी भी स्थान पर मिलने के लिए तैयार हैं। अप्रैल 2001 में 'एशियन एज' में प्रकाशित एम.जे. अकबर को दिया गया उनका लंबा साक्षात्कार उनकी भारत संबंधी नीतियों का पहला विस्तृत स्पष्टीकरण था। वैसा ही लंबा साक्षात्कार उन्होंने 'द टाइम्स ऑफ इंडिया' के दिलीप पडगाँवकर को दिल्ली व आगरा आने से सिर्फ एक सप्ताह पहले दिया था। इन दोनों साक्षात्कारों में उन्होंने स्पष्ट रूप से इन बातों पर जोर दिया। उनका प्राथमिक और मुख्य उद्देश्य अपने दृष्टिकोण से कश्मीर मुद्दे पर चर्चा करना है। उन्होंने स्पष्ट किया कि भारत-पाक संबंधों को प्रभावित करनेवाले अन्य मुद्दों पर भी बात करने के इच्छुक वह हैं। उन मुद्दों पर वह महत्त्वपूर्ण और अर्थपूर्ण तरीके से तभी बात करेंगे जब कश्मीर मुद्दे का कोई संतोषजनक समाधान प्राप्त होगा। आतंकवादी हिंसा और अलगाववाद के बारे में पूछे जाने पर उनकी प्रतिक्रिया थी कि वह हिंसा और आतंकवाद का विरोध करते हैं, लेकिन जम्मू-कश्मीर में अलगाववादी हिंसा को आतंकवाद नहीं मानते। उनके दृष्टिकोण में वह आत्मनिर्णय के लिए एक हिंसक संघर्ष है और कश्मीर में जेहाद न्यायोचित है। वह एक स्वतंत्रता संघर्ष है, जिसका राजनीतिक, नैतिक और कूटनीतिक रूप से समर्थन

पाकिस्तान करता है। साथ ही उन्होंने यह भी कहा कि जम्मू एवं कश्मीर की हिंसा में पाकिस्तान की कोई भूमिका नहीं है; यह पूरी तरह एक स्वदेशी आंदोलन है। उन्होंने शरणस्थलों, आपूर्ति और प्रशिक्षण के संदर्भ में विभिन्न हिंसक गुटों को पाकिस्तान के प्रायोजन और सहयोग से साफ इनकार कर दिया। इन साक्षात्कारों में किसी समाधान के प्रति विशिष्ट दृष्टिकोण रखने के प्रति दबाव डाला गया, तो उन्होंने कहा कि सन् 1947 और '48 के संयुक्त राष्ट्र प्रस्तावों के अनुसार एक जनमत-संग्रह कराना एक स्वीकार्य समाधान होगा। लेकिन वह इन प्रस्तावों को केवल आंशिक रूप में ही लागू करना चाहते थे और इन प्रस्तावों के अनुसार पाकिस्तानी छापामारों तथा नियमित सैनिकों को हटाने के प्रावधानों को मानने के लिए तैयार नहीं थे। दिल्ली पहुँचने के सिर्फ अड़तालीस घंटे पहले 'गल्फ न्यूज' को दिए गए एक साक्षात्कार में मुशर्रफ ने कहा कि न तो शिमला समझौता और न ही लाहौर घोषणा की कोई प्रासंगिकता आगरा शिखर वार्त्ता में है। उनके अनुसार इन समझौतों से कोई लाभदायक परिणाम नहीं निकला। उनके विदेश मंत्री और खुद उन्होंने बाद में दावा किया कि भारतीय मीडिया द्वारा उन्हें संदर्भ से अलग उद्धृत किया गया कि वह शिमला और लाहौर समझौतों का संज्ञान भारत-पाक संबंधों के भविष्य के लिए एक कसौटी के रूप में लेना चाहते हैं।

जुलाई के प्रथम सप्ताह में इसलामाबाद में महिलाओं के एक प्रतिनिधिमंडल को संबोधित करते हुए उन्होंने कहा कि वह पूरे जम्मू एवं कश्मीर के लिए एक नया दरजा चाहते हैं, जो भारत से संबद्ध न हो। जब उनसे पूछा गया कि कश्मीर घाटी पाकिस्तान को दिए जाने और जम्मू व लद्दाख भारत को दिए जाने के बारे में वह क्या सोचते हैं, तो उनकी प्रतिक्रिया थी कि लद्दाख, जम्मू एवं करगिल में भी मुसलमान हैं और उन्हें उपेक्षित नहीं किया जा सकता है। इसलिए किसी समाधान के लिए जम्मू एवं कश्मीर के पूरे राज्य को भारत से अलग करना होगा। दिल्ली पहुँचने से एक सप्ताह पहले इस अनुमान कि नियंत्रण रेखा के आधार पर समाधान हो सकता है, पर प्रतिक्रिया व्यक्त करते हुए उन्होंने कहा कि 'नियंत्रण रेखा ही समस्या है।' उन्होंने कहा कि वह नियंत्रण रेखा के औचित्य या पवित्रता को स्वीकार नहीं करते। वह इस बात को दोहराते रहे कि वह पाकिस्तान के प्रथम ऐसे राष्ट्र-प्रमुख हैं, जिन्होंने केवल कश्मीर मुद्दे पर चर्चा के लिए उन्हें आमंत्रित करने पर भारत को विवश किया है। उनके निर्देशों के तहत वित्त मंत्री शौकत अजीज ने जुलाई के दूसरे सप्ताह में यह सार्वजनिक घोषणा की कि भारत-पाकिस्तान सहयोग तभी अस्तित्व में आ सकता है, जब कश्मीर समस्या सुलझ जाए। जैसा पहले

उल्लेख किया जा चुका है, मुशर्रफ ने परमाणु खतरे को कम करने के संबंध में सुझावों पर कोई प्रतिक्रिया नहीं दिखाई। वास्तव में, उन्होंने भारत के खिलाफ सुरक्षा के रूप में पाकिस्तानी परमाणु अस्त्रों और मिसाइलों की वैधता की पुष्टि की और इन्हें कश्मीर मुद्दे से जोड़ा। कश्मीर मुद्दे के समाधान के लिए पाकिस्तान, हुर्रियत और भारत के बीच त्रिपक्षीय वार्त्ता के प्रति भी दृढ़ रहे। हालाँकि उन्होंने इस सुझाव पर सहमति प्रकट की कि भारत व पाकिस्तान द्वारा हुर्रियत के साथ अलग-अलग संपर्क किया जा सकता है। उन्होंने इस बात पर बल दिया कि हुर्रियत को जम्मू एवं कश्मीर के लोगों के एकमात्र प्रतिनिधि के रूप में भारत द्वारा स्वीकार किया जाए, जो राजनीतिक और तथ्यात्मक रूप में गलत है।

यह संकेत भारत के यह महसूस करने के लिए पर्याप्त था कि वह इस सम्मेलन के लिए संकीर्ण एजेंडा और केवल एक लक्ष्य लेकर आ रहे हैं। आगरा शिखर वार्त्ता भावनात्मक उल्लासोन्माद और अतिशयोक्ति से परिपूर्ण थी। यह इसके बावजूद था कि मुशर्रफ कश्मीर के अपने एकसूत्रीय एजेंडा पर ध्यान एकाग्र करने की इच्छा और खुद को केवल कश्मीर नहीं बल्कि पूरे भारत के मुसलमानों के संरक्षक के रूप में प्रस्तुत करने का अतिरिक्त उद्देश्य भी जता चुके थे। उनका यह दूसरा उद्देश्य उनके दौरे के कार्यक्रम के बारे में उनकी सरकार द्वारा किए गए कई अनुरोधों में व्यक्त होता है। भारत मूल रूप से यह सम्मेलन गोवा में करवाना चाहता था, जिसमें मुशर्रफ को दिल्ली न आना पड़े, लेकिन मुशर्रफ अपने दौरे को 'राजकीय दौरे' के रूप में देखना चाहते थे। दौरे के ठीक पहले पाकिस्तान का राष्ट्रपति पद ग्रहण करने का यह भी एक कारण था। वह दिल्ली की जामा मसजिद में नमाज पढ़ना चाहते थे, साथ ही वह दिल्ली में मुसलमानों की एक सभा को संबोधित करना चाहते थे। वह निजामुद्दीन औलिया और अजमेर शरीफ की दरगाहों पर भी जाना चाहते थे। यह सब उनके ऑल पार्टीज हुर्रियत कॉन्फ्रेंस के प्रतिनिधियों से मिलने के सफल आग्रह के अलावा थे।

इस बात पर ध्यान देना भी जरूरी है कि पाकिस्तानी उच्चायुक्त के रिसेप्शन में उन्होंने हुर्रियत सदस्यों से बातचीत करते हुए पूर्व प्रधानमंत्री वी.पी. सिंह सहित कुछ वरिष्ठ भारतीय नेताओं को इंतजार करवाया। सम्मेलन की कार्यवाही का वर्णन दुबारा करने की जरूरत नहीं है। कुल मिलाकर वातावरण और सार रूप में इसका अंत आशा के अनुरूप नहीं था।

मुशर्रफ 16 जुलाई की मध्य रात्रि को सख्त चेहरे के साथ इसलामाबाद के लिए रवाना हुए। वह दिल्ली और अजमेर में चिश्ती संतों की दरगाहों पर जाने में

सफल न होने के कारण आध्यात्मिक राहत से भी वंचित हो गए। भारत की आधिकारिक प्रवक्ता निरुपमा राव ने संयुक्त घोषणा न किए जाने पर निराशा प्रकट की। 16 जुलाई की मध्य रात्रि तक दो बातें बिलकुल स्पष्ट हो गईं। पहली, 14 से 16 जुलाई की दोपहर तक भारत और पाकिस्तान के लोगों में जो ऊँची उम्मीदें पैदा हो गई थीं, वे बुरी तरह टूट गईं। दूसरी, दोनों देशों के बीच सीमा पार आतंकवाद और कश्मीर मामलों पर जो मूल विवाद था, मुशर्रफ और वाजपेयी की उच्च स्तरीय बातचीत के दौरान इनके सुलझने की बजाय दोनों नेताओं द्वारा सिर्फ इन विवादों की पुनः पुष्टि ही की गई। 17 जुलाई को विदेश मंत्री जसवंत सिंह और अब्दुल सत्तार ने अपनी प्रेस कॉन्फ्रेंस में जोर देकर कहा कि हालाँकि शिखर वार्त्ता का कोई भविष्योन्मुखी परिणाम नहीं निकला, मगर यह विफल नहीं थी। उनके अनुसार, इसने दोनों देशों के बीच बातचीत की प्रक्रिया पुनः शुरू की। हालाँकि जनता का दृष्टिकोण यह था कि सम्मेलन विफल रहा। इसलिए क्या यह सम्मेलन विफल रहा या इसने भारत और पाकिस्तान के बीच एक सतत वार्त्ता की शुरुआत को जन्म दिया? किसी निष्कर्ष पर पहुँचने से पहले सम्मेलन में भारतीय और पाकिस्तानी प्रतिनिधिमंडलों के बीच जटिल बातचीत से उत्तर खोजने के लिए पिछली घटनाओं का एक विश्लेषण आवश्यक है।

सबसे पहले इस सवाल पर ध्यान देना जरूरी है कि क्या परवेज मुशर्रफ को भारत के साथ अलग द्विपक्षीय आधिकारिक वार्त्ता के लिए आमंत्रित करना जरूरी था? संभवतः यह अधिक बेहतर होता कि वाजपेयी और मुशर्रफ के बीच पहला संपर्क सार्क सम्मेलन बैठक या संयुक्त राष्ट्र महासभा सत्र के दौरान होता। फिर भी एक द्विपक्षीय बैठक आयोजित करने का निर्णय भारतीय कैबिनेट की संयुक्त सलाह पर लिया गया। यह तथ्य 17 जुलाई को संवाददाता सम्मेलन में विदेश मंत्री जसवंत सिंह द्वारा किए गए इस दावे से प्रमाणित होता है कि इस सम्मेलन की कार्यवाही के बारे में वाजपेयी कैबिनेट में कोई विभाजन नहीं था। इसी प्रकार, वाजपेयी के आमंत्रण के जवाब में मुशर्रफ की सकारात्मक प्रतिक्रिया पाकिस्तानी सैन्य उच्च कमांड और पाकिस्तानी प्रतिष्ठान के अन्य महत्त्वपूर्ण भागों से उनकी बातचीत पर आधारित थी।

बहरहाल, इस सम्मेलन के लिए आते समय दोनों नेताओं और दोनों सरकारों के आवेगों तथा उद्देश्यों में गहरा विरोधाभास था। भारत के उद्देश्य निम्नलिखित थे—पहला, नवंबर 2000 से भारत द्वारा एकपक्षीय युद्धविराम और अन्य प्रयासों के मध्य मई तक सफल न होने के कारण कश्मीर मुद्दे के समाधान के लिए राजनीतिक

वार्त्ता का एक वैकल्पिक रास्ता तलाशना। दूसरा, भारत ने महसूस किया कि पाकिस्तान को प्रत्यक्ष उच्च स्तर की वार्त्ता में व्यस्त करने पर जम्मू एवं कश्मीर के लोगों के एकमात्र प्रतिनिधि के रूप में स्वीकार किए जाने और पाकिस्तान के साथ त्रिपक्षीय वार्त्ता करने के हुर्रियत के हठ और सख्ती को कम किया जा सकता है। भारत में जनमत और राजनीतिक पार्टियों की इच्छा के अनुरूप पाकिस्तान के साथ संबंधों को सामान्य बनाने की प्रक्रिया शुरू करने का ईमानदार और गंभीर प्रयास वाजपेयी करना चाहते थे। चौथा, भारत सीमा पार पाकिस्तान प्रायोजित आतंकवाद और कश्मीर समस्या के तार्किक समाधान की आवश्यकताओं के बीच संपर्कों पर ध्यान केंद्रित करना चाहता था। पाँचवाँ, भारत क्षेत्रीय सुरक्षा पर भारत और पाकिस्तान के परमाणु कार्यक्रम के गंभीर प्रभावों के प्रबंधन के लिए योजनाएँ और प्रक्रियाएँ शुरू करने में रुचि रखता था। छठा, कश्मीर में संघर्ष के आकस्मिक परमाणु युद्ध के रूप में परिणत होने के बारे में अंतरराष्ट्रीय चिंताओं को भारत कम करना चाहता था।

कुल मिलाकर, वाजपेयी भारत को शांतिपूर्ण उपायों के प्रति वचनबद्ध राष्ट्र के रूप में प्रस्तुत करना चाहते थे, तब भी जब उसकी एकता और क्षेत्रीय अखंडता को पाकिस्तान की शत्रुतापूर्ण दृष्टि द्वारा लगातार खतरा दिखाया जा रहा था। परवेज मुशर्रफ और उनकी सरकार का लक्ष्य भारतीय उद्देश्यों से बिलकुल विपरीत था। पहला, भारत द्वारा मान्यता दिया जाना और भारत के साथ समझौते में संलग्न होना पाकिस्तान के सत्ता-प्रमुख के रूप में उनकी राजनीतिक और संस्थागत वैधता को पुष्ट करेगा। दूसरा, वह यह प्रमाणित करना चाहते थे कि वह ऐसे प्रथम पाकिस्तानी राष्ट्र-प्रमुख हैं, जिन्होंने कश्मीर समस्या पर एक अलग और उच्च प्राथमिक मुद्दे के रूप में चर्चा करने के लिए भारत को विवश किया। तीसरा, सम्मेलन से पूर्व उनके और उनके सरकारी सहयोगियों द्वारा की गई घोषणाएँ स्पष्ट रूप से संकेत दे रही थीं कि पाकिस्तान अपने हितों के अनुसार कश्मीर समस्या का समाधान चाहता है, जो संबंधों को सामान्य बनाने के लिए एक अपरिवर्तनीय पूर्व शर्त है। चौथा, मुशर्रफ का उद्देश्य यह सुनिश्चित करना था कि भारत इस सम्मेलन के दौरान जम्मू एवं कश्मीर की राजनीतिक व न्यायक्षेत्र संबंधी स्थिति में परिवर्तन पर चर्चा के लिए सहमत हो। इस उद्देश्य में उनके दृष्टिकोण से नियंत्रण रेखा की शुद्धता को पूरी तरह नष्ट करना भी सन्निहित था। पाँचवाँ, उन्होंने स्पष्ट रूप से संकेत दिया कि शिमला समझौता अब प्रासंगिक नहीं है और यदि आगरा वार्त्ता के एजेंडा में केवल कश्मीर का मुद्दा हो तो लाहौर प्रक्रिया को आंशिक रूप से संशोधित किया जा सकता है। छठा, उन्होंने अनुमान लगाया कि वाजपेयी के साथ उच्च स्तर

की वार्त्ता में शामिल होने पर एक विवेकशील राजनीतिज्ञ के रूप में उनकी छवि और अच्छी होगी। अब्दुल सत्तार के शब्दों में, उद्देश्यों में यह विरोधाभास आगरा वार्त्ता के 'बिना निष्कर्ष के' समाप्त होने का कारण था। सत्तार ने 17 जुलाई को अपने संवाददाता सम्मेलन में यह बात कही।

वार्त्ता के विफल रहने में योगदान करनेवाले दूसरी श्रेणी का कारण था—भारत की प्रवृत्तियों और संकटपूर्ण परिस्थिति के बारे में पाकिस्तानी धारणाएँ। पाकिस्तान महसूस करता था कि कश्मीर पर पकड़ बनाए रखने की भारत की क्षमता और राजनीतिक इच्छाशक्ति गुणात्मक रूप से कम हो गई है। भारतीय सेना और सुरक्षा बल थके हुए थे और उनमें पाकिस्तान द्वारा प्रायोजित आतंकवाद तथा छाया-युद्ध से लड़ने का हौसला नहीं था। तीसरा, अपने परमाणु कार्यक्रम के संदर्भ में, कश्मीर मुद्दे पर पाकिस्तान के साथ समझौता करने के लिए भारत पर अमेरिका का सीधा दबाव पड़ रहा था। चौथा, वाजपेयी के नेतृत्व में गठबंधन सरकार न केवल आंतरिक गुटबंदी का शिकार थी, बल्कि उनकी सरकार को एक मजबूत रुख अपनाने के लिए विपक्षी दलों से भी समर्थन नहीं मिल पा रहा था। पाँचवाँ, चूँकि वाजपेयी ने मुशर्रफ को आमंत्रित करने का एकपक्षीय निर्णय लिया था, उनके लिए आगरा शिखर वार्त्ता के अंत में कुछ सकारात्मक परिणाम न दिखाना असंभव नहीं तो मुश्किल जरूर होगा। छठा, वाजपेयी जम्मू-कश्मीर और भारत के अन्य भागों में उच्च स्तर की जेहादी आतंकवादी गतिविधियों के बारे में आशंकित होने के कारण पाकिस्तानी माँगों के प्रति काफी हद तक नरम रुख अपनाने के इच्छुक होंगे। संभवत: इसी अनुमान ने परवेज मुशर्रफ को दिल्ली व आगरा आने से पहले यह घोषित करने के लिए प्रेरित किया होगा कि वह एक निश्चित समय सीमा के अनुसार कश्मीर समस्या का समाधान चाहते हैं। इनमें से प्रत्येक पूर्वानुमान गलत सिद्ध हुआ।

इस वार्त्ता के प्रति आपसी विरोधाभासी दृष्टिकोण भारतीय और पाकिस्तानी प्रतिनिधिमंडलों के संयोजन में भी देखने को मिला। भारत का उद्देश्य बहुपक्षीय सामान्यीकरण की प्रक्रिया को बहाल करना था। वाजपेयी के साथ गृहमंत्री आडवाणी, विदेश मंत्री जसवंत सिंह, वाणिज्य मंत्री मुरासोली मारन और वित्त मंत्री यशवंत सिन्हा थे। मुशर्रफ अपने 'केवल कश्मीर' के एकसूत्रीय एजेंडा के अनुरूप विदेश मंत्री अब्दुल सत्तार, उनके निजी स्टाफ और विदेश विभाग के अधिकारियों को लाए थे। तीसरा कारण दृश्य-श्रव्य मीडिया और प्रिंट मीडिया की हस्तक्षेपपूर्ण भूमिका थी। भारत, और खासकर पाकिस्तान, ने मीडिया के जबरन टाँग घुसेड़ने

की अति उत्साही प्रवृत्ति को नियंत्रित व शांत करने तथा अपना ध्यान बातचीत पर केंद्रित करने की बजाय मीडिया को उच्च नीति के माध्यम के रूप में इस्तेमाल किया। सूचना मंत्री सुषमा स्वराज ने, भले ही बाद में उन्होंने जो भी स्पष्टीकरण दिया हो, सम्मेलन में चर्चा किए गए विषय को प्रेस के सामने इस प्रकार प्रस्तुत किया—जो यह बताने का एक प्रयास लगा कि भारतीय पक्ष बैठक के लिए एक एजेंडा बनाने में सफल हो गया है। उन्होंने कश्मीर पर चर्चा करने के पाकिस्तान के हठ का जिक्र ही गायब कर दिया। इसकी प्रतिक्रिया में 16 जुलाई की सुबह मुशर्रफ ने वरिष्ठ संपादकों को संबोधित किया; जबकि उन्हें यह अग्रिम चेतावनी नहीं दी कि यह पाकिस्तान टी.वी. द्वारा सीधे दिखाया जाने वाला है। उनका मुख्य बयान और वरिष्ठ मीडिया प्रतिनिधियों के साथ बातचीत विस्तृत रूप से वार्त्ता के सभी मुद्दों पर थी। उनकी अभिव्यक्ति स्पष्ट, लेकिन अधिक दबंग थी। वरिष्ठ मंत्री या राष्ट्र-प्रमुख किसी महत्त्वपूर्ण और संवेदनशील वार्त्ता के दौरान संवाददाता सम्मेलनों को संबोधित नहीं करते, खासकर उन विषयों पर जिनपर वार्त्ता चल रही है। उनके ब्रेकफास्ट संवाददाता सम्मेलन ने बातचीत की प्रक्रिया में समझौते की किसी संभावना को पूरी तरह नष्ट कर दिया। इस प्रकार, एक संयुक्त घोषणा करने में विफलता अपरिहार्य थी।

इस बात की पुष्ट सूचनाएँ थीं कि प्रधानमंत्री वाजपेयी मुशर्रफ के साथ बात करते हुए भारत के लिए महत्त्वपूर्ण क्षेत्रीय सुरक्षा और राजनीतिक हितों के मुद्दों पर पूरी तरह दृढ़ थे। मुशर्रफ को यह स्पष्ट रूप से बता दिया गया था कि उनके राजनीतिक व मीडिया युक्तियों से भारत दबाव में नहीं आएगा, भले ही सम्मेलन के अंत में कोई संयुक्त घोषणा या घोषणाएँ न होने पर भारत को आलोचनाओं का शिकार बनना पड़े।

दोनों नेताओं का दृष्टिकोण था कि सम्मेलन का परिणाम बातचीत में पूर्ण अवरोध के रूप में न निकले। 17 जुलाई को जसवंत सिंह और अब्दुल सत्तार के संवाददाता सम्मेलन में यह घोषणा की गई कि वाजपेयी मुशर्रफ से न्यूयॉर्क में और सार्क सम्मेलन के दौरान मिलेंगे तथा अंत में इसलामाबाद जाएँगे। उनका यह दावा करना कि विभिन्न स्तरों पर बातचीत जारी रहेगी, एक सकारात्मक संकेत था। इन संवाददाता सम्मेलनों के निम्नलिखित निष्कर्ष निकले—पहला, वे क्षति नियंत्रण की दिशा में प्रयास थे; दूसरा, मतभेदों की जो भी व्याख्या की गई और विदेश मंत्रियों द्वारा उनपर काबू पाने के लिए जो भी आशाएँ व्यक्त की गईं, तथ्य यह है कि सभी महत्त्वपूर्ण मुद्दों पर भारत और पाकिस्तान के बीच गंभीर विभिन्नताएँ

हैं। इस वार्त्ता की एक कमी उसमें परमाणु मुद्दे को संबोधित न किया जाना था, जो दीर्घकालिक रूप में कश्मीर समस्या से अधिक महत्त्वपूर्ण है। हालाँकि दोनों पक्षों ने दावा किया कि वार्त्ताएँ जारी रहेंगी; मगर इस तरह की वार्त्ता के समय और उन विषयों पर बातचीत के स्वरूप के बारे में संदेह बना रहा, जिन विषयों ने आगरा वार्त्ता में अवरोध पैदा कर दिया।

सरकार और राजनीति के औपचारिक स्तर पर यह अनुमान लगाया गया कि सम्मेलन एक महत्त्वपूर्ण शुरुआत थी, लेकिन वास्तव में शुरुआत अस्थायी थी और भविष्य का आकलन अनिश्चित था।

आगरा शिखर वार्त्ता हुए काफी समय गुजर चुका है। मीडिया और राजनीतिक विश्लेषक हुल्लड़बाजी और वर्णनात्मक विश्लेषण में ही उलझे रहे, और मनन-चिंतन के मुख्य बिंदुओं को यानी भारत-पाकिस्तान संबंधों की अनुमानिक की बजाय वास्तविक संभावनाएँ क्या हैं—यह भूल गए। उनका फोकस आगरा में हुई और कही गई बातों तथा उसके बाद हुई घोषणाओं के विश्लेषण पर रहा। आवश्यकता यह विश्लेषित करने की थी कि आगरा में उभरे गतिरोध के बाद भारत और पाकिस्तान की नीतियाँ क्या हैं। पहला, सम्मेलन के बाद द्विपक्षीय संबंधों के भविष्य की योजनाओं के बारे में भारत व पाकिस्तान के सरकारी प्रतिनिधियों की आधिकारिक घोषणाओं पर ध्यान देना चाहिए; दूसरे, इस बात का आकलन होना चाहिए कि वास्तव में द्विपक्षीय वार्त्ता के संदर्भ में क्या होगा और तीसरा, इन सार्वजनिक घोषणाओं के औचित्य तथा आगरा सम्मेलन में उभरी जमीनी हकीकतों के संदर्भ में संभावित आसारों की जाँच की जानी चाहिए।

दोनों सरकारों के प्रतिनिधियों की नीतिगत घोषणाओं में एक निश्चित मात्रा में विरोधाभास और अस्पष्टता है। 17 जुलाई को आयोजित संवाददाता सम्मेलन में अब्दुल सत्तार और जसवंत सिंह—दोनों ने कहा कि सम्मेलन के विचार-विमर्श लाभदायक रहे। उन्होंने एक संयुक्त घोषणा पर सहमत होने की विफलता को अंतिम समय पर उभरी जटिलताएँ और पर्याप्त समय के अभाव के संदर्भ में तर्कसंगत ठहराने का प्रयास किया और इस बात की पुष्टि की कि उच्च स्तर के राजनीतिक संपर्क जारी रहेंगे तथा बातचीत बिना अवरोध के चलती रहेगी। इनका उद्देश्य भारत-पाकिस्तान संबंधों के सामान्यीकरण की सकारात्मक प्रक्रियाओं को आगे बढ़ाना होगा। बहरहाल, यह क्षति-नियंत्रण प्रयास अस्थायी और निष्फल सिद्ध हुआ। 20 जुलाई के अपने बहुप्रचारित संवाददाता सम्मेलन में मुशर्रफ ने बिना हिचकिचाए आगरा वार्त्ता की विफलता की जिम्मेदारी भारत सरकार पर डाल

दी, जबकि सूक्ष्म अर्थभेद करते हुए व्यक्तिगत रूप से प्रधानमंत्री वाजपेयी की प्रशंसा की। सबसे महत्त्वपूर्ण उनका पुनः यह स्पष्ट दावा था कि भारत-पाकिस्तान के अन्य पक्षों पर तभी बात की जाएगी जब भारत पाकिस्तानी उद्देश्यों की रूपरेखा के अंदर कश्मीर की वैधानिक स्थिति पर चर्चा करने के लिए सहमत होगा। (यह संवाददाता सम्मेलन से उद्धृत नहीं किया गया है; लेकिन कश्मीर पर उन्होंने जो भी कहा, यह उसका स्पष्ट अर्थ था।) वह फिर से झूठ बोलने पर उतर आए और यह दावा किया कि पाकिस्तान भाड़े के आतंकवादियों व अलगाववादियों को कोई समर्थन नहीं दे रहा है। उन्होंने यह भी दावा किया कि वे स्वदेशी स्वतंत्रता सेनानी हैं। उन्होंने उनकी गतिविधियों (आतंकवादी) की तुलना फिलीस्तीन के संघर्ष और चेचेन्या, कोसोवो आदि में अलगाववादी तत्त्वों से की। उन्होंने कश्मीर मुद्दे पर पाकिस्तान के रुख की तुलना बँगलादेश के निर्माण में भारत की भूमिका से की। उन्होंने सियाचिन में पाकिस्तानी घुसपैठ के खिलाफ भारत की अग्रिम कारखाई के संदर्भ में करगिल में पाकिस्तानी आक्रामकता को तर्कसंगत ठहराया। उनका यह दावा कि उन्होंने कश्मीर को एक 'विवाद' की बजाय 'मुद्दा' माने जाने पर सहमति देकर समझौतावादी रुख अपनाया है, शिखर वार्त्ता के संवाददाता सम्मेलन में उनके द्वारा उद्धृत नीतियों के संदर्भ में अप्रासंगिक था।

भारतीय भी आश्चर्यजनक रूप से खुशामद करने में लगे हुए थे। वार्त्ता के बाद पाकिस्तान पर नीतिगत घोषणाओं में वाजपेयी द्वारा पाकिस्तान जाने के लिए मुशर्रफ के निमंत्रण को स्वीकार करने के प्रति दृढ़ रहने और राजनीतिक व अन्य आधिकारिक स्तर के संपर्कों को जारी रखने के बारे में आरंभिक संकेतों के बाद भारत ने जोर दिया कि सम्मेलन इसलिए विफल हुआ, क्योंकि पाकिस्तान सीमा पार आतंकवाद और उसको विकसित करने में अपनी भूमिका को स्वीकार करने से इनकार करता है। शुरुआत में कश्मीर को एक महत्त्वपूर्ण मुद्दा मानने पर सहमत होने के बाद में हमने फिर से दावा किया कि भारत उसे एक क्षेत्रीय विवाद नहीं मानता और जम्मू एवं कश्मीर की वैधानिक स्थिति में कोई भी परिवर्तन भारत की राष्ट्रीय पहचान के लिए एक चुनौती है।

मुशर्रफ द्वारा 14 जुलाई को राजघाट के विजिटर्स बुक में 'अहिंसा' और राष्ट्रपति भवन में भोज के दौरान भाषण में सैन्य समाधानों की अनुपयुक्तता के बारे में व्यक्त किए गए 'उच्च विचारों' के बारे में भारतीय मीडिया में बहुत कुछ कहा गया। शब्दों का कार्यों से कोई मेल नहीं था, क्योंकि वार्त्ता के दौरान भी पाकिस्तान द्वारा प्रायोजित हिंसा की घटनाएँ जम्मू एवं कश्मीर में हुईं। एक सकारात्मक और

उद्देश्यपूर्ण वार्त्ता की संभावनाओं का आकलन जिस कसौटी के आधार पर किया जा सकता है, वह है—सम्मेलन के पहले और बाद में उभरीं ठोस वास्तविकताएँ। सम्मेलन के दौरान भारत द्वारा सुझाए गए सभी विश्वासवर्द्धक उपायों को पाकिस्तान ने अस्वीकृत कर दिया। सम्मेलन से पहले आधिकारिक स्तर पर कुछ ठोस कार्य करने के सुझाव—सैन्य महानिदेशक को इसलामाबाद भेजने, जम्मू एवं कश्मीर में भी अमरनाथ यात्रा पर जा रहे हिंदू तीर्थयात्रियों की सुविधाओं और वीजा पद्धतियों के उदारीकरण आदि—को ठुकरा दिया गया। पाकिस्तान समर्थित आतंकवादियों द्वारा हमले किए गए। मुशर्रफ के इसलामाबाद लौटने के बाद नागरिकों, खासकर हिंदू नागरिकों, के खिलाफ हिंसा की घटनाओं की क्रूरता और आवृत्ति में वृद्धि हुई। नियंत्रण रेखा पर भारी गोलाबारी हुई। पाकिस्तान की इसलामपसंद पार्टियों ने लद्दाख और जम्मू के लोगों की जातीय-धार्मिक मत और पहचान पर सवाल उठाना शुरू कर दिया तथा दावा किया कि वे जम्मू एवं कश्मीर की इसलामी पहचान के अधीन हैं।

प्रधानमंत्री वाजपेयी ने 28 जुलाई को भाजपा की राष्ट्रीय कार्यकारिणी की बैठक को अपने संबोधन में पाकिस्तान की भारत नीतियों का बिलकुल सही आकलन किया। उन्होंने कहा कि जनरल मुशर्रफ आगरा में एक सैन्यकर्मी के रूप में एक विशिष्ट स्वार्थपूर्ण लक्ष्य लेकर आए थे और शांति बहाल करने के बारे में गंभीर नहीं थे। एक अनिवार्य निष्कर्ष यह निकाला जा सकता है कि भारत और पाकिस्तान के बीच बातचीत में राजनीतिक मुद्दों के अर्थ में एक अस्थायी सामान्य आधार भी नहीं है। दूसरे—पाकिस्तान भारत के खिलाफ अलगाववादी शक्तियों को समर्थन देने की वास्तविकता को स्वीकार करने के लिए तैयार नहीं है। सबसे महत्त्वपूर्ण यह है कि पाकिस्तान यह समर्थन रोकने के लिए तैयार नहीं है। तीसरे, पाकिस्तान ने न केवल जम्मू एवं कश्मीर, बल्कि भारत के अन्य भागों में अपने अघोषित युद्ध को जारी रखने का निर्णय लिया है, जो इस अधिक संवेदनशील निष्कर्ष को जन्म देता है कि पाकिस्तान का विशाल स्तरीय एजेंडा सांप्रदायिक आधार पर भारत में केंद्र-विमुखी आवेग उत्पन्न करना और भारतीय अर्थव्यवस्था व स्थिरता को नष्ट करना है। उसका अंतिम लक्ष्य भारत का विखंडन है। यह एक अनुमान नहीं है। पाकिस्तान नेशनल असेंबली के पूर्व स्पीकर और फील्ड मार्शल अयूब खान के पुत्र गौहर अयूब ने सन् 1993 में दिल्ली में एक संवाददाता सम्मेलन में सार्वजनिक रूप से कहा कि दक्षिण एशियाई उपमहाद्वीप में शांति तभी स्थापित हो सकती है, जब भारत छोटी-छोटी इकाइयों में विभाजित हो जाए। एक प्रकार से वह विभाजन के

समय ब्रिटिश साम्राज्य की रणनीतिक युक्तियों को दोहरा रहे थे, जिसे भारत ने सरदार पटेल की बुद्धिमत्ता और जवाहरलाल नेहरू के समन्वयी व धर्मनिरपेक्ष राजनीतिक दृष्टिकोण के कारण निष्प्रभावी कर दिया था।

आगरा वार्त्ता की उपलब्धियाँ नाम मात्र की हैं। भारतीय नेतृत्व को जनरल मुशर्रफ के दृष्टिकोण और उद्देश्यों के संदर्भ में उन्हें अच्छी तरह पहचानने में मदद मिली। उसने राष्ट्रीय हितों की सुरक्षा के प्रति अपनी दृढ़ता व्यक्त की, लेकिन शांति और स्थिरता के अधिक विशाल हितों के लिए पाकिस्तान के साथ बातचीत जारी रखने की इच्छा जताई। भारत-पाकिस्तान वार्त्ता अवश्य जारी रहनी चाहिए, लेकिन प्रधानमंत्री और विदेश मंत्री को अपनी गति धीमी रखनी चाहिए।

□

: अध्याय 13 :

अनिश्चितताएँ या अवसर

वाशिंगटन में पेंटागन और न्यूयॉर्क में वर्ल्ड ट्रेड सेंटर पर 11 सितंबर, 2001 को हुए आतंकवादी हमलों ने भारत-पाकिस्तान संबंधों और क्षेत्रीय सुरक्षा वातावरण के पूरे ढाँचे को उधेड़ दिया। ओसामा बिन लादेन के नेतृत्ववाला 'अल कायदा' संगठन इस षड्यंत्र का सूत्रधार पाया गया। अमेरिका को एक गढ़ बनाने की कल्पना, जिसपर तकरीबन दो सौ वर्षों से अमेरिकी सुरक्षा नीतियाँ आधारित थीं, चकनाचूर हो गईं। महाद्वीपीय अमेरिका, खासकर वाशिंगटन पर किसी विदेशी ताकत द्वारा सीधा हमला एक सौ नब्बे वर्ष पूर्व अमेरिका और ब्रिटेन के बीच युद्ध के दौरान सन् 1812 में हुआ था।

अफगानिस्तान में ओसामा का मुख्यालय होने और वहाँ शासन कर रहे तालिबान तथा कट्टर इसलामी आतंकवादी शक्तियों के साथ उसके गठजोड़ के कारण अमेरिका और अंतरराष्ट्रीय समुदाय ने अफगानिस्तान में तीव्र दंडात्मक काररवाई और मध्य तथा दक्षिण एशिया में राजनीतिक दिलचस्पी पर ध्यान केंद्रित किया। सैनिक तख्तापलट के कारण अब तक अलग-थलग और बहिष्कृत पड़े हुए पाकिस्तान को इस घटना के कारण अंतरराष्ट्रीय, खासकर अमेरिका का, विश्वास और स्वीकृति एक बार फिर हासिल हो गई। इसका कारण यह था कि जनरल परवेज मुशर्रफ ने अमेरिका के नेतृत्व में आतंकवाद के खिलाफ अंतरराष्ट्रीय अभियान को अनिच्छा से ही सही, मगर तुरंत समर्थन दे दिया। भारत ने भी इस अभियान को उतनी ही तत्परता से समर्थन दिया। जबकि भारत और पाकिस्तान—दोनों ही अमेरिका से नजदीकी समीकरण बनाने में लगे थे, उस समय एक तरफ अमेरिका और पाकिस्तान के बीच और दूसरी तरफ अमेरिका और भारत के बीच संक्रियात्मक

बातचीत हो रही थी। तालिबान के खिलाफ आतंकवाद-विरोधी अभियान में अमेरिका, नाटो, रूस और चीन की संलिप्तता ने उन्हें भारत-पाक संबंधों के प्रति ज्यादा सक्रिय और प्रभावशाली बना दिया।

इस अनुमान के अवयवों से संबंधित कई विवादित विषय हैं। आतंकवाद के खिलाफ लड़ाई में दिए गए समर्थन के कारण अमेरिका और अन्य शक्तियाँ पाकिस्तान से बहुत खुश हैं। क्या परवेज मुशर्रफ को मिल रही यह वैधता और विश्वसनीयता उन्हें भारत के खिलाफ लगातार शत्रुतापूर्ण नीतियाँ जारी रखने में आत्मविश्वास प्रदान करेगी ? क्या अमेरिका और रूस तथा दुनिया के अन्य देश अफगानिस्तान में चल रही आतंकवाद-विरोधी लड़ाई के बाद मुशर्रफ को इस बात के लिए राजी करेंगे कि वह भारत में सीमा पार से फैलाए जा रहे आतंकवाद को खत्म करें ? क्या भारत और पाकिस्तान इस मौके का फायदा उठाकर कश्मीर मुद्दे का व्यावहारिक समाधान ढूँढ़ सकते हैं ?

हालाँकि भारत में इस अंतिम संभावना को लेकर शुरुआती आशंकाएँ हो सकती हैं, लेकिन यदि भारत और पाकिस्तान 11 सितंबर की हिंसा द्वारा उपलब्ध कराए गए इस अवसर को भुनाने का राजनीतिक संकल्प दिखाएँ तो इस अवसर में इतनी क्षमता है कि दोनों देश आपसी विवादों को सुलझाने में इसका फायदा उठा सकते हैं।

अफगानिस्तान में अमेरिका के नेतृत्व में चल रहे आतंकवाद-विरोधी अभियान और उसमें पाकिस्तान की भागीदारी के बारे में एक तथ्य ऐसा है, जो अभी लोगों का ध्यान आकर्षित नहीं कर रहा है, मगर इसे करना चाहिए। यह तथ्य इस समर्थन के कारण पाकिस्तान की घरेलू राजनीतिक स्थिति पर पड़नेवाले असर से संबंधित है, जिसके कारण पाकिस्तान जटिल अप्रिय स्थिति में फँस सकता है।

जब पाकिस्तान की बात होती है तो प्राथमिक रूप से मुशर्रफ सरकार की नीतियों की बात होती है। याद रखनेवाली मुख्य बात यह है कि अमेरिका पर आतंकवादी हमले और उसके प्रति अमेरिका की प्रतिक्रिया ने पाकिस्तान सरकार की स्थिरता और पाकिस्तान के आम समाज की संगतियों पर जटिल प्रभाव डाले। पाकिस्तान में क्या हो रहा है और क्या हो सकता है, यह समझने के लिए पाकिस्तान की स्पष्ट नीतियों और उनसे संबंधित सार्वजनिक घोषणाओं के आगे जाना होगा। यह ध्यान दिया जाना चाहिए कि परवेज मुशर्रफ ने हिचकिचाते हुए और दबाव में आकर अमेरिका को सहयोग दिया। 'हिचकिचाते हुए' इसलिए कि पाकिस्तान में जनमत एक पड़ोसी मुसलिम देश या 'चमत्कारी' ओसामा के नेतृत्व में चलाए जा

रहे धार्मिक आंदोलन के खिलाफ किसी अमेरिकी सैन्य अभियान का समर्थक नहीं था।

पाकिस्तानी आम समाज और पाकिस्तानी सत्ता-संरचना का लगभग साढ़े तीन दशकों से बढ़ता इसलामीकरण इस मानसिकता का कारण था। मुशर्रफ इस बात को लेकर सतर्क थे कि अमेरिका को सहयोग और समर्थन देने के उनके निर्णय को पाकिस्तान की जनता की आलोचना झेलनी पड़ेगी, भले ही सरकारी प्रवक्ता का यह दावा रहा हो कि कुछ अल्पसंख्यक भाग ही मुशर्रफ के फैसले का विरोध कर रहे हैं। अमेरिकी अभियान में मुशर्रफ के शामिल होने के पीछे दोहरे दबाव थे—पहला, यदि वह अमेरिका नीत गठबंधन में नहीं शामिल होते हैं तो इस बात की संभावना थी कि अमेरिका पाकिस्तानी प्रतिष्ठान और तालिबान व अल कायदा के बीच नजदीकी संपर्क के संदर्भ में पाकिस्तान को आतंकवाद समर्थक देश घोषित कर सकता था। एक और संभावना थी, जिसका उल्लेख मुशर्रफ ने खुद सार्वजनिक तौर पर किया था कि अमेरिका 'पाकिस्तान की रणनीतिक परिसंपत्तियों', उसकी परमाणु और मिसाइल क्षमताओं व संबंधित तकनीकी साधनों को नष्ट कर सकता है। तीसरे, सन् 1998 के परमाणु परीक्षणों के बाद लगाए गए प्रतिबंधों के कारण मुशर्रफ सरकार एक संवेदनशील आर्थिक परिस्थिति, साथ ही सैन्य आपूर्तियों व उपकरणों में कमी का सामना कर रही थी। मुशर्रफ ने अनुमान लगाया कि यदि उन्होंने अमेरिका को सहयोग नहीं दिया तो ये प्रतिबंध जारी रहेंगे, जिसके कारण पाकिस्तान कमजोर पड़ सकता है; जबकि यदि वह अमेरिका को सहयोग देते हैं तो वह प्रतिबंध हटा लेगा और पाकिस्तान को विभिन्न प्रकार का सहयोग उपलब्ध कराएगा। मुशर्रफ का यह अनुमान सही सिद्ध हुआ। यह भी याद रखना चाहिए कि मुशर्रफ को अमेरिका का सहयोग करने के निर्णय में पाकिस्तानी सैन्य बलों के उच्च कमांड का पूरा समर्थन हासिल नहीं था। इस संबंध में सूचनाएँ थीं कि अमेरिका पर आतंकवादी हमलों के बाद सन् 2001 में सितंबर के दूसरे सप्ताह में आयोजित पाकिस्तान के कॉर्प कमांडरों की बैठक में ग्यारह में से सात कॉर्प कमांडरों ने पाकिस्तान द्वारा राजनीतिक सहयोग दिए जाने के बारे में आशंकाएँ प्रकट की थीं। पाकिस्तान और पाकिस्तान के जलक्षेत्र में अमेरिकी सेनाओं को सैन्य संचालन सहयोग और लॉञ्चिग सुविधाएँ देने का विरोध इससे भी अधिक हुआ। जब मुशर्रफ ने अपने वरिष्ठ सहयोगियों को रक्षा आपूर्ति के प्रवाह और रक्षा-सहयोग की बहाली के बारे में आश्वस्त किया तब जाकर हिचकिचाहट के साथ उन्होंने अपनी सहमति दी।

पाकिस्तान की जनता और सत्ता-सरचना के बीच गंभीर विरोध तथा शंकाओं के बाजवूद मुशर्रफ द्वारा यह निर्णय लिये जाने का निष्कर्ष अनिवार्य था। पाकिस्तान की आंतरिक गतिविधियाँ इस निष्कर्ष की वैधता को प्रमाणित करती हैं। क्वेटा, कराची, रावलपिंडी और लाहौर में पाकिस्तान की सभी इसलामपसंद पार्टियों के नेतृत्व में राष्ट्रपति मुशर्रफ के खिलाफ विशाल विरोध प्रदर्शन हुए। पाकिस्तान की दो बड़ी राजनीतिक पार्टियों—मुसलिम लीग और पी.पी.पी. ने राष्ट्रपति मुशर्रफ को अपना पूरा सहयोग नहीं दिया। इन प्रदर्शनों के खिलाफ मुर्शरफ सरकार की गंभीर चिंताओं का प्रमाण इस तथ्य से मिलता है कि उन्हें जमायत-ए-इसलामी और अन्य धार्मिक पार्टियों के नेताओं को घर में नजरबंद करना पड़ा। उन्हें पाकिस्तान स्थित उन उग्रवादी इसलामी गुटों की संपत्तियों और स्रोतों को जब्त करने में अमेरिका के साथ सहयोग करना पड़ा, जो अंतरराष्ट्रीय आतंकवाद के सहयोगियों के रूप में अमेरिका की सूची में शामिल थे। इसने मुशर्रफ और उनकी सरकार के खिलाफ व्यापक विरोध उत्पन्न किया। मध्य अक्तूबर तक मुशर्रफ अपने सैन्य बलों के उच्च कमांड की ओर से संभावित गंभीर विरोध के प्रति आशंकित थे। उन्हें अपने ग्यारह वरिष्ठतम सैन्य सहयोगियों में से सात को स्थानांतरित या सेवानिवृत्त करने का सख्त कदम उठाना पड़ा। उनमें ले. जनरल अजीज, जो सन् 1999 में मुशर्रफ को सत्ता में लाए थे और आई.एस.आई. प्रमुख जनरल महमूद अहमद, जिनके तालिबान से नजदीकी संपर्क थे, भी शामिल थे। मुशर्रफ एक ओर अमेरिका की नजरों में अच्छा बने रहना चाहते थे, जबकि दूसरी ओर इसलाम की विचारधारा और हितों के प्रति वचनबद्ध नेता और पाकिस्तानी शासक के रूप में अपनी विश्वसनीयता नहीं खोना चाहते थे। इसी उद्देश्य से उन्होंने अमेरिका से माँग की कि आतंकवाद-विरोधी गठबंधन से भारत और इजराइल को दूर रखा जाए। उनकी दूसरी माँग यह थी कि जम्मू एवं कश्मीर में आत्मनिर्णय के संघर्ष को अंतरराष्ट्रीय आतंकवाद के खिलाफ अभियान के घेरे में न लाया जाए। पाकिस्तान में अपनी कठिन परिस्थितियों को प्रतिबिंबित करती उनकी अन्य माँगें थीं कि अमेरिकी सैन्य काररवाई, खासकर वायु आक्रमण छोटा, तेज और लक्ष्य-आधारित हो। उन्होंने यह भी सुझाव दिया कि अमेरिकी सैन्य काररवाई रमजान की शुरुआत से पहले समाप्त कर दी जाए या इस पवित्र इसलामी माह के दौरान स्थगित कर दी जाए।

राष्ट्रपति जॉर्ज डब्ल्यू. बुश ने मुशर्रफ की कई माँगों को मानने से इनकार कर दिया, जिससे मुशर्रफ की परेशानी और भी बढ़ गई। पाकिस्तान की पश्चिमी तटीय जलक्षेत्र में अमेरिकी युद्धपोतों की तैनाती और अमेरिकी सेनाओं को दलबंदीन,

जकोबाबाद, पेसनी और पेंजगूर में वायुसेना बेसों का इस्तेमाल करने की मुशर्रफ की अनुमति ने न केवल जनता की आलोचनाओं, बल्कि पाकिस्तान के रणनीतिक और सुरक्षा विश्लेषकों की आलोचनाओं को भी आकर्षित किया। इस आलोचना का सबसे प्रभावी तत्त्व यह था कि मुशर्रफ के निर्णय आम जन-भावनाओं के प्रतिकूल थे और उन्होंने ये निर्णय लेने से पहले जनता तथा पाकिस्तान की राजनीतिक पार्टियों को विश्वास में नहीं लिया। अक्तूबर के तीसरे सप्ताह में इस संबंध में खबरें थीं कि मुशर्रफ की नीतियों के खिलाफ विरोध और आंदोलन ग्रामीण क्षेत्रों तक फैल चुके हैं। इस बारे में भी पर्याप्त अनुमान थे कि पाकिस्तानी सेना के पचास प्रतिशत से अधिक कमांडरों के अलावा सेना के मध्य स्तर के अधिकारी भी मुशर्रफ की अमेरिका-समर्थक नीतियों के विरोधी थे। इस तथ्य को देखते हुए कि जनरल जिया-उल-हक के कार्यकाल से ही पाकिस्तानी सेना के अधिकारी अत्यधिक इसलामी मानसिकता और रूढ़िवादी धार्मिक विचारधारा से ग्रस्त थे, यह एक उचित अनुमान लगता है।

पाकिस्तान ने आतंकवाद-विरोधी अभियान में शामिल होकर भारत को कूटनीतिक और राजनीतिक रूप से पछाड़ दिया। वाशिंगटन और न्यूयॉर्क में हुए आतंकवादी हमलों के प्रति मुशर्रफ की पहली सार्वजनिक प्रतिक्रिया घटना के चौबीस घंटों बाद आई, जिसमें उन्होंने हिंसा की निंदा की, अमेरिका के प्रति सहानुभूति जताई, सभी श्रेणियों के आतंकवाद के खिलाफ होने की घोषणा की और अंतरराष्ट्रीय आतंकवाद से निपटने में सहयोग की पेशकश की। पाकिस्तानी राजदूत मलीहा लोधी द्वारा प्रेषित संदेश में मुशर्रफ ने कहा कि अमेरिका के आतंकवाद-विरोधी अभियान में सहयोग देने में पाकिस्तान की निम्नलिखित शर्तें हैं—

(1) अमेरिका पाकिस्तान पर लगाए गए आर्थिक और प्रौद्योगिकीय प्रतिबंधों को हटाएगा, खासकर जो प्रतिबंध चगाई परमाणु परीक्षणों के बाद लगाए गए थे। (2) अमेरिका द्विपक्षीय और बहुपक्षीय वित्तीय संस्थाओं से विभिन्न मदों में आर्थिक मदद पुनः बहाल करेगा। (3) पाकिस्तान द्वारा जो विदेशी कर्ज चुकाए जाने हैं, अमेरिका उनमें राहत और रियायत दिलवाएगा। (4) पाकिस्तान अमेरिका के नेतृत्ववाले आतंकवाद-विरोधी मोरचे में तभी शामिल होगा, जब इजराइल और भारत को इससे बाहर रखा जाएगा; हालाँकि इन दोनों देशों ने पूरे समर्थन और सहयोग का प्रस्ताव किया था। (5) अमेरिका द्विपक्षीय वित्तीय और रक्षा सहयोग पुनः बहाल करे। (6) अमेरिका इस बात का स्पष्ट वादा करे कि यह अभियान इसलाम के खिलाफ नहीं, बल्कि सिर्फ आतंकवाद की कुछ खास घटनाओं के

खिलाफ है। (7) इस घटना में ओसामा और तालिबान की भूमिका साबित होनी चाहिए।

अमेरिका ने मुशर्रफ द्वारा रखी गई शर्तों को स्वीकार कर लिया, हालाँकि अमेरिकी सरकार ने इन पूर्व शर्तों के बारे में कोई औपचारिक या सार्वजनिक प्रतिक्रिया व्यक्त नहीं की।

मुशर्रफ की नीतियों में बदलाव के बारे में कुछ महत्त्वपूर्ण सूक्ष्म भेद नोट किए जाने चाहिए। मुशर्रफ ने स्पष्ट रूप से यह कहकर कि जम्मू एवं कश्मीर में हो रही हिंसा आतंकवाद नहीं है, यह जाहिर कर दिया कि अमेरिकी अभियान में जम्मू एवं कश्मीर में पाकिस्तान-प्रायोजित हिंसा को शामिल नहीं किया जाना चाहिए। उन्होंने यह भी स्पष्ट कर दिया कि हालाँकि पाकिस्तान ने ओसामा बिन लादेन एवं तालिबान के खिलाफ अमेरिका और उसके सहयोगियों को संक्रियात्मक और रणनीतिक सुविधाओं का प्रस्ताव दिया है, लेकिन पाकिस्तान की सेना अफगानिस्तान में किसी काररवाई में हिस्सा नहीं लेगी। जब बुश ने यह घोषणा की कि अमेरिकी अभियान का एक उद्देश्य तालिबान को सत्ता से हटाना और उत्तरी गठबंधन का इस्तेमाल करके उसकी जगह ज्यादा स्वीकार्य सरकार बनवाना भी है तो मुशर्रफ ने आपत्ति जताते हुए कहा कि पाकिस्तान तालिबान को सत्ता से हटाने की अनदेखी नहीं कर सकता। पूर्व अफगान शासक जहीर शाह को अफगानिस्तान में प्रस्तावित नई सरकार का नाम मात्र का मुखिया बनाने के लिए अमेरिकी प्रतिनिधियों और जहीर शाह के बीच रोम में चल रही सौदेबाजी पर भी मुशर्रफ ने आपत्ति जताई। मुशर्रफ ने सिर्फ तभी अपने रवैये में परिवर्तन किया, जब पाकिस्तान सरकार के प्रतिनिधिमंडल और पाकिस्तान के धार्मिक नेताओं की तालिबान शासकों के साथ बातचीत विफल हो गई। इसका एक अन्य कारण शायद यह था कि तालिबान ने मुशर्रफ के उस प्रस्ताव पर कोई उत्साह नहीं जताया, जिसमें उन्होंने खुद काबुल आकर तालिबान से बात करने की बात कही थी। मुशर्रफ ने जहीर शाह को पाकिस्तान सरकार से बातचीत करने के लिए अपना एक दूत इसलामाबाद भेजने का निमंत्रण भी दिया। हालाँकि इसका यह अर्थ नहीं है कि मुशर्रफ ने तालिबान को खत्म करने का फैसला कर लिया था।

इन नीतियों को निर्धारित करने में कई जमीनी वास्तविकताओं ने सहयोग दिया। इनमें सबसे प्रमुख है समझौते के लिए पाकिस्तान पर अमेरिका का उच्च राजनीतिक और कूटनीतिक दबाव। पाकिस्तान अमेरिका और उसके सहयोगी देशों को उनकी योजना के अनुसार अपने वायु-क्षेत्र, अपनी जमीन और अपने जल-क्षेत्र

का इस्तेमाल करने देने पर राजी हुआ। विमानवाहक पोत 'किट्टी हॉक' केनेतृत्व में अमेरिकी नौसेना कराची और ग्वादर बंदरगाहों के बीच पाकिस्तानी जल-क्षेत्र में तैनात की गई। ग्वादर में बने हवाई और सैन्य बेस अमेरिकी सेना को उपलब्ध कराए गए। इन क्षेत्रों से पाकिस्तानी सेना को हटा लिया गया। मध्य और पूर्वी अफगानिस्तान से अफगान शरणार्थियों की बाढ़ को रोकने के लिए पाकिस्तानी सेना को पाकिस्तान-अफगानिस्तान सीमा पर तैनात किया गया।

इसके पीछे दो कारण थे—पहला, पाकिस्तान नहीं चाहता था कि शरणार्थियों के रूप में तालिबान लड़ाके उत्तर-पश्चिमी सीमा प्रांत और बलूचिस्तान में घुसपैठ करें, क्योंकि उनके कारण पाकिस्तान के इस संवेदनशील क्षेत्र में विनाशकारी हिंसा बढ़ सकती थी। दूसरा, अतिरिक्त शरणार्थियों का बोझ उठाना आर्थिक और सामाजिक प्रभाव के संदर्भ में भी पाकिस्तान के लिए काफी मुश्किल था। मुशर्रफ सरकार ने अमेरिका की प्रतिबंधित सूची में शामिल उग्रवादी गुटों के सारे प्रशिक्षण शिविर भी बंद करवा दिए। इन शिविरों को बंद करना और यहाँ से कैडरों को अस्थायी रूप से हटा देना तार्किक और चालाकी भरा कदम था। जो सबसे महत्त्वपूर्ण जमीनी वास्तविकता थी, वह यह थी कि मुशर्रफ द्वारा अमेरिका का साथ देने के फैसले का विरोध पाकिस्तान में ही जनमत का एक हिस्सा और इसलामी ताकतें कर रही थीं।

इस कथन के साथ यह भी याद रखना चाहिए कि पाकिस्तान की बड़ी राजनीतिक पार्टियाँ और सैन्य बल प्रतिष्ठान की शक्ति-संरचना सामान्यतः मुशर्रफ की नीतियों की समर्थक हैं। अमेरिका के साथ मुशर्रफ के लेन-देन का उद्देश्य और तर्क स्पष्ट हैं। सन् 1998-99 से पाकिस्तान गंभीर आर्थिक कठिनाइयों का शिकार रहा है। इस परिस्थिति पर काबू पाने के लिए मुशर्रफ को अमेरिका के सहयोग की आवश्यकता थी। यदि मुशर्रफ ने अमेरिका का सहयोग करने से इनकार किया होता तो पाकिस्तान को एक 'आतंकवाद समर्थक राष्ट्र' की संज्ञा दी जाती, क्योंकि उसके पाकिस्तान-आधारित विभिन्न आतंकवादी संगठनों और ओसामा बिन लादेन नीत अल कायदा से नजदीकी संबंध थे। अपने करगिल दुस्साहस के प्रति अमेरिका की प्रतिक्रियाओं को याद करते हुए मुशर्रफ को यह भी आशंका थी कि यदि उन्होंने अमेरिका को सहयोग नहीं दिया तो अमेरिका पाकिस्तान के खिलाफ भारतीय दंडात्मक कारवाइयों का समर्थन करेगा।

सामान्य आर्थिक कठिनाइयों को एक तरफ कर दें तो पाकिस्तानी सैन्य बलों को हमेशा अमेरिका से विस्तृत रक्षा-आपूर्ति की आवश्यकता रही थी। मुशर्रफ का अनुमान यह था कि यदि उन्होंने अमेरिका के साथ सहयोग किया तो अमेरिका

और पाकिस्तान के बीच रक्षा संबंध, खासकर रक्षा-आपूर्ति संबंध बहाल हो पाएँगे। बुश पहले ही घोषणा कर चुके थे कि आतंकवाद-विरोधी अभियान में अमेरिका की मदद करनेवाले देशों को सैन्य सहयोग उपलब्ध कराया जाएगा। मुशर्रफ का एक और उद्देश्य यह था कि यदि अमेरिका से सैन्य आपूर्ति बहाल हो जाती है और रक्षा सहयोग पुन: सक्रिय हो जाता है तो सैन्य बल मुख्यालय की शक्ति-संरचना उनके समर्थन में आ जाएगी। यह उनके लिए एक महत्त्वपूर्ण बात होती, क्योंकि शुरुआती दौर में ग्यारह में से चार या पाँच कॉर्प कमांडर अमेरिका को सहयोग देने के उनके निर्णय के प्रति अधिक उत्साहित नहीं थे। पूर्व थल सेना अध्यक्ष ले. जनरल हमीद गुल को सार्वजनिक रूप से यह कहते सुना गया कि मुशर्रफ की नीतियाँ गलत हैं और वे पाकिस्तान के दीर्घकालीन हित में नहीं हैं।

एक बहुत महत्त्वपूर्ण उम्मीद, जिसके कारण मुशर्रफ ने अमेरिका को सहयोग देना मंजूर किया, वह यह था कि भले ही अमेरिका मुशर्रफ की कश्मीर नीतियों और भारत संबंधी विदेश नीतियों का समर्थन न करे, लेकिन उनके प्रति अधिक सहानुभूतिपूर्ण रवैया अपनाएगा। क्लिंटन की यात्रा से शुरू हुआ भारत-अमेरिका संबंधों का सकारात्मक रुख अमेरिका के साथ पाकिस्तान के सक्रिय सहयोग से निष्प्रभावी हो गया। यह उम्मीद आंशिक रूप से तब पूरी हुई जब अमेरिका ने पाकिस्तान को उन देशों की सूची से दूर रखा, जहाँ आतंकवाद को प्रश्रय मिलता है। अमेरिका ने भारत सरकार को औपचारिक रूप से यह भी सलाह दी कि वह पाकिस्तान आधारित आतंकवादियों के खिलाफ कोई दंडात्मक काररवाई न करे।

इस बात में कोई संदेह नहीं है कि मुशर्रफ घरेलू दबावों के संदर्भ में एक अत्यंत संवेदनशील स्थिति से संतुलन बनाकर चल रहे हैं। यह स्वीकार करना जरूरी है कि वह अब तक बड़ी दक्षता से स्थितियाँ सँभालते आए हैं। अमेरिका के अल्पकालीन हितों और प्राथमिकताओं के संदर्भ में पाकिस्तान को दिए जा रहे महत्त्व से भारत को उत्तेजित होने की आवश्यकता नहीं है। यदि वर्तमान पाकिस्तान-अमेरिका सहयोग भारतीय हितों के लिए किसी हानिकारक नीति-निर्धारण में बदलता है तो भारत को सुधारात्मक राजनीतिक और कूटनीतिक विकल्पों, यहाँ तक कि पाकिस्तान के खिलाफ क्रियात्मक विकल्पों, के साथ तैयार रहना चाहिए। अमेरिका की रणनीतिक और विदेश नीति का ध्यान आकृष्ट करने के लिए पाकिस्तान के साथ प्रतियोगिता करने की कोई जरूरत नहीं है। यह प्रवृत्ति बढ़ती जागरूकता के साथ कम होनी चाहिए। अमेरिका और पाकिस्तान—दोनों अपने-अपने राष्ट्रीय हितों की रूपरेखा के अंदर ही कार्य करेंगे।

सितंबर 2001 के अंत में एक लंबे साक्षात्कार में प्रधानमंत्री वाजपेयी ने यह मत व्यक्त किया कि भारत में इस बात की निराशा है कि संभवत: अमेरिका आतंकवाद संबंधी भारतीय चिंताओं के प्रति उतना संवेदनशील नहीं है जितनी उम्मीद की जा रही थी। इसी के समानांतर अक्तूबर 2001 में अमेरिका प्रतिष्ठान के कुछ वरिष्ठ सदस्यों ने मुझसे कहा कि अमेरिका इस बात से निराश है कि आतंकवाद के खिलाफ अमेरिकी अभियान से भारतीय हितों की सुरक्षा के प्रति भारत उदासीन है और उसकी प्रशंसा नहीं कर रहा है। उन घटनाओं और सैन्य गतिविधियों को एक तरफ करें, जिनकी पृष्ठभूमि में अमेरिकी विदेश मंत्री कॉलिन पॉवेल 15 व 17 अक्तूबर के बीच भारत व पाकिस्तान के दौरे पर आए। यह आपसी निराशा के मनोवैज्ञानिक और राजनीतिक संदर्भ में है कि पॉवेल ने 16 और 17 अक्तूबर को नई दिल्ली में भारतीय नेताओं से विचार-विमर्श किया। जसवंत सिंह, आडवाणी और प्रधानमंत्री वाजपेयी के साथ उनके विचार-विमर्श, जिस हद तक उन्हें सार्वजनिक किया जा सकता था, पर मीडिया ने खबरें दीं। पॉवेल ने एक संवाददाता सम्मेलन को भी संबोधित किया। 11 सितंबर के बाद भारत-अमेरिका संबंधों पर एक बही-खाता तैयार करने के लिए उस दौरे के वर्णनात्मक आयामों और संबंधित विश्लेषण से परे जाना होगा।

भारत की नकारात्मक धारणाओं या प्रतिक्रियाओं, जिन्होंने अमेरिकी सरकार को निराश किया, निम्नलिखित थे—

★ अमेरिका ने अंतरराष्ट्रीय आतंकवाद के खिलाफ अपने अभियान में भारत को छोड़कर पाकिस्तान को एक सक्रिय सहयोगी के रूप में चुना, जबकि भारत ने अमेरिका को पूरा सहयोग देने की पेशकश की थी।

★ परिणामस्वरूप अमेरिका पाकिस्तान की ओर झुक गया और संभवत: उसे भारतीय हितों के विरुद्ध जम्मू एवं कश्मीर आदि मुद्दों पर सहयोग दिया।

★ अमेरिका भारत के खिलाफ पाकिस्तान-प्रायोजित आतंकवाद के खिलाफ काररवाई करने का इच्छुक नहीं है। अमेरिका केवल पश्चिमी यूरोप में खुद और अपने सहयोगियों व जापान जैसे देशों के खिलाफ आतंकवाद को लेकर चिंतित है।

★ अमेरिका अफगानिस्तान और पश्चिमी एशिया के कुछ अन्य देशों के खिलाफ अपना आतंकवाद-विरोधी अभियान समाप्त कर लेगा और भारत को प्रभावित कर रही आतंकवाद संबंधी समस्याओं से निपटने का भार भारत पर ही छोड़ देगा।

★ पाकिस्तान के सहयोग के बदले में उसे आर्थिक और सैन्य सहायता बहाल करना, उसे भारत के खिलाफ शत्रुतापूर्ण गतिविधियों में मदद देना।

★ अमेरिका-पाकिस्तान रक्षा सहयोग व्यवस्था का संभावित विस्तार उपमहाद्वीप में हथियारों की दौड़ का कारण बनकर भारतीय सुरक्षा को प्रतिकूल तरीके से प्रभावित करेगा।

★ भारत को पॉवेल के इस बयान पर आपत्ति है कि जम्मू एवं कश्मीर भारत-पाकिस्तान संबंधों का एक केंद्रीय मुद्दा है। भारत दावा करता है कि जम्मू एवं कश्मीर नहीं, बल्कि सीमा पार आतंकवाद केंद्रीय मुद्दा है।

★ भारत इस बात से निराश है कि अमेरिका ने पाकिस्तान सरकार को आतंकवाद प्रायोजक देश नहीं माना है।

★ अमेरिका के आतंकवाद-विरोधी अभियान से भारत को जो लाभ पहुँच रहा है, उसकी कोई प्रशंसा भारत में नहीं हो रही है।

इनमें से कुछ बिंदु 17 अक्तूबर के विचार-विमर्श के दौरान पॉवेल को बताए गए। इस बात पर ध्यान दिया जाना चाहिए कि पॉवेल की प्रतिक्रियाएँ भारत के प्रति हठी, विवादास्पद या असंवेदनशील नहीं थीं। उनकी प्रतिक्रियाएँ भारत के प्रत्यक्ष हितों के रुझान में निम्नलिखित तथ्यात्मक प्रक्रियाओं पर आधारित थीं।

11 सितंबर की हिंसक घटनाओं के बाद अमेरिकी जनमत और अमेरिकी सरकार की कार्यकारी तथा विधायिका शाखाएँ भारत द्वारा दिखाई गई सहानुभूति और सहयोग की भावना की प्रशंसा करती हैं।

★ पाकिस्तान को महत्त्वपूर्ण भू-रणनीतिक और क्रियात्मक कारणों से गठबंधन में सहयोगी बनाया गया है और वह सैन्य संचालन व क्रियात्मक सुविधाओं तथा प्रामाणिक मानव इंटेलिजेंस इनपुट के संदर्भ में अपनी क्षमताओं के कारण तालिबान और अल कायदा के खिलाफ काररवाइयों में सबसे प्रभावी माध्यम हो सकता है।

★ पाकिस्तान और अमेरिका के बीच यह सहयोग भारत-अमेरिका संबंधों को किसी भी प्रकार से नुकसान नहीं पहुँचाएगा।

★ हालाँकि सार्वजनिक रूप से यह नहीं कहा गया, अमेरिका ने आतंकवाद-विरोधी गठबंधन में पाकिस्तान को (खासकर क्रियात्मक संदर्भ में) कुछ पूर्व शर्तों के तहत शामिल किया।

★ इसके परिणामस्वरूप मुशर्रफ ने अपनी सरकार को कट्टरपंथी तालिबान और अल कायदा से अलग कर लिया।

★ मुशर्रफ ने ग्यारह सैन्य कमांडरों में से सात वरिष्ठतम कमांडरों को स्थानांतरित कर दिया या हटा दिया, क्योंकि वे अमेरिका को सहयोग दिए जाने के खिलाफ थे। ये जनरल, खासकर जनरल अजीज और आई.एस.आई. प्रमुख जनरल महमूद अहमद जम्मू एवं कश्मीर में आतंकवाद को फैलाने में सक्रिय थे।

★ यह कहते हुए कि कश्मीर भारत-पाकिस्तान संबंधों को सामान्य करने के लिए मध्य बिंदु है, पॉवेल ने यह भी उल्लेख किया कि 1 अक्तूबर को जम्मू एवं कश्मीर विधानसभा पर आतंकवादी हमला गलत और अस्वीकार्य था। उन्होंने इस बात पर जोर दिया कि कश्मीर मुद्दे का समाधान भारत और पाकिस्तान के बीच द्विपक्षीय बातचीत के द्वारा खोजा जाना चाहिए।

★ पूर्व आधिकारिक बयानों में अमेरिका सरकार ने बल दिया था कि जब तक यह वार्त्ता चलती रहेगी तब तक दोनों पक्षों की ओर से वर्तमान नियंत्रण रेखा और सीमाओं का सम्मान किया जाना चाहिए।

★ अमेरिका ने न केवल अल कायदा की संपत्ति जब्त की, बल्कि उससे जुड़े यूरोप या अन्य कहीं स्थित संगठनों की संपत्ति भी सील की। अमेरिका ने पाकिस्तान स्थित कुछ कट्टरपंथी इसलामी गुटों की संपत्ति भी सील की है।

★ अमेरिका ने बार-बार इस बात पर बल दिया है कि आतंकवाद के विरुद्ध अभियान एक लंबा अभियान होगा और विश्व के सभी भागों में सभी प्रकार के अंतरराष्ट्रीय आतंकवाद को लक्ष्य बनाएगा।

★ इस बात पर भी ध्यान दिया जाना चाहिए कि अफगानिस्तान में अमेरिकी सैन्य अभियान, जिसमें आतंकवादी प्रशिक्षण शिविरों और हथियारों के भंडारों को नष्ट कर दिया गया, के कारण अफगानिस्तान और पाकिस्तान में उत्पन्न हो रहे भारत, जम्मू एवं कश्मीर व अन्य कहीं के खिलाफ सक्रिय आतंकवादियों की क्षमताएँ कम होंगी।

★ अमेरिका अपने नारकोटिक-विरोधी अभियान में अफगानिस्तान, पाकिस्तान और विश्व के अन्य भागों में अफीम व अन्य नशीले पदार्थों के उत्पादन की क्षमताएँ नष्ट करेगा। इससे दक्षिण एशियाई क्षेत्र में सक्रिय आतंकवादी गुटों के वित्तीय स्रोतों को कम किया जा सकता है।

★ भारत आतंकवाद-विरोधी अंतरराष्ट्रीय गठबंधन के प्रमुख सदस्यों द्वारा आयोजित द्विपक्षीय और बहुपक्षीय विचार-विमर्श का एक अभिन्न अंग रहेगा।

- ★ पॉवेल के नई दिल्ली दौरे के दौरान अंतरराष्ट्रीय आतंकवादी गतिविधियों का सामना करने के लिए अमेरिका और भारत ने एक समझौते पर हस्ताक्षर किए। यह भारत और अमेरिका के बीच स्थित आतंकवाद-विरोधी संस्थागत परामर्शदायी व्यवस्था को और मजबूत करेगा।
- ★ अमेरिकी सरकार भारत-अमेरिका संबंधों में उभरते महत्त्वपूर्ण सकारात्मक रुझानों को नुकसान पहुँचाने के लिए पाकिस्तान की ओर नहीं झुक रही है।
- ★ आतंकवाद के विरुद्ध अमेरिका को सहयोग देने की पाकिस्तानी नीतियों की गति में मुशर्रफ सरकार को भारत के प्रति एक अधिक तार्किक और व्यावहारिक दृष्टिकोण अपनाने पर विवश किया जा सकता है, भले ही अमेरिका को सहयोग देने का निर्णय उन्होंने दबाव में आकर और आशंकाओं के साथ किया हो। यह भारत-पाक वार्त्ता को बहाल करने की शुरुआत का माध्यम बन सकता है।

जहाँ तक मेरा मानना है, अमेरिकी सरकार महसूस कर रही थी कि भारतीय मीडिया और जनमत उन सकारात्मक रुझानों का पर्याप्त संज्ञान नहीं ले रही थी, जो इस दौर में अपने राष्ट्रीय हितों की रूपरेखा के अंतर्गत भारत के लिए अमेरिका कर सकता है। अमेरिका द्वारा पाकिस्तान को एक आतंकवाद प्रायोजक देश घोषित किए जाने की आशा, जब पाकिस्तान अमेरिका के आतंकवाद-विरोधी अभियान का एक सक्रिय भागीदार हो, बिलकुल अव्यावहारिक है।

इन प्रक्रियाओं में भारत के लिए दोहरे मुख्य संदेश हैं—पहला, वह अमेरिका या पाकिस्तान की नीतियों को सत्य मानकर अपनी नीतियाँ निर्धारित न करे। वह उनके अपने-अपने राष्ट्रीय हितों पर केंद्रित हो सकते हैं। दूसरा, भारत को प्राथमिक रूप से आतंकवाद और सुरक्षा वातावरण की प्रबंधन संबंधी समस्याओं को सुलझाने में आत्मनिर्भर होना होगा।

अमेरिका के नेतृत्व में अफगानिस्तान के खिलाफ आतंकवाद-विरोधी अभियान पर भारत का ध्यान इतना केंद्रित हो गया कि हम पाकिस्तान-प्रायोजित आतंकवाद, जिसका शिकार भारत सन् 1989 से ही रहा है, के खिलाफ संघर्ष के संदर्भ में उस अभियान के परिणामों के प्रति अजागरूक दिखे। अमेरिका पर हुए आतंकवादी हमलों के प्रति शुरुआती प्रतिक्रिया में भारत सरकार ने अमेरिका को उसके आतंकवाद-विरोधी अभियान में पूरा सहयोग देने का संदेश दिया। इससे पहले, संभवतः भारत ने अपनी नीतियाँ इस अनुमान पर निर्धारित की थीं कि अंतरराष्ट्रीय आतंकवाद के खिलाफ अमेरिका का अभियान स्वाभाविक रूप से पाकिस्तान-प्रायोजित कट्टरपंथी

इसलामी भाड़े के आतंकवादियों द्वारा उत्पन्न आतंकवाद को भी अपने घेरे में लेगा। यह एक आशावादी और अवास्तविक अनुमान था। न्यूयॉर्क और वाशिंगटन में विध्वंसक हिंसा की घटनाओं के एक सप्ताह के अंदर ही इस बात के संकेत मिले थे कि अमेरिका के आतंकवाद-विरोधी अभियान में पाकिस्तान मुख्य क्रियात्मक और सैन्य संचालन संबंधी माध्यम होगा।

11 सितंबर के पहले दस दिनों के अंदर ही अमेरिका ने भारत को विशिष्ट रूप से सलाह दी कि वह जम्मू एवं कश्मीर में हिंसा के जवाब में पाकिस्तान सरकार के खिलाफ कोई काररवाई न करे, जबकि अमेरिका ने शुरुआती अक्तूबर में जम्मू एवं कश्मीर विधानसभा पर जैश-ए-मुहम्मद के हमले की निंदा की, जिसमें लगभग चालीस लोग मारे गए थे। उसने जैश-ए-मुहम्मद को पाकिस्तान आधारित और पाकिस्तान प्रायोजित संगठन मानने से इनकार कर दिया।

12 जनवरी को मुशर्रफ के भाषण के बावजूद भारत को जम्मू-कश्मीर में आतंकवादी हिंसा की निरंतरता की आशा करनी चाहिए। एक अन्य दुविधा, जिसका सामना भारत सरकार कर रही है और आगे भी करेगी, वह है पाकिस्तान के खिलाफ निर्णायक और दंडात्मक काररवाई किए जाने के प्रति जनमत का समर्थन। यह दृष्टिकोण भारतीय राजनीतिक और सुरक्षा प्रतिष्ठान के कुछ भागों का भी है। रक्षा मंत्री जॉर्ज फर्नांडीस और गृहमंत्री लालकृष्ण आडवाणी की घोषणाएँ इसका उदाहरण हैं। भारत की जनता और सरकार को यह स्पष्ट रूप से समझ लेना चाहिए कि पाकिस्तान के खिलाफ भारत के किसी भी आतंकवाद-विरोधी अभियान को अमेरिका द्वारा राजनीतिक या क्रियात्मक सहयोग दिए जाने की संभावना नगण्य है। यह एक ऐसा अभियान है, जो आवश्यकता पड़ने पर भारत को अपने बलबूते पर छेड़ना होगा।

भारत अब तक अपनी क्षेत्रीय सीमाओं के अंदर ही आतंकवाद से संघर्ष करता रहा है। सवाल यह है कि क्या हम युद्ध को नियंत्रण रेखा के पार पाकिस्तान-प्रायोजित आतंकवाद की जड़ों पर आक्रमण करने के लिए ले जा सकते हैं या ले जाना चाहिए? यदि हम ऐसा कोई युद्ध शुरू करते हैं तो यहाँ भी हमें अकेले ही लड़ना होगा। बेहतर परिदृश्य की कल्पना हम यह कर सकते हैं कि अंतरराष्ट्रीय समुदाय हमारे खिलाफ तब तक कोई काररवाई न करे जब तक ये काररवाइयाँ पाकिस्तान के साथ एक परमाणु संघर्ष में नहीं बदलतीं।

चार कारक, जो इस संबंध में भारत के निर्णय को प्रभावित कर सकते हैं, वे हैं—(1) भारत को ऐसी किसी दंडात्मक काररवाई के खिलाफ पाकिस्तान द्वारा

परमाणु और मिसाइल हमले के खतरे के लिए तैयार रहना चाहिए। (2) स्पष्ट रूप से गंभीर आतंकवादी वारदात की प्रतिक्रिया में भारत द्वारा कोई प्रभावी कारस्वाई अंतरराष्ट्रीय समुदाय की नजरों में तर्कसंगत होगी। (3) उसे सावधानीपूर्वक इस बात का परीक्षण करना चाहिए कि क्या उसके पास ऐसी कारस्वाई के लिए, खासकर आनुपातिक बदला लेने के लिए, क्रियात्मक क्षमता है। इस बात की कोई गारंटी नहीं है कि पाकिस्तान खुद को आनुपातिक बदले की धारणा तक सीमित रखेगा या संघर्ष को विस्तार देना चाहेगा। (4) क्या भारत के पास ऐसी दंडात्मक कारस्वाई करने के लिए राजनीतिक इच्छाशक्ति और सैन्य परिणामों से निपटने की मानसिकता है ?

तालिबान और अल कायदा के खिलाफ अमेरिका के नेतृत्व में सैन्य अभियान शुरू होने के बाद 11 नवंबर, 2001 को सी.एन.एन. टेलीविजन पर दिखाए गए दो दृश्य उस भ्रामक और संवेदनशील स्थिति को स्पष्ट करते हैं, जिसमें पाकिस्तान खुद को दुविधा की स्थिति में महसूस करता है। पहली क्लिपिंग में कंधार के निकट अमेरिका की बमबारी से हुए विनाश पर एक अफगान पश्तून का विलाप था। उसने कहा कि तालिबान सेनाओं की बजाय आम लोगों को क्षति उठानी पड़ रही है। इसके बाद उसने कहा कि 'असली तालिब हमारे लोग हैं। वे अफगान हैं, जो हाल के वर्षों में यहाँ स्थिरता लाए। उनके साथ मिले विदेशियों—अरब, पाकिस्तानी, चेचेन्या व मिस्त्र के निवासियों आदि ने हमें त्रासदी और हिंसा का शिकार बनाया। इन विदेशियों को हमारे देश में नहीं आना चाहिए था, क्योंकि उन्हीं के कारण अमेरिकी हमें मार रहे हैं।'

दूसरा दृश्य मुशर्रफ विरोधी एक पाकिस्तानी प्रदर्शनकारी के साथ एक साक्षात्कार का था। उसने कहा कि पाकिस्तान ने वह भी नहीं पाया, जो मुशर्रफ ने अमेरिका का सहयोग करने के बदले पाने की बात कही थी। पाकिस्तान ने अफगानिस्तान में जो तालिबान सरकार स्थापित की थी, वह पूरी तरह नष्ट हो चुकी है। खुद को पठान स्वीकार करते हुए उस प्रदर्शनकारी ने कहा कि अफगान सरकारों में हमेशा पश्तूनों की महत्त्वपूर्ण भूमिका रही है, अब वह नहीं होगा। खाड़ी युद्ध के समय से जो गैर मुसलिम सैनिक मुसलिम देशों में बसाए गए थे, अब पाकिस्तान और अफगानिस्तान में स्थित हैं। मुशर्रफ के कारण पाकिस्तान एक दास राष्ट्र बनता जा रहा है।

आम लोगों की ये धारणाएँ आतंकवाद-विरोधी अभियान की राजनीति की जटिलताएँ और उसमें मुशर्रफ की भूमिका के बारे में भले ही विश्लेषणात्मक, अर्थभेदयुक्त या बुद्धिमत्तापूर्ण न हों, लेकिन वे एक सामान्य आकलन को प्रतिबिंबित

करते हैं, जो उन निराशाजनक वास्तविकताओं के करीब हैं, जिनका सामना मुशर्रफ कर रहे हैं और आनेवाले महीनों में करेंगे।

समकालीन इतिहास में सबसे कुशल विदेश मंत्री/कूटनीतिज्ञ थे चार्ल्स मॉरिस टैलीरेंड (1754-1838)। उन्होंने कहा था कि किसी देश के विदेश संबंधों के व्यवहार में तीन बातों को टालना चाहिए—अत्यधिक द्वेषपूर्ण (या अति उत्साही) नहीं होना चाहिए, अत्यधिक चिंता नहीं होनी चाहिए और जब एक नीति निर्धारित कर ली जाए तो उसे लागू करने में स्थिरता होनी चाहिए। यदि सितंबर 2001 के बाद भारत-अमेरिका संबंधों और 2001 में 7 से 10 नवंबर के बीच वाजपेयी की न्यूयॉर्क व वाशिंगटन यात्रा के परिणामों की विशेषताओं का विश्लेषण किया जाए तो यह निष्कर्ष अनिवार्य है कि भारत सरकार द्वारा टैलीरेंड की तीनों शर्तों को बिलकुल उपेक्षित कर दिया गया।

पहले अधिक द्वेषपूर्ण होने के मुद्दे को लें। वाजपेयी की यात्रा, 11 सितंबर की घटनाओं के बाद, अमेरिका को पूरा सहयोग देने की इच्छा घोषित करनेवाले प्रथम राष्ट्र होने के संदर्भ में थी। यह निर्णय नाटो में अमेरिका के नजदीकी सहयोगियों से भी पहले लिया गया। इसके विपरीत, रूस और चीन ने अमेरिका में हुए हादसे पर अपनी संवेदनाएँ व्यक्त करते हुए और अंतरराष्ट्रीय आतंकवाद के विरुद्ध अभियान में अपने सामान्य सहयोग की घोषणा करते हुए यह कहा कि यदि यह अभियान संयुक्त राष्ट्र के संरक्षण में चलाया जाए तो अधिक प्रभावी और विश्वसनीय होगा। चीन ने एक कदम आगे जाकर अपनी नीतिगत प्रतिक्रियाओं में अपने विशिष्ट राष्ट्रीय हितों को शामिल करते हुए यह मत व्यक्त किया कि तिब्बत, ताइवान और जिन जियांग में मौजूद आतंकवाद और अलगाववाद को भी प्रस्तावित अंतरराष्ट्रीय आतंकवाद-विरोधी अभियान में सम्मिलित करना चाहिए।

भारत ने अपने शुरुआती नीतिगत बयानों में पाकिस्तान-प्रायोजित आतंकवाद के बारे में विशिष्ट रूप से उल्लेख नहीं किया। सरकारी प्रतिनिधियों का तर्क यह था कि यह एक सस्ती और अवसरवादी सौदेबाजी प्रतीत होती। किसी अन्य देश की नीतिगत प्रतिक्रिया में यह हिचकिचाहट नहीं थी। भारत के उद्देश्य अमेरिका से अति आशावादी और एकपक्षीय अपेक्षाओं में भी निहित थे, जो तर्कपूर्ण नहीं थे।

प्रधानमंत्री वाजपेयी का वाशिंगटन में बुश के साथ विचार-विमर्श और न्यूयॉर्क में विश्व के अन्य नेताओं के साथ आदान-प्रदान का क्या परिणाम रहा? इस यात्रा से वाजपेयी और उनके वरिष्ठ सलाहकारों को अमेरिका के उच्चतम नेतृत्व से व्यक्तिगत परिचय बनाने का अवसर मिला। इसके साथ ही अंतरराष्ट्रीय आतंकवाद-

विरोधी अभियान के मुद्दे के आगे जाते हुए भारत-अमेरिका संबंधों के सभी पहलुओं पर विस्तृत विचार-विमर्श हुआ।

अब भारत और अमेरिका के बीच विस्तृत रक्षा सहयोग की संभावनाएँ हैं जिसकी पुष्टि रक्षा मंत्री डोनाल्ड रम्सफील्ड ने तब की जब उन्होंने एशियाई क्षेत्र में दीर्घकालीन स्थिरता और सुरक्षा-निर्माण के लिए 'भारत के साथ रणनीतिक सहयोग' की आवश्यकता बताई। वाजपेयी और बुश ने द्विपक्षीय आर्थिक संबंधों, खासकर हाइटेक व्यापार को विस्तृत करने के लिए विशिष्ट प्रयास करने पर सहमति जताई। भारत में अमेरिकी राजदूत रॉबर्ट ब्लैकविल ने कहा कि वाजपेयी व बुश की बातचीत के बाद आगामी दशक में भारत-अमेरिका द्विपक्षीय हाईटेक व्यापार में सत्तर से अस्सी प्रतिशत वृद्धि की आशा है। ब्रजेश मिश्र और राष्ट्रपति बुश के प्रमुख आर्थिक सलाहकार लैरी लिंडसे को इनके कार्यान्वयन के निरीक्षण के लिए नियुक्त किया गया है।

बुश और वाजपेयी के बीच महत्त्वपूर्ण समझौता था उनके द्वारा अपने-अपने संबंधित अधिकारियों और विशेषज्ञों को ये निर्देश जारी करना कि वे वासेनार और न्यूक्लीयर सप्लाइज ग्रुप टेक्नोलॉजी पद्धतियों पर काम करने के रास्ते तलाशें, ताकि परमाणु और अंतरिक्ष तकनीकों में भारत-अमेरिका सहयोग प्रक्रियात्मक समझौतों द्वारा फिर से सक्रिय किया जा सके। इसका अर्थ था भारत की परमाणु और मिसाइल अस्त्रीकरण के प्रति अमेरिका के दृष्टिकोण में एक गुणात्मक सुधार, हालाँकि अमेरिका अपने अप्रसार एजेंडा पर दृढ़ रहेगा।

अक्तूबर में जम्मू एवं कश्मीर विधानसभा भवन पर हमले ने इस पूर्वानुमान को प्रमाणित किया कि पाकिस्तान सरकार अमेरिका के साथ हासिल नए समीकरणों का लाभ उठाते हुए जम्मू एवं कश्मीर में अलगाववादी आतंकवाद को सहयोग देना जारी रखेगी। फिर 13 दिसंबर, 2001 को पाकिस्तान आधारित लश्कर-ए-तोयबा के आतंकवादियों ने भारतीय संसद् पर हमला किया। इस हमले ने उपमहाद्वीपीय सुरक्षा वातावरण को गुणात्मक रूप से परिवर्तित कर दिया और भारत के खिलाफ पाकिस्तान की केंद्रित हिंसा के प्रति भारत के रुख को और सख्त कर दिया। इस आक्रमण ने भारत, अमेरिका और पाकिस्तान के त्रिकोणीय संबंध में एक नया और संवेदनशील पक्ष भी जोड़ा।

दिसंबर 2001 से जनवरी 2002 के अंत तक की घटनाओं और रुझानों का आगामी महीनों और वर्षों में पाकिस्तान के साथ भारत के संबंधों पर गहरा प्रभाव पड़ेगा। भारत और पाकिस्तान के प्रति अमेरिकी नीतियों का उपमहाद्वीपीय मामलों

पर महत्त्वपूर्ण प्रभाव पड़ेगा। संयोगवश 14 दिसंबर, 2001 से 16 जनवरी, 2002 तक मैं अमेरिका में था। इसलिए मुझे व्यक्तिगत चर्चा और आदान-प्रदान के आधार पर अमेरिकी नीतियों और प्रवृत्तियों के बारे में प्रत्यक्ष अनुभव प्राप्त करने का अवसर मिला। दिसंबर और जनवरी माह में मुशर्रफ ने भी आतंकवाद और धार्मिक कट्टरवाद के प्रति अपनी नीतियों में एक स्पष्ट परिवर्तन की घोषणा की। 12 जनवरी को जनता के नाम संदेश और एक सप्ताह बाद पाकिस्तान के धार्मिक नेताओं को उनके संबोधन में इस परिवर्तन संबंधी घोषणाएँ थीं। इन आखिरी पृष्ठों में 13 दिसंबर के बाद की घटनाओं की विस्तृत समीक्षा उचित होगी।

15 दिसंबर को अमेरिका पहुँचने के साथ मेरी प्रमुख उत्सुकता यह आकलन करने की थी कि उस देश की सरकार और जनता 13 दिसंबर को भारतीय संसद् पर हुए हमले पर कैसे प्रतिक्रिया व्यक्त कर रही है। इस त्रासदी के प्रति अमेरिका की प्रतिक्रिया विविधतापूर्ण थी। वहाँ के विदेश मंत्रालय और रक्षा मंत्रालय ने औपचारिक बयान जारी करके भारतीय संसद् पर आतंकवादी हमले की निंदा की। अमेरिकी सरकार ने जैश-ए-मुहम्मद और लश्कर-ए-तोयबा को आतंकवादी संगठनों की सूची में शामिल करते हुए उनकी संपत्ति जब्त कर ली। राष्ट्रपति बुश और पॉवेल ने वाजपेयी व जसवंत सिंह को फोन करके अपनी सहानुभूति जताई और सामान्य सहयोग का आश्वासन दिया। तो भी, अमेरिका के नीतिगत बयानों में मौजूद सूक्ष्म अर्थभेद का जिक्र टालना नहीं चाहिए। इन आतंकवादी संगठनों और पाकिस्तान सरकार के बीच संपर्क की कोई स्वीकृति नहीं थी। भारत को सतर्कता और संयम से काम लेने की भी सलाह आग्रहपूर्वक दी गई।

क्षतिपूर्ति के रूप में अमेरिका ने इन आतंकवादी संगठनों और उनके नेताओं की लगाम कसने के लिए मुशर्रफ पर दबाव बनाने का प्रस्ताव रखा। अमेरिका द्वारा ऐसे दबाव का परिणाम रहा कि मुशर्रफ द्वारा जैश और लश्कर के नेताओं पर काबू करने और पाकिस्तान में उनकी वित्तीय संपत्तियों को जब्त करने के कुछ प्रयास किए गए। इस बात पर ध्यान देना आवश्यक है कि अमेरिकी सरकार ने ऐसे कदमों का स्वागत करते हुए सामान्यत: इस पाकिस्तानी माँग का समर्थन किया है कि भारत को इन हमलों में इन आतंकवादी संगठनों के शामिल होने के बारे में पक्के सुबूत उपलब्ध कराने चाहिए। इस बारे में जिज्ञासा होना स्वाभाविक है कि यदि भारतीय संसद् की तरह अमेरिकी संसद् पर हमला होता तो क्या अमेरिकी प्रतिक्रिया में पक्के सुबूत के लिए यही उदासीन सतर्कता शामिल होती? जब ये सरकारी आदान-प्रदान हो रहे थे, तब जम्मू-कश्मीर में नियंत्रण रेखा और अंतरराष्ट्रीय

सीमा पर भारतीय और पाकिस्तानी सैनिकों की तैनाती के साथ भारत-पाक संबंधों में तनाव बढ़ गया। लश्कर और जैश के खिलाफ कारवाई करने और उनके नेताओं के प्रत्यर्पण की भारत सरकार की वैध माँगों के प्रति पाकिस्तान की अस्पष्ट और विलंबकारी प्रतिक्रिया ने स्थिति को और भी तनावपूर्ण बना दिया।

अमेरिका में 13 दिसंबर के बाद भारत-पाकिस्तान संबंधों के बारे में मीडिया कवरेज वर्ल्ड ट्रेड सेंटर और पेंटागन पर हमले के प्रति अमेरिकी मीडिया की प्रतिक्रिया के बिलकुल विपरीत थी। भारतीय संसद् पर हमले को 'कश्मीरी उग्रवादियों द्वारा हमला, जिन्हें भारत पाकिस्तान-समर्थित मानता है' कहकर वर्णन किया गया। इस आक्रमण में अपना हाथ होने से पाकिस्तान का इनकार और भारत के प्रति मुशर्रफ की सहानुभूति को अधिक महत्त्व दिया गया। इसके बाद कहा गया कि भारत को पाकिस्तानी भागीदारी के बारे में पक्के सुबूत देना अभी बाकी है। इस विश्लेषण के बाद भारत-पाकिस्तान के बढ़ते तनाव के बारे में पूर्वानुमान लगाया गया। दृश्य-श्रव्य मीडिया में अमेरिकी विशेषज्ञों ने संसद् पर हुए हमले को उचित दंडात्मक कारवाई की आवश्यकतावाली एक आतंकवादी गतिविधि बताने के बजाय कहा कि कश्मीर एक विवादित क्षेत्र है और यह अनसुलझा विवाद ही दिसंबर में नई दिल्ली में हुई हिंसक घटना का कारण है। इन पंडितों ने पाकिस्तानी सीमा पर सैनिक तैनात करने और निर्णायक कारवाई करने की घोषणा की आलोचना की। अमेरिकी जनता को याद दिलाया गया कि भारत और पाकिस्तान परमाणु अस्त्र-संपन्न देश हैं और उनके बीच कोई भी सैन्य संघर्ष परमाणु युद्ध के रूप में बदल सकता है। सबको यह भी सूचित किया गया कि पाकिस्तान अफगास्तिा़न में अमेरिका के आतंकवाद-विरोधी अभियान में एक नजदीकी सहयोगी है और अमेरिका के लिए क्रियात्मक रूप से महत्त्वपूर्ण है।

इसके बाद, प्राथमिक अमेरिकी चिंता को स्पष्ट किया गया। भारत द्वारा पाकिस्तान पर सैन्य और कूटनीतिक दबाव डालने पर पाकिस्तान का राजनीतिक ध्यान भारत पर केंद्रित हो जाता और वह पाकिस्तान-अफगानिस्तान सीमा से सैनिकों को हटाना शुरू कर सकता था, जिसके कारण अमेरिका द्वारा जारी आतंकवाद-विरोधी अभियान धीमा पड़ जाता या उसमें कठिनाइयाँ उत्पन्न हो जातीं। इस चिंता की अभिव्यक्ति के बाद यह कहा गया कि भारत की खास जिम्मेदारी है कि वह संयम से काम ले और तालिबान व अल कायदा के खिलाफ अभियान में बाधा न डाले।

अमेरिकी सरकार ने दृढ़ता से भारत के प्रति सहयोग का आश्वासन दिया। उसकी स्थायी चिंताएँ इन मीडिया रिपोर्टों और विश्लेषणों से प्रकट होती थीं। भारत

द्वारा झेले जा रहे आतंकवाद के प्रति सामान्य सहानुभूति है, लेकिन उनकी प्राथमिक चिंता अपना अभियान पूर्ण करना है। ओसामा बिन लादेन और मुल्ला उमर अभी तक पकड़े या मारे नहीं गए, तालिबान और अल कायदा के सैनिक अब भी अफगानिस्तान में हैं, जो नई अफगान सरकार को अस्थिर कर सकते हैं और इराक जैसे अन्य देशों में अपना आतंकवाद-विरोधी अभियान विस्तृत करने में अरब सहयोगियों के समर्थन के बारे में अनिश्चितताएँ अमेरिकी नीतियों में अधिक महत्त्वपूर्ण चिंताएँ हैं।

फिर भी, पैन इसलामिक उग्रवाद और सीमा पार आतंकवाद के साथ पाकिस्तान के दो दशक पुराने संबंधों के बारे में एक सामान्य जागरूकता है। पिछली शताब्दी के आखिरी दो दशकों में अपने विशाल रणनीतिक हितों के लिए अमेरिका द्वारा इसलामी आतंकवाद को बढ़ावा देने की बात अभी लोगों की स्मृति से दूर नहीं हुई है। भारत के न केवल एक प्रतिबद्ध लोकतंत्र होने बल्कि लोकतंत्र, मानवाधिकार और बहुलवाद की समर्थक रणनीतिक सत्ता होने के बारे में अमेरिका के लोगों को कोई संदेह नहीं है। यह आशा की जा सकती है कि अमेरिकी लोगों की ये धारणाएँ अमेरिकी मीडिया द्वारा व्यक्त स्वार्थपूर्ण निर्धारणों को संतुलित कर देगा।

भारत को हमारे क्षेत्र के प्रति अमेरिकी नीतियों का पूर्वानुमान लगाना चाहिए। पहली प्राथमिकता अंतरराष्ट्रीय इसलामी आतंकवादी नेटवर्कों को ध्वस्त करना होगा, जो अमेरिका के अपने लोकतंत्र और फिर पश्चिमी लोकतंत्रों के लिए खतरा बन गए हैं। उसकी दूसरी प्राथमिकता होगी नशीले पदार्थों की तस्करी और हथियारों के अवैध अधिग्रहण के संदर्भ में इन नेटवर्कों के स्रोतों को नष्ट करना। यह अभियान केवल अफगानिस्तान तक सीमित नहीं रहेगा, बल्कि आनेवाले महीनों में अन्य देशों में भी विस्तृत किया जाएगा। भारत अपने आतंकवाद-विरोधी अभियान में सामान्य राजनीतिक समर्थन की उम्मीद तब तक कर सकता है जब तक उसका अभियान भारतीय क्षेत्र तक सीमित रहेगा और खास आतंकवादी घटनाओं की प्रतिक्रियास्वरूप होगा। सीमा या नियंत्रण रेखा के पार पाकिस्तान के खिलाफ अमेरिका कोई दंडात्मक कारवाई सहन नहीं करेगा। वास्तव में इस बात के स्पष्ट संकेत हैं कि अमेरिका उपमहाद्वीप में अधिक सक्रियता से हस्तक्षेप करने का इच्छुक होगा। अमेरिकी रक्षा मंत्री डोनाल्ड रम्सफील्ड ने सन् 2001 के दिसंबर के अंतिम सप्ताह में कहा कि भारत और पाकिस्तान के नेताओं के लगातार संपर्क में रहने के अलावा अमेरिका भारत-पाक संघर्ष टालने के लिए संभावित विकल्पों पर विचार कर रहा है।

इस प्रकार, यह स्पष्ट है कि संयम रखने की अमेरिका द्वारा दी गई सलाह को यदि भारत स्वीकार नहीं करता तो भारत-अमेरिका संबंधों में नई शुरुआतें नकारात्मक रूप से प्रभावित होंगी। यह भी स्पष्ट है कि अमेरिका के अपने हितों की चिंता और परवेज मुशर्रफ के अमेरिका के संरक्षण में रहने के चतुर प्रयासों के संदर्भ में भारत को निकट भविष्य में आतंकवाद के खिलाफ अपनी लड़ाई खुद लड़नी होगी। भारत को यह लड़ाई न केवल सतर्क आतंकवाद-विरोधी काररवाइयों के संदर्भ में जारी रखनी होगी, बल्कि अधिक महत्त्वपूर्ण यह है कि उसे अमेरिका और विश्व-जनमत को हमारी चिंताओं के बारे में जागरूक करने के लिए एक गंभीर प्रचार व कूटनीतिक अभियान छेड़ना होगा। साथ ही चिंताओं का संबंध विश्व-सुरक्षा से जोड़ना होगा, जो अमेरिका और विश्व की बड़ी शक्तियों की रुचि में होगा।

चूँकि मेरी अधिकतर यात्राएँ दक्षिण-मध्य और पश्चिमी अमेरिका में थीं, जो देश के पूर्वी हिस्सों से दूर था, मैं यह दावा कर सकता हूँ कि मेरी धारणाएँ उन अमेरिकियों के दृष्टिकोणों पर आधारित हैं, जो सरकारी विचारधारा के सीधे प्रभाव और देश के पारंपरिक प्रतिष्ठान के प्रभाव से दूर रह रहे थे। पहला—अमेरिका के अंदर घरेलू मोरचे पर प्रभाव। इस प्रभाव में सबसे महत्त्वपूर्ण तत्त्व घरेलू सुरक्षा के संदर्भ में कमजोर होने की भावना है। 'अमेरिकी किले' के बारे में अमेरिका का समग्र आत्मविश्वास यहाँ पर नष्ट हो जाता है। महाद्वीपीय संयुक्त राष्ट्र, जो पूर्व और पश्चिम की ओर समुद्र से और उत्तर व दक्षिण की ओर से मित्र राष्ट्रों से घिरा हुआ है, पर प्रत्यक्ष आक्रमण न केवल अप्रत्याशित था बल्कि एक कल्पनातीत संभावना थी। न्यूयॉर्क और वाशिंगटन में 9 और 11 को हुए आतंकवादी हमले सन् 1812 के बाद अमेरिका के महाद्वीपीय क्षेत्र में पहले आक्रमण थे। सन् 1812 में ब्रिटिश फौजों ने अल्पकाल के लिए वाशिंगटन पर कब्जा कर लिया था। देश की सुरक्षा, एक बड़े राजनीतिक सिद्धांत और उच्च प्राथमिकता का नीति उद्देश्य बनकर उभरा है। राष्ट्रपति बुश ने होमलैंड सिक्यूरिटी के नए विभाग का निर्माण किया। सभी आयामों में घरेलू सुरक्षा के लिए अमेरिकी सैन्य बलों और सहायक सैन्य बलों की भूमिका को पुनः सक्रिय करने के लिए कार्यकारी आदेश और संगठनात्मक व्यवस्थाएँ की जा रही हैं।

दूसरा उल्लेखनीय तत्त्व भावनात्मक देशभक्ति का दिखना है। इस प्रवृत्ति की अभिव्यक्ति इस तथ्य में होती है कि आतंकवादी खतरे का सामना करने के लिए राष्ट्रपति बुश द्वारा सुझाई गई हर नीति और उनके द्वारा लिये गए हर निर्णय को अमेरिकी कांग्रेस या संघटक राष्ट्रों की सरकारों द्वारा किसी विरोध का सामना नहीं

करना पड़ता। देशभक्ति की इस भावना को वायुयान-हमले की याद में आयोजित होनेवाली राजनीतिक सभाओं और धार्मिक समारोहों ने और मजबूत तथा विकसित किया है। हालाँकि इस भावना में आक्रामक युद्धप्रियता नहीं है, मगर विदेशियों, खासकर एशिया और अरब देशों के निवासियों, के खिलाफ अविश्वास को कोई भी भाँप सकता है।

यहाँ इसलाम को लेकर भी भय का माहौल है, हालाँकि राष्ट्रपति बुश और अमेरिकी नेतृत्व इस बारे में लोगों को शिक्षित करने की कोशिश कर रहे हैं कि एक धर्म के रूप में इसलाम और उसकी गलत व्याख्या करनेवाले आतंकवादियों में अंतर है; जबकि अमेरिकी सरकार ने इस बात पर जोर दिया है कि उसका आतंकवाद-विरोधी अभियान बदले की भावना से प्रेरित नहीं होगा। अमेरिकी जनमत की माँग है कि जिन लोगों ने निर्दोष अमेरिकी नागरिकों के खिलाफ घृणित हिंसात्मक कदम उठाया है, उनसे स्पष्ट और निर्णायक रूप से बदला लिया जाना चाहिए। इस तरह के प्रस्तावों का परिणाम इस सामान्य सोच के रूप में निकला है कि जो देश या लोग अमेरिका के आतंकवाद-विरोधी अभियान का समर्थन पूरी तरह नहीं करेंगे, वे अमेरिका के दोस्त नहीं होंगे और उनके साथ उसी प्रकार का व्यवहार किया जाना चाहिए।

अमेरिका में इस प्रकार की भावना भी है कि दुनिया की अन्य बड़ी शक्तियों को अंतरराष्ट्रीय आतंकवाद से निबटने के लिए ज्यादा सक्रिय भूमिका निभानी चाहिए और इसमें अमेरिका पर ज्यादा बोझ नहीं डालना चाहिए। अमेरिकी सरकार अपनी जनता की भावना के प्रति कितनी अनुकूल है, इसका संकेत तब मिला जब रक्षा मंत्री डोनाल्ड रम्सफील्ड ने जनवरी की शुरुआत में अपने बयान में अमेरिकी अभियान के अफगानिस्तान के अलावा कहीं और शुरू होने पर संदेह जताया। उन्होंने यह संकेत भी दिया कि अमेरिकी सैन्य अभियान छोटी अवधि में पूर्वी एवं दक्षिणी अफगानिस्तान और पाकिस्तान के सीमावर्ती क्षेत्रों में केंद्रित रहेगा। उन्होंने ओसामा बिन लादेन और मुल्ला उमर के न पकड़े जाने या मारे जाने पर सरकार और जनता के बीच उभर रहे असंतोष का भी संज्ञान लिया। उन्होंने जोर देकर कहा कि उनके खिलाफ अभियान चलाना अभी अमेरिका का एक लक्ष्य है। उनके विचारों की प्रतिध्वनि विदेश विभाग में तब दिखाई दी जब एक अमेरिकी प्रवक्ता ने पहली बार सार्वजनिक रूप से कहा कि जनरल परवेज मुशर्रफ की विश्वसनीयता और पाकिस्तान का भविष्य इस बात पर निर्भर करता है कि पाकिस्तान सरकार अल कायदा और दूसरे आतंकवादियों से किस प्रकार के संबंध रखती है।

भारत ने संसद् पर 13 दिसंबर को हमला होने के बाद अपनी पाकिस्तान नीति में बदलाव लाते हुए आक्रामक नीति अपनाई। दीर्घ-स्तरीय राजनीतिक परिणामों ने भारत-पाकिस्तान तनाव को उच्च और स्पष्ट स्तर पर पहुँचा दिया। पाकिस्तान पर दबाव बनाने और उसके छाया-युद्ध के प्रति ज्यादा निर्णायक रुख अपनाने के लिए भारत ने जो कूटनीतिक, राजनीतिक और सैन्य कदम उठाए, उससे संबंधित प्रतिक्रियाओं के तीन विस्तृत प्रतिमान सामने आए—पहला, विश्व समुदाय में इस बात पर एकता और चिंता थी कि परमाणु युद्ध की संभावना को देखते हुए भारत और पाकिस्तान को सैन्य संघर्ष में नहीं उलझना चाहिए; दूसरा, भारत की जनता में इस बात पर आम राय थी कि भारत को पाकिस्तान पर दबाव बनाने की अपनी नीति से, खासकर सीमा और नियंत्रण रेखा पर भारी सैन्य तैनाती के द्वारा, पीछे नहीं हटना चाहिए; तीसरा, लोगों का मत यह भी है कि भारत द्वारा डाले गए दबाव से उसे (भारत को) अपने उद्देश्य कुछ हद तक प्राप्त करने में मदद मिली है। इससे राष्ट्रपति मुशर्रफ पर प्रभाव पड़ा है और अंतरराष्ट्रीय समुदाय भारतीय चिंताओं के प्रति जागरूक हुआ है। इसलिए अब भारत अपने आक्रामकरुख से हटकर तर्कसंगत मुद्रा अपना सकता है।

सन् 2002 की शुरुआत में सुरक्षा परिषद् के पाँच स्थायी सदस्यों में से चार—अमेरिका, रूस, ब्रिटेन और चीन—के विशेष प्रतिनिधियों ने प्रधानमंत्री वाजपेयी, गृहमंत्री आडवाणी और विदेश मंत्री जसवंत सिंह से मुलाकात की तथा भारत को मर्यादित, संयमित और सावधान रहने की सलाह दी। उन्होंने अपने सामूहिक आकलन में कहा कि भारत के राजनीतिक, कूटनीतिक और सैन्य कदमों ने मुशर्रफ पर अपेक्षित प्रभाव डाला है और इसका परिणाम उनके द्वारा पाकिस्तान में कट्टरपंथी धार्मिक गुटों और आतंकवादी संगठनों पर नियंत्रण लगाने के प्रयासों के रूप में सामने आया है। अमेरिका और दूसरी बड़ी शक्तियों का आकलन यह है कि राष्ट्रपति मुशर्रफ ने अपने देश में धार्मिक कट्टरपंथियों और उग्रवाद को खत्म करने के लिए कदम उठाने शुरू कर दिए हैं। इसीलिए भारत को अब उनपर उच्च स्तर का दबाव नहीं बनाए रखना चाहिए; क्योंकि इसका परिणाम उनके द्वारा अपनाई गई नीतियों से पीछे हटने में निकल सकता है। इनके साथ एक दीर्घकालीन उद्देश्य जुड़ा हुआ है कि भारत और पाकिस्तान कश्मीर समस्या को सुलझाने के लिए कुछ स्थायी कदम उठाएँ, क्योंकि उसपर ध्यान न देने से युद्ध के लिए अनुकूल उत्तेजना उत्पन्न हो सकती है, जबकि ये देश भारत की पीड़ा और चिंताओं को स्वीकार करते हैं। उनका मत यह है कि क्षेत्रीय स्थिरता के अधिक बड़े हितों में भारत को संयमी होना चाहिए। भारत की पाकिस्तान नीतियों को इन रुझानों के प्रति सकारात्मक रुख

रखना होगा, क्योंकि इन मुद्दों पर विश्व के सभी बड़े देश एकमत हैं।

इसलिए अब हम भारत के प्रति पाकिस्तानी नीतियों के अधिक हालिया तत्त्वों का आकलन करते हैं। 12 जनवरी को दिए गए मुशर्रफ के भाषण के बारे में बहुत कुछ कहा गया। उनके द्वारा जैश-ए-मुहम्मद और लश्कर-ए-तोयबा को प्रतिबंधित करना, उनकी संपत्ति को जब्त करना और पाकिस्तानी अधिकारियों द्वारा लगभग दो हजार इसलामी कार्यकर्ताओं को हिरासत में लेना। मुशर्रफ के भाषण को पाकिस्तान की भारत नीतियों में गुणात्मक परिवर्तन की शुरुआत के रूप में देखा गया। प्रश्न यह है कि क्या मुशर्रफ की नीतियों की सकारात्मक व्याख्या एक उभरती वास्तविकता है या उनके द्वारा उठाए जा रहे कृत्रिम और चालाकी भरे कदम हैं, जिनका परिणाम सकारात्मक पूर्वानुमानों में निकला है? (भारत के मामले में दूसरा दृष्टिकोण ही सही लगता है।) अपने भाषण में मुशर्रफ ने बार-बार दोहराया कि जम्मू-कश्मीर में अलगाववादी आंदोलनों को दिए जा रहे पाकिस्तान के सहयोग में कोई बदलाव नहीं होगा। उनके अनुसार, 'कश्मीर पाकिस्तानियों के रक्त-प्रवाह में शामिल है।' उन्होंने कश्मीर पर भारत के साथ किसी समझौते से इनकार किया। उनकी सरकार की ओर से ऐसी कोई घोषणा नहीं हुई है कि वे कश्मीर में अलगाववादियों को समर्थन देना बंद करेंगे। उन्होंने खास तौर पर इस बात पर जोर दिया कि पाकिस्तान में विभिन्न कट्टरपंथी गुटों के खिलाफ की गई काररवाई अमेरिका के नेतृत्व में चलाए जा रहे अंतरराष्ट्रीय आतंकवाद-विरोधी अभियान को सहयोग देने की उनकी नीति का एक हिस्सा है।

इस पूरे संदर्भ को देखते हुए भारत पाकिस्तान को लेकर कई जटिल स्थितियों का सामना कर रहा है—पहला, पाकिस्तान की भारत नीतियों में कोई स्पष्ट बदलाव नहीं है; दूसरा, अंतरराष्ट्रीय समुदाय में अंतरराष्ट्रीय आतंकवाद-विरोधी अभियान के प्रति समर्पित एक समझदार उदारवादी नेता और भारत के साथ तनाव कम करने की इच्छा रखनेवाले व्यक्ति के रूप में मुशर्रफ की विश्वसनीयता बढ़ी है। तथ्य जो भी हों, भारत की आशंकाएँ जो भी हों, यह अंतरराष्ट्रीय धारणा एक बाध्यकारी स्थिति है। तीसरा, कुछ हद तक शुरुआती इच्छित उद्देश्य को प्राप्त करने में सफल रहने के बाद राजनीतिक-सैन्य मुद्रा अब ह्रासमान परिणामों का कारण बन सकती है। भारत के लिए यह जरूरी है कि वह अपनी सुरक्षा में ढील दिए बिना या अपने आतंकवाद में पाकिस्तानी भागीदारी के प्रश्न पर अपने सिद्धांतवादी दृष्टिकोण से डिगे बिना व्यावहारिक और विवेकशील नजर आए। यह भी उतना ही महत्त्वपूर्ण है कि वह अंतरराष्ट्रीय समुदाय के सामान्य समर्थन को न खोए, जो पिछले सितंबर

से अर्जित किया गया है।

भारत को धीमे और नपे-तुले तरीके से सैन्य तनाव को कम करने के विकल्पों पर विचार करना चाहिए। उसे पाकिस्तान के साथ पर्याप्त उच्च आधिकारिक स्तर पर आगामी दो या तीन माह की एक निश्चित समय सीमा के साथ द्विपक्षीय वार्त्ता के लिए सहमत होना चाहिए। उसे विश्व की महत्त्वपूर्ण शक्तियों के साथ कूटनीतिक अभियान जारी रखना चाहिए, ताकि पाकिस्तान पर अंतरराष्ट्रीय दबाव बना रहे और मुशर्रफ की आम नीतिगत घोषणाएँ क्रियात्मक वास्तविकताओं में बदल जाएँ। समानांतर स्तर पर उसे कश्मीर समस्या के घरेलू आयामों को सुलझाने के लिए जम्मू-कश्मीर में सभी गुटों के नेताओं से स्थायी बातचीत आरंभ करनी चाहिए।

अमेरिका पर आतंकवादी हमलों और 13 दिसंबर, 2001 को भारतीय संसद् पर हमले के बाद से अंतरराष्ट्रीय समुदाय का ध्यान दक्षिण एशिया, खासकर अफगानिस्तान, पाकिस्तान और भारत पर केंद्रित है। इसका एक परिणाम यह हुआ है कि अंतरराष्ट्रीय आतंकवाद-विरोधी अभियान की रूपरेखा के अंदर अमेरिका और अन्य बड़ी शक्तियों ने उपमहाद्वीप में एक सक्रिय भूमिका अपनाई है। दिसंबर मध्य से भारत-पाकिस्तान तनाव को कम करने के लिए विदेशी सरकारों के उच्च स्तर के नेताओं का दिल्ली आना केवल सलाहकारी प्रयास नहीं हैं। वास्तविक अर्थों में ये प्रयास भारत-पाक संबंधों में एक तीसरे पक्ष का हस्तक्षेप हैं। यह केवल एक आकलन नहीं, बल्कि तथ्यात्मक बयान है।

अंतरराष्ट्रीय भागीदारी/हस्तक्षेप, खासकर अमेरिका के हस्तक्षेप की संभावना इन कारणों से है—पहला, भारत की धारणाएँ कुछ भी हों, अंतरराष्ट्रीय समुदाय जम्मू एवं कश्मीर की समस्या को एक क्षेत्रीय विवाद मानता है, जिसमें पाकिस्तान की भूमिका और दावा है। न तो भारत में राज्य का विलय और न ही पाकिस्तान की आक्रामकता का मुद्दा उनके लिए महत्त्व रखता है। दूसरे, पचास वर्षों से अधिक समय के बावजूद यह विवाद अभी तक अनसुलझा है और उसने भारत व पाकिस्तान के बीच बड़े युद्धों को जन्म दिया है। तीसरे, पिछले दशक के दौरान भारत व पाकिस्तान द्वारा परमाणु और मिसाइल क्षमताओं को प्राप्त करने के कारण अंतरराष्ट्रीय समुदाय में ऐसे युद्धों के बारे में चिंता काफी बढ़ी है । कश्मीर मुद्दे को एक परमाणु केंद्रबिंदु के रूप में देखा जा रहा है। चौथा, परमाणु खतरा, सीमा पार आतंकवाद और पैन इसलामिक उग्रवाद अंतरराष्ट्रीय चिंता के मामले बन गए हैं और आकलन यह है कि यह हानिकारक मुद्दा जम्मू एवं कश्मीर जैसे विवादों में और भी विकसित हो सकता है। इस बारे में भी अनुमानित आकलन यह है कि

अफगानिस्तान की स्थिरता अप्रत्यक्ष रूप से कश्मीर के समाधान और भारत-पाक संबंधों के सामान्यीकरण पर निर्भर है।

इसलिए भारत को यह स्पष्ट रूप से समझ लेना चाहिए कि उपमहाद्वीप में अमेरिका के हस्तक्षेप की पूरी संभावना है और यदि वाशिंगटन के आकलन के अनुसार दोनों देशों में परमाणु युद्ध की संभावना नजर आए तो उसका हस्तक्षेप सिर्फ राजनीतिक नहीं बल्कि क्रियात्मक भी हो सकता है। ऐसे प्रयास में उसे अंतरराष्ट्रीय समुदाय का पूरा सहयोग प्राप्त होगा। भारत को उपर्युक्त वास्तविकताओं पर ध्यान देना होगा। यदि वह तीसरे पक्ष के हस्तक्षेप से बचना चाहता है तो उसे जम्मू एवं कश्मीर की आंतरिक मुश्किलों के समाधान को उच्च प्राथमिकता देनी होगी।

इस बारे में सूचनाएँ हैं कि अमेरिका निम्नलिखित विशिष्ट क्षेत्रों में भारत के साथ विस्तृत रक्षा सहयोग चाहता है—(1) हिंद महासागर में अमेरिकी जहाजों के लिए भारतीय नौसैनिक सुरक्षा, (2) भारतीय क्षेत्र में अमेरिकी टुकड़ियों को प्रशिक्षण सुविधाएँ उपलब्ध कराना, (3) भारतीय बंदरगाहों पर अमेरिकी जहाजों के लिए लंगर डालने और मरम्मत की सुविधाएँ, (4) बंगाल की खाड़ी और अरब सागर में अमेरिकी नौसेना के लिए सैन्य संचालन सहयोग। ये प्रस्ताव इन टिप्पणियों के साथ मीडिया में प्रचारित किए गए कि भारत ने इनमें से कुछ सुझाव अस्वीकृत कर दिए हैं। जसवंत सिंह ने वाशिंगटन में इन खबरों को काल्पनिक बताया। जबकि दिल्ली में जॉर्ज फर्नांडीस ने कहा कि इनमें से कुछ प्रस्तावों पर उनकी रम्सफील्ड से बात हुई थी और भारत इन प्रस्तावों पर सावधानीपूर्वक विचार करने के बाद अमेरिका का सहयोग करने के विरुद्ध नहीं है।

वर्तमान में सभी स्तरों पर भारत की नीति अमेरिका को पूरी तरह सहयोग देने और उसके साथ नजदीकी संबंध स्थापित करने की है। यदि ऐसा है तो जसवंत सिंह द्वारा व्यक्त किए गए विचार उस नीति के विरोधाभासी हैं, जिन्हें पिछले तीन वर्षों के दौरान उन्होंने ही विकसित किया है। जसवंत सिंह के दावे के विपरीत फर्नांडीस के बयान का होना भारत को एक विरोधाभासी प्रवृत्ति के देश के रूप में प्रस्तुत करता है, जिसने भारत-अमेरिका सहयोग के महत्त्वपूर्ण पक्षों पर अपनी नीति तय नहीं की है। यह विरोधाभास अमेरिका के बारे में भारतीय जनमत में विभाजन को प्रतिबिंबित करता है; लेकिन दीर्घकालीन हितों के बारे में ग्रहणशील होना, प्राथमिकताओं के बारे में स्पष्ट होना और निर्णयों के संबंध में संगतिपूर्ण तथा दृढ़ होना विश्व के महत्त्वपूर्ण देशों, खासकर अमेरिका से संबंध विकसित करने में

महत्त्वपूर्ण हैं। वाजपेयी-बुश बैठक के सकारात्मक परिणामों के बावजूद अमेरिका के प्रति भारतीय नीतियाँ विरोधाभासों, शंकाओं और अस्पष्टता से घिरी रहीं।

अंतरराष्ट्रीय दबाव के कारण हिंसक आतंकवादी संगठनों को सहयोग देने की मुशर्रफ की क्षमता और प्रवृत्ति भले ही नष्ट हो जाए, वह ऐसे संगठनों से पूरी तरह खुद को अलग करने में सफल नहीं हो पाएँगे, क्योंकि सत्ता में उनका बने रहना उन संगठनों से एक सीमा से अधिक दुश्मनी न लेने पर निर्भर करता है।

आतंकवाद के विरुद्ध अंतरराष्ट्रीय अभियान भारत और पाकिस्तान को एक विवेकपूर्ण बातचीत की ओर मुड़ने का एक अवसर प्रदान करता है। इस अवसर का उचित इस्तेमाल तभी हो सकता है, जब पाकिस्तान की सत्ता-संरचना में एक आधारभूत बदलाव आए। यह बदलाव न केवल उसके सैन्य घटकों, बल्कि पाकिस्तान की बड़ी राजनीतिक पार्टियों के धनतंत्रीय व सामंती नेतृत्व की सामाजिक पृष्ठभूमि और राजनीतिक झुकावों के संदर्भ में भी आना चाहिए। इसलिए भारत-पाकिस्तान संबंधों में तार्किकता की आशा में पर्याप्त राजनीतिक सतर्कता को भी शामिल करना चाहिए।

□

परिशिष्ट-1

पाकिस्तान : जन्म और उद्देश्य

मुसलमानों के द्विराष्ट्र के सिद्धांत से पाकिस्तान उत्पन्न हुआ, जो पिछले बीस वर्षों या अधिक से उसके स्थायी राष्ट्रपति मुहम्मद अली जिन्ना, जो मुसलमानों में कायदे-आजम या सर्वोच्च नेता के रूप में जाने जाते हैं, का पर्याय रहा है। कायदे-आजम जिन्ना का कैरियर, 'हिंदू-मुसलमान एकता का प्रतीक' (जो उनके प्रशंसक कांग्रेसियों द्वारा उन्हें कहा जाता था) से लेकर पाकिस्तान के प्रतिपादक, समर्थक और निर्माता के रूप में आश्चर्यजनक और विडंबनाकारक रहा है। पाकिस्तान इस सिद्धांत पर आधारित था कि भारत के मुसलमान एक अलग राष्ट्र हैं। इसलिए उन्हें अपने लिए हिंदू भूमि से अलग एक क्षेत्र व राष्ट्र की आवश्यकता है। पाकिस्तान अब एक प्रधान मुसलिम देश है, जिसमें उसकी स्थापना के चंद माह बाद ही मुसलमानों का आधिपत्य इतना अधिक हो गया कि उसके पश्चिमी व अधिक महत्त्वपूर्ण भाग हिंदुओं, सिख और काफी हद तक ईसाइयों व अस्पृश्य जनसंख्या से खाली हो गए। यह कार्य किन प्रक्रियाओं द्वारा संपन्न किया गया, हम इसपर चर्चा करेंगे।

पाकिस्तान के वर्तमान अधिपतियों ने बार-बार यह घोषणा की है कि पाकिस्तान एक मुसलिम चरित्र का राष्ट्र है, विश्व का सबसे बड़ा मुसलिम देश है। उसके चरित्र की यह विशेषता भारत के धर्मनिरपेक्ष चरित्र के साथ रखे जाने पर यह सुदूर पूर्वी बंगाल की हिंदू जनसंख्या या पाकिस्तान में ही वे क्षेत्र, जहाँ हिंदू अधिक संख्या में पाए जाते हैं, को हतोत्साहित करती है। पिछले वर्ष अक्तूबर के अंत से पूर्वी बंगाल की मुसलिम जनसंख्या ने पूर्वी बंगाल मुसलिम लीग सरकार के साथ मिलीभगत करके हिंदुओं को वह क्षेत्र छोड़ने पर मजबूर किया। हिंदुओं के ऐसे सामूहिक

प्रस्थान के परिणामस्वरूप इतनी बड़ी संख्या में उत्प्रवास हुए कि अक्तूबर 1948 में आधिकारिक अनुमानों के अनुसार पूर्वी पाकिस्तान से भारत आनेवाले हिंदू आप्रवासियों की संख्या पंद्रह लाख बताई गई। प्रतिदिन और भी लोग असम और पश्चिम बंगाल में प्रवेश कर रहे थे और भारत सरकार की शरणार्थी समस्या, जो पहले ही पश्चिमी पाकिस्तान व कश्मीर के लगभग एक करोड़ लोगों के पुनर्वास के साथ बहुत बुरी अवस्था में पहुँच चुकी थी, एक निराशाजनक स्थिति ग्रहण करने लगी। इसी समस्या ने सरदार पटेल को यह घोषणा करने के लिए मजबूर किया कि यदि पाकिस्तान सरकार ने पूर्वी बंगाल से हिंदुओं के प्रस्थान को नहीं रोका तो भारत सरकार हिंदू आप्रवासियों की पुनर्व्यवस्था के लिए पूर्वी बंगाल से आनुपातिक क्षेत्र का दावा कर सकती है।

यह प्रस्थान इस तथ्य का एक उदाहरण है कि अल्पसंख्यकों और गैरमुसलिम जनसंख्या को बाहर निकालना उस प्रकार के र ष्ट्र की प्रकृति, धारणा और कार्यक्षेत्र में निहित है, जो मुसलमानों ने ब्रिटिश सरकार के व्यक्तिगत प्रभाव के द्वारा पाकिस्तान के रूप में प्राप्त किया। विवेकशीलता और समायोजन—यह चीज अनिवार्य और पाकिस्तान की प्रकृति व उस समग्र प्रवृत्ति तथा मानसिकता में निहित है, जिनका परिणाम यह राष्ट्र था। यह एक महत्त्वपूर्ण तथ्य है कि भारत में सांप्रदायिक गुटों और दलों को सरकार हतोत्साहित करती है, जबकि पाकिस्तान में सांप्रदायिक गुटों और दलों को छोड़कर किसी और को प्रोत्साहित नहीं किया जाता। जब सिंध के हिंदू नेताओं ने एक ऐसे राजनीतिक दल की स्थापना की योजना बनाई, जो विभिन्न समुदायों के लोगों को सदस्य बना सकता हो तो पाकिस्तान सरकार का जवाब विशिष्ट था। सिंध के हिंदू एक हिंदू दल बना सकते हैं, लेकिन ऐसा नहीं, जिसमें मुसलिम भी शामिल हो सकते हों। पाकिस्तान के मुसलिम राष्ट्र में कोई मुसलमान पूरी तरह से मुसलिम दल को छोड़कर किसी अन्य दल में शामिल नहीं हो सकता। यह एक ऐसी मानसिकता है, जिसने सन् 1946 और 1947 में कलकत्ता, नोआखाली, उत्तर-पश्चिमी सीमा प्रांत, पंजाब, सिंध और बहावलपुर के दंगों को जन्म दिया।

मुसलिम लीग ने राष्ट्र के नाम की जो कल्पना की और प्राप्त किया, उसमें उसे स्वीकार किए जाने के संदर्भ में भारत में रहनेवाले अन्य गैरमुसलमानों का अपमान है। 'पाकिस्तान' का शाब्दिक अर्थ है—पवित्र लोगों की भूमि। इसका स्पष्ट अर्थ है कि हिंदू और उनसे संबंधित सभी चीजें अपवित्र, भ्रष्ट और अशुद्ध हैं। एक सांप्रदायिक उत्साह से परिपूर्ण वातावरण में ऐसे आक्रामक नाम और धारणा को घोषित करना जातीय व सांप्रदायिक अभिमान, दूसरों के अपमान, चुनौतियों और चुनौतियों के

जवाब को खुला न्यौता देना था।

पाकिस्तान की उत्पत्ति की धारणा संक्षेप में इस प्रकार थी—

सन् 1930 में इलाहाबाद में हुए वार्षिक मुसलिम लीग सत्र के अध्यक्षीय भाषण में डॉ. मुहम्मद इकबाल ने मुसलमानों की अलग राजनीतिक पहचान के आधार पर भारत में एक अलग मुसलिम राष्ट्र या फेडरेशन की स्थापना का समर्थन इन शब्दों में किया, 'भारत में मुसलिम भारत के निर्माण की मुसलमानों की माँग बिलकुल तर्कसंगत है···मैं पंजाब, उत्तर-पश्चिमी सीमा प्रांत, सिंध और बलूचिस्तान को एक अलग राष्ट्र में एकीकृत होते देखना चाहता हूँ। ब्रिटिश साम्राज्य के अंतर्गत स्वशासन हो या ब्रिटिश साम्राज्य से अलग एक एकीकृत उत्तर-पश्चिम भारतीय मुसलिम राष्ट्र—मुझे मुसलमानों, खासकर उत्तर पश्चिमी भारत के मुसलमानों, की अंतिम नियति प्रतीत होती है।'

भारतीय राजनीति के वातावरण में एक अलग मुसलिम राष्ट्र या फेडरेशन के लिए यह पहला संकेत था, लेकिन इस चरण तक एक स्पष्ट महत्त्वाकांक्षा और एक अलग राष्ट्र की इच्छा हर एक के दिमाग में मजबूती से पकड़ बना चुकी थी, जो हानिकारक विचारों और विस्फोटक मानसिकता के लक्षण थे।

डॉ. मुहम्मद इकबाल के सिद्धांत को भारतीय मुसलमानों का अधिक सहयोग तत्काल नहीं मिला। तुरंत बाद लंदन में हुए गोलमेज सम्मेलन में मुसलिम प्रतिनिधियों ने केवल भारतीय विधानसभाओं में मुसलिम समुदाय की सीटों के अनुपात और एक नए मुसलिम बहुल प्रांत, जैसे—सिंध के निर्माण के संदर्भ में बात की। इन वर्षों में मुसलिम लीग की आधिकारिक नीति लगभग समान ही रही—एक अलग राष्ट्र गठित करने का विचार एक आदर्शवादी, एक कवि की कल्पना हो सकती है, लेकिन व्यावहारिक राजनीति नहीं।

लेकिन डॉ. इकबाल वह इकलौते मुसलमान नहीं थे, जो भारत में एक अलग मुसलिम राष्ट्र के बारे में सोचते थे। जनवरी 1933 में चौधरी रहमत अली की अगुआई में कैंब्रिज विश्वविद्यालय के कुछ भारतीय मुसलिम छात्रों ने 'नाउ ऑर नेवर' (अब या कभी नहीं) शीर्षक से एक इश्तहार निकाला। वह इश्तहार भारत के अन्य भागों से भारत के उत्तर-पश्चिमी क्षेत्रों के मुसलमानों के पूर्ण अलगाव की वकालत करता था। उसके अनुसार, 'भारत एक अकेले देश का नाम नहीं है, न ही एक अकेले राष्ट्र का घर है। वास्तव में, यह इतिहास में पहली बार ब्रिटिश सरकार द्वारा निर्मित एक राष्ट्र की उपाधि है।' उस इश्तहार में बताया गया कि मुसलमानों की जीवन-शैली भारत के अन्य लोगों से भिन्न है। इसलिए उनका अपना अलग

राष्ट्र होना चाहिए। उस इश्तहार में लिखा गया, 'हमारे राष्ट्रीय रिवाज और कैलेंडर अलग हैं, यहाँ तक कि हमारा खान-पान और परिधान भी भिन्न है। इसलिए मुसलमान एक अलग राष्ट्रीय दरजे की मान्यता चाहते हैं।'

यहाँ पर यह बताना जरूरी है कि उपर्युक्त अंतिम तर्क सन् 1940 से ही जिन्ना के समय से मुसलिम लीग द्वारा बार-बार दोहराया जाता रहा है; मतभेदों और दरारों पर जोर दिया जाता रहा है और नफरत व दुश्मनी का पाठ पढ़ाया जाता रहा है; मुसलिम अलगाव को प्रोत्साहित किया जाता रहा है; दूरदर्शी हिंदुओं व मुसलमानों, राजाओं, कवियों, मत के संस्थापकों और अन्य द्वारा अतीत में पहले या हाल में किए गए सभी प्रयासों को रद्द कर दिया गया। जब इस अलगाव की पूर्णता के लिए अनुकूल कारक पूरी तरह विकसित हो गए तो मुसलमानों और हिंदुओं (तथा सिखों) की जीवन-शैली के बीच विभिन्नता का यह अतिशयोक्तिपूर्ण वर्णन बंगाल, उत्तर-पश्चिमी सीमा प्रांत, पंजाब और सिंध में दंगों का कारण बन गया। वास्तव में यह बहुत आश्चर्यजनक होता, यदि इतने वर्षों तक मुसलिम लीग द्वारा भारतीय मुसलमानों को पढ़ाए जा रहे नफरत के सबक के बाद ये दंगे और उनके साथ आतंक एवं विनाश उत्पन्न न हुए होते।

'पाकिस्तान' शब्द—जिसने भारत के मुसलमानों की कल्पना को इतनी मजबूती से जकड़ लिया और जिसने डॉ. मुहम्मद इकबाल की अस्पष्ट विचारधारा को एक मजबूत उद्देश्य और कार्यक्रम दिया—चौधरी रहमत अली द्वारा निर्मित शब्द था, जिनका जिक्र ऊपर किया गया है। उन्हें मुसलमानों में पाकिस्तान राष्ट्रीय आंदोलन के संस्थापक के रूप में सम्मान दिया जाता है। कहा जाता है कि यह शब्द उन प्रांतों के शुरुआती अक्षरों से बनाया गया था, जिन्हें मूल पाकिस्तान में एकीकृत करने की योजना थी। ये प्रांत थे—पंजाब, अफगानिया (उत्तर-पश्चिमी सीमा प्रांत), कश्मीर और बलूचिस्तान (जिसके आखिरी तीन अक्षर लिये जाने थे)। नाम की इस शुरुआत के अलावा, जो संभवतः बाद में सोचा गया था, यह नाम एक पर्सियन मिश्रणों से बनाया गया था और गैर मुसलमानों के लिए एक आक्रामक चुनौती था।

जैसा पहले कहा गया है, पाकिस्तान को मूल रूप से सिर्फ पंजाब के उत्तर-पश्चिमी क्षेत्रों, सिंध, कश्मीर, उत्तर-पश्चिमी सीमा प्रांत और बलूचिस्तान को मिलाकर बनाने की कल्पना की गई थी; लेकिन बाद में मूल योजना के एक संशोधित रूप में मूल रूप से इसके लिए निर्धारित क्षेत्रों के अलावा पूर्व में असम और बंगाल तथा दक्षिण में हैदराबाद और मलाबार को भी इसमें शामिल करने की योजना बनाई गई। गैर मुसलिम भारत को सभी रणनीतिक बिंदुओं से घेरनेवाले,

उत्तर-पश्चिम, पूर्व और दक्षिण में मुसलिम शक्ति के इन विस्तृत गढ़ों के अलावा पूरे देश में कई अपेक्षाकृत छोटे मुसलिम पॉकेट होने थे—एक संयुक्त प्रांतों में, एक राजपूताना के मध्य में और एक बिहार में। इस प्रकार केवल मुसलिम बहुल क्षेत्रों के नहीं, पूरे भारत के मुसलमानों के अपने स्वतंत्र देश होने थे, जो भारत को बहुत सारे मुसलिम प्रभुत्ववाले राज्यों में विखंडित कर देते।

इस प्रक्रिया की शुरुआत में सन् 1946 व 1947 की सांप्रदायिक गतिविधियों के मद्देनजर बहुत से दूरगामी महत्त्ववाले और उपयोगी परिणामों की कल्पना की गई थी। रहमत अली, चाहे वह जो कुछ भी और रहे हों, खुद को प्रसिद्धि दिलानेवाले नामों के आविष्कार में कुशल थे। पाकिस्तान के अलावा, उन्हें भारत की 'दीनिया' (Dinia) के रूप में कल्पना करने के लिए भी जाना जाता है, जो बड़ी चतुराई से 'इंडिया' के अक्षरों में हेर-फेर करके बनाया गया था। 'दीनिया' एक ऐसा महाद्वीप होता, जो इसलाम में धर्मांतरित और अधीनस्थ होने की प्रतीक्षा कर रहा था। बंगाल और असम, जो मुसलमानों के तर्कों के अनुसार एक संयुक्त मुसलिम बहुल क्षेत्र था, का पुनः नामकरण करके रहमत अली ने 'बंग-ए-इसलाम' या 'बंगिस्तान' नाम रखा, जो बंगाल के सामंती मुगल नाम 'बंगुश' का संकेतक था और हिंदुओं के विरुद्ध था। बिहार, उत्तर प्रदेश और राजपूताना (अजमेर क्षेत्र, जहाँ महान् मुसलिम संत ख्वाजा मोइनुद्दीन चिश्ती की दरगाह स्थित है) से विखंडित किए गए मुसलिम क्षेत्रों के नाम क्रमशः फरुखिस्तान, हैदरिस्तान और मोइनिस्तान सोचा गया। हैदराबाद, जो एक मुसलिम शासक द्वारा शासित था और जिसकी 86 प्रतिशत जनता हिंदू थी, का उसके तत्कालीन निजाम के नाम पर 'ओसमानिस्तान' नाम रखा गया। मलाबार के मोपला मार्गों को 'मोपलिस्तान' नाम दिया गया। इनके अलावा 'साफिस्तान' और 'नसरिस्तान' क्षेत्रों की भी कल्पना की गई। रहमत अली द्वारा भारत (या दीनिया) के मानचित्र पर दिखाए गए गैरमुसलिम क्षेत्र अप्रभावी और बेकार टुकड़े नजर आते थे, जो मुसलिम राज्यों के सभी ओर छितराए हुए थे। रहमत अली की कल्पना के अनुसार वे मुसलिम राज्य हिंदू भारत से संघर्ष के द्वारा जनमे थे और इस हिंदू भारत को अपने अंदर समाहित करने, उन्हें धर्मांतरित करने तथा उनपर विजय प्राप्त करने की नीति का अनुसरण कर रहे थे। पाकिस्तान के बारे में भी ऐसी ही कल्पना की गई, जिसे प्रचार की युक्तियों द्वारा भारतीय मुसलमानों में लोकप्रिय बनाया गया। इसका सांप्रदायिक और धर्मांध उत्साह मुसलिम लीग के लिए उपयोगी होता, जिसके दुःखद परिणाम हम अगस्त 1946 से देख रहे हैं।

ऊपर उल्लिखत सभी बातें सन् 1940 में रहमत अली द्वारा व्याख्यायित की

गई थीं। उस वर्ष उनकी परिकल्पना इतनी सफल हुई कि मुसलिम लीग के लाहौर सत्र में 'पाकिस्तान प्रस्ताव' पारित कर दिया गया और ब्रिटिश एकीकृत भारत से एक स्वतंत्र मुसलिम राष्ट्र की प्राप्ति को मुसलिम लीग नीति का तात्कालिक लक्ष्य बनाया गया। सन् 1940 के रहमत अली के इश्तहार को 'इसलाम की मिल्लत और भारतीयता का खतरा' नाम दिया गया था। 'भारतीयता के खतरे' के द्वारा भारतीय मुसलमानों की अलग राष्ट्र की धारणा को अर्थ दिया गया था, जिन्हें भारतीय होने से इनकार करनी चाहिए और अपने लिए एक अलग राष्ट्र या आपस में संबद्ध कई राष्ट्रों की माँग करना चाहिए। रहमत अली द्वारा इस धारणा का स्पष्टीकरण पिछले दशक या उसके आस-पास के दौरान भारतीय मुसलमानों की मानसिकता के निर्माण के रुझानों के विद्यार्थी के लिए अत्यंत उपयोगी है।

सन् 1942 में रहमत अली ने एक और इश्तहार निकाला, जिसका शीर्षक था 'मिल्लत और उसका मिशन'। उस इश्तहार में भारत को दीनिया या वह क्षेत्र, जिसकी नियति में पूरी तरह इसलाम और मुसलिम प्रभुत्व में धर्मांतरित होना लिखा है, की धारणा के अलावा अल्पसंख्यकों के बारे में एक अत्यंत उद्घाटक दृष्टिकोण था। जैसा कि उन सभी लोगों ने कहा है, जो पाकिस्तान के निर्माण के आलोचक रहे हैं, पाकिस्तान या हिंदुस्तान में अल्पसंख्यकों की समस्या इन राष्ट्रों की किसी भी भावी नीति में सबसे बड़ी बाधा होगी। पाकिस्तान और हिंदुस्तान में क्रमशः हिंदू, सिख और मुसलिम अल्पसंख्यकों की बड़ी संख्या रह जाएगी, और उनके साथ सामंजस्य स्थापित करने में उचित नीति, युक्ति और निष्पक्षता की आवश्यकता होगी। पाकिस्तान के मुसलिम लीग समर्थक अल्पसंख्यकों के साथ निष्पक्ष रहने के आश्वासन देते रहे हैं, परंतु वास्तव में इन आश्वासनों को पाकिस्तान का हिस्सा बने सभी क्षेत्रों में बहुत ही गलत तरीके से तोड़ा गया। इन सभी वर्षों में मुसलिम लीग ने पाकिस्तान से अल्पसंख्यकों को भगाने की योजना बनाई और इस तरीके से अल्पसंख्यक समस्या को सुलझाने का प्रयास किया। अल्पसंख्यकों के बारे में रहमत अली के विचारों पर गौर फरमाइए—

'अल्पसंख्यकों के बारे में मौलिक सत्य क्या है। यह याद रखिए कि अतीत में, अल्पसंख्यकवाद ने खुद को मिल्लत का सबसे बड़ा दुश्मन साबित किया है। वर्तमान में यह धार्मिक, सांस्कृतिक और राजनीतिक रूप से हमें, हमारे अपने क्षेत्र में भी, नुकसान पहुँचा रही है और भविष्य में यह दीनिया महाद्वीप में हमें पूरी तरह तबाह कर देगा। इसलिए इस नियम ('मिल्लत और उसका मिशन'—इश्तहार में दिए गए सात नियमों में से एक) अल्पसंख्यकवाद से बचो, जिसका अर्थ है कि हम

हिंदू क्षेत्र में अपने अल्पसंख्यक न छोड़ें, भले ही ब्रिटिश और हिंदू उन्हें तथाकथित संवैधानिक सुरक्षा देने के लिए तैयार हों। न ही हम अपने क्षेत्र में हिंदू या सिख अल्पसंख्यकों को रहने दें, चाहे वे खुद किसी विशेष सुरक्षा के साथ या बिना किसी सुरक्षा के यहीं रहना चाहें, क्योंकि वे कभी हमारे नहीं होंगे। वास्तव में, सामान्य स्थितियों में वे हमारे राष्ट्रीय पुनर्निमाण को अवरुद्ध कर देंगे और संकट के समय में वे हमें धोखा देंगे तथा हमारे पुनर्विध्वंस का कारण बनेंगे।

'यह इस नियम का सार है। इसे तथ्यात्मक बयान में भी विस्तृत किया जा सकता है कि—

(अ) हिंदू क्षेत्र में अपने अल्पसंख्यक छोड़ने का अर्थ है—

(1) हिंदू प्रभुत्व में 35 मिलियन मुसलमानों को छोड़ना, जो संपूर्ण मिल्लत का एक-तिहाई हिस्सा हैं, जिसके स्वतंत्रता संघर्ष में महाद्वीप में कोई सहयोगी नहीं रहा है।

(2) ऐसे समय में मिल्लत के लिए उनके सहयोग को अस्वीकार करना, जब मिल्लत को अपने प्रत्येक पुत्र और पुत्री से अधिकतम सहयोग की जरूरत है।

(3) उनके जीवन और परिश्रम को हिंदू जाति के लिए समर्पित करना। मैं आशा करता हूँ कि यह तर्क देनेवाले लोग कि पाकिस्तान, बंगिस्तान और ओसमानिस्तान में उतनी ही संख्या में हिंदू और सिख अल्पसंख्यक मिल्लत के लिए काम करेंगे, यह नजरअंदाज कर देते हैं कि एक द्वारा किए जानेवाले कार्य की क्षतिपूर्ति दूसरे के कार्य से नहीं हो सकती।'

अल्पसंख्यकों की पूर्ण समाप्ति के लिए रहमत अली ने आगे भी तर्क दिए—

(ब) अपने क्षेत्र में हिंदू और सिख अल्पसंख्यकों को रखने का अर्थ है—

(1) मुसलिम क्षेत्र में 35 मिलियन हिंदुओं और सिखों को रखना, जो दीनिया महाद्वीप में मिल्लत का विरोध करनेवाली शक्ति की कुल संख्या का आठवाँ भाग हैं।

(2) हिंदू दीनिया, अर्थात् पाकिस्तान, बंगिस्तान और ओसमानिस्तान से बाहर रह रहे हमारे 35 मिलियन साथियों को स्थायी दासता के लिए छोड़ देना। इसका कारण यह है कि जब तक हम इस नियम को स्वीकार नहीं कर लेते तब तक हम उन्हें भारतीयता के शासन से मुक्त नहीं करवा सकते।

(3) न भूलने योग्य उस सबक को भूल जाना, जो हमारे अपने पाक साम्राज्य और तुर्की साम्राज्य की समाप्ति से हमें मिला था, उदाहरण के लिए उनके

पतन, पराजय और अवनति के सबसे बड़े कारण थे उनके धार्मिक, जातीय और राजनीतिक अल्पसंख्यकों द्वारा विश्वासघात और देशद्रोह।'

इस प्रकार रहमत अली ने एक विस्तृत और निष्ठुर तरीके से पाकिस्तान से अल्पसंख्यकों की पूर्ण समाप्ति का आह्वान किया। यह सबक किस प्रकार मुसलिम लीग और सामान्य मुसलमानों के दिमाग में घुस गया, यह नीचे दिए गए कायदे आजम जिन्ना से लेकर मुसलिम मत के विभिन्न नेताओं की अल्पसंख्यकों और जनसंख्या की अदला-बदली की घोषणाओं से पता चलता है। रहमत अली द्वारा सिखाया गया यही सबक पूर्वी बंगाल (सन् 1946), उत्तर-पश्चिमी सीमा प्रांत (सन् 1946 और 1947), पश्चिमी पंजाब, सिंध और उसके आस-पास के इलाकों व अब पाकिस्तान के पूर्वी बंगाल प्रांत से गैर मुसलिम जनसंख्या को निकाले जाने का कारण बना।

भारत में शांति की बहाली के लिए सुझाव माँगते हुए एक प्रश्न के जवाब में जिन्ना ने कहा, 'भारत के विभिन्न भागों में भीषण नरसंहार को देखते हुए मेरा यह मत है कि केंद्रीय और प्रांतीय अधिकारियों को उस क्रूरता की पुनरावृत्ति, जहाँ अल्पसंख्यकों को बहुसंख्यकों द्वारा क्रूरता से मारा जा रहा है, को रोकने के लिए तुरंत जनसंख्या की अदला-बदली के प्रश्न पर विचार करना चाहिए।'

वाइसराय, क्योंकि वही शासन के प्रतिनिधि और गवर्नर जनरल के रूप में अपनी शक्ति का इस्तेमाल कर सकते हैं, को शांति और कानून-व्यवस्था की बहाली के लिए प्रत्येक उपाय अपनाना चाहिए। वर्तमान परिस्थितियों में विवेक, बुद्धिमत्ता और निष्पक्षता की कोई जगह नहीं है। इन परिस्थितियों में बातचीत से शायद ही कोई हल निकल सकता है या दोनों पक्षों के लिए संतोषप्रद व्यवस्था पर समझौता हो सकता है।

यहाँ पर यह ध्यान दिया जाना चाहिए कि जनसंख्या की अदला-बदली पाकिस्तान के सभी मुसलिम प्रतिपादकों के दिमाग में रही है। हैदराबाद (दक्कन) के डॉ. लतीफ ने अपनी पुस्तक 'द मुसलिम प्रॉब्लम इन इंडिया' में संयत भाषा के इस्तेमाल और हिंदू व मुसलिम जोनों के निर्माण को विवेकशील तरीके से प्रस्तुत किए जाने के बावजूद जनसंख्या के आदान-प्रदान की वकालत की है। इस समस्या पर वह कहते हैं, 'अस्थायी संविधान (डॉ. लतीफ की पुस्तक में भावी घटनाओं की उनकी योजना के अनुसार) का एक उद्‌देश्य है मुसलमानों और हिंदुओं के लिए निर्धारित जोनों में जाने के लिए आधार तैयार करना, ताकि उन्हें सांस्कृतिक रूप से समजातीय राष्ट्रों के रूप में विकसित किया जा सके।

‘संक्रमण काल के दौरान, स्थानांतरण स्वैच्छिक (यह समझना मुश्किल है कि कानून द्वारा प्रभावित होने पर वह स्वैच्छिक कैसे रहेगा) आधार पर होना चाहिए। इसके लिए प्रत्येक क्षेत्र में आवश्यक कानून पारित करना होगा। इस स्वैच्छिक स्थानांतरण को व्यवस्थित तथा नियमित करने के लिए एक पद्धति स्थापित की जानी चाहिए।’

इस स्थानांतरण के लिए ‘स्वैच्छिक’ शब्द के प्रयोग में एक अचेतन व्यंग्य और विडंबना है, जिसके लिए डॉ. लतीफ की योजना कानून के प्रावधानों और सरकार द्वारा उपयुक्त पद्धति की शर्त रखती है। जब 15 अगस्त, 1947 को मुसलिम लीग ने अपनी स्वतंत्र सरकार की स्थापना की, तो उन्होंने गैरमुसलिम समुदाय (विशेषकर हिंदुओं और सिखों) को लूटपाट, हत्याओं, बलात्कार और आगजनी द्वारा अपने देश से धूमधाम के साथ निकाला। इस तरीके से यह आदान-प्रदान कुछ जल्दी और अधिक विस्तृत तरीके से प्रभाव में आया, जितना किसी मानवीय कानून द्वारा नहीं हो सकता था। हकीकत यह है कि अल्पसंख्यकों को बाहर निकालने की प्रक्रिया नवंबर 1946 से नोआखाली से ही शुरू हो गई थी, जब पूरा उत्तरी भारत उन बेसहारा लोगों से भरा हुआ था, जो अन्न की या अपने काँपते हुए शरीर को ढकने के लिए कपड़े के एक टुकड़े की भीख माँग रहे थे। बाद में यह उत्तर-पश्चिमी सीमा प्रांत के हजारा जिले में दिसंबर 1946 और जनवरी 1947 में देखने को मिला, जब सिखों और हिंदुओं को अपनी जान बचाकर वहाँ से भागना पड़ा था। फिर मार्च 1947 अपना आतंक लेकर आया। अगस्त 1947 में मिलियनों लोगों का उत्पीड़न हुआ। इस प्रकार मुसलिम योजना एक ऐतिहासिक तथ्य बन चुकी थी।

कुछ देर के लिए रहमत अली पर चर्चा करें, जिनके इश्तहारों ने पाकिस्तान, मुसलिम लीग की योजनाओं और मुसलिम नेशनल गार्ड आदि संस्थाओं के विचार के बीज अंकुरित किए। रहमत अली पुराने मुसलिम गौरव को वापस लाना चाहते थे। उनका अंतिम लक्ष्य एक मुसलिम भारत या दीनिया का था, जिसपर परंपरागत तरीके से इसलाम का शासन होगा। जैसा पहले उल्लेख किया गया है, हिंदू भारत से मुसलमानों के लिए निकाले गए क्षेत्रों को रहमत अली ने ‘पदचिह्न’ कहा। वे पदचिह्न, जहाँ से मुसलमानों को आगे बढ़कर पड़ोस के गैरमुसलिम क्षेत्रों तक अपना विस्तार करना था और इन गैरमुसलिम क्षेत्रों में अपना गढ़ बनाने के लिए एक-दूसरे का सहयोग करना था। पूर्वी और पश्चिमी पाकिस्तान को जोड़ने के लिए गलियारा बनाने का जिन्ना का विफल प्रस्ताव इसी तरह का सुझाव था। इसके अनुसार पूरे उत्तरी भारत से होता हुआ एक क्षेत्र प्राप्त करना था, जो भारत को दो

भागों में विभाजित कर देता और इस लाभदायक स्थिति से बाकी क्षेत्रों के लिए योजना बनाई जाती।

यदि हैदराबाद पाकिस्तान में मिलने की स्थिति में होता तो उसे पाकिस्तान से जोड़ने के लिए समुद्र की ओर एक मार्ग के रूप में एक गलियारे की माँग संभवत: की जाती। यह पाकिस्तानी योजना की गति, प्रकृति और अतृप्त महत्त्वाकांक्षा रही है, जिसका लक्ष्य हिंदू भारत पर विजय प्राप्त करना था। ऐसे विशाल कार्यक्रम में दंगे और लूट-पाट केवल पूर्वाभ्यास के प्रयास थे।

जनसंख्या के आदान-प्रदान पर जिन्ना ने कई अवसरों पर स्पष्ट रूप से अपना मत अभिव्यक्त किया। उनके विचार केवल रहमत अली या डॉ. लतीफ के विचार नहीं थे, बल्कि भारत में सर्वाधिक शक्तिशाली मुसलिम दल के नेता के मत थे, जिनके शब्द मुसलमान जनता पर व्यापक प्रभाव डालने के लिए पर्याप्त थे और उनकी प्रतिक्रियाएँ बनाने के लिए प्रभावी थे। 13 दिसंबर, 1946 को लंदन में किंग्जवे हॉल, जहाँ वे संविधान सभा की भावी कार्यवाही के संबंध में ब्रिटिश सरकार से परामर्श करने गए थे, में बोलते हुए उन्होंने पाकिस्तान के मुसलिम राष्ट्र के लिए एक भावविह्वल अपील की, जिसमें 'एक सौ मिलियन लोग केवल मुसलमान' होंगे। इसका अर्थ बिलकुल स्पष्ट है। मुसलिम लीग की योजना के अनुसार, भारत की मुसलिम जनसंख्या पाकिस्तान में केंद्रित होगी और इसके एक निश्चित परिणाम के रूप में गैरमुसलिमों को चलता कर दिया जाएगा। ऐसी टिप्पणियों के महत्त्वपूर्ण अर्थ केवल भारत के मुसलिम बहुल क्षेत्रों के मुसलमानों तक सीमित नहीं थे। वे अपने क्षेत्रों से गैरमुसलमान अल्पसंख्यकों (हिंदुओं और सिखों) को पूरी तरह समाप्त करने की योजनाएँ बना रहे थे।

जब देश की स्थिति बहुत ही विस्फोटक थी और किसी भी तरह की उत्तेजना उत्पन्न किए जाने पर मुसलमान व्यापक दंगों का सहारा ले सकते थे, तब जिन्ना के उस भाषण की विषयं-वस्तु के कुछ उद्धरण मुसलिम लीग द्वारा शुरू किए गए अभियान की वास्तविक प्रकृति को उद्घाटित करने में सक्षम हैं। उस समय तक कलकत्ता के भयावह दंगे हो चुके थे, नोआखाली की घटना को अधिक-से-अधिक एक माह हुआ था और उत्तर-पश्चिमी सीमा प्रांत के हजारा जिले में सिखों के खिलाफ मुसलमान जनता की उत्तेजना स्पष्ट दृष्टिगोचर हो रही थी। ऐसे समय में पूर्ण सांस्कृतिक, धार्मिक विभाजन और जनसंख्या के आदान-प्रदान के दोहरे सिद्धांत को प्रस्तुत करना मुसलमानों की ओर से दंगों को और भी भड़काना था। किंग्जवे हॉल में जिन्ना ने कहा—

'भारत के उत्तर-पश्चिमी और उत्तर-पूर्वी क्षेत्रों, जो हमारी अपनी भूमि है और जहाँ हम सत्तर प्रतिशत बहुमत में हैं, में हम अपना एक राष्ट्र चाहते हैं। वहाँ हम अपनी जीवन-शैली के अनुसार रह सकते हैं। हिंदुओं और मुसलमानों के बीच भिन्नताएँ इतनी आधारभूत हैं कि जीवन में किसी भी मामले पर हम सहमत नहीं हो सकते।

'इतिहास के किसी भी विद्यार्थी को पता है कि हमारे आदर्श व्यक्ति, हमारी संस्कृति, हमारी भाषा, हमारा संगीत, हमारा वास्तुशास्त्र, हमारा विधिशास्त्र और हमारा सामाजिक जीवन बिलकुल अलग और भिन्न है। हमें कहा गया कि तथाकथित एकीकृत भारत ब्रिटिश द्वारा बनाया गया है। वह तलवार के जोर पर था। उसे उसी तरह नियंत्रित रखा जा सकता है जैसे नियंत्रित रखा गया है। किसी के यह कहने पर भ्रमित न हों कि भारत एक है। क्यों एक नहीं रह सकता? हम क्या चाहते हैं? मैं कहता हूँ—पाकिस्तान। पाकिस्तान अपेक्षा करता है कि हिंदुस्तान को भी स्वतंत्र राष्ट्र होना चाहिए।

'हिंदुओं को क्या खोना पड़ेगा? मानचित्र पर देखिए। उन्हें भारत का तीन-चौथाई हिस्सा प्राप्त होगा। भारत के श्रेष्ठ भाग उनके पास होंगे। उनकी जनसंख्या लगभग बीस करोड़ की है। पाकिस्तान निश्चित रूप से भारत का श्रेष्ठ भाग नहीं होगा। हमारे पास दस करोड़ जनसंख्या होनी चाहिए, जिसमें सभी मुसलमान हों।

'27 जुलाई को हमने अपनी नीति को परिवर्तित करने का निर्णय लिया है और 'सीधी काररवाई' का फैसला किया है। यह नीति का एक बड़ा परिवर्तन है। हमने अपने लोगों को 16 अगस्त को यह सूचित करने का निर्णय लिया।

'पूरी स्थिति की समीक्षा के बाद भारत के विभाजन के अलावा कोई चारा नहीं है। मुसलमानों को उनकी भूमि दीजिए और हिंदुओं को हिंदुस्तान दीजिए।'

मुसलिम लीग का प्रसिद्ध 'पाकिस्तान प्रस्ताव' अप्रैल 1940 में लाहौर में उसके वार्षिक सत्र में पारित किया गया। उसने पहली बार भारत में मुसलिम लीग नीति के उद्देश्य को इस प्रकार घोषित किया—

'यह निश्चय किया गया है कि ऑल इंडिया मुसलिम लीग के इस सत्र का प्रस्तावित मत यह है कि इस देश में या मुसलमानों को तब तक कोई संवैधानिक योजना स्वीकार नहीं होगी जब तक उसे इन मूल सिद्धांतों पर तैयार न किया गया हो। उदाहरण के लिए—भौगोलिक रूप से संबद्ध इकाइयों को क्षेत्रों के रूप में रेखांकित किया जाए, जिसे इस व्यवस्थित तरीके से संयोजित किया जाना चाहिए कि जिन क्षेत्रों में मुसलमान बहुमत में हैं, जैसे भारत के उत्तर-पश्चिमी और उत्तर-

पूर्वी अंचलों में उन्हें संगठित करके आठ स्वतंत्र देशों के रूप में गठित करना चाहिए, जिसमें घटक इकाइयाँ स्वतंत्र और प्रभुत्व-संपन्न होंगी।'

गैरमुसलिम भारत ने इस प्रस्ताव पर स्वीकृति नहीं दी, जो हर तरीके से एक आक्रामक प्रस्ताव था और जिसका परिणाम निश्चित रूप से देश में एक निर्मम व विनाशकारी गृहयुद्ध के रूप में होने वाला था। मुसलमानों का भी एक बड़ा भाग देश की संवैधानिक समस्या के इस समाधान को स्वीकार्य नहीं मानता था; क्योंकि इसका अर्थ था अंतहीन दंगों का शुरू होना, जिसमें मुसलमानों और गैरमुसलमान दोनों प्रभावित होते। लेकिन ब्रिटिश सरकार को मुसलिम लीग के इस समाधान में भारत में सांप्रदायिक खींचातानी के स्थायित्व के ताजा संकेत दिखे और उन्होंने इसे समर्थन देने का मौका हाथ से नहीं जाने दिया, कांग्रेस नेताओं ने मुसलिम लीग के दुराग्रह पर नियंत्रण लगाने की बार-बार घोषणा की, जिसने किसी विवेकशील समाधान को करीब-करीब असंभव बना दिया था। वाइसराय लॉर्ड लिनलिथगो, जिनका भारत में कार्यकाल यहाँ के स्वतंत्रता आंदोलन के खिलाफ ब्रिटिश सरकार के दमन के अभियान के लिए जाना जाता है, ने अगस्त 1940 के प्रसिद्ध प्रस्ताव में भारत से कहा, 'बिना कहे यह स्पष्ट है कि वे (ब्रिटिश सरकार) भारत की शांति और कल्याण की अपनी वर्तमान जिम्मेदारियाँ किसी ऐसी सरकार को नहीं सौंप सकते, जिसके प्रभुत्व को भारत के राष्ट्रीय जीवन में विशाल और महत्त्वपूर्ण तत्त्वों द्वारा अस्वीकार कर दिया गया हो, न ही वे ऐसे तत्त्वों को बल-प्रयोग द्वारा ऐसी सरकार में मिलाने के पक्ष में हैं।'

जो कांग्रेस से हटने का फैसला कर सकते थे, यहाँ उन संगठनों के लिए एक स्पष्ट संकेत था कि उनकी ओर से ऐसी किसी असंबद्धता पर ध्यान दिया जाएगा और उसका सम्मान किया जाएगा। शासक, मुसलिम लीग और अन्य सभी इसपर विचार कर सकते थे; लेकिन चूँकि यह घोषणा पाकिस्तान-प्रस्ताव के पारित होने के बहुत समय बाद नहीं की गई, यह स्पष्ट है कि वह मुसलिम अलगाव के अधिकार को ब्रिटिश सरकार की स्वीकृति थी। यह अंग्रेजों व मुसलिम समुदाय का षड्यंत्र था, जिससे पाकिस्तान का जन्म हुआ। दोनों शक्तियों—ब्रिटिश सरकार और मुसलिम लीग—ने 15 अगस्त, 1945 तक पाकिस्तान की कल्पना को सच बनाने और नफरत व दोनों समुदायों के बीच अविश्वास का वातावरण बनाने के लिए हाथ में हाथ डालकर काम किया, ताकि उनका साथ रहना पूर्ण रूप से असंभव हो जाए; लेकिन ब्रिटिश सरकार उपर्युक्त घोषणा से ही संतुष्ट नहीं हो गई। भारत के ऐतिहासिक मिशन के लिए 11 मार्च, 1942 को सर स्टेफोर्ड क्रिप्स के प्रस्थान की पूर्व संध्या को

हाउस ऑफ कॉमन्स में प्रधानमंत्री के बयान में कहा गया, 'उन्हें (सर स्टेफोर्ड क्रिप्स को) राजतंत्रीय सरकार का पूरा विश्वास प्राप्त है। वह न केवल हिंदू बहुमत, बल्कि उन विशाल अल्पसंख्यकों, जिनमें मुसलिम अधिक संख्या में हैं और कई प्रकार से अति उत्कृष्ट हैं, से आवश्यक सहमति प्राप्त करने के लिए प्रयास करेंगे।'

ब्रिटिश सरकार की नीतियों की यह घोषणा और अन्य घोषणाओं, जिन्हें भारत में ब्रिटिश नौकरशाही का पूरा समर्थन प्राप्त था और उस नौकरशाही के साथ पं. नेहरू के शब्दों में मुसलिम लीग का 'वैचारिक गठबंधन' था, और इस विश्वास के साथ कि उनके द्वारा किसी भी तरह के दुराग्रह को ब्रिटिश सरकार का समर्थन मिलेगा, मुसलिम लीग ने अपनी चरमपंथी माँगों को मंजूरी दिलाने के लिए योजनाएँ बनानी शुरू कीं। यह स्वीकृति हिंदुओं के विरुद्ध दंगों से प्राप्त की जानी थी, और पंजाब के मामले में दंगे सिखों के खिलाफ होने थे। स्पष्ट रूप से ब्रिटिश सरकार से मुसलिम लीग की कोई लड़ाई नहीं थी। उसका युद्ध हिंदू भारत से था। इसलिए वह हिंदू भारत के खिलाफ भीषण अभियान शुरू कर सकता था। जब यह युद्ध जारी था तो भारत में विशाल स्तर के दंगे या संघर्ष ब्रिटिश सरकार के लिए उपयोगी नहीं थे। जब कांग्रेस ने अपना सन् 1942 का आंदोलन आरंभ किया, जिन्ना ने कांग्रेस के खिलाफ असभ्य भाषा में भाषण दिए और इस आंदोलन का विरोध करने के लिए मुसलमानों का आह्वान किया। मुसलिम लीग प्रेस ने इस पूरे आंदोलन के दौरान ब्रिटिश शासन से लड़ रहे कांग्रेसियों को 'गुंडे' शब्द से संबोधित किया। कांग्रेस नेताओं के खिलाफ उतनी सख्त बातें तो ब्रिटिश प्रेस ने भी नहीं कहीं जितनी मुसलिम प्रेस ने कहीं।

मुसलिमों की पाकिस्तान की माँग को प्रेरित करनेवाले मनोवैज्ञानिक, राजनीतिक और ऐतिहासिक कारकों के विषय में बहुत कुछ लिखा जा चुका है। उन मुद्दों को एक ओर रखते हुए, जो विवादास्पद हो सकते हैं और केवल व्यक्तिगत प्रतिक्रिया को प्रतिबिंबित कर सकते हैं, दो या तीन चीजें स्पष्ट रूप से उभरीं, जिन्होंने इस माँग को संभव बनाया। पहला था—ब्रिटिश सरकार के लिए भारत में सत्ता से बाहर होने की स्थिति में, जो वे समझ चुके थे कि अधिक विलंबित नहीं किया जा सकता, अपने पीछे एक संघर्षरत और विभाजित भारत को छोड़ने की आवश्यकता; दूसरा था—जिन्ना का आश्चर्यजनक रूप से हठी और आत्ममुग्धात्मक मिजाज, जिसने उन्हें हमेशा कांग्रेस की महान् शख्सियतों से संघर्ष में रत रखा। उनमें बहुत सारे उनके समान योग्यतावाले थे। इसलिए उन्हें उनके साथ एक टीम के रूप में काम करना था, न कि उनपर हुक्म चलाना था, जैसा वह निस्संदेह मुसलिम लीग में कर

सकते थे, जिसमें अधिकतर औसत दरजे के लोग थे। इसके साथ एक और कारक मुसलमानों का सामान्य स्वभाव और व्यवहार था, खासकर बंगाल और पंजाब के महत्त्वपूर्ण मुसलिम बहुल प्रांतों में, जहाँ वे हिंदुओं और सिखों पर पक्षपातपूर्ण तरीके से शासन कर रहे थे।

इन दोनों प्रांतों, जिनमें पंजाब को जिन्ना द्वारा 'पाकिस्तान का कोने का पत्थर' कहा गया और जिनमें पाकिस्तान की लगभग अस्सी प्रतिशत जनसंख्या होनी थी, में गैर मुसलिमों को बाहर निकालने की नीति कुछ समय से अपनाई जा रही थी। बंगाल, और अधिक मात्रा में पंजाब में, प्रशासन के महत्त्वपूर्ण अंग मुसलिमों के हाथों में थे। हिंदुओं और सिखों को महत्त्वपूर्ण पदों से हटाया जा रहा था और जो हिंदू या सिख अधिकारी ऐसे पदों पर पहुँच जाते थे उन्हें कार्यालय के बेकार के कार्यों में लगा दिया जाता था और जिनका प्रमोशन बाकी रहता था उन्हें किसी-न-किसी बहाने से रोका जाता था। जब कोई जिलाधिकारी या अन्य वरिष्ठ प्रशासनिक अधिकारी निष्पक्षता दिखाकर अपने क्षेत्र में आक्रामक मुसलिम तत्त्वों को दबाने का प्रयास करता था तो उसे मुसलिम नेताओं का कोपभाजन बनना पड़ता था और वह तुरंत खुद को सचिवालय की निर्जनता या ऐसे स्थान पर पाता था, जहाँ मंत्रालय के किसी मुसलिम चहेते की निगरानी में उसकी स्थिति एक निष्क्रिय अधिकारी की होती थी। प्रशासन में गैर मुसलमानों से काफी पक्षपात किया जाता था, जबकि वे आम मुसलिमों की उग्रता और आक्रामकता को प्रोत्साहित करते थे और गैरमुसलमानों को प्रशासनिक तंत्र के अन्याय के खिलाफ निराशा की स्थिति में रखते थे। पंजाब के हिंदुओं व सिखों और बंगाल के हिंदुओं में यह धारणा बन गई थी कि इन दोनों प्रांतों में मुसलमान पाकिस्तान को कार्यान्वित कर चुके थे, भले ही यह औपचारिक रूप से घोषित न किया गया हो। वास्तव में, चतुर राजनेता सर सिकंदर हयात खान, जो सन् 1937 से लेकर 1942 के अंत तक पंजाब के शासन प्रमुख थे, ने अपने मुसलिम लीग सहयोगियों को सुझाव दिया था कि वे स्वतंत्र राज्यों के रूप में भारत के औपचारिक विभाजन की माँग पर जोर न दें, बल्कि एक भारतीय फेडरेशन के अंदर कमजोर केंद्र में हिंदू व मुसलिम अंचलों के निर्माण की माँग करें। इससे मुसलमानों को पाकिस्तान के सभी लाभ बिना किसी उत्तरदायित्व के मिल जाएँगे। स्वतंत्र राष्ट्र होने पर उसे वित्तीय और राजनीतिक जिम्मेदारियां को वहन करना पड़ेगा और उसे भारत के अधिक उत्पादक भागों के प्रचुर आर्थिक सहयोग से हाथ धोना पड़ेगा। वह और उनके यूनियनिस्ट दल ने पंजाब को एक मुसलिम प्रांत बनाने में काफी हद तक सफलता प्राप्त कर ली थी। हिंदू व सिख राजनेताओं एवं विधायकों के विरोध का

कोई परिणाम नहीं था। सन् 1942 के दिसंबर माह में सर सिकंदर का निधन हो गया। इससे मुसलिम राजनीति के क्षेत्र से वह इकलौता शख्स हट गया था, जो जिन्ना के कुछ कट्टरपंथी सिद्धांतों को संशोधित करने में सफल हो सकता था। उनके उत्तराधिकारी सर खिजार हयात खान हालाँकि एक योग्य व्यक्ति थे और उन्हें कट्टर पंजाब मुसलिम लीग के खिलाफ हिंदुओं और सिखों का प्रचुर समर्थन हासिल था, समय के साथ अपने दल व पंजाब के अल्पसंख्यक हिंदू-सिखों पर मुसलिम लीग के प्रबल आक्रमण के सामने असहाय हो गए।

लीग द्वारा पाकिस्तान प्रस्ताव को पारित करने और ब्रिटिश वाइसराय व ब्रिटिश प्रधानमंत्री की इस घोषणा कि मुसलमानों की विचारधारा को सभी संवैधानिक विचार-विमर्श में महत्त्वपूर्ण स्थान दिया जाएगा के बाद मद्रास में हुए मुसलिम लीग के अगले वार्षिक सत्र (सन् 1941) में मुसलिम लीग द्वारा पाकिस्तान की माँग और भी जोरदार तरीके से की गई। अपने प्रस्तावों में पाकिस्तान की माँग को दोहराते हुए इस सत्र में अध्यक्ष जिन्ना द्वारा इस माँग की एक विस्तृत व्याख्या सामने रखी गई। उन्होंने कहा, 'ऑल इंडिया मुसलिम लीग का लक्ष्य है कि हम भारत के उत्तर-पश्चिम और पूर्वी क्षेत्रों में पूर्ण रूप से स्वतंत्र एक राष्ट्र की स्थापना करना चाहते हैं; जिसमें रक्षा, विदेश मामलों, संचार, कस्टम, मुद्रा, विनिमय आदि पर हमारा पूरा नियंत्रण होगा। हम किसी भी परिस्थिति में एक केंद्रीय सरकार के साथ संपूर्ण भारतीय संविधान नहीं चाहते। हम इसके लिए कभी सहमत नहीं होंगे। यदि आप एक बार इसके लिए सहमत हो जाएँगे तो मुसलमानों का अस्तित्व पूरी तरह समाप्त कर दिया जाएगा। किसी भी सत्ता या केंद्रीय सरकार में हम कभी शासन नहीं कर पाएँगे, जब तक हमारा स्वतंत्र राष्ट्र नहीं बन जाता। 'मुसलिम भारत' एक पूर्ण भारतीय संविधान और एक केंद्रीय सरकार में कभी शामिल नहीं होगा। लीग की विचारधारा इस आधारभूत सिद्धांत पर आधारित है कि *भारत के मुसलिम एक स्वतंत्र राष्ट्रीयता हैं। उनकी राष्ट्रीय व राजनीतिक पहचान तथा विचारधारा के विलय के किसी भी प्रयास का विरोध किया जाएगा।...'*

अंतिम हिस्सा, जिसे इटैलिक अक्षरों में लिखा गया है, ध्यान देने योग्य है। विरोध, सीधी काररवाई, संघर्ष—ये शब्द हिंदू भारत से अपने संबंध बताने में मुसलिम लीग के काम आते थे। सन् 1938 में पटना सत्र में ही मुसलिम लीग ने इस घोषणा संबंधी एक प्रस्ताव पारित किया था कि 'अब समय आ गया है कि ऑल इंडिया मुसलिम लीग की कार्यकारिणी समिति को आवश्यकता पड़ने पर सीधी काररवाई का फैसला करने और उसका सहारा लेने का अधिकार दिया जाए।' यह

घोषणा कांग्रेस मंत्रालयों के खिलाफ संघर्ष शुरू करने के लिए की गई थी, जिन्होंने नवंबर 1939 में ब्रिटिश सरकार द्वारा लोगों की सहमति लिये बिना भारत को युद्ध में शामिल करने के विरोध में त्यागपत्र दे दिया था। मुसलिम लीग ने अपना 'शुक्रिया दिवस' मनाया।

महात्मा गांधी को सन् 1944 में जेल से रिहा किया गया। जेल में रहते हुए गांधीजी ने जिन्ना को एक पत्र लिखकर उनसे देश के राजनीतिक समाधान संबंधी बातचीत के लिए वहाँ आने को कहा। ब्रिटिश सरकार ने वह पत्र रोक लिया; लेकिन जिन्ना और पूरे देश को एक सरकारी विज्ञप्ति द्वारा उसके बारे में पता चल गया। महात्मा की ओर से इस प्रयास की सराहना मुसलिम प्रेस ने की, लेकिन जिन्ना टस से मस नहीं हुए। उन्होंने महात्मा गांधी के आमंत्रण में भी उनकी निंदा करने और बदनाम करने का अवसर खोज लिया। उन्होंने महात्मा गांधी से मिलने के लिए सरकार से अनुमति नहीं माँगी। जेल से बाहर आने पर महात्मा गांधी जिन्ना से बंबई स्थित उनके घर पर कई बार मिलने गए; लेकिन जिन्ना कोई समाधान चाहते ही नहीं थे, इसलिए महात्मा गांधी के प्रयास निष्फल सिद्ध हुए। इसके बाद सन् 1945 में जर्मनी के आत्मसमर्पण के बाद, जब कांग्रेस के नेताओं को रिहा किया गया, वाइसराय लॉर्ड वॉवेल ने शिमला में कांग्रेस, लीग, सिख व अन्य नेताओं की बैठक बुलाई, जो चर्चित हुई। बाकी के भारत से पूर्ण अलगाव के अलावा और कुछ भी जिन्ना को संतुष्ट नहीं कर सकता था। चौदह सदस्यीय कैबिनेट में मुसलिम लीग को कांग्रेस के साथ 5 : 5 का बराबरी का प्रस्ताव दिया गया।

यह एक अंतरिम उपाय होना था और स्थायी समाधान कुछ बाद में किया जाना था, लेकिन जिन्ना को यह मंजूर नहीं था। मुसलिम लीग के प्रस्तावों, जिन्ना और मुसलिम लीग के अन्य नेताओं के भाषणों तथा मुसलिम लीग नियंत्रित प्रेस की टिप्पणियों द्वारा हिंदुओं के खिलाफ मुसलमानों में शत्रुता का भाव बनाए रखा गया।

इस अवधि के दौरान मुसलिम लीग हिंदू भारत के खिलाफ एक विशाल संघर्ष की तैयारी कर रही थी, जैसा सन् 1946 और 1947 की घटनाओं से प्रमाणित है, पंजाब में वह हिंदुओं व सिखों—दोनों के खिलाफ संघर्ष की तैयारी में जुटी थी। इस तैयारी में मुसलिम लीग ने अपनी एक निजी सेना गठित करना आरंभ किया, जिसमें लड़ने, चाकू मारकर हत्या करने और धावा बोलने का अलग-अलग प्रशिक्षण दिया जाता था। हथियार एकत्र किए जा रहे थे और भारतीय सेना के विघटित मुसलिम सैनिकों को लीग की सेना में भरती किया जा रहा था। यह सेना लगभग सन् 1938 में शुरू हुई। उसका विस्तार व सैन्य उपकरणों से लैस होना जारी रहा। उसमें दो

प्रसिद्ध संगठन थे—एक था मुसलिम लीग वॉलंटियर कॉर्प, जो कांग्रेस सेवा दल के समानांतर था, लेकिन इन दोनों संगठनों में एक बड़ी विभिन्नता थी। कांग्रेस अहिंसा के मार्ग पर चलती थी। अधिकतम भड़कानेवाले क्षणों में भी शारीरिक बल से बदला लेना उनकी ओर से वर्जित था। वे भीड़ को नियंत्रित करते थे, धरने आयोजित करते थे, विरोध-प्रदर्शनों के लिए सरकार-विरोधी जुलूस आयोजित करते थे, लेकिन उनका युद्ध से कोई लेना-देना नहीं था; लेकिन मुसलिम लीग का मत अहिंसावादी नहीं था। किसी भी मुसलिम जनसंख्यावाले प्रत्येक शहर के मुसलिम निवासियों का ऐसा विशाल अनुपात था, जिनमें निम्न वर्ग के लोग थे और जो अकसर भ्रष्ट पुलिस अधिकारियों की मिलीभगत से अपराध के सहारे जीवन-यापन करते थे। ऐसे अराजक तत्त्व मुसलिम लीग वॉलंटियर कॉर्प में भरती के लिए आदर्श माने जाते थे। एक राजनीतिक संगठन के बिल्ले और वरदीवाला कोई गुंडा, जो अन्य समुदायों के खिलाफ नफरत फैलाता था, एक सुव्यवस्थित समूह में उसका समर्थन करके तथा उसे गुप्त व हिंसक कार्यों के लिए निर्देशित करके दुर्जेय बनाया जा सकता था।

इससे भी अधिक महत्त्वपूर्ण और खतरनाक था मुसलिम नेशनल गार्ड, जो अब 'पाकिस्तान नेशनल गार्ड' में परिवर्तित हो चुका है।

मुसलिम नेशनल गार्ड मुसलिम लीग के प्रति औपचारिक रूप से उत्तरदायी नहीं था, हालाँकि उसके पास वही ध्वज था, जो मुसलिम लीग के पास था। यह सर्वविदित है कि 'नेशनल गार्ड' मुसलिम लीग का गुप्त अस्त्र था। उसकी सदस्यता गुप्त थी और उसके अपने केंद्र व मुख्यालय थे, जहाँ उसके सदस्यों को सैन्य प्रशिक्षण और ऐसे निर्देश दिए जाते थे, जो उन्हें दंगों के समय में लाभ पहुँचाएँ, जैसे—लाठी, भाले और चाकू का इस्तेमाल। 'मुसलिम नेशनल गार्ड' के यूनिट कमांडरों को 'सालार' कहा जाता था, जिनके ऊपर उच्च अधिकारी होते थे; लेकिन सभी काररवाइयाँ गुप्त तरीके से और स्पष्ट रूप से ऐसे निर्देशों से होती थीं, जो उन्हें निहत्थे गैर मुसलमान लोगों के खिलाफ दंगों में काम आएँ। जब जनवरी 1947 में मुसलिम नेशनल गार्ड के लाहौर कार्यालय पर पंजाब पुलिस द्वारा छापा मारा गया तो वहाँ से स्टील के हेलमेटों और बिल्लों सहित बड़ी संख्या में सैन्य उपकरण बरामद हुए। नेशनल गार्ड के पास अपनी जीपें और लॉरियाँ थीं, जो उन्हें हिंदू और सिख क्षेत्रों पर आक्रमण करने, अकेले मुसाफिरों को मारने और लूटने में सहूलियत देती थीं। मुसलिम नेशनल गार्ड जिस एक चीज को अपने पास हमेशा रखता था वह था पेट्रोल, जो केवल परिवहन में ईंधन के रूप में ही काम नहीं आता था, बल्कि विशाल और विनाशकारी पैमाने पर आगजनी में भी अच्छी तरह काम आता था।

पंजाब और बंगाल के दो प्रांतों में सैकड़ों शहरों व गाँवों को जलाया जाना इस बात के दुःखद प्रमाण हैं कि मुसलिम लीग हिंदुओं व सिखों के खिलाफ युद्ध की तैयारी कैसे कर रही थी। युद्ध और आक्रमण की उपलब्धियों में 'मुसलिम नेशनल गार्ड' के लोगों की नियमित परीक्षाएँ होती थीं। उन्हें अंक और प्रमाणपत्र दिए जाते थे। अतः मुसलमानों के पास अपने कार्यक्रम और नीति के सहयोग के लिए एक व्यापक और प्रशिक्षित अर्द्ध सैन्य संगठन थे।

मुसलिम नेशनल गार्ड की गतिविधियाँ इतनी भयावह थीं कि पंजाब सरकार ने उसपर गंभीरता से ध्यान दिया। इसकी गतिविधियाँ प्रांत की शांति के लिए बहुत हानिकारक सिद्ध हुईं; लेकिन चूँकि सरकार का पूरा तंत्र मुसलिम समर्थक था, अतः उसके खिलाफ कोई गंभीर काररवाई नहीं की गई।

अप्रैल 1947 में पंजाब सरकार के प्रमुख सचिव अख्तर हुसैन ने पंजाब के गवर्नर को यह रिपोर्ट दी—

'मुसलिम लीग नेशनल गार्ड की नियुक्तियों और पुनर्गठन की आवश्यकता प्रांतीय सालार का ध्यान खींच रहा है। खबरों के अनुसार 5,630 अतिरिक्त गार्ड भरती किए गए हैं और पश्चिमी व उत्तर-पश्चिमी पंजाब में उनकी गतिविधियाँ बढ़ गई हैं। पूर्वी पंजाब में सक्रिय प्रशिक्षण मुख्यतः शिमला, अंबाला कैंट और पानीपत, जहाँ गार्ड गुप्त रूप से लाठी-युद्ध का अभ्यास कर रहे हैं और मध्य पंजाब व जालंधर जिले, जहाँ खाकसार अपना प्रशिक्षण ले रहे हैं, तक सीमित रखा गया है। खुली गतिविधि केवल राहत कोषों के लिए धन एकत्र करने तक सीमित रखा गया है और रावलपिंडी क्षेत्र में मुसलमानों को लूटी गई संपत्ति को नष्ट करने तथा हाल के उपद्रवों से संबंधित सूत्र देने से दूर रहने की चेतावनी दी गई है।'

पंद्रह दिनों के बाद दी गई मुख्य सचिव की रिपोर्ट कहती है—

'इस बात के संकेत हैं कि इन गार्डों को गुप्त संदेशवाहक के रूप में इस्तेमाल किया जाता है और उनकी सामान्य गतिविधियाँ गुप्त रखी जाती हैं। कुछ स्थानों पर वे समुदाय (मुसलिम) को हथियार उपलब्ध करा रहे हैं। यह खबर मिली है कि केंद्र से वित्तीय मदद का वादा किया गया है, खासकर पश्चिमी जिलों के लिए उन्हें पूरे प्रांत के लिए तैनाती का आधार बनाया गया है। रावलपिंडी और कैंपबेलपुर जिलों में सूचीकरण खास तौर पर तेज है और पूर्व सैनिकों की सेवाएँ लेने के प्रयास किए जा रहे हैं। सभी जिलों में बढ़ती सदस्यता उल्लेखनीय है और यह अनुमान लगाया गया है कि प्रांत में मुसलिम

लीग नेशनल गार्डों की संख्या अब लगभग 39,000 है।'

अतः मुसलिम बहुल इलाकों में गैर मुसलमानों पर आक्रमण करने की मुसलिम लीग का यह दोतरफा प्रयास था। एक ओर वह अपने द्विराष्ट्र के सिद्धांत और हिंदुओं व पंजाब में सिखों से अनिवार्य विरोध का उपदेश दे रही थी। उसने एक समान भारतीय संस्कृति, भारतीय राष्ट्रीयता आदि को रद्द करने का प्रयास किया। उसने भारत के मुसलमानों के लिए आत्मनिर्णय के नाम पर उनके मन में असहिष्णुता, दुराग्रह और नफरत का बीज बो दिया। इन सबने हिंदू भारत के साथ मुसलमानों के किसी भी समझौते को असंभव बना दिया, उन्हें अपनी कट्टरपंथी माँगों को लागू करवाने के लिए हिंदुओं से लड़ना था। और यह लड़ाई सन् 1946 में तब देखने को मिली जब मुसलिम लीग ने 27 जुलाई को सीधी काररवाई का आह्वान किया, जिसका जिक्र हम अगले अध्याय में करेंगे।

दूसरे, मुसलिम लीग मुसलमानों को शारीरिक और सैन्य रूप से ऐसे युद्ध के लिए तैयार कर रही थी, जो जब हुआ तो निर्दोष हिंदू और सिख भारी संख्या में मारे गए और घायल हुए, महिलाओं का अपहरण और शीलहरण किया गया, संपत्ति लूटी गई और घर, धार्मिक व शैक्षिक स्थान जला दिए गए। ऐसा प्रतिकार हिंदुओं व सिखों की ओर से काफी बाद में तब किया गया जब मुसलिम आक्रमण निरंतर और उनके अस्तित्व के लिए खतरा बन गए। अगस्त 1947 से पहले ऐसे प्रतिकार जहाँ भी सामने आए, वे मुसलिम लीग के लिए लाभदायक ही सिद्ध हुए, क्योंकि उन्होंने भारत में एक गृहयुद्ध की स्थिति उत्पन्न कर दी, जो मुसलिम लीग के कार्यक्रम और नीतियों को प्रोत्साहित करने के लिए आवश्यक था। वह बर्बरता की घटनाएँ प्रस्तुत कर सकता था और हिंदुओं व सिखों पर टूट पड़ने के लिए कहीं भी मुसलमानों को उकसा सकता था, जैसा उन्होंने दिसंबर 1946 में उत्तर-पश्चिमी सीमा प्रांत में किया। यही मुसलिम लीग का लक्ष्य और तरीका था।

□

परिशिष्ट-2

सन् 1994 से 2000 तक के बीच महत्त्वपूर्ण द्विपक्षीय बैठकों का कालक्रम

जनवरी (1-3), 1994 : इसलामाबाद में जे.एन. दीक्षित और शहरयार खान के बीच विदेश सचिव स्तर की बातचीत का सातवाँ दौर। मुख्य मुद्दा कश्मीर। जे.एन.दीक्षित 2 जनवरी, 1994 को प्रधानमंत्री बेनजीर भुट्टो से मिले। वार्त्ता विफल।

जुलाई (31), 1994 : ढाका में सार्क काउंसिल ऑफ मिनिस्टर्स मीटिंग के दौरान विदेश राज्यमंत्री आर.एल. भाटिया और पाकिस्तान के विदेश मंत्री आसिफ अहमद अली की संक्षिप्त बैठक।

सितंबर (15-16), 1994 : नशीले पदार्थों का अवैध व्यापार व तस्करी रोकने के लिए नई दिल्ली में भारत व पाकिस्तान के बीच सचिव स्तर की बैठक।

नवंबर (21-25), 1994 : इसलामाबाद में आयोजित कॉमनवेल्थ सीनियर ऑफिशियल मीटिंग के लिए विदेश सचिव के. श्रीनिवासन ने भारतीय प्रतिनिधिमंडल का नेतृत्व किया। पाकिस्तान ने किसी द्विपक्षीय बातचीत में शामिल होने से इनकार किया।

नवंबर (26-29), 1994 : बारहवें कॉमनवेल्थ एजुकेशन मिनिस्टर्स कॉन्फ्रेंस के लिए मानव संसाधन विकास मंत्री अर्जुन सिंह का इसलामाबाद दौरा।

जनवरी (15-16), 1995 : नशीले पदार्थों के अवैध व्यापार पर नियंत्रण करने में तकनीकी सहयोग के मामले पर इसलामाबाद में भारत व पाकिस्तान की टास्क फोर्स स्तर की बैठक।

अप्रैल (5-6), 1995 : नारकोटिक्स कंट्रोल पर भारत-पाकिस्तान सचिव

स्तर की वार्त्ता का दूसरा दौर इसलामाबाद में संपन्न हुआ।

अप्रैल (27-29), 1995 : दिल्ली में सार्क स्थायी समिति की बैठक में भाग लेने के लिए पाकिस्तानी प्रतिनिधिमंडल का नेतृत्व विदेश सचिव नाजमुद्दीन शेख ने किया।

मई (2-4), 1995 : सार्क सम्मेलन के लिए राष्ट्रपति लेघारी का भारत दौरा। 2 मई को उन्होंने प्रधानमंत्री नरसिंहराव से 46 मिनट की बैठक की।

अगस्त (24-26), 1995 : सार्क विदेश समाज सचिव के विशेष सत्र में भाग लेने के लिए पाकिस्तान के विदेश सचिव नाजमुद्दीन शेख नई दिल्ली आए।

दिसंबर (18-19), 1995 : विदेश मंत्री आसिफ अली ने नई दिल्ली में आयोजित सार्क काउंसिल ऑफ मिनिस्टर्स की दो दिवसीय बैठक में भाग लिया।

जनवरी (3-4), 1996 : प्रधानमंत्री के वित्तीय सलाहकार वी.ए.जाफरी और योजना आयोग के उपाध्यक्ष काजी अली ने नई दिल्ली में सार्क वित्त व योजना मंत्रियों की द्विदिवसीय बैठक में भाग लिया।

मई (8-9), 1996 : इसलामाबाद में अस्सीवीं भारत-पाकिस्तान सिंध आयोग की बैठक।

सितंबर (17-20), 1996 : नारकोटिक्स नियंत्रण और ड्रग के अवैध व्यापार पर बात करने के लिए राजस्व सचिव एन.के. सिंह का पाकिस्तान दौरा।

नवंबर (21), 1996 : भारतीय आयुक्त, सिंधु जल आयोग के नेतृत्व में तीन सदस्यीय प्रतिनिधिमंडल का पाकिस्तान दौरा।

दिसंबर (18), 1996 : कार्यवाहक विदेश मंत्री साहिबजादा याकूब खान सार्क काउंसिल ऑफ मिनिस्टर्स की बैठक के लिए भारत दौरे पर आए। उन्होंने विदेश मंत्री से बात की।

मार्च (1), 1997 : संशोधित भारत-पाक विदेश सचिव स्तर की वार्त्ता का पहला दौर दिल्ली में हुआ।

अप्रैल (9), 1997 : विदेश मंत्री गौहर अयूब खान, गुटनिरपेक्ष मंत्रीस्तरीय बैठक में भाग लेने के लिए नई दिल्ली आए। विदेश मंत्री आई.के. गुजराल से नाश्ते पर बातचीत।

अप्रैल (26), 1997 : नई दिल्ली में ड्रग के अवैध व्यापार पर राजस्व सचिव व पाक सचिव की बैठक, जिसमें इस समस्या का सामना करने के लिए सूचनाओं के आदान-प्रदान पर सहमति हुई।

मई (12), 1997 : सार्क सम्मेलन में भाग लेने के दौरान प्रधानमंत्री

आई.के. गुजराल और प्रधानमंत्री नवाज शरीफ के बीच 50 मिनट की बैठक।

जून (19-23), 1997 : भारत व पाकिस्तान के बीच पुन: बहाल सचिव स्तर की बातचीत का दूसरा दौर इसलामाबाद में हुआ।

जून (19), 1997 : प्रधानमंत्री आई.के. गुजराल ने दोनों प्रधानमंत्रियों के बीच तुरंत स्थापित हॉट लाइन पर प्रधानमंत्री नवाज शरीफ से बातचीत की।

सितंबर (16-18), 1997 : भारत व पाकिस्तान के बीच पुन: बहाल सचिव स्तर की बातचीत का तीसरा दौर इसलामाबाद में हुआ।

सितंबर (15-18), 1997 : मानव संसाधन विकास मंत्री एस.आर. बोम्मई ने ई-9 मंत्रीस्तरीय बैठक में भाग लेने के लिए पाकिस्तान का दौरा किया और पाकिस्तानी राष्ट्रपति से मुलाकात की।

सितंबर (23), 1997 : प्रधानमंत्री आई.के. गुजराल और प्रधानमंत्री नवाज शरीफ ने न्यूयॉर्क में एक घंटे लंबी बैठक की।

अक्तूबर (24-29), 1997 : लोकसभा अध्यक्ष पी.ए. संगमा और अन्य सांसदों ने इसलामाबाद में सार्क स्पीकरों और सांसदों की बैठक में भाग लिया।

अक्तूबर (25), 1997 : कॉमनवेल्थ सम्मेलन के दौरान एडिनबर्ग में प्रधानमंत्री आई.के. गुजराल और प्रधानमंत्री नवाज शरीफ की 80 मिनट की बातचीत।

जनवरी (15), 1998 : ढाका में त्रिपक्षीय व्यापार सम्मेलन के दौरान भारत-पाकिस्तान विदेश सचिव स्तर की बैठक। विदेश सचिव स्तर पर द्विपक्षीय बातचीत को बहाल करने की पद्धतियों पर विचार-विमर्श। प्रधानमंत्री गुजराल और प्रधानमंत्री नवाज शरीफ भी मिले।

मार्च (6), 1998 : इसलामाबाद में संसदीय सिंधु जल आयोग की बैठक।

अप्रैल (28), 1998 : इसलामाबाद में सार्क वाणिज्य मंत्रियों की बैठक के संदर्भ में वाणिज्य मंत्री रामकृष्ण हेगड़े का इसलामाबाद दौरा।

जुलाई (29), 1998 : कोलंबो में दसवें सार्क सम्मेलन के दौरान भारत व पाकिस्तान के प्रधानमंत्री मिले।

सितंबर (1), 1998 : भारतीय विदेश राज्य मंत्री वसुंधरा राजे ने डरबन गुटनिरपेक्ष सम्मेलन के दौरान पाकिस्तान के प्रधानमंत्री से मुलाकात की।

सितंबर (23), 1998 : प्रधानमंत्री अटल बिहारी वाजपेयी पाकिस्तानी प्रधानमंत्री नवाज शरीफ से न्यूयॉर्क में मिले। संयोजित वार्त्ता शुरू करने का निर्णय लिया गया।

अक्तूबर (16-18), 1998 : इसलामाबाद में भारत और पाकिस्तान के

बीच जम्मू-कश्मीर सहित शांति व सुरक्षा के मुद्दे पर संयोजित वार्त्ता।

नवंबर (5-13), 1998 : सर क्रीक, टुलबुल नौवहन परियोजना, सियाचिन, आतंकवाद व नारकोटिक्स, आर्थिक व वाणिज्यिक सहयोग के मुद्दों पर नई दिल्ली में संयोजित वार्त्ता। विभिन्न क्षेत्रों में मित्रवत् आदान-प्रदान।

दिसंबर (1), 1998 : दिल्ली-लाहौर बस सेवा के तकनीकी विवरणों पर बात करने के लिए जल व भूतल परिवहन मंत्रालय के संयुक्त सचिव आर.एस. भाटी के नेतृत्व में पाँच सदस्यीय भारतीय प्रतिनिधिमंडल का इसलामाबाद दौरा।

जनवरी (28), 1999 : विद्युत् निर्यात को तय करने के लिए पाँच सदस्यीय प्रतिनिधिमंडल का नई दिल्ली दौरा। पाकिस्तानी प्रतिनिधिमंडल में ले. जनरल जुल्फिकार अली खान भी शामिल थे। भारतीय प्रतिनिधिमंडल का नेतृत्व प्रदीप बैजल ने किया।

फरवरी (2), 1999 : दिल्ली-लाहौर बस सेवा के उद्घाटन के अवसर पर प्रधानमंत्री अटल बिहारी वाजपेयी ने लाहौर की यात्रा की।

मार्च (18), 1999 : विदेश सचिव के. रघुनाथ अपने पाकिस्तानी प्रतिपक्षी से मिले।

मई 6-जुलाई 15, 1999 : करगिल युद्ध।

जून (12), 1999 : विदेश मंत्री सरताज अजीज करगिल संकट के दौरान नई दिल्ली आए।

अक्तूबर (12), 1999 : सैन्य तख्तापलट—जनरल परवेज मुशर्रफ ने सत्ता पर कब्जा किया।

मई (24), 2001 : प्रधानमंत्री वाजपेयी ने मुशर्रफ को एक शिखर वार्त्ता के लिए भारत आने का निमंत्रण दिया।

मई (29), 2001 : मुशर्रफ ने भारत आने का न्यौता स्वीकार किया।

जुलाई (14-16), 2001 : आगरा में भारत-पाकिस्तान शिखर वार्त्ता।

सितंबर (11), 2001 : न्यूयॉर्क में वर्ल्ड ट्रेड सेंटर और वाशिंगटन में पेंटागन पर आतंकवादी हमला।

अक्तूबर (7), 2001 : अमेरिका ने अफगानिस्तान में तालिबान और अल कायदा के खिलाफ सैन्य अभियान शुरू किया।

अक्तूबर (30), 2001 : जैश-ए-मुहम्मद के आतंकवादियों ने श्रीनगर में जम्मू-कश्मीर विधानसभा पर हमला किया।

दिसंबर (13), 2001 : जैश-ए-मुहम्मद के आतंकियों ने भारतीय संसद्

पर हमला किया।

दिसंबर (30), 2001 : भारत ने प्रत्यर्पण की माँग के साथ बीस आतंकवादियों की सूची पाकिस्तान को सौंपी।

जनवरी (12), 2002 : जनरल मुशर्रफ ने पाकिस्तान की जनता को संबोधित किया, धार्मिक कट्टरवाद और आतंकवाद पर नियंत्रण करने की घोषणाएँ कीं; लेकिन उसी के साथ यह भी घोषित किया कि पाकिस्तान जम्मू एवं कश्मीर पर अपने पारंपरिक रुख से पीछे नहीं हटेगा। भारत ने प्रतिक्रियास्वरूप यह घोषणा की कि भारत पाकिस्तान के साथ बातचीत तब तक आरंभ नहीं करेगा जब तक पाकिस्तान सीमा पार आतंकवाद को बंद नहीं करता और 30 दिसंबर, 2001 को दी गई सूची में शामिल आतंकवादियों को भारत के हाथों सौंप नहीं देता।

□

परिशिष्ट-3

संयुक्त बयान

1. पाकिस्तान के प्रधानमंत्री नवाज शरीफ के निमंत्रण के जवाब में प्रधानमंत्री श्री अटल बिहारी वाजपेयी ने 20-21 फरवरी, 1999 को दिल्ली-लाहौर बस सेवा के उद्घाटन के अवसर पर पाकिस्तान की यात्रा की।
2. पाकिस्तान के प्रधानमंत्री ने 20 फरवरी, 1999 को वाघा सीमा पर भारत के प्रधानमंत्री का स्वागत किया। उसी शाम को पाकिस्तान के प्रधानमंत्री ने लाहौर किले में भारतीय प्रधानमंत्री और उनके प्रतिनिधिमंडल के स्वागत में एक समारोह आयोजित किया। प्रधानमंत्री वाजपेयी महाराजा रणजीत सिंह की समाधि, मीनार-ए-पाकिस्तान, अलामा इकबाल का मकबरा और गुरुद्वारा डेरा साहिब पर गए। 21 फरवरी को गवर्नर हाउस में भारतीय प्रधानमंत्री के सम्मान में एक नागरिक स्वागत भोज आयोजित किया गया।
3. दोनों नेताओं ने द्विपक्षीय संबंधों, सार्क के अंतर्गत क्षेत्रीय सहयोग और अंतरराष्ट्रीय मुद्दों पर विचार-विमर्श किया। उन्होंने निर्णय किया कि—

(1) दोनों विदेश मंत्री परमाणु मुद्दों सहित आपसी महत्त्व के सभी मुद्दों पर चर्चा करने के लिए समय-समय पर मिलते रहेंगे।

(2) दोनों पक्ष विश्व व्यापार संगठन के संबंध में अपनी स्थितियों को समन्वित करने के लिए संबंधित मुद्दों पर परामर्श करेंगे।

(3) दोनों पक्ष सूचना तकनीक में सहयोग, खासकर वाई-टू-के की समस्या का सामना करने के लिए सहयोग के क्षेत्र निर्धारित करेंगे।

(4) दोनों पक्ष वीजा व यात्रा-पद्धतियों को और उदार बनाने के लिए बातचीत करेंगे।

(5) दोनों पक्ष असैनिक बंदियों और युद्धबंदियों से संबंधित मानवीय मुद्दों की जाँच के लिए मंत्री स्तर पर दो सदस्यीय एक समिति गठित करेंगे।

4. उन्होंने लाहौर और नई दिल्ली के बीच बस-सेवा की शुरुआत, मछुआरों व असैनिक बंदियों की रिहाई और खेल के क्षेत्र में संपर्क की बहाली पर संतोष व्यक्त किया।

5. दोनों प्रधानमंत्रियों के निर्देशों के अनुवर्तक के रूप में पाकिस्तान व भारत के विदेश सचिवों ने 21 फरवरी, 1999 को एक सहमति पत्र पर हस्ताक्षर किए, जिसमें दोनों देशों के बीच शांति व सुरक्षा का वातावरण बनाने के लिए उपायों की तलाश की गई।

6. दोनों प्रधानमंत्रियों ने दोनों देशों के बीच शांति व स्थिरता और अपनी जनता की प्रगति व समृद्धि के इरादे को अभिव्यक्त करते हुए लाहौर घोषणा-पत्र पर हस्ताक्षर किए।

7. प्रधानमंत्री अटल बिहारी वाजपेयी ने पाकिस्तानी प्रधानमंत्री नवाज शरीफ को भारत आने का निमंत्रण दिया।

8. प्रधानमंत्री अटल बिहारी वाजपेयी ने अपने और अपने प्रतिनिधिमंडल के हार्दिक स्वागत व खातिरदारी के लिए और उनकी यात्रा हेतु बेहतरीन व्यवस्था किए जाने के लिए नवाज शरीफ को धन्यवाद दिया।

लाहौर

21 फरवरी, 1999

परिशिष्ट-4

सहमति-पत्र

भारत और पाकिस्तान के विदेश सचिव—

संयुक्त राष्ट्र चार्टर के सिद्धांतों व उद्देश्यों के प्रति अपनी सरकारों की प्रतिबद्धताओं की पुष्टि करते हुए—

शिमला समझौते को लिखित व कार्य रूप में कार्यान्वित करने के दोनों देशों के निश्चय को दोहराते हुए;

23 सितंबर को अपने प्रधानमंत्रियों के बीच हुए समझौते के मार्गदर्शन में कि शांति और सुरक्षा का वातावरण दोनों देशों के राष्ट्रीय हित में है और जम्मू एवं कश्मीर सहित सभी उल्लेखनीय मुद्दों का समाधान इस उद्देश्य के लिए आवश्यक है;

लाहौर में अपने प्रधानमंत्रियों द्वारा दिए गए निर्देशों के अनुवर्तक के रूप में दोनों देशों के बीच शांति और सुरक्षा के स्थायी वातावरण को विकसित करने के उपायों को अपनाने के लिए—

इस दिन निम्नलिखित बातों पर सहमत हुए हैं—

1. दोनों पक्ष संघर्ष को टालने के लक्ष्य से परमाणु और पारंपरिक क्षेत्रों में विश्वासवर्द्धक उपायों को विकसित करने की दृष्टि से सुरक्षा-मुद्दों और परमाणु सिद्धांतों पर द्विपक्षीय परामर्शों में शामिल होंगे।
2. दोनों पक्ष बैलिस्टिक मिसाइल उड़ान परीक्षण के संदर्भ में एक-दूसरे को अग्रिम अधिसूचना देंगे और इस संबंध में एक द्विपक्षीय समझौता करेंगे।
3. दोनों पक्ष अपने-अपने नियंत्रण के तहत परमाणु अस्त्रों के आकस्मिक या अनधिकृत प्रयोग के खतरों को कम करने के लिए राष्ट्रीय समाधान अपनाने के प्रति पूर्ण रूप से प्रतिबद्ध हैं। दोनों पक्ष किसी प्रकार के ऐसे आकस्मिक,

अनधिकृत या अप्रतिपादित घटना की स्थिति में एक-दूसरे को तत्काल अधिसूचित करेंगे, जिससे परमाणु विस्फोट का खतरा उत्पन्न हो सकता हो और उसका विपरीत प्रभाव दोनों पक्षों पर पड़ने की संभावना हो। दोनों पक्ष दोनों देशों के बीच परमाणु युद्ध के आरंभ या ऐसी काररवाइयों की संभावना कम करने के लिए उपाय अपनाने या दूसरे पक्ष द्वारा ऐसी घटनाओं को गलत रूप से समझने की स्थिति में एक-दूसरे को अधिसूचित करेंगे। दोनों पक्ष इस उद्देश्य के लिए उचित संचार-पद्धति को खोजेंगे या स्थापित करेंगे।

4. दोनों पक्ष आगे परमाणु परीक्षण विस्फोट न करने के अपने-अपने एकपक्षीय निलंबन घोषणा का अनुपालन करना तब तक जारी रखेंगे जब तक कोई पक्ष अपनी राष्ट्रीय प्रभुसत्ता के संदर्भ में यह निर्णय न ले कि असामान्य घटनाओं से उसके सर्वोच्च हित खतरे में पड़ गए हैं।
5. दोनों पक्षों के नौसैनिक जलयानों और वायुयानों से नौवहन की सुरक्षा सुनिश्चित करने के लिए दोनों पक्ष समुद्र में दुर्घटनाओं को टालने के लिए एक समझौता करेंगे।
6. दोनों पक्ष विद्यमान विश्वासवर्द्धक उपायों के कार्यान्वयन की समय-समय पर समीक्षा करेंगे और जहाँ आवश्यक हो, इन उपायों का प्रभावी कार्यान्वयन सुनिश्चित करने के लिए उपयुक्त परामर्शपरक पद्धतियों की स्थापना करेंगे।
7. दोनों पक्ष विद्यमान संचार-माध्यमों (उदाहरण के लिए अपने-अपने सैन्य महानिदेशकों के बीच) को उन्नत व विकसित करने और सुरक्षित व बाधारहित संपर्क उपलब्ध कराने की दृष्टि से उनकी समीक्षा करेंगे।
8. दोनों पक्ष बहुपक्षीय मंच पर सुरक्षा, निरस्त्रीकरण और अप्रसार मुद्दों पर बातचीत के संदर्भ में इन मुद्दों पर द्विपक्षीय विचार-विमर्श में सम्मिलत होंगे।

जहाँ आवश्यक हो, उपर्युक्त उपायों के तकनीकी विवरणों पर विचार-विमर्श के लिए दोनों पक्षों के विशेषज्ञों की बैठक सन् 1999 के मध्य से पहले आपस में निर्धारित तिथियों पर होगी, ताकि द्विपक्षीय समझौतों पर पहुँचा जा सके।

21 फरवरी, 1999 को लाहौर में भारत के प्रधानमंत्री अटल बिहारी वाजपेयी और पाकिस्तान के प्रधानमंत्री नवाज शरीफ की उपस्थिति में संपन्न।

(के. रघुनाथ) भारतीय गणतंत्र के विदेश सचिव	(शमशाद अहमद) पाकिस्तानी गणतंत्र के विदेश सचिव

□

परिशिष्ट-5

लाहौर घोषणा-पत्र

भारतीय गणतंत्र और पाकिस्तान के इसलामी गणतंत्र के प्रधानमंत्री—

— अपने देशों के बीच शांति एवं स्थिरता और अपनी जनता की प्रगति व समृद्धि की समान भावनाएँ रखते हैं।

— इस बात पर यकीन रखते हैं कि शांति की स्थापना और शांतिपूर्ण संबंधों तथा मित्रवत् सहयोग का विकास दोनों देशों के लोगों के महत्त्वपूर्ण हितों में है; क्योंकि इससे वे अपनी ऊर्जा को बेहतर भविष्य के लिए समर्पित कर सकेंगे।

— यह मानते हैं कि दोनों देशों के सुरक्षा वातावरण के परमाणु आयाम ने दोनों देशों के बीच संघर्ष को टालने के लिए उनकी जिम्मेदारी बढ़ा दी है।

— संयुक्त राष्ट्र चार्टर के सिद्धांतों और उद्देश्यों तथा विश्व स्तर पर स्वीकार्य शांतिपूर्ण सह-अस्तित्व के सिद्धांतों के प्रति प्रतिबद्ध हैं।

— लिखित और कार्यरूप में शिमला समझौते के कार्यान्वियन के प्रति दोनों देशों का निश्चय दोहराते हैं।

— विश्व स्तरीय परमाणु निरस्त्रीकरण और अप्रसार के उद्देश्यों के प्रति प्रतिबद्ध हैं।

— सुरक्षा वातावरण को बेहतर बनाने के लिए आपसी सहमति के विश्वासवर्द्धक उपायों के महत्त्व के प्रति आश्वस्त हैं।

— 23 सितंबर, 1998 को किए गए अपने समझौते को याद किया कि शांति व सुरक्षा का वातावरण दोनों देशों के सर्वोच्च राष्ट्रीय हितों में है और इस उद्देश्य के लिए जम्मू एवं कश्मीर सहित सभी उल्लेखनीय मुद्दों का समाधान आवश्यक है।

इस बात पर सहमत हुए कि उनकी सरकारें—

— जम्मू एवं कश्मीर सहित सभी मुद्दों के समाधान के लिए अपने प्रयास सशक्त करेंगी।

— एक-दूसरे के आंतरिक मामलों में हस्तक्षेप और दखल से दूर रहेंगी।

— स्वीकृत द्विपक्षीय एजेंडा के जल्द व सकारात्मक परिणाम के लिए अपनी संयोजित व एकीकृत वार्त्ता प्रक्रिया को विस्तृत करेंगी।

— परमाणु अस्त्रों के आकस्मिक या अनधिकृत इस्तेमाल के खतरों को कम करने के लिए तात्कालिक कदम उठाएँगी और संघर्ष की संभावना टालने के लिए परमाणु व पारंपरिक क्षेत्रों में विश्वासवर्द्धक उपायों के विस्तार की दृष्टि से संकल्पनाओं और सिद्धांतों पर चर्चा करेंगी।

— सार्क के लक्ष्यों व उद्देश्यों और सन् 2000 के लिए सार्क के लक्ष्य को वास्तविकता में बदलने के लिए प्रयास करने के प्रति अपनी प्रतिबद्धता की पुष्टि करती हैं और दक्षिण एशिया के लोगों के कल्याण तथा आर्थिक विकास, सामाजिक प्रगति व सांस्कृतिक विकास के द्वारा उनका जीवन-स्तर बेहतर बनाने के लिए प्रयास करेंगी।

— आतंकवाद के सभी रूपों और अभिव्यक्ति की निंदा करती हैं और इस खतरे से जूझने के निश्चय की पुष्टि करती हैं।

— सभी मानवाधिकार और मौलिक स्वतंत्रताओं के विकास और सुरक्षा के लिए कार्य करेंगी।

21 फरवरी, 1999 को लाहौर में हस्ताक्षरित किया गया।

अटल बिहारी वाजपेयी	मुहम्मद नवाज शरीफ
भारतीय गणतंत्र के प्रधानमंत्री	पाकिस्तान के इसलामी गणतंत्र के प्रधानमंत्री

□

परिशिष्ट-6

शिमला समझौता, 1972

भारत सरकार और पाकिस्तान सरकार के बीच द्विपक्षीय संबंधों पर हुआ समझौता

1. भारत सरकार और पाकिस्तान सरकार ने इस बात का निश्चय किया है कि दोनों देश उस संघर्ष और युद्ध पर विराम लगाएँ, जिसने अब तक उनके संबंधों को बिगाड़ा है और एक दोस्ताना व सद्भावनापूर्ण संबंध के विकास और उपमहाद्वीप में स्थायी शांति की स्थापना के लिए कार्य करें, जिससे दोनों देश भविष्य में अपने संसाधनों और ऊर्जा को अपनी जनता के कल्याण के महत्त्वपूर्ण कार्य में लगाएँ।

इस उद्देश्य को प्राप्त करने के लिए भारत सरकार और पाकिस्तान सरकार इन बातों पर सहमत हुए हैं—

(1) कि संयुक्त राष्ट्र चार्टर के सिद्धांत व उद्देश्य दोनों देशों के संबंधों को निर्देशित करेंगे।

(2) कि दोनों देश अपनें मतभेदों को शांतिपूर्ण तरीकों से द्विपक्षीय वार्त्ता या किसी अन्य शांतिपूर्ण उपाय, जिसपर वे सहमत हों, से निपटाने के लिए दृढ़संकल्प हैं। दोनों देशों के बीच किसी समस्या का अंतिम समाधान लंबित रहने पर दोनों पक्ष एकपक्षीय रूप से स्थिति में परिवर्तन का प्रयास नहीं करेंगे और दोनों पक्ष शांतिपूर्ण व सद्भावनापूर्ण संबंधों के लिए हानिकारक किसी भी संगठन या सहयोग और प्रोत्साहन से दूर रहेंगे।

(3) कि उनके बीच मेल, अच्छे पड़ोसी जैसे संबंध और शांति की स्थापना के लिए दोनों देश समानता व आपसी लाभ के आधार पर शांतिपूर्ण सह-

अस्तित्व, एक-दूसरे की क्षेत्रीय अखंडता व संप्रभुता और एक-दूसरे के आंतरिक मामलों में हस्तक्षेप नहीं करने के प्रति वचनबद्ध हैं।

(4) कि पिछले पच्चीस वर्षों में दोनों देशों के बीच संबंधों को खराब करनेवाले संघर्ष के मूल मुद्दों व कारणों को शांतिपूर्ण तरीके से हल किया जाएगा।

(5) कि वे हमेशा एक-दूसरे की राष्ट्रीय एकता, क्षेत्रीय अखंडता, राजनीतिक स्वतंत्रता और प्रभुत्व-संपन्न समानता का सम्मान करेंगे।

(6) कि संयुक्त राष्ट्र चार्टर के अनुरूप वे एक-दूसरे की क्षेत्रीय अखंडता या राजनीतिक स्वतंत्रता के खिलाफ सेना के इस्तेमाल या खतरा उत्पन्न करने से दूर रहेंगे।

2. दोनों सरकारें एक-दूसरे के खिलाफ शत्रुतापूर्ण प्रचार को रोकने के लिए यथाशक्ति प्रयास करेंगे। दोनों देश ऐसी सूचना के प्रसार को प्रोत्साहित करेंगे, ताकि उनके बीच दोस्ताना संबंधों का विकास हो।

3. दोनों देशों के बीच धीरे-धीरे संबंधों को सामान्य करने और बहाल करने के लिए इन बातों पर सहमति हुई—

(1) संचार, डाक, टेलीग्राफ, समुद्र, सीमा-चौकियों सहित भूमि और वायु संपर्क बहाल करने के लिए कदम उठाए जाएँगे।

(2) दूसरे देश के नागरिकों के लिए यात्रा-सुविधाएँ विकसित करने हेतु उपयुक्त कदम उठाए जाएँगे।

(3) आर्थिक और अन्य आपसी सहमति के क्षेत्रों में व्यापार व सहयोग को यथासंभव बहाल किया जाएगा।

(4) विज्ञान व संस्कृति के क्षेत्र में आदान-प्रदान को प्रोत्साहित किया जाएगा। इस संबंध में दोनों देशों के प्रतिनिधिमंडल आवश्यक विवरणों पर चर्चा के लिए समय-समय पर मिलते रहेंगे।

4. शांति की स्थापना की प्रक्रिया के आरंभ के लिए दोनों सरकारें इन बातों पर सहमत हुईं—

(1) अंतरराष्ट्रीय सीमा के अपनी-अपनी ओर भारतीय व पाकिस्तानी सेनाएँ वापस बुलाई जाएँगी।

(2) दिसंबर 1971 के युद्ध विराम के परिणामस्वरूप जम्मू एवं कश्मीर में बनी नियंत्रण रेखा का सम्मान दोनों पक्षों द्वारा बिना किसी पूर्वाग्रह के किया जाएगा। कोई पक्ष आपसी मतभेदों व कानूनी स्पष्टीकरणों के बावजूद उसे एकपक्षीय रूप से परिवर्तित करने का प्रयास नहीं करेगा। दोनों पक्ष इस

रेखा के उल्लंघन के लिए सेना के इस्तेमाल या खतरा दिखाने से दूर रहेंगे।

(3) समझौते के क्रियान्वयन के बाद सेनाओं की वापसी शुरू की जाएगी और उसके बाद तीस दिनों के अंदर यह प्रक्रिया पूरी कर ली जाएगी।

4. यह समझौता दोनों देशों की संवैधानिक प्रक्रियाओं के अनुरूप अभिपुष्टि के अधीन होगा। जिस दिन अभिपुष्टि के दस्तावेजों का आदान-प्रदान होगा, उस दिन से वह लागू होगा।

5. दोनों सरकारें इस बात पर सहमत हैं कि भविष्य में उनके प्रमुख फिर आपसी सहमति से निर्धारित समय में मिलेंगे और इस बीच दोनों पक्षों के प्रतिनिधि शांति की स्थापना और संबंधों के सामान्यीकरण की पद्धतियों व व्यवस्थाओं पर चर्चा के लिए मिलेंगे, जिनमें युद्धबंदियों और असैनिक बंदियों के प्रत्यर्पण, जम्मू एवं कश्मीर मुद्दे का अंतिम हल और कूटनीतिक संबंधों की बहाली के मुद्दे शामिल होंगे।

इंदिरा गांधी	जुल्फिकार अली भुट्टो
भारतीय गणतंत्र की प्रधानमंत्री	पाकिस्तान के इसलामी गणतंत्र के प्रधानमंत्री

□

परिशिष्ट-7

ताशकंद घोषणा-10 जनवरी, 1966

भारत के प्रधानमंत्री और पाकिस्तान के राष्ट्रपति द्वारा 10 जनवरी, 1966 को हुई ताशकंद घोषणा की विषय-वस्तु। ताशकंद में भारतीय प्रधानमंत्री और पाकिस्तानी राष्ट्रपति की बैठक के लिए सोवियत संघ के काउंसिल ऑफ मिनिस्टर्स के अध्यक्ष कोसीगिन द्वारा प्रयास किया गया था। विदेश मंत्री स्वर्ण सिंह ने कहा था कि कोसीगिन ने न केवल सम्मेलन के विचार को प्रायोजित किया बल्कि सभी चरणों में, खासकर मुश्किल समय में, शांति-दूत के रूप में काम किया और सभी अवरोधों को दूर करने में मदद की। उन्होंने किसी समाधान का कोई प्रस्ताव नहीं रखा और न ही कोई समाधान थोपने का प्रयास किया। इसके बावजूद उनके व्यक्तिगत प्रभाव के बिना ताशकंद घोषणा को स्वरूप नहीं मिल पाता।

भारत के प्रधानमंत्री और पाकिस्तान के राष्ट्रपति ताशकंद में मिलने और भारत व पाकिस्तान के बीच वर्तमान संबंधों पर चर्चा करने के बाद दोनों देशों के बीच सामान्य व शांतिपूर्ण संबंध बहाल करने और उनकी जनता के बीच समझदारी व दोस्ताना संबंधों के विकास के लिए अपने दृढ़ संकल्प की घोषणा करते हैं। वे भारत और पाकिस्तान की 600 मिलियन जनता के कल्याण के लिए इन उद्देश्यों की प्राप्ति को अत्यंत महत्त्वपूर्ण मानते हैं।

I

भारत के प्रधानमंत्री और पाकिस्तान के राष्ट्रपति इस बात पर सहमत हैं कि संयुक्त राष्ट्र चार्टर के अनुरूप भारत व पाकिस्तान में अच्छे पड़ोसी जैसे संबंध

स्थापित करने के लिए दोनों पक्ष हर संभव प्रयास करेंगे। चार्टर के अनुसार, सेना के प्रयोग का सहारा न लेने और अपने विवादों को शांतिपूर्ण तरीके से निपटाने के लिए वे अपने दायित्व की पुष्टि करते हैं। उनका मानना है कि दोनों देशों के बीच तनाव जारी रहना उनके क्षेत्र, खासकर भारत-पाक उपमहाद्वीप, की शांति और भारत व पाकिस्तान की जनता के हित में नहीं है। इस पृष्ठभूमि में जम्मू एवं कश्मीर के मुद्दे पर चर्चा की गई और प्रत्येक पक्ष ने अपनी-अपनी स्थिति व्यक्त की।

II

भारत के प्रधानमंत्री और पाकिस्तान के राष्ट्रपति इस बात पर सहमत हैं कि दोनों देशों की सशस्त्र सेनाओं को 25 फरवरी, 1966 तक वर्तमान स्थिति से हटाकर उस पूर्वस्थिति तक कर लिया जाएगा, जहाँ वे 5 अगस्त, 1965 से पहले तक थे। दोनों पक्ष युद्ध विराम रेखा पर युद्ध विराम कायम रखेंगे।

III

भारत के प्रधानमंत्री और पाकिस्तान के राष्ट्रपति इस बात पर सहमत हैं कि भारत और पाकिस्तान के संबंध एक-दूसरे के आंतरिक संबंधों में अहस्तक्षेप के सिद्धांतों पर आधारित होंगे।

IV

भारत के प्रधानमंत्री और पाकिस्तान के राष्ट्रपति इस बात पर सहमत हैं कि दोनों पक्ष दूसरे देश के खिलाफ किसी प्रकार के प्रचार को हतोत्साहित करेंगे और ऐसे प्रचार को प्रोत्साहित करेंगे, जो दोनों देशों के बीच दोस्ताना संबंधों के विकास में मदद देगा।

V

भारत के प्रधानमंत्री और पाकिस्तान के राष्ट्रपति इस बात पर सहमत हैं कि पाकिस्तान में भारत के उच्चायुक्त और भारत में पाकिस्तान के उच्चायुक्त अपने पदों पर लौटेंगे और दोनों देशों के कूटनीतिक मिशनों की सामान्य काररवाई बहाल की जाएगी। दोनों देशों ने कूटनीतिक संबंधों पर सन् 1961 के विएना सम्मेलन का अनुपालन किया है।

VI

भारत के प्रधानमंत्री और पाकिस्तान के राष्ट्रपति भारत व पाकिस्तान के बीच आर्थिक व व्यापारिक संबंधों तथा संचार और सांस्कृतिक संबंधों की बहाली पर सहमत हैं और भारत व पाकिस्तान के बीच विद्यमान समझौतों के कार्यान्वयन के लिए उपाय करने हेतु तैयार हैं।

VII

भारत के प्रधानमंत्री और पाकिस्तान के राष्ट्रपति इस बात पर सहमत हैं कि वे युद्धबंदियों का प्रत्यर्पण करने के लिए अपने-अपने अधिकारियों को निर्देश देंगे।

VIII

भारत के प्रधानमंत्री और पाकिस्तान के राष्ट्रपति इस बात पर सहमत हैं कि दोनों पक्ष शरणार्थियों के निष्कासन / गैरकानूनी आप्रवास की समस्या पर चर्चा जारी रखेंगे। वे इस बात पर भी सहमत हैं कि दोनों पक्ष ऐसी परिस्थितियाँ तैयार करेंगे, जो लोगों के सामूहिक प्रस्थान को रोकने में सहायक होंगी। फिर वे युद्ध के दौरान दोनों पक्षों द्वारा जब्त की गई संपत्ति और परिसंपत्ति की वापसी पर भी चर्चा करेंगे।

IX

भारत के प्रधानमंत्री और पाकिस्तान के राष्ट्रपति इस बात पर सहमत हैं कि दोनों पक्ष दोनों देशों को प्रत्यक्ष तौर पर प्रभावित करनेवाले मुद्दों पर बातचीत के लिए उच्चतम व अन्य स्तरों पर बैठक आयोजित करेंगे। दोनों पक्षों ने भारत-पाकिस्तान का संयुक्त दल तैयार करने की आवश्यकता को स्वीकार किया। वह दल आगे के कदमों का निर्णय लेने में अपनी सरकारों को रिपोर्ट देगी।

× × ×

भारत के प्रधानमंत्री और पाकिस्तान के राष्ट्रपति सोवियत संघ के नेताओं, सोवियत सरकार और व्यक्तिगत रूप से सोवियत संघ के काउंसिल ऑफ मिनिस्टर्स के प्रति गहरा आभार प्रकट करते हैं, क्योंकि उन्होंने इस बैठक को आयोजित करके संतोषप्रद परिणामों को प्राप्त करने में दोस्ताना तथा महत्त्वपूर्ण भूमिका निभाई। वे जोरदार स्वागत और उदार खातिरदारी के लिए उज्बेकिस्तान की सरकार और दोस्ताना लोगों को भी अपना हार्दिक धन्यवाद देते हैं।

वे सोवियत संघ के काउंसिल ऑफ मिनिस्टर्स के अध्यक्ष को इस घोषणा का साक्षी बनने के लिए आमंत्रित करते हैं।

□

परिशिष्ट-8

भारत और पाकिस्तान : सैन्य संतुलन (वर्ष 2000–2001)

भारत

		1998	1999	2000	2001
सकल घरेलू उत्पाद	रुपए में	17.0 करोड़ खरब	18.9 करोड़ खरब		
	यूएस डॉलर में	412 अरब	440 अरब		
प्रति व्यक्ति आय	यूएस डॉलर में		1,700	1,800	
विकास दर	प्रतिशत में	6.7	5.9		
मुद्रास्फीति	प्रतिशत में	13.2	4.7		
ऋण	यूएस डॉलर में	94 अरब	99 अरब		
रक्षा खर्च	रुपए में	580 अरब	610 अरब		
	यूएस डॉलर में	14.1 अरब	14.2 अरब		
रक्षा बजट	रुपए में	412 अरब	533 अरब		
	यूएस डॉलर में	10.0 अरब	12.4 अरब		
एफएमए (यूएस)	यूएस डॉलर में	2 लाख	5 लाख	5 लाख	5 लाख
एफएमए (ऑस्ट्रेलिया)	यूएस डॉलर में	2 अरब	2 अरब		
1 यूएस डॉलर = रुपए	41.3	43.0	44.4		

जनसंख्या			**1,016,242,000**
(हिंदू 80%,	मुसलमान 14%,	सिख 2%,	ईसाई 2%)
आयु	*13–17*	*18–22*	*23–32*
पुरुष	53,812,000	49,257,000	87,033,000
महिलाएँ	50,432,000	45,713,000	79,562,000

कुल सैन्य बल

सक्रिय 13,03,000

रिजर्व 5,35,000

थल सेना 3,00,000, टेरिटोरियल आर्मी 40,000, वायु सेना 1,40,000, नौ सेना 55,000

थल सेना 11,00,000

वायु सेना 1,50,000

नौ सेना 53,000

अर्द्धसैनिक बल 1,069,000 सक्रिय

नेशनल सिक्योरिटी गार्ड—7,400

स्पेशल प्रोटेक्शन ग्रुप—3,000

स्पेशल फ्रंटियर फोर्स—9,000

राष्ट्रीय राइफल्स—36,000 (रक्षा मंत्रालय)

डिफेंस सिक्योरिटी कॉर्प्स—31,000

भारत-तिब्बत सीमा पुलिस—30,000 (गृह मंत्रालय)

असम राइफल्स—52,000 (गृह मंत्रालय)

रेलवे प्रोटेक्शन फोर्स—70,000

केंद्रीय औद्योगिक सुरक्षा बल—88,600 (गृह मंत्रालय)

केंद्रीय रिजर्व पुलिस बल (सी.आर.पी.एफ.)—1,60,000 (गृह मंत्रालय)

सीमा सुरक्षा बल (बी.एस.एफ.)—1,74,000 (गृह मंत्रालय)

होम गार्ड—4,72,000

राज्य सशस्त्र पुलिस—4,00,000

सिविल डिफेंस—3,94,000

तट रक्षक—8,000 से अधिक

पेट्रोल क्राफ्ट—36

पाकिस्तान

		1998	1999	2000	2001
सकल घरेलू उत्पाद	रुपए में	2.8 करोड़ खरब	3.0 करोड़ खरब		
	यूएस डॉलर में	60.8 अरब	61.6 अरब		
प्रति व्यक्ति आय	यूएस डॉलर में	2,400	2,500		
विकास दर	प्रतिशत में	4	3.1		
मुद्रास्फीति	प्रतिशत में	6.2	4.1		
ऋण	यूएस डॉलर में	32 अरब	34.5 अरब		
रक्षा खर्च	रुपए में	180 अरब	173 अरब		
	यूएस डॉलर में	4.0 अरब	3.5 अरब		
रक्षा बजट	रुपए में	145 अरब	142 अरब	170 अरब	
	यूएस डॉलर में	3.2 अरब	2.9 अरब	3.3 अरब	
एफएमए (यूएस)	यूएस डॉलर में	15 लाख	29 लाख	4 लाख	
एफएमए (ऑस्ट्रेलिया)	यूएस डॉलर में	20 हजार	20 हजार		
1 यूएस डॉलर=रुपए	45.0	49.1	52.0		

जनसंख्या **14,80,12,000**

(3 प्रतिशत से कम हिंदू)

आयु	*13-17*	*18-22*	*23-32*
पुरुष	87,55,000	75,01,000	1,21,12,000
महिलाएँ	83,37,000	68,15,000	1,07,35,000

कुल सैन्य बल

सक्रिय—6,12,000

रिजर्व—5,13,000

थल सेना 5,00,000, वायु सेना 8,000, नौ सेना 5,000

थल सेना 5,50,000

वायु सेना 40,000

नौ सेना 22,000

अर्द्धसैनिक बल 2,88,000 सक्रिय

नेशनल गार्ड—1,85,000

फ्रंटियर कॉर्प्स—65,000

पाकिस्तान रेंजर्स—25,000-30,000

नॉर्दर्न लाइट इन्फेंटरी—12,000

मेरीटाइम सिक्योरिटी एजेंसी—1,000

तट रक्षक—23 क्राफ्ट

□□□

(4)